LOGISTICS MANAGEMENT

물류관리론

방희석 · 이규훈 · 이충배 · 김승철

도서출판 청람

서문

범세계적으로 무역자유화 물결에 힘입어 국제물류관리는 중요한 경제적 가치를 창출하는 핵심적 분야가 될 것이라는 점에는 이론이 없는 것 같다. 물류관리란 고객의 요구에 부응하기 위해 원자재, 반제품, 완제품 및 관련정보의 원천으로부터 소비지점에 이르기까지의 흐름과 저장을 효율적이면서 동시에 비용과 효과를 최대로 하기 위한 계획입안, 실시, 통제하는 과정을 말한다. 또한 제조기업 입장에서 가장 경쟁력 있는 생산 및 분배체계를 구축하는 데 SCM이란 시스템의 활용 필요성이 고조되고 있다. 구체적으로 물류관리의 범위는 물류활동과 상류활동을 근거로 하여 운송, 보관, 하역, 포장, 유통, 표준화, 정보 및 상거래 활동뿐만 아니라 이것을 통합하는 공급사슬관리 등이 포함된다.

우리나라가 미래 경제적 환경의 변화와 도전에 순응적으로 극복하여 선진국 대열에 들어서기 위해서는 그동안 타 산업에 비해 매우 낙후되어 있는 물류관리의 수준을 향상시키는 것은 매우 중요한 과제이다. 또한 대학에서 젊은이들에게 물류마인드를 심어줌으로써 장기적으로는 세계적 물류관리를 주도하는 글로벌 리더양성이 절실히 요구되고 있다.

물류관리에 대한 사고의 전환과 새로운 패러다임이 확립되지 않는 한 기업과 국가의 미래는 부정적일 수밖에 없다. 총체적으로 물류관리에 대한 재인식과 기존의 틀에서 벗어난 새로운 패러다임을 구축하기 위해서는 물류관리에 대한 인식이 저변에 확대되어야만 한다. 또한 기업과 정부는 고객서비스를 향상시키고 동시에 비용을 최소화시키기 위해서 창조적이고 혁신적인 기법을 개발하고 적용해야만 한다. 이렇게 해야만 기업과 국가는 그 경쟁력을 향상시키는 효과를 가져올 수 있을 것이다.

저자들은 이와 같은 물류환경의 요구에 적절히 대응하고 물류관리의 확대된 개념에 초점을 맞추어 광범위한 물류관리의 학문적 영역을 구체적으로 본서에 기술하였다. 본서는 대학에서 물류관리에 관한 기초적인 교과서로서, 충실한 전문서로서 활용되기를 기대하며 출간된 것이다. 또한 본서는 물류의 전통적인 이론을 비롯해 최신 이론을 구체적으로 설명하고 그 내용이 실무에 적용될 수 있도록 하고, 경영관리적 기법을 활용하여 물류의사결정에 활용될 수 있는 내용이 포함되도록 노력하였다.

본서는 크게 3개의 편으로 구성되어 있다. 제1편은 물류관리와 SCM기초개념으로 물류관리의 개론적인 성격의 물류시스템, 물류관리의 개요와 조직, SCM의 기초개념 등 총괄적인 내용에 대한 이해를 충족시키기 위한 부분이다. 제2편은 물류관리 및 운영으로 물류관리의 세부적인 영역별로 자세하게 설명하고 있다. 조달과 아웃소싱, 보관 및 창고관리, 운송관리, 재고관리, 하역 및 포장관리, 물류정보관리, 표준화 및 팔레트, 위험화물관리 등의 내용을 설명하고 있다. 마지막 제3편은 물류성과와 전략으로 물류관리의 실행 및 지속가능한 발전을 위한 내용으로 물류관리설계, 물류성과측정, 물류비관리, 물류전략과 정책수립 등으로 구성되어 있다.

끝으로 본서가 물류분야에 학문적으로 일조가 될 수 있기를 기대하며, 앞으로 개정과 보완을 계속해 나갈 것을 이 지면을 통해 약속하고자 한다. 본서가 나오기까지 많은 지도를 해주신 선배 · 동료교수님께 감사의 마음을 전하며, 집필과정에 많은 도움을 준 중앙대학교 연구교수 노윤진 박사와 박사과정에 있는 나정호, 윤희영, 강동준, 강효원 선생 그리고 본서를 출간해주신 도서출판 청람의 이수영 사장님과 임직원분들께 고마움을 전한다.

2011년 1월

대표 저자 방희석

차 례

제1편 | 물류관리와 SCM의 개요

제1장 물류 및 물류시스템

제2장 물류관리와 조직

제 3 편 | 물류성과와 전략

제 1 편

물류관리와 SCM의 개요

제1장 물류 및 물류시스템
제2장 물류관리와 조직
제3장 SCM의 개요

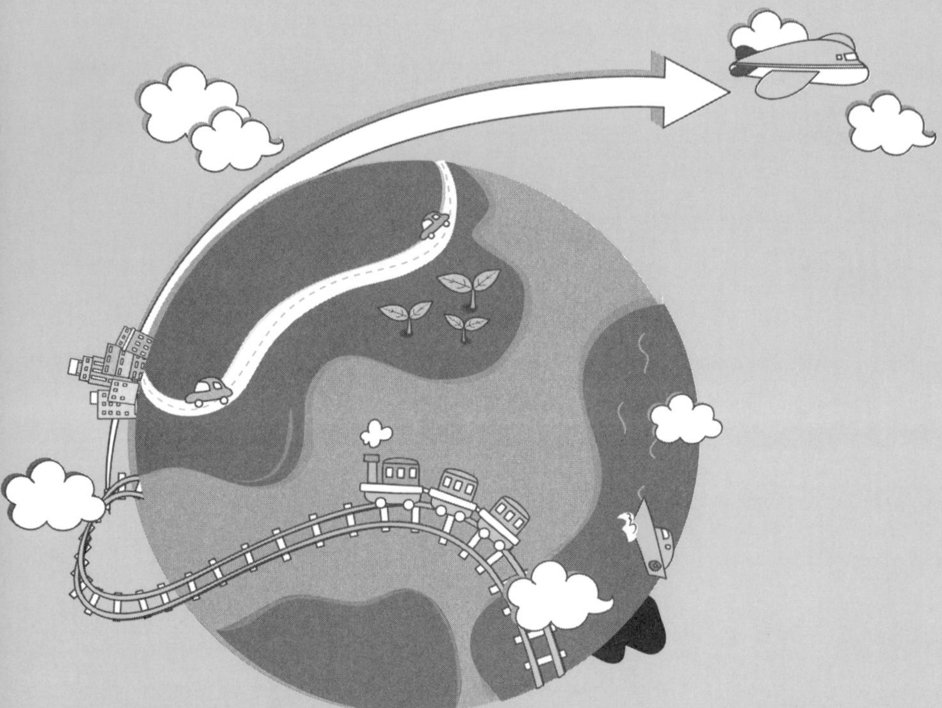

제 1 장

물류 및 물류시스템

핵심내용

물류의 개념은 시대적 배경, 국가, 주체 등에 따라 상이하게 규정하고 있으나 기업이윤의 창출 수단일뿐만 아니라 로지스틱스 영역으로 확대시켜 포괄적 관리의 효율성을 추구하고 있다. 물류의 목표는 일반적으로 3S1L원칙에 의거하여 수립될 수 있으며 스미키이 교수는 물류목적 달성을 위한 7R원칙을 제시하기도 하였다. 반면 물류 합리화, 즉 최대 고객만족과 물류비 절감은 물류활동의 각 기능별로 상충관계(trade-off)가 존재하기 때문에 최적의 서비스 수준 선택과 물류비 효율화는 물류전체를 하나의 시스템화하여 관리하는 것이 필요하다.

주요용어

물적유통(Physical Distribution), 물류합리화, 상충관계(trade-off), 3S1L, 7R, 조달물류, 생산물류, 판매물류, 국제물류

제1절 물류의 개념

1. 물류의 정의

상품을 특정인으로부터 특정인에게 이동시키는 것을 "물류"라고 하는데 물류활동은 이미 오래전부터 존재하고 있었다. 물류의 본질에 대한 이해를 하기 위해서는 우선 물류에 관한 개념을 명확히 할 필요가 있다. 물류의 개념은 관점이나 제반 환경의 변화에 따라 달리 해석되고 있을 뿐만 아니라 개념의 차이에 따라 용어의 사용도 여러 가지로 혼용되고 있다.

물류에 대한 정의는 참여하는 주체나 국가에 따라서 상이하게 규정하고 있으나 "물리적인 상품에 관한 경제활동으로서 시간, 공간 그리고 일부의 형질변경을 통한 효율창출을 가능케 하는 데 있으며, 생산된 재화를 제공자로부터 수요자에게 이동시키는 과정과 관련된 운송, 보관, 하역, 포장 및 이러한 활동을 지원하는 정보 등의 제반 경제적 활동"이라고 규정할 수 있다.

물류의 범위 및 영역은 전통적으로 조달물류, 판매물류, 사내물류와 생산물류로 분류된다. 물류에 관한 정의는 국가나 산업의 역사적인 배경과 목적에 따라 상이하게 접근되고 있다.

미국에서의 물류라는 개념은 쇼(A.W. Shaw) 교수가 1912년 「시장유통상의 문제」란 논문에서 처음 사용하였는데, 쇼 교수는 경영활동을 생산, 유통, 조성활동으로 나누고 그리고 유통활동을 수요창조활동과 물적공급활동으로 나누어서 물류의 경영활동에서의 중요성과 역할을 강조하였다.

또한 클라크(F.E. Clark) 교수는 1922년 「마케팅 원리(Principles of Marketing)」란 저서에서 마케팅의 기능을 교환기능, 물적공급기능, 보조 및 조성기능으로 구분하였으며, 물적공급기능은 주로 수송과 보관이라고 하였다.

그 이후 마케팅분야에서 유통활동의 지원분야로 물류를 인식해오고 있으며, 제2차 세계대전 중에는 병참(logistics)으로 전략물자의 보급시스템으로 활용되었으며, 경영측면에서 자재관리, 공급관리, 마케팅 로지스틱스, 산업 로지스틱스, 비즈니스 로지스틱스 등의 개념으로 확대되어 사용되고 있다.

일반적으로 미국에서의 물류는 개별기업의 입장에서 협의로는 생산단계에서 소비에 이르기까지 재화의 이동 및 취급을 관리하는 판매물류이며, 광의로는 원자재 공급자로부터 생산단계까지 원자재의 이동 및 취급하는 조달물류를 포함하는 것으로 정의되고 있다. 또한 물류를 마케팅 영역의 한 기능으로 인식하여 결과적으로 고객서비스를 개선하고, 기업의 이윤을 확대한다는 개념으로 파악되고 있다.

즉, 물류는 생산자부터 소비자까지의 유통단계의 실시로, 유형의 재화와 무형의 서비스를 대상으로 포장, 수용, 일관 하역 등 물류활동을 내용으로 하고, 각 활동을 종합적으로 계획 · 통제하는 것이다.

일본에서는 1956년 유통기술 전문시찰단이 미국을 시찰하고 돌아와 작성한 유통기술이란 보고서에 처음으로 물적유통(Physical Distribution)이라는 용어를 사용했다. 그리고 1965년 1월 각료회의의 중기 경제계획에서 유통을 상적유통(商的流通)과 물적유통(物的流通)으로 구분하여 일본정부의 정책에서 물류란 용어가 처음 등장했다.

일본의 물류개념은 국가나 지방자치단체가 물류행정을 실시하고, 물류의 효율적인 관리를 위한 물류통계를 작성할 목적으로 물류의 개념을 정의하였기 때문에 접근방법이 국민경제적 입장에서 이루어졌다.

미국과 일본의 물류에 관한 정의를 통해 물류의 개념을 살펴본 결과, 일본은 경제구조 자체를 국민경제의 측면에서 총비용을 감소하기 위한 수단으로서 비용절감을 위한 물류관리의 목적을 두고 있는 반면에, 미국에서는 개별기업 위주의 경제운영으로 이윤추구를 위한 서비스 개선에 주력하는 점에 커다란 차이가 있음을 알 수 있다.

이와 같이 개념상의 차이가 있으나 점차 물류는 하나의 독창적인 관리의 영역이 되고 있으며, 서비스의 개선을 한층 더 강조하여 기업이윤을 창출하는 수단으로 인식되고 있음을 알 수 있다. 또한 미국의 경우는 물론 일본도 물류의 영역을 로지스틱스(Logistics)의 영역으로 확대시켜 포괄적인 관리의 효율성을 추구하고 있을 뿐만 아니라, 물류 개념에 대한 시각이 물류기술의 고도화와 기업의 이윤추구에 따른 인간의 가치향상에 물류의 목적을 두고 있기 때문에 물류와 로지스틱스의 용어상 구분이 흐려지고 있다.

2. 물류의 기능

물류의 기능은 공공적 · 사회경제적 · 개별기업 관점에서 상이할 수 있다.

첫째, 공공적 관점에서 물류의 합리화와 물류 생산성의 제고가 물가상승의 억제능력으로서 기능하며, 국가경쟁력 확보 및 경제활동에서 유통측면의 지원기능을 하고 있다.

둘째, 사회경제적 관점에서 물류향상 등을 통하여 산업유통구조를 선진화할 수 있으며 사회적 안정과 능률을 향상시키는 기능을 갖는다.

셋째, 개별기업 관점에서 물류의 목적을 최소의 비용으로 고객에 대한 서비스를 최대화하는 것으로 보고, 비용과 서비스의 상충관계(trade-off)로 규정하고 있다. 이는 마케팅 개념을 도입하여 비용의 최소화만을 위하기보다는 기업의 마케팅활동의 일부로서 고객의 욕구를 만족시켜 기업의 장기이익을 추구하는 역할로서 인식하고 있다.

기업의 입장에서 볼 때 물류는 경제의 암흑대륙이고, 비용절감을 위한 최후의 미개척 분야이며, 제3의 이윤과 비용절감의 보고(寶庫)라고 물류의 중요성이 파악되기 때문에 기업은 물류시스템의 합리화를 추구하는 것이다. 여기서 합리화란 단순한 비용절감이나 단순노동을 기계로 대체하는 것을 뜻하는 것이 아니고, 상충효과의 개념을 고려한 합리화를 의미한다.

또한 물류는 생산과 소비 사이의 격차를 장소적, 시간적, 수량적, 품질적, 가격적 및 소비자와 생산자 간을 인격적으로 조정하는 사회경제적 기능을 지니는 특성을 내포하고 있다.

3. 물류의 원칙과 목적

일반적으로 기업에 있어서 물류의 목표는 '필요한 물품을, 필요한 장소에, 필요한 시간에, 적절한 가격으로 전달하는 것' 이라고 할 수 있는데, 이를 위해 '신속(speedy), 저렴(low), 안전(safety), 확실(surely)하게' 물품을 거래 상대방에게 전달하는 3S1L원칙으로 수행되어야 한다.

그림 1-1 | 3S1L원칙

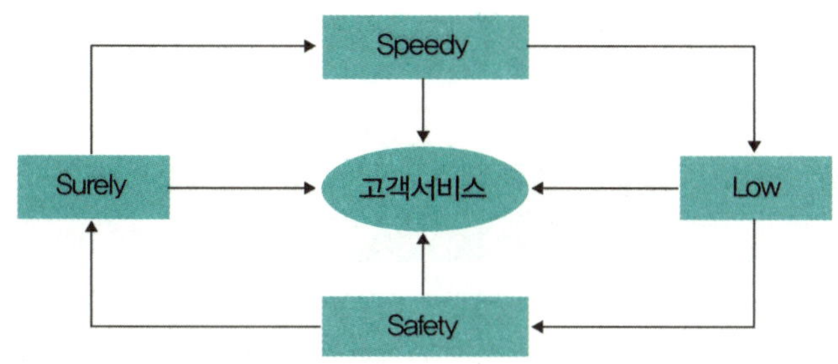

미시간대학의 스미키이(Smykey)는 물류의 목적을 달성하기 위해 고객서비스를 대상으로 하여 다음과 같은 7R원칙을 주장하였다.

7R원칙

① 적절한 상품을(right commodity)
② 적절한 품질로(right quality)
③ 적절한 양을(right quantity)
④ 적절한 시기에(right time)
⑤ 적절한 장소에(right place)
⑥ 적절한 인상으로(right impression)
⑦ 적절한 가격으로(right price) 고객에게 전달하는 것

여기에서 '적절한(right)' 이란 것은 고객이 요구하는 서비스 수준에 부합한다는 의미이다. 따라서 7R원칙은 고객이 요구하는 상품을, 고객이 요구하는 상품의 품질로 유지하며, 고객이 요구하는 수량만큼, 고객이 요구하는 시기에, 고객이 요구하는 장소에, 고객에게 좋은 인상의 상품 상태로, 가격결정기구에 의해 적정한 가격으로 고객에게 전달하는 것을 의미한다.

기업이 이 7R원칙을 잘 실행하기 위해서 하역, 포장, 보관, 수송, 정보, 유통가공 등 물류 구성요소들이 동일한 물류목표를 지향하도록 종합적인 시스템(total system)이 필요하다.

이와 같이 물류는 고객의 요구를 충족시키기 위해 고객서비스를 우선적으로 고려해야 한다. 또한 기업입장에서는 계속 증가되는 물류비를 절감하기 위한 방

안의 모색이 요구되고 있다. 따라서 기업은 고객서비스의 수준을 향상시키면서 동시에 물류비를 최소화하는 것이 물류의 목적이 된다.

제2절 물류시스템

1. 물류시스템의 정의와 목적

1) 물류시스템 정의

물류시스템은 생산과 소비 사이에 존재하는 차이를 연결해주는 경제과정이고, 공간과 시간의 효용을 창출하는 것이다. 즉 물류서비스를 고객에게 제공하는 경제활동이다. 따라서 물류시스템은 적절한 상품을, 적절한 품질로, 적절한 양만큼, 적절한 시기에, 적절한 장소에, 적절한 인상을 주면서, 적절한 가격으로 고객에게 제공하는 것이라 할 수 있다.

물류시스템의 투입요소는 물류를 분담하는 수송, 보관, 포장, 하역, 정보, 유통가공 등 6개의 개별활동을 운영하는 데 필요한 자원이며, 산출 결과는 물류서비스를 나타낸다. 물류시스템은 기업경영에서의 물류를 대상으로 하므로 자원이란 인적, 물적, 재무적, 정보적 자원을 가리킨다.

(1) 물류시스템의 산출결과

일반적으로 시스템이란 투입요소를 산출결과로 변환하는 과정이라고 말하는데, 여기서는 경영 제 자원을 물류서비스로 변환하는 것이다. 그리고 투입요소로서 제 자원의 소비량을 금전적으로 표시한 것이 활동영역별 제 비용이며 그것을 집계한 것이 물류비용이 된다.

(2) 물류비

개별비용으로는 수송비, 보관비, 하역비, 포장비, 정보비, 유통가공비가 산정

그림 1-2 | 물류시스템의 단순모델

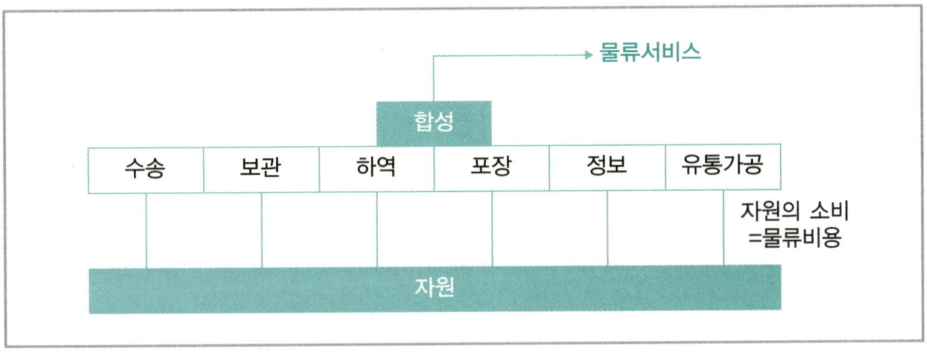

된다. 그리고 개별비용 간에는 상충관계가 존재한다. 따라서 물류비의 합리화를 위해서는 개별비용의 관리와 절감만으로는 불충분하며, 물류비 전체에서 절감하는 방법을 강구해야 한다. 즉 총비용접근법이 필요하게 되는 것이다.

(3) 물류기능의 합성

각 개별활동에서는 투입된 제 자원을 물류기능으로 변환하고 있다. 즉 수송기능, 보관기능, 하역기능, 포장기능, 정보기능, 유통가공기능을 만들어내는데, 이때 개별 제 기능 간에도 상충관계가 성립된다. 또 개별 제 기능들을 합성하여 보

그림 1-3 | 물류기능의 합성

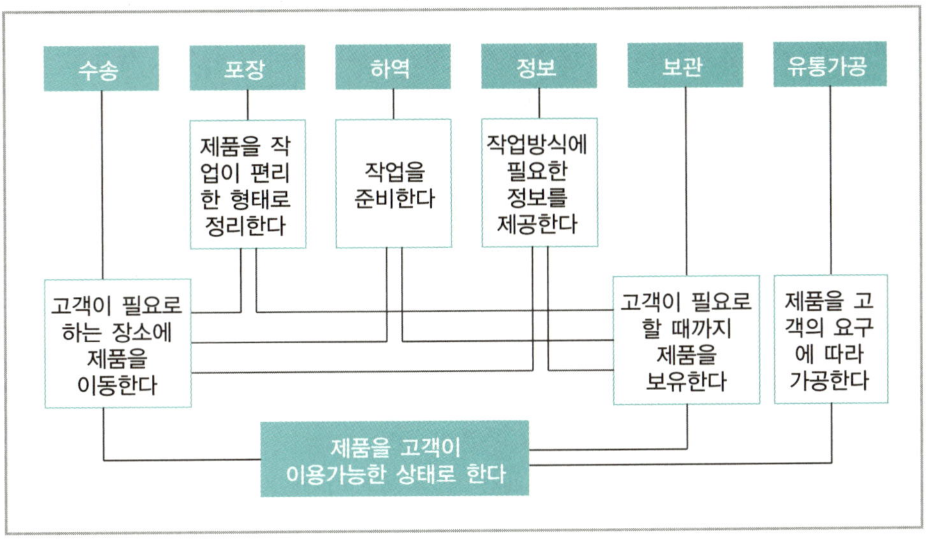

다 상위의 기능을 만들어낸다. 이 합성과정을 몇 단계 반복하여 최종적으로 물류시스템의 최종 목적으로 하는 기능을 만들어 내는 것이다.

기능의 합성과정을 물류과정에 적용하면, 물류의 기본적인 기능은 제품을 고객이 이용가능한 상태(availability)로 하는 것이라고 할 수 있다.

물류시스템은 기능적으로 하부시스템(sub system)인 수송시스템, 보관시스템, 하역시스템, 포장시스템, 유통가공시스템, 물류정보시스템으로 구성되어 있으며, 이 하부시스템들이 유기적으로 통합될 때 시스템의 효과가 높아진다.

2) 물류시스템의 목적

시스템분석 또는 설계에서는 그 시스템이 달성해야 할 목적의 설정과 목적의 달성도를 평가하는 평가기준의 설정이 가장 중요하다. 따라서 물류의 정의와 물류시스템의 모델을 근거로 한 물류시스템의 목적은 보다 좋은 물류서비스의 제공과 물류비용의 최소화 및 비경제적인 외부요인을 최소화하는 것이다.

(1) 보다 좋은 물류서비스 제공

물류시스템에서는 보다 좋은 물류서비스를 제공함으로써 고객의 요구를 충족시키고 가치창조의 효과를 얻을 수 있다. 지금까지는 물류를 비용의 소비부문으로 밖에 인식하지 않았으나 물류도 가치창조부문으로서 인식하게 되었다.

그러나 수준 높은 물류서비스를 산출하기 위해서는 보다 많은 경영자원이 소비되기 때문에 물류서비스의 원가가 상승하게 된다. 따라서 최선의 물류서비스 또는 가장 높은 고객요구를 만족시키는 물류서비스를 산출하는 물류시스템이 최적의 물류시스템은 아니다. 즉, 수준 높은 물류서비스에 대해서는 보다 높은 대가를 지불해야 한다는 서비스 개념을 인식해야 한다.

(2) 물류비용의 최소화

물류비용의 비효율성은 기업경영의 이익을 저하시키며, 동시에 소비자 물가를 상승시키기 때문에 기업경영이나 국민경제적인 관점에서도 물류비용의 최소화는 물류시스템의 목적으로서 주요 부분이 된다.

(3) 비경제적 외부요인의 최소화

거시적인 관점에서 물류합리화를 위해서는 물류의 기본시설인 사회간접자본의 투자와 기본시설의 효율적인 이용 등을 통하여 비경제적 외부요인의 발생을 최소화해야 한다는 것이다. 비경제적 외부요인이란 구체적으로는 대기오염, 소음, 진동, 폐유의 해수오염, 과잉포장, 포장재의 공해, 교통사고, 교통정체 등을 가리키는 것이다. 이들이 발생시키는 사회비용은 내부화하는 것이 가장 바람직하며, 그것이 불가능한 경우는 법률에 의해 제한을 도모하는 수밖에 없다. 앞으로는 기업에서도 사회적 책임에 유의해야 할 부문이다.

2. 물류시스템의 합리화

1) 합리화단계

물류시스템은 오늘날까지 3단계의 합리화 과정을 거쳐 발전해 왔다.

(1) 원가절감단계

첫째 단계는 원가절감이다. 물류시스템 문제의 시작은 늘 과잉의 물류비의 발생이다. 그것은 곧 물류활동의 비효율성을 표현하는 것이며, 기업의 이익증대를 방해하고, 소비자 물가의 상승을 가져오는 것이었다. 따라서 개별기업은 자본의 투입으로 물류설비를 근대화하고, 노동집약성을 경감시키고, 동시에 정보기술을 비롯한 물류관련 기술의 도입을 통한 물류비 절감을 추구해 왔다. 그리고 기업의 노력과 함께 물류기반시설을 구성하는 사회간접자본의 충실한 정비가 필요하다. 이것은 도로, 철도, 항공, 공항, 통신설비 등의 시설과 함께, 법률, 제도, 표준, 규격 등이 대상이 되는 것이다. 특히 우리나라의 경우는 사회간접자본의 낙후로 오늘날 물류환경의 악화를 초래하고 있다.

(2) 기업이익에의 공헌단계

둘째 단계는 기업이익에의 공헌이다. 원가절감단계에서는 물류활동을 단지 비용발생분야(cost center)로서, 단지 비용을 발생시키는 부문이라고만 해석하는 것이다. 그러나 물류서비스가 고객만족에 영향을 주며, 그 고객만족이 매출액에 영향을 준다고 하면, 물류서비스의 수준에 따라 수익을 증감케 한다고 볼 수 있다.

따라서, 물류시스템의 목적은 비용의 최소화가 아닌, 오히려 물류서비스의 최적화를 도모하고 수익-비용의 증대를 도모해야 한다는 것이 이 단계의 의의이다. 즉 이 단계에서는 물류서비스 정책의 본질과 관리가 중요한 과제가 된다.

(3) 전략적 사고의 도입

셋째 단계는 이제까지의 단기적 사고를 지양하고, 장기적이고, 전략적인 사고를 물류에 도입하는 것이다. 물류를 일상업무의 관리시스템의 수준에서 기업경영의 구조적 수준으로 승화시키고 있는 것이다. 제품의 공급이 생산구조나 판매에 미치는 동태적 영향력을 고려하고 장기적 관점에서의 투자효과가 그 물류활동의 성과척도가 되는 것이다.

2) 물류합리화와 상충관계(trade-off)

기업의 물류합리화는 상충관계의 사고방식이 기본이 된다. 이러한 상충관계는 사실상 기업활동의 전반에 나타나는 중요한 문제로서 물류활동의 구성요소 내, 각 기능 간, 기업 내 물류기능과 타 기능 간, 기업조직과 기업외부 조직 간에 존재하게 된다. 물류의 상충관계하에서 기업의 최적 물류관리는 어떻게 효율적으로 물류관리가 수행될 것인가 하는 점이 물류관리의 중요한 과제이다.

예를 들어, 지역의 창고의 수를 증가시킴으로써 발생하는 물류비의 각 기능 간의 상충관계를 살펴보면, 재고의 증가로 인한 배송비의 증가에도 불구하고 총 물류비는 감소하고 있다. 즉, 기업 내 물류기능과 타 기능 간의 상충관계는 물류기능과 타 기능 간의 공동영역에서 발생한다. 또한 고객서비스 수준을 향상시키기 위해 배송센터에서 수·배송차량을 늘릴 경우 고객에게 도착하는 배송시간은 짧아지지만 차량증가로 인해 차량구입자금과 관리비 등을 포함한 물류비는 증가하게 된다.

그리고 기업조직과 기업 외 조직 간 상충관계가 있다. 판매업자가 중간상에게 제품을 판매한 후 중간상의 서비스 미비로 클레임이 발생하면 결국 제조업자가 부담하게 된다. 이러한 경우는 제조업자와 운송업자 및 창고업자 등의 사이에 상충관계가 발생하게 된다.

이러한 상충관계는 기업이 물류서비스를 제공할 때 발생하는 것이기 때문에, 기업의 물류합리화 추진 목적인 고객 서비스의 향상과 물류비의 절감 및 외부의 경제적 발생요소의 극소화를 달성하기 위해서 공동목표 달성이란 인식을 하여 적절한 협력관계가 유지되어야 한다.

총비용접근법에 의하면 기업은 고객의 서비스 수준을 미리 정해놓고 이에 상응하는 최저 총비용물류시스템을 구축하는 방법과 비용을 제한해 놓고 고객서비스를 최대한으로 확대하는 방법 등을 들 수 있다. 이러한 방법들은 기업의 경영정책에 따라 선택되는데, 고객서비스 수준을 정해 놓고 이에 상응하는 총비용 물류시스템을 구축하는 것이 바람직하다. 최적의 서비스 수준의 선택과 물류비의 효율화는 물류 전체를 하나의 시스템으로 관리하여 상충관계에서 발생하는 문제점을 극복할 수 있는 방안이다.

3. 물류의 구성요소와 하부시스템

1) 물류의 영역

물류는 고객서비스 수준의 향상과 물류비의 절감을 목적으로 다양한 기능을 수행하고 있으며, 최근에 와서 물류활동이 보다 종합적 · 시스템적으로 그 범위를 확대시켜 나가고 있다. 물류는 여러 가지 형태로 발전되고 있는데, 영역에 따라 구분해 보면 다음과 같다.

- 국내영역의 경우 : 기업 내 물류, 기업 간 물류, 산업 간 물류, 지역 간 물류로 구분
- 물류의 내용에 따라 : 조달물류, 생산물류, 판매물류로 구분
- 기업의 국제화에 따라 : 국내물류, 2국간 물류, 다국간 물류, 국제물류로 구분
- 물류시스템에 따라 : 개방형, 폐쇄형으로 구분

그러나 일반적으로 조달물류, 생산물류, 판매물류를 물류의 기본형태로 삼고 있다.

(1) 조달물류

조달물류는 원자재 및 부품을 조달에서 자재창고에 입하시킬 때까지의 물류를 의미한다. 원자재, 부품의 공급자로부터 자재창고까지의 포장활동, 수·배송활동, 하역활동, 보관활동 등을 비롯하여 재고관리가 물류의 활동범위가 된다.

표 1-1 | 물류의 영역

국제	물류의 내용			국내
국제물류	조달물류	생산물류	판매물류	국내물류
다국적물류 • 지역별 • 국제별 2국간 물류 • 지역별 • 초지역별 국제물류 • 지역별 • 초지역별	• 자원의 조달 • 스왑조작 • 재고정책 • 배송 • 보급	• 공장입지의 선정 • 해외공장의 확장·근대화 • 해외공장의 통합화 • 공장 내 운반 • 공장 내 하역 • 포장·규격	• 재고정책 • 입지선정 • 수·배송 • 공동시스템 • 하역·운송 • 수주관리 • 창고·배송센터	• 지역사회간 물류 • 산업(간)물류 • 기업간물류 • 기업내물류

그림 1-4 | 물류의 기본형태

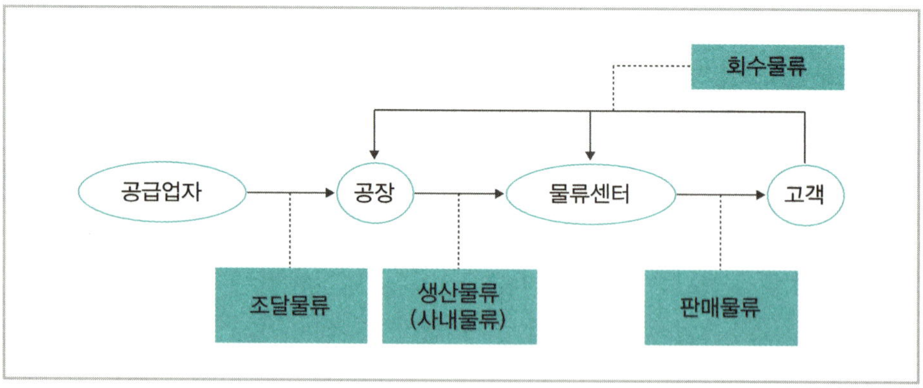

(2) 생산물류

생산물류는 자재창고의 출고에서부터 생산공정으로의 운반, 하역, 제품창고의 입고까지를 의미한다. 생산물류에서는 생산과정의 단축이 핵심부문이기 때문에 운반, 하역, 포장, 창고 등이 활동범위가 된다.

(3) 판매물류

판매물류는 물류의 마지막 단계로 물품을 소비자에게 전달하는 수 · 배송활동 등을 의미한다. 제품창고에서 출고과정, 물류거점인 배송센터(Distribution Center)까지의 수송, 그리고 보관 및 유통가공, 제품분류작업, 고객에게 배송하는 작업이 활동범위가 된다.

이외에도 포장재 및 빈 용기 등을 고객으로부터 회수하여 재사용하기 위한 회수물류와 제품, 포장용 또는 수송용 용기, 자재 등을 폐기하는 폐기물류 등이 있다.

2) 물류하부시스템의 구성요소

물류활동을 구성하고 있는 영역은 본원적 시스템과 하부적 시스템으로 [그림 1-5]와 같이 나눌 수 있다. 물류하부시스템을 기본시스템인 보관, 하역, 운송, 포장과 지원시스템인 정보, 유통가공으로 나눌 수 있다.

그림 1-5 I 물류하부시스템의 구성

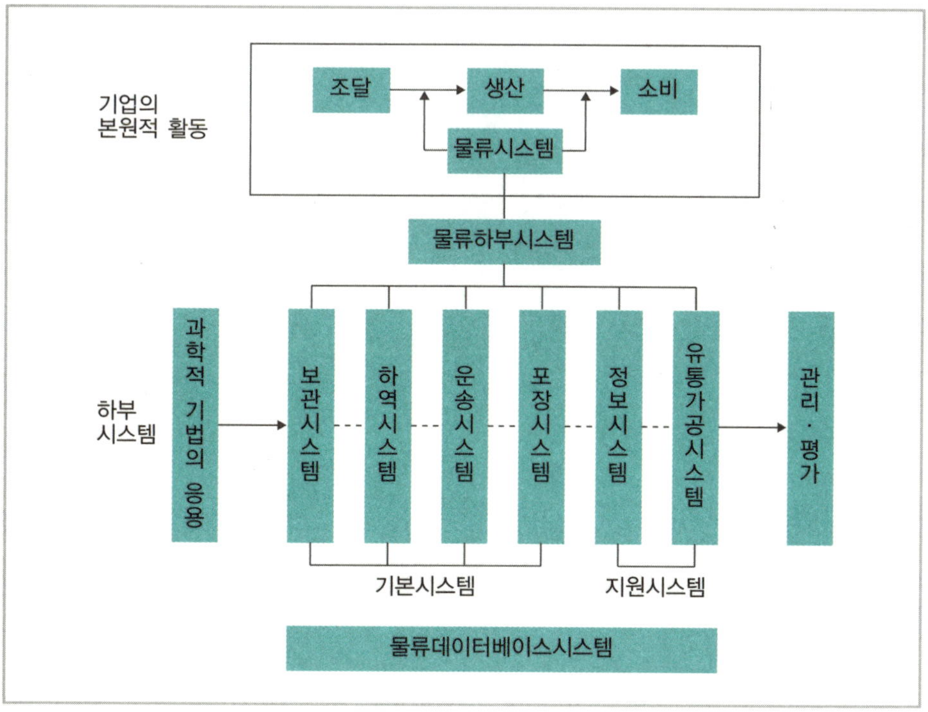

4. 소비자만족도와 가치창출

물류시스템의 경쟁적인 위치에서 기업경영의 핵심은 3C's, 즉 기업(Company), 경쟁자(Competitor), 소비자(Customer)의 관계를 어떻게 잘 유지하여 소비자에게 비용을 줄이고 가치를 창출시켜 만족도를 높이느냐는 것이다.

그림 1-6 | 경쟁우위의 3C's

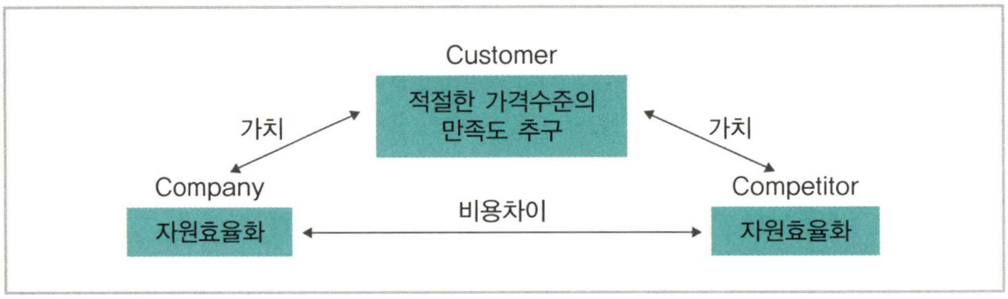

자료 : Ohmae K., *The Mind 7th Strategist*, McGraw-Hill, 1991, p.63.

제 2 장

물류관리와 조직

핵심내용

물류관리의 본질은 고객에 대한 양질의 물류서비스를 저렴한 물류비용으로 제공하는 데 있다. 이를 위해 최근에는 물류관리의 신사고와 리엔지리어링을 위해 시스템화, 네트워크화, 프로세서혁신, 자동화, 표준화를 추구하고 있으며 SCM(Supply Chain Management)의 개념으로 확대되고 있다.
물류관리에서 물류활동을 효과적으로 추진하기 위해서는 물류를 전문적으로 담당 · 관리하는 조직이 필요하다. 최근 들어서는 물류조직을 독립하여 물류자회사를 설립하거나 제3자, 제4자 물류업자에게 물류업무를 위탁관리하기도 한다.

주요용어

물류관리, 로지스틱스, SCM, 물류조직, 물류자회사, 제3자물류(3PL), 제4자물류(4PL)

제1절 물류관리

1. 물류관리의 정의

1) 로지스틱스 개념의 출현

1950년경부터 물류개념이 기업경영에 적용되기 시작하여 물적유통, 자재관리, 공급관리, 유통관리라는 용어로 사용되었다. 그 이후 로지스틱스(Logistics)가 기업에 응용되면서 비즈니스 로지스틱스, 마케팅 로지스틱스, 로지스틱스 관리, 로크레매틱스 등의 유사 용어로 사용되고 있다.

로크레매틱스(Rhocrematics)는 1960년 브리워(S.H. Brewer)에 의해 처음 사용된 용어로 조달물류를 포함한 화물의 흐름을 정보의 흐름과 결합시킨 시스템으로서 이 시스템을 관리하는 과학이라고 정의하고 공장, 물류시설의 합리적인 입지선정 문제를 하드웨어측면에서 관리하는 것으로 현재는 이 용어를 별로 사용하지 않는다.

최근에는 물류개념의 변화에 따라 물류 이외에도 로지스틱스라는 용어가 많이 사용되고 있다. 원래 로지스틱스란 프랑스에서 유래한 군사 용어로, 전쟁의 수행에 필요한 군인, 무기, 탄약, 식량 등을 공급하는 후방지원활동 전체를 가리켰으나 제2차 세계대전 후 로지스틱스라는 용어를 군사면에만 한정하지 않고, 일반적으로 특정 현상의 목적달성을 위해 필요로 하는 지원활동 전반에 적용하여 제품을 소비자에게 공급하는 전 과정 가운데 주요 역할을 할 수 있다고 인식하게 된 것이다.

2) 비즈니스 로지스틱스(Business Logistics)

근래에 와서 기업에서는 물류의 개념이 응용되어 비즈니스 로지스틱스라는 용어로 사용되고 있는데, 그 개념은 원재료의 조달에서부터 제품화되어 고객에게 인도될 때까지의 전체적인 화물의 흐름을 관리한다는 것이다.

따라서 조달물류, 생산물류, 판매물류가 함축되어 원재료의 조달계획에서부터 최종소비에 이르기까지 화물수송과 보관에 관계된 많은 물류활동을 일부분의 물류활동으로만 인식하지 않고, 물류활동을 효과적으로 결합시킨 전체 물류활동에서 최적화 · 효율화를 달성하면서 저렴한 비용으로 고객서비스 수준향상을 실현하는 것을 목적으로 하고 있다. 또한 수요창조활동인 마케팅과 상호 보완적인 관계를 가지면서 로지스틱스에 대한 인식에 변화가 있게 된다.

물류라는 용어가 사용되기 전부터 기업에서 시행되어 왔던 물류활동은 과거에는 수송과 보관이 중심이었다. 그 이후 하역, 포장, 정보 등이 물류개념에 포함되어 각 물류활동의 기능 간의 시스템화가 이루어지면서 물류합리화에 대한 관심이 높아졌으나, 물류활동을 아직 거래활동을 전제로 한 재화 및 서비스의 물리적인 이동으로 혹은 상류활동의 사후활동으로만 인식되었다.

로지스틱스는 고객서비스를 주요 목표로 두고 있기 때문에 미국은 일반적인 물류개념보다 로지스틱스를 보다 중요시하고 있다. 이렇게 물류 개념과 용어사용의 변화에 따라 미국의 물류관리협의회(National Council of Physical Distribution Management)는 1985년 그 명칭을 미국 로지스틱스관리협의회(Council of Logistics Management)로 변경하게 된다.

3) 로지스틱스의 개념

최근에는 기업의 전략적인 관점에서 물류활동을 인식하여 전략적인 로지스틱스의 개념으로 변화되어 기업경영에서 보다 확대된 개념으로 종합되고 있다.

[그림 2-1]에 따르면 로지스틱스시스템 내에서의 물적 유통의 위치는 매우 명확해진다. 완성된 제품을 고객에게 배송하는 과정이 로지스틱스이며, 유통의 일부인 물리적 · 구체적 행위를 가리킨다. 그런데 재화의 흐름과 보관은 제품에만 한정된 것이 아니고 원재료, 중간제품, 부품의 구매 시 발생하는 흐름과 보관도 관리대상으로서 인식해야만 한다는 것이다.

또한 제품을 제조하는 것은 생산활동 자체의 기능이지만 그 제품에 대한 수요를 충족하기 위한 제조지원활동도 로지스틱스의 하부시스템이 된다. 즉, 구매에 관계된 원재료나 중간제품, 부품의 흐름과 보관, 제조지원, 물류의 3가지의 하부시스템을 통합한 전 과정을 로지스틱스라고 하는 것이다. 그리고 로지스틱스 과정은 고객이 공급자에게 그 재화를 요구하는 정보의 흐름도 포함하여 재화가 점차 부가가치를 획득해 가는 과정으로 인식되고 있다.

그림 2-1 | 로지스틱스시스템

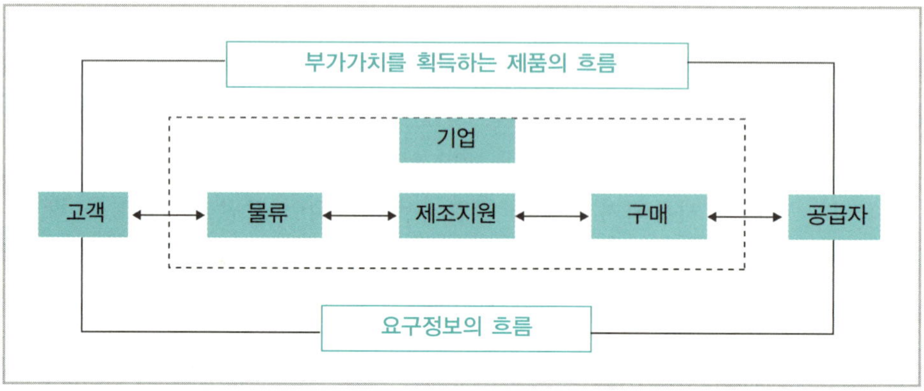

자료 : D.J. Bowersox, P.L. Carter and R.M. Monczka, *Materials logistics management*, IJPP& MM, 1984, pp.27~35.

Oxford 사전에 로지스틱스에 대한 정의는 "The detailed coordination of a complex operation involving many people, facilities, or supplies. Origin late 19th century in the sense 'movement and supplying of troops and equipment', from French logistique, from lodge"로 되어 있다. 로지스틱스는 19세기 경 군사작전 용어로 사용되었다는 것이 설득력이 있다.

> 영국의 공인물류교통원은 물류관리를 "Getting the right product to the right place in the right quantity at the right time, in the best condition and at an acceptable cost."로 정의하고 있다.

종합적으로 물류관리(Logistics)는 8R's를 추구하는 것으로 다음과 같이 정의할 수 있다.

> Logistics involves getting, in the right way, the right product, in the right quantity and right quality, in the right place, at the right time, for the right customer, at the right cost.

(1) 물류와 로지스틱스

종래의 물류와 로지스틱스의 차이를 살펴보면, 물류는 '생산된 상품을 소비자에게까지 이르는 과정에 있어서의 활동'이기 때문에 "필요한 물품을 필요한 장소에 필요한 시기에 적정한 가격으로 도달시키는 것"이라 할 수 있어 판매물류, 사내물류가 주 대상이다. 그러나 로지스틱스는 조달물류, 사내물류, 생산물류, 판매물류, 반품물류, 폐기물류 등 화물의 이동이나 정체현상을 총칭하는 것으로 사용되고 있다. 즉 로지스틱스는 생산지점에서 소비지점에 이르는 제품의 부가가치 획득의 전 과정을 통합적으로 인식한 것이다. 따라서 로지스틱스와 물류의 관계는 로지스틱스가 물류를 포함하는 것으로 설명할 수 있다.

표 2-1 | 물류와 로지스틱스의 비교

구분	물류	로지스틱스
영역	판매물류, 사내물류	조달물류, 사내물류, 판매물류, 반품물류
목적	비용절감	수익성 향상(매출증대, 이익확대)
기능	수요충족기능	수요창조기능, 수요조정통합기능
개념	효율개념(비용개념)	성과개념(가치개념), 통합개념

(2) 마케팅과 로지스틱스

마케팅은 본래 상품의 생산에서 최종소비자에게 도달하기까지의 모든 과학적 · 계획적인 경영활동을 그 내용으로 하고 있다. 구체적으로 살펴보면 시장활동, 제품활동, 정보활동, 거래활동의 기능으로 이루어져 있다.

시장활동은 소비자의 동향과 경쟁제품의 경향 등 시장의 상황을 파악하고 그 대책을 마련하는 활동이며, 시장조사가 주된 수단이다. 제품활동은 시장에 적합한 제품을 제공하기 위한 활동으로 제품계획 등이 수행되며, 정보활동은 정보의 관리, 광고선전, 판매촉진 등이 주된 방법으로서 행해진다. 그리고 거래활동은 상거래 계약을 체결하고 추진하는 활동으로 마케팅의 중심적인 역할을 하고 있는데, 가격정책, 판매경로, 판매계획, 제품관리, 고객서비스, 대금회수관리 등이 주된 수단이 되고 있다. 이상의 마케팅 활동들은 수요를 창조하는 역할을 하는 것이다.

전략적인 차원에서 코틀러(P. Kotler)는 마케팅믹스의 주요 요소로 제품계획

(Product), 가격정책(Price), 판매촉진(Promotion), 유통(Place)의 4P를 제시하고 있다. 즉, 마케팅의 목표인 기업의 장기적인 수익을 극대화하도록 마케팅믹스인 4P에 자원을 배분하도록 마케팅전략을 수립해야 한다는 것이다. 그러나 마케팅믹스의 요소들은 상호 의존관계가 높으며 타 부문과도 상호관계를 갖고 있기 때문에 마케팅전략의 수립 시에 이점을 고려해야 한다.

이에 반해 로지스틱스는 고객서비스의 향상과 총비용의 극소화를 목표로 하여 원재료 및 제품을 생산지로부터 소비지까지 이동시키고 취급하는 것이다. 로지스틱스의 구성요소를 살펴보면 고객서비스, 수주처리, 재고관리, 수요예측, 수송, 보관 및 하역, 포장, 정보 등으로 이루어져 있는데, 이 중에서 고객서비스, 가격결정, 포장, 판매점 입지선정 등은 마케팅의 활동내용과 서로 밀접하게 연관되어 있다. 따라서 마케팅 전략은 로지스틱스시스템과 물류비용에 영향력을 미치고 있다. 또다른 기업의 주요 경영활동으로서 생산부문이 있는데 마케팅과 마찬가지로 생산계획, 공장입지 선정, 구매활동 등이 로지스틱스의 활동과 연계되어 있다. 이와 같이 로지스틱스는 다른 기업 경영활동과 밀접하게 연관되어진 활동영역이 있기 때문에, 로지스틱스를 효율적이고 효과적으로 이행하기 위해서는 기업의 전체 시스템 차원에서 접근해야 할 것이다.

한편 기존의 마케팅에서는 로지스틱스에 대해 그 중요도를 크게 인식하지 못하다가 최근에는 로지스틱스가 독립적으로 기업경영관리의 한 분야로 발전하고 있다. 현재 미국의 500대 기업의 50% 이상이 마케팅과 로지스틱스를 분리해서 관리하고 있다. 로지스틱스가 마케팅으로부터 독립적으로 발전하게된 이유는, 첫째 물류비가 증가함에도 불구하고 최고경영자들이 제대로 인식하지 못하고 단지 수송비와 보관비의 절감에만 주력을 했기 때문이며, 둘째 마케팅에서는 수송, 보관 등 로지스틱스의 개념을 연구 · 개발하지 못했고, 셋째 유통경로에서 수송, 보관 등 제품의 고객에 대한 인도활동을 로지스틱스에서 우선 관리하도록 하였기 때문이라고 설명할 수 있다. 결국 마케팅은 유통경로에서 가격결정, 판매촉진, 판매 등에서만 그 역할을 할 수 있게 된 것이다.

[그림 2-2]를 살펴보면 마케팅과 로지스틱스의 독립적이면서도 밀접한 연계관계가 있음을 알 수 있는데, 기업이 이익창출을 위해서 고객서비스는 마케팅과 로지스틱스 관련된 물류비용 간에 상충관계를 해결해 나가는 것이 매우 중요한 핵심기능이다.

그림 2-2 | 마케팅과 로지스틱스 관계

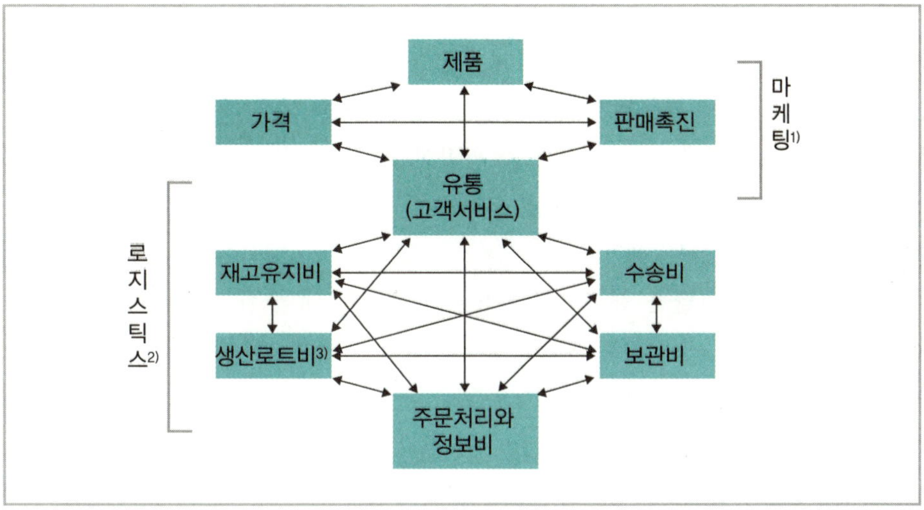

자료 : Douglas M. Lambert, Stock J. R., *Strategic Logistics Management*, 3rd ed. Irwin, Boston, MA,. 1993.

주 : 1) 마케팅목표는 장기적으로 마케팅믹스를 통하여 자회사의 최대이익을 달성할 수 있도록 자원을 배분관리하는 것.

2) 로지스틱스의 목표는 소비자의 만족을 충족시킬 수 있는 수준에서 총비용을 최소화하는 것.

3) 동일품목을 동시에 계속해서 만드는 일련의 생산량을 생산로트(lot)라고 함. 가능하면 로트가 클수록 생산화율은 좋아지는 반면 재고는 증가하며 고객의 납기를 맞추는데 어려움이 있음.

2. 물류관리의 특성과 기능

1) 특성

로지스틱스의 본질은 고객에 대한 양질의 물류서비스를 저렴한 물류비용으로 제공하는 것이다. 구체적인 목적을 살펴보면 다음과 같다.

- 고객에게 상품을 적절한 시기에 정확하게 도달시킨다.
- 고객주문에 대하여 상품의 품절없이 제공한다.
- 물류거점을 적절히 배치하여 배송효율을 향상시키고 상품의 적정한 재고량을 유지한다.
- 수송, 보관, 하역, 유통가공의 작업을 합리화한다.
- 주문에서 출하까지의 정보를 원활화한다.
- 물류비용을 최저로 한다.

로지스틱스는 생산 및 마케팅과 함께 경영의 3가지 활동 중 하나이다. 생산은 제품기능을 창출해 내고 마케팅은 마케팅서비스를, 로지스틱스는 고객서비스를 산출하는 것이다. 이 제품기능과 마케팅서비스 및 고객서비스를 산출하는 데 필요한 비용이 합쳐져 고객에게 제공되어 고객의 만족과 불만족이 결정된다.

로지스틱스는 물류의 전체 흐름을 관할한다. 조달, 생산, 유통이라는 흐름에서 공급자에서 최종고객에 이르기까지를 하나의 선으로 생각하고, 이것을 어떻게 관리할 것인가 하는 것이다.

과거의 물류는 효율을 중시하여 비용을 억제하는 데 중점을 두었지만, 로지스틱스는 물류성과를 중시한다. 다시 말하면 성과가 비용보다 많으면 비용을 들여도 좋다는 전략적 사고방식이다.

로지스틱스는 생산과 판매를 통합하여 고객에 대한 물류서비스를 향상시키고 종합적인 물류비용을 감소시켜 매출증대와 이익확보를 목적으로 하는 것이라고 할 수 있다. 로지스틱스는 경영전략의 하나로 고객에의 물류서비스 목표를 설정하는 것에서부터 로지스틱스시스템을 구축할 필요가 있다.

로지스틱스가 제대로 기능하려면 물류거점 네트워크의 구축, 정보지원, 조직편성, 인재육성 등이 우선 실행되어야 한다. 물류거점 네트워크에 대해서는 조달네트워크, 생산네트워크, 물류네트워크, 유통네트워크를 연결한 종합적 네트워크의 구축이 필요하다. 정보지원은 물류부문에 관한 작업수준의 정보가 아닌 경영전략을 책정하는 데 이용하는 정보, 다시 말하면 제품이 어느 지역에서 잘 팔릴 것인가, 어느 물류센터에 얼마만큼의 재고가 있는가 등을 파악할 수 있는 전략물류정보 네트워크를 구축해야 한다.

로지스틱스는 고객만족을 얻기 위해 조달부터 소매점에 대해 제품을 효율적·효과적으로 신속히 공급하는 것이다. 따라서 로지스틱스의 특징을 구체적으로 살펴보면 다음과 같다.

- 로지스틱스의 목표는 고객서비스 향상에 있다.
- 조달물류를 포함해 전 유통채널의 물류활동을 포함한다.
- 부문최적에서 전체최적을 목적으로 한다.
- 효율적인 성과(매출증대, 이익증대)를 중시한다.
- 실제 수요에 따라 제품을 공급한다.
- 화물의 흐름을 일원화한다.
- 정보를 축으로 한다.

• 기업의 생산과 판매와 함께 최고수준의 기능이다.

2) 로지스틱스의 기능

로지스틱스의 기능은 수요충족기능, 수요창출기능, 수급조정통합기능으로 구분할 수 있다.

(1) 수요충족기능

로지스틱스의 역할은 "생산된 상품을 소비자에게 전달하는 과정의 모든 활동" 또는 "필요한 물품을 필요한 장소와 필요한 시간에 적정한 가격으로 전달하는 것"이다. 이러한 기능은 고객에게 상품을 공급하는 활동으로서, 수요를 충족시키는 기능을 의미하는 것이다.

특히 최근에 와서는 로지스틱스의 수요충족기능에 보다 큰 요구가 있다. 즉, 경제성장에 따른 소비자의 요구가 고도화 · 다양화 · 개성화되어 감에 따라 다품종화가 진행되고, 판매경쟁이 치열해짐에 따라 리드타임의 단축, 정시 · 긴급배송 등 높은 수준의 물류서비스가 요구되고 있다.

(2) 수요창출기능

경쟁이 치열한 상황에서 상품의 차별화와 판매활동의 고도화를 꾀하고 더 나아가 물류서비스를 차별화하여야 한다. 최근에는 상품의 품질이나 가격은 유사하기 때문에 판매경쟁수단으로써 물류를 강조할 필요가 있다. 판매촉진이나 판매지원과 같은 수요창출기능이 점점 중요하게 여겨진다. 즉, 로지스틱스의 수요창출기능은 기업경쟁력의 주요 경쟁수단이며, 마케팅기능을 갖고 있다.

(3) 수급조정통합기능

다품종화에 따라 판매예측이 불확실하고, 제품의 수명주기가 단축되어 제품의 품절이나 과잉재고가 발생하기 쉽다. 따라서 판매정보와 재고정보를 신속히 파악하는 것은 기업에게 있어 매우 중요한 일이다. 이 판매정보와 재고정보를 전사적으로 정확히 파악할 수 있는 것은 물류부문이다.

즉 물류부문은 판매계획의 실적과 차이를 신속 · 정확하게 파악하고 그 시정조치를 할 수 있는 위치에 있기 때문에 수요와 공급을 잘 조화시키는 수급조정

통합기능이 있다. 따라서 로지스틱스는 생산과 판매를 통합하는 역할을 담당하고 있다. 이러한 생산과 판매를 통합하는 수급조정통합기능은 경영전략의 일환으로서 중요한 기능이다.

앞으로 로지스틱스의 역할은 수요충족기능뿐만 아니라 수요창출기능과 수급조정통합기능이 점점 더 강조될 것이다.

3. 물류관리의 구성요소

로지스틱스의 구성요소에서 투입(input)은 물적자원, 인적자원, 재무적자원, 정보자원이며 로지스틱스과정이란 공급자와 판매자를 원천으로 하는 재화의 흐름은 원재료, 반제품, 완제품이라는 변환과정을 통하여 고객이란 종착점에 도달하기까지의 전 과정을 말한다. 이 전 과정에서의 흐름과 재고에 관한 관리를 담당하는 것이 로지스틱스관리이다.

로지스틱스 관리과정이란 관리행동을 추진시키고 있는 것을 계획-실시-통제하는 경영관리행동의 구조와 같다. 또 로지스틱스과정은 구체적으로는 14개의

그림 2-3 | 로지스틱스 관리과정

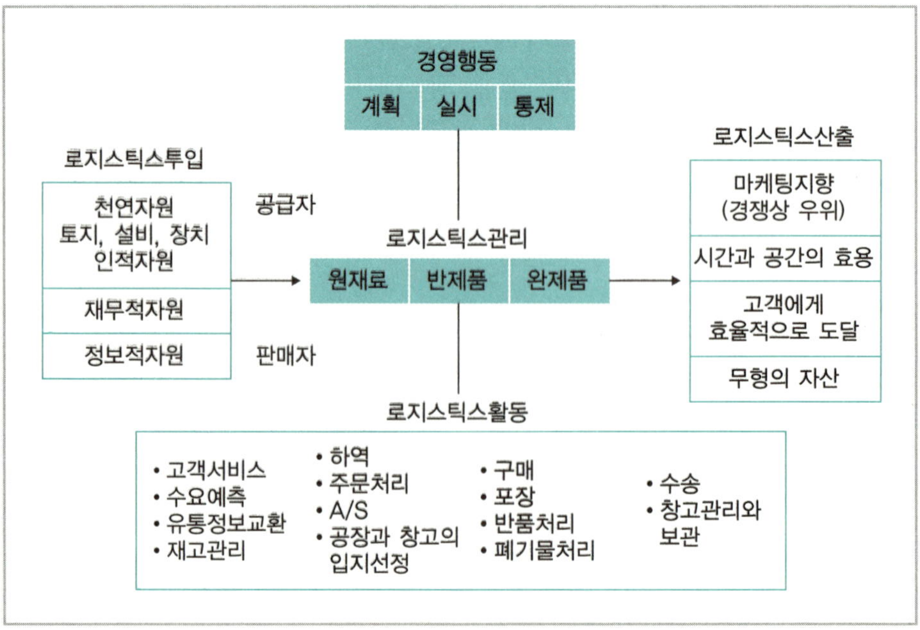

개별 로지스틱스 활동으로 구성되고 있다. 이 14개의 개별활동을 실행하고 통합함으로써 재화는 고객까지 도달된다.

이와 같은 경제적 행위에 의해 창출되는 산출(output)은 다음의 4가지가 있다.

1) 로지스틱스 산출

(1) 마케팅지향

로지스틱스는 소위 마케팅 4P에서 유통(place)을 중심으로 이루어지는 경제활동을 가리키며, 다른 3가지의 구성부분과 협동하여 마케팅의 목적달성에 공헌하고 있다. 여기에서 마케팅의 목적이란 기업의 경쟁시장에서의 우위에 서는 것이다. 즉 로지스틱스 활동을 유효하게 실시함으로써 고객의 만족을 얻어 경쟁기업보다 경쟁적 우위를 획득할 수 있는 것이다.

(2) 시간적 · 장소적 효용의 창출

경제행위로서의 로지스틱스 활동이 창출하는 가치는 시간적 효용과 공간적 효용이다. 로지스틱스는 필요로 하는 제품을 필요로 하는 때에, 필요로 하는 장소에, 필요로 하는 수량, 적정한 가격으로 공급하는 것이다. 이것을 실행함으로써 얻어지는 가치가 공간적 가치, 시간적 가치이다. 로지스틱스의 기능은 공급자와 수요자 사이에 존재하는 공간적 · 시간적 차이를 극복함으로써 부가가치가 창출된다.

(3) 이용가능한 상태

제품을 고객이 효율적으로 접할 수 있게 하여 그것을 사용하고 또는 소비하는 것을 가능케 한다. 로지스틱스 비용의 발생을 줄이고 보다 효과적으로 이용 가능케 하는 데 활동의 목표가 있다.

경제활동에서 로지스틱스 비용이 증가추세에 있다. 그 결과 공간적 · 시간적 효용창출인 로지스틱스 활동의 기능이 오늘날 점점 중요한 의의를 가지고 있다. 따라서 비용을 적게 하여 효율적인 활동을 실시하는 것도 중요한 목적 중 하나이다.

(4) 기업의 무형자산으로서 로지스틱스 능력

기업 목표를 효과적·효율적으로 달성할 수 있는 기업의 로지스틱스시스템은 기업에 있어 귀중한 무형자산이며, 고객만족을 통해 경쟁기업보다 높은 비교우위를 유지할 수 있도록 하는 것이다. 이런 무형자산은 대차대조표상에 명시적으로 표시되는 것은 아니지만 고객으로부터 신뢰와 그로 인하여 사회적으로 확립되는 기업인식은 유력한 자산이 될 수 있다.

2) 로지스틱스의 주요 활동과 범위

로지스틱스 활동과정에 포함되어 있는 개별활동의 특성을 검토하면 다음과 같다.

(1) 고객서비스

고객서비스는 고객요구를 만족시키는 것을 의미한다. 고객서비스는 고객의 요구에 대한 만족도를 나타내는 비율로 서비스상태를 측정하고 관리하기 위한 지표로서 중요하다. 고객서비스 수준은 기업의 시장점유율, 물류비용, 수익성에 영향을 미친다.

그림 2-4 | 로지스틱스의 주요 활동과 범위

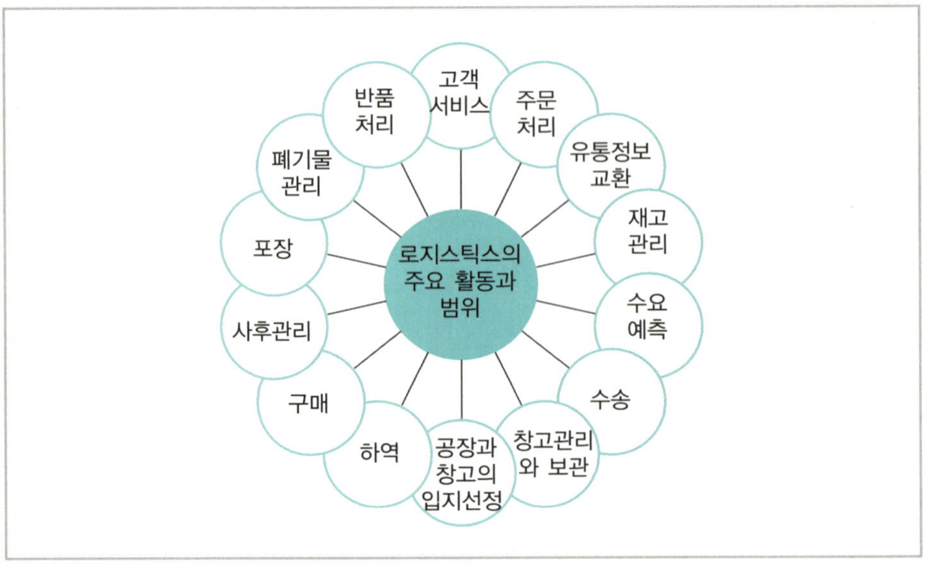

(2) 주문처리

주문처리는 수요충족행동의 지원작업을 의미한다. 이것은 물류활동이 고객으로부터 주문받는 것부터 시작되기 때문이다. 그리고 주문처리는 ① 주문처리작업, ② 통신, ③ 여신과 회계처리의 세 가지 요소로 구성된다.

주문처리작업의 신속성과 확실성은 고객서비스의 수행 수준에 큰 영향을 미친다. 그리고 이 주문처리작업이 개선된다면 고객에 대한 리드타임은 축소되며 그 결과 고객은 보유하는 제품재고의 수량을 감소시킬 수 있으며, 또한 보관장소의 면적을 축소할 수도 있다.

(3) 유통정보교환

정보교환은 전 로지스틱스 과정 및 고객 간에서 활성화된 연결고리이다. 정확하고 시기에 적당한 정보교환은 로지스틱스 관리를 성공으로 이끌며, 로지스틱스 공급시스템을 구성하는 주요 부분이 된다.

(4) 재고관리

재고유지비는 로지스틱스 비용의 큰 구성요소로서, 고객의 요구와 생산부문의 요구에 적절히 대응하기 위해서 제품과 부품, 필요자재의 재고관리는 매우 중요한 역할을 한다. 원재료, 부품, 중간제품, 제품을 재고관리하기 위해서는 보관공간과 자금을 필요로 한다. 이들 자원을 유효한 재고관리시스템을 통해 활용함으로써 보다 적은 로지스틱스 비용으로 보다 수준 높은 고객서비스를 제공할 수 있는 것이다.

(5) 수요예측

수요예측활동은 로지스틱스 활동의 하부구조, 즉 기초지원활동으로 이해되고 있다. 그러나 경영의 필수요건이기 때문에 전사적 입장뿐만 아니라 생산, 판매, 로지스틱스의 모든 부문에서 적절한 필요자원의 투입계획을 책정하기 위해서는 적절한 수요예측이 전제된다.

(6) 수송

로지스틱스의 개별활동 중에서 가장 중요한 활동이 수송이다. 수송기관의 선택, 수송업체의 선택 등을 의사결정할 수 있는 수송시스템 및 수송관리시스템이 필요하다.

(7) 창고관리와 보관

창고와 유통센터 등의 소위 물류네트워크의 물류거점(node)에서의 로지스틱스 활동도 고객서비스와 로지스틱스 비용에 큰 영향력을 갖고 있다.

(8) 공장과 창고의 입지선정

상품공급전략상 로지스틱스 비용에서 중요하게 고려되어야 한다.

(9) 하역

로지스틱스 활동은 본래 노동집약적인 성격을 가지고 있어, 노동생산성의 향상은 중요한 주제이다. 따라서 로지스틱스를 향상시키기 위해서 단위화(Unitization)는 하나의 주요 원리이며, 물류모듈화에 이어 기계화 · 자동화를 추진해야 한다. 그리고 인적자원, 설비자원의 효율적 활용과 기업생산성을 향상시키는 것은 물론, 고객서비스를 증대시키는 것과 깊은 관계가 있다.

(10) 구매

구매과정에서 구매선의 선정과 계약에 관한 사항은 상거래에 속한다고 간주해 왔지만, 재화와 서비스의 조달방법은 생산과 로지스틱스의 효율에 큰 영향을 준다. 차후에 본 서에서 설명하게 될 MRP, DRP, JIT 등의 수법활용에 따라 기업들은 구매, 생산, 물류의 각 하부시스템의 통합화가 활발하게 진행되고 있다.

(11) 사후관리

제품을 받은 후의 서비스 활동인 사후관리는 인수한 제품에 클레임이 발생했을 때는 클레임을 처리하고, 고장이 나면 고장수리, 부품이 파손되면 즉시 보수부품을 제공하는 등의 활동을 말한다.

(12) 포장

포장은 물류활동의 출발점으로 보관, 수송, 하역 등 로지스틱스 활동의 효율성에 큰 영향을 준다. 또 최근 복합일관수송체제의 실현을 위해 포장의 단위화도 중요 과제가 되었다.

(13) 폐기물처리

고객 또는 소비자가 재화를 사용하거나 소비 중에 발생하는 폐기물이나 그후에 발생하는 폐기물을 공급처 또는 자연에 재순환시키는 활동을 의미한다.

(14) 반품처리

시장에서의 반품처리는 대부분 상당히 비용이 드는 비경제적인 활동이다. 그러나 소비자의 욕구가 다양해짐에 따라 상품의 다종류화, 상품수명의 단축화, 시장환경의 변동성의 증폭, 경쟁조건의 격화 등의 경영환경에서 반품처리는 로지스틱스의 주요 활동이 된다.

4. 기업전략적 물류관리 목표

기업의 성공은 물류관리를 경쟁적으로 할 수 있는지 여부에 달려 있을 정도로 이에 대한 인식이 높아지고 있다. 기업이 조직을 변화시키고 기업전략을 고도화하고 있다. [그림 2-5]와 같이 물류관리 목표와 방법을 통해 기대하는 효과를 달성할 수 있는 메커니즘을 확보해야 한다.

첫째, 기업경영의 합리화, 경쟁력강화 및 기업의 성장목표에 대한 기업차원에서 성취가능한 목표를 설정하여야 한다. 둘째, 달성가능한 목표에 근거한 실천계

그림 2-5 | 기업의 전략적 물류관리 목표

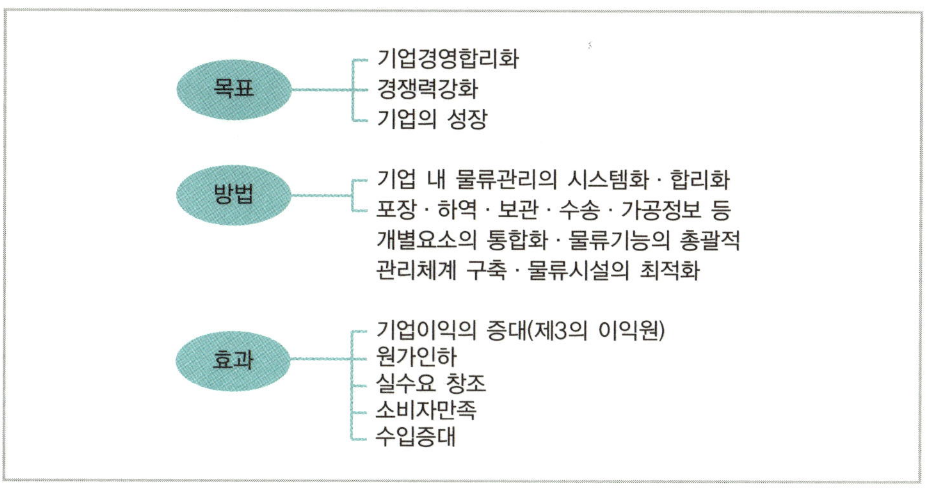

획을 물류시스템 합리화, 각 물류관련 요소의 통합화, 물류관리체계의 구축과 물류관련 시설의 최적화를 달성할 수 있는 방법을 마련하여 추진해야 한다. 끝으로 전략적 목표에 근거하여 물류관리기법 등을 개선하면 그에 대한 효과는 기업이익이 증대될 수 있어 제3의 이윤획득이 가능하다. 추가적으로 원가를 인하할 수 있으므로 실수요가 창출되고 소비자를 만족시켜 이익을 최대화할 수 있게 된다.

5. 물류관리의 새로운 경향

1) 물류과정의 혁신

물류관리의 신사고와 리엔지니어링(Reengineering)은 물류 구성요소를 ① 시스템화, ② 네트워크화, ③ 프로세스의 혁신, ④ 자동화, ⑤ 표준화로 구분하고 있다.

첫째, 물류기능의 시스템화는 수송, 보관, 포장, 하역, 가공, 정보기능을 토털 시스템적으로 관리하는 것이다.

둘째, 네트워크화는 하드웨어적인 수송로(link)와 물류거점(node) 및 수송수단(mode)을 연계 체계화하는 것이며 소프트웨어인 물류와 정보를 합하여 부가가치 물류망을 구축한다는 것이다.

셋째, 물류과정의 혁신은 다음 [그림 2-6]과 같이 목표에 적합한 방법을 단순

그림 2-6 | 물류과정의 혁신

구분	내용
목표	단순화, 무재고화, 공동화에 의한 원가절감
방법	① 수송개혁 : 단순화 • Hub & Spoke화(교차수송배제) • 산지 직송화, 계획적 배송 ② 보관개혁 : 무재고화 • JIT화 • 창고의 배송센터화 ③ 중복설비투자의 배제 : 공동화 • 육 · 해 · 공 일관수송, 공동창고, 공동배송

그림 2-7 | 물류기술의 혁신

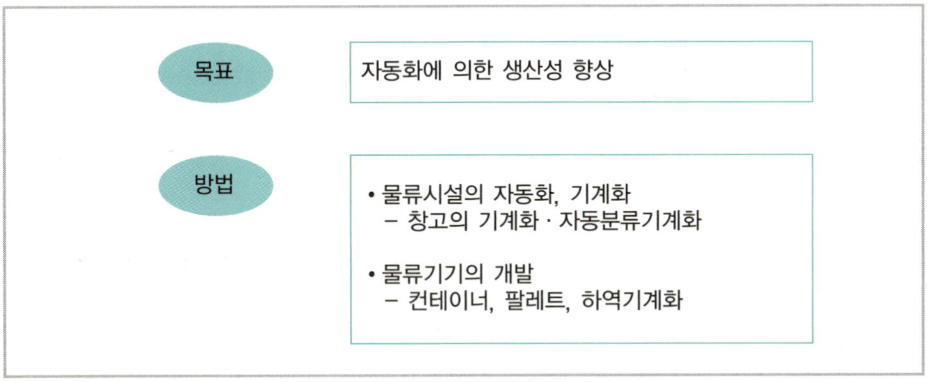

화, 무재고화, 공동화 등으로 관리기법 등을 개발하여 투자하는 것이다.

넷째, 물류기술혁신의 기본목표는 자동화에 의한 생산성 향상에 있다.

다섯째, 물류의 표준화는 개별기업뿐만 아니라 국가적으로 이루어져야 한다.

2) 물류관리와 SCM

물류관리(Logistics) 개념이 SCM으로 발전하고 있다. 1960년대 및 1970년대까지만 해도 물류관리 중심으로 접근했으나 1980년대에 이르러 SCM과 로지스틱스에 대한 이해와 접근이 상이하게 이루어지고 있다. M. Christopher 교수는 SCM은 물류제공자(upstream)과 물류이용자(downstream)의 연결을 관리하는 것이라 정의했다.

SCM은 vertical 통합을 지향하는 것으로 이해된다. 로지스틱스와 SCM의 비교를 전통주의자 · 통합론자와 교차협력론자(intersectionist)의 견해에 따라 다음 [그림 2-8]과 같이 이해되고 있다. 그러나 본서에서는 실무적으로 접근이 용이하고 보편화되어 있는 통합론자 개념에 근거하여 작성되었다. 즉, 로지스틱스는 SCM의 일부분이고, SCM은 로지스틱스보다 넓은 의미로 받아들인다.

Lalwani 교수는 SCM 범위와 개념을 "Supply chain management(SCM) is the management across a network of upstream and downstream organisations of material, information and resource flows that lead to the creation of value in the form of products and/or services."로 규정하고 있다.

그림 2-8 ❙ 공급사슬의 진화

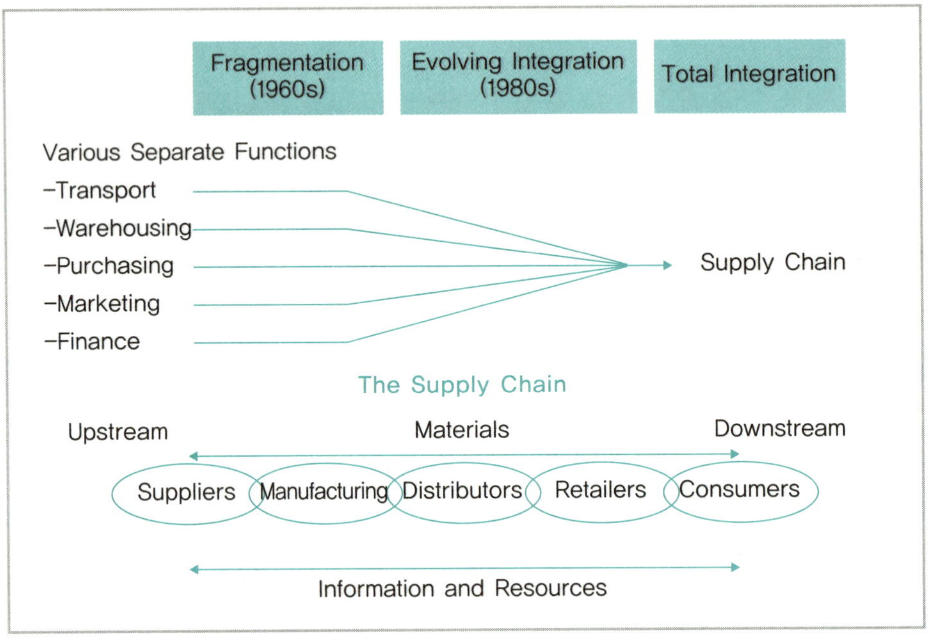

자료 : *Global Logistics & SCM*, J. Mangan, John Wiley & Sons, Ltd. 2008, p.10.

그림 2-9 ❙ 로지스틱스와 SCM에 대한 관점

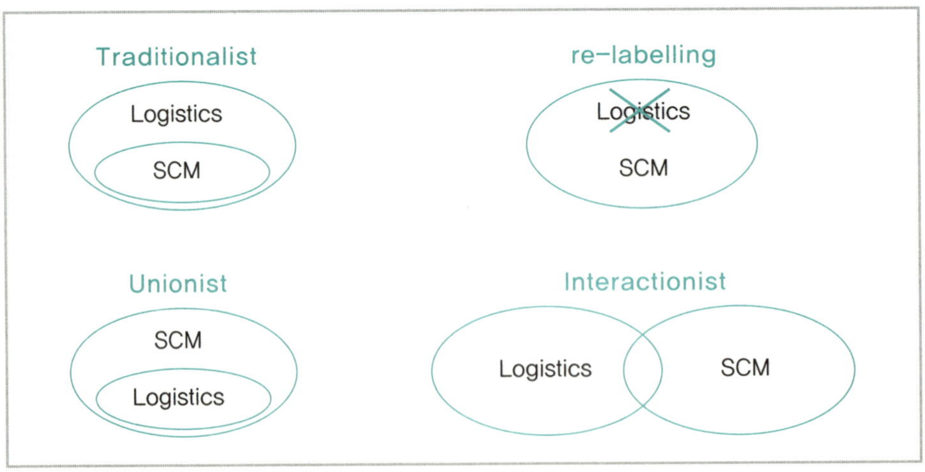

자료 : Larson P. & Halldorsson A.(2004).

제2절 물류관리조직

1. 물류관리조직의 특성

1) 개념

물류시스템에서 물류활동을 효과적으로 추진하기 위해 물류를 전문적으로 관리 · 담당하는 조직이 필요하다. 물류관리조직이란 기업 내 물류관리 및 관련업무를 수행하기 위해 책임과 권한을 체계화시킨 조직이며, 이 조직을 통해서 기업은 물류활동의 효율화 · 체계화 · 통합화가 이루어지고 고객서비스 개선 및 경영활동의 고도화가 달성된다. 그러나 물류관리조직은 물류활동의 특성상 기존 조직과의 업무영역과 기능을 구분하기가 용이하지 않을 뿐만 아니라 물류활동에 대한 기업의 전사적 관심 정도에 따라 물류조직과 활동의 규모가 결정되는 특성을 지니고 있다.

종래의 물류조직은 생산이나 판매부서에 종속되어 있어 지원부서의 역할만을 수행해 왔으나 현재의 물류조직은 생산 · 판매부서로부터 독립되거나 통합되어야만 물류혁신이 가능하게 되었으며, 장기적으로는 물류조직이 전문성있는 통합적이며 전사적인 조직으로 발전을 추구하고 있다.

물류관리의 인식이 변함에 따라 이에 대응하는 조직구조도 발전하고 있다. 1단계는 물류관리에 비용절충관계를 실현시키는 것이 중요한 활동이다. 특히 수송활동은 물리적 배분 비용과 서비스 목표를 달성하기 위해 재고와 주문과정을 공동으로 행하여 관리한다. 구매, 입고수송, 원재료 등을 단일조직에서 관리하는 형태이다.

2단계 조직은 최고의사결정자가 물적 공급이나 물적 유통에 관련된 물류활동 또는 물류활동을 담당하는 공식적 구조를 관리한다.

3단계 조직은 물리적 공급과 분배, 모두에게 해당되는 물류활동의 전체통합을 의미하는 조직구조이다.

2) 물류조직의 선정요인

물류조직은 공식화, 형태, 관리, 기능, 영역 및 예산에 따라 구분할 수 있다.

(1) 공식화

물류관리조직구조를 선택할 때는 우선 비공식적, 준공식적, 공식적 세 가지 기준을 고려해야 한다. 그러나 이 기준들이 모든 기업에 적합하다고 볼 수는 없다. 즉, 물류관리조직의 형태는 기업 내의 인간관계, 전통적인 조직, 물류활동의 중요성에 따라 달라진다.

① 비공식적 조직

물류조직은 물류의 계획과 관리에 대해 물류활동 간의 상호협력을 구하는 것이 주요 목적이 된다. 그런데 상호협력은 비공식적 방법으로 많이 이루어지기 때문에 기존의 조직구조를 변화시키지 않고, 활동 간 또는 부문관리자 사이의 협력을 이루도록 한다. 수송, 재고관리, 주문처리과정과 같은 주요 물류활동의 영역을 구분하는 기업은 인센티브시스템을 통해 주요 물류활동의 협력을 만들어낸다.

많은 기업에서 주요 통제수단으로 사용하는 예산은 때때로 효과적인 협력수단이 되지 못한다. 예를 들면 운송관리자는 재고비용을 절감하기 위해서 운송비를 높게 발생시키는 것은 비합리적이라고 판단하기 때문이다. 비공식적인 조직으로서 인센티브시스템으로는, 첫째 물류활동의 상호협력을 증진시키는 방법으로 각 물류활동 간의 이전비용을 이용하는 것이다. 예를 들어 운송방법 의사결정은 재고수준에 간접적으로 영향을 미치지만 의사결정자는 운송비용을 절감시키는 것에만 주력한다.

둘째, 모든 물류활동에서 발생되는 물류비용에서 절감시킨 비용을 공동으로 관리하는 방법이다. 이 방법은 상충관계에 있는 물류비용의 균형을 통해 상당한 비용절감을 달성할 수 있다.

셋째, 물류관리의 비공식 조직으로 협력위원회를 이용하는 방법이다. 각 물류활동 관리자들로 위원회를 구성하여 협력을 도출해내는 것이다. 이 위원회를 통해 문제해결방안 모색이 용이하지만 집행력이 미약하다.

넷째, 최고경영자에게 수시로 물류의사결정 내용을 보고함으로써 협력을 구할 수 있는 방법이다. 최고경영자는 기업 전체 조직관점에서 물류활동 내용을 판단하기 때문에 적정한 의사결정을 내릴 수 있으며 타 기능부문과의 협력과 지원을 받기가 용이하다.

② 준공식적 조직

준공식적 조직형태는 물류계획과 운영을 위해 기업의 조직구조에 다양한 기능을 포함하는 것을 의미한다. 따라서 물류관리자는 물류와 다른 기능 영역을 포함하는 여러 가지 프로젝트를 구성한다. 이러한 형태의 구조를 매트릭스조직이라 하며, 특히 항공우주산업에 이용된다.

그림 2-10 | 물류 매트릭스조직

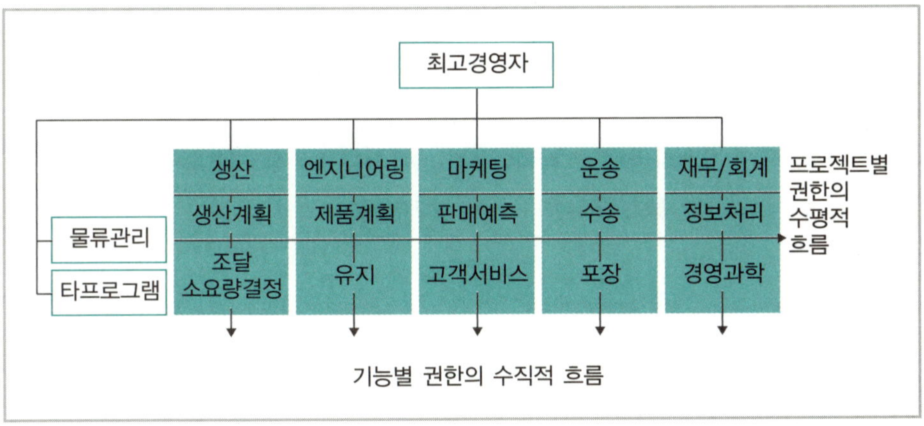

자료 : Daniel W. DeHayes, Jr., and Robert L. Taylor, "Making 'Logistics' Work in a Firm," *Business Horizons 15*, No. 3, June, 1972, p.44.

매트릭스조직에서 물류관리자는 개별 물류활동에 대해 직접적인 권한은 없지만 전체 물류시스템을 담당한다. 기업의 일반적인 조직구조는 변화가 없으나 물류관리자는 활동영역 관리자와 함께 의사결정 권한과 책임을 갖는다. 물류비용은 협력과 조정차원에서 물류프로그램뿐만 아니라 각 기능부서에 의해 결정되어야 한다.

매트릭스조직은 유용한 조직형태이지만 권한과 책임의 한계가 불분명하며, 갈등이 발생하면 쉽게 해결될 수 없다. 그러나 준공식적인 조직은 완전한 비공식 조직과 고도로 구조화된 조직의 중간형태이다.

③ 공식적 조직

공식적 조직은 물류에 대한 권한과 책임의 명확한 한계를 확립한 조직이다. 일반적으로 이 조직은 물류관리자의 지위를 격상시키고 재무, 마케팅과 같은 다른 주요 기능영역과 효과적인 타협을 할 수 있도록 조직구조내의 물류관리자에게 권한을 부여하는 것이다. 또한 이 조직은 비공식적 조직이 비효율적이라 판단되거나 혹은 기업 내에서 물류활동에 대한 관심이 주어졌을 때 기업은 공식적으로 조직형태를 만든다. 조직구조는 기업의 환경에 따라 다양하다.

공식적인 조직의 특징을 살펴보면, 첫째, 물류도 다른 주요 기능과 같이 고유영역을 책임지는 권한을 갖는다. 따라서 물류관리자가 부서 간 갈등을 해결하는데 동등한 자격을 갖게 된다. 다른 기능영역과 동일한 위치를 조직 내에서 차지한다는 것은 전체적으로 기업의 경제적 이익을 위해 수행할 수 있는 힘의 균형을 갖게 된다는 것이다.

둘째, 하위영역은 물류부서 책임자 밑으로 범위가 결정된다. [그림 2-11]은 조직적이고 중앙집중화된 조직으로서 오늘날 일반화된 조직형태를 나타내고 있다. 이 조직은 자재관리와 물류관리를 통합한 형태로, 제조업과 서비스업의 공급활동을 중심으로 한 물류관리에 유용한 모델이다.

그림 2-11 | 공식화, 집중화 물류조직구조

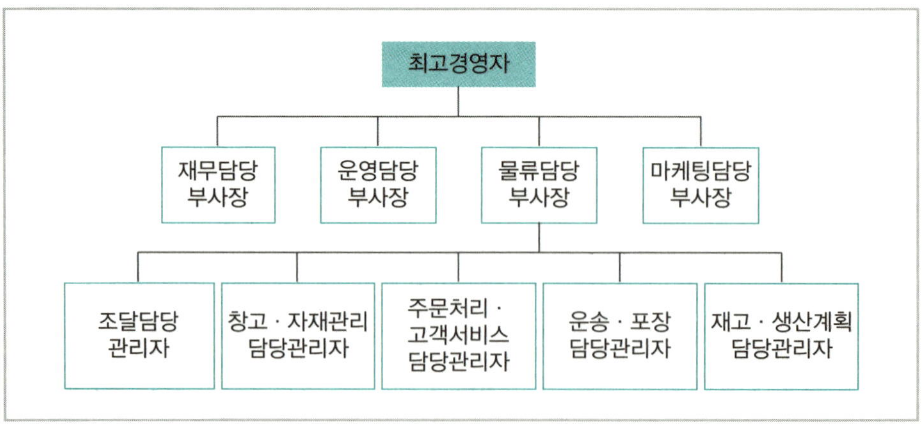

자료 : Ronald H. Ballou, *Business Logistics Management*, 3rd ed., Prentice-Hall Inc., 1992, p.622.

(2) 형태분류

물류조직을 조직형태에 따라 분류한 것으로 사내조직, 독립자회사조직이 있다. 자회사 조직은 하청형 자회사와 물류전업형 자회사로 나뉜다.

그림 2-12 | 형태분류

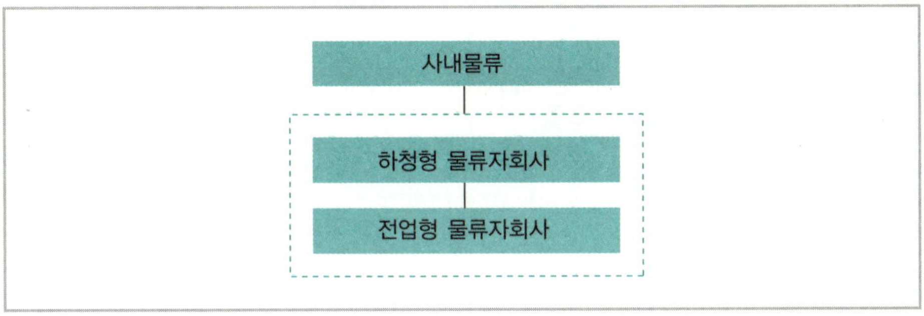

(3) 관리분류

물류의 권한과 책임을 분권화(decentralization) 또는 집권화(centralization) 하느냐에 따라 분류하는 방법으로 분산형, 집중형, 집중분산형의 세 종류가 있다.

집중형조직은 모든 제품에 대한 기업의 관리기준에 따라 물류활동을 한 지점으로 집중한 조직형태이고, 분산형 조직은 제품그룹이나 부서에 물류관리에 관한 권한과 책임을 분산시키는 조직형태이다. 그리고 집중분산형 조직은 관리분류와 기능분류를 조합시킨 조직형태로 집중형조직과 분산형조직의 장점만을 얻기 위해 절충시킨 조직이다.

집중형조직은 물류활동을 집중적으로 관리하기 위한 조직이기 때문에 단일조직으로 효율적으로 수행할 수 있는 장점이 있다. 분산형 조직은 집중형조직보다 고객의 요구를 신속하게 대응할 수 있는 장점이 있으며, 생산라인이 마케팅, 로

그림 2-13 | 관리분류

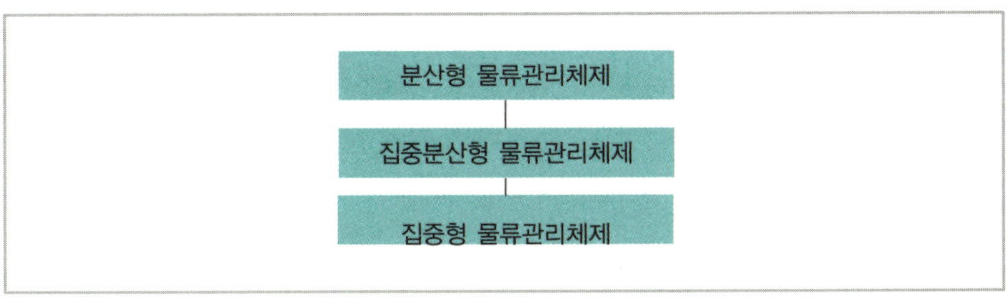

그림 2-14 | 중앙집관화 물류조직

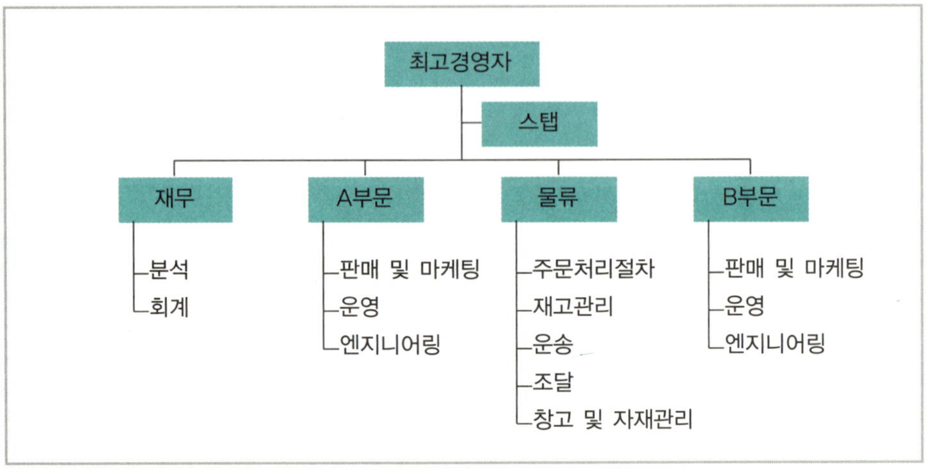

그림 2-15 | 분권화 물류조직

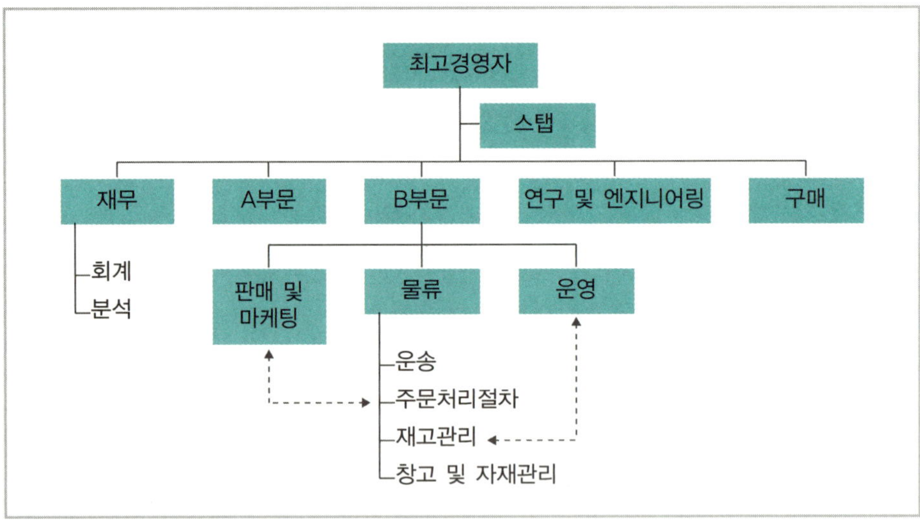

지스틱스, 제조특성 등에 있어서 상이할 때 그리고 규모의 경제성이 적을 때 유효한 조직이다. 그러나 현실적으로 대부분의 기업들은 순수한 집중형 또는 분산형조직을 채택하지 않는다.

(4) 기능분류

기업조직은 라인(Line)과 스탭(Staff)으로 분리된다. 라인활동은 제품 또는 서비스의 생산과 판매에 직결되며, 스탭활동은 기본적으로 분석, 조사, 권고 등의 성질을 가져 생산, 판매의 라인업무를 돕는 서비스를 제공하게 된다.

조직의 기능관점에서 분류하는 것으로 라인업무형, 스탭업무형, 라인과 스탭 겸무형, 매트릭스형이 있다.

라인업무형 조직은 물류조직의 목적을 직접 달성하고자 하는 업무수행의 기능이 중심이 된다. 이 조직은 단순한 업무를 수행하거나 소규모 조직에 적합하다. 또한 물류관련 권한과 책임의 한계가 분명하고 신속한 의사결정과 일원화된 물류관리로 물류활동의 추진이 용이하다. 그러나 물류업무가 경직되고 현상유지의 가능성이 높으며 물류전문요원의 활용도가 낮아 단점으로 지적되고 있다.

반면 스탭업무형 조직은 지원기능을 위주로 하는 물류조직이다. 이 조직은 물류부문과 판매부문 간에 조화를 높일 수 있으며, 생산과 구매부문 간의 상충된 의견을 조정할 수 있다. 또한 전체 물류시스템의 정합성을 유지하고 신축적인 물류관리를 수행할 수 있다. 그러나 스탭업무형 조직은 물류관련 책임소재가 불분명해서 물류활동의 추진력이 결여될 수 있으며, 일괄적인 물류관리가 어렵다. 또한 스탭형조직은 현장의 인식과 이해없이 물류계획을 입안하고 수행할 수 있기 때문에 항상 현장과 긴밀한 관계를 유지하고 현상파악을 해야 한다. 그리고 라인, 스탭겸무형 조직은 라인과 스탭 간의 갈등을 해소하기 위한 조직으로, 책임과 권한의 한계를 분명히 설정하고 가능한 조직원 간의 친밀도를 증진시키고 직무를 순환시키는 특성을 지니고 있다.

많은 기업들은 물품의 운송 또는 보관활동에 라인업무형 조직보다 스탭업무형 조직을 선호하고 있다. 스탭업무형 조직의 물류관리자는 마케팅과 같은 다른 라인기능에 자문역할을 하게 된다. 그리고 라인조직하의 직원들 간에 충돌이 발생하거나, 물류활동이 판매, 생산 등 다른 기능보다 중요도가 낮을 경우, 계획업무가 관리업무보다 더 중요한 경우, 그리고 제품부서에서 물류관리업무를 분담해야할 서비스로 간주할 때 스탭업무형 조직은 좋은 대안이 된다.

스탭업무형 조직은 집권화 또는 분산화 정도에 따라 어느 부서에도 구성될 수 있으며, 최고경영자의 측근에 위치하기도 한다. 물류스탭은 자문역할을 하기 때문에 간접적인 권한을 부여받으며, 기업수준의 물류스탭은 부서수준의 라인형 조직보다 많은 권한을 갖게 된다.

한편 매트릭스(Matrix)조직은 [그림 2-10]에서 살펴보았듯이 기능별 조직 면에서 가장 보편화된 물류조직으로서 각 해당부서별 물류기능을 매트릭스화한

그림 2-16 | 스탭업무형 조직

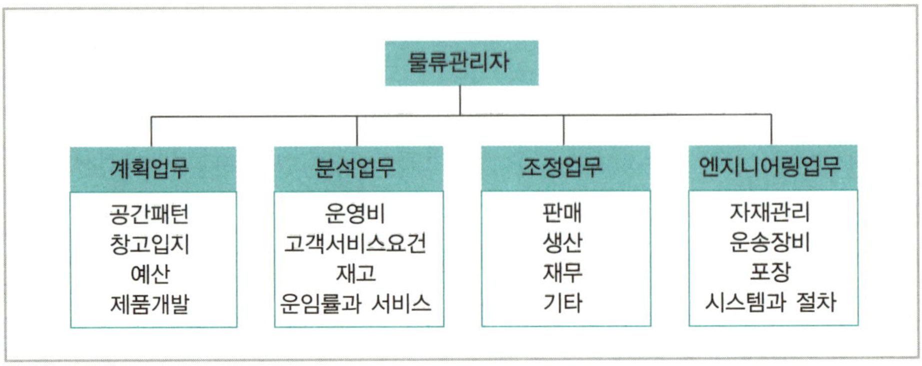

것이다. 이 조직은 물류전문요원과 물류설비를 효율적으로 수행하도록 동기를 유발시키는 물류조직이다. 그러나 조직구조가 상당히 복잡하고 물류관련 조직 간에 갈등을 조장하는 경향이 있으며 물류비용이 중복으로 발생할 수 있는 단점이 있다.

그림 2-17 | 라인업무형 조직

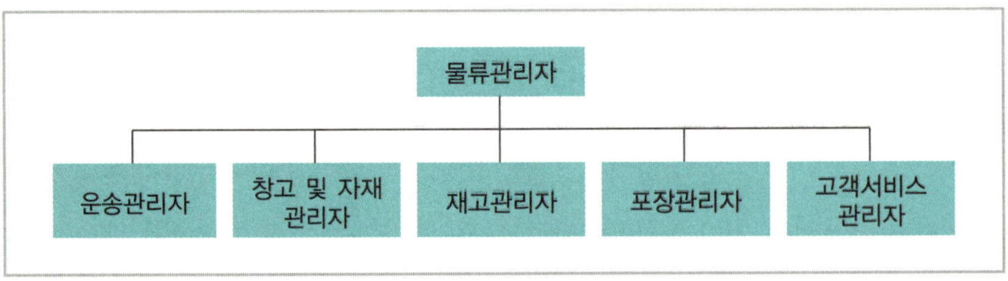

그림 2-18 | 라인과 스탭겸무형 조직

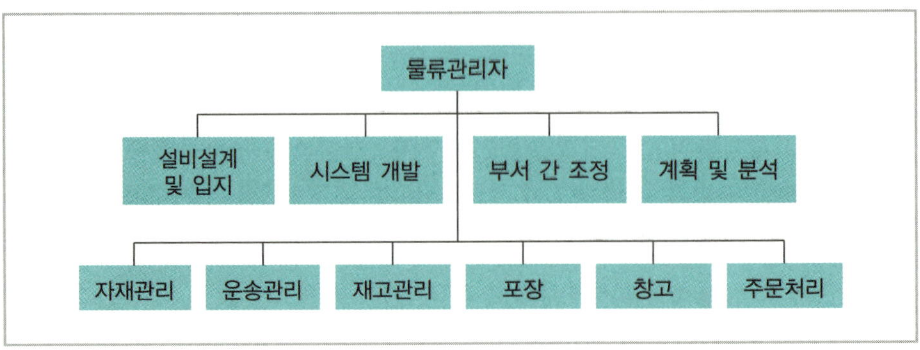

(5) 영역분류

물류조직의 업무영역에 따른 분류로 개별형, 조달형, 마케팅형, 종합형, 로지스틱스형 물류조직이 있다.

개별형은 각 조직 내의 일부로서 조직이 구성되어 있는 것이며, 조달형은 자재부문의 조달물류에 관련한 조직이다. 그리고 마케팅형은 영업부문에 물류조직을 구성한 형태로 보편화된 조직이다. 또한 종합형은 독립적으로 조직을 구성하여 생산과 판매를 조정하는 기능을 수행한다. 로지스틱스조직은 다국적기업의 물류조직 유형으로 국제생산 입지선정, 생산입지별 생산할당, 국제자원조달 등 국제로지스틱스 전략과 관련된 물류조직이다.

그림 2-19 | 영역분류

로지스틱스형 물류조직	다국적기업의 물류조직
종합형 물류조직	독립하여 생산과 판매의 조정기능을 담당
마케팅형 물류조직	영업부문형, 보편적인 물류조직
조달형 물류조직	자재부문형, 조달물류조직
개별형 물류조직	국내외의 각 조직 속의 일부로서 물류조직

(6) 예산분류

예산상의 특성에 의해 분류하는 것으로 프로젝트형, 통상형, 비용센터형, 이익센터형이 있다.

프로젝트형은 프로젝트별로 목적, 기간, 비용을 계획하는 경우 활용되는 임시조직으로 보통 2~3년간 구성된다. 통상형은 설비투자 등 특수예산을 제외하고 예산편성, 사용용도 등을 타 부문과 동일하게 처리하는 유형이다. 비용센터형은 프로젝트 예산을 물류부서에서 계상하고, 물류비용을 관련부문에 배분하는 유형이다. 이익센터형은 물류부문이 이익예산을 계산하는 방식으로 물류부서 단독으로 손익계산서, 대차대조표를 작성한다.

그림 2-20 | 예산분류

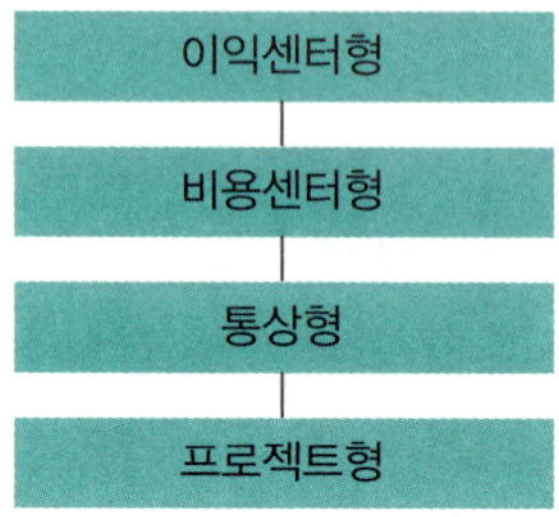

2. 물류조직의 선정전략

바워삭스(Bowersox)와 도어티(Daugherty)에 의하면 조직구조의 형태는 프로세스전략, 시장전략, 정보전략에 따라 선정한다고 한다.

1) 프로세스전략

프로세스전략은 원자재에서 완제품에 이르기까지 이동하는 제품에 있어서 효율성을 최대화하는 것이 목표이다. 이 전략은 구매, 생산일정계획, 재고, 수송, 발주과정과 같은 물류활동들이 함께 관리되어진다.

2) 시장전략

시장전략을 추구하는 기업들은 강력한 고객서비스를 지향한다. 판매와 로지스틱스를 동시에 구성하는 이 전략은 프로세스 전략하에 내재되어 있는 물류활동들을 통합하는 조직구조가 아니라 판매와 로지스틱스의 고객서비스에 직접적으로 관련 있는 활동들을 동시에 고려하고 최고경영자에게 보고되어진다. 이 조직구조는 높은 수준의 고객서비스로 확대되지만, 물류비용은 상대적으로 많이 발생하게 된다.

3) 정보전략

정보전략은 상당한 재고를 보유하고, 유통업체와 유통조직의 물류네트워크를 지닌 기업들이 활용하고 있다. 정보전략은 확산된 네트워크 내에서 물류활동의 조정이 주요 목적이며, 그리고 정보는 올바른 관리를 위해 중요한 구성요소가 된다. 정보를 획득하기 위해 조직의 구조는 기능, 부서, 사업단위들을 확대하는 경향이 있다. 상품이 소매점에서 위탁판매될 때 또는 반품이 이루어지는 것처럼 물류활동이 경로구성원에까지 미치게 될 때, 정보는 이런 조직을 통해 얻어져야 한다. 따라서, 조직의 구조는 일반적인 기업의 범위를 확대해야 한다.

3. 물류조직의 기본유형

물류조직화는 기본요인을 혼합한 경우가 많은데, 전형적인 물류조직은 영업부형 물류조직과 독립형 물류조직이라 할 수 있다.

1) 영업부형 물류조직

영업부형 물류조직에는 상물혼재형(주로 라인형), 스탭형 및 상물분리형이 있다.

(1) 상물혼재형

조직이 확립되지 못한 유형으로, 물류에 관한 정책이나 전략이 마케팅정책이나 전략 등과 통일성있게 현장에 반영할 수 없고 표준화도 어렵다.

(2) 스탭형

영업부문의 스탭으로서 물류조직이 구성되어 있으나, 물류활동은 영업부문의 관할하에 이루어지는 유형이다.

장점

- 영업정책을 물류에 신속히 반영할 수 있다.
- 물류부문의 아이디어 또는 제안이 영업부문에 받아들여지기 쉽다.
- 영업활동과 물류활동의 일체화가 가능하게 된다.
- 유통전체 시스템의 정합성을 유지할 수가 있다.
- 영업을 대표하여 생산이나 구매부문과의 조정이 가능하다.

단점

- 재고책임, 수·배송책임 등 물류조직에 관련되는 사항의 전부가 영업부에 속해 있으므로 물류부문이 직접 관리하기가 어렵다.
- 물류에 관한 최종책임이 없고, 실행력이 부족하다.
- 물류의 일원적 관리가 어렵다.

(3) 물류분리형

영업기능과 물류기능을 분리하고, 책임의 소재가 명확한 조직이다.

장점

- 영업부문의 정책은 물류조직의 실무직까지 철저히 할 수가 있다.
- 물류부문의 예산책임이나 관리책임이 명확하게 되고 평가가 용이하다.
- 라인과 스탭의 일체화·일원화가 가능하게 되고, 물류전문성을 높일 수가 있다.
- 영업부문을 본래의 영업활동에 전념하게 할 수가 있어 경영효율의 향상에 기여할 수가 있다.
- 영업부문으로부터 독립한 물류조직이나 자회사를 만들 수가 있으므로 조직이 탄력적이다.

2) 독립형 물류조직

독립형 물류조직이란 물류부문이 영업부문 등에 속하지 않고 단독으로 존재하는 조직형태이다. 이 유형은 스탭형과 종합형이 있다.

(1) 스탭형

스탭형이란 엄밀히는 스탭집중 라인분산형을 의미하며, 물류스탭부문이 영업부문의 라인부문을 지원하는 형이다.

장점

- 물류의 스탭과 라인이 분리
- 물류부문은 전사적인 관점에서 물류를 추진
- 생산과 판매의 조정기능이 필요

단점

- 영업부문 내에 소속하는 물류부문에 대해 영향력이 적음
- 조언기능은 있어도 의사결정기능 또는 지시 · 명령의 권한이 없어 비용, 고객서비스 등 물류업무의 최종책임이 없다.
- 책임과 관련해 권한이 없음

(2) 종합형

종합형이란 물류부문이 독립한 단독조직으로 되어 있는 형으로서, 물류부문에 라인과 스탭이 통괄되는 조직이다. 종합형은 스탭형의 결점을 보완하는 장점이 있으나, 영업, 생산, 자재 등 관련부분의 조정에 문제가 있다.

물류조직은 직무 내용상 직접 관련이 있는 조직과 긴밀한 관계를 가져야 물류업무를 원활하고 효율성 있게 운영할 수 있다. 따라서, 기본적인 스탭으로서는 영업부문 내에 물류부문을 내포하고, 영업부문형 물류조직, 생산부문형 물류조직 또는 조달부분형 물류조직으로 발전해야 한다.

3) 물류자회사

물류의 라인부문이 분산조직으로 활동하다가 물류조직이 독립하여 물류자회사가 생성되는 과정을 살펴보면 [표 2-2]와 같다. 물류자회사는 물류현업회사, 물류관리회사 및 물류종합회사가 기본유형이며, 영역으로 볼 때 국내를 대상으로 한 국내형, 해외를 대상으로 한 해외형, 양자를 대상으로 한 종합형으로 세분

화할 수 있다.

(1) 물류자회사의 활동영역

물류자회사의 발전과정을 다음의 3단계로 나누어 활동영역을 살펴보면 다음과 같다.

표 2-2 | 물류자회사의 활동내용

발전단계	1단계 모회사 전속형	2단계 그룹형	3단계 물류전업형
활동내용	• 모회사의 물류업무만 수행 • 모회사가 제조업자인 경우 • 사원물류(택배, 이사형)	• 모회사의 물류시스템이 확립된 경우에만 모회사 이외 영역에 진출 • 모회사는 조합하는 그룹관련회사의 물류업무를 주대상으로 함	• 모회사, 그룹 이외의 물류업무로 확장 • 판매물류에서 택배수송까지 대상으로 함 • 전문적인 물류기업임.

(2) 물류자회사의 장점과 문제점

물류자회사의 모회사와 자회사의 관점에서의 장점과 문제점을 살펴보면 다음과 같다.

표 2-3 | 물류자회사의 장 · 단점

구분		내용
장점	모회사의 관점	• 모회사의 임직원은 자회사로 진출시켜 인사문제를 해결 • 노동조건을 변경할 수 있다. • 별개회사로 분리시켜 노동조합과 절충이 쉬워진다. • 노동임금의 탄력성이 있다 - 모회사와 별도의 임금체계 • 물류비는 자회사로 지출하여 그룹전체 면에서 이익으로 계상될 수 있다. • 물류비용이 명확해지고 관리대상이 확실해진다. • 물류관리책임이 명확해진다. • 전문화를 철저히하고 전문가를 육성할 수 있다. • 모회사의 경영정책을 민감하게 반영시킬 수 있다. • 모회사의 지시를 따른다. • 물류담당자의 사기증진을 기대할 수 있다.

장점	자회사의 관점	• 자회사의 독자적인 물류정책이 입안될 수 있다. • 자회사의 독자적인 설비투자가 가능하다. • 인재의 육성, 채용, 순환배치 등 독자적인 인사관리를 시행할 수 있다. • 물류활동 전반에 대한 제약조건이 완화되어 활동 자유도가 높아진다. • 경영관리 책임이 커지고 명확해져 평가가 객관화된다. • 자회사의 독자적인 시스템 개발이 가능하다. • 모회사 이외도 업무확대하여 사업의 조업도가 안정 및 향상되어 규모의 이익을 실현할 수 있다. • 물류요율이 명확해지고 타당해진다.
단점	• 자회사 채용사원이 많아질수록 모회사의 물류정책이 자회사 하위조직까지 미치지 않게 된다. • 모회사의 지휘 · 명령의 일원화가 어렵다. • 의사소통의 원활화가 저해된다. • 모회사의 생산 · 판매 변화에 즉각적으로 대응하는 계획형 물류체제가 어렵다. • 자회사의 물류생산성 향상이 비용에 직접 반영되기 어려워서 생산성 향상(합리화) 의욕이 저하된다. • 자회사의 독립성이 저해되어 하청회사로 전락할 수 있다. • 자회사는 모회사에 대해 의존도가 높아진다. • 모회사와 자회사 간의 거래이기 때문에 물류요율이 엄격하지 않은 경우가 있다. • 모회사에서 전입된 임직원이기 때문에 고령, 고임금, 저생산성 현상이 발생된다. • 모회사에서 전입된 임직원으로 자회사 직원의 사기가 저하된다. • 물류자회사를 관리하는 스탭부문이 증대된다.	

4. 제3자 물류와 제4자 물류

1) 제3자 물류

(1) 제3자 물류의 정의

제3자 물류(Third Party Logistics : TPL 또는 3PL)란 화주기업이 고객서비스의 향상, 물류관리비용의 절감, 그리고 물류활동에 대한 운영효율의 향상 등을 목적으로 공급사슬상의 기능전체 혹은 일부를 특정 물류 전문업체에게 외주하는 것을 의미한다.

3PL이라는 용어가 본격적으로 사용되기 시작한 것은 1980년대 후반부터라고

볼 수 있다. 1988년 미국의 물류관리협회(Council Logistics Management : CLM)가 화주를 대상으로 한 물류서비스조사에서 제3자 제공업체(Third Party Providers)라는 용어를 최초로 사용한 이후 급속한 관심의 대상이 되었다. 미국 CLM은 3PL을 물류경로 내의 다른 주체와 일시적이거나 장기적인 관계를 가지고 있는 물류경로상의 대행자 또는 중개자를 의미하며, 화주와 단일 혹은 복수의 제3자 간에 일정기간 동안 일정비용으로 일정서비스를 상호 동의하에 수행하는 과정을 제3자 물류 또는 계약물류(Contract Logistics)라고 정의하였다.

이처럼 제3자 물류는 기업이 사내에서 수행하던 물류기능을 아웃소싱(outsourcing)하는 의미로 사용되기 시작하였다. 우리나라 대한상공회의소도 1999년 8월, 제3자 물류업체의 경영실태조사보고서에서 TPL을 화주기업이 고객서비스의 향상, 물류비의 절감 등 물류활동을 효율화할 수 있도록 공급사슬상 기능의 전체 혹은 일부를 대행하여 수행하는 업종으로 정의하면서, TPL이 기존의 물류아웃소싱과 다른 점은 화주기업과 물류기업이 거래기반관계에서 전략적 제휴관계로 전환되며, 이에 따라 물류기업의 서비스내용도 운송, 보관 등 부분적 물류기능을 대행하는 정도를 넘어서 화주기업의 효율적인 물류전략 내지 계획의 제안에서부터 통합적인 물류서비스가 제공된다는 특징이 있다고 설명하고 있다.

물류관리의 개념에 비추어 볼 때 물류기능 간의 통합관리형태를 통하여 물류효율성을 증대하기 위하여 제조업체와 유통업체 간의 제휴형태로 나타나는 것이 QR(Quick Response, 신속공급) 또는 ECR(Efficient Customer Response, 효율적 고객대응)이라고 한다면, 화주와 물류서비스의 제공업체 간의 전략적 제휴 형태로 나타나는 것이 3PL서비스라고 할 수 있다.

최근에는 제3자 물류에 대한 개념이 단순히 외부의 물류전문업체에게 물류활동을 아웃소싱한다는 개념에서, 보다 장기적인 협력관계의 구축이라는 관점에서 외부 물류업체를 활용하는 개념으로 전개되어 가고 있다.

이상에서 살펴본 바와 같이 제3자 물류는 두 가지 관점이 포함되어 있다. 첫째, 기업이 사내에서 직접 수행하던 물류업무를 외부의 전문 물류업체에게 아웃소싱한다는 관점이고, 두 번째는 전문물류업체와의 전략적 제휴를 통해 물류 시스템 전체의 효율성을 증대하기 위한 전략적 목표로 보는 관점이다. 결국 제3자 물류의 전개방향은 화주와 물류서비스 제공업체 간의 관계가 기존의 거래기반 관계에서 보다 긴밀한 파트너십 관계로 진보되고 있다.

제3자 물류의 활용범위는 기존에 기업내부에서 보조기능으로 수행되어 오던 것과는 달리 경쟁우위의 확보의 필요성과 효과적이고 효율적인 고객서비스 제공에 대한 중요성, 핵심역량에 대한 집중, 리엔지니어링에 대한 전략적 가치 등으로 인해 기존의 물류서비스와는 큰 차이가 있음을 인식하여 제3자 물류의 활동범위가 운송, 보관, 물류정보뿐만 아니라 재고보충, 자동재주문, 운송업체선정, 포장 및 라벨링, 제품조립 및 통관업무까지 그 범위가 확대되고 있다.

(2) 제3자 물류의 환경변화

수송에 대하여 제3자 물류업은 전통적으로 중개, 운송, 혼재, 창고, 보관, 차량관리, 정보처리서비스를 수행하면서 이용자(User)와 공급자(Provider) 간의 중간적 역할을 수행하여 왔다. 물류활동을 외주화하는 것은 규제완화 이전에도 존재하였으며, 법적인 원리보다는 경제적 원리를 바탕으로 한 가격운송시스템과 미국에서 새롭게 정립된 신자유주의 사상으로 인해 1980년대부터 성장하기 시작했다. 1980년대에는 기업내 물류기능 간 통합관리를 강조한 통합물류관리(Integrated Logistics Management)가 중시되었고, 1990년대 이후는 기업 간 물류기능의 외연적 통합을 통해 물류효율성을 제고하기 위한 공급사슬관리(Supply Chain Management : SCM)의 개념이 본격적으로 확산되었다.

공급사슬관리에서는 고객, 공급업자, 제3자 서비스제공업체(Third Party Service Providers)가 물류경로를 한층 효율적으로 구축하고, 경쟁우위를 유지하기 위해서 필요한 정보와 계획을 공유한다. 이 같은 공급사슬관리는 공급사슬을 전반적으로 기획하고 통제하기 위한 통합적 접근방법으로서 단순히 개별기업의 범주를 벗어나서 공급사슬상의 모든 기업에게 통합의 개념을 확대 적용함으로써 물류경로의 효율성과 효과를 높이고자 하는 데 그 주요한 목적이 있다. 이와 같이 1990년대부터는 경쟁관계의 설정과 보다 효율적인 물류시스템의 구축노력이 개별기업 차원에서 벗어나 공급사슬의 차원으로 확대되기 시작하였으며, 이에 따라 공급사슬 자체의 물류효율성 증대를 위한 관련주체 간의 파트너십 또는 전략적 제휴 형성이 매우 중요하게 되었다.

(3) 제3자 물류의 발전과정

환경변화에 따른 제3자 물류의 발전단계 및 과정은 기업의 물류활동을 수행하는 주체를 3가지 단계의 유형으로 구분할 수 있다.

첫째, 기업이 사내에서 물류조직을 두고 물류업무를 직접 수행하는 경우로 이를 자사물류(First-Party Logistics : 1PL)라고 하며, 둘째 기업이 사내의 물류조직을 별도로 분리하여 자회사로 독립시키는 경우로 이를 자회사 물류(Second-Party Logistics : 2PL)라고 한다. 외부의 전문물류업체에게 물류업무를 아웃소싱하는 경우를 제3자 물류(Third-Party Logistics : 3PL)라고 하는데 최근 앤더슨컨설팅은 대부분의 제3자 물류업체가 공급사슬관리를 위해 충분한 서비스를 제공하지 못하고 있으며, 아웃소싱을 수행하고 있는 한정된 기능의 비용절감에만 초점을 두고 있는 문제점을 지적하여, 지속적이고 시스템 전체적인 개선을 달성하기 위해서 현행 제3자 물류를 한 단계 발전시킨 제4자 물류(Fourth-Party Logistics : 4PL)로의 전환을 주장하고 있다.

이러한 발전단계별 물류기능은 서비스 정도에 따라 3단계로 구분할 수 있다. 1단계는 운송, 보관, 하역, 포장, 정보처리, 유통가공 등의 일련의 공급사슬상에서 요구되는 물류의 각 기능을 부문별로 외부의 물류업체에게 아웃소싱하는 경우이며, 2단계는 운송, 보관, 하역 등 여러 물류기능을 일괄적으로 아웃소싱하는 경우이며, 제3단계는 서비스 범위 면에서 2단계와 비슷하지만 운영, 관리 측면뿐만 아니라 물류전략 및 실행전략의 수립까지도 제공하는 단계이다.

물류기능의 아웃소싱은 기존의 물품보관 및 운송의 방법으로 이용되었고, 이러한 물류기능 위탁은 비용절감이나 고객서비스 향상과 같은 전략적 목표를 달성하기 위함이 아니라 자사에서 수행하기 어려운 업무를 외부에 아웃소싱하는 것에 지나지 않았다. 전체 기업경영의 관점차원에서 물류업무의 아웃소싱이 물류부문에서 이루어지기 시작한 것이 제3자 물류가 발전하게 되는 시발점이라 볼 수 있다.

미국과 유럽은 제3자 물류의 역할이 증대되자 물류업체들은 자국 내에서의 활동은 물론 해외까지 네트워크를 확장하여 활동하는 제3자 물류업체가 증가하고 있다.

우리나라는 물류산업이 선진국에 비하여 낙후되어 있으며, 아웃소싱에 대한 화주의 인식이 미흡한 실정이었다. 제3자 물류서비스의 이상적인 모델로써 화주기업과 물류기업 간의 전략적 파트너십이 제시되고 있지만 수직적인 갑(甲)과 을(乙)의 관계로서 물류기업을 하청기업 수준으로 생각하는 우리나라의 전통적인 기업문화로 인해 제3자 물류서비스가 널리 확산되지는 못하였다. 하지만 최근 기업구조의 개편에 맞물려 물류 및 유통환경의 변화 속에서 국내기업들도 물류 아웃소싱에 대한 인식이 증대되어가고 있다.

2) 제4자 물류

(1) 제4자 물류의 특성

화주기업들이 자사의 핵심역량에 집중하고 물류비용을 절감하여 이익을 극대화시키기 위해서 그들의 물류관리를 제3자 물류기업(3PL)에게 아웃소싱하는 방법이 많이 이용되고 있으나 사내 물류에 대한 통제력이 약화되고 실질적으로 비용절감효과가 기대에 미치지 못한다는 단점으로 인해 컨설팅, 기술적 지원, SCM상의 전반적인 통합프로세스 관리가 가능한 4PL로 전환하여야 한다는 주장이 제기되고 있다.

물류시장은 기본적으로 다양한 주체가 연계되어 활동하는 곳으로, 전자상거래의 확대 및 SCM 체제의 보편화로 인해 여러 주체 간의 상생적인 협력관계가 요구된다. 이에 기존의 제3자 물류에 비해 조직상 보다 유연하고 고도화된 물류서비스를 제공할 수 있는 제4자 물류가 등장하게 된 것이다.

제4자 물류는 주로 유력한 제3자 업체나 컨설팅 회사가 중심이 되어, 각 부문의 전문업체를 조직하여 종합물류서비스를 제공하는 공급체인의 통합자이며 조직자 역할을 수행한다.

3PL, 4PL 모두 물류서비스의 아웃소싱을 의미하기 때문에 아웃소싱의 목적이 기업 전체의 전략과 일치하도록 해야 하며, 기업전략 목표의 효율적인 달성을 위해서 자사의 물류업무의 위치를 파악하고 가장 적합한 물류형태를 찾는 것이 중요하다.

물류 아웃소싱의 성공을 위해서는 전문물류업체(3PL, 4PL)가 프로세스의 주체가 되어야 하며 '갑을관계의 주종관계' 가 아닌 '전략적 파트너인 동반자' 로써 상호 존중과 협력이 필수적으로 요구된다. 물류 아웃소싱의 궁극적인 목표는 현재와 미래의 고객만족에 있기 때문이다.

(2) 제4자 물류의 출현배경과 개념

기업의 물류활동이 복잡해지고 공급사슬관리에 대한 관심이 증대하면서 물류산업도 점차 진화하고 있다. 공급사슬관리의 성과와 능력을 배가시키기 위해서는 가상의 공급사슬(Supply Chain)을 형성하여 제4자 물류기업을 통해 공급사슬을 통제하는 노력이 필요하다.

공급사슬의 통제활동이 중요해지면서 제4자 물류업이 등장하기 시작하였다.

기본적으로 화주기업이나 제3자 물류기업은 스스로 공급사슬을 통제할 능력이 없기 때문에 경영자원, 기술, 그리고 프로세스를 종합적으로 관리할 수 있는 능력을 가진 물류기업을 필요로 하게 되었다.

제4자 물류기업은 기본적으로 제3자 물류기업으로서 공급사슬의 관리 및 솔루션 제공, 변화관리능력(Change Management Capabilities), 부가가치서비스를 제공할 수 있는 능력을 가진 물류기업으로 볼 수 있다.

제3자 물류기업은 최적의 기술, 창고관리, 수송서비스 조합을 만들 수 없기 때문에 지속적인 공급사슬관리상 비용절감이나 효율성을 추구하는 데 한계가 있는 반면, 제4자 물류기업은 물류 각 분야의 최적화를 도모할 수 있기 때문에 전체적인 공급사슬관리상 다양한 물류서비스를 통합할 수 있는 최적의 위치를 점유하고 있다. 따라서 제3자 물류기업과 제4자 물류기업에 대한 정의를 종합할 때, 양자 간의 기본적인 차이는 제3자 물류기업이 창고나 수송 분야를 기본으로 특화된 서비스를 제공하는 수준인 데 반하여 제4자 물류기업은 공급사슬관리, 컨설팅, 전체적인 물류네트워크 개선 등 한 차원 높은 서비스를 제공하는 데 있으며 아웃소싱과 인소싱(in-sourcing)의 이점을 통합한 형태의 전문 물류업체로서 경영성과를 극대화시키기 위한 조직으로 인식되고 있다.

(3) 제4자 물류기업의 유형

첫째, 거래 파트너(Trading Partners) 유형으로서 이 유형은 화주와 서비스제공자 사이의 조정, 통제역할을 주로 하면서 공급망 설계 및 계획 용역제공, IT 서비스 통합 등의 서비스를 제공하는 것이다.

그림 2-21 | Trading Partners의 개념

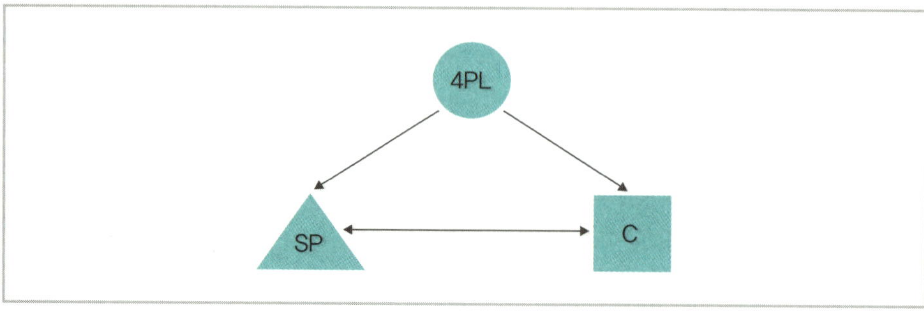

자료 : Bauknight D. and Bade D.(1998), "Fourth Party Logistics - Breakthrough Performance in Supply Chain Outsourcing," *Supply Chain Management Review*, Global Supplement, Winter.

둘째, 솔루션 통합업체(Solution Integrator) 유형으로서 이 유형은 복수의 Service Provider(물류업체, SI업체, 컨설팅사)를 통합하여 화주에게 물류서비스를 제공하는 것이다.

그림 2-22 | Solution Integrator의 개념

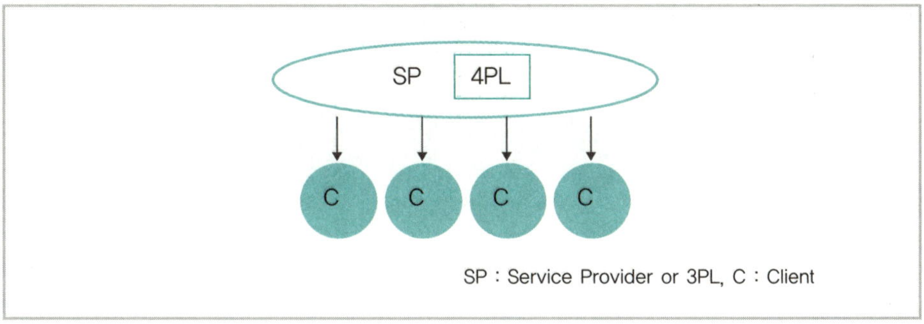

자료 : 전게서

셋째, 시너지플러스(Synergy Plus) 유형으로 이 유형은 복수의 화주에게 물류서비스를 제공하는 서비스제공업체의 브레인(Brain) 역할을 수행하는 것이다.

그림 2-23 | Synergy Plus 개념

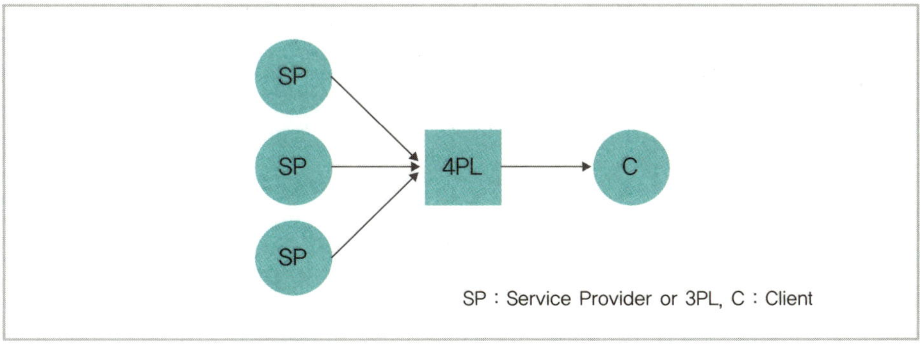

자료 : 전게서

넷째, 산업혁신(Industry Innovator) 유형으로서 이 유형은 복수의 서비스 제공업체(물류사, SI업체, 컨설팅사)를 통합하여 화주에게 물류서비스를 제공하여 동일 산업군(Industry Group)은 물류특성이 유사하므로 산업군에 대한 통합서비스 제공을 통해 시너지효과를 유발하는 형태이다.

그림 2-24 I Industry Innovator의 개념

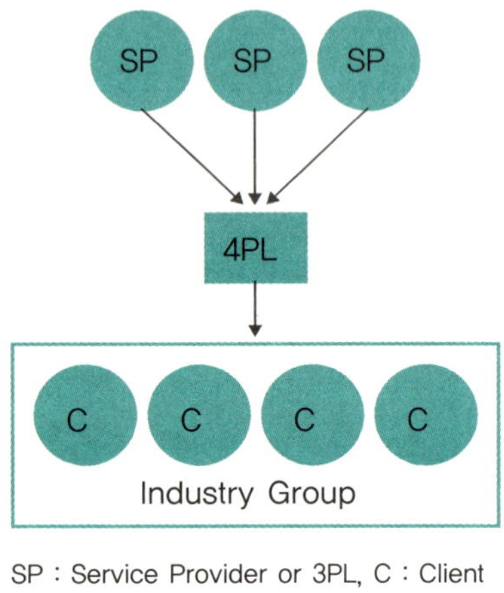

자료 : 전게서

(4) 제3자 물류업과 제4자 물류업의 비교

선진국들을 중심으로 제3자 물류기업의 활동영역이 지속적으로 확대되어 왔고 최근에는 개도국으로 확산되고 있는 상황이다. 이는 경제활동의 세계화와 정보, 통신, 수송분야의 기술혁신과 주요 시장에서의 기업 간, 국가 간 경쟁심화로 인해 물류전략의 고도화를 통한 비용절감과 고객서비스의 향상이 경쟁에서 우위를 점하는 원천임을 인식하게 되었고, 물류서비스를 아웃소싱하는 비율이 급증하면서 나타나는 현상이다.

기업들이 제3자 물류기업을 이용함으로써 공급사슬의 효율적 통합이나 관리가 곤란할 수 있는 상황하에서 많은 제3자 물류기업들이 창고, 수송, 배송관리업무 등의 물류서비스를 제공하고 있으나, 물류정보기술의 개발과 관리, 고객서비스, 수주관리 등을 포함하는 공급사슬상 모든 영역의 물류서비스를 제공할 수 있는 제3자 물류기업은 거의 없는 실정이다. 이러한 한계를 극복하기 위하여 제4자 물류기업들이 등장하기 시작하였다.

표 2-4 | 제3자 물류업과 제4자 물류업의 비교

구분	제3자 물류업	제4자 물류업
공급사슬 통제방법	물적유통, 운송중심	물류활동의 통합
자산형태	자산형	비자산형
주요 서비스 형태	트럭, 창고 등	정보기술, 네트워크
고객요구의 수렴	낮음	높음
계약형태	부분별 계약	One Stop Service 계약

제3장

SCM의 개요

핵심내용

공급사슬은 제품과 서비스를 생산하여 원자재 공급업자에서부터 최종소비자에게 제공하는 일련의 과정을 의미한다. 현대사회의 경쟁적인 글로벌시장과 기술적 변화는 공급사슬의 변화와 발전을 초래하였으며, 제품생산에 있어 각 당사자들의 개별적인 최적화전략보다는 가상통합(Virtual Integration)을 통해 경쟁력을 유지하고자 하고 있다.

자재관리기법(MRP)과 전사적자원관리기법(ERP)을 근간으로 등장한 SCM은 제품생산에서 유통에 이르는 전체 공급사슬상의 프로세서상에서 참여자와 함께 정보공유 및 협업을 통해 재고관리 등 공급망 관련 의사결정을 최적화하는 기업이다. 특히 높은 물류비용과 채찍효과(Bullwhip Effect)에 의한 예측불확실성, 기업활동의 글로벌화, 대량맞춤, 경쟁심화 등이 기업의 SCM 도입을 촉진시켰다. SCM의 실행기업에는 QR, ECR, CRP, CPFR 등이 있으며 최근에는 e-business 등장으로 인한 e-SCM으로 변화를 도모하고 있다.

주요용어

SCM, 공급사슬(supply chain), 공급네트워크, 공급웹(supply web), 가상통합(Virtual Integration), 채찍효과(Bullwhip Effect), BPR, MRP, MRPⅡ, ERP, QR, ECR, CRP, CPFR, e-SCM

제1절 개념과 발전

1. 공급사슬(Supply Chain)의 이해

공급사슬은 고객요구를 충족시키기 위해 직 · 간접적으로 참여하는 모든 관계자로 구성되는데 일반적으로 이러한 모든 관계자는 고객, 소매자, 도매자, 생산자, 부품 · 원자재공급자 등으로 구성된다. 따라서 공급사슬은 제품과 서비스를 생산하여 최초공급자에서부터 최종소비자에게 제공하는 일련의 과정을 의미한다. 즉, 한 체인을 따라 원자재 공급자에서 생산자, 분배자, 소매자, 고객으로 이동하는 제품의 흐름 및 공급을 말한다.

공급사슬의 구조를 좀 더 자세히 살펴보면 다음과 같다. 일반적으로 대부분의 기업(제조업자)들에 있어 공급사슬 구조는 많은 단계로 구성되어진 다양한 공급업자로부터 원자재 및 부품을 공급받고, 제조업자는 다양한 서로 다른 계층의 소비자들에게 제품을 판매하게 되는 계층적 구조로 형성되어 있다. [그림 3-1]과 같이 제조업자는 1단계 부품공급업자를, 1단계 부품공급업자는 2단계 부품제조업자를, 다시 2단계 부품제조업자는 3단계 원자재 공급업자를 첫 번째 공급자로 간주하게 되는 순환을 거치게 된다. 또한 소비측면에서는 제조업자는 1단계 도매업자를, 1단계 도매업자는 2단계 소매업자를, 2단계 소매업자는 3단계 최종소비자를 첫 번째 소비자로 간주하는 단계적 · 계층적 구조로 형성되어진다.

일반적으로 가장 단순한 공급사슬 형태에서의 참여자는 생산자, 생산자에 원자재 등을 공급하는 공급자, 고객 등으로 구성될 수 있으며 이들은 가장 기본적이고 단순한 형태의 공급사슬 참여자들이다. 반면 확장된 공급사슬 형태에서는 생산자(producer), 도매상(distributor), 소매상(retailer), 고객(customer), 서비스제공업자(service provider)[1] 등으로 구성된다.

모든 제품에는 자신만의 독특한 공급사슬이 있으며 그러한 공급사슬이 길수

1) 이들은 공급사슬상에서 필요한 특정 활동에 대한 전문적인 지식 및 기술을 가지고 있는 자로 물류, 자금, 마케팅, 정보기술 등의 서비스를 생산자, 도매상, 소매상, 고객 등에게 제공하는 업자를 말한다.

그림 3-1 | 일반적인 공급사슬

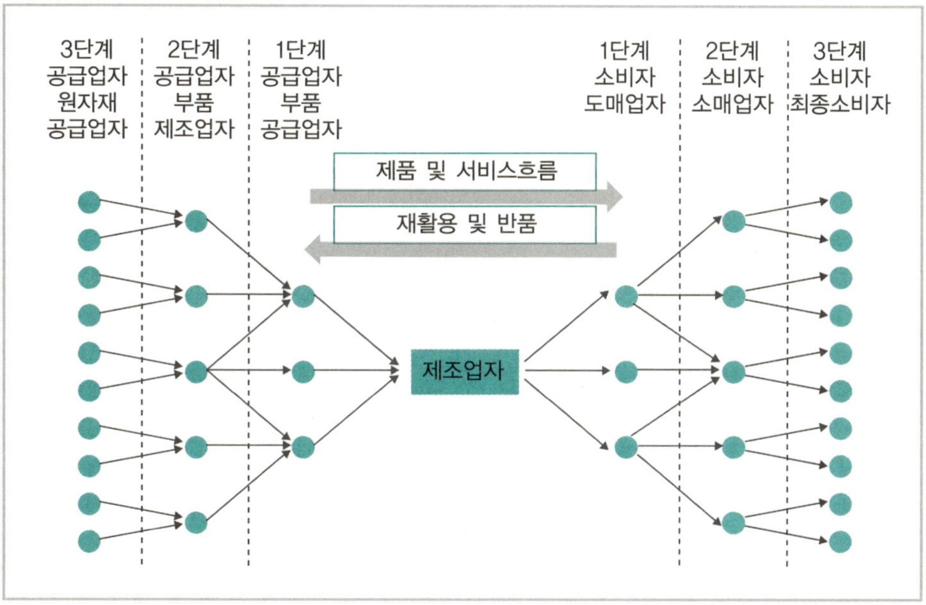

도 짧을 수도 있다. 또한 다른 공급사슬을 주 공급사슬에 결합시키기도 한다. 예를 들어, 감자튀김을 판매하는 레스토랑의 경우 감자를 농부로부터 직접 구매하여 판매할 수 있는데 이 경우에는 공급사슬이 매우 짧을 뿐만 아니라 다른 공급사슬을 결합시키지 않는다. 반면 우리가 매일 입고 있는 셔츠의 경우 면화를 재배하는 농부에서부터 최종소비자에게까지 매우 긴 공급사슬구조를 가지고 있다. 또한 종류에 따라 단추, 염료, 폴리에스테르 등 다양한 자재의 공급사슬이 셔츠의 공급사슬에 결합되어 질 수 있는 것이다. 컴퓨터의 제조 및 판매에 있어서도 인텔의 CPU, 삼성전자의 DVD, LG의 스캐너, HP의 프린터, 마이크로소프트사의 운영체제 등 다양한 공급사슬을 컴퓨터를 제조·판매하기 위해 결합·합류시키게 된다.

현실적으로 제조업자는 여러 공급업자들로부터 원자재를 공급받을 수도 있고 여러 분배업자들에게 공급할 수도 있다. 이러한 의미에서 어떤 학자들은 공급사슬이라는 단어 자체가 단순한 관점이라는 시각하에 공급사슬의 구조를 더욱 명확히 하기 위해 '공급네트워크(supply network)' 또는 '공급웹(supply web)'의 용어를 사용하기도 한다. 그러나 본서에서는 공급사슬이라는 개념이 범용적으로 사용되고 있으며, 단어 자체가 공급사슬과 관련된 정보, 제품, 자금의 복잡하고 끊임없는 순환관계를 내포하고 있는 것으로 간주하여 '공급사슬(supply chain)' 이라는 단어를 사용하기로 한다.

2. 공급사슬의 진화

매스마케팅(mass marketing)[2]을 중요시 하는 산업화시대에서는 규모의 경제(economies of scale)를 달성하여 생산비용을 절감하고 이를 통해 기업의 효율성을 극대화하는 것이 중요하였다. 따라서 기업들은 공급사슬 활동을 기업 내에서 수직적으로 통합하고자 하였다. 수직적 통합(vertical integration)은 공급업자와 구매자들에 의해 수행되는 활동들을 소유하기 위해 가치사슬을 확대하는 것을 말한다.[3] 즉 수직적 통합은 한 산업 내에서 기업의 활동범위를 확대하는 것이다. 이러한 수직적 통합은 생산비용을 절감하고 시장비용 감소, 품질의 향상, 특허기술의 보호 등의 목적으로 실시되었다.

예를 들어, 1900년대 중반 포드자동차의 경우 자동차생산에 필요한 요소들을 자체적으로 소유하였다. 자동차 부품 및 차량 생산을 위한 철강을 추출할 수 있는 철광석 광산뿐만 아니라 자동차 덮개 재료인 아마(flax)생산 농장, 목재차량 생산을 위한 산림(森林) 등을 직접 소유 · 운영하였다. 이러한 형태의 생산방식은 1900년대 초반까지의 획일적인 산업경제에서는 매우 적합한 방식이었다.

그러나 이후 시장이 성장하고 소비자의 욕구가 다양해짐에 따라 이러한 방식으로는 변화하는 소비자의 욕구를 충족하기에는 역부족이어서 점차 퇴색하기 시작하였다. 실제로 포드자동차는 생산비용에만 치중하고 고객의 다양한 요구를 반영하지 못한 결과로 1920년대 50%의 시장점유율에서 1940년대에는 20% 이하로 떨어졌다. 고객에 대한 비용중심적인 효율성 전략은 더 이상 성공적인 모델이 될 수 없었던 것이다.

한편 현대사회에서의 경쟁적인 글로벌 시장 및 기술적 변화는 공급사슬의 발전 및 변화를 초래하고 있다. 불확실한 시장상황과 다양해진 고객욕구에 부응하

---

2) 불특정 다수를 대상으로 상품을 선전하거나 판매를 촉진하는 행위
3) 수직적 통합(Vertical Integration)은 어떤 사업자가 자신의 공급자에서부터 수요자에 이르는 가치체계를 일관적으로 통합하는 것을 의미하고, 수평적 통합(Horizontal Integration)은 유사 동종의 사업자들이 스스로의 이익을 위해 통합하여 협조하는 것을 의미한다.

그림 3-2 | 공급사슬의 진화

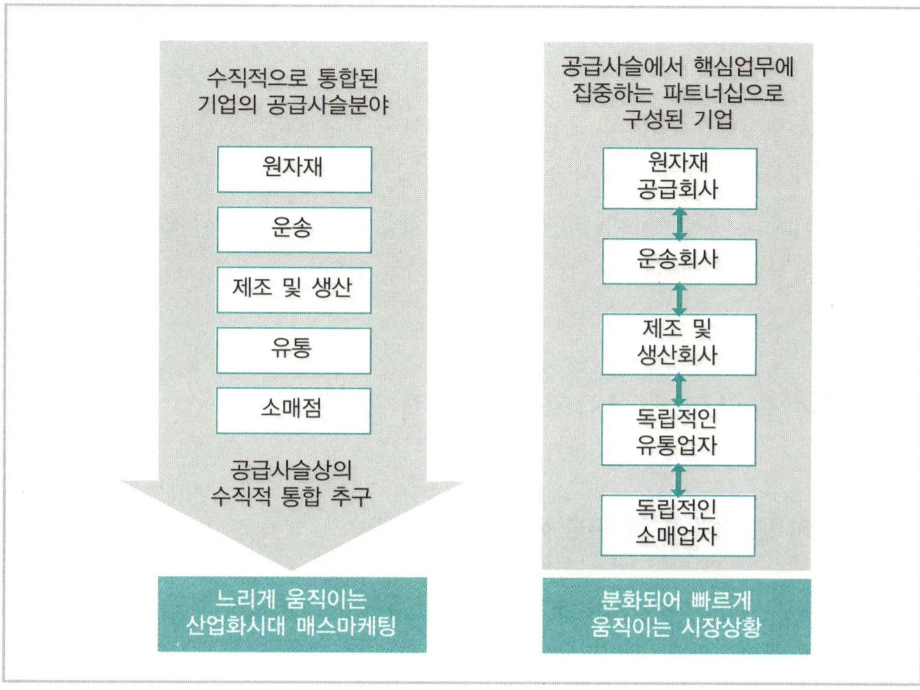

기 위해서는 공급사슬 전반의 최적화 도모가 필요했으며, 기존의 부문별 · 기업별 최적화에 머물렀던 공급사슬관련 활동을 전체적인 관점에서 정보의 공유 및 업무효율화가 필요해진 것이다. 이른바 공급사슬에 있어 수직통합(vertical integration)보다는 가상통합(virtual integration)을 요구하게 된것이다.[4)]

이는 앞서 설명한 바와 같이 수직적 통합에서 실패한 서구기업들이 1980년대에 들어서 일본과 같은 준통합모델을 벤치마킹하여 기업공급사슬을 개선하고자 하였다. 공급사슬상에서 존재하는 많은 조직들을 하청회사로 분사(分社)시키고, 하청관계에서 협력관계로 개선하여 장기적이고 안정적인 공급사슬을 구축하고

4) 가상통합은 Dell Computer의 세계 최초로 주문을 받아 PC를 생산하고 고객에게 직접판매(direct sales)하는 사업모델(direct business model)에서 유래되었다. 이 모델은 고객, 공급업자, 제조업자 간의 가상적 통합(virtual integration) 체계를 구축하는 것으로 전화나 팩스 주문에 의한 납품(make-to-order)을 하고 중간유통망 없이 직접 판매하였다. 이를 통해 시간과 비용절감효과를 누렸다. 실제로 Dell은 자신이 아무런 부품을 생산하지 않는다. Dell은 여러 부품회사 중에서도 가장 기술력이 뛰어나고 생산비용이 낮은 공급업체를 소수 선발하여, 이들에게 Dell 자신이 갖고 있는 모든 구매정보를 공유하도록 하게 한다.

자 하였다.

이러한 핵심적인 전략은 이른바 '전략적 아웃소싱'이었으며 아웃소싱은 이제는 전 세계적인 대세로 자리잡았다. 가상통합은 부품공급자, 제조업자, 고객의 영역이 모호해지면서 생산의 효율성과 고객의 수요에 민감한 대응을 하게 된다. 따라서 현대사회에서의 공급사슬은 과거 공급사슬인 수직적 통합에서 많은 당사자가 참여하고 제품생산에 있어 각 당사자들의 개별적인 최적화전략보다는 가상통합을 통해 경쟁력을 유지하고자 노력하고 있다.

3. 공급사슬관리(SCM)의 도입배경 및 정의

1) SCM의 도입배경 및 필요성

SCM(Supply Chain Management)은 제품생산에서 유통에 이르는 전체 공급사슬의 프로세서상에서 참여자와 함께 정보공유 및 협업을 통해 재고관리 등 공급망 관련 의사결정을 최적화하고자 하는 기법이다. 1990년대 초에 등장한 SCM은 재고감축에 초점을 맞춘 전통적 SCM(일명 SCM 1.0)을 바탕으로 하고 있으며, 최근에는 차별적 경쟁력 확보를 위한 SCM(일명 SCM 2.0)이 추진 중이다.

SCM이 등장하게 된 배경에는 자재관리기법(MRP : Material Requirement Planning)과 전사적자원관리기법(ERP : Enterprise Resource Planning)이 있다. MRP는 자재수급계획과 생산관리를 통합시킨 제조정보관리기법이며, ERP는 생산 및 판매 등 기업 전 부분에 걸친 경영자원을 통합 · 관리하는 기업을 말한다. 특히, MRP의 경우 생산계획에 의거한 자재수급을 주로 다루고 있으며, ERP는 보다 넓은 기업 내 모든 자원의 효율적인 관리를 지향하고 있는 특징이 있다.

1960년대~1975년대에는 기업에 있어서 핵심역량은 제품을 만들어내고 규모의 경제를 달성하여 이를 밀어내는 방식(push)으로 고객욕구를 충족하는 것이었다. 그러나 1975년대~1990년대에 들어서 기업들은 제품을 시장에 밀어내어(push) 고객의 욕구에 빠르게 대응하였다고 하더라도 공급과정에서 지나치게 시간이 길어져 결국 고객의 요구를 충족할 수 없게 되었다. 즉, 선진기업들은 고객중심사상에 따라 재고 push정책에서 pull정책으로 전환을 시작하였다.[5] 이를

그림 3-3 | 공급사슬상에서의 Push와 Pull방식

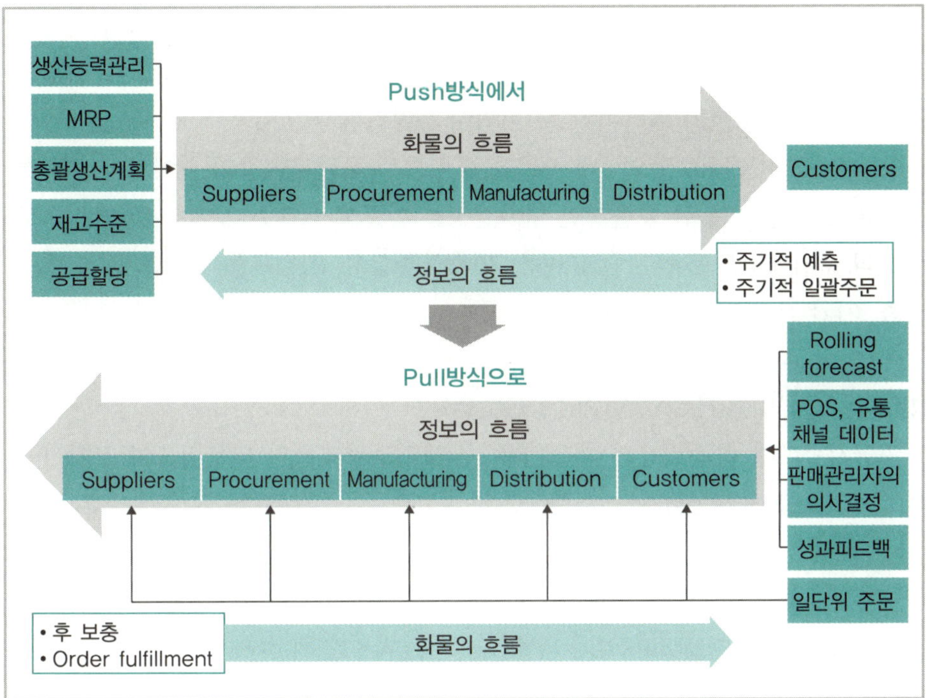

위해 기업업무 전체의 비즈니스 프로세서를 파악하여 부서별로 다르게 파악되던 분야를 전체적인 관점에서 다루는 방법이 필요하게 되었고, 이에 따라 BPR(Business Process Reengineering, 업무절차개선)을 실시하게 되었다.

1990년대에 들어서는 BPR의 추진수단으로 ERP(Enterprise Resource Planning, 전사적자원관리)를 도입하였다. 이를 통해 거대한 데이터베이스에 기업의 기본업무의 모든 데이터가 통합운영, 기업 내 표준화를 추구하며 경영효율화를 추진하였다. 그러나 기업내부의 프로세서 도입 틀에서 벗어나 고객위주의 비즈니스 프로세스를 실현해야 할 과제인 ERP로 통합되는 것은 불가능하였고

5) 공급사슬에 있어 Push전략(고객의 수요가 어떠할 것이라는 추측에 의해 상품을 생산하여 일방적으로 판매하는 방식)과 Pull전략(고객주문에 의해 생산되는 방식)은 나름대로의 장 · 단점을 지니고 있다. Push전략의 경우 규모의 경제효과를 발생시킨다는 장점이 있는 반면 전통적인 제조, 생산체제의 공급사슬전략이고 수요예측에 의존하기 때문에 근거 데이터의 정확성 및 갱신 등이 요구된다. Pull방식의 경우 완전재고 상태유지, 재고관리비용의 획기적 감소 등의 장점이 있으나 실제수요 발생에 대응하는 공급사슬관리가 필요하고 이에 따라 정교한 IT기술이 수반되어야 한다.

기업의 틀을 벗어나 전 공급사슬 내의 참여자인 공급자에서 고객까지 통합할 필요성이 제기되었다. 따라서 기업 내 무분별한 최적화나 개별기업단위의 최적화에서 탈피하여 공급사슬 구성요소들 간에 이루어지는 전체 프로세스를 대상으로 최적화를 추구하기 위하여 SCM 기법이 등장하게 되었다.[6]

SCM은 공급, 물류, 수요 3대 부문을 중심으로 공급사슬망의 참여자들과의 정보공유 및 협업을 통한 효율적인 의사결정을 이끌고자 하는 것이다. 일반적으로 SCM의 도입배경으로 높은 물류비용, 예측불확실성, 기업활동의 글로벌화, 대량맞춤, 기업 간 경쟁심화 등이 있다.[7]

(1) 높은 물류비용(High logistics Costs)

공급사슬에서 운송비용과 재고비용 등 제조과정에서의 외부비용이 부가가치의 60~70%를 차지한다.

(2) 예측의 불확실성(Uncertainty of Forecast)

채찍효과(Bullwhip Effect)에 의해 공급사슬의 마지막 소매단계에서의 주문과 고객수요 성향에 대한 정보가 도매상과 지역유통센터 등의 공급사슬로 전달되는 과정에서 지연이나 왜곡되어 결품, 과잉재고 등의 문제가 발생한다. 즉, 오늘날 고객만족을 통한 기업이익의 극대화를 가로막는 대부분의 장애요소들은 공급사슬상에 흩어져 있으며 이들 장애요인들의 상호 연관성으로 인하여 복잡한 문제들이 발생하고 있다. 이러한 문제들은 공급업자단계에서의 자재수급문제, 제조업자단계에서 제품생산문제, 유통단계에서의 물류관련 및 최종소비자단계에서의 제품판매문제 등이 존재한다. 이러한 문제점은 근본적으로 수요예측과 관련된 것으로 부정확한 수요예측이 원인이 된다.

---

6) 정보통신기술의 발전에 따라 기업 간 정보공유가 용이해진 것도 SCM의 출현을 촉진시켰다.

7) SCM 도입가이드, 대한상공회의소, 2005.

그림 3-4 | 공급사슬상에서의 문제점과 수요예측 불확실성

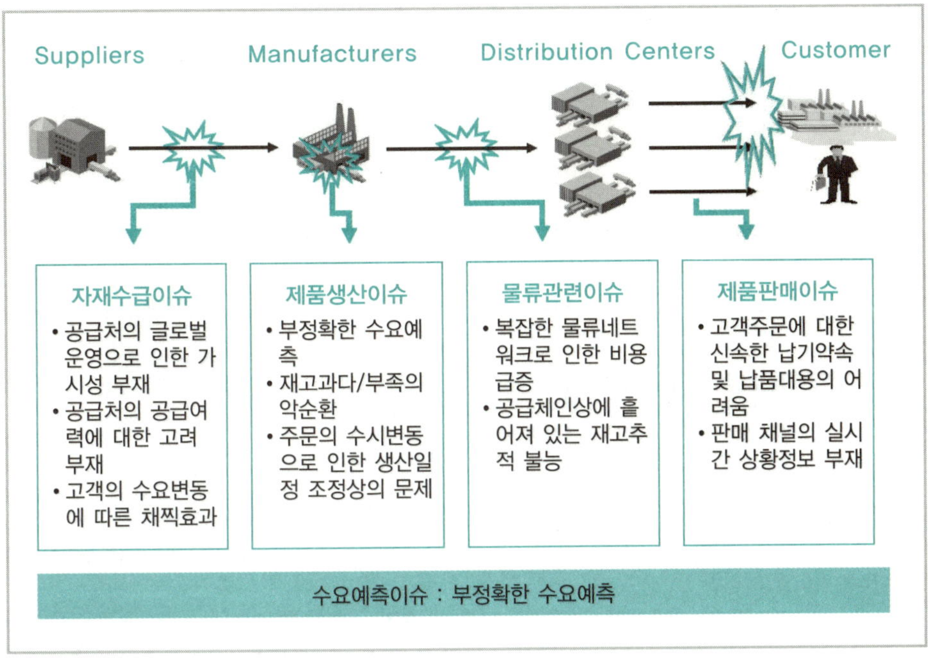

Bullwhip Effect & Supply Chain(채찍효과와 공급사슬)

채찍효과(Bullwhip Effect)란?

채찍효과(Bullwhip Effect)란 제품에 대한 최종소비자의 수요는 그 변동폭이 크지 않지만 소매상, 도매상, 완제품 제조업자, 부품제조업자 등 공급사슬을 거슬러 올라갈수록 변동폭이 크게 확대되는 현상이 발생한다. 즉 소비자와 거리가 멀어질수록 수요예측치와 실제판매량 사이의 차이가 커지는 현상을 말한다. 이는 채찍처럼 손잡이(시장)에서 멀리 떨어질수록 정보가 왜곡돼 나타나는 현상을 말한다. 예를 들어 다음과 같은 상황을 가정하고 살펴보자.

① 하루 매출이 100±10개인 김씨네 만두가게가 있다. 일일 평균치는 100개지만, 어떤 날은 90개를 팔고 어떤 날은 110개를 판다. 그래서 이 만두가게는 수요가 많을 때를 대비해서 매일 110개의 만두피를 주문한다.

② 열 군데의 만두가게에 만두피를 공급하는 이씨네 만두피 공장에선 하루 평균 1,000개의 만두피를 만든다. 하지만 모든 만두가게에서 동시에 수요가 상승할 수도 있으니까 넉넉하게 1,100개의 만두피를 안전재고로 잡고, 그만큼의 밀가루를 더 주문한다.

③ 박씨네 밀가루 공장에서는 역시, 평균적인 수요치에 편차를 고려해서 그 편차를 고려해서 밀을 주문하게 된다.

이렇게 해서 밀 공급자에게까지 가면, 안전재고는 눈덩이처럼 불어나게 된다.

그림 3-5 | 채찍효과와 수요예측실패

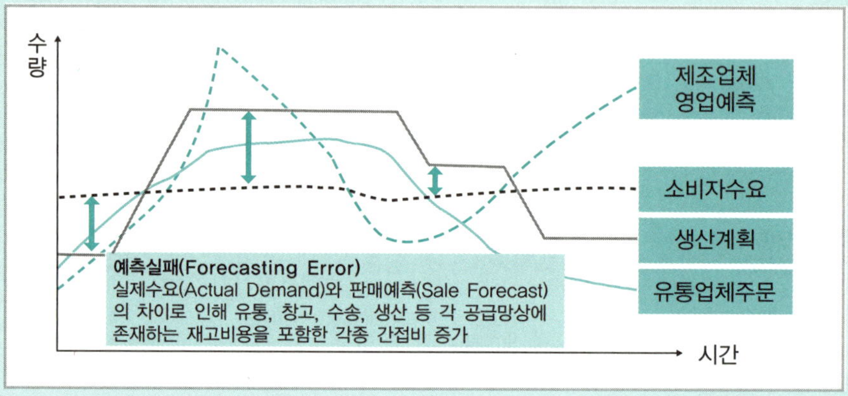

채찍효과의 발생원인

이와 같은 채찍효과가 발생하는 이유는 다음과 같이 설명할 수 있다.

첫째, 수요예측과정이 반복되면서 수치가 왜곡되기 때문이다(중복수요예측, multiple forecasting). 판매점은 판매점대로, 제조업체는 제조업체대로 수요예측을 해서 재료를 주문하다보니 공급사슬의 상위단계로 갈수록(박씨네 밀가루 공장으로 갈수록) 수요예측 오차가 더해져서 불어나게 된다.

둘째, 일괄주문을 하기 때문이다(일괄주문처리, order batching). 보통 비용절감을 위해서 한번에 모아서 주문을 하게 되고, 일정시기에 주문이 몰리게 된다. 특히 월말, 분기말 등으로 업계의 주문시기가 겹치면 수요가 급감하다가도 주문시기가 되면 급증하는 현상이 발생하게 된다.

셋째, 제조업체의 할인정책 때문이다(가격변동, price fluctuation). 제조업체가 프로모션 등을 위해 가격을 내리면, 유통업체들은 필요 이상 많은 물량을 구입하게 된다. 그리고 나서는 일정기간 재주문을 하지 않게 되어 제조업체가 확보한 판매데이터가 부정확해 질 수밖에 없다.

넷째, 공급부족으로 인한 과다주문이다(결품예방정책, shortage gaming). 수요가 올라갈 때를 대비하여 필요 이상의 주문을 하거나 수요가 갑자기 떨어지면 주문을 취소하기도 하는 등의 관행들이 결국 수요예측에 필요한 데이터를 왜곡시키게 된다. 이러한 몇 가지의 원인을 종합해보면 결국 채찍효과의 문제는 판매자와 생산자, 부품업자 등 공급사슬참여자 간의 원활한 정보공유가 되지 않기 때문이다.

채찍효과의 대처방안

앞서 살펴본 바와 같이 채찍효과가 발생하는 이유는 다양하다. 이러한 채찍효과의 영향력을 줄이기 위해서는 다음과 같은 대처방안을 제시할 수 있다.

첫째, 일괄수요예측을 하는 것이다. 수요예측과정에서의 왜곡은 각각의 주체들이 별도로 수요를 예측하기 때문인데 이에 대처하기 위해서는 판매점, 제조업체들 간의 판매데이터를 실시간 공유하여, 개별주체 간의 수요예측을 최대한 줄이는 것이다. 이를 통해 공급사슬 전반의 일괄수요예측을 해야 한다.

둘째, 일괄주문방식을 소량다빈도주문방식으로 전환하는 것이다. 일반적으로 판매점이 일괄주문을 하는 주요 원인은 운송비용에 있다. 따라서 EDI, POS 등의 정보통신기술을 활용하고, 운송방식은 단일제품의 대량운송보다는 여러 제품을 혼재하거나 제3자 물류를 활용할 수 있다.

셋째, 할인정책에 대응하기 위해 가격의 일관성을 유지하도록 한다. 이는 제조업체와 유통업체가 협력하여 일관된 가격정책을 유지하고 지속적으로 저렴한 가격으로 제품을 공급하는 안정적인 공급정책을 유도해야 한다.

넷째, 공급부족의 최소화이다. 공급이 부족한 상황에서 제조업체는 주문에 의한 유통업체에 대한 배분보다는 과거의 판매실적을 활용한 배분을 할 수 있다. 이를 통해 강력하고 일관적인 공급체계를 확보할 수 있다.

다섯째, 리드타임을 단축하는 것이다. 제품을 생산 및 공급하는 데 소요되는 주문리드타임과 주문이 처리되는 데 소요되는 정보리드타임을 단축하는 것이다. 주문리드타임은 크로스도킹을 사용하여 감소시킬 수 있고, 정보리드타임은 EDI, 인터넷 등을 통하여 감소시킬 수 있다.

여섯째, 전략적 파트너십을 활용하는 것이다. 전략적 파트너십을 활용하여 정보를 공유하고 공급사슬상에서 재고를 관리하면 채찍효과의 영향력을 최소화할 수 있다.

용어설명

* 크로스도킹(Cross Docking) : 물류센터를 중개기지로 삼아 상품이동을 효율적으로 수행하는 기법으로 상품이 물류센터에 도착하면 보관하지 않고, 바로 각 매장이나 고객의 주문에 맞춰 소량으로 나누어 배달하는 방법. 이를 위해서는 정확한 주문내역과 상품의 정확한 선적내역 및 도착시간이 사전에 물류센터에 통보되어야 한다.

(3) 기업활동의 글로벌화(Globalization)

기업활동이 글로벌화되면서 공급사슬상의 리드타임이 길어지고 불확실해졌다. 또한 부품조달비용, 인건비, 금융비용, 생산성, 운송비용 등의 국가별 · 지역별 편차, 환율 및 관세법규의 국가별 차이, 지역별 제품사양의 차이 등을 감안해야 하고 그에 따라 물류과정도 복잡해졌다.

실제로 [그림 3-6]에서와 같이 HP사의 Pavilion 생산의 경우 대부분의 핵심부품은 미국, 중국, 한국, 일본, 대만, 베트남 등에서 글로벌 아웃소싱을 통해 생

그림 3-6 | 제품생산의 글로벌화와 아웃소싱

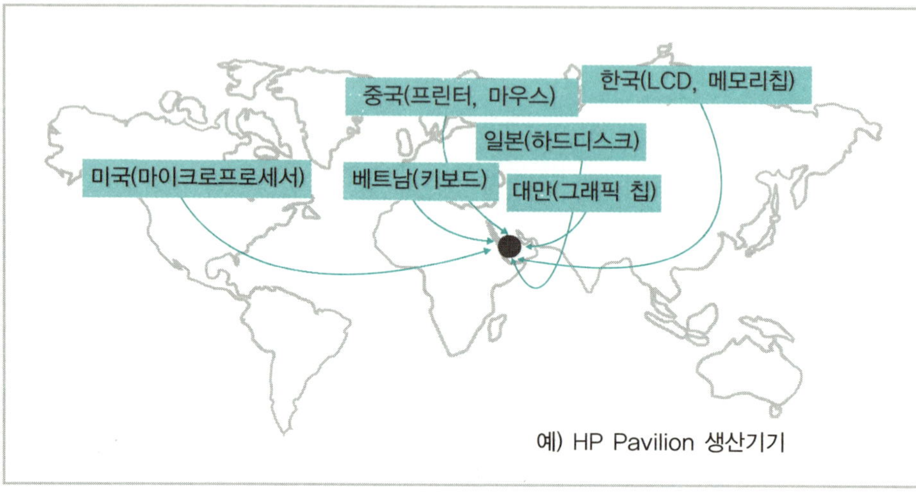

산하고 있으며 생산된 제품은 전 세계를 대상으로 판매되어진다. 이러한 기업의 생산 및 판매 글로벌화는 공급사슬상에서의 참여자에 대한 통합된 관리가 필요해졌고 이에 따라 SCM의 도입필요성이 증대되었다.

(4) 대량맞춤(Mass Customization)

기존의 표준화된 제품을 대량생산하여 고객에게 밀어내던 방식에서 탈피하여 고객의 다양한 요구에 맞추어 제조·납품하는 대량맞춤(Mass Customization)서비스가 보편화되고 있다. 대상품목이 많아지면서 재고 및 물류관리를 비롯해 주문관리, 생산계획, 정보관리 및 추적관리도 복잡해져서 공급사슬관리의 중요성이 더욱 부각되었다.

(5) 기업경쟁의 심화(Deeping of Company Competition)

기업 간 경쟁이 치열해짐에 따라 비용 및 납기의 개선이 시급하게 되었다. 특히 고객지향, 고객만족, 시장요구에 대한 적응을 위해 공급사슬의 혁신요구가 증대되고 있다. 더욱이 HP, Dell, Wal-Mart, 자동차업계 등에서 최근 공급사슬관리 성공 사례들이 발표되어 이 기법의 확산을 촉진하고 있다. 특히, 최근 들어서 글로벌기업들은 재고감축에 초점을 맞춘 SCM 1.0을 바탕으로 하고 차별적 경쟁력 확보를 겨냥한 차세대 SCM(일명 SCM 2.0)[8]을 추진하고 있다.

2) SCM의 정의

공급사슬관리(SCM : Supply Chain Management)는 1980년대 초 Oliver와 Weber에 의해 처음 사용된 이후 다양한 관점에서 그 개념이 다음과 같이 정의되고 있다.

① 미국로지스틱스관리협회(Council of Logistics Management)

"제품의 원산지로부터 소비지점까지 소비자의 요구에 부응하기 위해 효율적이고 효과적인 제품의 재고, 서비스, 정보의 흐름을 계획, 실행, 통제하는 과정"

② 공급관리협회(Institute for Supply Management)

"최종 소비자의 니즈를 충족시키기 위하여 조직의 경계를 초월하여 끊임없는 부가가치 프로세서를 설계하고 관리하는 것. 공급사슬을 성공적으로 통합하면 인적 · 기술적 자원의 개발과 통합이 필요"

③ 공급사슬협의회(Supply Chain Council)

"수요와 공급의 관리, 원자재와 부품의 조달, 제조 및 조립, 제품보관과 재고추적, 수주 및 주문관리, 공급사슬경로 간 배송, 고객에게의 배달을 의미"

④ 공급사슬관리전문가협의회(Council of Supply Chain Management Professionals)

"발주, 조달, 생산에 관련된 모든 활동의 계획과 관리 및 모든 물류관리활동. 공급업체, 유통업체, 제3자 물류업체, 그리고 고객 등 모든 유통채널 파트너와의 조정과 협력도 포함"

상품이 최종 소비자에게 전달되기까지의 과정에는 공급자, 제조업자, 물류업자, 물류서비스 제공업자, 도매 및 소매업자 등의 다양한 서비스 제공객체가 존

8) SCM 2.0은 글로벌 SCM 솔루션 회사인 i2 Technology가 급변하는 공급사슬 환경에서 적시에 대응력을 강화한 차세대 SCM으로 규정하였다. SCM 1.0만으로는 최근 들어 급변하는 글로벌 생산, 물류, 유통 환경 속에서 지속적인 경쟁력 확보가 어렵기 때문이다. SCM 1.0이 기업입장에서 비용절감(재고감축)을 추구하는 반면 SCM 2.0은 탄력(공급사슬의 위기관리체계 구축), 그린(에너지 절감, 폐기물 회수 및 재활용), 고객지향(고객니즈에 맞는 SCM구축) 등을 추구하며 유연성 확보를 중시하는 개념이다.

그림 3-7 | SCM의 개념

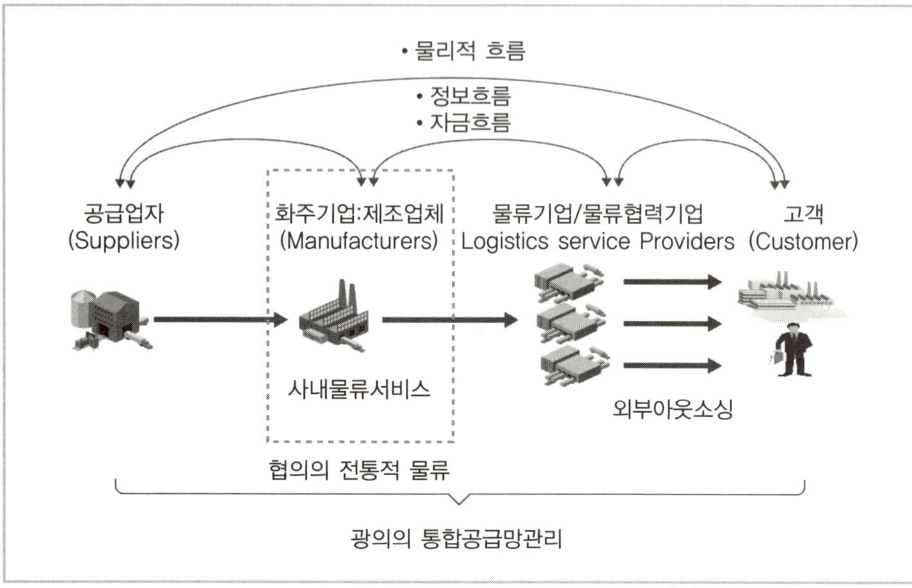

재하며 이러한 객체들의 연결관계를 공급사슬(supply chain)이라고 할 수 있다. [그림 3-7]에서 보듯이 SCM은 공급사슬상의 객체들 간의 기업과 조직 간의 벽을 넘어선 정보공유를 통해 불필요한 낭비요소를 제거하고 비즈니스 프로세상에서의 효율성을 증대시키는 것이다. 이를 통해 과도한 재고보유나 불필요한 물류비용을 최소한으로 억제시키는 것이다. 동시에 비즈니스 스피드를 향상시킴으로써 고객만족도를 극대화시키는 경영기법인 것이다.

비즈니스 프로세스 효율화는 지금까지 기업의 각 부문과 기업 내에서 진행되어 왔는데 아무리 개별적인 효율화를 추구하여도 소비자에 대한 가치와 결부되어 있지 않은 부분적인 최적화이었다. 소비자에게 적시에 적절한 양의 적합한 상품을 낮은 비용으로 제공하기 위해서는 자재의 조달에서 소비자의 손에 상품이 도달하기까지의 공급사슬 전체가 하나의 조직처럼 전체 최적화를 실현하여야 한다. 이와 같은 최적화는 기업내부에서 외부의 공급사슬까지 범위가 확대되어야 하기 때문에 기업 간의 제휴를 중시하는 움직임이 등장하였다.

SCM은 부분적인 효율화가 아니라 네트워크에 의해 결합된 공급사슬이 정보를 공유함으로써 상품의 흐름을 신속하게 하기 위한 것이다. 동시에 자금의 흐름을 신속하게 하는 효율적인 경영을 통해 프로세서 비용을 대폭 삭감하고 궁극적으로는 고객의 만족도를 높이기 위한 것이다.

1990년대 말에 등장한 SCM은 공급사슬상에서의 정보공유, 협업을 통한 재고관리 등 공급사슬관련 의사결정을 최적화하는 경영기법이었다. 이러한 SCM의 기업에서의 도입목적은 재고감축을 통한 비용절감에 초점이 맞춰져 있었다. 그러나 최근 들어서 글로벌기업은 단순한 재고감축기법이 아닌 기업의 지속적인 경쟁력 확보차원에서의 SCM을 활용하고 있다. 즉, 글로벌기업들은 재고감축에 초점을 맞춘 전통적 SCM(일명 SCM 1.0)을 바탕으로 하고, 차별적 경쟁력 확보를 겨냥한 차세대 SCM(일명 SCM 2.0)을 추진 중이다.

SCM 2.0은 SCM 1.0이 비용절감(재고감축)을 주요 목적으로 하는 반면 탄력, 친환경, 고객지향 등을 추구하며 유연성 확보를 중시하고 있다. 이는 SCM 1.0만으로는 최근 급변하는 글로벌 생산, 물류, 유통, 환경 속에서 지속적인 경쟁력 확보가 어렵기 때문이다.

4. SCM과 정보화 경영기법

1) BPR(Business Process Reengineering, 업무절차개선)

주요 경영성과를 획기적으로 향상시키기 위하여 비즈니스 프로세스를 재인식하고 근본적으로 재설계하는 활동으로, 기업의 업무 전체를 비즈니스 프로세스로 파악하여 부서별로 다르게 관리하던 분야를 전체적인 관점에서 다루는 방법이 필요하게 되었다. 이에 따라 BPR을 도입하였으나 초기의 BPR은 정보시스템 기술중심으로 현상의 프로세스 분석에만 머물게 되었다. 따라서 새로운 프로세스를 설계하는 데에는 불충분하여 경쟁력 향상에는 성과가 미흡하였다.

2) MRP(Material Requirement Planning, 자재소요계획) & MRPII(Manufacturing Resources Planning, 생산자원계획)

1970년대 등장한 MRP는 기업의 재고감소를 목적으로 만들어진 단순한 자재수급관리를 위한 시스템으로 제품의 수량 및 일정을 토대로 그 제품생산에 필요한 원자재, 부분품, 조립품 등의 소모량 및 소요시기를 역산해서 일종의 자재조달계획을 수립하여 일정관리를 겸한 효율적인 재고관리를 모색하는 것이다.

원자재, 가공품, 반조립품 등이 언제, 어느 곳에서 얼마만큼 필요한지를 예측하여 모든 제조활동과 관리활동을 계획하며 기업자원의 비능률과 낭비를 제거해 생산활동을 최대한 효율적으로 운영하려는 시스템인 것이다. 그러나 이 시기에는 MRP시스템에 대한 개념이 미처 정립되지 않았고, 정보통신기술의 미흡으로 인해 이 시스템을 원래목적에 맞게 구현시키기에는 부족한 점이 많았다. 따라서 1980년대에 이를 보완한 MRP Ⅱ가 출현하였다. 이는 MRP에서 한걸음 더 나아가 의사결정, MRP, 회계, 분배 등을 포함한 모든 생산 및 관련 응용프로그램을 통합한 정보시스템이다. 그러나 MRP, MRP Ⅱ 시스템은 IT자원이 충분히 뒷받침되어 주지 않아 만족할 만한 성과를 거두지 못한 것으로 평가되고 있다.

3) ERP(Enterprise Resource Planning, 전사적자원관리)

1990년대에 들어서는 정보통신기술의 발전이 가속화되고 글로벌 경쟁체제가 심화되면서 경영환경이 급변하였다. 또한 시장구조가 생산자중심에서 소비자중심으로 전환되는 시점에서 기업들은 첨단 정보통신기술을 활용한 경영기법이 필요로 하게 되었다. 이에 따라 MRP와 MRP Ⅱ를 확대 적용하여 기업 전반에 걸친 모든 경영자원을 통합 컴퓨터시스템으로 관리하여 낭비요소를 없애고 자원의 생산성을 극대화하려는 시도로 ERP가 등장하였다.

ERP시스템은 생산에 필요한 자원뿐만 아니라 수요예측, 생산계획, 인사, 회

표 3-1 | SCM과 정보화 경영기법

구분	관리대상	주요 기능
MRP (1960년대~1970년대)	자재	• 각 기능별 최적화 • 자재수급관리, 재고최소화
MRP Ⅱ (1970년대~1980년대)	생산에 필요한 모든 자원	• 제조자 관리 • 원가절감
ERP (1980년대~1990년대)	경영관점에서의 모든 회사 내 자원	• 회사 내 전반적인 개선을 통해 통합된 시스템 효율 달성 • 경영혁신
SCM (1990년대~2000년대)	자사와 연결된 공급사슬상의 모든 업체	• 원자재로부터 최종소비자에게 이르는 전 과정의 업무 효율적 통합 • 기업 간 최적화

계, 영업, 관리, 홍보 등 기업경영에 필요한 모든 사내자원과 기능을 체계적인 정보시스템을 이용하여 통합적으로 관리하는 것을 말한다.

ERP는 하나의 패키지에 의해 복수거점의 업무를 수행할 수 있고 기업의 정보시스템 인프라로서 유용하게 사용되고 기업 내의 표준화를 추구하여 경영효율화를 이루는 수단이 되었다. 1990년대 후반에 들어서 ERP는 통합물류 또는 SCM 개념으로 확장되었으며 기업내부 자원뿐만 아니라 자사와 연결되어 있는 공급업체, 외주 또는 협력업체, 판매업체, 제3자 물류업체, 운송업체, 창고업체 등을 하나의 공급사슬로 간주하여 통합적으로 관리하는 개념으로 진화되었다.

제2절 SCM의 실행기법

SCM의 기본적인 개념은 공급사슬상에서의 주체들과의 협력(Collaboration)을 통해 비효율적인 요소를 제거하고 소비자에게 양질의 제품과 서비스를 제공하는 데 있다. 즉, 공급사슬상에서의 주체들 간 협력관계가 중요한데 여기에는 QR(Quick Response, 신속대응), ECR(Efficient Consumer Response, 효율적 고객대응), CRP(Continuous Replenishment Program, 자동재고보충), CPFR(Collaborative Planning Forecasting & Replenishment, 협력적 예측보충 등이 있다. 이들은 [그림 3-8]과 같이 시대적 흐름에 따라 진화해 왔다. 본절에서는 이러한 SCM 실행기법의 개념 및 작동원리에 대해 살펴본다.

1. QR(Quick Response, 신속대응)

1984년 미국의류제조연합회(AAMA : American Apparel Manufacturers Association)가 의류산업 생존전략의 하나로 제시하였는데, 이는 미국의 의류업계와 유통업체가 상호 협력하여 생산, 유통관계의 거래당사자와 소비자에게 적절한 시기에 적절한 양을 적정한 가격으로 제공하는 것을 목표로 기업의 거래선

그림 3-8 | SCM 실행기법의 진화과정

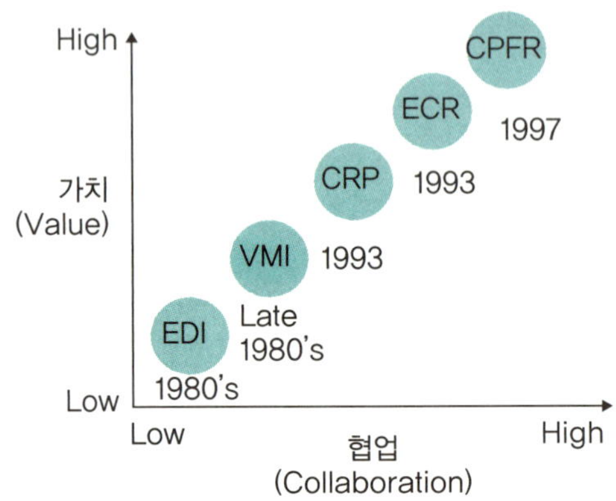

과 공동으로 실시하는 리엔지니어링의 개념이다. 즉, QR은 구매, 생산, 판매 등 모든 단계에 걸쳐 시장정보를 공유하며, 역동적인 시장변화에 공동으로 대응하기 위한 시스템이다.

QR은 판매현황, 재고물량, 가격동향 등 모든 시장정보를 효과적으로 취합하기 위해 공동상품코드(EAN, 우리나라의 경우에는 KAN코드), 판매시점관리(POS), 전자문서거래(EDI) 등의 정보기술을 활용한다.

2. ECR(Efficient Consumer Response, 효율적 고객대응)

ECR은 1993년 미국 식료품업계를 중심으로 활용되기 시작한 효율적 소비자 대응시스템이다. 1990년대 초반 비식료품업계를 중심으로 성공한 QR을 식료품업계에 도입·응용하여 만든 것으로 소비자에게 나은 가치를 제공하기 위하여 유통업체와 공급업체들이 밀접하게 협력하는 식료품 산업계의 전략이라고 할 수 있다.

ECR이 최초로 적용된 곳은 식품유통인데, 제품특성상 장기간 재고를 가져갈 수 없고, 수요예측이 힘들며, 소비자가 찾을 때 신선한 상태로 공급되어야 하는 생필품인 관계로 구매정책 수립이 매우 힘들다. 그래서 고객의 정보를 순간순간 파악하여 필요한 때에 소량을 즉시 보충할 수 있는 방안을 모색하던 중 만들어진 것이 ECR이다.

기존 시스템과 ECR의 가장 큰 차이점은 시작이 고객부터라는 데 있다. 즉, 종래의 생산자중심의 관리(Push형)에서 소비자중심의 관리(Pull형)로의 전환은 시대적인 변화에 적극 부응하는 방식인 것이다. ECR에서 추구하는 것은 매장에서 팔리는 제품에 관한 정보를 온라인으로 취합하여 현재의 재고를 파악하고, 보충이 필요한 경우 자동으로 일정량을 발주하여 보충하는 시스템을 갖추어야 한다. 또한 데이터를 취합하는 과정에서, 특정 제품에 관한 판매이력과 가격, 발주 후 리드타임, 품질수준(반품률) 등의 정보를 함께 처리함으로써, 발주량과 매장 전시방법 등을 동시에 고려할 수 있어야 한다.

ECR이 효과적으로 작동하기 위해서는 우선 통합되지 않은 상태로 운영되는 관리시스템을 자동화하고 전산화하는 작업이 필요하다. 이를 위해서는 매장에서 POS(Point of Sale)의 활용, 일일이 발주하던 방식에서 EDI(Electronics Data Interface)시스템으로의 전환, 매장의 POS 데이터를 활용한 재고관리시스템과 자동발주시스템을 연결하여, 정보를 공유하는 일관체제를 구축해야 한다.

이러한 일관체제를 구축하기 위해서는 POS 스캐닝시스템, EDI가 가능하게 전자주문 및 결제와 관련한 제품데이터베이스(가격, 판촉이력, 재고량, 관련 협력업체 등의 기록)와 온라인 네트워크, 안정적 제품공급선 확보 등이 완비되어야 할뿐만 아니라 협력업체와 데이터호환이 가능한 전산시스템을 구비해야 한다.

3. CRP(Continuous Replenishment Program, 자동재고보충)

유통업체의 원가를 절감하고 고객위주의 서비스를 제공하기 위해서는 재고관리가 중요한데, 이러한 재고관리와 관련하여 필요한 것이 효율적인 유통시스템 정책이다. CRP는 유통센터의 재고를 직접 보충한다는 개념으로 일반적인 상품 Push가 아니라 유통센터 출하 데이터를 근거하여 상품을 보충하는 것을 말한다. 즉, 실제 소비자 수요에 대응키 위해 제품을 "Pushing"하여 재고를 쌓아놓은 것으로부터 식품잡화점의 선반에서 제품이 "Pulling"하는 것으로 옮겨가는 것을 의미한다.

전체 가치사슬(Value chain) 관점에서 보면, 지속적인 보충은 거래파트너 사이에 제품이 이동하는 모든 접점(공급업체에서 제조업체로, 제조업체에서 도매

그림 3-9 | CRP의 개념

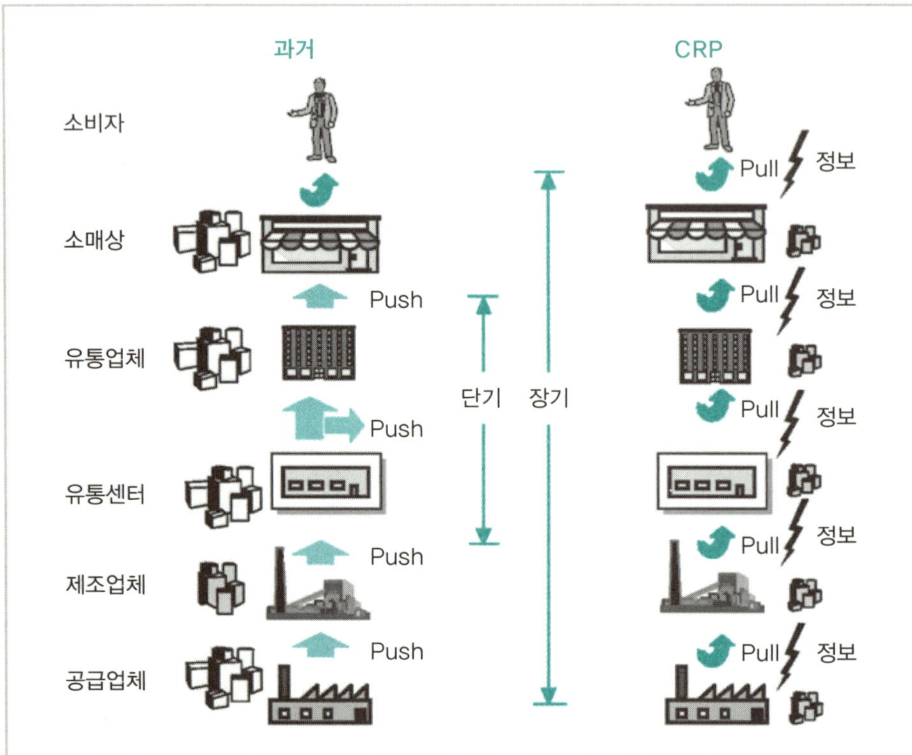

업체로, 도매업체에서 소매업체로)에서 적용되는 개념이다.

CRP의 주요 실행방법으로 자주 필요한 만큼의 기준으로 제품을 납품함으로써, 재고수준과 운영비용을 감축하고, Scan 데이터와 판매예측에 근거한 소비자 수요가 보충을 위한 주문과 출하를 유도하게 한다. 일반적인 VMI에서 유통업체의 창고는 재고수준과 상점오더에 대한 자료를 매일 공급업체에게 전송하여 공급업체는 창고에서 소매업체의 제품필요량을 충족시키기 위해 필요한 주문량을 생성시키는 책임을 지게 된다.

4. CPFR(Collaborative Planning Forecasting & Replenishment, 협력적 예측보충)

판매 및 재고데이터를 이용해 소비자 수요예측과 주문관리에 이용하고, 제조업체와 공동으로 생산계획에 반영하는 등 제조와 유통업체가 예측, 계획, 상품 보충을 공동으로 운영하고자 하는 업무프로세스로 최근 각광받고 있는 SCM 공급측면 응용기술의 하나이다. 즉, CPFR는 수요예측이나 판매계획 정보를 유통업과 제조업이 공유하여, 생산유통 전 과정의 자원 및 시간의 활용을 극대화하는 비즈니스 모델을 말한다. 즉, CPFR은 Collaborative(서로 협력하면서), Planning(계획을 세우고), Forecasting(예측을 통해), Replenishment(상품을 보충한다)로 규정할 수 있다.

CPFR의 등장배경은 판촉활동(Promotion)에 의한 매출비중이 큰 경우, 갑작스런 판매증대로 재고부족과 이로 인한 고객만족도 저하 현상이 나타나게 되고 수요변화에 따른 안정적인 재고관리기법의 도입이 필요하였기 때문이다. 1996년 유통업체인 Wal-Mart와 Warner-Lambert사 사이에 처음 시도되었으며, 1998년 미국의 표준화 단체인 VICS(Voluntary Inter-industry Commerce Standard association)가 중심이 되어 5개의 Pilot를 추진하기 시작하여 FMCG (Fast Moving Consumer Goods)산업 및 유통산업의 새로운 협업방법으로 발전하였다. CPFR은 1980년대 초반부터 기업 간 협업을 화두로 다양한 SCM기법이 도입되어 실행되고 있으며, 이 중 CPFR은 그 범위와 효과 면에서 가장 완성도가 높은 비즈니스 모델로 평가되고 있다.

CPRF와 CRP의 차이점은 CRP가 제조사에 의한 연속적인 재고보충 및 제조자에 의한 수요분석 및 판매예측이 이루어지는 데 반해, CPRF는 제조자와 소매업체의 생산 및 수용예측에 대한 공동책임으로 이루어지고 공급사슬 내 모든 재고에 대한 가시성(visibility)을 확보하는 데 있다.

CPFR의 출발점은 카테고리관리원칙(category management principles)에 근거하여 거래 파트너 간에 특정 시장을 목표로 한 사업계획(market-specific plan)을 공동으로 수립하는 것에 있다. CPFR이 성공하기 위한 핵심요소는 거래 파트너들이 업무 프로세스와 사업계획을 공유한다는 합의에 도달하는 것이다. 예를 들어 기존의 주문 데이터만을 공유하던 방식에서 벗어나 판매, 재고 등의 다양한 데이터를 교환하고 수요예측과 주문량 산정을 합의하여, 적절한 발주량을 산출하고, 정확한 생산일정을 수립함으로써 효율적인 재고보충을 가능하게 한다.

제3절 e-SCM

1. e-SCM의 개념

인터넷의 등장으로 인해 발달한 e-business는 오늘날 기업들로 하여금 기업 경쟁력 확보의 가장 중요한 수단으로 인식되고 있다. e-business의 모델 수립 시 가장 중요한 고려요소 중 하나는 고객과의 약속인데 효율적인 주문이행(Order Fulfillment)을 수행하기 위한 전체 공급사슬(Supply Chain)의 연계방법이 매우 중요하다. 이는 재고자산의 감소, 자산활용도 제고, 거래간접비용 제거 및 고객요구 충족 능력향상 등을 위해 조직 간 공급사슬을 유연하게 유지하고 각 공급사슬 내에 존재하는 개체 간의 경계내부와 외부 간의 기능을 효율적으로 운영하는 것을 필요로 한다.

특히 전자상거래를 통해 공급자는 물류측면에서 비용, 시간의 단축, 유통채널의 갈등해소, 고객정보의 실시간 획득 등을 필요로 하게 되고 전체적인 프로세서상에서의 일원화를 통한 효율성을 추구하게 된다. 따라서 인터넷을 활용한 e-business의 등장은 SCM을 e-SCM으로 변화시키고 업무와 조직의 가상화(virtualization), 정보의 통합(integration), 물류와 정보의 동시화(synchronization), 협업화(collaboration), 디지털화(digitalization) 등의 새로운 기업경영의 패러다임을 수용한 개념의 SCM이 필요하게 되었으며 이를 통해 e-SCM이 등장하게 되었다. 즉, 공급사슬은 인터넷과 정보기술의 급속한 발전으로 인해 그 범위가 더욱 확대되었는데 인터넷과 정보기술 등 전자적 역량(e-capability)을 강화하여 전통적인 SCM의 영역을 확대하고 공급사슬상의 당사자들을 전자적으로 네트워크화하여 보다 유기적인 결합체로 만드는 것이 e-SCM이다.

전통적인 SCM에서와 마찬가지로 e-SCM의 개념에 대해서도 다양한 관점에서 정의되고 있으나 '해외부문'과 '디지털' 그리고 '네트워크'의 개념과 기업의 거래비용의 최소화, 재고감축, 고객맞춤화 서비스의 제공, 리드타임 및 제품수명주기의 단축 등의 개념이 공통적이고 복합적으로 사용되고 있다.

결국, e-SCM은 디지털 기술을 활용하여 공급자에서 고객까지의 공급사슬상의 물자, 정보, 자금 등을 총체적인 관점에서 통합 관리함으로써 e-business 수

그림 3-10 | e-SCM의 개념

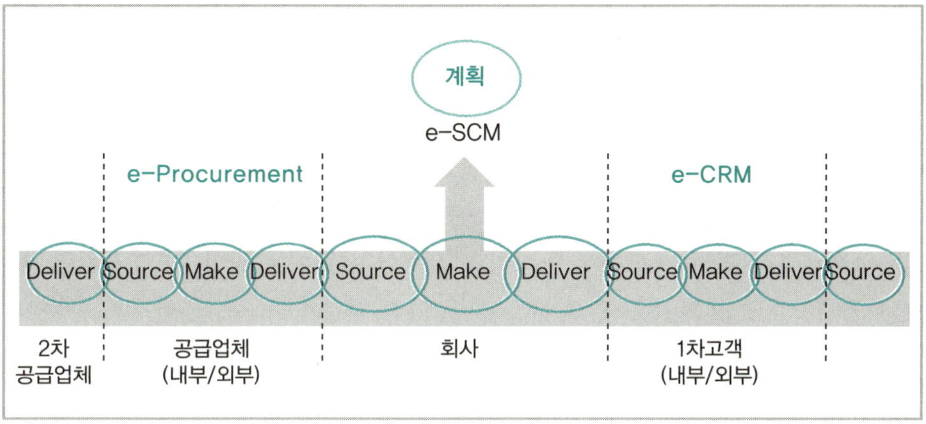

행과 관련된 공급자, 고객, 그리고 기업 내부의 다양한 니즈를 만족시키고 업무의 효율성을 극대화하려는 전략적 기법이라 할 수 있다.

2. e-SCM의 효과

e-SCM이 등장하게 된 원인으로는 고객위주의 시장형성, 글로벌화, 공급체인 전체의 비용효율화를 통한 경쟁력 확보, 국제시장의 자유화, 경영환경의 변화 등이 있으나 가장 중요한 원인은 정보기술의 발전 및 활용이다. 즉, JIT 등 1980년대의 생산과정 효율화 방식과 QR, ECR 등 1990년대 판매방식 효율화 방식이 결합하여 e-SCM이 기업의 중요한 전략으로 부각되고 있으며 다양한 부문에서 경영혁신이 가능하게 해주고 있다. 기존의 공급체인을 혁신한 e-SCM의 경우 그 효과는 다음과 같다.

1) 비용의 최소화

e-SCM을 통해서 기업은 거래 및 투자비용을 최소화할 수 있다. 전략적 제휴, 아웃소싱 등 공급사슬의 당사자들 간 네트워크화를 통해 업무수행이 용이해지기 때문에 최소한의 자산 보유만으로도 사업수행이 가능하며, 공급사슬을 통합함으로써 공급자 및 구매자들 간 정보의 공유 또는 이전에 필요한 비용과 시간

을 대폭 감소시킬 수 있다.

2) 실시간 조달을 통한 재고의 감소

과거 SCM을 수행하는 기업들은 과거 공급업자의 생산능력이나 재고물품에 대한 정보를 명확히 공유하지 못하는 단점을 지니고 있었다. 그러나 e-SCM을 실시함으로써 이러한 단점을 보완하기 시작하였는데 이는 공급 및 재고관련 정보가 실시간으로 온라인을 통해 공유될 수 있기 때문이다. 즉, 공급자와 구매자의 정보공유가 가능해짐에 따라 공급자들은 구매자의 재고정보를 실시간으로 파악할 수 있을 뿐 아니라 구매자들이 필요로 하는 재고량을 자동적으로 보충해 줄 수 있기 때문에 공급자, 구매자 모두 안전재고 수준을 감소시킬 수 있다.

3) 고객맞춤화 서비스

판매자가 구매자와의 직접적인 정보교환을 통해 획득한 고객정보들을 분석하여 개별적인 고객들의 니즈를 보다 용이하게 파악할 수 있을뿐 아니라 고객 맞춤화되고 세분화된 고객서비스의 제공이 용이하다.

4) 주문이행시간의 단축

기업의 생산량은 기본적으로 수요예측에 의해 이루어지나 이러한 수요예측은 마케팅, 전략변경, 거래당사자와의 상황변동 등 다양한 변수가 영향을 미치므로 정확한 수요예측이 어려웠으며 이를 통해 공급사슬 사이에서 필요없는 낭비가 존재하였다. 그러나 e-SCM을 실시하면 공급사슬 주체 간 정보가 실시간으로 공유되므로 이러한 낭비요소를 제거하게 도와준다. 또한 공급사슬의 정보화, 자동화 및 중간유통업체의 제거를 통해 전반적인 주문이행시간의 단축이 가능하며 이를 통해 고객 니즈 변화에 대한 신속하고 유연한 대응이 가능해짐으로써 고객 만족도를 증가시킬 수 있다.

5) 사업의 수평적 확대

공급사슬상의 네트워크 형성을 통해 현 사업수행의 인프라 영역 또는 타 산업으로의 진출이 용이하다.

3. e-SCM의 기능

효과적인 물류전략을 위해서는 현재의 전략적인 문제점과 당면과제에 대한 이해가 요구된다. 전통적인 물류시스템에 비해 보다 신속해야 하고, 보다 유연한 시스템과 그에 따른 업무 프로세스를 갖추어 최상의 서비스를 제공해야 하며, 모든 업무상의 당사자들이 전자적으로 연결되어 있어야 한다. 또한 전 세계에 분산된 공급사슬의 각 당사자들이 정보기술을 통해 네트워크화됨으로써 기업 간 업무중복을 방지해야 하고 기업 내 마케팅과 생산시스템을 완벽히 통합해야 한다. 이를 통해서 실시간 수요를 바탕으로 변화하는 시장조건에 신속하게 대응할 수 있기 때문이다. 즉, 수집된 데이터들을 통해 효율적인 의사결정과 실시간 정보를 산출할 수 있는 정보기술시스템의 필요성과 새로운 정보기술의 활용도를 증대시키기 위해 e-SCM의 도입은 필수적인 것이다.

Micheal(2003) 등은 e-SCM이 물류 고유의 구성요소 측면에서도 다음과 같은 변화를 가져오고 있다고 설명한다.

1) 운송

e-비즈니스를 근본으로 하는 e-logistics 환경에서 가장 먼저 직면하는 주요 과제는 신속한 수·배송에 대한 고객들의 기대가 매우 높다는 것이다. 신속한 수·배송이 이루어지지 않는 제품이라면 그 제품이 아무리 훌륭하게 디자인되었다고 하더라도 아무 소용이 없는 제품이 될 수 있기 때문이다. 이와 같은 고객의 요구에 대응하기 위해 많은 기업들이 물류아웃소싱을 통한 제3자 물류 서비스를 활용하고 있다.

Frieswick(2000)은 제품의 수·배송에 있어 고객에게 선택권을 부여하는 것도 좋은 전략 중 하나라고 설명하고 있다. 예를 들어 급행, 고속 및 일반 등의 수 · 배송 등의 선택을 두어 고객이 그 필요성에 따라 선택하게 하는 것이 비용과 서비스 측면에서 보다 바람직하다는 것이다. 또한 기업이 자신의 거래파트너인 제3자 물류 기업에게 물류 아웃소싱을 일임하였을 경우에는 제품의 특성 및 거래환경에 따라 제품의 생산지에서 직접 고객에게로의 수 · 배송이 이루어질 수 있으므로 반드시 책임감 있는 수 · 배송을 책임질 수 있는 물류파트너를 지정해야 한다.

2) 보관

원자재 및 반제품 그리고 완제품을 정확한 시간에, 정확한 가격으로, 정확한 장소에, 사용가능한 상태로 전달시켜주는 것은 신속하고 유연성 있는 고객서비스를 수행하는 데 있어 매우 중요하다. 전자상거래에서 구매자들은 웹을 통해 제품을 탐색하고 주문하기 때문에 공급자들은 반드시 원자재 및 제품을 언제든지 소비자에게 공급할 수 있는 능력을 보유하고 있어야 하며 이러한 능력은 전통적인 물류보다 그 중요성이 점차 높아지고 있다. 따라서 반드시 안전재고를 확보하고 있어야 하며 이는 전통적인 상거래에서의 재고 및 창고관리에 비해 기계화와 자동화된 관리가 보다 요구된다. 보관부문 역시 공급사슬상의 믿을 수 있는 파트너들 간 협업을 통해 효율적이고 효과적인 창고관리 업무를 수행해야 한다.

3) 포장

전자상거래를 통한 제품의 구입 시 손상된 제품이나 적절하지 않은 포장은 경쟁기업으로 고객의 발걸음을 돌리게 하는 지름길이다. 포장은 주문단계의 마지막 과정이며 소비자가 자신이 원하는 장소에서 해당 제품을 배송받았을 때 첫 느낌을 전달해준다.

물류과정의 각 공정 및 작업환경이 보다 유연성을 가지게 되고 제품의 포장도 과거와는 달리 표준화 · 규격화되고 있다. 이는 과거와 같은 대량의 획일화된 포장보다는 소량 다빈도 주문에 적합한 형태로 변화하고 있기 때문이다.

4) 하역

하역시스템은 e-비즈니스의 성공 여부를 판가름할 수 있는 핵심요소이다. 이는 e-비즈니스의 모든 절차는 웹상에서 이루어지지만 실질적인 업무, 즉 재화의 수·배송과 연결되는 하역활동이 물류의 필수요소가 되기 때문이다.

소비자들이 최상의 물류서비스 제공을 원한다면 기업은 최상의 제품을 멸실 및 손상이 없는 안전한 선적 및 수·배송서비스를 제공해야 한다. 따라서 기업은 창고관리시스템의 활용과 더불어 효율적인 하역업무를 수행할 수 있어야 한다. RFT(Radio Frequency Terminal)시스템, RFID(Radio Frequency Identification), WSR(wiress speech recognition)시스템, PTL(Pick/Put -To-Light)시스템, PTD(Pick To Display)시스템 등은 모두 안전하고 신속하며 정확한 하역 및 선적작업을 위해 도입되고 있는 새로운 업무체계이다.

5) 역 물류

e-SCM과 같이 e-비즈니스를 기반으로 하는 물류관리에서 중요시되는 또 다른 요소는 역물류(reverse logistics)이다. 역물류란 단순히 용기의 재사용이나 포장재료의 재활용을 의미하는 것은 아니다. 이는 제품의 잔존가치를 재획득할 목적이나 제품의 적절한 폐기를 목적으로 한 소비지역에서 다른 소비지역으로 제품을 이동시키는 프로세스를 의미한다(Carter, 1998). 소비자 주도의 시장이 확대됨에 따라 기업은 판매가 부진한 제품이나 시기가 지난 제품 혹은 불량상태인 제품을 회수함으로써 최신의 상품과 수요가 많은 상품만을 매장에 진열할 수 있도록 지원해주는 역물류시스템의 전략적 가치를 인식하기 시작하였다.

역물류의 중요성은 전자상거래를 통한 직거래방식이 증대되어 더욱 중요하게 부각되었다. 공간의 제약이 없는 전자상거래의 경우 전국적인 또는 국제적인 시장에서도 직거래 방식을 통한 거래가 가능하기 때문에 고객의 반품에 대한 요구를 보다 효과적으로 충족시켜주는 능력은 기업의 경쟁력을 결정하는 또 다른 요소가 되고 있다. 따라서 효과적인 정보지원체제를 구축함으로써 고객에 대한 역물류 활동을 신속하게 지원해 주는 능력을 갖추는 것은 고객의 이탈을 억제해주는 전략적 수단이 될 수 있다.

역물류 활동의 전제가 되는 것은 고객에 대한 제품보증의 정도인데, 이는 제품보증에 대한 책임이 바로 역물류 활동을 필요로 하기 때문이다. 제품보증의 시간적 길이와 범위는 고객의 제품품질에 대한 인식을 결정해 주는 중요한 요소 중의 하나이다. 비록 소비자들이 제조업체의 품질에 대해 상대적으로 낮은 인식을 갖더라도 신뢰성 있는 물류 파트너에 의해 보다 발전된 제품보증이 이루어질 경우 전체적인 품질인식이 강화된다.

제 2 편

물류관리와 운영

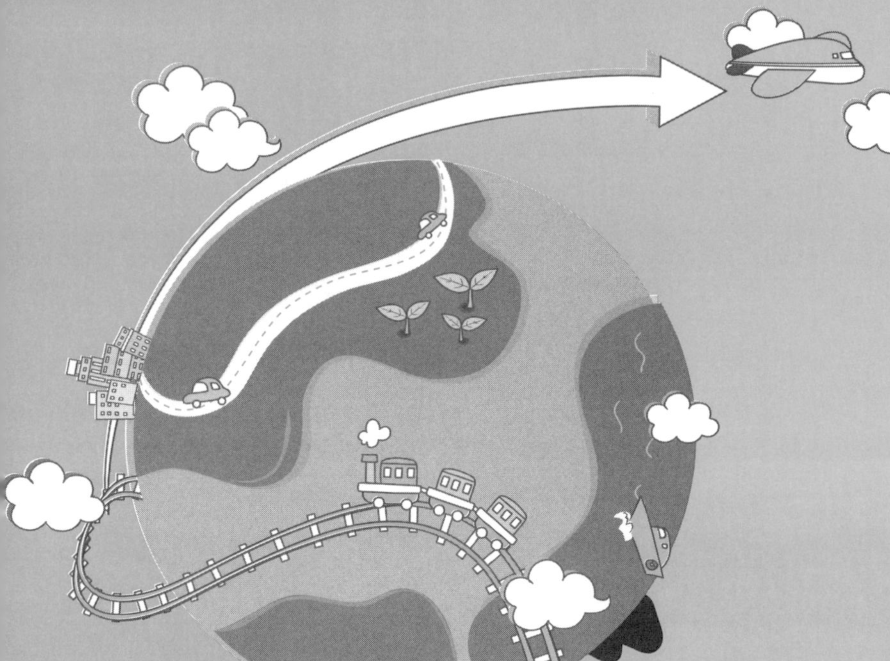

제4장

조달 및 아웃소싱

핵심내용

조달(procurement)은 모든 조직에 있어 필수적인 기능으로 기본적으로 공급사슬 사이에 존재하는 조직 간 필수적인 연결관계를 형성하고 고객과 공급자 사이에서 재화흐름을 조정하는 기능을 담당하고 있다. 조달은 과거 단순한 구매(purchasing)에서 조달(procurement)개념으로 진화해 왔으며, 공급(supply)이라는 개념으로 진화하고 있다.
조달의 가장 중요한 역할인 지속적인 공급의 연속성 확보는 공급자를 선정하는 과정을 얼마나 효율적으로 진행했는지에 영향을 받으므로 공급자탐색을 면밀히 검토해야 한다. 선정된 공급업자를 중심으로 구매를 위한 일정을 절차인 조달주기를 설정해야 하며 단계별로 필요한 발생서류를 검토해야 한다. 최근에는 서류중심의 구매방식이 과다한 비용발생 및 입력오류 등을 초래하는 이유 등으로 전자구매방식인 e-procurement가 등장하였다.

주요용어

조달(procurement), 구매(purchasing), 공급사슬(supply chain), 공급자 탐색, e-procurement, 아웃소싱

제1절 조달

1. 조달(procurement)의 개념

기업활동에 있어 구매(purchasing), 조달(procurement), 자재관리(material management), 로지스틱스(logistics), 공급관리(supply management), 공급사슬관리(supply chain management) 등의 용어는 비슷한 의미로 사용되고 있다. 이러한 개념 중에서 구매(purchasing), 조달(procurement)의 개념은 혼용되어 사용되고 있어 이에 대해 살펴보도록 한다.

일반적으로 '구매(purchasing)'란 용어는 구입(buying)의 과정을 의미한다. 구매는 조직이 필요로 하는 모든 자재를 획득하기 위해 책임을 지는 기능을 하고 있는데 이는 조직이 필요로 하는 적합한 공급자를 찾아내고 선발하여 다른 조건들과 협상하여 운송을 확인하는 과정을 포함한다고 할 수 있다. 구매는 공급사슬상에서의 자재흐름을 계획 · 통제하는 메커니즘을 제공하는데 기본적으로 조직이 공급업자에게 "당사는 조건에 합의하고, 공급업자는 자재를 납품하고 그것에 대해 대금지급한다"라는 메시지를 함의하고 있다. 기업활동에 있어 구매형태는 일반적 표준 구매행위뿐만 아니라 렌탈, 리스, 교환, 차입 등 여러 유형이 있다.

구매가 실제적인 구입(buying)행위를 의미하는 것임에 반해, 조달(procurement)은 좀 더 광범위한 개념을 가지고 있다.[1] 조달은 앞서 설명한 렌탈, 리스, 교환, 차입 등의 구입행위뿐만 아니라, 공급업자 선택, 구매협상, 구매조건, 구매가격, 공급업자의 성과측정, 자재관리, 운송, 보관 등의 다양한 활동과 연계되어 있다. 조달(procurement)은 조직이 필요로 하는 모든 자재를 획득하는 것에 책임이 있는데 이것은 조직 내에서 공급업자로부터 모든 자재 및 관련 서비스, 물품 등을 획득하는 데 필요한 모든 연관된 활동을 포함하고 있다.

조달은 자재 그 자체의 이동(move)이 아닌 이전(transfer)에 있다. 조달은 조

1) WTO 정부조달협정(GPA)상에는 조달의 개념을 구매의 개념보다 넓게 보고 있으며 물품과 서비스구매에 시설공사 계약까지 포함하고 있다.

직에서 필요한 자재가 운송과 같은 실제적인 인도행위 기능뿐만 아니라 필요한 자재의 장소 및 소유권에 변화가 있다는 메시지를 함의하고 있다. 따라서 광의의 개념으로 조달은 정보처리(information processing)와 관련되어 있으며 다양한 정보를 수집 · 분석하고 공급사슬상의 주체들에게 이러한 정보를 넘겨주는 역할을 하게 된다.

2. 조달의 중요성과 역할

조달(procurement)은 모든 조직에 있어 필수적인 기능으로 기본적으로 공급사슬 사이에 존재하는 조직 간 필수적인 연결관계를 형성하고 고객과 공급자 사이에서의 재화흐름을 조정하는 기능을 가지고 있다. 만약 조달업무가 부실하게 이루어질 경우 필요한 재화의 조달이 불가능해질뿐만 아니라, 재화의 인도시간, 수량, 품질, 가격, 고객서비스 등의 불량을 초래하게 된다.

조달관리의 중요성 및 효과

조달관리의 중요성 및 효과는 크게 직접 및 간접효과로 구분하여 살펴볼 수 있다.

① 조달관리의 직접효과

기업에 있어서 이윤창출은 일반적으로 매출을 증대시키거나 원가를 절감하여 구현할 수 있다. 즉, 매출을 늘리면서 원가를 유지하거나[그림 A], 매출이 정체되면 원가를 줄이는 방법을 채택할 수 있다[그림 B]. 그러나 가장 좋은 방법은 매출도 늘리고 원가를 줄이는 방법일 것이다[그림 C]. 그러나 이것은 매우 도전적인 과제이다.

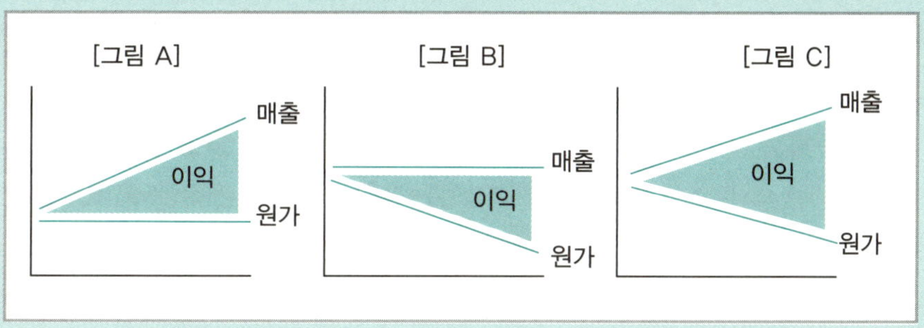

우리는 조달관리의 중요성을 알아보기 위해 조달관리-원가의 연관성을 다음 중앙

상사의 실제사례를 들어 살펴보자.

- 총매출액 108억 원
- 자재조달비용 58억 원
- 임금 27억 원
- 간접비 12억 원

중앙상사에 있어 자재조달비용을 1% 절감했을 때 어떠한 효과가 생길까? 만약 자재조달비용을 1% 절감하지 않았을 때 절감한 것과 동일한 효과를 얻기 위해서 총매출액을 얼마나 올려야 하고 간접비 등을 얼마나 절감해야 할까? 다음과 같은 계산을 통해 이러한 효과를 측정해 볼 수 있다.

- 실제이익 : 108−(58+27+12)=11
- 만약 자재조달비용을 1% 절감한다면 58×0.99=57.42. 이 경우 이익은 108−(57.42+27+12)=11.58이므로 1%의 자재조달비용절감은 5.3%의 이익증대를 가져온다. 이는 판매액 대비 이익률로 10.2%에서 10.7%로 증가하는 효과를 가져온다.
- 만약 자재조달비용에 변화가 없고, 기타 비용이 그대로라면 5.3%의 이익증대효과를 누릴려면 총판매액을 114억 원까지 끌어 올려야 한다.
- 동일한 추가이익을 얻기 위해서는 0.58억 원 또는 4.8%까지 고정비용을 절감해야 한다.

이러한 현상은 제너럴모터스의 사례를 통해서도 알아볼 수 있다. 2001년 제너럴모터스의 매출은 1,773억 달러였고, 부품지출비용은 1,438억 달러였으며 순마진율은 0.3%였다. 연간 소비의 0.5%만 줄여도 이익은 7.2억 달러나 증가한다. 이러한 이익을 매출증가로 달성하고자 한다면 매출을 2,400억 달러수준까지 올려야 하는데 이는 불가능한 수준의 목표이다(David Simchi-Levi 외, 물류 및 공급체인관리, 2008, p.345).

② 조달관리의 간접효과

효율적인 조달관리는 조직 내 타부서나 구성원들의 사업성과를 강화한다. 좋은 품질의 자재구매는 재작업을 줄이고 품질보증비용을 낮추며 고객만족도를 높이므로 가격인상 또는 판매증진을 가능케 한다. 또한 공급자와의 좋은 관계 유지, 정보 및 아이디어의 원활한 교환은 디자인 개선이나 생산비용을 절감케 하여 기업경쟁력강화 및 고객확보를 가능케 한다.

사실 과거에는 조달 및 구매(procurement, purchasing)의 기능은 이를 담당하는 기업의 생산보조수단으로 수동적 의미로 활용되었다. 왜냐하면 제조기업에서는 필요한 원자재를 필요한 시점에 공급받기 위하여, 생산이 원하는 자재를 적시에 그리고 적량을 최선의 가격으로 공급하여 생산의 중단이 없게 하는 업무가 구매의 최우선 업무이었기 때문이다. 이러한 환경하에서 구매기능은 단순히 생산의 보조수단으로서 기능적이고 반복적인 업무일뿐만 아니라 자재의 원활한 공급이 최우선 과제였다. 따라서 거래비용중심적이고 단순반복업무 기능이 주로 이루어졌다. 이 경우 구매분야에서 그 기업의 특수한 경쟁력을 가지기 어려웠다.

그러나 1970년대 후반부터 시작하여 1980년대에 자원의 안정적인 확보가 고도의 지식과 기술을 요하게 되면서 구매의 중요성이 부각되고 1990년대에 들어와서는 공급업체와의 협력관계가 기업의 경쟁력에 절대적인 영향을 미친다는 것을 인지하게 되면서 구매부서가 기업의 중요한 경쟁력을 창출하는 기능부서로서 서서히 자리잡아 가게 되었다. 2000년대에 들어오면서 많은 기업들이 자신의 핵심 역량에 치중하고 많은 부분을 아웃소싱하면서 많은 기업들이 자체 생산 · 제조보다는 더 많은 구매 · 조달에 의존하게 되리라는 사실이 조달의 전략적 중요성을 높게 만들었으며 이러한 과정을 통해 기업에 있어 구매(purchasing) → 조달(procuremnt) → 공급(supply)의 개념으로 점차적으로 진화되어 왔던 것이다. 이러한 변화의 개념은 [그림 4-1]을 통해 살펴볼 수 있다.

그림 4-1 | 조달개념의 변화

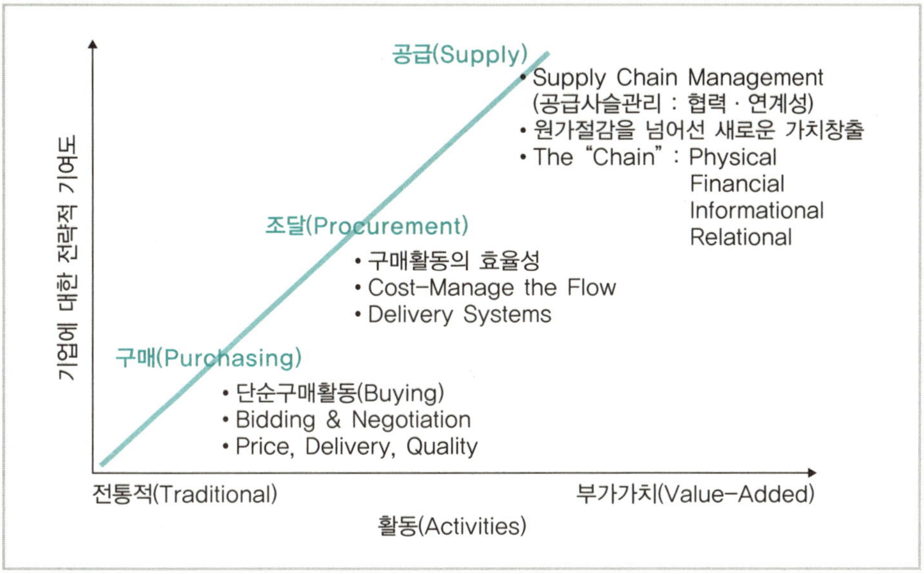

자료 : Evolution of Purchasing, 한국구매조달학회, 류성국, 2002.

앞서 구매(purchasing)와 조달(procurement)의 개념설명에서도 언급하였듯이 많은 문헌에서 한글로 이들을 구매, 조달, 구매조달 등 혼용하여 사용하고 있다. 미국구매관리자협회는 과거 영문 명칭이 NAPM(National Association of Purchasing Management)이었는데 2002년 ISM(Institute for Supply Management)으로 Purchasing에서 Supply Management로 명칭 개정하였다. 이는 Purchasing이 전통적인 구매와 생산의 보조기능으로서의 의미가 강한 반면, Supply Management는 공급자관리를 통한 기업경쟁력 강화라는 의미가 담겨 있다고 할 수 있다. PSM(Purchasing and Supply Management)에서 Purchasing은 단순구매, Supply Management는 전략적 의미에서의 구매라고 볼 수 있을 것이다.

반면 우리나라의 조달청의 경우 영문공식명칭은 'Public Procurement Service'로 표기하고 있어 procurement를 조달이라는 의미로 사용하고 있다. 따라서 구매(purchasing)는 구입(buying)을 강조한 단순구매의 개념, 조달(procurement)은 구매기능을 포함하는 좀 더 광범위한 개념용어로 구매와 저장, 운송, 수납, 폐품처리 등 관련활동을 포함하는 개념으로 파악할 수 있다.

공급(supply)이란 단어는 북미에서 문구나 사무용품같은 내부소비재 항목의 비축 · 저장 · 분배하는 의미라고 사용되었으나 오늘날에는 구매와 저장, 물자의 수령을 포괄하는 넓은 의미로 사용되고 있어 각 주체 간 연계, 협력, 협업을 중요시하는 공급사슬(supply chin)관리의 측면으로 파악하는 것이 타당할 것이다. 미국구매조달협회의 NAPM을 ISM으로 변경한 것도 과거 구매 및 조달의 수동적 의미에서 필요한 모든 외부자원을 공급(supply)으로 확대되고 있다.

3. 조달역할의 변화요인

조달이 기업의 중요한 의사결정을 수립하는 역할을 수행하고, 이를 통해 필요한 자원을 전략적으로 확보하며 외부의 기술과 능력을 끌어들여 그 회사의 경쟁력으로 만드는 아주 중요한 역할을 수행한다는 것은 주지의 사실이다. 특히, 이러한 이유에는 공급사슬관리의 중요성 증대 및 아웃소싱(outsourcing)의 증가라는 변화요인이 있다.

1) 공급사슬관리의 중요성 증대

SCM(Supply Chain Management)은 제품생산에서 유통에 이르는 전체 공급사슬의 프로세서상에서 참여자와 함께 정보공유 및 협업을 통해 재고관리 등 공급망 관련 의사결정을 최적화하고자 하는 기법이다. 공급사슬관리의 개념 및 중요성은 이미 제 3장에서 언급한 바 있어 생략하도록 한다. 본장에서는 공급사슬관리와 조달의 연계성을 살펴보고자 한다.

공급사슬과 조달의 연계성을 휴대폰을 통해 살펴보자. 휴대폰 제조사와 부품업체의 관계는 실과 바늘로 비유된다. 이들의 관계에서는 서로 윈윈(win-win)할 수 있는 협업이 생명이다. 휴대폰에 들어가는 부품은 통상 200여 개이고 그중 핵심 5대부품은 모뎀칩, 메모리, 화면용 LCD, 배터리, 카메라 모듈이다. 삼성전자의 경우만 해도 핵심 협력업체만 부품제조 500여 곳, 소프트웨어개발 업체가 170여 사가 존재한다. 이러한 많은 부품협력업체가 존재하는데 만약 휴대폰 제조에 있어 공급업자로부터 전체 부품의 60%를 조달받는다고 가정하면, 부품공급자가 전체 60%의 휴대폰 원가를 결정하고, 60%의 가격을 결정하며 60%의 납기나 경쟁력을 결정하는 것이다. 결국 기업의 60%의 경쟁력은 공급자로부터 창출되게 된다. 따라서 기업들은 과거처럼 생산이 원하는 자재를 단순히 조달하는 생산의 보조적인 기능이 아닌 기업경쟁력의 반 이상을 만들어 내는 공급자를 효과적으로 관리하여 경쟁력을 증대시키고자 하는 인식이 강해지게 되는 것이다.

2) 아웃소싱(Outsourcing)의 증가

최근 들어 기업들은 자기가 잘할 수 있는 핵심역량[2]에만 집중하고 많은 부분은 아웃소싱(외주화)[3]하고 있다. 이는 소위 '선택과 집중' 의 논리에 따라 기업의

2) 핵심역량(core competence)이란 경쟁사보다 뛰어나고 고객에게 차별화된 효율을 제공하는 것, 유형적인 것보다는 무형적인 것, 장기간 이루어지는 것, 통합하고 조정하는 능력, 기술능력에 관한 것, 전사적인 것, 뿌리와 같은 것, 계속 발전해야 하는 것을 말한다.

3) 아웃소싱(outsourcing)은 기업의 여러 가지 경영환경과 업무 가운데 일부를 기업 자체에서 처리하지 않고 외부에 맡기거나 조달하는 것을 뜻한다. 기업이 아웃소싱을 시행하는 이유는 기업의 역량을 핵심부문에 집중하면서 외부 전문분야를 활용하고 경쟁력을 높이고자 하는 이유로 여기에서 경쟁력이란 아웃소싱의 대상에 따라 우수한 품질의 확보, 비용절감, 관리의 용이성, 유통 또는 시간의 단축 등 다양하다.

경영자원을 잘할 수 있는 부분에 집중하고 나머지는 부분은(다른 기업이 더 잘할 수 있는 부분) 외주화하는 것이다. 아웃소싱과 조달의 연계성을 애플과 나이키의 예를 들어 살펴볼 수 있다.

MP3인 아이팟(iPod)과 휴대전화인 아이폰(iPhone)을 판매하는 애플사는 아웃소싱 기업으로도 유명하다. 아웃소싱을 많이 하다 보니 외부협력관계를 중시할 수밖에 없다. 100% 외주생산체제를 갖추면서 자체 공장을 없앴을 정도이다. 애플은 이제 연구개발과 디자인, 마케팅만 하고 있으며 아이폰도 대만의 협력업체가 조립생산을 맡고 있다. 애플의 핵심역량은 잘 알려져 있듯이 콘텐츠 서비스의 차별화를 통해 단말기의 차별화를 극대화하는 것이다. 아이튠스(itunes)를 통해 아이팟의 차별화에 성공하였고, 앱스토어(Appstore)를 통해 아이폰의 차별화에 성공하였다. 모바일 기기에서는 성공적인 비즈니스모델을 도입하여 새로운 시장을 창출했다고 볼 수 있다. 애플은 기기와 같은 하드웨어는 대만업체에 외주화하고 자신들은 더 잘할 수 있는 콘텐츠(아이튠스, 앱스토어), 디자인(기기의 혁신적 디자인개발), 마케팅(the only one이라는 구매욕구자극)에 집중한 것이다.

결국, 애플이 아이팟(iPod)에 이어 휴대폰(iPhone)까지 성공적으로 개발할 수 있었던 것은 조직내부와 외부의 협력관계를 원활하게 이끄는 혁신적인 네트워크 문화가 발달되어 있었기 때문이다. 또한 외부기관과 스마트소싱(smart sourcing)관계를 잘 유지한 덕분이기도 하다. 전통적인 아웃소싱이 비용절감을 위해 값싼 노동력이 있는 곳으로 일감을 옮기는 것이라면 스마트소싱은 한 걸음 더 나아가 파트너와 협력관계를 통해 어떻게 혁신을 달성하느냐에 초점을 맞추고 있는 것이다.

나이키는 철저한 기술력으로 첨단디자인과 고품질상품을 개발해내는 데(핵심기술) 사력을 집중시키고 나머지는 외주에 맡긴다는 방식으로부터 제조는 기존의 제조업체들이 잘할 것이라는 생각에 각 현지별로 OEM(주문자상표부착)생산방식을 택하고 있다. 또 각 국가별 유통업체들과 파트너십(제휴관계)을 맺고 유통관리를 맡긴다. 기회비용을 줄이고 생산의 유동성을 원활하게 하는 데는 지역별 분업체계가 적격이며 이를 통해 효과적인 아웃소싱전략을 펼쳐가고 있다.

나이키는 생산을 외주에 맡기는 대신 철저한 품질관리를 중시한다. 이른바 '추방자프로그램' 을 이용해 본사의 스탭진을 해외공장에 상주시키며 제품의 질을 감시 · 감독한다. 첨단정보시스템을 기반으로 하청공장과 본사 간의 각종 정보교환을 활발히 진행한다. 품질관리 못지 않게 현지 생산공장들과의 관계도 강조한다. 이렇게 애플, 나이키와 같은 이른바 공장없는 제조사(Fabless manufactur-ing)는 생산라인 자체가 없거나 아주 작기 때문에 조달 및 구매행위가 보조수단일 수가 없다. 구매 및 조달은 기업의 수입과 성장을 만들어 내는 가장 핵심적인 역량이 된다. 만약 이들 기업들이 올바른 공급자를 선택하지 못한다면 제품의 경쟁력 저하로 인한 고객이탈 및 확보가 어려지기 때문이다. 따라서 기업에 있어 외주화를 많이 진행할수록 구매와 조달행위의 중요성 및 역량이 더욱 중요해진다고 할 수 있다.

4. 조달관리의 목적

조달의 전체적인 목적은 조직이 믿을 만한 재료의 공급을 확보하는 것에 있다. 이러한 전체적인 목적과 더불어 다음과 같은 세부적인 목적이 있다.

- 자재 및 공급 서비스에 대한 원활한 제공
- 사용부서(user department)와 조직 내 타 분야와의 밀접한 협력관계 구축 및 개선
- 책임감 있고 신뢰할 수 있는 유능한 공급자 발굴 및 관계구축 · 개선
- 일정 품질수준 이상의 자재투입을 위한 품질관리 및 개선
- 적절한 가격 및 조달조건협상
- 조달업무의 이익창출효과 극대화를 위한 총구매비용 최소화
- 재고정책, 투자, 가용재고 등을 감안한 적절한 재고관리
- 자재의 공급사슬상에서의 원활하고 신속한 흐름관리
- 효율적인 조달관리를 통한 조직의 경쟁력 향상

제2절 조달의사결정

1. 공급자의 선택과 관리

1) 공급자 선택의 중요성

조달의 가장 중요한 역할인 지속적인 공급의 연속성 확보는 공급자를 선정하는 과정을 얼마나 효율적으로 진행하였는지에 영향을 받는다.

우선 신뢰할만 공급자를 선택하는 데에는 공급자 탐색을 실시해야 한다. 공급자 탐색은 어떤 탐색자가 조직의 요구사항에 가장 적합한가를 파악하는 업무이다. 공급자를 탐색하는 경우에는 효율성(탐색비용 대 효과)을 감안해야 한다. 많은 공급자를 탐색하면 조직이 원하는 공급자를 발견할 가능성은 높아지지만 그만큼 비용이 발생하기 때문이다.

앞서 조달관리의 효과에서 언급하였듯이 양질의 공급자는 기업경쟁력에 영향을 미치는 매우 중요한 자원이다. 따라서 장기적이고 경쟁적 차원에서 상호 협력할 수 있는 공급자를 선택하는 것은 기업의사결정에 있어 중요한 이슈인 것이다.

최근에는 공급자와 구매자 간의 관계가 일방적 관계 또는 주종관계에서 파트너십 관계로 전환되고 있다. 이는 기업들이 공급사슬상에서 정보, 기술, 계획의

표 4-1 | 전통적 공급자 관계와 SCM상의 파트너십 관계

전통적인 공급자 관계	SCM상의 파트너십
가격중심의 공급자 선정	다(多)기준에 의한 공급자 선정
공급자와의 단기적 계약	공급자와의 장기적인 제호
계약평가	공급자 부가가치의 평가
다수의 공급자 활용	소수 공급자 활용
정보독점	정보공유
권력중심의 문제해결	상호주의적 문제해결

자료 : 추욱호 외, 구매조달관리, 2004, p.116.

공유 등을 통해 얻게 되는 이점을 파악했을 뿐만 아니라 수직적 통합, 장기적 협력관계, 정보활용의 중요성을 통해 기업경쟁력을 강화시킬 수 있기 때문이다. [표 4-1]은 공급자-구매자 간의 파트너십을 비교한 것이다.

[표 4-1]에서 볼 수 있듯이 공급자-구매자의 과거 주종적인 관계에서 최근 들어서는 파트너십 관계가 형성되고 신제품의 개발단계에서부터 제품에 관한 정보를 공유하는 형태로 발전하게 되었다. 따라서 공급자와 구매자 간의 협력관계는 더욱 중요하게 되었으며 이를 통한 기업경쟁력 강화를 모색하고 있다.

2) 공급자 선택기준

공급자는 몇 가지의 기준을 가지고 평가하여 선택하게 된다. 과거에는 주로 구매자들은 다수의 공급자와 저렴한 비용 측면에서 공급자를 선택하였으나 최근에는 신뢰와 협력을 바탕으로 다양한 평가기준을 가지고 판단한다.

공급자를 선택하는 기준 및 과정은 기업의 특성과 현황에 따라 달리 할 수 있으나 일반적으로 다음과 같은 요소를 중심으로 판단하게 된다.

- 장기적 관점에서의 재무건전성
- 필요자재를 공급할 수 있는 능력 및 수용력
- 필요자재의 정확한 인도
- 고품질이 보장된 자재의 공급
- 수용가능하고 합리적인 자재공급 가격
- 고객요구 및 변화에 따른 유연성
- 제품에 대한 경험과 전문성
- 업계의 좋은 평판
- 조달시스템의 용이성 및 편이성
- 과거의 실적 및 장기적 관점에서의 발전가능성
- 자재의 기술적 우수성과 자체개발능력
- 노사관계의 안정성
- 문제발생에 대한 사후관리 및 대처능력
- 전산시스템의 운영과 정보처리능력
- 최고경영자의 역량과 경영상태
- 적극적인 공급업자가 되기 위한 협조역량

3) 공급자의 수

기업은 조달업무에 있어 위에서 언급한 공급자의 선택기준뿐만 아니라 공급자의 수를 고려해야 한다. 여기에는 독점, 단일, 복수조달의 형태가 있다.

① 독점조달

특정 공급자가 제품이나 서비스의 유일한 제공자일 경우를 말한다. 예를 들어 특허제품일 경우 구매자의 선택권이 매우 제한적이기 때문에 이러한 독점조달 방식을 채택하게 된다.

② 단일조달

단일조달은 공급자가 다수임에도 불구하고 하나의 공급자를 선택하는 방식이다. 단일조달의 이점은 다음과 같다.

- 고객과 공급업자 간의 강력한 관계형성 및 유지
- 대량주문으로 인한 가격 등의 규모의 경제달성 가능
- 모든 조달업무에 대한 위임가능
- 주체 간 의사소통이 원활하며, 행정비용절감과 정기적이고 일률적인 주문으로 인한 간단한 조달절차 구축가능
- 요구사항, 조건 등의 비밀유지용이
- 품질향상 및 변동성(variability)을 줄일 수 있음.

반면, 단점으로는

- 천재지변, 인도지연 등으로 공급 장애 발생가능성
- 공급자에 의한 가격인상
- 공급자에 대한 의존도 상승

③ 복수조달

복수조달은 주문이 여러 공급자에게 분산되어 있는 형태이다. 이 경우 장점은 다음과 같다.

- 공급자 간 가격경쟁유도 가능
- 좀 더 용이하게 다양한 요구 가능
- 좀 더 많은 조직의 참여는 다양한 지식과 정보를 제공하므로 혁신 및 업무

향상을 유도
- 단일공급업자의 의존도를 줄일 수 있음.

반면, 단점으로는
- 공급자의 단일주문에 대한 고정비 보전을 위해 공급계약에 비해 높은 가격 제시 가능성
- 공급자관리, 주문, 접수, 대금지급 등 행정비용이 단일조달에 비해 높음.

2. 조달주기(Procurement Cycle)

기업은 일단 공급업자를 선택하면 자재구매를 위한 몇몇 절차를 수행하게 된다. 공급업자를 일단 정하고 하면, 구매조직은 구매를 위한 일정한 절차를 시행해야 하는데 이를 조달주기(Procurement Cycle)라고 말한다.

이러한 절차는 모든 기업의 현황과 특성, 구매되어지는 자재의 유형에 따라 서로 다르다. 본서에서는 아래와 같은 일반적이고 표준적인 조달절차를 [그림 4-2]에서와 같이 살펴보도록 한다.

조달절차를 단계별로 살펴보면 다음과 같다. 컬러로 표기한 것은 해당 단계에서 발생하는 서류명이다.

그림 4-2 | 조달주기 개요

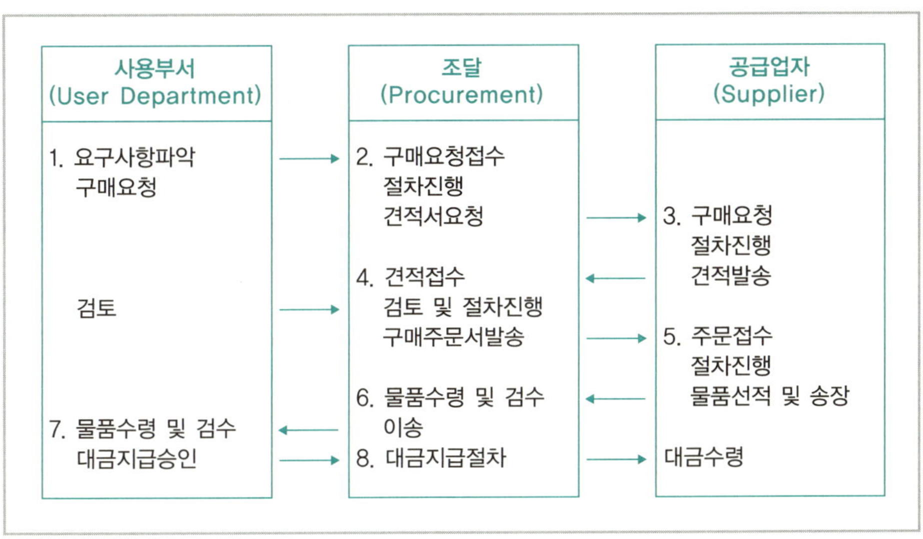

① 1단계 : 사용부서(user department)
- 자재구매에 대한 요구 파악
- 이용가능한 자재 파악 및 명세서(specification) 준비
- 부서예산 검토 및 구매승인 획득
- 구매요청서(purchase request)의 준비 및 발송

② 2단계 : 조달부서(procurement)
- 구매요청서(purchase request)의 수령, 확인 및 검토
- 구매요청 자재에 대한 현 재고 파악
- 대체품, 생산옵션 등에 대한 검토 후 구매결정확인
- 공급업자 목록을 근거로 견적요청서(request for quotations) 발송

③ 3단계 : 각 공급업자(each supplier)
- 견적요청서 검토
- 고객의 재무, 신용상태 등을 검토
- 제품의 자세한 명세, 가격, 조건 등을 포함한 견적서(quotation) 발송

④ 4단계 : 조달부서(procurement)
- 견적서 확인 및 평가
- 사용부서와 함께 기술적 측면에서 검토
- 예산검토 및 구매승인
- 제공받은 상세 명세사항에 근거하여 최적 공급업자 선정
- 공급업자와 협상하여 일반거래조건(terms and conditions)을 합의
- 일반거래조건을 포함한 구매주문서(purchase order) 발행

⑤ 5단계 : 선정된 공급업자(chosen supplier)
- 구매주문서 접수 및 절차진행
- 자재공급을 위한 필요사항 준비
- 선적통지서(shipping advice)와 함께 자재 선적
- 송장(invoice)발송

⑥ 6단계 : 조달부서(procurement)

- 송장 등의 수취
- 진행사항 파악(follow-up)[4] 및 이행촉구(expediting)[5]
- 자재의 수령, 검사, 승인
- 사용부서에 자재수령 통지

⑦ 7단계 : 사용부서(user department)

- 자재수령 및 검토
- 예산이전(budget transfer) 승인
- 재고기록 업데이트
- 필요자재 사용

⑧ 8단계 : 조달부서(procurement)

- 공급업자의 송장에 대한 대금지급 준비

위의 첫 3단계는 자재와 공급업자 사이에서 일어나는 것이며 4단계에서의 구매주문서가 가장 핵심적인 절차이다. 이 단계에서 기업은 공급업자로부터 특정 자재를 구매하겠다고 동의하는 것이며 이는 생산계획, 운송준비, 대금결제 등의 후속작업을 수반하게 된다. 구매주문서는 기업과 공급업자 사이에서의 법적 계약의 한 부분이기도 하다. 나머지 단계에서는 인도 등 조달과정의 부분을 마무리하는 단계라고 할 수 있다.

최근 들어서는 조달절차에 있어서의 비용[6]과 시간[7]을 절감하기 위해 다양한

4) 진행사항 파악(follow-up)은 공급자가 계약조건대로 납기 내 공급이행이 가능한지를 지속적으로 모니터링하는 것이다. 예를 들면 품질이나 납기에 문제가 발행할 때는 구매자가 즉시 문제를 인지해야 필요한 조치를 취할 수 있다. 긴급한 수요나 큰 금액, 장기계약인 경우는 직접 생산현장을 방문하여 진행상황을 점검하게 된다.

5) 이행촉구(expediting)는 계약된 납기 내 선적이 가능하도록 공급업자를 압박하는 수단들이다. 이러한 수단들로 계약을 취소하거나 장래거래를 중단하겠다는 위협을 할 수도 있다. 구매자가 공급자의 능력을 잘 파악하고 좋은 공급자를 선정했을 때는 이러한 이행촉구 수단은 드물게 일어난다. 또한 구매자는 시장에 대한 상황파악을 잘 하여 소요물자의 품귀현상이 있을 경우 계약자를 다그쳐 납기 내 맞추도록 할 필요가 있다.

6) 앞서 설명한 바와 같은 조달절차는 구매자재 가치가 높고 대량인 경우에는 적절하게 활용될 수 있다. 그러나 만약 적은 양을 구매하거나 현재 공급업자가 있거나, 혹은 독점적 공급업자가 존재하는 경우에는 이러한 절차는 명백히 많은 불필요한 비용을 발생시키는 절차이다.

방법이 수행되고 있다. 예를 들어 중앙집중자재창고시스템(centralized store system),[8] 포괄발주시스템(blanket order system),[9] 시스템계약(system contracting),[10] MRP(material requirement planning)연계 단가계약,[11] 전화 · 팩스발주시스템[12] 등이 있다.

이러한 방식들은 모두 근원적으로 서류중심의 조달절차에 근거하고 있다. 사실 서류중심의 조달절차들은 다음과 같은 몇몇 문제점을 안고 있다.

- 전체 절차수행에 있어 장시간 소요
- 많은 서류양식 및 서류작업에 의존
- 서류작성, 검사, 분석 등 많은 인력 필요
- 행정적 절차를 관리, 감독, 조정하는 인력필요
- 많은 서류작업과 인력작업으로 인한 불가피한 실수발생

이러한 문제점을 해결하기 위해서 전자구매방식(electronic purchasing)이 등장했다. 이른바 공급업자와 구매자 간을 정보시스템으로 연결한 e-procurement가 그것이다.

---

7) 조달절차에 있어 비용과 더불어 발생할 수 있는 또 다른 문제점은 조달절차에 걸리는 시간이다. 조달절차에 관한 기존의 연구를 살펴보면 전통적이고 서류중심의 조달절차에서는 자재가 고객에게 도달하기까지 걸린 시간은 평균 10.3일이다(LaLonde B.J. and Ziuszer P.H., Customer Service, National Council of Physical Distribution Management, 1979). 만약, 재고부족, 특정제품, 특정작업, 특정운송 등의 문제가 발생할 경우 이러한 시간은 상당히 긴 시간이다.

8) 일반적으로 소액구매활동을 줄이기 위해 사용하는 방안으로 동일공급자 자재를 그때 그때 필요에 따라 소량으로 구매하고 있을 때, 그 품목을 한꺼번에 발주해서 중앙집중자재창고에 넣어두고 필요할 때마다 인출해서 사용하는 방식이다.

9) 소액발주에서 창고시스템은 소액구매자재문제를 해결하는 대안으로만 사용할 수 있는 방법인 데 반해, 포괄발주시스템은 수천 개의 자재를 재고로 가져갈 수 없거나 일부만 재고로 가져가고자 할 때 적용할 수 있는 방안이다. 이는 공급자에게 발행한 포괄발주서에 구체적인 수량은 기재하지 않고 일반적으로 계약적용기간(통상 1~3년) 동안에 사용할 계략적인 수량만 기입하여 주문하는 방식이다.

10) 포괄발주개념보다 좀 더 광범위한 개념으로 일종의 무재고 구매방식이다. 공급자와 보통 1~5년에 걸쳐 회사 대 회사 간에 자재구매계약을 체결하는 방식이다.

11) MRP 방식과 연계된 이른바 '문서 없는(paperless)' 구매에 근접한 구매시스템

12) 대부분의 기업에서는 소액발주의 서류작성 업무를 줄이기 위해 팩스나 전화를 이용한 발주시스템을 사용하고 있다.

3. e-procurement

앞서 설명한 바와 같이 서류중심의 구매방식은 과다한 비용발생 및 인력으로 인한 입력오류 등이 발생하는 한계를 가지고 있다. 한 조사에 의하면 구매주문 진행 평균비용은 70~300달러이며, 총주문건수의 25% 가량이 오류가 발생하여 재작업을 시행하고 있고 구매담당자의 현업 중 70% 이상이 매일 지속되는 일상적인 서류작업이며, 전략적인 결정을 내리기 위한 시간이 절대적으로 부족한 것으로 조사되었다(Forrester 1997, Gartner Group 1997, NAPM 1997).

따라서 이러한 한계점을 보완하고자 전자구매방식(electronic purchasing)이 등장했으며 이를 e-procurement로 구체화되어 시행되고 있다. 사실상 전자구매는 종이서류 중심의 구매조달관행의 한계점을 극복할 수 있을 뿐만 아니라 1990년대 중반부터 불기 시작한 전자상거래의 영향을 받았다.

e-procurement는 기업 내의 구매수요자(요청자)와 공급업체 간의 직접적인 프로세스의 연결을 통하여, 구매비용 및 조달의 효율성을 도모하고자 하는 시스템이다. 즉, e-procurement는 인터넷을 통해 조달행위를 할 수 있도록 함으로써, 조달 프로세서를 자동화하고 단순화하여, 구매원가 및 처리비용절감 등 전략구매를 지원하고 자사중심의 SCM을 구축할 수 있도록 지원하는 시스템이라고 할 수 있다. e-procurement시스템의 도입을 통해 투명성, 신속성, 원가절감을 실현하고, 궁극적으로 기업이 전략적인 구매업무를 실현할 수 있도록 도와주게 된다.

아래 [그림 4-3]과 같이 기존 구매방식은 기업 내 구매요청자가 구매부서를 통해 서류상으로 구매요청을 일괄적으로 하게 되고 이를 취합하여 구매부서가 공급업자와 주문, 협상 등의 과정을 통해 업무가 수행되었다. 이러한 과정에서 고비용, 장시간소요, 오류 및 과다한 인력낭비 등의 한계점이 존재하였다. 반면 e-procurement의 방식은 기업 내 구매요청자가 정보통신시스템을 활용하여 공급업자에게 직접 주문하게 되고 기업은 공급관리 차원에서 공급업자와 협상, 관리하게 되는 구조이다. 이 경우 실시간 거래, 상호협력, 오류감소, 인력절감 등의 효과를 누릴 수 있게 된다.

e-procurement는 공급업체와 구매업체 간의 업무프로세스의 실시간(real-time) 통합을 할 수 있는 기반을 제공함으로써, 글로벌 전자 네트워크를 형성하게 된다. 또한 e-procurement 솔루션들은 기업 간에 필요한 재화나 용역의 직

그림 4-3 | 기존구매방식과 e-procurement방식 비교

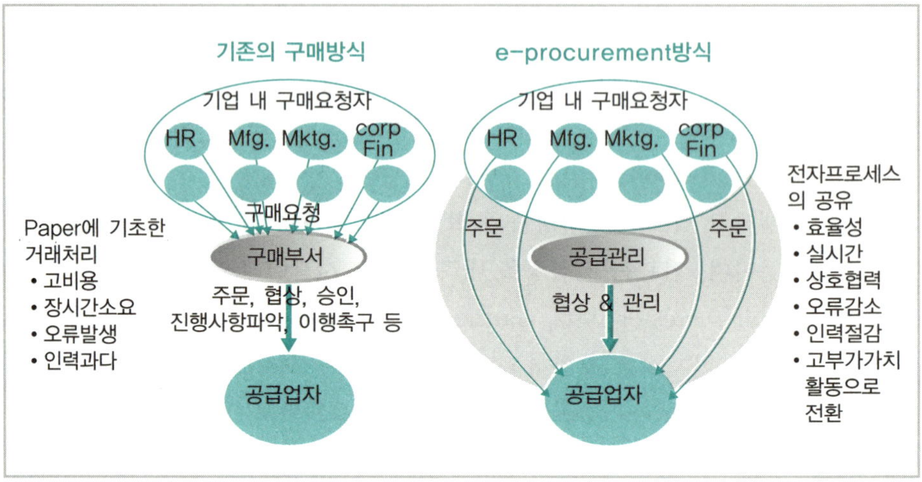

그림 4-4 | e-procurement의 구성요소

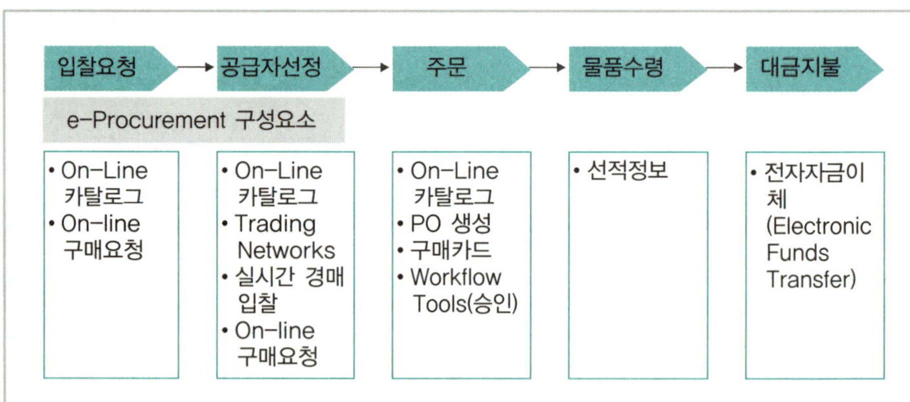

접 또는 간접구매를 모두 지원할 수 있는 기능을 제공하게 된다. e-procurement는 [그림 4-4]와 같이 규정할 수 있다.

4. 조달의 형태 및 분류

조달될 물품이나 자재를 어떻게 분류하고 관리해야 할 것인가는 매우 중요한

그림 4-5 | 클라직의 공급매트릭스

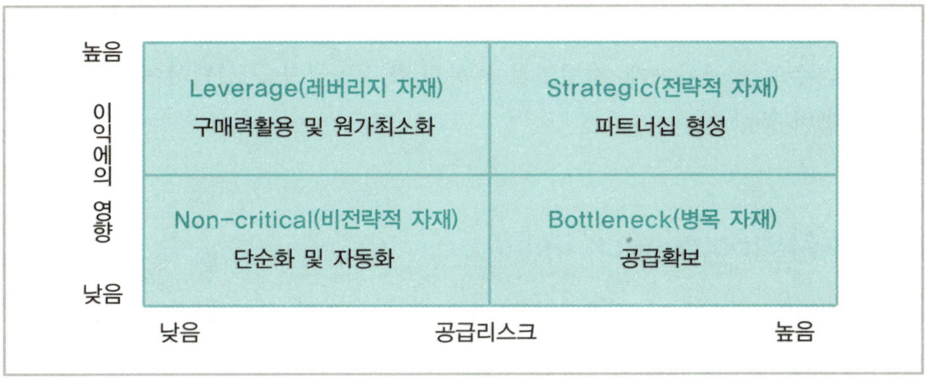

물류관리영역이다.

[그림 4-5]는 이른바 클라직의 공급매트릭스(Kraljic's Supply Matrix)라고 하며 가로축은 공급리스크(Supply risk), 세로축은 이익에의 영향(Profit impact)이다. 두 축을 기준하여 4가지 영역인 레버리지 자재, 전략적 자재, 비전략적 자재, 병목자재 등으로 구분하여 관리할 수 있다.

1) 비전략적 자재(non-critical item)

구매제품이 전략적 중요도도 낮고, 구매행위의 위험이나 복잡성도 낮아 구매가 쉬운 제품군들이다. 이른바 소모성 잡자재군(MRO : Maintenance, Repair & Operating supplies)들이 이곳에 속한다. 이러한 자재들은 구매 프로세서를 가능한 한 단순화 · 자동화시켜야 한다. 이 경우 분산화된 구매정책, 즉 권한을 위양받은 부서원이 공식적인 요청 및 승인이 없어도 직접 발주할 수 있는 정책 등이 적합하다.

2) 레버리지 자재(leverage item)

구매품목은 구매행위의 복잡성이나 위험도는 높지 않아 구매는 쉬운 편이지만, 기업의 이익과 원가관리에 중요한 비중을 차지하는 품목들이다. 대부분 공급자시장에서 표준화된 상용품으로 구할 수 있는 그리고 다수의 공급자가 존재하는 자재군을 말한다. 레버리지(지렛대효과)는 구매가격을 약간만 절감해도 구매물량이 많기 때문에 기업의 비용절감효과가 크게 나타난다.

이 경우에는 구매단가를 어떻게 절감하느냐가 관건이다. 가장 효과적인 방법으로는 다수의 공급자에게 경쟁입찰을 통한 최적공급자를 선택하여 구매를 실현하는 방법 등이 있다.

3) 병목 자재(bottleneck item)

구매품목은 기업의 지출 면에서는 비록 크지 않지만 구매행위가 복잡하거나 또는 위험이 내재되어 잘못하면 품목을 구하지 못하는 품절을 야기시킬 수 있는 품목들이다. 독점적 공급업자인 경우, 리드타임이 장기인 경우, 높은 기술력을 필요로 하는 제품군이 이에 속한다. 이 경우 프리미엄비용을 들여서라도 지속적인 공급을 유지하는 것이 중요하다. 이는 장기계약이나 재고보유 또는 두 방법 모두 시행함으로써 달성할 수 있다

4) 전략적 자재(strategic item)

구매진행과정이 쉽지 않고 구매자가 요구하는 조건을 충족하는 공급자가 제한되어 있거나 위험이 크고 상대적으로 기업에서 원가측면에서 지출면에서도 의미가 큰 부품들이 이 영역에 속한다. 여기에서 전략적이라는 의미는 구매부서가 가장 많은 관심과 노력을 기울여야 한다는 것을 의미한다. 왜냐하면 전략적 자재군은 고객체험에 가장 큰 영향을 미치고 가격은 시스템 원가의 많은 부분을 차지하기 때문이다. 전략적 자재군의 경우 단일공급업자인 경우가 많다. 전략적 자재군에 대해서 장기적인 파트너십을 공급자와 유지하며 관리하는 영역이다.

공급매트릭스를 통해 네 가지 분류범주에는 각기 서로 다른 구매전략을 필요로 한다는 것을 알 수 있다. 예를 들어 장기계약은 병목 자재에 도움이 될 것이며, 비전략적 자재는 담당자가 승인된 온라인 카탈로그 등으로 구매하는 것이 적합할 것이다. 전략적 자재들은 최고경영자의 관심이 있어야 할 것이다.

제3절 아웃소싱(Outsourcing)

1. 아웃소싱의 개념과 의의

최근 기업들은 한정된 자원을 보다 효율적으로 활용하기 위하여 중요한 핵심역량 분야에 자원을 집중시키고 타 분야의 활동은 해당분야의 전문기업에게 맡기는 아웃소싱 전략이 확산되고 있다.

아웃소싱은 "기업의 일부 기능이나 활동을 외부에 위탁하여 수행하는 것"을 의미한다. 이는 경영활동, 기술, 원부자재 등을 내부에서 조달하는 인소싱과 대비되는 개념이다.

당초 아웃소싱이라는 용어는 생산관리분야의 전통적인 의사결정영역의 하나였으나 최근의 아웃소싱 경향은 생산, 디자인, IT, 전문서비스 등을 외부업체가 포괄적으로 관리 · 운영하는 추세이다. 이는 발주업체와 공급업체가 하나의 통

그림 4-6 | 아웃소싱의 트렌드

		1950년대 이후	1990년대 이후
부문별	생산	하청, 외주, OEM	ODM, EMS
	R&D 디자인	단순기술, 일부작업	첨단기술, 디자인부문
	IT	유지보수, 개발위탁	정보처리부문 위탁
	비즈니스서비스	단순업무, 단위업무	포괄적 프로세서(BPO)
내용별	목적	인건비 등 비용절감	핵심역량에 집중
	범위	전체 프로세서의 일부	해당 프로세서 전체
	관계	단기적, 거래적	장기적, 동반자적
	지역	국내	해외

자료 : 삼성경제연구소, 아웃소싱 확산과 전략적 대응, 2004.

주 : OEM(Original Equipment Manufacturing) : 주문자상표부착생산
ODM(Original Design Manufacturing) : 제조업자설계생산
EMS(Electronic Manufacturing Services) : 전자제품위탁생산서비스
BPO(Business Process Outsourcing) : 사업프로세서아웃소싱

합시스템으로 운영되고 단순한 비용절감보다는 기업 내의 변혁을 유도하고 핵심역량을 강화하여 기업경쟁력을 높이는 것을 보다 중시하는 것이다. 아웃소싱의 범위는 단위업무 위탁에서 포괄적 프로세서 이관으로 변화하기 시작하였으며 디자인 및 연구개발 등 기업의 핵심역량도 아웃소싱의 대상이 되기 시작하였다. 또한 과거에는 단기거래가 위주였으나 제품차별화, 전문역량 보완 등을 위한 전략적 · 장기적 협력관례를 지향하고 있다.

2. 공급사슬의 물류 아웃소싱과 3PL 등장

최근에는 공급사슬 전체에 대한 물류서비스를 여러 업체들로부터 개별적으로 외부로 위탁하는 방식보다는 통합된 물류서비스 제공을 받기 원하는 화주기업들이 많아지고 있다. 이는 기업경영활동의 글로벌화로 조달, 생산, 판매가 전 세계를 대상으로 복잡하게 움직이는 체제를 이루게 되었으며, 이에 따라 이를 효율적으로 연계하는 공급사슬관리(Supply Chain Management)가 경영활동의 핵심과제로 부상하게 되었기 때문이다. 따라서 공급사슬관리 중 상류부문은 기업이 직접 통제하면서 수행하고 있지만 물류부문은 이를 직접 수행하기 어렵기 때문에 전문 물류기업에게 아웃소싱하는 형태가 일반화되고 있으며 이러한 물류전문기업을 본서 제2장에서 전술한 바와 같이 3PL기업이라고 한다.

3PL서비스는 화주기업이 물류기업의 물류관리 및 운영능력을 전략적으로 활용하는 것으로 단순한 물류기능에 대한 아웃소싱과는 다른 특성을 가지고 있다. 이는 단순 물류아웃소싱과 3PL 서비스 사이의 차이를 화주와의 관계, 서비스관점, 서비스의 내용 및 범위, 운영기간, 물류관리의 형태 등에서 구분되기 때문이다.[13)]

우선 화주와의 관계 측면에서 단순물류 아웃소싱은 단순한 거래기반 관계인 반면에 3PL서비스는 전략적 관계를 바탕으로 상호 윈-윈 관계를 형성하게 된다. 둘째, 서비스 측면에서는 단순물류 아웃소싱은 필요로 하는 물류기능에 대해서만 아 소싱하는 데 비해 3PL서비스는 통합물류 관점에서 화주기업의 물류

13) 김종칠(1999), "한국기업의 제3자 물류서비스 활용상 문제점 및 발전방향에 관한 연구", 물류학회지 제9호, p.73.

활동에 대한 전부 또는 일부를 물류기업에게 일괄하여 위탁하게 되는 점이 다르다. 셋째, 서비스의 내용 · 범위 측면에서는 단순물류 아웃소싱은 운송, 보관, 포장 등의 개별 물류기능에 한정된 서비스를 요구하고 있는 데 비해 3PL서비스는 공급체인관리, 물류네트워크 구축, 컨설팅 등 광범위한 물류서비스를 제공하게 된다. 넷째, 계약기간 측면에서는 단순물류 아웃소싱은 일시적이고 화주기업의 필요에 따라 수시로 계약이 이루어지는 반면에 3PL은 화주기업과 물류기업 간의 전략적 관계를 유지하는 것을 기반으로 하기 때문에 장기계약이 주로 나타나며, 마지막으로 관리형태 측면에서 단순물류 아웃소싱은 기능별 물류활동을 다수의 물류기업에게 위탁함으로써 분산관리가 이루어지나, 3PL 서비스는 소수의 3PL기업과 일괄계약이 이루어지게 때문에 보다 종합적인 관리가 가능하게 된다.

그 밖에 단순물류 아웃소싱은 주로 물류비 절감을 목적으로 하지만 3PL서비스는 화주기업과 물류기업 사이에 수익이나 위험을 공유(gain and risk sharing)하는 전략적인 관계라는 점에서 차이가 있다고 할 수 있다.

표 4-2 | 단순물류 아웃소싱과 3PL서비스의 차이

구분	단순물류 아웃소싱	3PL서비스
화주와의 관계	• 거래기반, 상하 계약적 관계	• 전략적 제휴, 윈-윈관계
서비스 관점	• 사용자 측면에서 서비스 범위 결정 • 기능별 서비스중심	• 물류관리의 전부 또는 일부 일괄대행 • 통합물류지향
서비스 내용/범위	• 운송, 보관, 하역, 포장 등 각 물류기능별 계약	• 공급체인관리, 물류네트워크 구축, 물류컨설팅 등 다양한 물류기능의 일괄계약
운영기간	• 일시적 또는 수시	• 대체로 중장기
관리형태	• 일반적으로 분산관리 형태	• 종합관리 형태
기타	• 주로 물류비절감 목적	• Gain & Risk Sharing

자료 : 김종칠(1999), "한국기업의 제3자 물류서비스 활용상 문제점 및 발전방향에 관한 연구", 물류학회지, 제9호, p.73에서 수정

제 5 장

보관 및 창고관리

핵심내용

보관은 재화를 물리적으로 저장 · 관리하여 고객의 주문에 따라 피킹, 소팅, 검품 및 출고, 배송하는 일련의 작업을 수행하고 물품의 생산과 소비의 시간적 거리를 조정, 시간적 효용을 창출하는 핵심적인 물류활동이다.
일반적으로 보관은 통로대면, 고단적, 선입선출, 재고회전율, 대응보관, 동일성, 중량특성, 형상특성, 위치표시, 명료성, 네트워크 보관 등의 10대 원칙에 의하여 효율성을 추구해야 한다.
보관과 더불어 창고의 역할도 물류활동에서 중요하다. 창고시설의 효율화를 위해서는 창고를 보관기능에만 국한시키지 않고, 유통기능을 강화하여 부가가치를 증대시켜야 한다. 또한 창고계획수립시 입지, 공간활용, 통로의 레이아웃 등을 고려해야 한다. 최근에는 간접비 절감을 통한 물류비 감축을 위래 자동창고가 도입되고 있다.

주요용어

보관, 선입선출, 랙(rack), 창고, 자가창고, 영업창고, 냉동창고, 냉장창고, 면적점유율, 창고체적률, 자동창고

제1절 보관관리

1. 보관의 의의

보관이란 재화를 물리적으로 저장하고 관리하여 고객의 주문에 따라 피킹, 소팅, 검품, 출고 및 배송하는 일련의 작업을 수행하고 물품의 생산과 소비의 시간적 거리를 조정하여 시간적 효용을 창출하는 핵심적인 물류활동이다. 즉, 보관활동은 수송비와 생산비를 줄이고, 공급과 수요를 균형화하며, 생산과정을 지원함으로써 효과적이고 경쟁력 있는 판매활동을 위한 것이다.

1) 보관의 목적

기존의 보관 및 창고관리는 물류흐름상에서 비효율적인 부문으로 인식되어 왔다. 역설적으로 현대 물류관리의 관점에서는 재고의 보유를 최소화시키는 것을 추구해 왔지만 이와 동시에 최소 재고보유만이 아닌 재고관리의 중요성이 더욱 부각되고 있다. 최근 보관은 저장(stock)기능으로부터 흐름(flow)기능 중심으로 그 핵심기능이 변해가고 있다. 전체 물류시스템의 수평적인 흐름에서 보관은 입고와 출고, 자재와 생산, 생산과 판매 간의 시간과 공간적인 차이를 메워주는 일종의 완충장치의 기능을 수행하며, 수 · 배송 경로(link)의 접점이 이루어지는 거점(node)의 역할을 하며 비용절감과 부가가치창출이라는 두 가지 목적을 가지고 있다.[1]

2) 보관의 활동

한편 보관시설에서의 보관활동은 단순보관, 혼재, 분류, 제품혼합의 기능으로 구분할 수 있다. 따라서 보관시설을 설계하고 배치할 때 이 기능들을 우선적으

1) John Mangan, Chandra Lalwani and Tim Butcher(2008), *Global logistics and Supply chian management*, London, John Wiley & Sons, Ltd, p.112.

로 고려해야 한다.

첫째, 단순보관은 보관시설의 대표적인 기능으로서 원자재, 반제품, 완제품 등을 일시적 또는 일정기간 동안 보호하고 보관하는 것이다.

둘째, 혼재는 소량단위의 화물이 대량화물에 비해 보다 낮은 운임률이 적용되기 때문에 소량화물을 혼재하는 것이 경제적이며, 수송비를 절감시킬 수 있다. 따라서 보관시설의 주요 기능이 된다.

셋째, 분류는 혼재된 대량화물이 도착지의 보관시설로 수 · 배송된 후 고객의 주문에 따라 화주별, 목적지별로 소량단위로 나누는 것이다.

넷째, 제품혼합은 다양한 부품을 다수의 공급업체로부터 구입하는 기업이 구입한 부품을 각 공장으로 공급할 때 제품혼합거점으로서 보관시설을 설립하여 운영하는 것이다.

3) 보관의 기능

보관의 기능을 살펴보면 다음과 같다.

(1) 고객의 주문대응

고객의 주문에 대응하여 제품의 품절을 방지할 수 있도록 효율적인 재고관리를 하며, 발주 시 신속 · 정확하게 고객에게 주문품을 인도해주는 기능이다.

(2) 총 물류비 절감

보관활동을 통해 일정량의 재고를 보관시설에 유지함으로써 기업은 총물류비를 절감할 수 있다. 즉 적정수준의 재고보유를 통해 수송비, 생산비, 구매비 등이 상쇄되어 총 물류비가 최소화되는 기능을 한다.

(3) 수 · 배송의 분기점

수송과 배송 사이의 분기점으로서의 역할을 한다. 즉 공장에서 물류센터까지 수송된 대량 로트(lot)를 발주내역에 따라 소량 로트(lot)로 나누어 배송함에 있어서 중간기지의 역할을 수행한다.

(4) 생산과 판매의 조정 및 완충

생산과 판매 사이에서 발생하는 시간과 공간적인 차이를 재고관리기능을 통해 조정해준다.

(5) 유통저장관련기능

단순한 보관저장기능뿐만 아니라 소팅, 유통가공, 재포장, 검품 등 유통저장 관련기능을 담당한다.

4) 보관의 10대 원칙

보관의 원칙은 다음과 같으며 보관의 10대원칙 사이에는 상호연관성이 있으므로 보관활동을 하는 경우 다음과 같은 원칙을 지키면서 운용하는 것이 효율적이다.

(1) 통로대면 보관의 원칙

물품의 창고 내 입고와 출고를 용이하게 하고 창고 내의 원활한 화물의 흐름과 활성화를 위하여 통로대면해 보관하는 것으로 창고설계의 기본인 동시에 창고 내의 흐름을 원활히 하고 활성화하기 위한 기본원칙이다.

(2) 고단적의 원칙

물품을 높게 쌓는 것으로서 예를 들어 팔레트 화물 등을 늘어놓는 것보다 높이 쌓게 되면 용적효율이 향상된다.

(3) 선입선출의 원칙

먼저 입고시킨 물품을 먼저 출고(FIFO : First In First Out)하는 것이다. 이는 감광지, 필름, 식품 등 상품의 수명(life cycle)이 짧은 경우에 적용된다. 재고관리 측면에서 선입선출은 필수이지만, 형식의 변경이 적거나 라이프사이클이 긴 경우 혹은, 보관 시 감모 및 파손 등이 발생하지 않는 경우에는 선입선출에 필요한 추가비용과 선입선출의 실시로 얻어지는 이익의 상충관계를 점검하여 원칙의 적용 여부를 결정한다.[2)]

(4) 재고회전율 대응보관의 원칙

보관장소를 재고회전율에 맞춰 결정한다. 다시 말해 입출하빈도에 따라 보관장소를 정하는 것이다. 예컨대, 출입구가 동일한 창고의 경우, 입출하빈도가 높은 물품은 출입구 가까이 보관하고 낮은 물품은 출입구로부터 먼 곳에 보관한다. 계절에 따라 입출하빈도가 다른 품목을 보관하는 경우 계절마다 그 빈도를 조사하여 그 장소를 변경해야 한다.

(5) 동일성의 원칙

동일품목 및 유사품목은 동일장소 또는 이웃장소에 보관한다. 동일품목이 이곳저곳에 산재해 있는 것은 격납(store) 및 인출(pickup)은 물론 재고조사, 작업원의 위치기억 등 여러모로 작업생산성의 저해요인이 된다. 창고 내 작업생산성 향상을 위해 작업원이 어느 위치에 어떤 상품이 있는가를 쉽게 기억할 수 있게 할 것이며 격납 및 인출시 이동시간의 손실을 최소로 하는 것이다.

(6) 중량특성의 원칙

중량에 따라 보관장소, 특히 장소의 고저를 결정해야 한다. 중량물은 바닥 또는 하층부에 보관하고 경량물은 상층부에 보관한다. 수하역이면 허리 이하의 높이에 중량물 또는 대형물품을 보관하고, 허리 이상의 장소에 경량물 또는 소형물품을 보관한다. 선반의 경우 안전성, 수하역의 경우 작업성 등을 고려해야 한다.

(7) 형상특성의 원칙

물품의 형상에 맞게 보관해야 한다. 통상 표준품은 선반(rack)이나 용기(container)에 보관하고, 비표준품은 일정한 공간을 선정하여 불규칙하게 쌓아둔다. 표준품은 포장의 규격화가 용이하지만 비표준품은 포장의 규격화가 어렵다. 그러나 자동차부품, 타이어 등도 특수한 용기(컨테이너)나 용구(팔레트)를 개발하여 불규칙적인 형상물을 규격화하고 있다.

---

2) 보관방법에 영향을 주는 반출반입은, ⓐ 선입선출법(FIFO : First In First Out) – 먼저 입고한 물품을 먼저 출고하는 원칙이다. 수명이 짧은 상품에 주로 적용한다. ⓑ 랜덤출하법(Random Out) – 무작위 출고로 다른 작업순서와 일정계획에 맞춰 출고한다. ⓒ 후입선출법(LIFO : Last In First Out) – 뒤에 입고한 물품부터 출고한다. 재고자산의 평가방법으로 주로 인플레이션 시대에 자산내용을 견실하게 하기 위한 방법이다.

(8) 위치표시의 원칙

보관품의 보관장소(선반번호)를 명시한다. 위치표시로 격납, 인출작업을 쉽게 하고 오류를 줄일 수 있다. 창고 내 작업이 아르바이트생 및 노령인으로 비전문화되고 있어 위치표시는 필수조건이다.

(9) 명료성의 원칙

시각에 의해 보관품을 용이하게 인식할 수 있어야 한다. 위치표시, 동일성 또는 유사성 등을 배려해도 작업자의 눈에 쉽게 띄어 보관장소나 보관품 자체를 쉽게 인식할 수 있게 장치해야 한다.

(10) 네트워크 보관의 원칙

격납 및 인출을 용이하게 하기 위해 관련품목을 모아 보관한다. 유사성 및 동일성과 같은 취지이며 출하품목의 다양성에 따라 관련품목의 연대출고를 예상한 계통적 보관으로 상품을 쉽게 찾기 위한 보관법이다.

그 밖에 공간의 효율적 활용방안으로, ① 입체적으로 쌓도록 한다(상부공간 활용), ② 창고설비를 최적화하여 공간을 효율적으로 활용한다(drive-in rack, mobile rack). ③ 통로면적을 가급적 줄인다. ④ 공간을 계획적으로 활용하여 불요공간을 배제한다. ⑤ 융통성을 발휘하여 공간을 절약한다(free location system). ⑥ 구분방법을 바꾸어 공간효율을 높인다 등이 있다.

2. 보관의 형태와 특성

보관되는 물품의 흐름은 일방통행(One way)방식과 U자회전(U turn)방식으로 나눌 수 있다. 일방통행방식은 보관시설의 입구와 출구가 별도로 설치되어 있어서 입고되는 물품이 일방통행으로 창고 내에서 이동하며 출구에서 반출되는 방식이다. 그리고 U자회전방식은 보관시설의 입구와 출구가 동일하거나 또는 동일한 편에 있어서 보관물품은 보관 후 입고방향과 반대방향의 흐름에 의해서 출고되는 방식이다.

보관시설의 입구 · 출구는 필요에 따라서 두 가지 이상 설치하는 경우도 있지만 보관관리수준을 향상시키기 위해서는 입 · 출구의 수를 최소한으로 하는 것

그림 5-1 | One Way방식

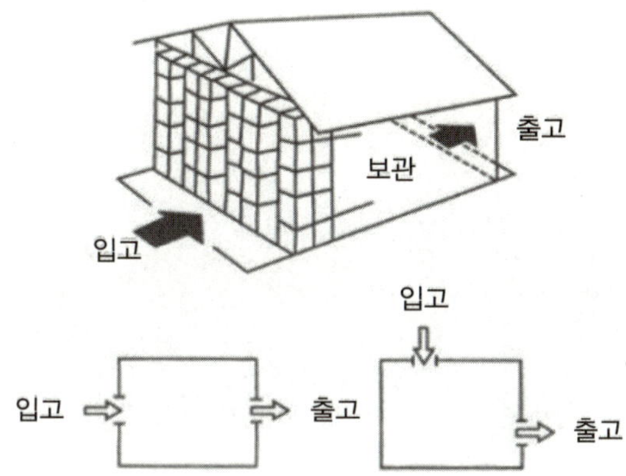

그림 5-2 | U Turn방식

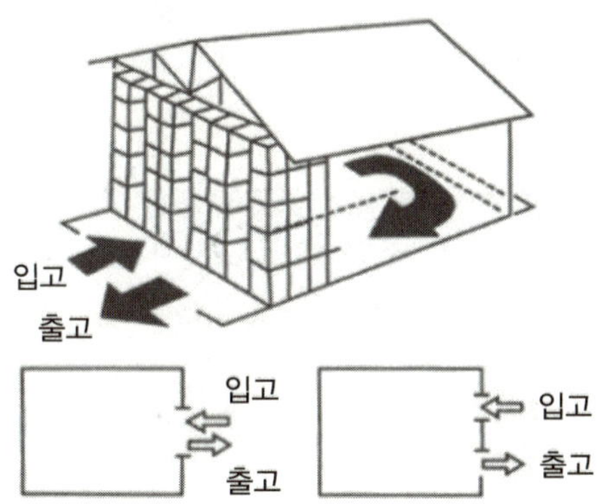

이 바람직하다.

이러한 보관의 형태에 따라 다음과 같은 보관방법과 보관설비를 갖추어야 한다.

1) 평적

가장 일반적인 재래식 창고에서 찾아볼 수 있고 보관방법으로서 특별한 설비가 필요 없이 바닥에 적재한다.

그림 5-3 | 랙의 종류

팔레트 랙

플로우 랙

드라이브인 랙

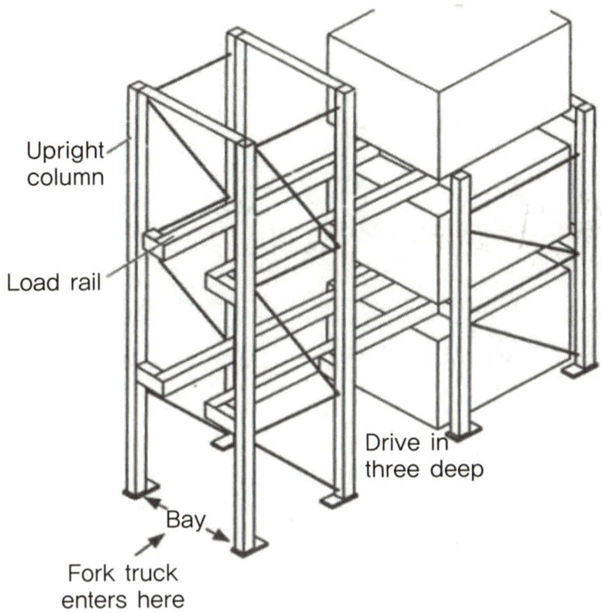
Upright
column
Load rail
Drive in
three deep
Bay
Fork truck
enters here

메저닝 랙

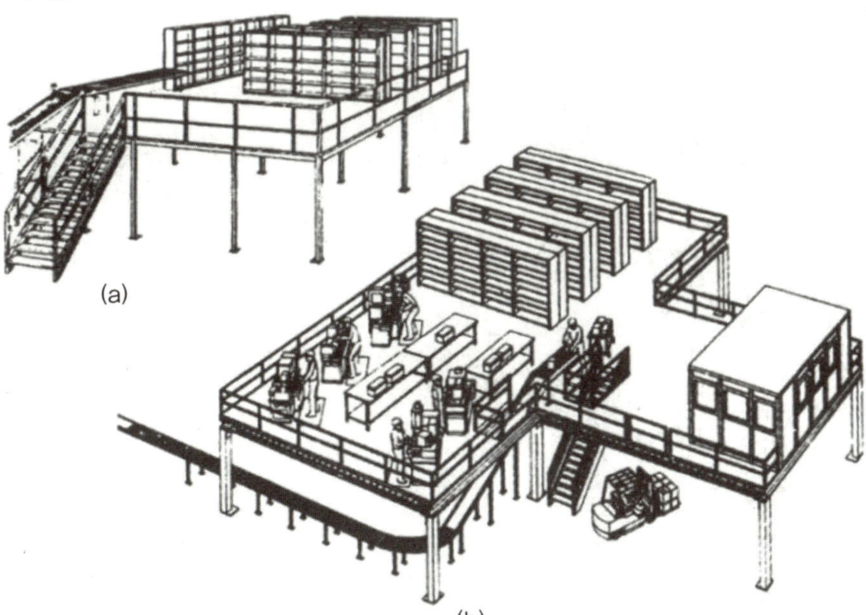
(a)
(b)

2) 팔레트 랙(Pallet Rack)

범용성이 있는 형태이며 화물의 종류가 여러 가지라도 유연하게 보관할 수 있다. 그러나 통로면적이 보관면적보다 많아져 용적효율이 떨어지고 안전성이 결여되어 있다. 또 바닥면적 활용률이 비효율적이다.

3) 플로우 랙(Flow Rack)

소품종 대량상품을 팔레트 단위로 보관하며, 입체적인 보관에 효율적이다. 그리고 취급품목이 한정되어 있다.

4) 드라이브인 랙(Drive In Rack)

미국에서 이런 형태의 창고를 흔히 볼 수 있으며 지게차가 랙 안으로 들어갈 수 있고, 소품종다량 또는 로트(lot)단위로 입 · 출고될 수 있는 화물을 보관하는데 적합하다. 용적률과 상면면적효율도 양호하며, 다품종의 경우에도 유연하게 적용할 수 있다.

5) 매저닝 랙(Mezzanine Rack)

2층 방식으로 공간의 효율성이 높이는 랙이다.

6) 바 랙(Bar Rack)

장척화물을 보관하는 랙으로 자동화된 시스템도 있다.

7) 하이스택 랙(High-Stack Rack)

좁은 통로에 높게 적재했기 때문에 상면면적효율과 공간활용도가 좋고 입출고도 유연하게 할 수 있으며 재고관리도 용이한 편이다. 최소의 통로를 최대로 높게 쌓을 수 있어 공간활용의 경제성이 크다.

8) 슬라이딩 랙(Sliding Rack)

입고와 출고가 각각 다른 방향에서 이루어지는 선입선출에는 이상적인 보관 방법이다. 상면면적효율이나 용적효율이 양호한 편이고 유동성도 높다. 그러나 다품종 시에는 부적합하여 랙 설치비가 많이 든다.

9) 모빌 랙(Mobile Rack)

통로를 대폭 절약할 수 있는 모빌 랙은 한정된 공간을 최대한 활용할 수 있다. 특히 다품종 소량보관에 적합한 보관형태로 상면면적률, 용적률의 효율도 높다. 입출고가 자유롭고, 신속성도 좋다.

10) 회전 랙(Revolving Rack)

순환형 이동 랙으로 인식번호 표시장치를 사용하는 것이 일반적이다. 작은 물품, 의류 등 물품보관에 사용된다.

제2절 창고관리

1. 창고관리의 기초적 개념

1) 창고의 개념과 관리

(1) 창고의 개념

창고란 물자가 감소 및 품질이 저하되지 않는 상태에서 수요공급의 조정을 원활히 하여 생산활동, 판매활동, 소비활동에 기여하기 위한 시설이다.

창고는 자가창고와 영업창고로 나뉠 수 있으며 영업창고는 과거 창고업법에서 "물건의 멸실 또는 훼손을 방지하기 위한 공작물과 물건의 멸실 또는 훼손을 방지하기 위하여 시설한 토지 또는 수면으로서 물건을 보관하는 데 사용되는 곳을 말한다."라고 정의하고 있다.

창고를 단순히 상품이나 재화의 손상, 감실과 같은 품질의 변화에 대응하기 위해서 존재한다고 생각하는 것은 좁은 의미의 개념이며 창고의 본 역할은 물류의 전반적인 시·공간적 효율의 증진이라고 할 수 있다.

(2) 창고관리

창고관리는 화물의 입고 및 출고, 오더피킹 및 분류, 재고관리, 창고 내의 하역 및 보관계획 등을 통해 창고의 효율화를 도모하고 나아가 전체 물류비 절감과 고객서비스 증진에 기여하기 위한 활동이다.

최근 창고의 기능이 보관창고에서 탈피하여 유통창고, 유통가공창고 형태로 변해감에 따라 창고관리의 중점관리 사항도 함께 변해가고 있다. 창고관리의 주요 문제 영역은 입고에서 출고에 이르기까지의 전 과정에서 발생하는 관리상의 과제들이다. 이러한 과제로는 먼저 입고에서 출고에 이르기까지 하역의 효율화, 재고관리의 정확성, 로케이션관리, 오더피킹, 분류의 신속성과 정확성, 반품처리의 정확성, 공간사용의 효율화, 창고의 자동화시스템 설계, 입고 및 출고, 반품처리 등에 따른 재고와 판매수불의 일치, 출하정보시스템 등 매우 중요한 과제들을 포함한다.

2. 창고의 종류

1) 일반적인 분류

일반적으로 창고시스템의 종류는 재래식 또는 보통창고시스템(ordinary warehousing system), 기계화창고시스템(mechanized warehousing system) 및 자동화창고시스템(automated warehousing system)의 세 가지로 구분된다.

(1) 보통창고

우리나라에서 가장 많이 보유하고 있을 것으로 추정되는 재래식 창고를 말한다. 창고의 내부에 아무런 설비도 없이 바닥에 적재하며, 가볍거나 자체 중량에도 파손되지 않는 보관물품은 3단까지도 적재할 수 있다. 그러나 단일품종일 때는 용적효율이 매우 좋으나, 다품종인 경우에는 비능률적이며 입출고하기가 어렵다.

(2) 기계화창고

보통 랙(Rack) 시설을 하고 지게차 및 크레인 또는 컨베이어 등에 의해서 운영되며 입출고방식에는 수동운전방식과 수동원격조정방식 두 가지가 있다. 이 기계화창고는 우선 유니트로드시스템(Unit Load System)에 의한 팔레트화(Palletization)가 선행되어야 한다.

(3) 자동화창고

컴퓨터에 의한 정보시스템과 입출고시스템이 운영되는 시스템이다. 또 자동화창고는 간이 자동화창고, 자동창고로 구분하기도 한다.

제어방식으로는 온라인(On line) 제어방식과 오프라인(Off-line) 제어방식으로 구분된다. 온라인 제어방식은 컴퓨터와 하역기기가 일체가 되어 운전하는 상태를 말하며 오프라인 제어방식은 컴퓨터에 의해 처리된 입출고카드 및 테이프 등을 해독시켜 하역기를 작동하는 제어방식을 말한다.

자동화창고는 컴퓨터에 의해 운영되기 때문에 재고관리가 용이하며, 다품종 소량인 경우 효율성이 매우 높다.

2) 저장창고와 유통창고

창고는 많은 기능을 가지고 있지만 기본적인 역할은 상품을 보관 및 저장하는 것으로서 물품을 모아서 적재해두는 시설이라고 일반적으로 이해되어 왔다. 그러나 최근에는 물류시스템이 발전하면서 창고의 저장기능보다 유통기능이 중시되어 가고 있다.

유통창고는 저장(stock)기능보다는 이동(flow)기능이 보다 중시되는 창고이다. 다시 말해서 단순한 저장이나 보관기능보다는 물류센터로서 고객의 주문에 대하여 신속하고 정확하게 대응할 수 있도록, 재고관리 및 유통가공 등의 기능이 보다 강화된 개념의 창고이다. 유통창고는 창고의 구조적인 특징에 따라 단층창고, 이층창고, 다층창고, 입체자동창고 등의 형태가 있다.

물류를 개별거점을 중심으로 생각했던 시대에는 창고의 중심기능은 단순히 상품을 일시 보관하는 것이었다. 그러나 통합적인 물류시스템의 개념이 도입되면서 창고시스템의 역할은 생산과 판매를 연결시켜주는 중심 기능을 수행하는 시설로 그 인식이 바뀌게 된 것이다.

창고에는 여러 가지 기능이 있으나 그 중심활동은 보관이다. 보관을 중심으로 하여 입출고, 재고관리, 하역 등의 업무가 이루어진다. 창고는 보관뿐만 아니라 고객의 수요에 대응하여 적시출고가 이루어져야 한다. 창고의 유통기능을 강조한 새로운 형태의 창고를 물류센터(Distribution Center : DC)라고 부르기도 한다. 많은 기업들이 자사의 물류거점을 물류센터 또는 유통센터라고 부르기도 하고, 유통업무단지 등의 공공물류기지를 유통센터라고 부르기도 한다.

메이커나 도매업에서는 소비지에 있는 소단위 배송거점을 배송센터라고 부르고 백화점이나 슈퍼 등의 자사 상품공급 점포를 상품센터(또는 납품센터)라 부르며 도매업에서는 자사의 판매와 물류거점을 데포(depot)라 하고 물류네트워크 중 중계점으로서 상품의 일시보관거점은 스톡포인트(stock point)라고 부르기도 한다.

이와 같이 유통기능을 강조한 물류센터를 유통창고라고 한다. 종래의 보관기능을 중심으로 하는 창고도 여전히 존재하고 있어 이러한 창고를 유통창고에 대비하여 저장창고라고 한다. 저장창고는 항만이나 산지에 위치하는 경우가 많고, 기업은 유통창고를 소비지나 집산지에 가지고 있으면서 부속시설로서 저장창고를 동시에 확보하고 있는 경우가 많다.

3) 자가창고와 영업창고

(1) 자가창고와 영업창고의 이용형태

항만과 같은 형태의 물류거점에서는 영업창고의 이용이 보편적이다. 그 이유는 물류거점에서 발생하는 물동량의 변동이 크고, 부정기적인 보관이 이루어지기 때문이다. 그리고 산지의 생산주체가 소규모이고, 계절성이 있는 상품의 경우는 영업창고에 보관하는 것이 일반적이다. 또한 생산공장을 보유한 제조업 분야의 기업들은 자가 공장 내에 예속된 자가창고를 가지고 있는 곳이 많다. 자가창고는 공장시설의 일부로 인식되며, 자가창고에 보관할 수 없는 경우 보완시설로서 가까운 영업창고를 이용하는 경우가 많다.

제조기업들은 주로 영업창고를 이용하는데, 스스로 수 · 배송업무를 이행하기보다는 전문 창고업자의 영업창고를 이용하는 경우가 많다. 그러나 도매업은 판매거점과 배송거점이 일치하는 것이 보통이기 때문에 자가창고를 이용하는 것이 보통이다. 단, 대규모 도매업인 경우 비축용 시설과 배송거점의 보완시설로 영업창고를 이용하는 경우가 있다.

(2) 자가창고와 영업창고의 장 · 단점

① 자가창고의 장 · 단점

■ 장점

- 창고이용과 생산 · 판매의 시간적 결손이 적다.
- 기업의 목적에 부합될 수 있는 적지에 건립가능하다.
- 기업에서 취급하는 상품에 알맞은 설비, 보관, 하역이 가능하다.
- 합리화 및 생력화가 가능하다.

■ 단점

- 토지구입 및 설비투자에 비용이 든다.
- 상품의 수요변동에 대응하지 못하고 결손이 많다.
- 종업원의 고정적 배치에 의한 인건비, 관리비의 부담이 있다.

② 영업창고의 장 · 단점

■ 장점

- 필요로 하는 공간을 언제든지, 어디서든지 이용가능하다.
- 전문업자의 운영에 따라 신뢰성이 높다.
- 상품의 수요변동에 대응가능하다.
- 고정투자의 회피가 가능하다.

■ 단점

- 성수기에는 여유공간이 적다.
- 하주의 상품기밀이 유지되지 않는다.
- 작업시간의 탄력성이 없다.

4) 냉동 · 냉장창고

(1) 냉장창고

냉장창고란 냉각장치에 의하여 창고 내의 온도를 저온으로 유지하는 창고를 말한다. 일반적으로 이용목적에 따라 냉동창고, 저온창고, 정온창고라 한다. 영업용창고에서는 10℃ 이하의 온도로 유지할 수 있는 창고를 냉장창고라 하고, 10~20℃ 정도까지 일정온도로 유지된 창고를 정온창고라 한다.

(2) 냉동자동창고

냉동은 온도에 따라 다음 4가지로 구분된다.

- F급 : −20℃ 이상
- C1급 : −10℃ ~ −20℃
- C2급 : −2℃ ~ −10℃
- C3급 : +10℃ ~ −2℃

F급은 지방질이 많은 식품 등을 장기간 보관하는 데 사용되며 C1급은 지방성이 약간 있는 식품 등을 장기간 보관한다. 냉동창고는 로드온로드(load on load) 방식이 많고, 보관단가를 낮추기 위해서는 선입선출의 엄수, 하역의 합리화 등이 전제조건이 된다.

3. 창고의 기능

창고이용자 입장에서 창고를 활용하여 물류업무를 다양하게 할 수 있다. 또한 창고업을 수행하는 측면에서 주요 기능과 업무영역은 다음과 같다.

1) 보관

소비자 니즈(Needs)의 고도화 및 다양화 등에 의해서 재화의 성능과 영업전략에 알맞은 세밀한 보관기능의 확충이나 다품종소량에 대응할 수 있는 창고사용효율의 향상이 요구되고 있다. 또 품질관리에 대한 요청이 점점 강해지고 있다.

2) 재고관리

재고관리는 보관의 기본적인 기능이다. 재고감축은 기업경영의 중요한 과제이므로, 불필요한 재고량이 발생하지 않도록 노력한다. 한편 품절에 의한 판매기회의 손실을 막아야 하고 신속 · 정확한 재고정보시스템이 구축되어야 한다.

입출고와 하역작업은 수주에서 납품까지의 기간단축을 도모하기 위해서 입출고 하역작업의 스피드화와 효율화가 요구된다.

3) 유통가공

유통과정에서 가공이 이루어진 후에 상품구색을 갖추어 다시 단위화하여 포장, 라벨 부착, 검품이 이루어지는 기능을 말한다.

4) 운송기능과의 연계

유통거점 및 배송거점으로서 창고는 운송기능과 연동이 잘 되지 않으면 재고가치가 없게 된다. 그러므로 창고는 정보시스템을 기초로 해서 운송기능과 긴밀하게 연결되는 것이 중요하다.

5) 물류정보시스템의 추진

정보처리기술, 유통기술의 발달로 물류의 정보화도 급속히 진행되고 있다. 운송업자와 창고업자 간에 정보네트워크의 기능화를 도모하는 것이나 컴퓨터와의 연동으로 자동반송기, 로봇 등의 활용에 의한 하역의 무인화가 추진되고 있다.

6) 영업시간의 연장

도시형 생활의 확산이나 유통재고의 감축 또는 판매강화를 위한 영업시간 연장 등에 대처하기 위해서 유통거점에서의 영업시간의 탄력적 운영이 바람직하다. 그러나 인원배치나 노동환경 등의 문제도 있어 탄력적 영업에서는 충분한 주의를 기울이지 않으면 안 된다.

7) 물류비 관리

창고에서는 물품의 입고, 재고관리, 오더피킹, 소팅, 검품, 출고 등의 업무와 관련된 비용이 많이 발생하는 곳으로서 물류비의 절감을 위해서 창고관리의 합리화는 매우 중요한 과제이다.

8) 물류환경 변화에 대한 대응기능

창고는 물류환경에 대응하는 데 적절하게 활용할 수 있다.

(1) 다품종 소량화, 경박 단소화

- 풍부한 상품구색
- 보관방법의 개선
- 재고회전의 최대단축
- 과잉 및 품절상품의 별도관리

(2) 소량주문과 다빈도 배송

- 배송빈도의 합리적 배송
- 배송도구의 신속한 대응
- 피킹, 창고 내 운송, 배송 등의 기계화
- 소량주문분의 경제적인 배송
- 다빈도 출고상품의 별도관리

(3) 물류의 신속화

- 유통가공, 검품, 검수, 배분 등의 신속화
- 리드타임의 단축
- 유연한 설비 및 시설
- JIT에 의한 수 · 배송업무

4. 창고시설의 효율화 방법

종래 기업경영에서는 생산 · 판매부문의 합리화 · 효율화에 중점을 두어 왔지만, 최근에는 물류관리를 효율화하여 총물류비의 절감에 기업경영 목표를 설정하고 있다. 또한 고객의 니즈가 고도화 · 다양화 · 세분화되는 가운데 이에 대응할 수 있는 상품의 신속한 공급이나 서비스에서의 신속성, 고품질화가 요구되고 있다. 보관기능을 전통적 개념에서 확대시켜 생산에서 판매까지 이르는 토털시스템으로 운영해 가고 있다. 현대의 물류관리에서는 창고를 보관기능에만 국한시키지 않고, 유통기능을 강화하여 창고의 부가가치를 증가시키고 있다.

창고관리의 목적은 기본적으로 상품의 보관 및 저장기능과 입출고기능을 극대화하여 기업의 수익에 공헌하는 데 있다.

1) 보관저장기능의 향상 방법

창고의 저장효율을 높일 수 있는 방법으로는 하드웨어에 의한 방법과 소프트웨어에 의한 방법 두 가지가 있다.

(1) 하드웨어에 의한 방법

첫째, 높은 선반이나 적층식 선반을 설치하여 건물 내의 상부공간을 활용한다. 적층식 선반에는 계단 외에도 Chute Lift, Lift Elevator 등을 부설하여 사용하고 높은 선반에는 발판, Chute Lift, Fork Lift Truck, Lite Picker 등을 사용할 수 있다.

둘째, Drive In Rack이나 Mobile Rack을 설치하여 통로가 필요하지 않은 저장방식을 사용한다. Drive In Rack은 스페이스의 활용도를 배가시킨다. 단, 동일통로 내에는 동시에 출하하는 제품을 저장하는 것이 바람직하다.

셋째, Hi-Stack System이나 Hi-Shifter System의 입체적인 저장력을 이용한다. Hi-Stack System이나 Hi-Shifter System은 선반에의 입출, 그리고 통로 상호간의 교환적재, 입출고정보의 제공 등의 작업을 무인으로 수행할 수 있다. Rack의 높이가 때로는 25m 이상에 달하기도 하며, 입출고를 위한 Stacker Crane이 운행되는 통로는 화물이 적재된 넓이보다 겨우 10~15cm 정도만 넓으면 가능하기 때문에 창고의 적재능력 향상에 크게 기여할 수 있다.

(2) 소프트웨어에 의한 방법

적재할 수 있는 공간의 활용을 위해 통행할 수 있는 면적을 제외한 통로면적을 최소화하며 선반 등 수납설비 안에 생기는 불필요한 공간을 배제한다. 또한, Free Location System을 채택해서 선반의 점유율과 효율성을 향상시키도록 한다.

2) 입출고 기능의 향상방법

(1) 하드웨어에 의한 방법

① 각종 운반차량을 물품의 수평이동에 사용한다

Parts Truck 및 기타 운반차량을 이용해서 입출고의 능률을 올릴 수 있다. 운반차는 일륜차를 비롯하여 각종 손수레차, 팔레트 이동에 사용되는 Dolly, Pallet Lift 등 종류가 많으므로 창고에 맞는 기종을 적절하게 선택해서 사용할 수 있다.

지게차는 원래 수평이동을 위해 사용되는 차량은 아니지만 150m 이내의 근거리 수평이동에는 활용될 수 있다. 해외의 대규모 창고에서는 스쿠터나 특수한 자전거가 사용되는 경우도 있다.

② 엘리베이터, 컨베이어 등을 수직 수평운반에 이용한다

창고의 규모가 크게 되면 엘리베이터와 컨베이어의 설치가 필요하다. 리프트나 엘리베이터는 층이 많은 창고(多階建倉庫)뿐만 아니라 적층선반에도 부설된다.

컨베이어의 종류는 Portable 형식에서부터 컴퓨터제어로 Tilt Tray를 삽입한 대규모 컨베이어도 있다. 또한 머리 위의 공간을 이용하는 Trolley Conveyor, Overhead Conveyor, 경사를 오르내리는 Drag Conveyor, 팔레트를 연속해서 나르는 팔레트 컨베이어, 대차(臺車, 수레)를 적재하고 이동하는 Car Conveyor, 대차를 이끄는 Tow Conveyor, 그리고 Air Conveyor 등이 있다.

적재선반의 상층에서 하층으로 물품을 내리기 위해 동력이 필요 없는 Right Shooter가 사용되기도 한다.

③ 크레인(CRANE) 등 기타 하역기기는 중량물을 출입하는 데 이용한다

대규모의 선반에서 중량물을 입출고하기 위해서는 Stacker Crane이 사용된다. 이 가운데 High-Rack System의 Rack Loader 등의 고층 무인창고용의 자동입출기는 무인작동이 가능하며, 입출고 명령의 기억 및 상품이동에 대한 정보를 컴퓨터가 처리하여 작업의 정확성 및 효율성을 크게 향상시킬 수 있다.

④ 간접적인 설비의 기능을 이용한다

창고와 연계되는 접점에서 물품의 이동에 지장이 없도록 간접적인 설비의 기능을 잘 활용해야 한다. 트럭과 연계되는 창고면의 높이를 높이거나 노면을 파서 낮추어 트럭의 하대와 창고바닥을 같은 높이로 하는 방법도 있다.

또 차량을 대기시키는 공간을 트럭의 옆으로 할 것인지 뒤로 할 것인지 혹은 톱의 날과 같이 나오고 들어가게 하는 형의 도크(Dock)로 할 것인지 직선형으로 할 것인지도 검토의 대상이 된다.

(2) 소프트웨어에 의한 방법

입출고, 반품처리 등 창고 내 작업시간대가 서로 중복되지 않도록 할당하며 물품의 이동을 단축하여 낭비를 제거한다. 보관품은 검색하기 쉽도록 체계적인 로케이션관리를 실시하며 유니트로드시스템과 RFID와 같은 시스템을 활용하여 물품의 활성도를 높인다.

5. 창고계획 수립시 고려사항

창고의 건립 및 운영과 관련된 계획 수립시 고려해야 할 요소는 다음과 같다.

1) 창고의 입지

창고의 입지에 대해서는 그것의 좋고 나쁨에 따라 장래에 크게 영향을 미치기 때문에 신중하게 검토할 필요가 있다. 원칙적으로 항만, 간선도로, 철도 등과 연결되어 있어 화물 인수처에 가까운 곳이나 지가가 싼 곳이 바람직하다.

구체적으로 창고부지를 결정할 경우 법규상의 제약, 도시계획법 등을 정확히 조사하는 것이 중요하다.

(1) 유통창고

입고 및 출고 배송경로상 교통이 편리한 요충지에 위치하고 있어야 하며 차량의 출입 및 하역에 지장이 없어야 한다. 또한 주요 간선도로에 인접해 있어서 연계수송이 편리해야 할 것이다.

(2) 공장창고

최대한 작업장에 근접하여 위치하여 있어야 하며 가급적 생산의 흐름에 맞추어 관리하며 입출고가 편리한 곳에 입지하여야 한다.

2) 공간활용

창고의 레이아웃(layout)을 고려할 때에는 공간의 활용과 창고작업의 용이성이 중요하며 입체적으로 적재하고, 통로면적을 가급적 줄이며 구분방법을 변경하여 적재효율을 향상시킨다.

3) 통로

통로의 레이아웃은 창고에서 특히 중요하다. 따라서 다음과 같은 사항을 유의하여 레이아웃을 결정해야 한다.

- 통로가 좁으면 작업능률이 떨어진다.
- 굴곡이 많고 폭의 변화가 심해서는 안 된다.
- 미끄러워서는 안 된다.
- 어둡지 않도록 한다.
- 모든 보관품이 한눈에 들어오도록 한다.
- 너무 넓으면 스페이스 활용도가 떨어진다.
- 출고품의 집하거리가 길지 않도록 한다.
- 운반기기가 충분히 작업이 되고 Unit Load가 통과할 수 있는 폭이 안 되면 운반능률이 떨어진다.
- 통로에 기둥 또는 장애물이 있어서는 안 된다.

4) 창고의 구조

창고의 층별 구조결정 문제가 중요하다. 적재면적을 단층으로 할 경우에는 평당 건설비도 싸고 기둥도 적고 승강설비도 필요 없으며 또 높게 적재할 수도 있어 통로면적이 비교적 적다. 그러나 단층의 경우 많은 면적의 토지가 소요되고 면적당 적재면적이 한정되어 있어 다층 창고보다는 적재율이 많이 떨어지게 된다.

5) 창고 내의 운반설비

창고 내에서 사용될 수 있는 운반설비는 다음과 같은 것들이 있는데 화물의 형태, 보관방식, 입출고빈도, 수량 등에 따라서 적절한 운반설비를 선택해야 한다.

(1) 운반설비

지게차(Fork Lift Truck), Side Fork Lift Truck, Stack Fork Lift Truck, Stacker Crane

(2) 중량물 및 대형물, 이형물

Crane, Hoist

(3) 이동

Truck, Trailer, Tractor(견인차), 동력운반차, 손수레

(4) 창고 내에서의 승강설비

Elevator, Crane, Hoist, Fork Lift Truck

6) 창고의 보관설비

(1) 수작업용 선반

고정식, 겹으로 쌓는 식, 긴 물건용의 랙 등이 있고 높이는 1.5m 정도면 이상

적이다. 이 이상의 경우는 사다리를 설치하든지 또는 사다리가 붙은 손수레 등이 필요하고 무거운 것은 낮은 곳에 보관하는 것이 바람직하다.

(2) 수작업시 선반의 재질

송판 및 베이어판(다단식), Angle(앵글조립선반)

(3) Pallet화 되었을 때의 보관설비

Pallet Supporter, Pallet Rack, Drive In Rack, Flow Rack, Mobile Rack, High Stack Rack, 자동창고(Unit Rack 및 Rack Build)

(4) 보관용 유니트 용기

병, 사일로(Silo), 호퍼(Hopper), 탱크(Tank)

(5) 보관용 컨베이어 설비

Chain, Belt Conveyor, Roller Conveyor

7) 보관공간의 관리

보관할 수 있는 공간을 최대한 활용하고 작업효율성도 높이기 위해서는 비효율적인 요인을 객관적으로 파악해야 하여 공간을 최대로 활용하는 방안이 필요하다.

공간활용의 비효율성 요인으로는 공간을 평면으로만 생각하고 입체적으로 활용하지 않거나 선입 · 선출에 구애되어서 불안전하게 보관하는 요인이 있다. 또한 운반설비를 공간활용을 무시한 채 사용하는 등의 요인이 있을 수 있다.

8) 창고의 점유율

공간활용의 효율성을 나타내는 척도로서 면적점유율과 총보관능력을 검토해야 할 필요가 있다. 다음 산식은 창고 내의 물품이 점유하고 있는 공간과 총능력을 비교하여 효율성지표를 산출하는 척도이다.

- $\text{면적점유율} = \dfrac{\text{물건점유면적}}{\text{저장가능면적}} \times 100(\%)$

- $\text{창고체적률} = \dfrac{\text{실질물건체적량}}{\text{저장가능체적량}} \times 100(\%)$

제3절 자동창고

1. 자동창고의 의의

1) 자동창고의 개념

자동창고는 생산라인에 투입될 부품, 원부자재와 판매를 위해 보관되는 완제품 등의 적정 재고수준 유지 및 적시공급을 위해 창고의 기능을 자동화하여 보관 및 하역의 효율성을 증대시키기 위한 창고이다.

2) 자동창고의 목적

- 간접비 절감을 통한 물류비의 감축
- 신속한 배송과 수주처리의 정확도 개선에 의한 대고객 서비스 향상과 이를 통한 기업경쟁력의 제고
- 신속하고 정확한 로케이션관리, 오더피킹, 소팅, 검품 등의 재고관리기능을 강화하여 재고자산의 활성도 증가 및 이를 통한 수익성 개선

3) 창고자동화의 필요성

- 인건비의 급상승 및 창고분야 인력확보의 어려움

- 유통환경의 급변으로 다품종소량 주문 및 신속한 다빈도 배송에 대한 요구 증대
- 제조부문의 자동화에 따른 물류부문의 자동화 및 기계화에 대한 요구
- 토지사용의 효율성 증대에 대한 필요

2. 자동창고의 종류

1) 건축 구조적인 분류

(1) Unit Rack Type

상품의 보관을 위한 랙을 단위화하여 기존 창고 내에서 조립한 후 스태커(stacker)를 설치함으로써 창고를 자동화하는 방식이다. 이 방식은 기존 창고에 필요한 만큼만 설치한 후에 필요시 증설이 가능하고, 창고의 사용용도 변경시에는 분해와 재조립이 간편하므로 유연성이 높은 장점이 있다.

(2) Rack Building Type

이 방식은 처음부터 전용창고를 건축하는 것으로서 랙이 견고한 구조물이므로 이것을 이용하여 랙을 직접 지붕 및 벽재에 부착시켜 창고를 완성하는 형태로 건물을 별도로 건축하고 유니트 랙을 설치하는 것보다 약 30%의 시설비가 절약되는 장점이 있다.

2) 사용용도별 분류

(1) 서비스부품의 분배창고

서비스부품의 상품특성은 품종이 다양하고, 소량이며 납기가 짧다. 반면 보관기간은 매우 길고 재고관리에 정확도를 요구한다.

(2) 완제품창고

생산공장에서 출고된 완제품을 모아 고객의 주문에 따라 분배하는 것이 주목적인 창고로 보관기능보다는 분류기능이 더 많은 비중을 차지하여 상품의 회전

율이 높은 창고이다.

(3) 생산공정 조달창고

원부자재의 조달계획에 의해 외부로부터 납품된 원부자재 및 부품을 생산공정에 맞추어 공급하기 위한 목적의 창고이다. 이러한 창고는 조달의 리드타임이 짧고 정확해야 하는 것이 중요한 과제이다.

3) 형태에 의한 분류

(1) 버켓 형태

버켓(bucket), 즉 트레이(tray)를 입체적으로 보관한 자동창고로 랙에서 스태커 크레인의 이재장치로 고안되었다.

(2) 더블리치 형태

소품종다량의 유니트로드를 보관하기 위해 깊숙한 저장공간을 가진 피전 홀

그림 5-4 | 더블리치 형태

(pigeon hole) 타입의 창고이다. 따라서 스태커 크레인의 포크는 매우 길며, 팔레트 화물의 하중을 견디지 않으면 안 된다. 2개의 팔레트를 동시에 취급할 수 있으므로 입출고시간이 절약된다.

(3) 컨베이어 셀 형태

컨베이어 셀(conveyer cell) 형태의 창고는 유동 랙(flow rack) 또는 슬라이딩 랙(sliding rack)으로도 불리운다. 보관 랙 부분에 롤러(roller), 휠(wheel), 플랫 컨베이어(flat conveyer), 슈트(chute) 등을 사용한 쪽에서 입고하여 다른 한쪽으로 출고한다. 소품종다량의 보관용으로 사용되어 왔지만 최근에는 다양한 품목을 혼입시켜 필요한 품목을 출고할 수 있도록 하는 형태도 사용된다.

(4) 딥 레인 형태

딥 레인(deep lane) 형태는 더블리치(double reach) 형태가 랙의 깊숙히 들어가기 여려운 한계를 극복하기 위하여 깊이 들어갈 때에는 대차를 사용하여 스태커 크레인의 포크기능을 대체한 자동창고이다. 통로공간의 비율이 보관공간에 비해서 적으며, 야간에 유니트로드의 배치전환도 무인으로 가능하다.

(5) 트래버서 장착 스태커 크레인

입출고 빈도가 적을 때 모든 통로에 스태커 크레인을 설치하는 것은 낭비이므로 트래버서(traverser)를 사용해서 필요한 통로에 스태커 크레인을 이동시키는 타입의 자동창고이다.

(6) 이동 랙

이동 랙(mobile rack)은 랙의 밑부분에 바퀴를 달아 랙 전체를 입출고 장소로 이동하여 작업을 할 수 있는 형태이다. 수개의 랙에 1개 통로분의 여유를 만들어 놓으면 통로공간이 절약된다. 랙의 이동은 자동으로 하고, 입출고는 인력을 사용하는 방식이 주로 사용된다.

(7) 회전 랙

회전 랙은 랙의 회전방향에 따라 수평식과 수직식이 있다. 수평식은 회전하는 버켓을 여러 층으로 적재하고 각 층을 따로따로 독립 구동시키는 형태가 급속하게 늘어가고 있다.

(8) 무인지게차의 응용

스태커 크레인에 의한 입출고는 랙의 사용을 전제로 자동화되었다. 무인지게차는 유니트로드를 그대로 직접 여러 층의 높이로 적재할 수 있다. 컴퓨터 제어와 유선방식의 유도, 센서에 의한 포크 선단 높이의 조절 등이 가능하다. 기존의 건물에 사용될 수 있고 탄력성도 크다.

(9) 입체 셀과 자동 스태커 크레인의 병용

스태커 크레인의 통로 양측에 작은 보관구역을 설치하고 포킹동작 없이 입력에 의해서 상품을 옮겨 적재한다. 다양한 형태의 화물을 취급할 수 있고, 평창고와 입체 자동창고의 장점을 동시에 발휘할 수 있는 특징이 있다.

(10) 무인대차의 응용

입체창고의 통로에 스태커 크레인을 주행시켜 랙의 각 단에 대차의 주행 레일을 설치하여 여기에 승강기능을 갖는 트래버서에 의해서 이동되는 무인대차가 들어가 입출고를 행한다.

(11) 천정주행 반송로봇에 의한 창고

천정주행 크레인이 훅 부분에 팔레트를 픽업하는 핑거를 장치한 입출고기를 사용한 것으로서 통로공간이 절약되어 상품의 수용능력이 크며, 야간에 익일의 출하 예정품을 자동적으로 입구에 모아 놓을 수 있다.

(12) FMS에 있어서의 팔레트와 툴의 스토커(Stocker)

유연생산시스템(Flexible Manufacturing System : FMS)은 보통 사전에 작업을 팔레트에 맞추어 설정해 놓고 야간에 무인운전 준비를 해놓는 경우가 있다.

가동시간에 따라서 보관량은 달라지며 이에 따라 형태도 여러 가지가 있다.

- 보다 적은 토지 면적 및 공간으로 보다 많은 상품을 저장할 수 있을 것
- 상품의 보호가 철저할 것
- 상품 입출고관리가 용이할 것
- 재고수량 및 로케이션관리의 정확성이 높을 것

그림 5-5 | 유니트로드 AGV

- 창고관리 및 운영이 손쉬울 것
- 보관능력 대비 시설비 및 유지비가 적게 들 것
- 취급시 상품의 파손 및 손실이 방지될 것
- 화재 등의 비상시에 신속한 대응이 가능할 것
- 운반기계에 의한 창고 내의 매연, 먼지 등 작업환경문제가 없을 것
- 중량물 취급에서 오는 안전사고의 예방이 철저할 것

3. 자동창고 도입시 고려사항

- 재고수량 파악의 정확성 개선 정도
- 고객서비스 증진 정도
- 재고관리비용의 절감 정도

- 자동창고의 유지보수 및 운영비용
- 자동창고 도입에 자본투자의 투자수익률(ROI)

또한 자동창고를 도입할 경우 보관물의 형태나 양, 그리고 취급빈도, 반입형태 등의 기본적인 요소와 함께 생산공장 및 유통경로와의 연계 문제를 중요하게 고려해야 한다. 창고자동화의 성패는 이 연계부분의 적절성에 따라 결정된다고 해도 과언이 아닐 것이다.

또한 유통과정의 물량 증가에 따라 창고에서 대량의 분류작업이 이루어지는 경우가 많으므로 분류장치도 창고자동화 도입시에 함께 고려해야 할 중요한 과제이며, 뿐만 아니라 피킹작업 전후에 이루어지는 입출고 형태도 함께 고려해야 한다.

HANKOOK driving emotion **한국 타이어의 사례**

대한민국 최초, 최고, 최대 타이어 회사

1941년 설립된 한국타이어는 한국에서 가장 먼저 세워진 타이어 전문회사로 세계 7위, 아시아 3대 타이어업체이다. 2009년 1월, 미국 타이어 전문지 「Modern Tire Dealer」에서 집계한 2008년도 타이어 업체 매출실적에 따르면, 한국타이어는 글로벌 랭킹 7위를 기록하였다. 한국타이어는 현재 전 세계 185개 국가에 우수한 타이어를 공급하고 있으며 4개의 지역본부와 20여 개의 해외지사를 통해 현지화에 기반한 타이어 판매활동을 펼치고 있고, 5개의 R&D센터를 통해 세계적 기술력을 확보하고 있다. 또한 3개국에 걸쳐 5개의 집중된 타이어 생산기지를 구축하고 있다.

한국타이어의 자동창고시스템은 기간 ERP시스템과 WMS, RCP 설비까지 완벽한 통합업무처리가 가능하며 선입선출을 위해 현장의 상황을 반영한 다양한 물량할당 및 생산일자 로트를 관리하고 있다. 또한 3단복구체계를 통한 시스템 비상사태에 대비하고 있다. ASRS(Automated Storage Retrieval System)는 단순한 보관창고가 아니라 공장의 제반 물류설비들과 유기적으로 연결되어 생산 및 공정의 중추적인 역할을 담당하는 종합적인 시스템이다.

이러한 자동창고시스템의 주요 기능으로는 Full Graphic Monitoring이 가능하여 Full Graphic으로 전 공정의 레이아웃을 2D로 표현하며 각 기계의 실제이동 및 이상상태가 표시되고 작업진행 화물을 확인할 수 있다. 둘째로 모든 장비(Stacker Crane, Conveyor, AGV외 기타장비)의 동작상황 및 모드, 위치정보, 화물정보 등을 상세히 표시하고 있다. 또한 진행작업의 진척상황과 작업단계별 진행상태를 표시하고 지시작업의 Rescheduling 및 설비최적할당 Job-No별 위치를 표시한다.

모토로라코리아의 사례

모토로라코리아의 원자재는 수입 80%, 국내 20%를 차지하고 있으며 발주 리드타임은 3~4주, 해외 원자재의 안전재고는 4~5주분이다. 모토로라코리아는 부자재의 재고관리에 VMI(Vendor Managed Inventory)를 함께 운영한다. 부자재의 VMI는 전산시스템의 확인 없이 업자 스스로 자재의 양이 많고 적음에 구애됨이 없이 거의 매일 같이 공급되는 품목이기 때문에 이로 인해 얻어지는 혜택은 매우 크다. 구체적으로 살펴보면, 우선 모토로라코리아는 VMI를 통해 창고공간을 대폭 축소할 수 있었다. 또, 재고품 금액이 감소하고, 구매물품 사이클 타임이 10일에서 1일로 감소되었을 뿐만 아니라 생산라인의 재고가 감소되었다.

모토로라코리아는 원자재의 재고량을 줄이고, 사용한 양만큼 대금을 지불하기 위해 SOI(Supply Owned Inventory)를 개발하였는데, SOI는 지속적인 생산계획이 있는 제품의 원자재 공급자와 1년간 계약에 의해 가격과 공급시기를 상호 결정한다. 공급자는 모토로라코리아와 자사의 전산시스템을 연결한 재고확인시스템을 통해 원자재의 재고를 확인할 수 있으며, 2주간의 재고를 항시 공급한다. SOI재고는 회사의 재고에 포함되어 있지 않기 때문에 SOI재고만큼 원자재의 재고가 감소한다.

제 6 장

운송관리

핵심내용

운송은 총물류비에서 약 60%를 차지하는 중요한 물류활동이다. 운송은 화물의 장소적 효용과 시간적 효용을 창출하며, 재고활동, 보관, 하역 등의 물류기능과 상충관계(trade-off)가 존재한다. 최적운송수단을 선택할 시 편리성, 확실성, 신속성, 안정성, 경제성, 신뢰성 등을 고려하여 결정해야 한다.

운송비는 수송비와 배송비로 구분할 수 있는데 이는 운송서비스와 상충관계에 있다. 즉, 운송서비스 수준이 높으면 높을수록 운송서비스 공급자의 비용은 증가하고 이용자 비용은 낮아진다. 따라서 공급자 비용과 이용자 비용을 합한 총비용과 운송서비스 수준의 최적조합을 찾아내어 서비스 하는 것이 필요하다.

운임은 수송요금으로서 운송업체가 제공하는 운송용역에 대하여 고객이 지불하는 보수, 즉 단위당 가격을 의미하는데 자유운임과 공정운임(tariff)이 있다.

주요용어

장소적 효용, 시간적 효용, 운송업, 단위적재, 계약운송인, 공공운송인, NVOCC, VOCC, 운송비, 단일운임, 비례운임, 체감운임, 구역운임, 수요기준운임, 운송시스템, 운송수단

제1절 운송의 개념

1. 운송의 개요

물품이동의 과정을 기준으로 물류는 포장, 하역, 보관, 운송, 정보 등의 기능이 그 대상이 되며, 그 중에서 특히 운송부문은 총 물류비에서 차지하는 비중(총 물류비 중 약 60% 차지)이나 역할이라는 측면에서 기업이 어떤 운송수단을 얼마만큼 효율적으로 활용하느냐 하는 것이 물류관리의 성패를 결정할 만큼 중요한 부문이 되고 있다.

운송과 함께 다음과 같은 용어들이 같은 의미 혹은 유사한 용어로 사용되고 있는데, 엄격히 그 용어들은 운송의 조건, 즉 운송거리, 운송방식, 사업제도 등에 따라 다르게 사용될 수 있다.

운송 혹은 수송은 물적유통과정에서 원료, 부품, 반제품, 완제품 등과 같은 화물의 이동과정을 말한다. 이러한 과정에서 운송은 화물의 장소적 효용과 시간적 효용을 창출한다.

1) 장소적 효용(place utility)

장소적 효용이란 어떤 물건의 장소 이동을 통해 얻어지는 주관적 만족도라고 할 수 있다.

(1) 분업화의 효용

수송의 장거리화, 수송기관의 고속화, 수송망의 정비, 수송 빈도 및 시간의 안정화 등에 의해 수송이 고도화됨으로써 지역 간 혹은 산업 간에 존재하는 입지상의 거리가 극복되고, 이들 간에 유기적으로 기능을 분담할 수 있도록 한다.

(2) 광역화의 효용

운송은 상품의 생산과 판매를 촉진하고, 원격지 간에도 경제활동을 활발하게 만든다. 수송의 고도화에 의해 유통의 범위 및 기능이 확대된다.

(3) 집중 및 분산의 효용

운송은 산업구조와 규모를 고도화하고, 생산지와 소비지를 확대시킴으로써 시장을 활성화하고, 상공업지역을 분산하여 도시개발을 촉진시킨다. 산업의 규모가 점차 대형화되고, 기능이 고도화·복합화됨으로써 유통산업에 있어서도 물류 및 배송센터 등의 물류거점을 대도시 주변에 건립해서 대형화·고도화하는 경향이 있다.

(4) 가격안정화의 효용

운송은 지역이나 거리를 극복함으로써 광역단일시장을 형성하여, 합리적이고 안정된 시장가격을 유지하도록 한다. 즉 산업이 고도로 분업화되고, 유통의 광역화가 진행됨으로써 제품 및 상품이 표준화되어 가격이 균일화된다.

(5) 유통효율화의 효용

유통기구, 경로, 과정 등을 합리화해서 유통활동의 간소화와 가격을 낮추는 역할을 한다. 이로 인해 유통의 시스템화, 유통경로의 단축화, 상물(商物)분리 등 유통의 효율화가 촉진된다.

(6) 자본효율화의 효용

운송의 효율화는 재고를 감소시킴으로써 자본의 회전율을 높이기 때문에 상품의 유통속도를 가속화시킨다.

2) 시간적 효용(time utility)

시간적 효용은 대부분 그 재화가 필요할 때까지 저장되는 창고기능에 의해 창조되기도 하지만, 얼마나 신속하게 목적지까지 이동하느냐에 따라 운송기능에 의한 시간적 효용도 창출된다.

운송목표는 보다 많은 수량을, 보다 빠른 속도로, 보다 안전하게, 보다 저렴한 비용으로 운송하는 데 있다. 이러한 목표를 충족시키는 방법으로 단위화가 이루어지고 있다. 단위화는 대상화물을 팔레트나 컨테이너 등의 용기를 활용하여 총 물류비용의 절감과 고객서비스의 향상을 제고할 수 있다.

2. 운송과 관련한 물류의 제 활동

1) 산업의 발전과 운송의 근대화

최근에 대도시의 극심한 교통 혼잡과 인건비의 지속적인 상승에도 불구하고 고객의 수요패턴의 변화에 따라 소량다빈도 수 · 배송의 요구가 점차 증가하고 있어, 운송체제의 혁신적인 향상이 없이는 고객의 서비스향상이나 물류비용의 절감은 어렵게 되었다. 주어진 시간 내에 주문받은 상품을 최소의 비용으로 정확하게 수 · 배송하기 위해서는 유통과정의 면밀한 분석을 통해 효율적인 수 · 배송관리를 실현할 수 있을 것이다.

- 효율적인 수 · 배송은 공간적 거리를 극복하게 해줌으로써 재화의 사용가치를 높이는 동시에 토지, 노동, 자본을 효과적으로 이용하도록 해준다.
- 효율적인 수 · 배송은 생산권 및 소비권을 보다 광역화함으로써 산업의 고도화, 시장의 확대, 상공업의 분산 및 개발을 가능하게 한다.
- 효율적인 수 · 배송은 가격의 안정 및 균등화, 원활한 생산활동에도 기여하게 된다.
- 수 · 배송의 기기 및 기술의 발전 및 이를 둘러싼 제반요인들의 정비 및 개발은 산업의 발전을 지속시킨다. 반대로 산업의 발전이 수 · 배송의 근대화를 촉진시킴으로써 상호작용하는 효과가 있다.

2) 물류기능들 간의 상호관계

수송과 재고활동, 수송과 보관, 운송과 하역 등 물류의 기능들은 상호 영향을 미친다. 예를 들면, 운송과 재고활동과의 관계를 보면 운송비용은 운송속도가 빨라지면 올라가며, 재고비용은 운송시간에 비례하여 높아진다. 재고비용은 운송비용이 증가할수록 감소한다. 이 의미는 반대로 운송비용이 낮아지면 재고비용은 올라간다. 상호보완적 성격과 트레이드오프(trade-off)관계가 동시에 존재하고 있다.

(1) 보관

보관이란 물품을 물리적으로 저장하여 관리하는 것을 의미한다. 그러나 단순한 물품저장에 국한하지 않고, 물리적 관리를 통하여 물품의 가치를 유지하는 물류의 한 단계로 취급하고 있다. 따라서 보관은 물품의 생산과 소비의 거리를 조정하여 시간적 효용을 창조하는 기능을 가지고 있다.

- 저장형 보관과 운송형 보관

(2) 하역

하역은 물품의 수송 및 보관과 관련하여 발생되는 작업으로 각종 운반수단에 화물을 싣고 내리는 것과 창고에 보관을 위한 입출고나 창고 내에서의 적재와 하역 또는 그에 부수되는 작업들을 총칭하는 것이다.

- 하역활동은 운송, 보관, 포장의 일부에 포함

(3) 포장

한국공업규격(KSA1001)에 따르면 포장이란 물품의 수송, 보관, 취급, 사용 등에서 그 가치 및 상태를 보호하기 위하여 적절한 재료, 용기 등을 시행하는 기술 또는 시행한 상태라고 정의하고 있다.

- 운송과 관련하여 적정 포장이 아닌 경우 적재를 불가능하게 하거나 적재효율을 저하시킴
- 재화와 상품가치의 유지 및 보호기능

(4) 정보

물류에 있어 정보란 생산에서 소비에 이르는 물류활동들, 즉 수송, 포장, 하역, 보관 등의 각 활동들을 유기적으로 연결하고 결합하여 전체적인 물류관리를 효율적으로 수행하게 하는 정보시스템을 의미한다.

- 운행관리정보, 시설 · 자재관리정보, 영업관리정보

(5) 물류비와 운송비

국가물류비[1]는 화물의 수송, 보관, 하역 등 국민경제의 물류활동 과정에서 발생한 거시경제적 비용으로서 국가교통데이터베이스, 운수업통계조사 등을 근거로 조사 · 발표하고 있는데, 2007년 통계청 조사에 다르면 우리나라 물류비는

---

1) 국가물류비는 2년의 조사기간이 소요되며, 2008년 자료는 2011년 초에 통계청에서 발표될 예정이다.

117조 1,120억 원으로 매년 꾸준히 증가하고 있다. 우리나라의 GDP 대비 물류비 비율은 12.0%로 2006년에 비해 0.5% 소폭 하락하였으며, 미국 · 일본의 경우 우리나라보다 낮은 9.74%, 8.7%로 나타났고 중국은 18.2%로 GDP 대비 물류비의 비중이 우리나라의 1990년대 중반수준으로 높게 나타났다. 이는 GDP와 국가물류비의 구성요소의 개념적 차이로 인해 GDP 대비 국가물류비 비율 자체가 특별한 의미를 갖기보다는 해당 국가의 GDP규모와 비교함으로써 국가물류활동의 규모적 수준을 분석하는 것으로 해석하는 데 의미가 있다.

3. 운송수단별 비교

운송수단은 기준단위로 볼 때 자동차, 기차, 선박, 항공기 및 파이프라인 등으로 나눌 수 있다. 각 기업별 상황에 맞는 최적의 운송수단을 선택할 수 있도록 운송형태에 따른 운송의 특성을 잘 고찰해 둘 필요가 있다. 운송에 대한 신뢰성, 소요시간, 문전운송 이행능력, 탄력성, 안정성과 마케팅 전략의 수행 여부 등이 판단기준이 될 것이다.

표 6-1 | 운송수단별 비교표

	화물자동차	기차	선박	항공기	파이프라인
장점	• 문전까지 일관운송 가능으로 수취 편리 • 근거리 운송에 적합하고, 경제적이며 운임은 탄력적 • 비교적 간단한 포장으로 운송 가능하고 단위포장 시 팔레트 이용가능 • 필요시 언제나 즉시 배차 가능	• 대량 중량 화물의 동시 운송에 적합 • 중장거리 운송시 운임 저렴 • 비교적 사고율이 적음 • 비교적 전천후 운송수단	• 대량화물의 장거리운송에 적합하며 운임이 저렴하고 탄력적 • 대량운송시 전용선에 의한 운송 및 일괄하역작업 가능 • 용적 및 중량화물 운송에 가장 적합하며 원료화물의 주요한 운송수단 • 일관운송체제의 확립은	• 운송속도가 신속하여 계절성, 유행성, 신선도 유지에 필요한 상품수출 가능 • 소량 및 경량 상품의 원거리운송에 가장 적합 • 물품파손율이 적고 화물포장이 간단하며 보험료가 저렴 • 당일운송을 통한 재고조정이 가능하	• 유지비가 저렴 • 대량수송 용이 • 용지확보 유리 • 사람의 손이 필요치 않음

			어려우나 육상운송수단과 연계, 해 · 공복합운송의 주축 • 최근 Sea & Air운송까지 발전	여 금융비용을 극소화	
단점	• 대량운송에 부적합 • 원거리 운송 시 운임이 높고 안정성 결여 • 교통사고, 공해문제, 특히 대도시 및 공단 주변도로나 고속도로의 체증 유발 • 중량의 제한	• 근거리 운송 시 운임이 높으며 경직적 • 화차의 일관 작업시 장시간 체류 • 적기 배차 곤란 • 발차역에서 화물수취가 불편하며 문전운송을 위해 반드시 트럭의 집배송 필요	• 운송속도가 늦어 운송기간이 김 • 항만설비와 하역비가 비쌈 • 기후의 경향을 많이 받음 • 항구에서 화물인수로 상당히 불편(컨테이너는 트럭을 이용해 문전운송 가능)	• 운임이 가장 비싸고 아주 경직적 • 중량과 용적에 제한 • 기후에 매우 민감 • 공항에서 물품인수로 아주 불편(포워더를 통해 밴트럭으로 문전운송 가능)	• 이용제품이 한정적임 • 특정장소에 한정됨 • 시설비가 많이 듬

4. 운송업의 구분

1) 운송업의 일반적 구분

(1) 운송업의 발전

전통적으로 운송은 단순히 생산지와 생산지, 생산지와 소비지, 소비지와 소비지 간에 재화의 장소적 이전이나 공간적 거리 극복이란 기능에 주안점을 두고 있다. 반면 현대의 물류라는 개념하에서의 운송은 운송 이외에 수주, 포장, 보관(재고관리), 하역, 유통가공을 포함하여 종합적인 물류비용의 절감과 고객서비스 향상이라는 관점에서 접근이 이루어지고 있다. 이와 동시에 단위적재(unit load system) 화물운송의 핵심, 즉 일관 팔레트 적재와 일관 컨테이너 적재를 통해 일관운송, 나아가 국제복합운송으로 발전하고 있다.

그림 6-1 | 운송업의 발전과정

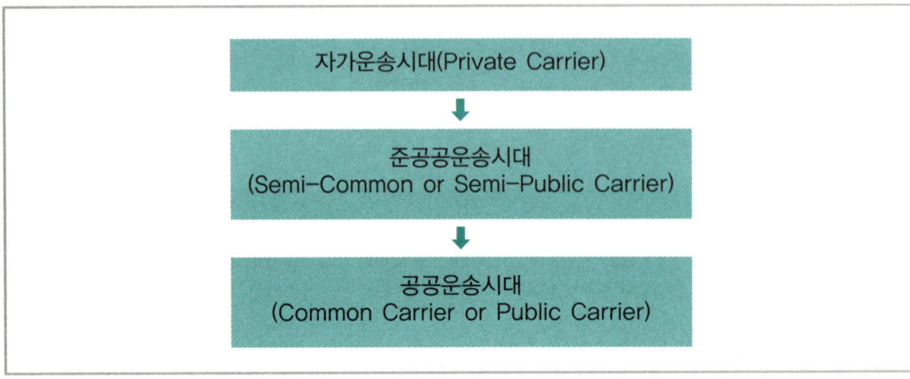

이와 함께 운송을 전문으로 하는 운송업이 발전하였는데 경영형태를 중심으로 한 발전단계는 자가운송시대, 준공공운송시대, 공공운송시대로 구분할 수 있다.

(2) 운송업의 일반적 구분

① 계약운송인(contract carrier)

일반 화주를 위해서는 운송서비스를 제공하지 않고 특정계약이나 협약에 따라 그 특정업을 위한 운송서비스만을 하는 계약운송인이다.

- 자가운송인(private carrier) : 자신의 화물을 자기 자신이 보유하고 있는 운송수단을 이용하여 운송하는 자를 말하며, 개별운송인이라고도 한다.
- 산업운송인(industrial carrier) : 자신의 화물 또는 자기와 특별한 관계에 있는 기업의 화물만을 전담하여 수송하는 운송인을 말하며, 주로 산업의 원자재인 원유나 석탄 등을 운송하는 경우에 찾아볼 수 있다.

② 공공운송인(public or common carrier)

특정인의 특정화물만 운송하는 계약운송인과는 달리 불특정 다수의 하주로부터 운임이라는 대가를 받고 운송서비스를 제공하는 운송인을 말한다. 하주들이 항상 접하는 운송업체의 거의 대부분은 공공운송인(common carrier)이다.

- 자사소유운송인(own carrier) : 타인운송인으로서 자기 자신이 운송수단을 직접 보유하고 있는 운송인, 즉 해상운송의 경우 선박을 직접 소유하고 있는 운송인을 말하며 VOCC(vessel operating common carrier)라고 한다.

- NVOCC(non-vessel operating common carrier) : 자신이 직접 운송수단을 보유하지도 않고, 직접 운항하지도 않지만 VOCC를 하청인으로 하여 운송인으로서의 모든 책임을 지고 운송서비스를 제공하는 공공운송인이다.

(3) 운송수단(transport mode)에 따른 운송인의 구분

- 육상운송인(overland or surface carrier)
- 해상운송인(ocean or deep sea carrier)
- 항공운송인(air carrier)
- 복합운송인(multimodal or intermodal transport operator)

2) 우리나라 운송업의 구분

표 6-2 | 화물유통부분의 업종 구분

	업종	관련법	업종수
공로	• 화물자동차 운송사업 노선화물운송업, 전국화물운송업, 일반구역화물운송업, 용달화물운송업, 특수화물운송업, 소화물 일관수송업 • 화물자동차운송업 알선사업 화물자동차운송주선업, 화물자동차중개, 대리업	여객자동차 운수사업법	8
철도	• 철도운송사업 • 철도소운송업	도시철도법 철도소운송업법	2
해운	• 해상화물운송사업 내항화물운송업, 외항정기화물운송업, 외항부정기화물운송업 • 해상화물운송 주선업, 해운중개업, 해운대리점업	해운법	6
항공	• 항공운송사업 정기항공운송업, 부정기항공운송업 • 항공운송주선업, 항공운송대리점업, 항공운송총대리점업 • 상업서류 송달업 • 도심공항터미널업	항공법	7
기타	• 복합운송 주선업 • 화물터미널업 • 창고업 • 보세장치장업, 보세창고업 • 보세운송업	물류정책기본법 관세법	3 3
	업종 계		30

제2절 운송서비스의 특성

1. 운송비와 운송서비스의 관계

1) 운송비와 서비스의 개념

운송비는 공간적 문제를 해결하기 위해 트럭, 기차, 선박, 항공기 등 운송수단을 이용해 물품을 한 장소에서 다른 장소로 이동시키는 데 소비되는 비용을 말한다. 운송비는 수송비와 배송비로 나누어 설명할 수 있다.

수송비는 공장, 창고, 배송센터, 지점 간에 제품, 상품을 이동시키는 데 소비되는 비용이며, 배송비는 물류거점에서 고객에게 상품제품을 이동시키는 데 소비되는 비용이다.

운송서비스의 목표는 물품을 공급자에게서 소비자에게 가장 적절한 시간에 인도하고 정보를 제공하여 최소의 비용으로 고도의 품질을 보장하는 데 있다.

(1) 즉시서비스

주문상품을 고객이 원하는 때에 즉시 제공할 수 있는 것은 무엇보다 중요하다. 운송 측면에서는 적시운송과 배송빈도가 관건이다.

(2) 품질서비스

주문한 상품이 상품 자체가 갖고 있는 상태로 변질, 부패, 손상되지 않은 채로 인도되어야 한다. 이와 함께 운전자의 태도, 운송관계자의 고객에 대한 자세, 예기치 않은 사고에 대한 수습능력 등이 품질서비스에 포함된다.

(3) 정보서비스

수송서비스를 하기 위해서는 ① 재고수준(품목별 수량의 보유), ② 창고의 입지, ③ 보관기술과 하역수준, ④ 포장사양, ⑤ 사무처리 등에 관한 정보도 원활히 제공되어야 한다. 그리고 화물에 대한 상황정보를 신속하게 제공하는 화물추적시스템의 제공도 정보서비스의 주요 기능이 된다.

2) 운송비와 서비스의 관계

판매경쟁이 극심한 사회에서는 경쟁기업에 앞서 보다 좋은 품질로 해당물품을 정확하고 안전하게 제공해야만 시장점유율을 꾸준히 확장해 나갈 수 있다. 따라서 물류관리의 목표는 시장의 수요에 대해 최소의 비용으로 적정한 서비스를 제공하거나 일정한 비용으로 높은 서비스를 실현하는 것이다.

만일 과잉서비스가 이루어지면 운송비가 상승하고, 그 결과 그것은 상품의 가격에 반영된다. 반대로 과소서비스는 상품의 매출을 떨어뜨리고 취급화물량을 감소시킴으로써 다시 운송비를 증가시키는 결과를 초래한다. 따라서 운송서비스 수준은 지나치거나 부족하지 않게 함으로써 매출에 영향을 미치지 않도록 해야 한다. 따라서 운송서비스 수준은 비용을 감안하여 결정해야 한다.

결과적으로 운송비와 운송서비스 수준과의 관계는 상충관계에 있다. [그림 6-2]와 같이 운송서비스 수준이 높으면 높을수록 운송서비스 공급자의 비용은 증가하고 이용자비용은 낮아진다.

반면에 서비스 수준이 낮으면 공급자비용은 낮아지고 이용자비용은 상승하기 때문에 공급자비용곡선과 이용자비용곡선을 합한 총비용곡선에 의해서 운송서비스가 제공된다. 그러나 현실적으로 운송서비스 수준은 운송비용과의 관계보다 기존의 거래의 관습, 같은 업종의 타경쟁사의 경쟁관계, 영업전략, 판매망 정비상황, 상품의 경쟁력 등과 연관하여 결정되는 경우가 많다.

그림 6-2 | 운송비와 운송서비스 수준

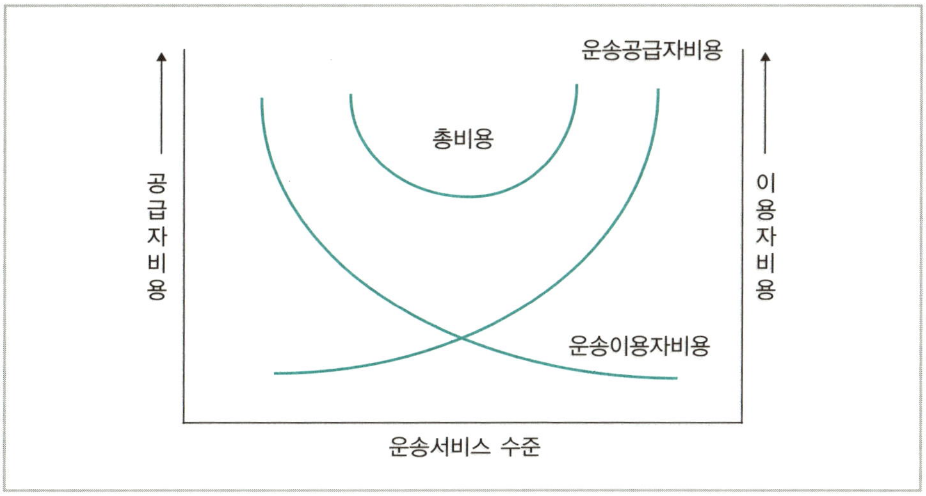

2. 운송운임

1) 운임의 개념

운임(freight)이란 수송요금으로서 운송업체가 제공하는 운송용역에 대하여 고객이 지불하는 보수, 즉 단위당 가격을 의미한다. 다시 말해서 운임이란 안전한 운송 및 물품의 인도에 대해 운송인에게 지불하는 대가로서 운송 중에 물품이 멸실되었다면 운임의 지불은 없다. 따라서 운임은 안전한 운송과 완전한 운송물의 인도에 의해서만 지불될 수 있다.

운임과 운임수준의 특성을 비교하면 전자는 운송용역의 성질과 수송거리에 대한 구체적인 대가로서 존재하는 것이지만, 후자는 특정 운송요금을 산출하는 기준이 되며, 특정 용역의 가격범위 또는 그 수준을 나타내는 것이다. 따라서 운임은 제공하는 운송용역의 단위당 가격으로 용역의 형태에 따라 여러 종류의 요금을 일정한 순서로 작성한 표, 즉 운임률표 또는 요금률표라고 부른다.

운임이 개별적으로 계약될 때에는 자유운임이라 하며, 동종의 다수 운송기관이 조직적으로 요금표를 작성하여 미리 공포한 것을 공정운임(tariff)이라고 하며, 대개 해운이나 항공업계에 많이 이용되는 운임형태이다.

2) 운임형태

운임은 서비스에 대해 부과하는 가격이다. 운임을 산정하기 위해서 다양한 기준과 방식이 활용되어 왔다. 가장 많이 쓰이는 운임구조는 운송량, 거리, 수요 등을 기준으로 하여 이루어진다.

(1) 운송량 기준운임

운임이 운송될 화물의 중량이나 용적에 의해서 부과되는 경우이다. 만약 화물이 소량이면 운송업자는 매우 적은 수익을 얻기 때문에 이때 화물량에 관계없이 일정한 최소운임(minimum charges)이나 실제 화물량에 따라 산정된 기준운임(any quantity rate)을 부과하게 된다. 화물량이 최소운임이 적용되는 범위는 넘어서지만 차급화물(full vehicle load)량보다 적은 경우에는 차급미만 화물(less than vehicle load)운임이 적용된다. 차량 한 대를 채울 수 있는 양 이상의 대량화물은 차급화물 운임을 적용받는다.

다음으로, 화물등급(freight classification)체계는 화물량에 따라 예외적인 상황을 허용하고 있다. 운송량이 큰 화물은 특정 품목에 적용되는 특별운임을 적용 받는다. 이러한 운임은 소량의 화물에 적용되는 일반적인 운임과 다른 특별운임이다.

(2) 거리기준운임

거리를 기준으로 하여 운임을 책정하는 경우 운임의 형태는 거리와 무관한 일정한 운임에서부터 거리에 따라 변하는 운임에 이르기까지 다양하다. 그러나 대부분의 운임구조는 이러한 극단적인 운임이 결합된 형태이다.

① 단일운임(Uniform Rates)

운임을 책정하는데 있어서 중요한 고려요소 중의 하나는 운임구조를 단순하게 하는 것이다. 가장 단순한 운임은 모든 출발지에서 목적지 간의 거리에 대해 동일한 운임을 적용하는 단일운임구조이다([그림 6-3] 참조). 한 예로서 미국의 특급우편요금을 들 수 있다. 우편물에 대하여 우송거리에 관계없이 일정한 요금을 적용하는 것은 우편배달을 위해 지출되는 총비용의 대부분이 우편물 취급에서 발생하기 때문에 정당화된다. 우체국에서 우편물을 취급하는 데 따른 비용은 운송거리와 무관하다. 한편 운송비용이 최소한 총비용의 50%를 차지하는 트럭

그림 6-3 | 단일운임구조

(a) 균일운임

운송에 있어서 단일운임구조를 사용하는 것은 운임차별이라는 심각한 문제를 초래한다.

② 비례운임(Proportional Rates)

본선운송(line-haul)비용이 전체 비용에서 상당한 부분을 차지하는 트럭과 항공운송에 있어서 운임구조를 단순화하면서 동시에 실제 서비스 비용을 반영하기 위하여 비례운임을 채택한다([그림 6-4] 참조).

비례운임체계에서는 두 개의 운임만 알고서도 좌표상에서 이들을 연결하는 직선에서 외삽법에 의해 모든 경우의 운임을 결정할 수 있다. 이러한 단순한 운임구조는 몇 가지 명확한 이점이 있지만, 단거리 화주에 비해서 장거리 화주(long-haul shipper)가 불리한 단점을 가지고 있다. 이러한 운임체계에서는 단거리 운송의 경우 터미널 비용이 회수되지 않는다.

그림 6-4 | 비례운임구조

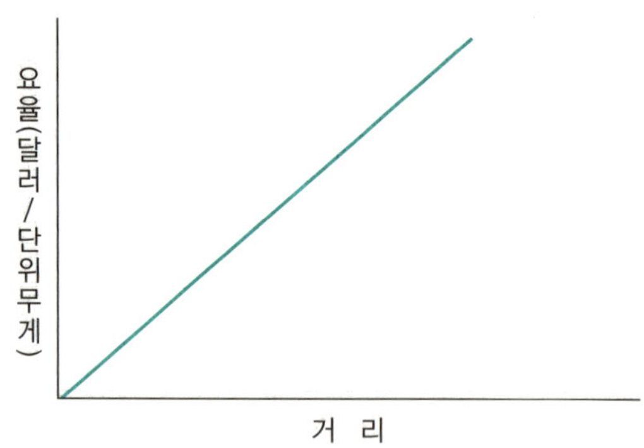

(b) 비례운임

③ 체감운임(Tapering Rates)

일반적인 운임은 운임체감 원칙을 따라 정해진다. 미국에 있어서 터미널 요금은 본선운송 요금에 포함되기 때문에 비용을 기준으로 하는 운임구조는 거리에 따라 운임이 증가하는 특성을 가지며, [그림 6-5]처럼 그 증가율은 거리가 증가함에 따라 감소하게 된다. 그 중요한 이유는 화물의 운송거리가 증가함에 따라 단위거리당 터미널 비용과 일부 고정비용이 감소하기 때문이다. 체감의 기울기

그림 6-5 | 체감운임구조

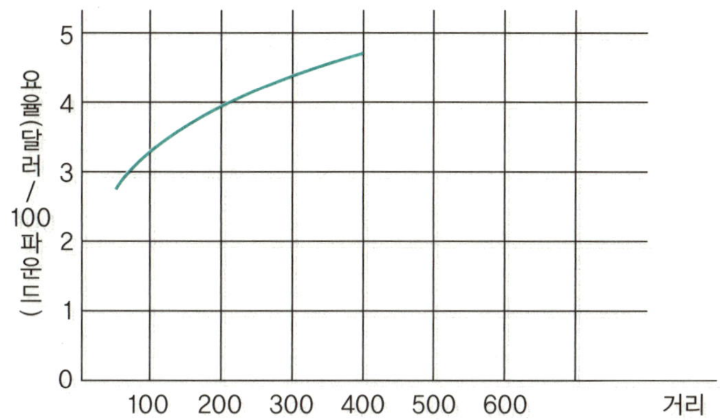

(c) 체감운임(트럭차급화물)

는 고정비용의 크기와 본선운송에서 얻을 수 있는 규모의 경제범위에 달려 있다. 따라서 단지 경제성만 고려해서 운임구조를 결정한다면 논리적으로 트럭과 항공보다는 철도, 해상, 파이프에 대하여 더 큰 체감을 기대할 수 있다.

④ 구역운임(Blanket Rates)

경쟁업자들의 운임에 대처하고 운임공포와 관리를 단순화하기 위해서 운송업자들은 구역(blanket)운임구조를 개발하였다. 구역운임은 출발지, 도착지 또는 양쪽 구역에 적용되는 하나의 운임이다. 운임구조는 [그림 6-6]과 같이 나타난다.

구역운임은 장거리 구간에 운송되는 재화와 제품의 생산과 소비가 특정 지역으로 집중되는 경우에 가장 일반적인 운임이다. 이와 같은 특성을 지닌 화물은 곡물, 석탄, 목재 그리고 캘리포니아에서 생산되고 동부시장에서 판매되는 제품을 포함한다. 또한 출발지로부터 넓은 지역으로 이동되는 우편소화물과 UPS(United Parcel Service)의 요금도 구역운임구조를 따른다.

구역운임은 일종의 차별운임의 형태에 속하지만 운임을 단순화함으로써 운송업자와 화주가 얻는 이익이 불이익보다 크다. 또한 이러한 운임구조는 운송서비스의 이용자들에게 운송업자 선택의 폭을 넓게 한다.

운송인 간에 경쟁이 치열하면 실제운임은 운임구조와 비용을 기준으로 하여

그림 6-6 | 구역운임구조

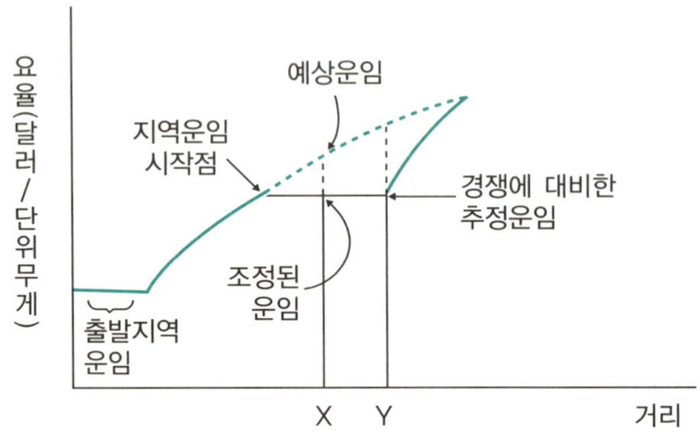

(d) 지역운임

제시된 일반적인 운임보다 더 낮게 된다. [그림 6-6]의 Y점을 보자. Y점에서 낮은 운임을 적용하는 것은 X점처럼 Y지점 앞쪽에 있는 지점에서 볼 때 불공평한 운임을 적용하는 것이 된다. 운송업자들은 Y지점의 운임보다 실제운임이 높은 X지점과 Y지점 앞의 모든 지점에 대한 운임을 Y지점의 운임과 같게 함으로써 운임의 불공평성을 시정하려 한다.

(3) 수요기준운임(Demand-Related Rates)

수요 또는 서비스의 가치는 수송서비스를 공급하는 데 따른 비용과 무관한 운임체계를 이끌어 내기도 한다. 여기서 인지할 것은 사용자들은 운송이 그들에게 얼마만큼의 가치(효용)를 주느냐를 생각한다는 것이다. 따라서 사용자가 운송업자를 선정할 때 결코 초과할 수 없는 운임의 상한이 있게 된다. 화주 자체의 경제적 상황과 이용 가능한 대체 운송서비스에 의하여 특정 운송서비스의 가치는 결정된다.

제3절 운송시스템과 선정요인

시스템이란 특정 목적을 위하여 여러 하부조직들이 유기적으로 움직이는 조직체라고 할 때, 물류활동은 경제활동의 하부시스템(sub system)이라고 할 수 있으며, 운송활동은 물류활동의 하부시스템이다.

운송시스템은 철도, 자동차, 선박, 항공기 등 각각의 운송기관이 갖는 특색을 조합해서 각각의 기능을 최대한 발휘하게 하는 것이다. 또한 운송에 부수하는 제 활동, 즉 포장, 하역, 보관, 정보 등 다양한 물류기능을 조합해서 최대로 효율적으로 조합하는 것이다.

현재 이와 같은 조합은 철도에 의한 컨테이너운송, 선박, 항공기에 의한 국제적인 컨테이너운송, 혹은 카페리운송 등에서 볼 수 있다. 그러나 그것이 곧 운송의 시스템이라고 할 수는 없다. 이러한 운송방식은 서로 다른 운송기관의 조합에 의한 일관운송의 성격을 지닌다. 운송기관의 조합에 의한 일관수송과 더불어 운송에 부수되는 물류의 제 활동을 일체화하는 시스템이 향후 과제이다.

1. 운송수단 선택시 고려요인

최적운송수단 선택의 목적은 여러 가지 운송수단 중 어떠한 수단을 적절히 선택하거나 결합하여 운송업무를 수행하는 물류관리의 궁극적인 목적을 달성하는 데 매우 중요한 과제이다.

가장 적합한 운송수단을 선택하는 목적으로는, 첫째 제품을 신속하고 정확하게 약정된 시간에 필요한 양을 수화인에게 인도하여 고객에 대한 서비스를 향상하는 데 있으며, 둘째 운송의 효율성을 제고하고 최소비용으로 물류비를 절감하여 기업이익과 가격안정에 기여할 수 있도록 하는 데 있다.

이러한 운송수단 선택의 목적을 보다 자세히 설명해 보면 편리성, 확실성, 안전성, 경제성 및 신뢰성에 따라 운송수단을 선택하게 된다([표 6-3] 참조). 특히 구체적으로 상품의 종류, 상품의 중량과 용적, 운송경로, 운송거리, 운송일수, 제품의 납기, 운송비용 등의 요인을 기초적 변수로 고려한 다음 이러한 제반 요

표 6-3 | 운송수단 선택요인

요인	내용
편리성	결절점(node)에서 링크(link)의 간략성, 송장 등의 운송서류의 간편성, 필요시 이용의 용이성
확실성	지정일자 내에 인도가능성, 정시 운행성
신속성	발송에서 도착까지의 신속성, 주행속도의 적절성
안전성	클레임의 발생 빈도수, 사고에 의한 화물의 손상 정도, 멸실 또는 손상 등에 대한 보상의 적절성
경제성	절대평가에 의한 비용의 저렴성, 상대평가에 의한 신속 및 저렴성, 자가운송과 비교한 경제성
신뢰성	운송주체의 대형성 및 안정성, 장기적인 거래지속 관계

그림 6-7 | 운송수단 선택의 결정요인

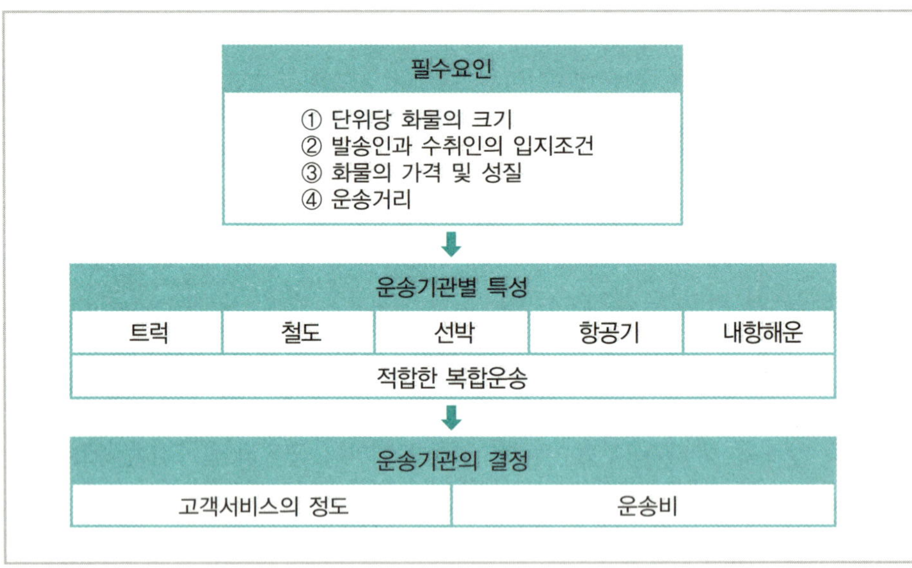

소를 화물의 발착시간, 납품시기, 운임부담력, 로트 사이즈(lot size), 하역시설 등 운송수요의 관점에서 운송수단의 효율성을 다각적으로 비교 · 검토하여 종합적으로 평가해야 한다.

예를 들어, 화주가 선사를 선정시 운임률, 신속 정확한 운송, 서비스 빈도, 고객서비스/거래의 용이성/단순한 운임체계, 협력관계, 운송장비 적시공급능력, 서비스 영역, 내륙운송의 질 등을 포괄적으로 판단하여 선정해야 한다.

2. 운송유형별 적합한 운송수단의 선택기준

운송수단을 선정할 때는 수요자입장에서 공장에서 직접 운송이 이루어져야 할 경우나 물류거점에서 소비자에게 배송할 경우 등으로 구분하여 다음과 같이 세 가지 패턴과 복합연계체계로 나누어 볼 수 있다.

1) 공장과 물류거점 간 간선운송의 경우

고려사항	→	대안이 될 수 있는 운송수단
① 충분한 납기여유 ② 차량단위 규모 ③ 계획운송	→	① 대형트럭 ② 컨테이너 ③ 선박(원거리, 대량인 경우)

2) 공장에서 대규모 소비자에게 직접운송의 경우

고려사항	→	대안이 될 수 있는 운송수단
① 불충분한 납기여유 ② 정확성 유지	→	① 중형트럭 ② 소형 컨테이너 ③ 카페리(원거리인 경우)

3) 물류거점에서 소규모 소비자에게 배송하는 경우

고려사항	→	대안이 될 수 있는 운송수단
① 납기임박 ② 정확성 유지 ③ 소량, 다품종	→	① 중 · 소형트럭 ② 승용화물차량 ③ 항공(소량, 납기가 임박한 경우)

또한 어떠한 화물을 둘 이상의 운송수단을 이용하여 목적지까지 연계운송하는 경우에 화물자동차, 열차, 선박, 항공기 등 운송수단을 이용할 수 있는 가능성을 나타내는 것이다. 이러한 운송수단의 혼합이용이 가능하게 된 것은 컨테이너와 팔레트(pallet)의 이용을 통해 일관적인 통운송(through transportation)이 가능해졌기 때문이다.

제 7 장 운송수단

핵심내용

육송운송수단에는 트럭운송, 철도운송 등이 있다. 트럭운송은 문전서비스가 가능하고 배송지역이 광범위하다는 장점이 있는 반면 운송단위가 작고 연료·인건비가 높다는 등의 단점을 지니고 있다. 철도운송은 비교적 저렴한 운임, 장거리 대량수송 등이 가능하다는 장점이 있으나 트럭과의 환적작업, 기동성 부족, 하역횟수가 많다는 등의 단점을 지니고 있다.
항공운송은 벌크로딩(bulk loading)에서 이글루라는 컨테이너에 의한 유니트로드시스템으로 이행되고 있으나 항공운송 특성상 고속운송, 운임 부담력이 높은 화물, 고품질 유지 등을 필요로 하는 화물에 한정하여 운송하는 것이 바람직 하다.
해상운송은 대량수송, 장거리 수송 등에 적합하며, 하역기기가 필요하고 속도가 느리고 시간이 걸린다는 단점을 지니고 있다

주요용어

COFC, TOFC, 프레이트 라이너, 피기백, 일반화물, 살화물(bulk cargo), 연안해상운송, 카페리, 소화물일관운송

제1절 육상운송

1. 트럭운송

트럭에 의한 운송은 국내 총화물운송량의 60% 이상을 담당하며 널리 이용되고 있는 운송수단이다. 본절에서는 트럭운송이 갖는 특징과 장·단점, 그리고 운송형태 등에 대하여 살펴본다.

1) 트럭운송의 특징

트럭운송의 특징을 살펴보면, 첫째 트럭운송은 트럭이 통행가능한 도로가 있으면 언제, 어느 곳에서든지 이동할 수 있다는 점이다. 그리고 연료수급이 다른 운송수단에 비하여 월등한 우위성을 가지기 때문에 트럭운송은 다빈도 소량화물에 대해 기동성 있고 신속한 수송이 가능하다. 둘째, 트럭운송은 신속하고 정확한 문전운송(door to door transportation)을 실현할 수 있으며 다른 운송수단을 이용하지 않아도 운송을 마무리할 수 있는 운송수단이다. 셋째, 트럭의 종류와 차량수가 다른 운송수단에 비해 용이하게 이용할 수 있어 고객의 다양한 요구에 맞추어 화물을 운송할 수 있다. 넷째, 운송단위가 소량이고 에너지를 많이 소비하여 에너지 효율이 낮고 따라서 생산성이 낮은 운송수단이다. 다섯째, 트럭을 이용하고자 하는 화주는 자신의 트럭운송장비를 소유할 때 부담하는 자본투자나 경영관리를 하지 않고도 손쉽게 계약운송서비스를 이용할 수 있어 특정한 서비스 욕구를 충족할 수 있다. 여섯째, 트럭운송은 운행상의 각종 규제가 많은데, 주로 운송중량과 용적을 제한하는 도로안전법규로 인해 다른 운송수단에 비해 불리한 입장에 있다. 특정 교량을 통과할 때 엄격한 중량제한이나, 도로통과 높이나 폭의 제한을 받는 경우도 있다.

위와 같은 트럭운송의 장·단점을 요약해보면 다음과 같다.

표 7-1 | 트럭운송의 장 · 단점

장점	단점
• 탄력적인 수용 • 문전에서 문전까지 운송서비스 가능 • 일관된 운송서비스 • 하역횟수가 적음 • 소 · 중량 근거리 운송의 운임이 저렴 • 중간하역이 없어 포장간소화 가능	• 운송단위가 작음 • 연료비, 인건비가 높음 • 교통사고 가능성이 높음 • 공해, 자원절감, 에너지절감문제 • 대량수송에 적합치 않음 • 무인화에 한계가 있음

2) 화물자동차운송의 형태

(1) 취급화물에 의한 분류

① 일반화물운송

일반화물운송은 불특정 다수의 화주를 대상으로 하며 위탁된 일반화물을 운송하는 형태이다.

② 특수화물운송

특수화물운송은 특수한 화물을 특정화주와 계약에 따라 운송하는 것이며, 화물의 특성상 특수한 구조장치 또는 장비를 갖춘 덤프형, 밴형, 특수용도용 차량을 이용해 화물을 운송한다.

- 건화물(dry bulk cargo)운송 : 석탄, 광석, 곡물, 사료
- 액체화물(liquid bulk cargo)운송 : 화학제품, 식용유 등
- 위험물운송 : LNG, LPG, 석유류, 고압가스 등
- 냉동화물운송 : 육류, 생선류, 야채류 등 운송 중 온도관리 대상 품목
- 대 · 중량품운송

그림 7-1 | 트레일러의 유형

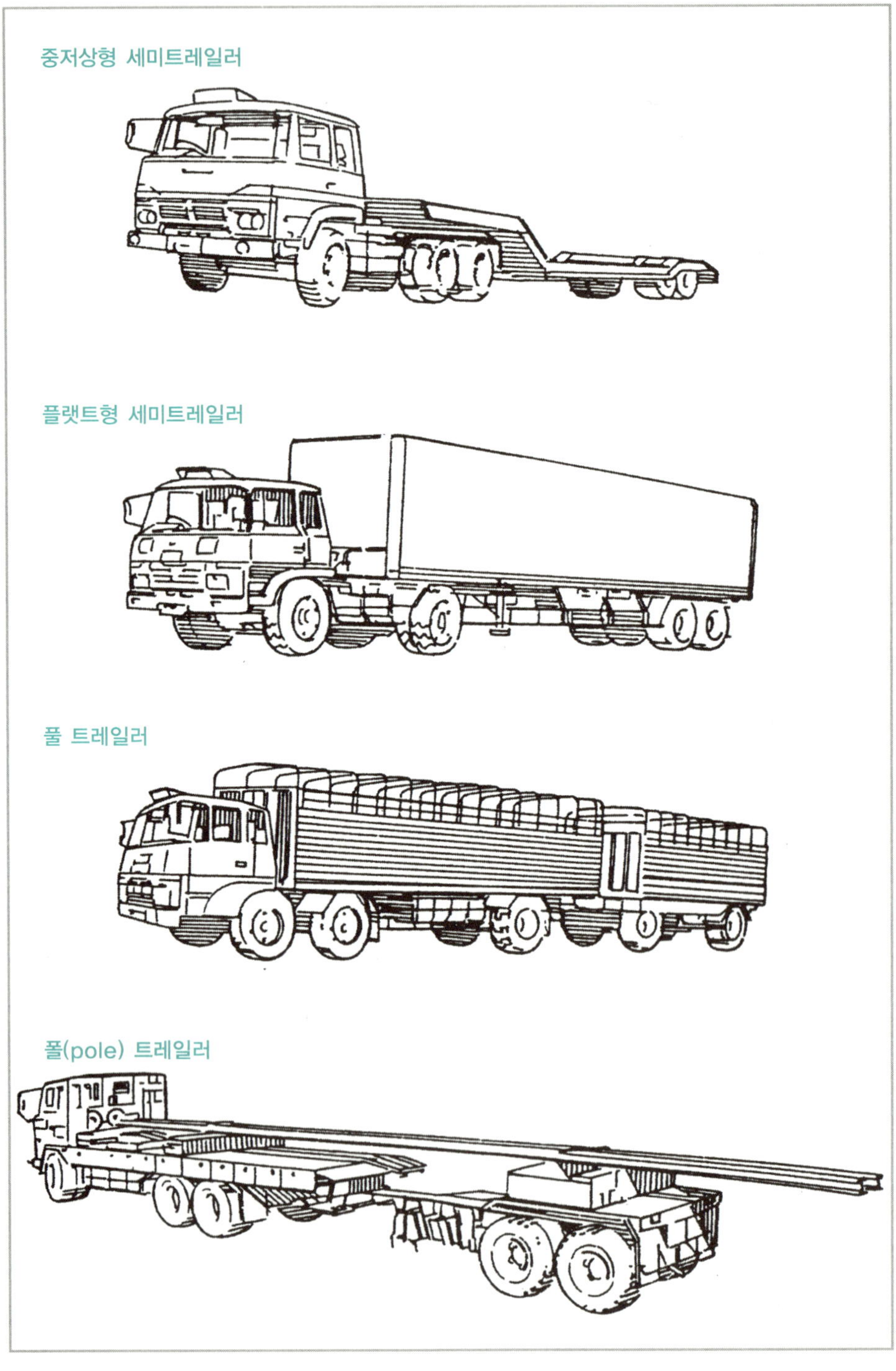

그림 7-2 | 전용 특장차의 유형

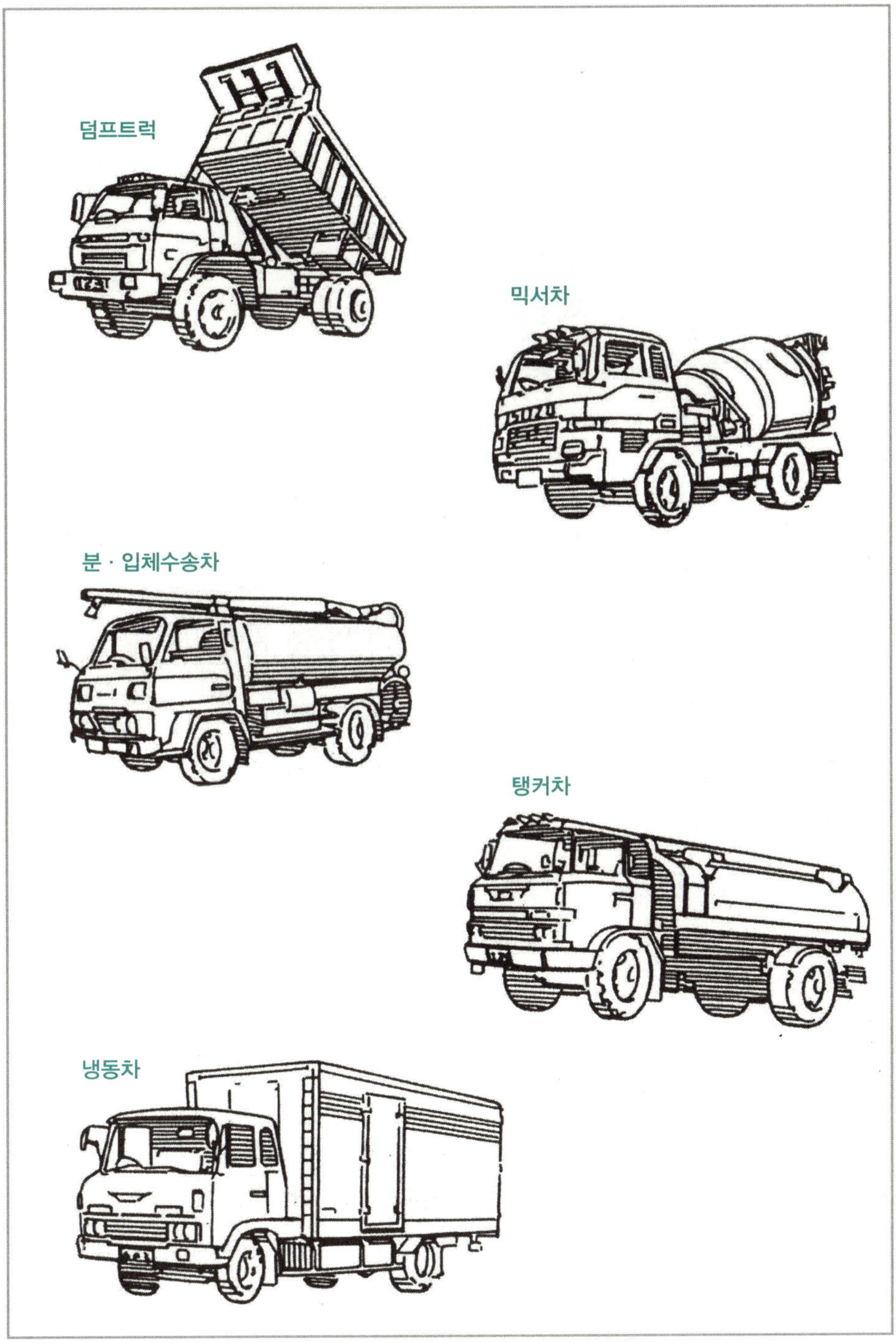

그림 7-3 | 측면개폐차량의 유형

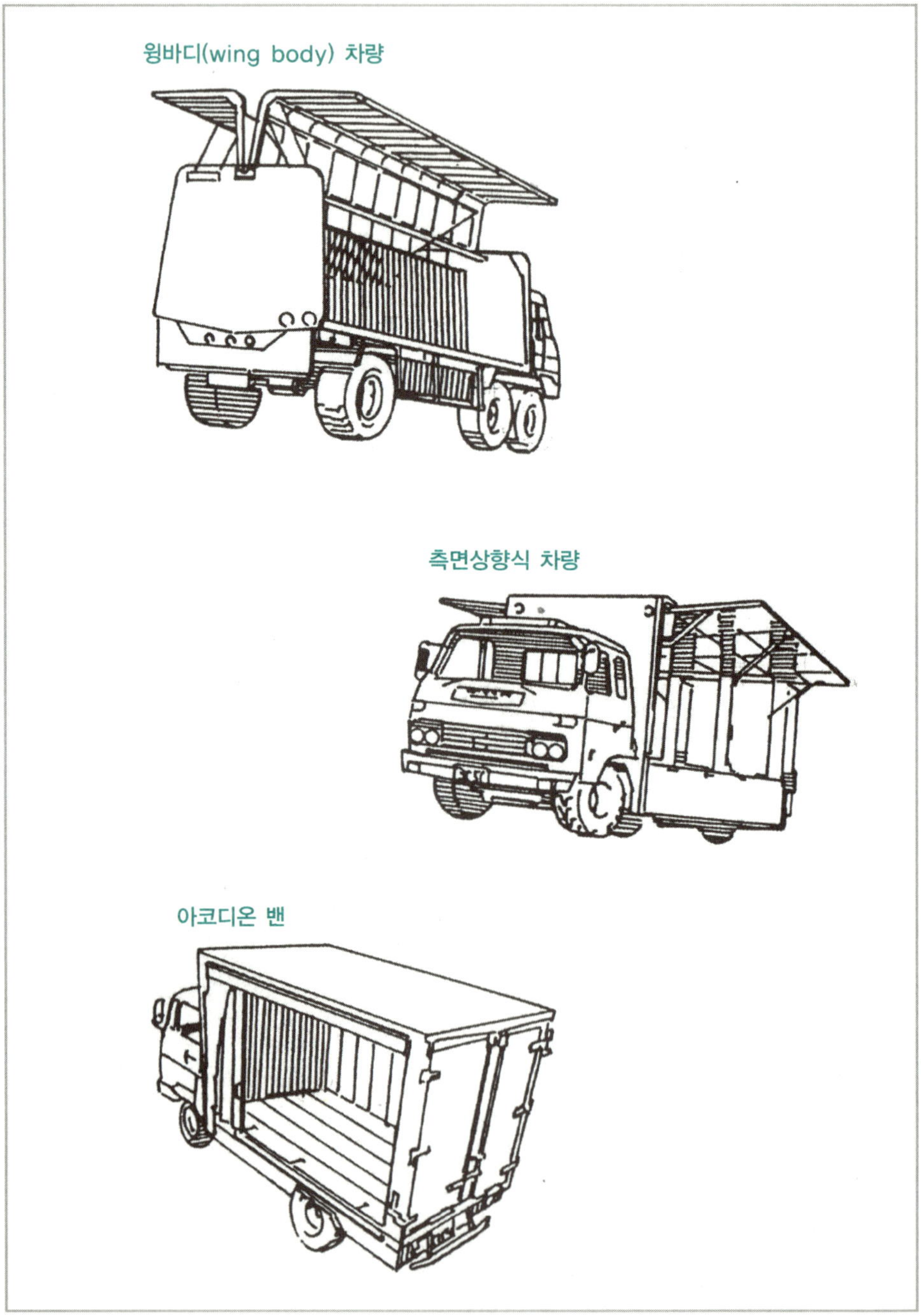

(2) 트럭운행에 의한 분류

① 트럭단독운행

- 일괄수송 : 생산지(공장, 창고)에서 소비지(배송센터, 소비자)까지 수송
- 집배수송 : 소량화물을 통한 트럭터미널에서 트럭터미널의 집배수송
- 간선(본선)수송 : 트럭터미널에서 출발하여 트럭터미널까지의 운송
- 중계수송 : 도중지정의 터미널을 중계점으로 하여 화물을 배송차에서 다른 배송차에 바꿔 싣는 운송

② 타운송수단과의 협동운송

트럭과 다른 운송수단과 협동하며 일정한 물류거점(node)에서 화물을 환적하여 목적지까지 효율적으로 운송하는 방식이다.

(3) 트럭의 운행방식

트럭의 수송을 운행 형태별로 분류하면 장거리 간선수송, 배송, 집배로 크게 분류할 수 있으며, 그 내용은 다음과 같다.

표 7-2 | 트럭의 운행방식

근 · 중거리수송	문전에서 문전까지의 일괄수송, 주로 주간에 운행
장거리 간선수송	• 승입방식 : 목적지에 도착한 후에 일정한 휴식을 취한 후 다른 목적지로 운송 • 중간승계방식 : 목적지에 도착하기 전에 중간지점에서 일정한 휴식을 하고 다시 목적지로 운송 • 카페리 이용방식 : 유인방식, 무인방식
배송	창고, 물류센터 등에 일시 보관된 제품을 유통업자의 주문에 따라 운송하는 방식 • 정량배송방식 • 정시루트 배송방식
집배	집화와 배달의 약자이며, 트럭, 기차, 선박, 항공기 등에 의한 간선운송에 접하는 단말운송 방식 • 트럭화물집배 • 철도화물집배 • 항공화물집배 • 선박화물집배

그림 7-4 | 수송과 배송

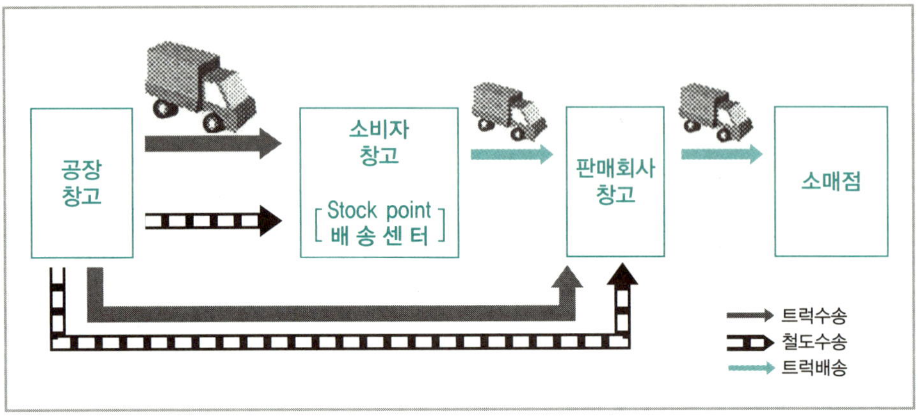

그림 7-5 | 집화와 배송

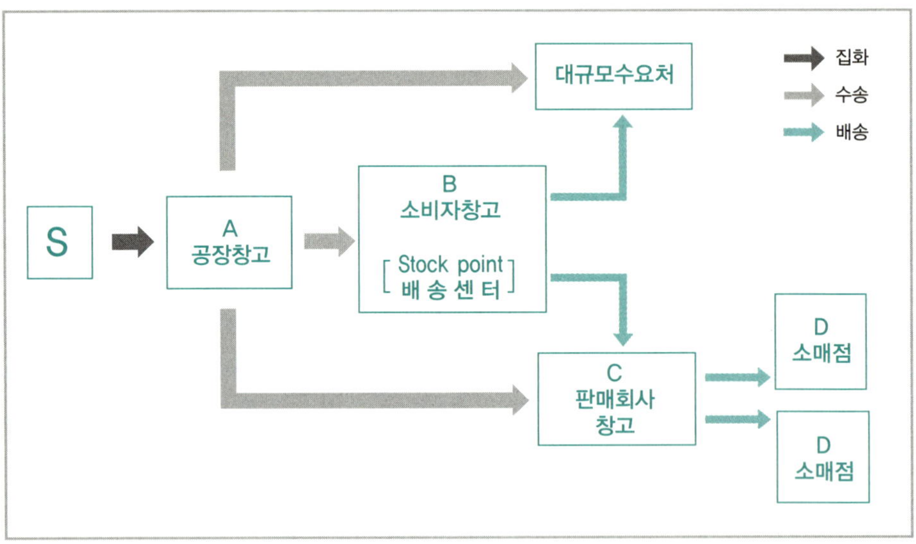

3) 트럭운송의 이용방법

트럭을 이용하여 화물을 운송하는 영업은 자가용과 용차(傭車)에 의해 이루어지고 있다.

표 7-3 | 영업용과 자가용의 장·단점

구분	화물자동차 운송업체 이용	자사이용차량
장점	• 운송비가 싸다 • 물동량의 변동에 대응한 안정 수송이 가능하다 • 운송능률이 높다 • 운송능력이 크다 • 융통성이 높다 • 설비투자가 필요 없다 • 인적투자가 필요 없다 • 변동비 처리가 가능하다	• 높은 신뢰성이 확보된다 • 상거래에 기여한다 • 작업의 기동성이 높다 • 안전공급이 가능하다 • 시스템의 일관성이 유지된다 • 위험이 낮다 • 인적 교육이 가능하다
단점	• 운임의 안정화가 어렵다 • 관리기능이 발휘되기 어렵다 • 기동성이 부족하다 • 시스템의 일관성이 없다 • 인터페이스(interface)가 약하다 • 마케팅 사고가 희박하다	• 운송량의 변동에 대응하기가 어렵다 • 고정비의 비중이 크다 • 설비투자가 필요하다 • 인적투자가 필요하다 • 운송능력에 한계가 있다 • 사용하는 차종·차량에 한계가 있다

2. 철도운송

1) 철도운송의 특성

철도는 대량화물을 일시에 운송할 수 있는 능력이 있는 운송수단으로 운송거리에 운송비가 반비례하는 특성이 있다. 또한 다른 운송수단과 비교해서 배기가스나 소음 등 공해가 낮은 수준이며, 교통사고 발생도가 낮아 안전성이 높은 운송수단이다. 그리고 대량화물을 운송하기 때문에 에너지비용과 운전비용이 저렴한 특성을 지니고 있다.

철도운송의 장·단점은 다음과 같이 요약할 수 있다.

(1) 철도운송의 장점

- 중장거리의 경우 운임이 비교적 저렴하다.
- 장거리 대량 고속수송이 가능하다.
- 안전도 및 확실성이 높다.
- 교통체증 없이 계획적 운송이 가능하다.

- 전국적인 운송망을 이용할 수 있다.
- 왕복운송에 따른 유리한 운임할인제도가 존재한다.
- 타운송수단에 비해 기후의 영향이 적다.

(2) 철도운송의 단점

- 철도역에서 트럭과의 환적작업이 필요하고 하역횟수가 많다.
- 열차를 새로 편성하는 데 많은 시간이 소요되어 기동성이 떨어진다.
- 화물추적이 용이하지 않다.
- 적합한 차량을 적절한 시기에 배차하기 어렵다.
- 운임의 융통성이 부족하다.
- 적재 중량당 용적이 작다.
- 문전에서 문전까지 운송서비스가 불가능하다.

2) 철도운송의 형태

(1) 직행수송

직행수송이란 특정 발차역과 도착역을 정하고 그 사이를 직행수송하는 방식이다. 공장 간의 전용열차, 산지직행수송 따위가 이에 해당하며 왕복수송에서 볼 수 있는 수송효율의 향상, 수송 정도의 향상, 관리의 용이성 등이 장점이다.

(2) 컨테이너수송

단위화한 컨테이너에 화물을 싣고 문전에서 문전까지, 화물을 환적하지 않고 수송하는 방법을 일관수송이라 한다.

(3) 쾌속화물수송

화차취급 화물수송의 하나이며, 지역별로 중심역을 정하고 그 중심역 사이를 쾌속열차로 연결하며 수송하는 방식을 말한다. 중심역까지는 보통 화물열차나 트럭으로 화물을 운반한다.

(4) 야드(조차장)집결수송

야드집결수송이란 야드에 집결되고 행선지별로 구분·편성되어 화물열차에 의해 도착역에 가까이 있는 야드에 수송되고 다시 그 야드에서 도착역까지 수송되는 방식을 말한다.

3) 철도화물 취급형태와 사업형태

(1) 철도화물 취급형태

- 철도화물취급
  - 대량화물용
    - 화차단위 취급운송
    - 컨테이너단위 취급운송
  - 소량화물용
    - 혼재화물 취급운송
      - 수화물 취급
      - 소화물 취급
    - 소화물 취급운송

① 화차단위 취급

송화인이나 이용운송화물 취급업자가 철도로부터 화물의 수량·형태에 적합한 화차를 전세로 빌려 운송하는 방법이다.

- 일반적으로 대량이고 장거리 수송에 적합하다.
- 화차취급의 이용은 통상 사용화차 한 대를 단위로 하는 것이 원칙이다. 그러나 적재하는 화물의 형상 등으로 두 대 이상의 화차에 걸쳐 수송하는 경우에는 사용화차 수를 한 단위로 한다.

② 컨테이너단위 취급

규격 컨테이너를 이용하여 컨테이너에 적입된 화물을 철도와 트럭을 연결하여 문전에서 문전까지를 일관수송하는 시스템으로 종래의 철도수송의 약점을 극복한 수송형태를 말한다.

③ 혼재화물 취급

이용운송화물 취급업자가 불특정다수 화주의 소량화물을 행선지별로 화차 혹은 컨테이너 단위로 묶어서 이를 철도의 화차 취급, 컨테이너 취급 형태로 수송하는 것이다.

④ 화물 취급

화물 취급에는 소화물 취급과 수화물 취급이 있으며, 소량화물을 대상으로 한 것이다. 소화물 취급은 소량의 화물을 객차편으로 수송하는 방식을 말하며, 수화물 취급이란 여객 출발역에서 운송을 위탁하는 방식을 의미하고 있다.

(2) 철도화물 사업형태

- 통운취급업 : 통운사업자가 송화인, 수화인이 되어 철도에 물품의 운송을 위탁하고 수취하는 사업을 말한다.
- 통운대리업 : 송화인명, 수화인명을 화주의 이름으로 하여 철도에 물품의 운송을 위탁하고 수취하는 사업을 말한다.
- 철도집배인 : 철도로 운송되는 화물, 소화물, 수화물 등의 물품을 역까지 또는 역으로부터 운반하는 사업을 말한다.
- 화물하역업 : 철도로 운송되는 물품을 화차에 싣거나 화차로부터 하역하는 사업을 말한다.
- 철도이용업 : 상법상의 운송인이 되어 화주와 운임계약을 체결하고 철도를 하청으로 이용하는 사업을 말한다.

실제로는 이용자의 다양한 운송수요에 응하기 위해 대부분 상기업종의 전부 또는 일부분을 겸업하고 있다. 통운업자에는 전국적인 조직을 지닌 전국통운 등이 있고 각 지역에 있는 지역통운, 그리고 일반 면허업자와는 달리 화주, 취급물품, 장소 등이 한정되어 있는 한정 통운업자가 있다.

4) 철도에 의한 컨테이너 운송

(1) 배경

철도운송은 원래부터 갖고 있는 비탄력적인 특성과 서비스질의 저하라는 내부적 약점과 도로망의 확충에 따른 광범위한 영역을 연결할 수 있는 트럭운송의 활용이 높아져 단거리 운송수단으로서 경쟁력을 잃게 되었다. 그러나 컨테이너의 도입으로 철도운송의 약점을 보완할 수 있었다. 특히 복합운송이 도입되어 주운송은 철도운송으로 단말운송은 트럭운송으로 조합하여 이용할 수 있다. 따라서 철도운송에 컨테이너 단위 열차운행이 가능해지고 하역작업이 신속해졌다.

(2) 철도운송의 방식

① COFC방식

COFC(cargo on flat car)방식이란 컨테이너만을 화차에 싣는 방식으로 대량의 컨테이너를 신속히 취급하는 방식으로 TOFC방식보다 보편화되어 있으며 컨테이너를 적재, 양하작업을 위해 하역기기가 필요하다.

② TOFC방식

TOFC(trailer on flat car)방식이란 화차 위에 트레일러를 동시에 적재하는 운송방식이다. 이 방식은 장거리 정기노선에 효율성이 높으며, 집화 및 인도가 신속하게 처리된다.

③ 프레이트 라이너(freight liner)체제

프레이트 라이너체제는 영국에서 1965년 11월에 개발한 정기컨테이너 특급열차가 기원이 되었다. 프레이트 라이너는 트럭의 컨테이너운송과 철도의 컨테이너운송을 직결한 일관운송체제이다. 철도컨테이너 운송이 화주로부터 위탁받은 철도회사가 문전에서 문전까지 화물을 운반하는 데 반해 프레이트 라이너는 트럭운수업체가 주체가 되어 화주로부터 위탁받은 화물을 문전에서 문전까지 운반하는 중간 과정에 철도운송을 이용하는 것이 다른 점이다.

④ 미국의 피기백(piggy back)체제

철도와 트레일러를 복합시킨 TOFC의 수송방식으로 경쟁관계에 있던 두 수송수단이 복합된 관계를 맺음으로써 상호 발전을 하게 되었다. 피기백은 당초에 트럭에는 없는 경제성과 트럭이 갖는 기동성을 가미한 TOFC수송방식을 채택하였으나 국제컨테이너 수송의 발전에 따라 섀시(chasis)의 준비없이 이용할 수 있는 COFC방식도 취급하고 있다.

그림 7-6 | 철도의 컨테이너 운송방식

이러한 피기백은 단순한 물리적 결합이라기보다는 하나의 수송시스템의 변화로서 철도회사, 주선업자, 운수업자, 화주들 간의 유기적인 관계유지를 위해 많은 물동량을 확보하도록 하고 있다. 또한 원가절감을 위해 꾸준히 시장지향적인 기술혁신을 추진하여 보다 향상된 발전을 꾀하고 있다.

그림 7-7 | 프레이트 라이너

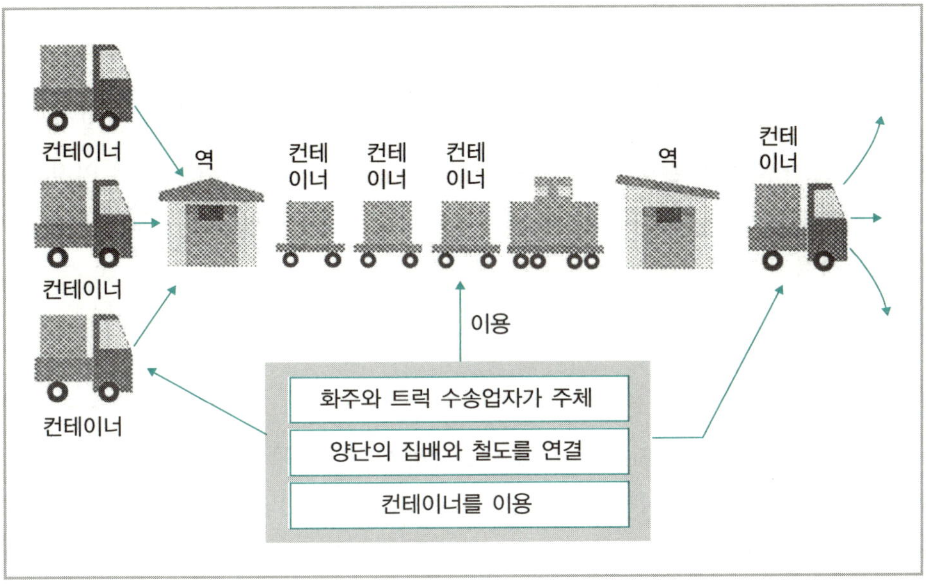

제2절 항공과 해상운송

1. 항공운송

1) 항공운송의 특징

항공운송이란 항공기에 의해 화물을 운송하는 것을 말하며 근년 점보 제트기의 출현과 함께 항공기의 대형화에 의해 국내 및 국제운송에 있어서의 더욱 중요한 위치를 차지하고 있다.

항공기의 발달은 지금까지의 저장의 개념에도 큰 영향을 주고 있다. 즉, 시간비용(time cost, 시간을 기준으로 한 코스트)이 그것이다. 시간비용은 또한 총비용의 개념에도 영향을 주고 있다. 보관뿐만 아니라 이동 중의 화물을 재고로서 파악하고 포장, 하역 등을 합계한 총비용을 항공기, 선박, 철도와 비교하는 것이 그것이다. 특히, 중량 · 용적당 부가가치가 높은 이른바 소형 고가품에 대한 항공운송이 비교우위에 있다.

항공수송의 특징은 속도와 시간비용에 있음과 동시에 짐꾸리기나 포장이 용이하고, 또한 화물의 손상이 적고 품질의 훼손을 방지할 수가 있다는 점이지만, 비용이 높고 대량수송이 어려우며, 또 경음공해가 심하기 때문에 공항에 따라서는 이 · 착륙의 제한이 따른다.

2) 항공운송의 종류

항공수송은 벌크로딩(bulk loading, 포장하지 않고 싣는 것)에서 일명 이글루라고 하는 컨테이너에 의한 유니트로드시스템(unit load system)으로 이행하고 있다. 유니트로드화는 화물전용기의 짐싣기 · 짐부리기의 합리화를 가능케 하며 항공화물의 하역의 기계화를 촉진하고 있다.

(1) 여객기

여객의 운송을 주된 목적으로 한 항공기이며, 여객의 수화물을 하부의 화물실에 수용하고 잔여 부분을 화물수송에 이용한다.

(2) 화물 · 여객혼재기

화물 · 여객혼재기란 하부의 화물실 이외에 상부의 객실의 일부를 화물실로서 이용하는 항공기를 말한다. 간선수송보다는 로컬(local)수송에 적합하다.

(3) 화물전용기

화물전용기는 상부와 하부의 전방 및 후방에 화물실이 있어서 일반적으로 상부에는 유니트로드화된 화물을 싣고, 하부에는 포장되지 않은 화물을 실을 수 있는 항공기를 말한다.

그림 7-8 | 화물전용기의 구조

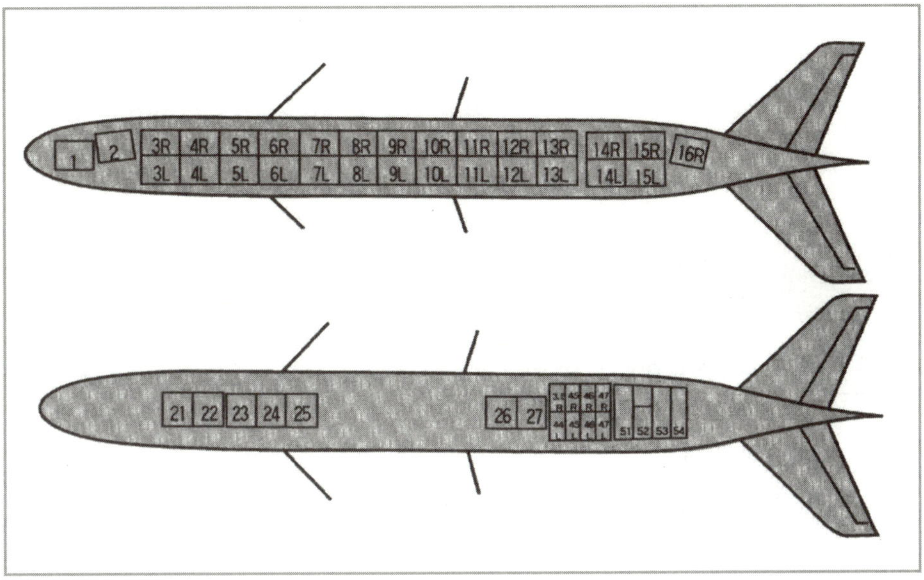

3) 항공화물의 특성

항공운송의 화물특성은 고속성, 높은 운임부담력, 품질유지, 안전성, 확실성이다.

(1) 고속운반을 필요로 하는 화물

항공기의 장점인 고속성을 발휘함으로써 상품특성에 따라 단시간 수송을 필요로 하는 화물, 신선도를 유지하여야 하는 화물 및 살아있는 동·식물을 운송할 때 활용될 수 있다.

(2) 운임 부담력이 높은 화물

컴퓨터, 카메라, 전자부품 등 단위당 가격이 높은 제품은 상품가격에 비해 운송비의 비율이 낮은 까닭에 주로 항공운송의 대상이 되는 상품이다.

(3) 고도의 품질유지를 필요로 하는 화물

항공수송은 충격도나 진동이 적기 때문에 화물의 품질유지가 용이하고 손상이 극히 적다.

(4) 안전성 · 확실성을 요하는 화물

보석, 미술골동품 등은 손상, 도난 등으로부터의 안전성과 확실성을 필요로 하며 수송시간에 크게 좌우된다.

4) 항공화물운송업

표 7-4 | 항공운송의 사업형태

- 사업형태
  - 항공운송사업
  - 항공운송부대사업
    - 항공화물운송대리점업
    - 항공운송주선업
    - 상업서류송달업
    - 항공기취급업

(1) 항공운송사업

항공운송사업이라 함은 타인의 수요에 응하여 항공기를 사용하여 유상으로 여객 또는 화물을 운송하는 사업을 말하며, 정기항공운송사업과 부정기항공운송사업의 둘로 구성되어 있다. 전자는 한 지점과 다른 지점 사이에 노선을 정하고 정기적으로 항공기를 운항하는 사업을 말하며, 후자는 정기항공운송사업 외의 항공운송사업을 칭한다.

(2) 항공화물운송 대리점업(air cargo agent)

항공화물운송 대리점업이란 항공운송사업을 경영하는 자를 위하여 유상으로 항공기에 의한 여객 또는 화물의 국제통운 계약의 체결을 대리(여권 또는 조사를 받는 절차의 대행 제외)하는 사업을 말한다.

(3) 항공운송 주선업(consolidator)

항공운송 주선업이란 항공운송사업을 하는 운송을 이용하여 화물을 운송하는 사업이다. 즉, 여러 화주로부터 소량화물을 집하하여 이를 집약하고, 대단위 화물로 하여 항공운송사업자에게 위탁한다. 도착 공항에서는 자기 명의로 인수하고 이를 분류하여 하수인에게 배달하거나 영업소에서 인도하는 사업이다.

(4) 상업서류 송달업(courier)

상업서류 송달업이란 타인의 수요에 응하여 유상으로 우편법 제2조 제2항의 단서규정에 해당하는 수출입 등에 관한 서류와 그에 부수되는 견본품을 항공기를 이용하여 송달하는 사업을 말한다.

(5) 항공기 취급업

항공기 취급업이란 공항 또는 비행장에서 항공기의 정비 · 급유 · 하역 기타 지상조업을 하는 사업을 말한다.

표 7-5 | 항공운송의 장 · 단점

구분	장점	단점
내용	• 신속하게 수송할 수 있다 • 고가상품의 수송에 유리하다 • 중장거리의 수송에 유리하다 • 기본적으로 소량의 수송에 적합하다 • 포장, 짐꾸리기가 간단해서 좋다 • 화물의 손상이 적다 • 수송상의 위험부담이 적다 • 운임 이외의 각종 비용은 절약할 수 있다 • 재고량을 삭감할 수 있다 • 금리부담이 적다	• 대량수송에는 적합하지 못하다 • 중량제한이 있다 • 단거리 수송에 적합하지 못하다 • 공항이 없는 소도시에서는 이용할 수가 없다 • 저가격 상품에는 적응성이 없다 • 운임이 높다 • 에너지 소비량이 크다 • 소음공해 규제를 받는다

2. 해상운송

1) 해상운송의 특성

일반적으로 선박수송은 그 역사가 오래며, 다른 수송기관에 비교해서 물자수송의 중추적 역할을 다해 왔다. 고대 희랍, 로마시대로부터 제2차 세계대전까지 식민지정책에 의한 해외식민지로부터 통치국으로 재화의 이동은 거의 전부 해상운송에 의존해 왔다고 해도 과언이 아니다. 육로운송에 비해 안전도와 일시

대량운송능력 등 모든 점에서 뛰어났기 때문이다.

해상운송은 외항과 내항으로 구분할 수 있는데, 전자는 국제 간의 해상운송을 말하고 후자는 국내의 해상운송(연안해운)을 말한다.

- 대량수송 : 한 번에 대량의 화물을 운반할 수 있는 수송수단으로 선박을 능가하는 운송수단은 없다.
- 장거리 수송에 적합 : 대륙을 잇는 장거리 수송에 적합하다.
- 수송비의 저렴 : 선박은 바다라는 천연의 통로를 비교적 저속으로 운행하기 때문에 철도 및 도로와 같이 막대한 투자를 필요로 하지 않는다.
- 수송로가 자유롭다.
- 국제성(global industry)이 강한 산업이다.

해상운송의 장 · 단점은 다음 [표 7-6]과 같다.

표 7-6 | 해상운송의 장 · 단점

장점	단점
• 대량수송이 가능하다 • 거대수송이 가능하다 • 장거리 수송에 적합하다 • 원거리 수송에서 가격이 저렴하다 • 단위당 비용이 저렴하다 • 에너지절감형이다	• 항만시설에 하역기기가 필요하다 • 기후에 좌우된다 • 시간이 걸린다 • 속도가 느리다 • 화물을 집화하는데 비용이 많이 든다 • 지름길을 택할 수가 없다 • 화물 손상사고가 비교적 많다

2) 해상운송화물의 종류

해상화물을 수송형태로 구분하면 [그림 7-9]와 같이 일반화물(general cargo)과 살화물(撒貨物, bulk cargo)로 나눌 수 있다. 일반화물은 다시 재래화물(convention cargo)과 단위화물(unitised cargo)로 구분되며, 살화물은 액체화물과 건화물로 구분한다.

이와 같이 다양한 화물을 어떻게 수송하느냐에 접근하는 것이 해운산업의 주요한 목표가 되어야 한다. 그렇기 때문에 해운산업은 화물을 분배시키는 기능(parcel size distribution function)에 집중된다고 볼 수 있는 것이다. 화물의 규모에 따라서 해운업을 구분할 수 있다.

[그림 7-10]과 같이 화물의 규모에 따라 큰 화물인 살화물을 수송하는 것을 부정기해운이라 하며 작은 화물을 수송하는 것을 정기해운이라고 구분한다. 그러나 이러한 구분은 불문율이 아니며, 살화물에도 작은 화물로 만들어져 정기선에 의해서 수송이 되기도 한다. 이러한 크고 작은 여러 형태의 화물수송을 수송하기 위해서 선박을 건조하고 용선하여 적절한 서비스 제공에 대비하는 것이 해운업의 목표가 될 것이다.

그림 7-9 | 화물형태

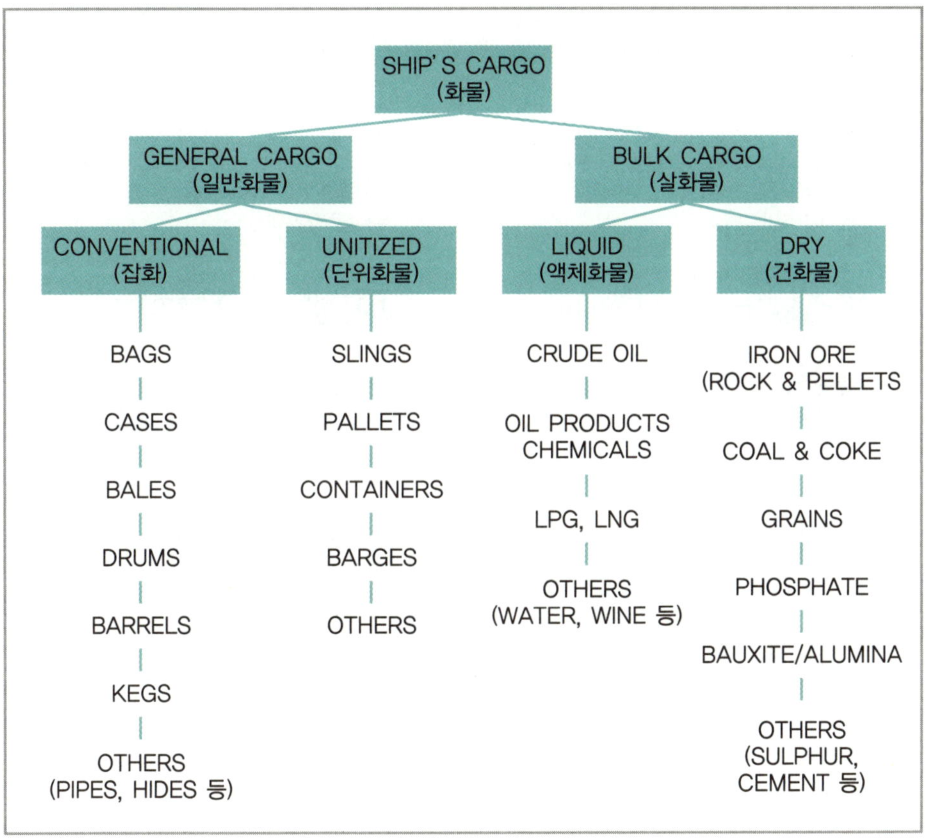

그림 7-10 | 화물수송 패턴

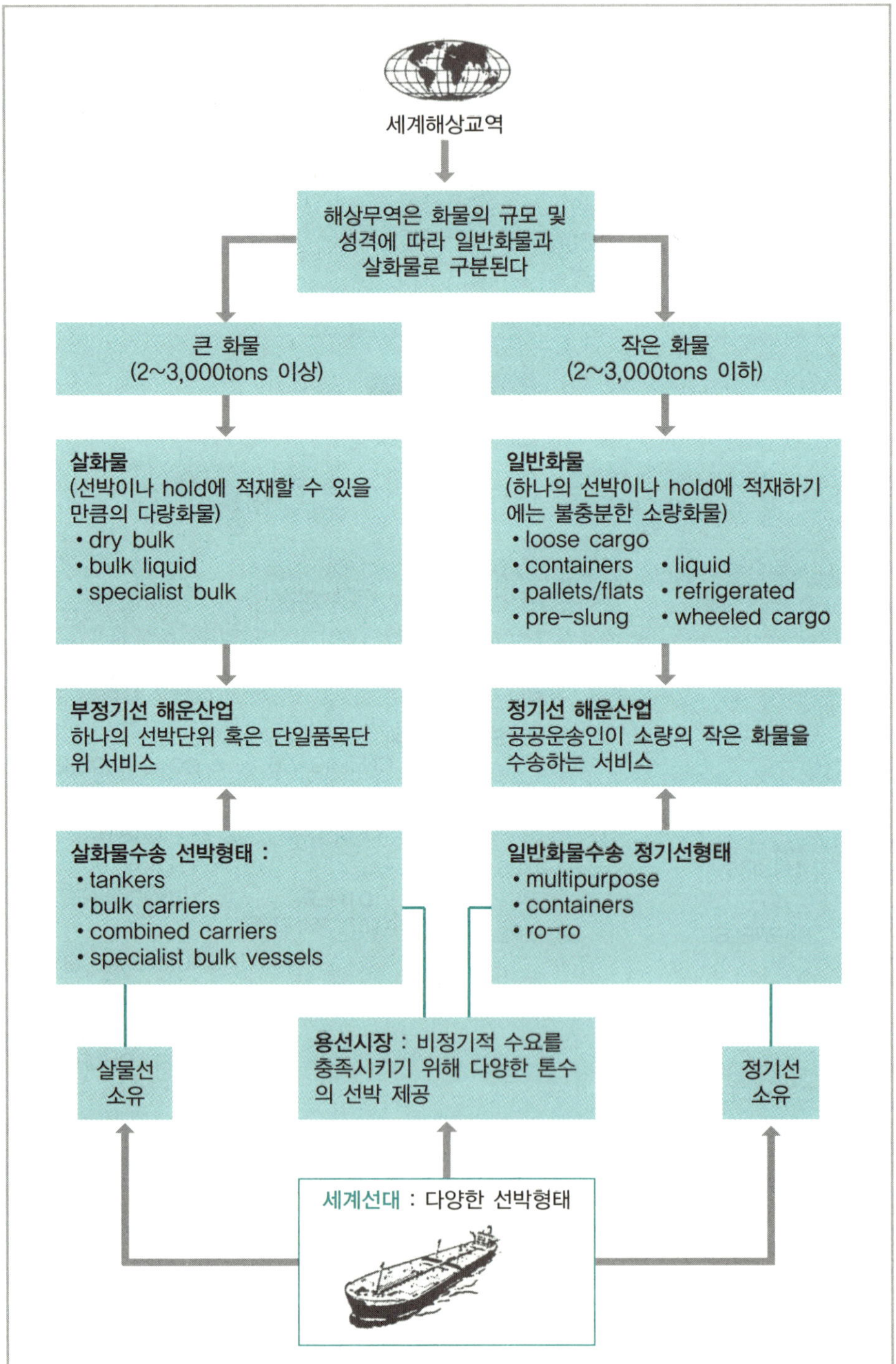

3) 해상운송업

우리나라의 해운법 및 관련법규에 따르면 다음과 같이 구분하고 있다.

표 7-7 | 해운법 및 관련법규에 따른 해상운송업 구분

<table>
<tr><th colspan="4">업종</th><th>업체 구분</th></tr>
<tr><td rowspan="10">해운업
(넓은
의미)</td><td rowspan="8">해운업
(좁은
의미)</td><td rowspan="3">해상화물운송사업
(가장 엄밀한 의미에서 해운업)</td><td>외항정기화물운송업
(정기선 운항업)</td><td>정기선 운항선사</td></tr>
<tr><td>외항부정기화물운송업(정기선 운항업)</td><td>부정기선 운항선사</td></tr>
<tr><td>내항화물운송업</td><td></td></tr>
<tr><td rowspan="5">해운관련사업</td><td>해상화물운송주선업</td><td>해상운송주선업체</td></tr>
<tr><td>해운중개업</td><td>해운중개업체</td></tr>
<tr><td>해운대리점업</td><td>(선박)대리점업체</td></tr>
<tr><td>선박대여업</td><td>선박대여업체</td></tr>
<tr><td>선박관리업</td><td>선박관리업체</td></tr>
<tr><td colspan="2" rowspan="2">항만운송사업</td><td>항만하역업</td><td>항만하역업체</td></tr>
<tr><td>검수업
감정업
검량업</td><td>검수 · 검량업체</td></tr>
<tr><td colspan="5">이외에 항만용역업(통신, 경비, 줄잡이, 선박청소, 선박급수)과 물품공급업, 선박급유업, 컨테이너수리업 등 항만운송부대사업과 해외항만사업, 그리고 통관업, 보세운송업, 보세장치장, 보세창고, 소운송업 등이 해운업과 연관된 업종이다.</td></tr>
</table>

(1) 해상여객운송사업

- 내항여객운송사업 : 내국항 간의 해상여객운송사업
- 외항여객운송사업 : 내국항과 외국항 간 또는 외국항 간의 해상여객운송사업

(2) 해상화물운송사업

해상에서 선박(예선과 결합한 부선을 포함)으로 물건을 운송하는 사업

- 예선(예인선 : Tug Boat)
- 부선(barge) : 부두하역이 아닌 해상하역작업에 있어 해상에서 육상까지 운반하는 역할을 맡는 거룻배

- 용대선을 포함하여 어장으로부터 어획물 또는 그 제품을 운송함을 사업으로 하는 경우는 제외
- 항만운송사업법의 규정에 의한 항만운송사업 외의 것
  - 내항화물운송사업 : 내국항 간의 해상화물운송사업
  - 외항정기화물운송사업 : 내국항과 외국항 간 또는 외국항 간에서 정해진 항로에 선박을 취항시켜 일정한 일정표에 의하여 운항하는 해상화물운송사업
  - 외항부정기화물운송사업 : 내항화물운송사업과 외항정기화물운송사업 외의 해상화물운송사업

(3) 해상화물운송주선업(국제물류주선업)

자기(계약된 외국 주선인을 포함)의 명의로 선박에 의한 운송을 주선하는 사업이다. 복합물류주선업은 현재 물류정책기본법에 의해 관리가 일원화되었다.

(4) 기타

- 해운중개업 : 해상화물운송의 중개 또는 선박의 대여 · 용선 또는 매매를 중개하는 사업
- 해운대리점업 : 해상여객운송사업 또는 해상화물운송사업을 영위하는 자(외국인 운송사업자를 포함)를 위하여 통상 그 사업에 속하는 거래의 대리를 하는 사업
- 선박대여업 : 해상여객운송사업 또는 해상화물운송사업을 영위하는 자 이외의 자가 그가 소유한 선박을 타인(외국인 포함)에게 대여하는 사업
- 선박관리업 : 해상여객운송사업 · 해상화물운송사업 또는 선박대여업을 영위하는 자(외국인 포함)로부터 선박관리 · 선원관리 및 해상보험 등의 업무를 수탁하여 대행하는 사업

4) 연안해상운송의 특성과 유형

(1) 연안해상운송의 특성

우리나라의 경우 트럭과 철도에 의한 화물운송이 교통체증 및 비효율적 운영

체계로 인해 선박을 이용한 연안해상운송의 필요성이 증대되고 있다.

- 연안해상운송은 한계에 도달한 공로의 대체수송수단으로의 활용 및 중량화물수송으로 인한 도로파손 방지에 이바지한다.
- 장거리, 대량화물수송에 있어서는 철도수송과 경합적이나 철도수송능력의 한계에 따라 연안해운의 의존이 불가피하다.
- 일시 대량수송으로 에너지 절약적 수송형태이며 대기오염을 최소화하는 운송수단이다. 예를 들어 수송수단별로 시멘트의 1회 수송가능량을 기준해 보면 트럭은 10~20톤이며, 철도는 1,000톤, 해운은 5,000~8,000톤에 이르므로 절대적으로 유리하다.

(2) 연안해상운송의 유형

그림 7-11 | 연안해상운송의 흐름

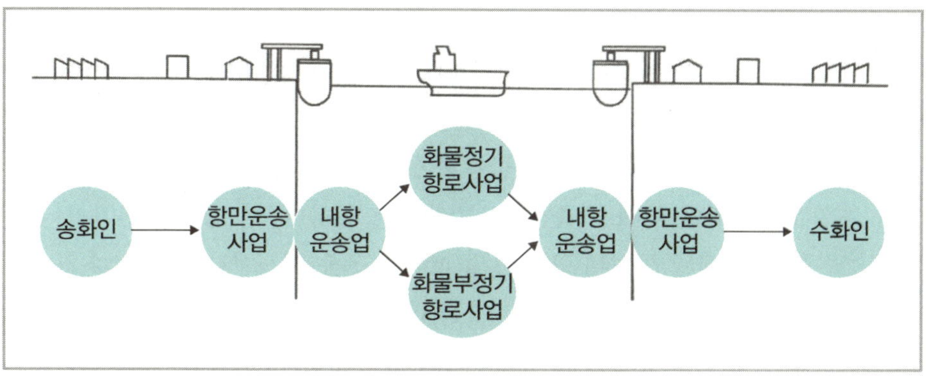

① 일반화물선

- 연안운송이나 연근해운송에 투입되는 재래선박

② 내항 컨테이너선

- 규격화된 컨테이너를 조직화된 수송체계에서 수송한다.
- 협동일관운송-해륙복합운송에 의해 수송의 합리화를 도모한다.

③ 카페리(car ferry)운송

카페리운송은 대량 및 장거리 운송기능을 가진 선박의 특성과 기동성을 가진 자동차의 기능을 유기적으로 결합한 일관운송수단이다. 운송방식은 컨테이너선의 기능과 유사하여 최근 동일항로에서 카페리를 이용한 장거리 운송과 내항 컨테이너선이 경합하고 있다. 다만 내항 컨테이너선이 규격화된 컨테이너를 조직화된 운송체계에서 운송하는 반면 카페리는 불특정 다수 또는 다양한 종류의 여객 및 화물(자동차나 공산품 등)을 운송한다.

- 카페리운송의 이점
  - 인건비의 절감, 운송시간의 단축, 하역의 합리화, 자동차 유지의 절감
  - 해상 바이패스(By-Pass)
  - 카페리의 운항으로 인력의 절감
  - 공업단지와 관광지를 연결하여 지역개발에 기여
  - 산동물과 신선한 생선의 직송이 가능하여 관련 상품가격을 안정
- 카페리의 운송방식
  - 제1운송방식 : 트럭에 의해 발송지에서 도착지까지 직송하는 방식으로서 도중에 장거리 카페리로 대체하는 방식으로서 이 방식은 가장 간편한 방식이나 트럭의 주행에 비해 운행비와 상각비는 절감되지만 인건비는 절감되지 않는다.
  - 제2운송방식 : 트럭에 의해 발송지에서 도착지까지 직송하는 도중에 장거리 카페리에 의해 무인항송하는 방식을 말하며, 이 방식은 인건비는 절감할 수 있으나 트럭의 고정비 및 페리의 운송비는 절감할 수 없다.
  - 제3운송방식 : 세미 트레일러에 의해 발송지에서 도착지까지 직송하여 도중에 장거리 카페리에 의한 트레일러 부분만 무인운송하는 방식이며, 고정비나 페리의 운송비를 절감할 수 있다.
  - 제4운송방식 : 제3방식을 더욱 발전시킨 것으로 카페리 발착 양측 기지에 화물역을 설치하여 발송지에서 화물역에 세미 트레일러를 중계하며, 트레일러 부분만을 페리에 의해 무인운송하여 도착기지의 화물역에 보통 트럭으로 중계하여 배송하게 되는 방식이다.

    이 방식은 발착역에서 중계, 분류 및 배송할 수 있기 때문에 장거리 노선 트럭과 같은 기능을 보유하고 있다. 따라서 우리나라와 같이 도로가 만성적으로 체증상태에 있을 때 도입할 수 있는 방식이다.

3. 소화물일관운송

1) 소화물일관운송의 개념

(1) 소화물일관운송의 의의

특송, 택배서비스 또는 문전배달서비스라고 하며, 화주로부터 1건 또는 1개 이상의 소형 · 소량의 화물운송을 의뢰받아 송화주의 문전에서 수화주의 문전(door to door)으로 화물의 집화, 포장, 운송, 배달에 이르기까지 자기의 책임하에 화물운송 및 이에 관련된 일련의 서비스를 신속 · 정확하게 제공하여 주는 편익위주의 운송체계를 말한다.

기존의 소화물운송체제는 크게 노선화물, 철도화물 그리고 우편소포의 형태로 나누어 볼 수 있다. 그러나 이들의 운송체계는 우편소포를 제외하고는 운송의 책임성, 편리성, 정확성 측면에서 크게 낙후되어 있다. 따라서 이러한 기존 소화물운송체제의 취약점을 보완하고, 현대화된 물류체제에 부합하는 서비스를 제공하는 소화물일관운송업이 등장하였는데, 국내업체로서는 한진택배, 현대택배, 금호특송 등이 있고, 국제적인 외국회사로는 UPS, TNT, Federal Express 등이 있다.

택배업이 기존의 운송체제와 다른 점으로는

- 기존의 운송체제는 송화주가 물품을 포장해서 집화지점까지 운송해야 하는 반면, 택배체제하에서는 택배업자가 송화주의 소재지 부근에 물품취급장을 설치해 놓고 물품을 직접 집화, 포장까지 맡게 됨으로써 운송의 편리성이 향상되었다.
- 기존의 운송체제(단 우편소포는 제외)는 수화주가 화물을 개별적으로 인수해야 하며, 수화주의 요구에 따라 문전배달서비스가 있는 경우도 별도의 운임이 부과되는 반면, 택배체제하에서는 수화주의 문전까지 일관배달서비스가 이루어진다.
- 기존운송체제에는 공식 송장이 없으며, 공인된 운임체계가 적용되지 않는 경우가 많고, 또한 물품의 배달지연, 훼손 등에 따른 보상제도도 명확히 마련되어 있지 않으나, 택배체제하에서는 책임운송제도가 확립되어 있다.

따라서 소화물운송은 현대 산업사회에서 도시 내 및 도시 간 소화물운송에 적합한 운송체계이며, 다른 운송체계와 비교하여 볼 때 신속성, 안전성, 경제성이 있다.

(2) 소화물일관운송의 특징

① 소형 · 소량화물에 대한 운송체계

- 취급품목은 주로 다품종소량화물로 무게 50kg 이하, 크기 150cm 이내의 소량화물이다.

② 포괄적인 운송서비스

- 현재의 일반 노선화물운송체계 및 철도화물운송은 집 · 배송체제 및 화물취급 서비스에 있어서 극히 제한적이거나 소화물 일관운송은 화주의 문전에서부터 원하는 장소까지 모든 운송서비스를 포괄적으로 서비스를 제공한다.

③ 일관책임운송제도

- 최근 화물운송체계의 발전추세는 운송업자가 화주의 물품을 발송지에서 도착지까지 모든 운송상의 책임을 부담하는 일관책임제이다.
- 운송과정에서 운송수단이 바뀌거나 기타 운송업자의 직접책임이 아닌 원인에 의하여 문제가 발생되는 경우에도 화주에 대한 책임은 원칙적으로 화주와 계약된 운송업자가 부담한다.

④ 신속성과 안정성

- 운송업자는 신속성과 안전성을 상황에 적응할 수 있는 서비스기술을 개발하여 변화하는 고객에게 제공한다.

(3) 소화물일관운송의 등장배경과 효과

① 소화물일관운송의 등장배경

- 상품이 대량생산단계에서 다품종소량생산시대로 전환
- 제조업의 물류비용 증가
- 사회전반에 걸친 소비자욕구의 다양화, 고급화 및 편이화 추세에 의한 제반

물류환경의 급속한 변화
- 새로운 운송체계의 등장을 요구

② 소화물일관운송의 발달효과

- 운송서비스에 대한 이용자의 편리성 향상
- 운송인과 일반소비자를 직접적으로 결합
- 일반소비자의 운송산업에 대한 인식과 평가성을 제고

2) 소화물일관운송시스템

화물운송수요의 소량화, 다빈도화, 다품종화 등 수요의 고도화 및 다양화로 물류비가 상승함에 따라 도시 내 교통사정의 악화에 대처하기 위한 교통체계의 시스템화에 대한 문제가 대두되었다.

도시 간 물류와 도시 내 물류로 구분되는 물류는 종래에는 고도성장의 기반이 되는 사회간접자본정비의 일환으로 고속도로, 트럭터미널, 항만시설의 정비 등 도시 간 물류에 중점을 두고 있다.

도시 내 교통량의 급증으로 야기된 심각한 교통체증 등에 의해 도시 내 물류비가 크게 상승되어 생활물자의 가격인상이 큰 비중을 차지하게 되었다.

제 8 장

재고관리 및 오더피킹

핵심내용

재고는 기업의 미래에 사용할 목적으로 보유하고 있는 원자재, 부품, 재공품, 완성품, 비품 등을 의미하는데 재무와 생산이라는 두 가지 측면에서 중요하다. 재고관리기법에는 ABC분석, 정량주문시스템, 정기주문시스템 등이 있다.
재고관리시스템모형에는 확정적 모형의 경제적 주문량모형(EOQ)과 경제적 생산량모형(EPQ) 등이 있다. 확률적 모형으로는 확률적 Q모형, 확률적 P모형 등이 있다. 또한 MRP, MEPII, JIT시스템 등을 고려해야 한다.
오더피킹이란 고객의 발주내역에 따라 물류센터 및 창고 내에서 체계적인 로케이션관리하에 보관 중인 상품을 집하하여 납품 준비하는 물류활동을 말하는데 물류시스템의 전반적인 효율성과 효과성, 즉 총물류비와 고객서비스 수준에 대한 목표를 달성하게 하는 중요한 활동이다.

주요용어

재고관리, ABC분석, 정량주문시스탬, 정기주문시스템, EOQ, EPQ, 확률적 Q모형, 확률적 P모형, MRP, MEPII, JIT, 오더피팅, 소팅

제1절 재고관리

1. 재고의 의의

재고(Inventory)란 기업이 미래에 사용할 목적으로 가지고 있는 원자재, 부품, 재공품, 완성품, 비품 등을 의미한다. 재고는 재무와 생산의 두 측면에서 중요하다. 먼저, 재무적인 측면에서 보면 재고는 기업의 종류를 막론하고 중요한 투자라고 할 수 있다. 그런데 재고를 유지하기 위해서는 많은 비용이 필요하므로, 경영자들에게 재고감소에 대한 많은 노력이 요구되고 있다.

재무보고서에 따르면 많은 양의 재고는 특히 유동비율에 영향을 주는 것으로 나타난다. 참고로 유동비율은 유동자산을 유동부채로 나눈 값이며, 기업의 단기적인 지불능력을 나타낸다. 재고수준이 높으면 유동자산이 많아지고, 따라서 유동비율도 높아진다. 유동비율이 높다는 것은 기업이 유동자산을 효율적으로 이용하고 있지 못하다는 사실을 나타낸다. 따라서 올바른 재고관리를 통하여 비용과 자금운영의 압박을 줄여서, 보다 생산적인 자산을 획득하는 데 재원을 이용하는 것이 중요하다.

기업이 평균적으로 보관하고 있는 재고는 총자산의 25% 정도로 추산되고 있다. 재래식의 재무보고서에서는 자산항목으로 되어 있어, 재고가 많을수록 기업의 가치가 높다는 것으로 잘못 분석되고 있다. 이제 재고 개념은 더 이상 재래식의 스톡(stock) 개념이 아니다. 투자수익률(Return on Investment : ROI)의 중요성이 인식되면서 재고자산의 신속한 흐름이 요구되고, 높은 회전율을 통하여 유기체적인 조직을 가지도록 요구되고 있다. 세계적으로 선진계열에 속한 일본 기업들은 재고는 자산항목이라기보다는 부채항목으로 분류되어야 한다고 주장하기도 한다. 그래서 이러한 기업에서는 무재고를 향하여 경영효율화를 극대화하고 있다.

제품의 수요는 불확실성을 기준으로 구분해 볼 때 종속수요와 독립수요로 나눌 수 있는데, 재고관리시스템의 전형적인 내용은 독립수요에 대한 것이므로 여기에서는 독립수요의 제품에 한해서 설명하기로 한다.

2. 재고의 종류와 목적

효율적인 재고관리는 기업운영에 필수적이다. 이를 위해서는 재고의 종류나 특성에 대하여 잘 파악할 필요가 있다. 기업이 보유하고 있는 재고는 그 기능에 따라 안전재고, 예상재고, 순환재고, 파이프라인재고 등의 네 가지로 분류할 수 있다.

1) 재고의 종류

(1) 안전재고(safety stock)

수요가 불확실한 경우에 대비하는 재고이다.

(2) 예상재고(anticipation stock)

계절적인 수요나 파업 등에 대비하여 변동의 폭을 줄이기 위하여 유지되는 재고이다.

(3) 순환재고(cycle stock or lot-size inventory)

주문량 전체가 필요하지는 않지만 주문비용이나 할인 혜택을 받기 위하여 많은 양을 한 번에 주문하여 생기는 재고이다.

(4) 파이프라인 재고(pipeline inventory)

유통시스템에서 운반중인 제품이나 공장에서 가공하기 위하여 이동 중에 있는 제공품 성격의 재고이다.

2) 재고보유의 목적

(1) 규모의 경제의 촉진(Facilitates economics of scale)

경영자는, 예를 들면 제품의 가격할인을 위해 대규모 수량으로 제품을 구매하고자 하는 의사결정을 한다거나 한 번에 대량의 제품을 선적함으로써 얻게 되는 저렴한 수송원가들로 인하여 규모의 경제가 촉진될 수 있다.

(2) 수요공급 균형의 수단을 제공(Offers a means of balancing supply and demand)

한 해의 특정 시기에 판매할 수 있는 제품의 경우 경영자는 해당 완제품을 저장하고, 한 해 동안 생산에 대한 의사결정을 할 수 있다.

(3) 불확실한 수요로부터의 보호(Provides protection from uncertain demand)

경영자의 최선의 예측노력에도 불구하고, 수요는 정확하게 예상될 수 없다. 이와 유사하게 수송수단이 갑자기 고장나고, 원자재가 갑자기 이용할 수 없게 될 수 있고, 생산라인이 중단될 수도 있다. 이러한 이유들 때문에 재고는 생산과정 자체가 중단되는 경우에도 고객의 필요가 충족되어 질 수 있도록 보장하기 위해 이용되어진다.

3. 재고비용의 종류

재고관리의 목적은 최소의 비용으로 고객에게 최대의 서비스를 제공하는 데 있다. 재고와 관련되어 발생하는 비용은 크게 주문비용, 재고유지비용, 재고부족비용으로 나누어 볼 수 있다.

1) 주문비용(ordering cost)

구매나 생산주문시 직접 소요되는 비용이다. 외부에 발주하여 구매하는 경우에는 신용장 및 통신료와 같은 서류작성비용, 수송비, 하역비, 입고비, 검사비, 통관료 등이 이에 포함된다. 그리고 자체적으로 생산하여 조달하는 경우에는 생산공정의 조정, 공구교체와 같은 생산준비비용이 해당된다. 일반적으로 재고관리에서의 주문비용은 주문량에 관계없이 일정하게 드는 비용으로 간주한다.

2) 재고유지비용(holding cost)

재고를 유지하고 보관하는 데 드는 비용이다. 이자비용, 창고사용료, 보험료,

재고감손비용(도난, 진부화, 변질 등)은 재고유지비용이다. 이 중에서 이자비용은 재고자산에 투하된 자본비용으로서 다른 유동자산의 형태로 가지고 있지 않은 자금에 대한 기회비용이다.

3) 재고부족비용(shortage or stockout cost)

품절로 인하여 발생하는 손실이다. 재고부족이 되면 판매기회를 놓치거나 고객을 상실하게 되는데, 이 경우를 비용화한 일종의 기회비용이다. 제조업의 경우 조업중단으로 인한 손실, 납기지연으로 발생하는 긴급 추가비용 등이 이에 해당된다.

4) 재고비용관리

경영자의 어려움은 주문비용과 재고유지비용이 동시에 다루어져야만 한다는 사실이다. 경영자들은 이들 세 가지 비용범주들 간의 균형을 취하고, 전체고객서비스 목표와 모순되지 않는 재고관리철학(Inventory Management Philosophy)를 개발해야만 한다.

이상과 같이 재고와 관련된 비용은 주문비용, 재고유지비용, 재고부족비용, 재고비용관리 등으로 나누어 볼 수 있으며, 이 네 가지 비용을 구매가격과 합하면 총비용이 된다. 재고관리의 목적은 대고객 서비스 수준을 만족시키면서 이러한 총비용을 최소화하는 데 있다.

4. 재고관리의 중요성

재고는 상품의 다른 이름이며, 고객(회사 내부 또는 외부의 고객일 수 있음)의 요구를 만족시키기 위해 회사가 보유하고 있는 모든 상품을 말한다. 재고유지를 위해 비용이 필요하다. 공급망관리자(partners)는 다양한 형태의 재고를 유지하기 위하여 상당한 비용을 투자한다. 이러한 비용은 다른 곳에 투자되어 수익을 올릴 수 있는 자금이다.

재고는 운전자본(working capital)을 묶어놓고 현금흐름에 영향을 미치며, 회사의 생존을 위협하는 경우도 있다. 재고는 공간이 필요하며 회사는 재고보관을 위해 직원을 채용할 필요가 있다. 이에 따라 회사는 항상 보유재고를 줄이기 위한 방법을 모색한다. 그러나 재고는 0으로 줄일 수는 없다. 왜냐하면 회사로서 기능을 하기 위해서는 새로운 원료, 재공품과 완제품을 가지고 있어야 하기 때문이다. 이러한 것이 적절히 배치되어 있지 않으면 고객의 주문을 이행하는 데 지나치게 많은 시간이 걸릴 것이다. 그러므로 재고관리의 목적은 보유재고를 최소화하여 필요한 고객서비스를 유지하는 것이다.

재고는 필요악이라고 할 수 있다. 만일 재고가 없다면 공급망의 하나의 작은 문제가 전체 물류망의 중단을 가져올 수가 있다. 따라서 재고는 공급망에 따른 처리과정에서 완충제로서 사용된다. 관리자의 최선의 노력에도 불구하고 공급망은 계획에 따라 작동되지 않으므로 수요 · 공급과 내부처리 과정에서의 변동성을 흡수하기 위하여 완충제가 필요하다.

재고의 보유에 대한 다른(alternative) 시각은 상충관계(trade-offs)를 핵심으로 한다. 재고유지비용은 다른 경제적 비용과 상충관계에 있다. 생산라인의 변경에 따른 작업중단(downtime)을 최소화하기 위하여 합리적인 단위(batch sizes)로 생산하는 것이 더 효율적이므로, 생산요청이 있기 전에 수일동안을 보충하기 위하여 재고가 필요하게 된다. 이러한 원리는 운송의 경우에도 적용되어, 개별 품목을 배달하는 것보다 전체(full load)를 운반하는 것이 더 경제적이므로, 이러한 절감은 여분의 재고유지에 따른 추가비용과 상충관계에 있다. 간

표 8-1 | 재고보유의 이유

불확실성에 대한 완충	경제적 상충관계
• 가변적인 수요에 대한 고객서비스 수준 유지	• 일괄생산량(Production batch size)
• 가격과 교환비율의 변동을 해지	• 일괄운송량(Transportation batch size)
• 배달소요시간의 변동을 보호	• 운송방법(Transportation mode)
• 신뢰할 수 없는 공급재원에 대한 완충	• 주문량 크기(Order quantity size)
• 계절적 수요와 공급에 대한 완충	• 주문빈도주기(Order frequency duration)
• 부족한 공급을 유지	• 다량구입에 따른 절약(Bulk purchase savings)
• 긴급사태에 대비	• 공급가격의 변동

자료 : John Mangan, Chandra Lalwani & Tim Butcher, "Global Logistics and supply chain management," 2008.

판방식(JIT)과 현대 정보통신기술이 생산단위(batch sizes)와 처리비용을 현저히 감소시킴에 따라 과거 십년간 두 번째 이유에 대하여 의문을 제기해 왔다.

제2절 재고관리분석

1. ABC분석기법

ABC분석기법이란 관리하여야 할 품목수가 많은 경우에 유용하게 사용될 수 있는 기법이다. 경제학자 파레토는 소득분포의 연구에서 전체인구의 20%의 사람들이 총자산의 80%를 가지고 있음을 발견하였는데, 이를 파레토법칙이라고 부른다. 우리들의 실생활 주위에서 소수의 것이 중요한 의미를 가지는 한편 대다수의 것은 그렇지 못한 경우가 많다. 이 파레토법칙을 이용하여 재고관리를 행하는 것이 ABC분석기법이다.

이 재고관리기법에서는 일반적으로 자체품목 중에서 소수의 것이 전체 매출의 대부분을 차지하고 있으므로, 이 소수의 품목을 철저히 관리하려는 것이다. ABC 분석에서는 품목들을 다음과 같이 세 가지로 분류한다.

- A품목 : 판매실적과 수익성이 높은 품목
- B품목 : 판매실적과 수익성이 중간인 품목
- C품목 : 판매실적과 수익성이 낮은 품목

이와 같이 제품은 매출액에 따라서 중요도가 결정되는데, 단가가 낮으면서도 판매수량이 많은 품목은 적은 수량의 낮은 단가품목보다 더 중요하다. 전형적으로 A품목은 전체 판매실적의 70~80% 정도를 이루면서, 전체 품목수의 15~30%를 차지한다. 그리고 C품목은 전체 판매실적의 5~15%를 차지하면서 전체 품목수의 50%를 점유한다. 즉, 판매실적과 품목수 사이의 관계는 일반적으로 비례하지 않는다는 것이다.

다음은 10개의 제품을 판매하고 있는 어느 회사의 재고품목 현황이다.

표 8-2 | 재고품목현황

품목	연간 수요량	단가(천 원)	재고화폐가치(천 원)
1	2,000	3	6,000
2	1,500	5	7,500
3	2,500	50	125,000
4	6,500	4	26,000
5	9,000	48	432,000
6	800	120	96,000
7	2,000	45	90,000
8	5,000	100	500,000
9	1,000	12	12,000
10	2,000	10	20,000

위의 자료를 이용하여 ABC분석을 실시하려면 각 품목의 화폐가치가 전체에서 차지하는 비율을 계산하여야 하며, 그리고 이를 중요한 순서로 전체에서 차지하는 비율을 계산하여야 하며, 그리고 이를 중요한 순서로 배열하여야 한다([표 8-2] 참조).

표 8-3 | 품목의 화폐가치별 순위

품목	연간 수요량	재고화폐가치(천 원)	전체 화폐가치에 대한 비율(%)
8	5,000	500,000	38.0
5	9,000	432,000	32.8
3	2,500	125,000	9.5
6	800	96,000	7.3
7	2,000	90,000	6.8
4	6,500	26,000	2.0
10	2,000	20,000	1.5
9	5,000	12,000	0.9
2	1,500	7,500	0.1
1	2,000	6,000	0.1
합계	36,300	1,314,500	100.0

이제 정리된 자료에서 화폐가치비율을 이용하여 세 그룹으로 나누어 보면 아래와 같다.

표 8-4 | 재고품목의 ABC분류

등급	품목번호	화폐가치비율(%)	품목비율(%)
A	8, 5	70.8	38.6
B	3, 6, 7	23.6	14.6
C	4, 10, 9, 2, 1	4.6	46.8

그림 8-1 | ABC분류

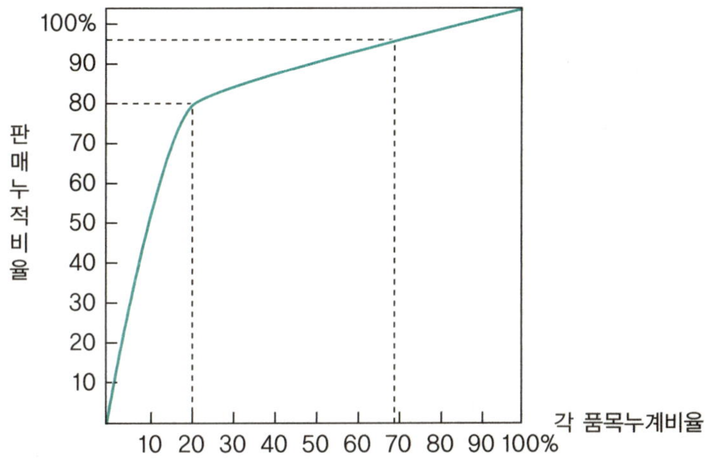

전체 화폐가치의 70.8%에 속하는 품목 8과 5는 그룹 A에 속하며, 이들의 품목비율은 38.6%에 이른다. 다음으로, 그룹 B에 속하는 품목은 품목 3, 6, 7로서 전체 화폐가치의 23.6%, 품목비율은 14.6%를 차지한다. 그리고 나머지 품목은 그룹 C에 속한다.

전체 품목을 세 부류로 나누면 재고관리를 효율적으로 행할 수 있다. 그룹 A에 속하는 품목은 재고흐름에 정확한 정보를 요구하는 품목이므로 재고의 입출고에 많은 신경을 써야 할 것이다. 그룹 C의 품목은 저가치품목이므로 주문량을 확대하여 가격할인 같은 것을 모색하는 것이 좋고, 재고의 관리는 약간 느슨해진다. 그룹 B의 품목은 중간 정도의 관리를 요하는 것들이다. 요컨대 ABC분석

그림 8-2 | 재고흐름형태

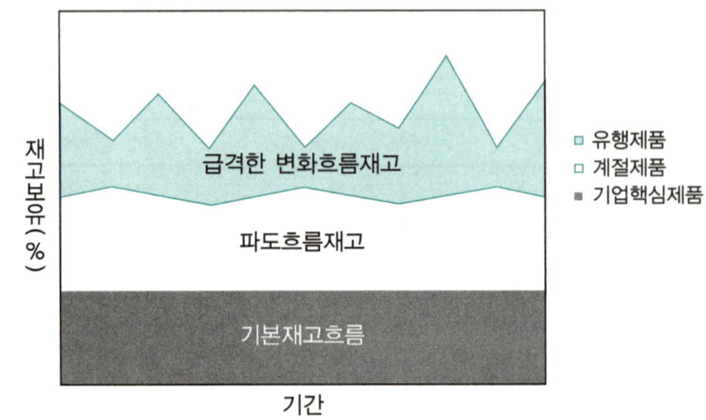

자료 : Inventory flow types(Gattorna & Walters, 1996)

기법은 많은 재고가치부분을 차지(일반적으로 80%, 예제에서는 70.8%)하는 소수의 A품목(일반적으로 20%, 예제에서는 38.6%)을 잘 관리함으로써 효율적인 재고관리를 행할 수 있다.

Gattorna와 Walters는 재고흐름의 유형을 [그림 8-2]와 같이 3가지로 나누어 관리해야 한다고 하였다.

첫째, 하단에 있는 기본재고흐름은 예측가능한 기본물량이기 때문에 제공자로부터 직접 관리될 수 있도록 하여 재고를 최소화해야 한다. 둘째, 파도흐름재고는 재고비용을 줄이기 위해서는 피크수요예측을 해야 하며 가능한 제공자로부터 직접 인도받을 수 있는 체제구축이 필요하다. 셋째, 급격히 유행을 타는 제품의 경우 낮은 수준의 재고를 확보하고 수요에 적합한 리드타임 유지가 필요하다.

2. 재고관리시스템

재고관리시스템의 목적은 시장수요의 변화에 적응하기 위하여 원자재, 부품, 완제품의 수요를 적절하게 유지하는 것이다. 재고관리시스템에서 중요한 두 가지 이슈는 다음과 같다.

• 1회 주문량은 얼마나 되어야 하는가? (주문량)
• 언제 주문하여야 하는가? (주문시기)

재고관리의 문제를 해결하기 위하여 개발된 시스템모형은 수요량, 재고수준, 주문량의 관계 속에서 총비용을 최소화하면서 적정재고수준을 유지하려는 목적을 가지고 있다. 재고수준과 주문량 사이의 관계는 재고보충(replenishment)의 의미가 있으며, 수요량과 주문량 사이의 관계는 필요조건(requirement)의 의미가 있다.

재고보충을 위한 재고관리시스템은 정량주문시스템과 정기주문시스템으로 나누어 볼 수 있다.

1) 정량주문시스템(fixed-order quantity system)

이는 재고가 일정수준(발주점)에 이르면 주문하는 시스템이다. 이 시스템은 주문량이 중심이 되므로 Q시스템이라고 부르며, 또한 계속적인 실사를 통하여 재고수준을 체크하므로 연속실사방식(continuous review system)이라고도 부른다.

정량주문시스템의 예를 보면, 대형슈퍼나 백화점의 계산대는 재고통제시스템과 연결되어 있다. 판매되는 품목의 코드번호가 입력되면 컴퓨터는 자동적으로 재고수준을 계산하여 준다. 관리자는 그 제품의 재고수준이 재주문점에 도달하였는지 여부를 알 수 있다. 이것은 POS(point of sale)시스템의 한 부분이다. 다른 예를 보면, 제조업에서 볼트 너트와 같이 작은 부품은 두 개의 저장용기에 나누어 담아서 사용하는 경우(two-bin system)가 있다. 한쪽 용기의 부품이 다 소진되면, 다른 용기의 것을 사용함과 동시에 주문을 낸다. 두 번째 용기의 부품수는 적어도 조달기간(lead time, 주문시점부터 도착할 때까지의 시간을 뜻함)까지 충분히 사용될 수 있는 수량이 되어야 할 것이다.

2) 정기주문시스템(fixed-order period system)

이는 일정시점이 되면 정기적으로 적당한 양을 주문하는 방식이다. 이 방식은 주문시기 중심이므로 P시스템이라고도 하며, 정기적으로 재고수준을 조사하므로 정기실사방식(periodic review system)이라고도 부른다. 이 방식은 조달기간이 짧거나 주기적으로 조달을 받는 품목에 유리하고 또는 여러 품목을 동일한 업자로부터 구입하는 경우에 유용하다.

그리고 정기주문의 경우에 안전재고수준은 정량주문의 경우보다 더 높다. 정량주문시스템은 계속적인 실사를 행하므로 조달기간의 수요변동에 대비하면 된다. 그러나 정기주문의 경우에는 주문시기가 고정되어 있어 주문량으로 조정하여야 하므로 전 기간을 대비하는 안전재고가 필요하다.

두 시스템 중에서 어느 것을 선택할 것인가는 제품의 가격, 재고의 기록유지, 재고의 보충시기 등에 따라 결정된다. 정량주문시스템은 고가의 A품목을 통제하는 데 이용하며, 정확한 재고기록이 필요한 품목에 적합하다. 한편 C품목은 계속적인 재고기록유지가 필요하지 않으며 정기주문시스템의 대상이다. 정기주문시스템은 주기적으로 주문하고 배달하는 품목과 그리고 다수의 품목을 동일 공급자에 주문하여 운송비를 절감하기 위한 수단으로 한꺼번에 배달받는 경우에 유용하다. 그리고 조달기간이 짧은 품목은 정기주문시스템을 적용하는 것이 유리하다. 이 두 가지 시스템을 단독으로 사용하는 경우가 많으나 간혹 혼합하여 사용하는 혼합시스템도 있다.

3. 재고관리시스템모형

재고관리시스템모형은 수요와 조달기간 같은 외부변수의 특성을 고려할 경우에 확정적 모형(deterministic model)과 확률적 모형(stochastic model)으로 나누어 볼 수 있다.

1) 확정적 모형

확정적 모형에서는 수요와 조달기간이 확정적으로 알려져 있다고 가정한다. 이러한 확정적 모형에는 경제적 주문량모형과 경제적 생산량모형이 있다.

(1) 경제적 주문량모형

경제적 주문량모형(economic order로 quantity : EOQ model)은 재고관리시스템의 가장 기본적인 Q시스템모형으로서, 총비용을 최소화하는 주문량을 결정하는 모형이다. 이 모형의 가정은 다음과 같다.

- 매 기간의 수요는 알려져 있고 일정하다.
- 주문비용과 단가는 주문량 Q에 관계없이 일정하다.
- 재고유지비용은 단위당 일정하며, 주문량에 비례한다.
- 단일품목이며, 주문량 Q는 한 번에 입고된다.
- 조달기간(L)은 일정하다.
- 미납주문은 허용되지 않는다.

[그림 8-3]에서 $\frac{Q}{2}$는 평균재고수준으로서 주문량 Q의 절반으로 계산한다. R은 재주문점(reorder point)을 나타내어 재고수준이 재주문점에 도달하면 Q만큼 발주한다. 발주하여 도착할 때까지의 기간을 조달기간 L로 나타낸다. 이 조달기간 동안에 재고량 R은 전부 소진되는 셈이다.

경제적 주문량을 수학적으로 총비용계산식을 나타내면 다음과 같다.

경제적 주문량모형

총비용 = 연간 구입액 + 연간재고유지비 + 연간 주문비용

$$T = DC + \left(\frac{Q}{2}\right)H + \left(\frac{D}{Q}\right)S \quad \text{[식 8-1]}$$

여기서, T : 총비용
C : 구입단가
Q : 주문량
H : 단위당 재고유지비용(연간)
S : 1회 주문비용

위의 방정식에서 DC는 연간구입액을 나타낸다. 다음으로 $\frac{Q}{2}$는 평균재고수준이므로, 여기에 단위당 연간재고유지비용 H를 곱하면 연간재고유지비용이 계산된다. 그리고 $\frac{D}{Q}$는 연간주문횟수가 되므로, 여기에 1회주문비용 S를 곱하면

그림 8-3 | 경제적 주문량

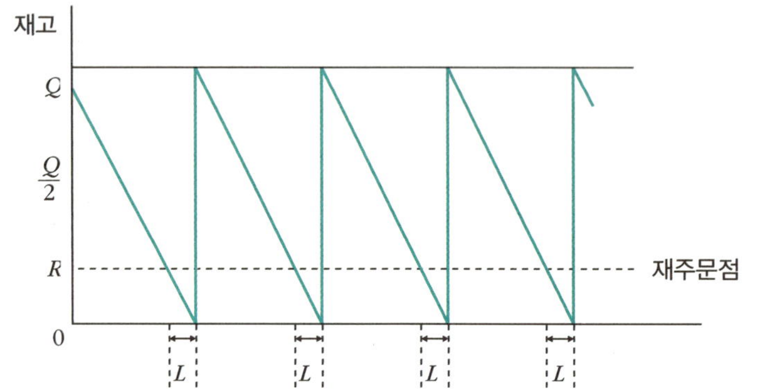

연간주문비용이 된다. 이 세 가지의 비용과 총비용의 관계를 그림으로 나타내면 [그림 8-4]와 같다.

그림 8-4 | *EOQ*모형

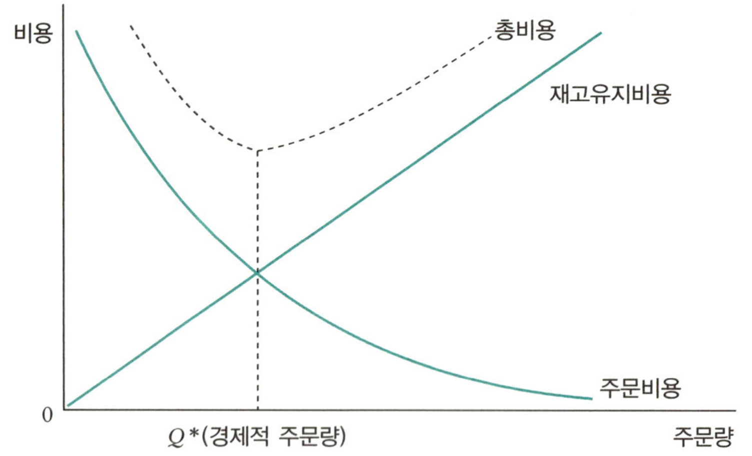

[그림 8-4]에서 구입액은 주문량에 관계없는 일정한 상수항이다. 이것은 주문량 Q의 함수가 아니기 때문이다. 위의 [식 8-1]을 Q에 관하여 미분해보면 잘 이해할 수 있다.

이제 총비용 T를 최소화하는 경제적인 최적주문량을 계산하여 보자. 위 식의

T를 Q에 관하여 미분한 후에 0으로 놓으면, 이 미분방정식은 T가 최소화되는 필요조건이 된다. 따라서,

$$\frac{dT}{dQ} = 0 + \frac{H}{2} - \frac{DS}{Q^2} = 0 \qquad \text{[식 8-2]}$$

이 되며, 경제적 주문량 Q^*는 다음과 같다.

경제적 주문량

$$Q^* = \sqrt{\frac{2DS}{H}} \qquad \text{[식 8-3]}$$

계속해서 최소화의 충분조건을 조사하기 위해서 Q에 관하여 2차미분을 했을 때, 2차 미분결과의 값이 영보다 작다면 Q^*는 최대치가 되며, 반대로 0보다 크면 Q^*는 최소치가 된다. 여기서,

$$\frac{d^2T}{dQ^2} = 2DSQ^{-3} > 0 \qquad \text{[식 8-4]}$$

이 되므로, [식 9-4]의 Q^*는 총비용 T를 최소화시키는 경제적 주문량이 된다.

EOQ모형에서는 안전재고가 필요 없으며 수요와 조달기간이 일정하므로 재주문점 R은 간단하게 계산될 수 있다.

EOQ의 재주문점

$$R = d' \times L \qquad \text{[식 8-5]}$$

여기서, d' = 1일평균수요량
L = 조달기간(일정)

(2) 경제적 생산량모형

위에서 설명한 주문량모형에서는 발주한 수량이 일시에 입고된 후 일정한 비

율로 소진된다는 가정을 가지고 있다. 주문된 품목이 일시에 입고되는 경우도 있으나, 주문계약기간이 장기간인 경우에는 여러 차례에 걸쳐 꾸준하게(예컨대, 1주일 단위로) 입고되는 경우도 적지 않다. 특히 공장에서 자체적으로 부품을 생산하고 사용하는 경우에는 생산과 소비가 동시에 일어나는 셈이다. 즉, 계획량을 모두 생산하기 전에 조금씩 생산하면서 그 중에서 조금씩 소비하는 것이다. 이러한 경우를 경제적 생산량모형(economic production quantity : EPQ)이라고 부르며, 이 모형의 목표는 총비용을 최소화하면서 경제적인 생산로트의 크기를 결정하는 것이다.

이제 이 모형에서 p를 1일 생산율, d를 1일 소비율이라고 하면, 하루 동안에 쌓이는 재고는 $p-d$(단, $p>d$)만큼 된다. 이 모형은 확정적 모형이므로 비율은 모두 일정한 것으로 가정한다. 다음 그림은 이 *EPQ*모형을 나타낸다.

그림 8-5 | 경제적 생산량모형

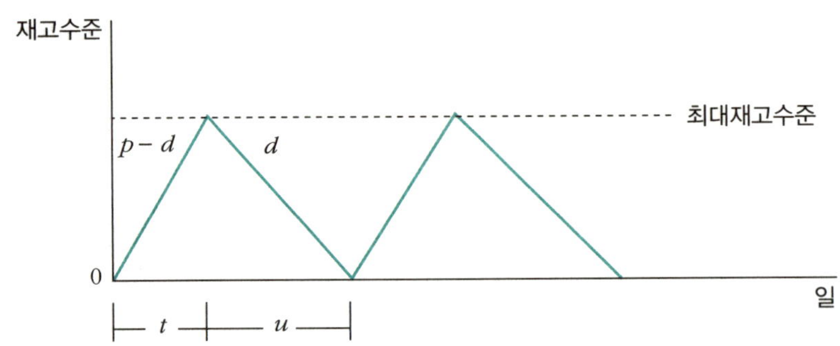

이 모형에서 우선 t기간 동안에는 적정한 경제적 생산량만큼의 생산이 이루어지나 소비도 동시에 이루어지므로 기울기는 완만하다. 다음의 u기간 동안에는 생산을 하지 않으며, 다만 소비하고 남은 물량만을 사용한다. 생산기간 t기간 동안의 재고수준은 $(p-d)t$가 되며, 그리고 최대 재고수준은 $(p-d)t$가 된다. 따라서 t기간 동안의 평균재고는 이것의 절반이므로,

$$
\begin{aligned}
\text{평균재고} &= \frac{1}{2}(p-d)t \\
&= \frac{1}{2}(p-d)\frac{Q}{P}
\end{aligned}
\qquad \text{[식 8-6]}
$$

이다. 왜냐하면 생산량 $Q=pt$이므로 $t=\frac{Q}{P}$이기 때문이다. 그리고 경제적 생산량 모형의 총비용 측면에서 보면 주문비용은 생산준비비용이 된다.

이제 총비용을 계산하여 보면,

$$T=DC+[\{(p-d)Q\}/2p]H+(D/Q)s \qquad [식\ 8\text{-}7]$$

이 되고, 따라서 경제적 생산량 Q_p은 다음과 같다.

경제적 생산량

$$Q_p=\sqrt{\frac{2DS}{H}\times\frac{p}{p-d}} \qquad [식\ 8\text{-}8]$$

2) 확률적 모형

앞에서 설명한 확정적 모형은 수요나 조달기간이 이미 확정적으로 알려져 있는 모형이다. 그러나 현실적으로 보면 수요는 매우 불확실하고 조달기간도 어느 정도 불확실한 경우가 대부분이다. 확실한 상황에서는 안전재고가 별로 필요하지 않으므로, 앞에서 설명한 확정적 모형에서는 안전재고를 고려하지 않았다. 여기에서는 불확실성에 대비하기 위해서 어느 정도 안전재고를 유지하거나 또는 주문량과 주문시기를 조정하고자 확률분포를 이용하는 확률적 모형(stochastic model)에 대하여 조정한다.

(1) 확률적 Q모형

확률적 모형에서는 불확실성에 대비하기 위하여 안전재고의 크기를 어느 정도로 하여야 할 것이며, 그리고 주문시기를 언제 할 것인가를 결정하게 된다. 여기서 설명하는 확률적 모형은 Q모형으로서 다음 [그림 8-6]과 같다.

확률적 Q모형에서는 재고수준을 계속 감시하며, 재고가 재주문점 R에 도달하는 경우에 발주한다. 이 모형에서 품절은 조달기간에 발생할 위험이 있다. [그림 8-6]에서 보는 바와 같이, 재고수준이 재주문점 R에 떨어지면 재주문을 내게 되는데, 조달기간 동안에 수요변화는 다양하다. 수요가 전혀 없어 재고가 재주

그림 8-6 | 확률적 Q모형

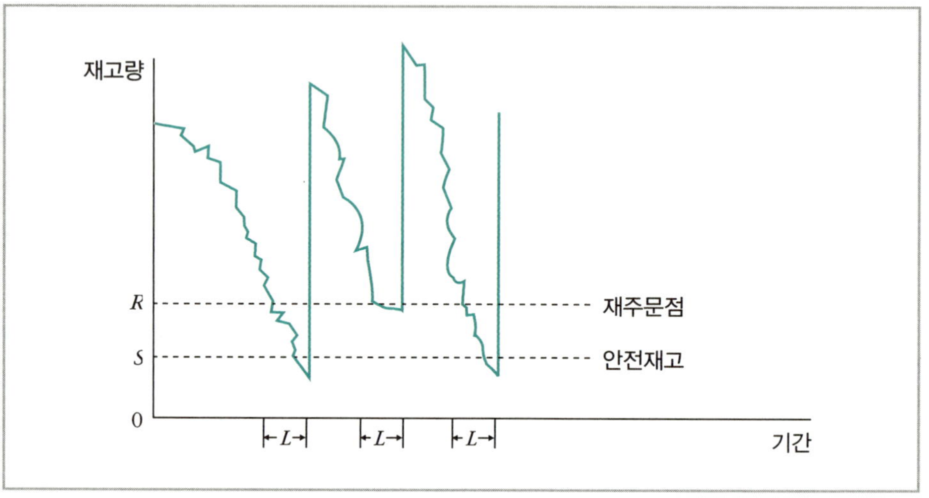

문점 수준에 머물러 있든지, 혹은 수요가 갑자기 늘어나서 안전재고까지 모두 소진하든지 한다. 재고수준은 최대수요와 최소수요 사이에서 다양하게 변할 수 있다. 따라서 안전재고를 확보하는 것은 매우 중요하다.

안전재고는 다음 세 가지 경우에 확보되는 것이 바람직하다.

- 수요가 불확실하거나 변동이 심한 경우에 확보되어야 한다.
- 안전재고의 유지비가 저렴한 경우이다.
- 품절로 인한 손실이 안전재고의 유지비보다 더 큰 경우에 안전재고는 필요하다.

안전재고의 수준은 서비스수준(service level)에 의하여 결정된다. 여기서 서비스수준이란 고객의 요구에 대응하여 만족을 주는 재고수준을 의미한다. 여기서 서비스수준이란 어느 품목이 조달기간 동안 품절되지 않을 확률이다. 서비스수준을 높이면 품절현상이 없어 고객에게 만족감을 줄 수 있으나, 안전재고량이 늘어나므로 재고유지비가 증대된다.

이제 정규분포를 이용하여 안전재고의 개념을 설명하여 보자. 예컨대, 제품 X의 수요가 $X \sim N(200, 102)$인, 즉 평균수요가 200이고 분산이 102일 때, [그림 8-7]은 제품 X의 95% 서비스수준을 나타내는 정규분포 그림이다.

그림 8-7 | 95% 서비스수준

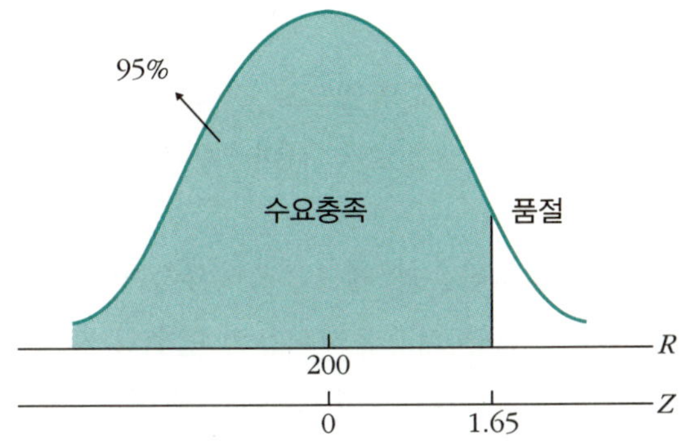

정규분포표에서 Z값을 찾으면 1.65임을 알 수 있다. 이때의 재주문점 R은 다음과 같이 계산한다. 표준정규확률변수 Z는 다음과 같다.

표준정규확률변수

$$Z = \frac{R - \mu_L}{\sigma_L} \qquad [식\ 8\text{-}9]$$

여기서, R = 재주문점
μ_L = 조달기간 동안의 평균수요
σ_L = 조달기간 동안의 표준편차

따라서, 재주문점 R은 다음과 같다.

확률적 Q모형의 재주문점

$$R = \mu_L + Z \times \sigma_L \qquad [식\ 8\text{-}10]$$

이 식에서 $Z \times \sigma_L$은 안전재고를 나타낸다. 안전재고는 재주문을 곧 하여야 한다는 신호이다. 안전재고가 없는 R은 조달기간 동안의 평균수요만을 의미한다. 따라서 제품 X의 95% 서비스수준에서 안전재고와 재주문점을 계산하여 보면,

$R = 200 + (1.65)(10) = 216.5$ 즉,

$$\text{재주문점} = \text{평균수요} + \text{안전재고} \qquad [\text{식 } 8\text{-}11]$$

이다. 여기서 서비스수준은 두 가지 방법으로 결정할 수 있다.

첫째, 회사정책에 의하여, 예컨대 95% 서비스수준으로 결정하는 경우가 흔히 있다.

둘째, 단위제품당 재고유지비용과 재고부족비용을 비교함으로써 서비스수준을 결정할 수 있다. 만일 단위당 재고유지비용이 단위당 재고부족비용보다 작다면, 회사에서는 재고수준을 높이려고 할 것이다. 반대로, 재고유지비용이 재고부족비용보다 크다면 재고수준을 낮추려고 할 것이다. 따라서 재고수준은 두 한계비용이 일치하는 곳에서 결정될 것이다.

이제 단위당 재고유지비용을 계산함으로써 서비스수준을 결정하는 계산 과정을 알아보자.

$$H = P_v \times V \times \frac{D}{Q} \qquad [\text{식 } 8\text{-}12]$$

여기서, H = 단위당 재고유지비용(연간)
P_v = 조달기간 동안 품절될 확률
V = 단위당 재고부족비용(조달기간 동안)
$\frac{D}{Q}$ = 연간주문횟수

그러므로, 품절될 확률 P_v는

$$P_v = \frac{H}{V} \times \frac{Q}{D} \qquad [\text{식 } 8\text{-}13]$$

이므로, 서비스수준은 $1 - P_v$가 된다.

(2) 확률적 P모형

정기주문시스템 혹은 정기실사시스템이라고 부르는 P모형에서는 매주 혹은 매달 정기적으로 재고조사를 하게 된다. 이 시스템은 외부공급자가 제품의 전체

그림 8-8 | 확률적 P 모형

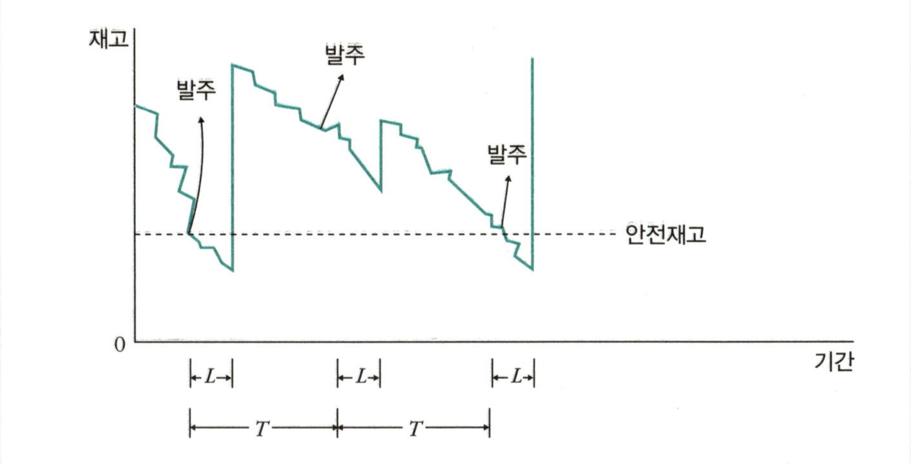

부품을 하청받아 정기적으로 납품하거나, 혹은 운송비를 절약하기 위하여 여러 주문을 한번에 모아 구입하는 경우에 유용하다.

확률적 P모형에서는 일정 실사기간마다 수요량이 다르므로 주문량도 달라진다. 일반적으로 P모형의 안전재고는 Q모형보다 더 많은데, 그 이유는 다음과 같다. Q모형에서는 재주문점을 의식하기 때문에 계속적으로 재고를 유지하고 있는 것으로 간주할 수 있으나, P모형에서는 재고가 특정 실사시기에만 계산하므로 더 넉넉히 가지고 있어야 하기 때문이다. 심지어는 현재고가 전혀 없는 상태에서, 실사기간이 되어 주문하더라도 조달기간 중의 재고는 계속 영이 되고 있는 셈이다. 따라서 P모형에서는 주문사이클인 재고보충주기(T)와 조달기간(L)을 동시에 고려하는 안전재고가 필요하게 된다. 다음 [그림 8-8]은 P모형을 나타내고 있다.

확률적 P모형에서는 재고보충주기(T)와 조달기간(L)을 고려하여야 하므로 안전재고는 $Z \times \sigma_{T+L}$이 되고, 주문량 V는 다음과 같다.

확률적 P모형의 주문량

$$V = \mu_{T+L} + Z \times \sigma_{T+L} - I \quad \text{[식 8-14]}$$

여기서, μ_{T+L} = 기간 $T+L$ 동안의 평균수요
$Z \times \sigma_{T+L}$ = 기간 $T+L$ 동안의 안전재고
I = 현재고수준

4. MRP

1) MRP의 의의

MRP(material requirements planning : MRP)에서는 주생산계획(master production schedule : MPS)을 기초로 완제품 생산에 필요한 자재 및 구성부품의 종류, 수량, 시기 등을 계획한다. MPS에서 확정된 완제품의 소요량은 생산기간별로 자재 및 부품의 소요량으로 전환된다. MRP에서는 부품의 재고수준을 합리적으로 낮게 하면서 완제품을 적시에 생산하도록, 발주, 생산, 조립의 계획을 수립한다.

MRP는 자재 및 부품의 적절한 재고수준 유지, 작업흐름의 향상, 우선순위 및 납기준수, 생산능력의 활용 등을 목표로 한다.

2) MRP시스템

MRP시스템이 총소요량에 근거하여 자재명세서와 재고기록파일을 이용하면서 필요한 부품을 주문한다고 가정하자. 완제품 X가 7주째 200단위 필요하다고 할 때, 각 부품이 언제, 얼마나 필요하고 또한 주문하여야 하는가를 알아보기로 한다. 단, 각 품목의 재고는 전혀 없는 것으로 가정한다.

[표 8-5]는 일반적인 경우로서, 각 품목의 재고가 표의 두 번째 열에 표시되어 있다. 이 경우의 MRP스케줄은 [표 8-6]과 같다. 이와 같이 MRP의 특징으로는 시간대에 맞는 소요량 파악, 부품의 확인, 계획된 주문 등을 들 수 있다. MRP가 성공하기 위해서는 정확한 주생산일정, 자재명세서, 재고기록파일 등을 유기적으로 결합하는 컴퓨터 프로그램을 보유하고 있어야 한다.

표 8-5 | MPS와 MRP시스템

(MPS)

기간(주)	1	2	3	4	5	6	7
총소요량							200

(MRP)

품목	내용	1	2	3	4	5	6	7
X	총소요량							200
$LT = 1$	발 주						200	
A	총소요량						600	
$LT = 2$	발 주				600			
B	총소요량						400	
$LT = 1$	발 주					400		
C	총소요량				1,200	400		
$LT = 1$	발 주			1,200	400			
D	총소요량				600			
$LT = 2$	발 주		600					
E	총소요량					1,200		
$LT = 2$	발 주			1,200				

주 : LT는 조달기간(lead time)을 의미함.

표 8-6 | MRP스케줄

		기간(주)						
품목	내용	1	2	3	4	5	6	7
X $LT = 1$	총소요량							200
	현재고 30							30
	순소요량							170
	수령							170
	발주						170	
A $LT = 2$	총소요량						510	
	현재고 120						120	
	순소요량						390	
	수령						390	
	발주				390			
B $LT = 1$	총소요량						340	
	현재고 30						40	
	순소요량						300	
	수령						300	
	발주					300		
C $LT = 1$	총소요량				780	300		
	현재고 30				200	0		
	순소요량				580	300		
	수령				580	300		
	발주			580	300			
D $LT = 2$	총소요량				390			
	현재고 30				50			
	순소요량				340			
	수령				340			
	발주		340					
E $LT = 2$	총소요량					900		
	현재고 30					300		
	순소요량					600		
	수령					600		
	발주			600				

3) MRP Ⅱ

자재소요계획은 두 가지 면을 강조한다. 우선, 자재소요계획은 주생산계획에서 필요로 하는 자재소요량에 초점을 맞추며, 로트규모와 안전재고에 대하여 알려준다. MRP는 노동력이나 시설에 대하여는 정보를 제공하지 못한다. 다음으로, MRP와 생산능력을 서로 조화시키기 위하여 생산능력소요계획을 세우지만, 이것은 사실 MRP 외부의 프로그램이다. 그래서 능력소요계획으로 생산능력을 재수립하는 경우에는 주생산계획도 다시 수립되어야 하는 경우도 있다. 이때 MRP는 주생산계획 및 능력소요계획과 통합되어야 하는데, 이 경우의 MRP 컴퓨터 프로그램은 폐쇄루프의 특성을 가진다.

따라서 폐쇄적인 MRP를 확장하여 생산시스템에 다른 기능을 포함시킬 필요성이 대두되었다. 예를 들어, 구매부서나 작업장의 세부일정계획 같은 것이 포함되지 않으면 안 되는 것이다. 이와 같이, MRP를 확장하여 사업계획과 각 부문별 계획을 연결시키도록 하는 계획을 MRP Ⅱ(manufacturing resource planning) 또는 제조자원계획이라고 부른다. MRP Ⅱ에서는 생산, 마케팅, 재무, 엔지니어링 등과 같은 기업자산을 함께 전반적으로 계획하고 통제하며, 나아가서는 제반시스템을 시뮬레이션하여 물류관리효율을 증대시킨다.

5. JIT시스템

1) JIT의 개념

JIT(just-in-time) 생산의 기본개념은 적시에 적량으로 생산해 내는 것이다. 예컨대, 자동차를 만들기 위하여 부품을 조립할 때, 전 공정의 중간조립품이 적시에 적량으로 생산라인에 도착하도록 한다. 이 JIT생산은 부품이 필요한 시기와 장소에서 사용되도록 계획하는 자재소요계획과 비슷한 의미를 주는 것 같지만, JIT에서는 필요한 시기에만 부품이 생산되도록 한다.

JIT생산의 목적은 계획된 생산량을 예정대로 착오 없이 성취하는 것이다. 단 한 개라도 과잉생산한다는 것은 하나가 부족한 경우와 마찬가지로 부정적이다. 최소한의 필요량을 넘는다는 것은 낭비로 간주하는 것이다. 그 이유는 현재 남아돌아가는 노력과 자재는 당장 사용될 수 없기 때문이다. 이러한 사고는 미국의 생산관행인 만일의 경우에 대비하여 가외로 재고를 가지고 있었던 미국기업가들에게 처음에는 생소하게 여겨졌다. 이들은 좋은 생산은 계획에 맞게 혹은 그 이상으로 생산하는 것이라고 생각하였던 것이다.

일본 도요타공장에서 개발된 이 JIT생산시스템은 도요타생산시스템이라고도 부른다. 이 시스템에서는 낭비를 줄임으로써 비용을 절감할 뿐만 아니라, 근면성, 고도의 능력, 좋은 작업환경 등을 통하여 작업자의 능력을 최대한으로 이용한다. 즉, 작업자들을 하나의 인간으로 대우하며 그들 스스로 최고의 능력을 보일 수 있도록 시스템을 만들어 나간다.

이 생산시스템은 서로 연결되어 있는 작업장을 하나의 거대한 네트워크의 생산공정으로 간주하여, 각 작업자는 그가 맡은 부품을 완성하여 후공정의 작업자가 준비되었을 때에 직접 넘겨줄 수 있도록 완전작업배치를 모색한다. JIT의 목적은

- 수요변화에 신속한 대응
- 재고투자의 극소화
- 생산조달기간의 단축
- 모든 품질문제의 노출

등을 포함한다. 특히 각 부품이 수령될 때에는 이미 정확하게 만들어진 것으로 간주한다. 부품을 생산할 필요가 있을 때에는 해당 기계가 이용되며, 모든 납품약속은 예정대로 지켜진다고 기대한다. 따라서 JIT를 추구하는 기업은 품질, 예방조치, 모든 생산참여자의 상호신뢰를 강조한다.

생산성에 대한 일본식 접근방법은 소규모 로트생산방식이다. 만일 어떤 기계가 한 시간에 100개의 부품생산능력이 있고, 그리고 500개의 부품이 필요하다면, 기계를 5시간 돌리는 것이 일반적인 관행일 것이다. 그러나 JIT생산에서는 매일 20개 정도로 필요한 수량만큼 25일 동안 생산하나, 일정한 속도나 고정산출량으로 부품을 생산하는 원활한 생산시스템을 유지한다. 각 공정에서 로트크기를 바꾸지 않고, 점진적으로 로트의 빈도를 바꿈으로써 수요변동에 부드럽게 적응해 나간다. 이뿐만 아니라, 기계준비시간을 최소한으로 단축시키려고 노력한다.

2) JIT의 기본원리

성공적 JIT시스템은 아래의 핵심 개념에 근거를 둔다.

- 품질(Quality) : JIT로 인해 높은 품질의 제품을 인수해야만 하는데, 나쁜 품질은 생산라인의 중단을 의미하고, 이를 대체하기 위한 '여분(extra)'의 품목은 없다.
- 파트너로서의 벤더(Vendors as Partners) : 일반적으로 JIT를 이용하는 기업들은 아주 적은 수의 공급업자에게 의존한다. 구매는 품질과 서비스에 관하여 구매자에게 레버리지(leverage)를 주기 위하여 제한된 수의 공급업자에게 집중된다. 구매자는 또한 생산예측과 매출예측에 관한 정보공유, 공정계획에 공급업자를 포함시키고, 그래서 공급업자는 그들의 고객들이 필요로 하는 것에 대하여 명확한 생각을 가지게 된다.
- 고객과 공급업자의 공동입지(Vendors co-location with customer) : 이상적으로는 공급업자는 그들이 고객과 아주 근접한 위치에 입지해야만 한다. 공급업자와 구매자 간의 거리가 멀어지면 시스템 두절과 재고소진의 기회가 생긴다. 이러한 이점을 최고화하기 위해서, 고객은 종종 공급업자의 공장이 자기와 동일한 장소에 입지(co-location)할 것을 요구하거나, 적어도 그들 자신과 비슷한 지리적 영역(the same geographic area)에 입지할 것을 요구한다.

3) JIT의 이점

- 더 빠른 재고회전(more inventory turns) : 재고를 적게 보유하고 있기 때문에 보유하는 재고는 더 짧은 기간 동안 머무르게 된다.
- 더 좋은 품질(better quality) : 고품질의 제품은 JIT시스템으로 획득이 가능하다.
- 작은 창고공간의 필요(less warehouse space needed) : 적은 수 혹은 작은 공간의 창고만 필요하게 된다.

4) JIT의 불리점

- 재고소진위험(risk of stock-outs) : 기업이 재고를 제거하거나, 최소화할 경우 재고소진의 위험이 발생된다. 경영자는 그들이 공급업자와 로지스틱스 서비스제공자들로부터 높은 서비스수준을 요구함으로써 이러한 상황을 최소화하고자 시도한다.
- 수송비의 증가(increased transportation costs) : JIT는 적은 수량의 빈번한 선적을 요구하므로, 수송비는 거의 항상 증가한다. 이러한 비용지출은 아주 급격하게 증가할 수 있는데, 자동차운송업자와 항공운송업자가 필수적인 서비스를 제공하기에 가장 적합한 수송유형이기 때문이다.
- 구매비용의 증가(increased purchasing costs) : JIT는 아주 빈번하게 소량을 획득하기 위하여, 앞에서 언급한 가격의 파괴를 포기하기에 구매비용이 증가할 수 있다. 경영자는 재고원가가 떨어지는 것보다 구매원가가 높이 올라가지 않도록 대책을 강구해야 한다.
- 소규모 경로구성원들의 고통가능성(small channel member may suffer) : 경로리더(channel leaders)는 공급업자에게, 그들을 만족시키기 위해서 재고를 보유할 것을 강요받는다는 느낌을 가질 수도 있는 엄중한 인도기준과 같은 것을 부과할 수 있다.
- 환경문제(environment issues) : JIT는 재고가 없을 때에 고객서비스수준을 유지하기 위해 요구되는 추가적 운송 때문에 높은 수준의 교통혼잡과 대기오염을 가져올 수 있다.

5) MRP와 JIT

앞에서 살펴본 바와 같이 MRP는 종속수요의 품목을 주문 · 처리하기 위한 정보시스템으로서, 공장 현장에서의 개별적인 주문, 소요자재, 후방 스케줄링과 무한능력계획에 사용하기 위하여 미국에서 개발되었다. 이 계획절차는 고객주문으로부터 시작하여 완성품의 완료시간과 수량을 나타내는 주생산에 사용된다.

JIT는 일본에서 개발되었으며, 목표는 모든 사업운영에서 발생의 낭비를 제거하는 것이다. 재고는 낭비로 간주되기 때문에 이 시스템은 재고감소 이상의 의미를 가지는 도구이다. JIT는 비교적 안정적인 스케줄을 요구하므로 많은 완성된 상품재고에 의하여 완충되는 반복적 제조환경에서 그 기능을 최대한으로 발휘한다.

JIT는 전산화될 수도 있고 안될 수도 있다. MRP와 JIT를 각각 효과적으로 운영하는 경우에도 제조기업은 커다란 이익을 얻는다. 그러나 두 시스템은 상호배타적이 아니며 통합적인 사용이 가능하다. 서로 다른 환경에서 개발되었지만 제조계획과 통제의 관점에서 특성을 가지고 있기 때문이다. 대체로 기업들은 운영을 통제하기 위한 기본시스템으로 MRP를 필요로 한다. 그리고 제품 특성에 따라 MRP시스템의 사용이 달라진다. 복잡한 제품을 생산하는 경우에는 주요 부품의 일정계획을 위한 MRP패키지의 모듈이 필요하나, 비교적 간단한 제품구조와 생산환경의 경우에는 적정 MRP를 직접 사용할 수 있다.

JIT의 원칙은 전사적품질경영(Total Quality Management : TQM)과 예방유지시스템을 잘 설치한 후에 기본 MRP에 부가될 수 있다. TQM은 JIT없이 존재할 수 있지만, TQM없이 JIT는 존재할 수 없다. JIT 또는 MRP가 효과적으로 작동하기 위해서는 좋은 부품이 매회 만들어져야 하며, 필요할 때에는 생산시 언제나 이용될 수 있어야 한다. 사실 제조계획통제시스템은 시뮬레이션능력, 전문가시스템 그리고 더 좋은 보고시스템 등에 의하여 개선이 가능하다. 중요한 것은 어느 시스템을 사용하는가가 아니라, 여러 시스템을 유연하고 사용하기 편리한 시스템으로 통합하여 회사 내의 생산스케줄, 로지스틱스를 효과적으로 어떻게 수행하느냐이다.

제3절 오더피킹과 소팅

1. 오더피킹의 개념

오더피킹이란 고객의 발주내역에 따라 물류센터 및 창고 내에서 체계적인 로케이션관리하에 보관 중인 상품을 집품하여 납품준비를 하는 물류활동을 말한다. 오더피킹에서 가장 중요한 과제는 고객의 주문내역과 일치하도록 상품을 집품하고, 지정한 납기 안에 배송해주는 것이라 할 수 있다

보통 기업이 생산하여 판매하는 품목은 동일한 상품이라 하더라도, 그 크기나 색상, 스타일, 성능의 차이에 따라 수없이 다양하므로, 과학적인 오더피킹이 이루어지지 않으면 고객의 주문내역과 상이한 납품이 이루어지기가 쉽다. 이러한 경우 고객은 자신이 주문했던 상품과 상이한 품목의 배달로 인해 판매기회를 상실할 수 있으며, 기업은 반품처리 및 상품재발송에 따른 추가적인 물류비용과 시간의 낭비가 있게 된다.

따라서 짧은 시간 내에 고객의 주문내용대로 정확하게 집품할 수 있는 오더피킹시스템을 구축하는 것은 물류시스템의 전반적인 효율성과 효과성, 즉 총물류비와 고객서비스 수준에 대한 목표를 달성함에 있어서 매우 중요한 과제가 아닐 수 없다.

2. 오더피킹시스템의 변화

1) 다품종소량 · 고빈도배송

우리나라의 다품종소량 · 고빈도배송의 수준은 다른 나라와 비교해서 보다 심화되고 있으며 또 그 경향이 강해질 것으로 예상된다. 고도의 정보화시대에서 VAN과 LAN을 비롯한 새로운 정보네트워크시스템이 점차 급속하게 발전하고 있다. 정보네트워크시스템의 급속한 발전으로 재고파악이 신속 · 정확하게 되면서 POS의 도입은 상세한 발주를 가능하게 한다.

한편 격심한 기업경쟁하에서도 고객서비스가 중요하게 되고, 수주에서 물건의 납품까지의 리드타임의 단축, 고빈도배송에 의한 고객서비스가 중요한 테마로 되었지만 고빈도배송은 수송비의 상승을 초래하는 것만이 아니라 여기에 대응하는 피킹의 빈도도 늘어나게 된다. 정보의 전달이 빠르게 되면 지금까지 다품종소량이라고 하는 수주내용이 점점 다품종소량화하여 소단위화될 것은 당연한 일이지만 문제는 지금까지 한 종류, 한 팔레트의 주문이 한 상자로 변화하고, 그 한 상자의 주문내용이 급속히 변화하는 것으로서, 1일 1회의 납품이 2회나 3회로 되는 것을 말한다.

다품종소량 주문체제도 물류시스템이나 기기의 설비에 큰 변화를 미치게 된다. 상자단위의 출하로, 또 상자단위의 출하가 낱개단위로 출하되면 현재 시스템의 생산성이 떨어지거나 경우에 따라서는 사용할 수 없게 되어 별도시스템으로 변경하거나 별도 기기를 쓰지 않으면 안될 경우도 생긴다. 문제는 현재 사용하고 있는 오더피킹시스템이나 기기가 다품종소량의 변화에 어느 정도까지 유연하게 대응할 수 있느냐는 것이다. 이런 것은 향후 물류시스템이나 물류기기의 도입에 있어서도 특히 주의를 요하는 점이다.

2) 자동화와 기계화

오더피킹작업은 다품종소량 · 고빈도배송으로 인해 사람의 손이 필요하기 때문에 작업을 자동화 · 무인화로 해결하는 방법이 바람직하지만 다품종소량의 경향은 이 자동화 · 무인화의 실현을 점점 어렵게 한다. 자동화나 무인화는 처리량이 많을수록 기술적인 측면과 채산성 측면에서 자동화가 용이하지만 다품종소량의 처리는 소량처리를 위한 자동화 비용이 증가하여 실현이 어려워진다. 생산라인의 다품종소량의 대응은 다품종소량이라 하더라도 로봇나 자동기기의 대응도 가능하지만, 배송센터나 유통센터의 다품종소량이란 그 소량이라는 정도가 다르기 때문에 다종다양한 물건을 소량 취급하는 오더피킹의 자동화에 로봇을 사용하기는 매우 어려운 실정이다. 오더피킹에 로봇이 사용되고 있다고 하더라도 단순히 피킹 로봇에 한정되어 있는 정도이다.

한편 오더피킹의 자동화는 창고시스템의 최대의 과제로서 예전부터 여러 가지 오더피킹기기가 개발되어 실용화되어 오고 있다. 이런 것은 자동피킹기계라고 불려지고 있어 팔레트나 상자에 대응하는 여러 가지 기종이 있다. 단품을 자동적으로 피킹하는 자동피킹기계는 그 형식이 자동판독기 타입으로 되어 있어서 같은 양상의 자동피킹기계가 미국 및 유럽에서 많이 사용되고 있다. 로봇에 의한 피킹의 연구도 유럽에서는 성행하고 있지만 우리나라에서는 컴퓨터의 파일이나 서적 등의 비교적 형상이 일정한 것을 선반에서 피킹하는 자동피킹로봇이 쓰여지고 있다.

상자나 배달용 상자를 플로우 랙이나 선반에 보관하고 자동피킹하는 방법은 자동 플로우 랙을 활용하여 자동화가 이루어지고 있다. 오더피킹기기라 해도 팔레트에서 단품의 것까지 모두 처리할 수 있는 기기는 없고 취급하는 물건의 형태에 따라 적용범위가 대체로 한정된다. 각 창고의 오더피킹 물건이 각각 상이하기 때문에 타사에서 행하고 있는 시스템이나 기기를 그대로 도입하여 활용하는 것이 어렵다.

3) 디스플레이방식

다품종소량 피킹의 자동화가 어렵게 되면 그 대응은 아무래도 사람 손에 의지할 수밖에 없다. 수작업에 의존할 경우 그 생산성을 향상시키기 위해서 물품정보 및 로케이션의 표시방법을 신중히 검토해야 한다. 표시방법은 피킹한 물건을 보관하고 있는 선반이나 플로우 랙의 앞쪽에 빨간 램프를 달아 피킹 장소를 지시하고 다시 그 선반에서 몇 개 피킹할 것인가를 표시하는 등 피킹의 효율성을 크게 증진시켜준다. 피킹 대차에 컴퓨터를 탑재하여 IC카드나 플로피 등으로 피킹하는 정보를 넣어 그 대차로 피킹하는 선반번지나 수량을 표시하는 방식, 선반과 연동해서 피킹하는 선반에 빨간 램프를 켜서 수량을 표시하여 피킹하는 방식도 쓰여 왔다. 회전 선반은 picker가 피킹하는 물건을 선반번지나 품명코드에 key in하는 것으로서 자동적으로 피킹한 물건을 picker의 장소에 회전하여 오는 것으로 사람손에 의한 것이다. 이 방법은 피킹효율이 좋으며 다품종소량의 피킹에 쓰여지고 있다. 또 회전 선반의 각 출구를 분류선으로 나누어 그 출구에 배치 피킹해온 물건을 분류하는 방법도 쓰여지고 있다.

4) 자동식별장치(Identification & Recognition)

피킹 문제점의 하나로 물건과 정보와의 연결이 없기 때문에 어떤 물건이 어디에 보관되어 있다고 해도 그 정보와 물건 및 그 장소와는 직접 연결되지 않는다. 이것을 잇는 방법이 자동식별장치로 그 하나는 바코드이며 그 외로 자기방식이나 RF방식(Radio Frequency, 물건에 응답기를 첨부해서 Micro-Wave를 이용해서 응답하는 방법)을 사용해서 비접촉, 자동적으로 물건이나 장소를 읽어내는 방식도 사용해 오고 있다.

RF방식의 응답기를 물건에 첨부하면 어떠한 것이 포장되어 있어도 검품이 될 수가 있다. 바코드, 자기코드, RF코드 등을 팔레트나 선반에 붙이면 그것을 읽어낼 수가 있어 어떤 선반에 무슨 팔레트가 보관되어 있는지의 정보를 읽어낼 수 있고 팔레트의 추적조사가 된다.

5) 라벨피킹

오더피킹의 방법으로서 피킹리스트 대신에 피킹한 물건의 수량만큼 라벨을 빼서 이것을 기준으로 물건을 피킹하여 물건에 이 라벨을 첨부한 라벨피킹(label picking)방식도 쓰여진다. 이 방식은 라벨을 첨부한 시점에서 '物'과 정보가 일치하도록 되어 피킹 수량의 착오도 없어진다. 이 라벨에 품명만이 아니고 품명의 바코드나 납입선을 가리키는 바코드 등을 인쇄해서 놓으면 피킹한 물건의 바코드를 스캐너로 읽는 것으로 검품을 능률적으로 행하고 바코드 부착 물건이 됨으로써 같은 제품이라도 납입선이 다른 경우 구별도 되고 그 물건의 추적 조사도 될 수가 있다.

6) 무선시스템

Fork Lift 무선통신기기를 실어 몇 번지의 선번에서 어떤 팔레트를 피킹할 것인가를 지게차의 기사에 지시하는 방법이다. 팔레트 선반과 팔레트에 자동식별장치를 붙여서 어떤 선반에 어떤 팔레트가 보관되어 있는지의 정보를 명확하게 하고 Free Location 방식으로 피킹하는 방법 등도 쓰여진다. 무인지게차나 무인대차(AGVS)에 피킹정보를 넣어서 팔레트 등을 자동피킹하는 방법도 쓰여지고 있다.

7) 수주방법

오더피킹의 자동화 · 기계화가 되면 물건을 피킹하는 것의 자동화 · 기계화를 생각하기 쉽지만 수주정보를 신속하게 출하지시서에 바꾸는 것도 피킹의 능률화에 필요한 것이다. 수주정보의 처리가 늦어지면 리드타임이 길어지는 것은 당연하다. 피킹을 하기 위한 준비작업에 시간이 걸리게 되면 피킹의 능률이 떨어지는 것은 말할 필요도 없다. 수주방법으로서 핸디터미널, 컴퓨터단말기 등 수주정보를 신속하게 빨리 전달하는 방법이나 전달의 정보, 물건에 첨부되어 있는 정보를 자동식별해서 컴퓨터에 자동입력하는 방법도 쓰여진다. 입하정보, 재고

정보 등도 자동입력한 것도 행하여지고 있다.

8) 오더피킹의 운영방법

컴퓨터로 출하지시서를 찍어내고 또 피킹리스트도 찍어내고 있지만 이런 지시서 등은 피킹리스트나 오더피킹을 능률적으로 행하는 운영방법이다. 많은 거래선이나 방면별 거래처 주문품을 일괄 피킹하는 쪽이 능률적이라고 생각해서 배치피킹 리스트를 찍어내고 있는 곳이 상당히 많다. 지시서의 순서나 그 배치하는 방법이 정말로 효율적인 운영방법으로 되어 있는 경향의 예도 많이 볼 수 있다. 오더피킹 운용 예로서 배치피킹이 좋은지 싱글피킹이 좋은지 그 나름대로 절충하는 쪽이 좋은지 등 어떠한 방법과 순서로 오더피킹을 행하면 좋은가의 오더피킹의 방법 및 순서의 소프트에 대해서는 아직도 연구의 여지가 남아 있다. 출하지시서라는 정보를 훌륭하게 처리해서 피킹의 능률을 올리는 데이터의 처리방법 소프트가 다품종소량 시대의 오더피킹의 능률화에 기여할 것이다.

9) 향후 전망

오더피킹의 특성은 천차만별이기 때문에 그것에 대응하는 시스템이나 방법도 여러 가지가 있다. 우선 그 특성을 잘 파악해서 그에 맞는 시스템을 생각할 필요가 있다. 자동피킹은 누구에게도 바람직한 것이지만 그 설비 코스트가 비싸기 때문에 다품종소량이라 하더라도 그 전체의 취급량이 많은 경우나 취급하는 물건이 약품, 화장품과 같은 고액의 경우에 쓰여지고 있는 경우가 많다.

한편 인력부족문제로 24시간으로도 부족한 물류시대에는 어렵더라도 자동화에 착수하지 않으면 안 된다. 이 경우에 전부를 자동화할 것인지의 여부가 아니고 될 수 있는 것부터의 자동화를 실시하는 것이 필요하다. 일반적으로 창고에서는 20~30%의 종류로 80% 정도의 양을 피킹하고 있는 곳이 많다. 이 20~30%의 종류가 자동화되면 80% 수량의 자동 피킹이 가능하게 되고 사람 손으로 행하는 곳은 나머지 20%의 양밖에 되지 않는다라고 생각하는 방법도 활용할 필요가 있다.

자동피킹이 어렵게 될 경우에 사람 손과 기기의 조합은 효과적이고 능률적이다. 배치피킹과 자동분류 컨베이어와의 조합으로 회전선반과 사람 손에 의한 오더피킹 표시장치가 붙은 플로우 랙 등은 좋은 예이다. 오더피킹에 대응하기 위해서는 오더피킹의 특성을 잘 파악해서 유연한 생각으로 시스템을 검토하고 하드웨어보다는 어떠한 순서와 수법으로 능률이 좋게 하여 오더피킹을 행할지의 전략이 중요하다.

3. 오더피킹시스템의 구성

오더피킹은 고객으로부터의 주문에 의해서 물품을 재고에서 꺼내는 것이며 주문정보에 의거하여 물품의 이동이 시작되는 시점이다. 창고 내의 이 작업은 중요한 작업의 하나이지만 손이 많이 가고 잘못이 생기기 쉽다. 창고의 자동화 및 성력화(省力化)시스템은 오더피킹시스템에서 결정된다고 말하고 있다.

오더피킹의 방법에는 주문전표로 선품을 행하는 싱글 오더피킹과 건수에 따라 주문전표를 모아서 선품을 행하는 일괄 오더피킹이 있다. 생활양식이 다양화되고 정보전달이 신속하게 되어 수송시스템이 고도화됨에 따라 주문한 것을 단시간 내에 입수하게 되면 주문추세 단위가 적게 되어 주문의 빈도가 많게 되는 것은 시대의 경향이라기보다는 시대의 요구라 해야 할 것이다.

1) 오더피킹의 단위와 방법

피킹단위로서 생각되는 것은 다음의 네 가지 경우가 있다.

- 팔레트피킹
- 케이스피킹
- 스프리트피킹
- 피스피킹

일반적인 경향으로서 피킹단위가 적을수록 손이 많이 가고 잘못의 발생률이 증대된다. 다품종의 것으로부터 개개의 주문선별로 상품구색을 맞추는 데 아무런 방법을 강구하지 않으면

- 주문건수의 증가
- 품종의 증가

- 물량의 증가
- 피킹과 상품구색 작업량의 증가

의 경우에 오류가 유발할 가능성이 커진다. 더욱이 효율적인 오더피킹은 주문을 받기 전 시점에서 품종 및 품목을 한정하여야 하지만 이 방법은 고객의 만족도를 저하시킬 뿐 높일 수는 없다.

이 문제를 해결하기 위해서는 그 당시 그 기간에 있어서의 주문경향을 파악할 필요가 있다. 이 방법에는 여러 가지 표현이나 수법이 발표되어 있지만 결국은 A: 주문건수, B: 주문품의 품목, C: 주문수량의 3요소에 의해서 ABC분석을 하여야 한다.

한 품목당 다량의 것이 극히 적은 주문건수로 출고하려 할 때에는 이에 무엇인가의 이유가 있는 것으로 그와 같은 경우에는 특별한 조사를 필요로 한다. 동일품목으로 주문건수가 많은 경우는 피킹횟수도 많고 주문량도 많아 물품 한 개당의 용적도 있지만 피킹작업장의 품목별 배당에 영향을 미치기 때문에 생각되지만 한 개당 용적이 큰 것은 보충에 유의해서 피킹장의 피킹 훼이스(각 품목마다 피킹작업자와 상대하는 면이 균등하게 나누어지도록 배려하여 피킹작업자의 작업효율을 높이게 하는 데 유의하지 않으면 안 된다.

2) 피킹작업과 설비

(1) 보통랙에 의한 보관의 경우

보관선반에 넣어 두었던 물품을 출고전표에 의해서 피킹할 경우는 전표에 기입된 물품이 어디에 있는지를 찾아내는 것은 어려운 일이다.

여기에서 커다란 효과를 발휘하는 것이 로케이션 매니지먼트이다. 보관선반에 모든 번호가 붙여져 보관품목과 로케이션이 일체가 되어 관리되어 있으면 발행된 출고전표를 입고구에서 출고구로 향해서 정리하여 창고 내를 일순하면 모든 출고작업이 끝난다.

컴퓨터에서 출고전표가 출력되는 경우는 로케이션 번호순으로 전표가 인쇄되도록 프로그램을 짜도록 하여 전술한 바와 같은 목적을 달성할 수가 있다.

보관창고가 커서 보관품목의 양도 많을 경우는 로케이션을 수개의 블록으로 구분해서 작업하도록 배려한다. 피킹작업자의 움직임이 일방통행으로 되풀이되

그림 8-9 | 보통랙에서의 피킹의 경우

지 않도록 사전에 대책을 강구하는 것이 중요하다.

(2) 유동랙에 의한 경우

ABC 분석된 결과 A구분에 속한 주문건수와 양이 많을 경우에 대해서는 대부분 유동랙이 사용된다.

유동랙은 랙방식과 자동화의 기능을 결합한 것으로서 피킹에 의해서 생기는 공간에 후방에 있는 다음 상자가 중력에 의해서 자동적으로 앞 공간으로 이동해서 다음의 피킹이 될 수 있도록 준비가 되는 것이다. 주문건수가 많은 경우는 대차 등에 의한 피킹 검품이 아니라 랙의 전면하부 또는 작업자의 배후에 컨베이어를 설비하여 피킹한 것을 즉시 운반할 수 있는 방법으로 한다. 이 방법으로 프로그램을 짜서 주문선의 코드번호를 부친 상자가 컨베이어에 의해서 운반되 오

그림 8-10 | 인력에 의한 오더피킹

면 코드리더가 고객코드를 읽어서 컴퓨터에 피드백한다.

컴퓨터는 즉시 그 주문선으로부터의 수주기억을 출력하여 이를 각 품목의 상부에 붙여진 디지털 표시기에 표시한다. 피킹이 끝나 주문품을 주문수량만큼 상자에 넣은 작업자는 차례로 표시기의 표시를 꺼서 작업이 끝난 것을 컴퓨터에 입력한다.

이 작업이 연속해서 행하여지면 전표없는 오더피킹작업이 능률적으로 되풀이 된다. 그러나 이 방법은 단순히 디지털표시된 수량만 표시기의 밑에 있는 물품을 피킹해서 상자에 넣는다는 되풀이 작업이고 작업자는 전부 기계적인 동작만으로 시종일관하기 때문에 작업자의 노무관리에 어려운 문제를 안고 있다.

(3) 오더피킹의 자동화

오더피킹의 자동화란 될 수 있는 대로 사람의 손을 쓰지 않고 상품구색의 목적을 달성하여야 한다.

그림 8-11 | 유동랙에 의한 경우

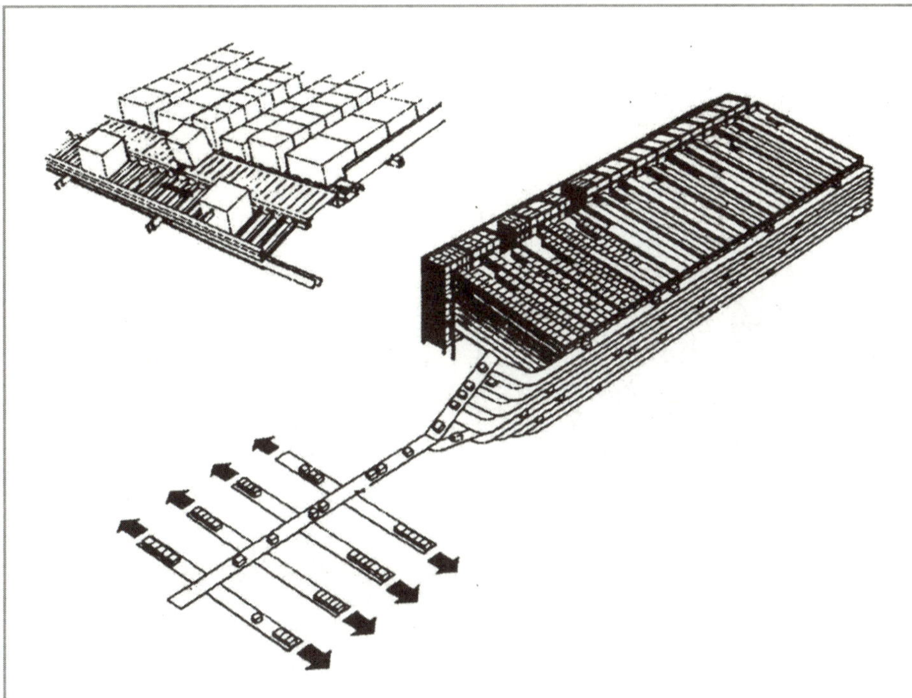

그림 8-12 | 유동랙을 응용할 경우

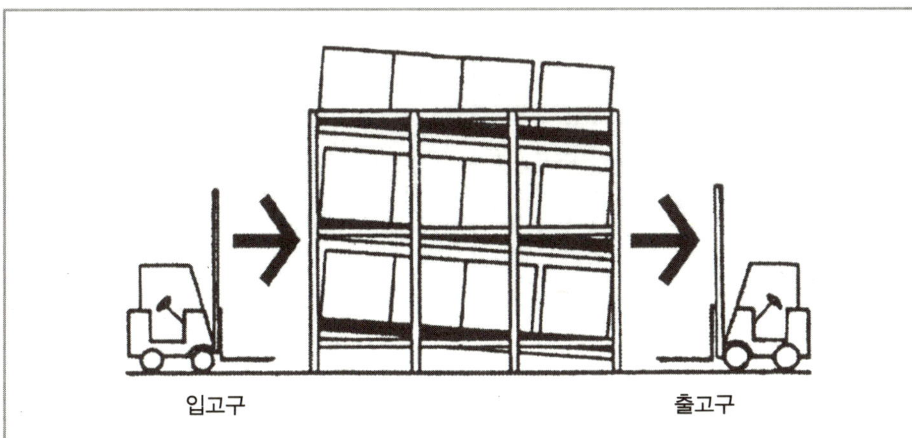

그림 8-13 | 피킹시의 이동거리 비교

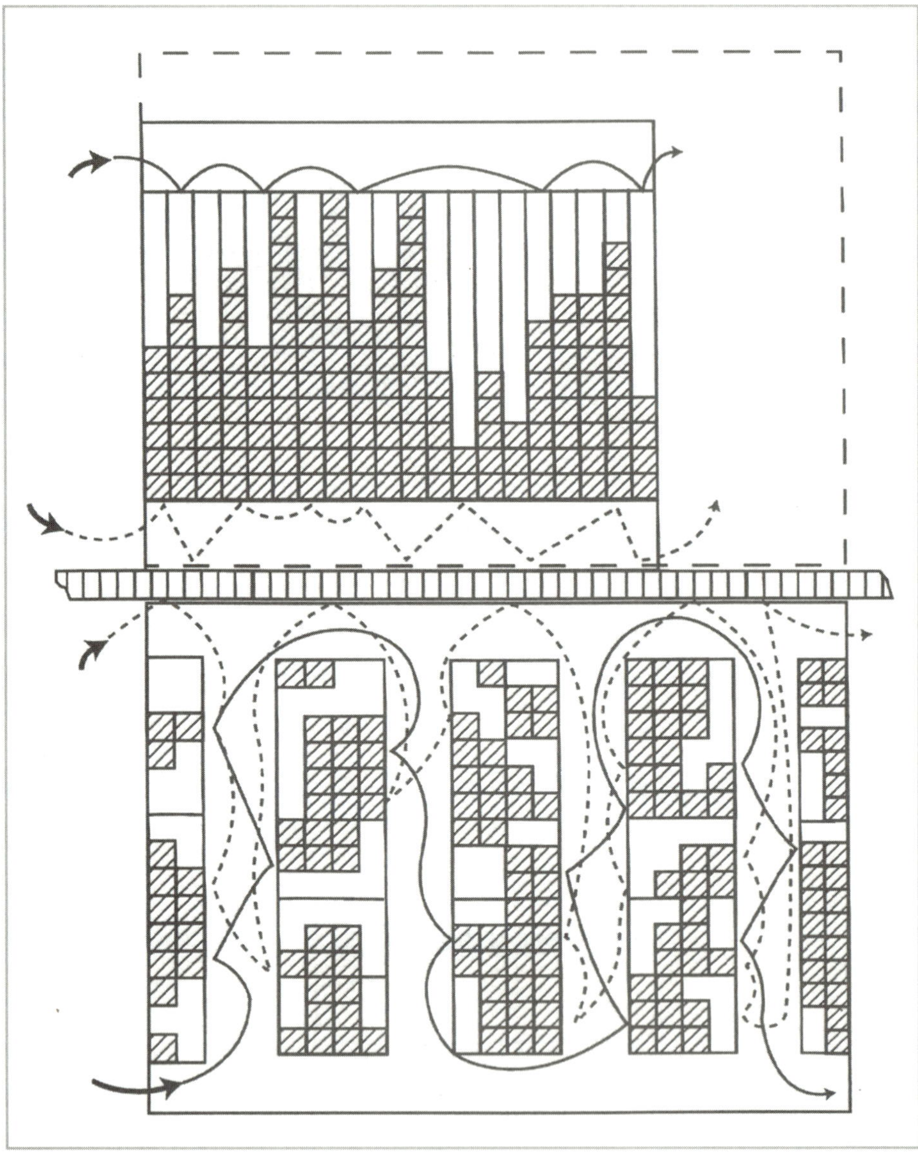

기계화할 요소를 살펴보면,

- 찾아낸다.
- 헤아린다.
- 꺼낸다.

- 상품구색을 갖춘다.
- 모아 정리한다.
- 출고한다 등이다.

이 중에서 '찾아낸다'는 컴퓨터를 사용한 전기제어방식을 이용하기 때문에 물품을 놓아 둔 장소나 꺼내는 수량을 피킹작업 순으로 표시하여 극히 능률적인 작업을 할 수가 있다.

회전랙을 이용해서 품명의 코드 넘버를 키보드에 입력하는 데 따라 랙을 회전하여 목적물품이 작업자 앞으로 와서 정지하는 방식이다.

회전랙을 이용해서 품명의 코드 넘버를 키보드에 입력하는데 따라 랙을 회전해서 목적물품이 작업자 앞으로 와서 정지하는 방식이나 피킹작업에 사용하는 소형 손수레차가 밧데리와 손수레와 컴퓨터 간의 정보전송기를 짜 넣어 피킹하는 품명수량 등의 작업자별 정보를 입력한 IC카드를 작업자에게 갖게 하여 손수레의 Slot에 세트하는 것만으로 광공간전송장치에 의해서 피킹하는 물품의 보관장소에 램프 표시나 피킹수량을 디지털 표시하는 것으로 케이퍼레스로서 초보자도 용이하게 작업에 임할 수가 있는 방식이다.

그림 8-14 | 자동피킹시스템

(4) 디지털피킹시스템(Digital Picking System : DPS)

현대의 유통의 특징으로 다품종소량생산에 대한 대응은 종래의 사람 손의 착오에 의한 오출하, 입체수납지역으로부터의 반출 등의 과제를 디지털피킹에 의하여 발본적으로 해결하고 있다. 단순히 정확할 뿐만 아니라 처리속도도 빠르며 도입효과로서 생인(省人)·생시간이 저비용경영으로 이어진다는 것을 확인할 수 있다. 예를 들면 물류비용 중 30~40%를 차지하는 인건비를 대폭적으로 절감할 수 있는 장점이 있다.

피킹방식에서는 그 물류시설의 출하경향에 의해서 '따내기 방식', '씨뿌리기 방식'이 대표적인 2개방식으로서, 출하형태에 따라서 선택되며 하물정리의 패턴도 다르게 되어 있다. 따내기방식은 필요한 아이템을 주문선별로 선품~집품해가는 방식으로서 출하수가 적으나, 출하선·다품종 모두에 적합한 방식이다. 다른 하나의 씨뿌리기방식은 출하수와 아이템수 모두 적고 유니트화된 물품에 적합한 방식이다. 주문선마다 분류에 선행하여 아이템별로 피킹을 일괄 처리한다.

컴퓨터화한 피킹에서는 집품지시정보의 제시로 시작하고 단품보관선반에서 실제로 선품하는 상품명·수량 등이 디지털로 표시됨으로써 담당자는 컨테이너 대차나 무인반송차에 이를 정리하기만 하면 된다.

기재순은 집품순이기도 하고 다음 포인트는 디지털보드가 꺼지기도 하고 켜지기도 하기 때문에 일정코스를 돌면 작업은 종료한다. 출하리스트인 지시정보에 따라 바코드에 의해 대조 확인해 가는 방식도 있다. 피킹작업에 의한 수량변경 데이터는 입고수·재고수의 데이터를 자동적으로 고치면서 간다.

자동 입출고시스템에서의 상품보충을 할 수 있는 하물처리 장소에서 행선지별로 선별할 때 카드에 탑재한 퍼스컴화면에 표시된 것에 따라서 상품별·개수 등을 확인하는 피킹도 있다. 이런 실례로는 직후에 바코드 검품을 실시하는 것으로서 선별이 틀린 경우에도 즉시 과오에 대응할 수 있는 시스템으로 되고 있다.

판매회사의 상품센터, 일배품 등을 대상으로 하는, 즉 스페이스가 보다 적은 출하준비를 대상으로 하는 기기시스템 분야에서의 작업성을 높인 피킹시스템이 여러 가지 개발되고 있다. 예를 들면 백화점, GSM 등의 부인복매장에서 수주되는 상품의 발송현장에서는 배송센터의 작업으로서 ① 재고로서 행거식의 수납장치(기계에 의한 회전식)에 의한 피킹효율·재고효율을 높임, ② 집하한 카드를 다층계단에 연속분류 후, ③ 경사컨베이어 분류에 의한 고속분류를 거쳐서,

④ 음성부호기 이용에 따른 분류유도에 의해 고속처리와 생력화가 실현되고 있다.

소용량 포장이 대부분을 차지하는 의약품의 출하를 예를 들면, 수도권의 트럭터미널에 입지한 유통창고에 고밀도의 회전랙과 디지털표시를 짜 맞춘 재고기능에 의하여 지방으로부터의 발주에 즉응하는 태세를 갖는 현장이 있다. 단층과 다층에 걸친 것까지 여러 가지이고 천장높이 4미터 정도의 건물공간에 3천에서 수만 개의 의약품을 가지고 있다.

수직반송기시스템에 의한 담당자는 작업대를 떠나지 않고 피킹할 수 있다. 이 피킹시스템은 각각의 단계가 개별적으로 회전하고 대기시간 제로를 목표로 하는 선반이 목전에 출현한다. 산업분야에서는 전자부품이나 작은 부품의 스토크에 사용되고 있다.

(5) 자동창고의 오더피킹

물품이 작업자의 앞까지 운반되는 방식으로 자동창고의 기구를 이용한 것이다. 입력된 물품이 들어 있는 상자를 랙으로부터 꺼내어 입출고에서 작업자가 필

그림 8-15 | 수동 및 디지털피킹시스템

요한 양만 피킹해서 다시 랙에 수납 · 보관하는 방식으로 특히 랙과 여기에 수납되어 있는 상자가 극히 소형으로 되어 있고 또 그 양이 많기 때문에 다품종의 비싼 부품이나 공구류를 보관하여 컴퓨터에서의 출고지시에 의해서 목적의 상자를 찾아내서 출고구에 반출하도록 하는 방식을 사용한다. 이것을 IS/RS(Integrated Storage and Retrieval System), 집약보관형 입체자동창고라고 불려지고 있다. IS/RS에서는 입체자동창고에 설치된 스태커 크레인에 작업자가 탑승하여 컴퓨터의 프로그램과 같이 이동해서 해당통로의 오더피킹을 단시간에 실시하는 방법도 일찍이 사용되고 있지만 극히 적은 부품이나 공구 등의 오더피킹에 적용되고 있다.

(6) 전자동 오더피킹

주문정보를 입력하는 것만으로 찾아내고, 꺼내고, 구색을 맞추고 출고하는 일체의 업무를 자동화하기 위해서는 몇 가지 전제조건이 필요하다.

동일한 물품은 수량이 파악될 수 있도록 개별포장이 되어야 하며, 전송장치나 피킹장치에 의해서 개별단위를 꺼낼 수 있도록 공간을 두어야 한다. 그리고 해당 주문품목을 컨베이어 위에 꺼낸 다음, 검출기에 의해 확실하게 검수되면 그 정보를 피드백할 수 있어야 한다.

이러한 전자동 오더피킹의 시스템의 기계적 구조는

- 쌓아올린 개장의 맨 밑에 있는 것을 한 개씩 밀어내서 꺼내는 것.
- 랙의 각 단에 개장의 폭에 상당하는 구동장치를 갖지 않은 벨트컨베이어를 늘어놓아 그 컨베이어 위로 정렬된 개장열의 피킹을 필요로 하는 열로 구동장치가 이동해서 컨베이어를 구동시켜 반출컨베이어를 통해 이동해온 개별포장의 수량을 확인하는 것이다.

4. 소팅시스템의 개념

1) 소팅의 개념

소팅(sorting, 분류)이란 상품명세에 따라 개별적인 정보를 갖고 있는 물품을 일정한 분류기준과 과학적인 로케이션관리 체계에 따라 일정한 위치에 집합시키는 물류활동이다. 소팅은 상품을 체계적으로 분류함으로써 상품인도에 대한 리드타임을 줄이고 정확성을 높이기 위한 활동인 것이다.

2) 소팅의 목적

소팅은 물품을 형태 및 중량, 고객별, 주문별, 행선지별, 제품별 등으로 분류하는 작업인데, 그 기본적 목적은

- 생산성향상
- 고객서비스의 향상
- 성력화
- 분류시간의 단축
- 분류오류의 감소 등이다.

5. 소팅방법

1) 롤러컨베이어에 의한 방법

- 경사롤러컨베이어 위를 이동해 가는 화물을 분기하기 위해 방향을 바꾸는 판자를 사용해서 좌우로 구분하는 방법이다.
- 구동롤러컨베이어(수평) 위를 이동해 가는 화물을 분기하기 위해 방향을 바꾸는 판자를 사용해서 구분하는 방법이다.
- 구동롤러컨베이어(수평) 위를 이동해 가는 화물을 분기시키는 장소에 오면 측면으로의 이동을 위하여 롤러의 간격에 롤러컨베이어의 흐름과 직각방향으로 구동시키는 체인컨베이어를 설치해서 이를 통해 롤러컨베이어의 윗면보다 높게 부상시켜 체인컨베이어의 회전방향으로 화물을 구분하는 방법이다.
- 앞의 경우는 화물이 체인컨베이어 위를 타고 이동하지만 체인컨베이어는 부상시키지 않고 분기되는 컨베이어의 폭과 동등한 폭을 설치한 2개의 체인컨베이어에 옆으로 밀어내는 바를 설치하여 분기시키는 장소에 화물이 왔을 때 이것을 운전해서 수평으로 강제 이동시에 직각방향으로 구분하는 방법이다.

그림 8-16 | 롤러컨베이어에 의한 분기 및 분류

- 분기시키는 장소에 설치한 직각방향에 밀어내는 스프렛샤에 의해서 강제적으로 밀어내 구분하는 방법이다.

2) 벨트컨베이어에 의한 방법

- 롤러컨베이어 위에 판자를 설치하여 방향을 바꾸는 방법이다.
- 벨트의 표면이 수지 가공된 미끄러운 고무벨트를 사용하여 롤러컨베이어의 분기점에 온 화물을 직각방향으로 밀어내는 푸셔에 의해서 강제적으로 분기하는 방법이다.
- 스틸벨트를 분류용 컨베이어로 사용하여 고속으로 운전을 하면서 적당한 간격으로 화물을 보냄과 동시에 분류를 위한 분기점의 정보를 입력하여 분류기에 의해서 밀어내 구분하는 방법이다.

• 벨트컨베이어에서 화물을 운반하여 몇 개의 분기점에서 벨트를 내려 여기에 생긴 간격으로 6~7개로 분할해서 제각기 일제히 오른쪽 또는 왼쪽으로 방향을 바꿀 수 있는 롤러를 설치해 주고 화물이 분기점을 통과할 경우에 이 분할 롤러벨트와 같은 방향으로 회전하고 분기점에서 분기하는 신호가 입력되어 있으면 분기롤러가 오른쪽 또는 왼쪽으로 방향을 바꾸어서 부상하여 진행해 온 화물을 오른쪽 또는 왼쪽방향으로 수평이동시키는 방법이다.

그림 8-17 | 스틸벨트 타입

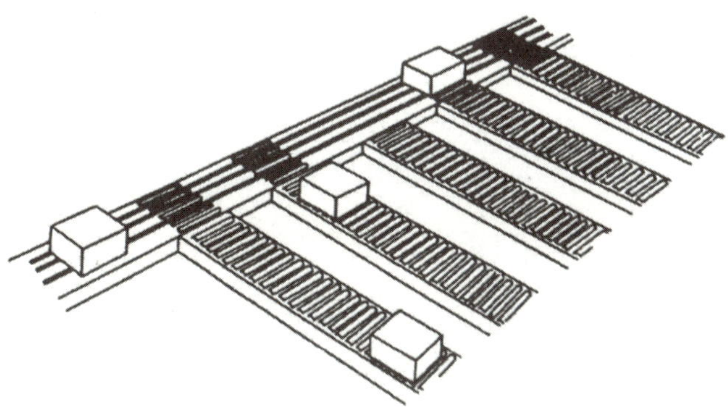

3) 트레이 또는 스타트를 사용해서 분류하는 방법

그림 8-18 | 트레이 타입 소팅

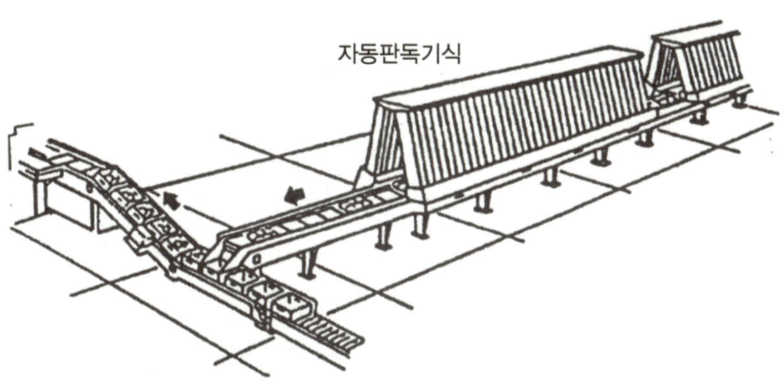

4) 동작에 의한 분류방법

(1) 밀어내는 방식

화물을 컨베이어에 흐르는 방향에 대해서 직각으로 암(Arm)으로 밀어내는 방식이다.

(2) 다이버트 방식

진행하는 방향에 대해서 컨베이어 위에 비스듬히 암으로 물품을 분류한다.

그림 8-19 | Push Diverter

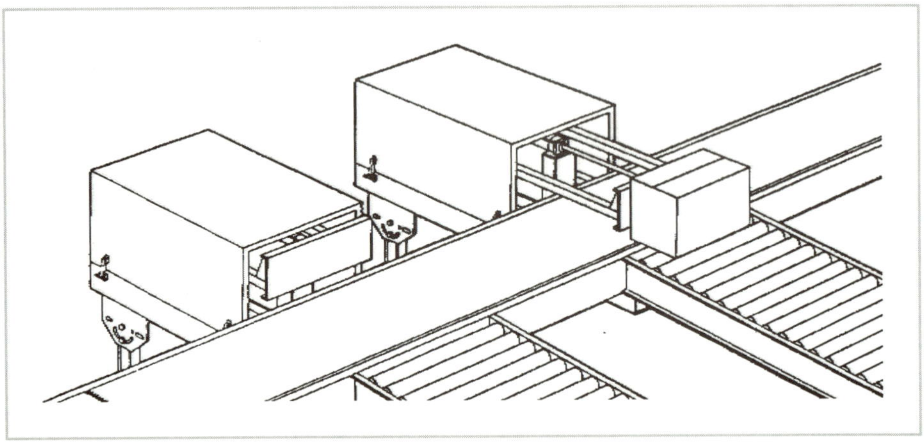

(3) 이송방식

움직이는 롤러의 틈에서 수개의 체인을 회전시키면서 롤러면에 다소 높게 물품을 밀어올려 컨베이어의 물품을 직각으로 분류하는 방식이다.

(4) 운반체인방식

물품을 운반하는 체인 사이에서 회전롤러를 떠오르게 해서 분류하는 방식이다.

(5) 틸트방식

벨트식, 트레이식, 슬레이트식의 세 가지 방식이 있다. 이 가운데 틸트트레이

방식은 체인컨베이어 위에 하물을 반송하는 트레이를 다수 연결하여 소정의 위치에서 트레이를 기울여서 하물을 분류한다.

그림 8-20 | 틸트 트레이(Tilt Tray) 소터

그림 8-21 | 레이저 스캐너를 이용한 분류

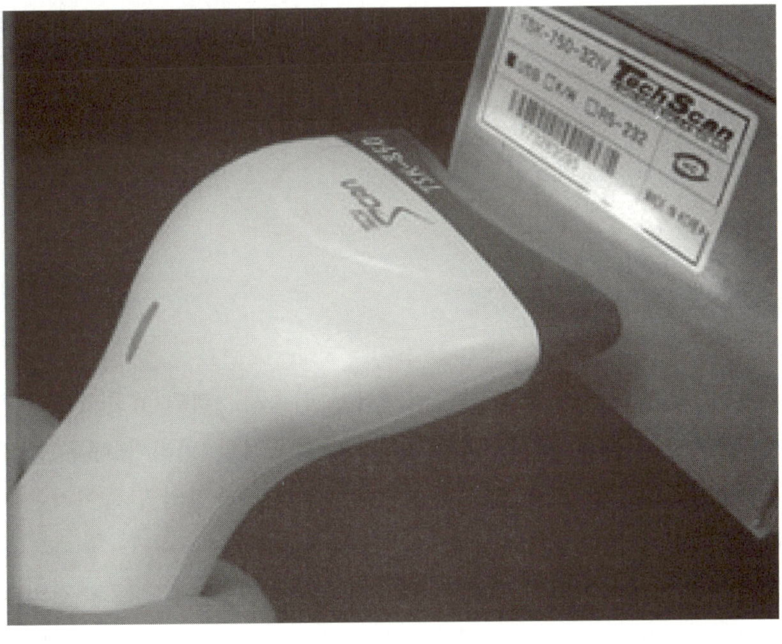

6. 자동분류방식

1) 키보드입력

일반적으로 싼 것이지만 키보드방식으로는 전자계산기와 같은 텐키와 버튼식의 풀키가 있다. 20~30개의 분류에는 풀키, 40개를 초과하면 텐키가 능률적이다.

2) 바코드방식

미리 하물에 인쇄 또는 첨부된 라벨상의 바코드를 레이저스캐너로 읽어내서 분류하는 것으로서 분류가 정확하고 생산성이 높다.

3) 음성입력

작업자가 읽어낸 하물번호, 행선 등을 구두로 읽어내면 컴퓨터가 그 음성을 기억하고 있어 이해하고 분류한다. 이 장치를 보다 더 효율적으로 활용하기 위해서는 보다 양질의 소프트웨어의 개발이 요청된다. 특히 운송업에서 그 프로세스는 자동분류기뿐만이 아니라 자동적으로 정보를 수집 · 처리하며 운임계산 및 영수증의 자동발행, 적재량의 자동산출, 배차운행계획의 작성 · 청구 및 회수사무, 화물추적, 판매일보 및 판매월보의 자동작성 등을 동시에 할 수 있다.

7. 소팅시스템의 향후과제

물류시스템의 전체적인 효율성을 위해서는 배송시스템의 효율화가 필수적인데, 이를 위해서는 분류장치와 피킹시스템의 과학적인 관리가 매우 중요하다. 따라서 적정재고수준의 유지 및 물류거점에서의 리드타임의 단축이라는 과제를 해결하기 위해서는 분류장치의 발전이 반드시 필요하다.

분류장치의 개발의 기술적 과제는 화물이 분류동작 중에 받는 충격의 경감과 분류능력을 향상시키는 것이며, 화물의 형상과 성질이 다른 물품이 혼합되어 있을 때 분류의 정확성과 처리능력을 향상시키는 것이다.

그리고 고객의 주문에 대응하여 배송의 신속성을 확보하기 위해서는 주문품을 신속하게 피킹 및 소팅하여 이를 포장한 후에 고객에게 배분하는 일련의 작업의 처리시간의 단축이 매우 중요하게 되었다. 이러한 요구를 충족시키기 위해서는 자동분류장치의 기술적 향상이 향후 중요한 개발과제라 할 수 있다.

제 9 장

하역 및 포장관리

핵심내용

하역은 운송 및 보관에 수반하여 발생하는 부수작업으로서 하역의 합리화는 물류프로세서 전체적인 합리화에 중요한 역할을 담당하고 있다.
포장은 물류의 하부시스템으로서 상품의 이동성을 높이고, 수송, 하역, 보관 면에서 상품내용을 보호하는 기능과 역할을 할 뿐만 아니라 생산과 마케팅을 연결하는 기능을 수행하고 있다. 포장의 기능으로는 보호성, 정량성, 표시성, 상품성, 편리성, 효율성, 판매촉진성, 사회성 등이 있으며, 물류활동의 효율성을 높이기 위하여 포장의 표준화 및 적정화가 이루어져야 한다. 최근들어서는 환경에 대한 관심이 집중되면서 환경포장에 대한 관심이 높아지고 있다.

주요용어

하역, 적하(vanning), 양하(devanning), 피킹(picking), 유니트로드, 컨테이너하역, 단위탑재용기(ULD), 포장, 포장의 기능, 포장의 표준화, 포장의 적정화, 환경포장

제1절 하역관리

1. 하역의 기초

1) 하역의 개념

하역은 운송 및 보관에 수반하여 발생하는 부수작업이다. 생산에서 소비에 이르는 전 유통과정에서 수많은 하역이 행해지고 있어 하역의 합리화는 물류합리화에 큰 의미를 가지는 것이다. 수송, 보관의 전후에는 반드시 하역작업이 수반되기 때문에 하역의 합리화는 물류프로세스의 전체적인 합리화에 중요한 요소가 된다.

종래의 하역은 주로 인력에 의존하였지만 근래에는 점차 기계화, 자동화, 생력화가 진행되어 지금은 무인화나 로봇까지도 도입되고 있다.

하역이란 "물류과정에서 이루어지는 화물의 적재, 양하, 운반, 입 · 출고, 분류 등의 작업 및 이에 부수적인 작업"을 말한다.

2) 하역의 구성요소

(1) 제1요소 : 적하와 양하

적하와 양하는 수송기기 등으로 물품을 싣고 내리는 것을 말하는데, 특히 컨테이너에 물건을 싣는 것을 적하(vanning)이라 하고 내리는 것을 양하(devanning)라고 한다.

(2) 제2요소 : 운반

운반은 물건을 비교적 단거리로 이동시키는 것을 말한다. 생산, 유통, 소비 등 어떤 경우에도 운반은 필수적으로 수반되는 중요한 하역작업이다.

(3) 제3요소 : 적재

적재물품을 창고 등 보관장소로 이동하여 정해진 위치와 형태로 쌓는 작업을 말한다.

(4) 제4요소 : 피킹(picking)

피킹은 오더에 따라 상품구색을 맞추어 출고준비를 하기 위하여 보관장소에서 물건을 꺼내는 것이다.

(5) 제5요소 : 배분

분배는 물건을 품종별, 발송방향별, 고객별 등으로 분류하는 것을 말한다.

(6) 제6요소 : 적하준비

제6요소인 상품구색을 갖추는 것은 출고하는 상품을 수송기기에 바로 실을 수 있도록 갖추는 것을 말한다.

3) 하역의 분류

(1) 하역장소에 의한 분류

- 납품하역 : 물류거점으로 가지고 들어온 것을 차에서 내려서 받아들이는 하역
- 운반하역 : 거점 내에서의 이동
- 납품구색하역 : 출하를 위해서 상품구색을 갖추는 작업
- 출하하역 : 수 · 배송을 위하여 차에 싣는 작업

(2) 작업의 주체에 의한 분류

- 인력하역 : 사람의 손에 의한 것 또는 간단한 보조구를 사람이 사용하는 하역
- 기계하역 : 컨베이어 및 지게차 등을 사용하여 행하는 하역
- 자동하역 : 입체자동창고, 자동분류기 등 기계나 컴퓨터가 중심이 되어 행하는 하역

(3) 하역기기에 의한 분류

- 연속운반방식의 기기 : 컨베이어 등
- 일괄운반방식의 기기 : 지게차 등

• 보조적인 기기 : 겹사다리 등
• 시스템화된 기기 : 자동분류기 등
• 차량이나 시설의 일부가 되는 기기 : Dock Leveller 또는 Dolly 등

4) 하역의 원칙

(1) 단위화(Unit Load)

취급화물을 한 개씩 취급하지 않고 미리 일정의 중량과 용적의 표준량을 정하여 일정의 단위로 모아 한 단위로 하여 수송 도중에 그 형태와 양이 허물어지지 않도록 하역한다든가 하는 수송방법을 말한다.

(2) 장비유지(Equipment in Motion)

기계나 설비는 자본금이 장기적 혹은 단기적으로 고정되어 있는 것으로 거액의 자본금을 고정적으로 투자한 기계는 언제나 움직이고 있는 상태로 유지시키지 않으면 안 된다.

다시 말해서, 운반흐름의 종점이나 중간에서 환적이나 옮겨 바꾸고 싣고 내리는 등의 하역을 위해서 기계의 회전이나 운반의 흐름을 중지해 버리는 것은 되도록 예방하고 언제나 기계, 즉 자본금이 회전하고 있는 상태를 유지해야 한다.

(3) 취급균형(Balanced Handling)

하역작업의 총생산성은 전체적인 작업과정 중에서 가장 취약한 부분에 의해 영향을 받는다. 따라서 어느 한 작업과정에 지나친 작업부하가 걸리거나 병목현상이 생기지 않도록 전 과정에 작업량의 고른 배분이 이뤄지도록 해야 한다는 원칙이다.

(4) 설비계획(Planed Layout)

기계나 설비의 배치와 통로의 이용방법 등 레이아웃이 적절하면 하역을 효율화할 수 있으므로 레이아웃을 적절히 설계하여 불필요한 반송설비의 사용을 줄임으로써 하역을 합리화해야 한다는 것이다.

(5) 기계화(Mechanization)

인력에 의한 하역은 그 한계로 인해 효율성이 떨어질 수 있는데, 이때 하역의 기계화를 추진해야 한다. 하역기기와 설비를 이용해 하역의 생산성을 향상시켜야 한다.

(6) 표준화(Standardization)

작업방법, 설비, 치수 등을 표준화하면 부문 간이나 공장 상호 간의 운반설비가 공동화되고 작업도 단순화되어 하역의 효율성이 크게 증진될 수 있다. 그러나 무리하게 단일의 것으로 표준화한다든가 잘못된 표준화는 표준화하지 않는 것보다 더 좋지 않은 결과를 초래할 수가 있다.

(7) 안전

하역환경의 안전성을 증대시킬수록 생산성은 향상된다는 원칙이다. 대부분 작업의 안전성을 높이면 능률저하나 비용상승을 초래한다고 생각할 수 있지만 반대로 안전성을 높이면 작업의 능률이 향상되고 비용의 절감효과를 얻을 수 있다.

(8) 연속작업

작업의 진행이 연속적으로 흐르도록 하는 원칙이다. 하역작업의 흐름과정에서 정체지점이 발생하면 물류의 중단과 재이동에 따른 불필요한 하역작업이 이루어져 비경제적이다. 따라서 연속적인 화물흐름을 유지하는 원칙이다.

(9) 수평직선

운반의 흐름이 직선일 경우 운반거리는 최단거리이므로 교차, 지그재그, 왕복 등의 운반 혼잡을 초래하는 상황이 적다는 것이다. 운반의 흐름을 수평적으로 하려면 운반비용을 최소로 하여 설비비용을 경감하고 운반거리를 최단축해야 한다.

(10) 탄력성

하역의 기기나 설비를 다양한 하역작업에 맞추어 탄력성 있게 이용하는 것이 효율적이라는 원칙이다. 예를 들어 포크리프트는 적재, 양하, 운반과 같은 작업 이외에도 부속기기를 추가로 장착하여 여러 종류의 화물을 취급할 수 있어 하역작업을 탄력적으로 수행할 수 있다.

(11) 운반속도

하역물품에 불필요한 중량, 용적이 발생하지 않도록 과대포장이나 내용물을 줄이라는 원칙이다. 즉, 과대포장이나 불필요한 내용물은 운반비, 하역비의 낭비를 발생시키므로 낭비부분을 제거하는 원칙이다.

(12) 최소취급

하역작업 자체를 근본적으로 최소화하라는 원칙이다. 예를 들어 물품을 재이동시키거나 로케이션관리를 잘못하여 재작업을 해서는 안 되고 물품의 취급을 최소화하라는 원칙이다.

(13) 이적성

물품은 언제나 흐르고 움직이고 있다는 것을 생각하여야 한다. 정지하고 있는 화물이라도 바로 이동된다는 특성을 지녔다고 믿어야 한다. 다음의 동작으로 이동하기 쉽게 물품을 장치하고 보관하는 것은 매우 중요하다. 언제라도 움직일 준비가 완료된 상태, 그리고 다음 공정을 위해서 준비된 상태에 있는 물품을 이적성이 높은 화물이라고 한다.

(14) 공간활용

하역작업이 발생되는 장소의 활용에 있어서는 평면적인 공간의 이용방법뿐만이 아니고 입체적인 공간 이용방법을 고려해야 한다는 원칙이다.

(15) 사중체감

유임하중(pay load)에 대한 사중(dead weight)의 비율을 적게 하여 운임효율을 높이려는 원칙이다.

(16) 중력이용

물품의 하역 및 이동과 관련하여 중력을 활용해야 한다는 원칙이다. 물품의 이동을 위해 인력 및 하역기기의 기동에 따른 에너지가 필요해진다. 따라서 물품 자체의 중력을 이용하여 이동할 수 있도록 하역작업을 설계하면 운반비가 절감될 수 있으므로 중력을 활용해야 한다는 원칙이다.

(17) 예방정비

하역기기나 설비는 항상 최고 양호한 상태에 있도록 예방정비를 해야 한다.

(18) 폐기

하역기기나 정비는 일정한 내구연수가 있으므로 사용기간이 경과하면 폐기해야 한다는 원칙이다.

2. 하역방식

1) 컨테이너 운송

(1) 항만하역장비의 분류

항만장비는 호칭하는 방법 또는 분류하는 기준에 따라 여러 가지로 분류할 수 있는데 자유로운 이동 여부에 따라 고정식 장비와 이동식 장비, 장비가 설치된 공간적 기준에 따라 해상작업장비 · 선측하역장비 · 이동장비 · 야드장치장비, 작업특성에 따라 Grab식, 진공흡입식, Chaint식, Bucket식, 취급화물에 따라 컨테이너 장비, 산화물 취급장비, 유류 취급장비 등으로 구분할 수 있다.

표 9-1 | 장비의 분류기준

분류기준	구분	비고
이동 여부	이동식	트럭
	고정식	컨테이너 크레인
공간적 기준	선측장비	언로더
	이동장비	트럭, B/C
	장치장비	RTG, 사일로
작업특성	Grab식	석탄, 고철
	진공흡입식	양곡
	Chain식	양곡, 석탄
	Bucket식	양곡, 철광석

취급화물의 특성	컨테이너장비	-
	산화물장비	-
	유류장비	-
	다목적장비	-

일반적으로 항만의 하역작업에 투입되는 장비는 크레인, 이동식 크레인, 연속식 하역기계, 산업용 차량, 기타 등으로 구분할 수 있으며 자세한 장비는 [표 9-2]와 같다.

표 9-2 | 항만하역장비의 분류

하역기계	크레인	• 컨테이너 하역기계 : 컨테이너 크레인, 트랜스터 크레인, 천장 크레인
		• 끌어올리는 크레인, 다목적 크레인, 교량형 크레인
		• 언로더, 버켓식 크레인
		• 부유 크레인
		• 선박용 크레인
		• 전천후 하역설비
		• 마리나 설비 : 교량형 크레인, 천장 크레인
	이동식 크레인	• 트럭 크레인, 호일 크레인, 오일전송 크레인, 글로라 크레인
	연속식 하역기계	• 언로더 : 뉴매틱 언로더, 연속식 언로더
		• 선박용 로더
		• 스태커, 리클레이어
		• 컨베이어
		• 항만조성기기 : 버켓 호일 엑기스타 베다, 트랜스퍼 웨곤, 버켓 로일식 언로더, 플로팅, 컨베이어, 글로브 준설선, 쉽로더
	산업용 차량	• 컨테이너 하역기기 : 스트래들 캐리어, 포크 리프트, 트랙터, 새시, AGV
		• 불도저, 소벨류
		• 항만조성기기 : 로일로더, 불도저, 쇼벨
	기타	• 가동교
		• 저장장비, 자동창고

(2) 컨테이너 하역장비

① 컨테이너 정의 및 구분

컨테이너란 화물의 보관을 위한 격실이 형성되도록 둘러싸여 있고(전부 또는 일부) 그 내부용적이 1㎥ 이상으로서, 내구성을 가지고 반복사용에 적합할 정도로 견고하며, 화물의 적출이 용이하도록 설계되고 또한 해륙공의 운송수단에 적재 · 운송이 가능해야 함은 물론, 운송수단 간에 환적이 용이하도록 특별 설계된 수송용기를 말한다.[1] 컨테이너는 규격 및 화물별 용도에 따라 아래와 같이 구분할 수 있다.

■ 규격에 따른 분류

i) 20Foot(Ft)컨테이너 : 길이20′(feet)×폭8′(feet)×높이8′6″(inch)

ii) 40Ft 컨테이너 : 길이40′×폭8′×높이8′6″

iii) 40Ft High Cube 컨테이너 : 길이40′×폭8′×높이9′6″

iv) 특수규격 컨테이너 : 길이10′· 35′· 45′· 48′· 53′×폭8′×높이8′6″ 또는 9′6″

■ 화물별 용도에 따른 분류

i) Dry Cargo Container : 일반화물의 운송용 컨테이너

ii) Reefer Container : 온도조절을 요하는 화물(육류, 생선, 식품, 과일 등)의 운송용으로서 −30 ~ +30OC까지 조절이 가능한 컨테이너

그림 9-1 | Dry container

그림 9-2 | Reefer container

1) 컨테이너관리에관한고시(관세청고시 제2005-37호, 2005.12.7개정) 제1-0-2조 제1호 ; 국제표준화기구(ISO : International Organization for Standardization)의 컨테이너의 정의 참조

iii) Open-Top container : 컨테이너의 윗면이 없는 컨테이너

그림 9-3 | Open-top container

그림 9-4 | Open-Side container

iv) Flat Rack Container : 대형 또는 중량화물의 운송용으로 이는 윗면과 옆면이 없고 바닥과 기둥만 있는 컨테이너이다.

v) Tank container : 액체 또는 기체 화물을 수송하기 위해 제작된 원통형 컨테이너. 탱크컨테이너에는 보냉(保冷) 또는 가열(加熱)기를 부착, 운송 중 온도조절이 가능하도록 되어 있다.

그림 9-5 | Flat Rack Container

그림 9-6 | Tank container

vi) Ventilation Container : 화물 자체에서 나오는 Gas를 배출하거나 호흡을 필요로 하는 화물(예, 감자, 양파 등)의 수송용 컨테이너인데, 이는 컨테이너 측면의 상하에 Ventilation Hole 수가 일반컨테이너보다 많다.

vii) C/A(Control Atmosphere)컨테이너 : 라이프사이클이 짧은 채소 등의 신

선도를 유지하기 위해 고도의 과학기술을 응용하여 제작된 특수컨테이너 이다.[2)]

② 컨테이너 이송 및 하역관련 장비

샤시(chassis)는 컨테이너의 육상수송용으로 개발된 장비로서, 차축, 차륜, 스프링장치, 제동장치 등을 갖춘 무동력 피견인차이다. 동력장치가 있는 Tractor(일명 Head)와 결합하여 이동이 가능하도록 설계되어 있다. 샤시의 유형은 다음과 같다.

■ Flat Bed Chassis(Trailer)

컨테이너와 일반 화물 수송용으로 사용되며 상부에 목재 등을 깔았기 때문에 일명 평판트레일러라고도 하나 자체중량이 무거우므로 컨테이너운송용으로 사용도가 떨어진다.

■ Flat Frame Chassis

컨테이너 전용 샤시로서 20′ 컨테이너용, 40′컨테이너용 및 20′ & 40′ 겸용(Combi)이 있는데 프레임 위에 평판이 깔려 있지 않다.

■ 40′ Gooseneck Chassis

앞부분이 거위목처럼 휘어지게 설계되어서 붙어진 이름이다. 40피트 컨테이너 전용 샤시이다.

그림 9-7 | Flat (bed) Chassis

그림 9-8 | Flat Frame Chassis

2) C/A컨테이너는 컨테이너 내부의 온도뿐만 아니라 공기의 비율의 조절(질소비율의 증가, 산소비율의 감소 조절)을 통하여 화물(채소, 과일, Live plant 등)의 호흡작용을 억제하는 원리를 이용, 화물의 신선도를 유지하기 위해 개발된 첨단 컨테이너이다.

■ Low Bed(dropped frame) Chassis

Frame이 일반 샤시에 비하여 낮은 샤시로서, 부피가 크거나 중량화물의 운송에 이용된다.

그림 9-9 | Gooseneck Chassis

그림 9-10 | Low Bed Chassis

컨테이너 이송 및 하역관련 장비는 [그림 9-11]과 같다.

그림 9-11 | 컨테이너 이송 및 하역관련 장비

장비이름	그림	장비이름	그림
Automated Guided Vehicle		Container Transfer Crane	
Yard Chassis		Fork Lift	
Container Crane		Rail Mounted Gantry Crane	

Reach Stacker		Straddle Carrier	
Top Handler		Yard Tractor	

2) 항공운송

항공운송(air transportation)은 항공기의 기복(機腹, plane's space)을 이용, 사람 또는 화물을, 한 공항으로부터, 공로(空路, air route)를 통하여 다른 공항까지 장소적으로 이동하는 서비스(운송)를 말한다. 국제교역물품의 항공기에 의한 운송은 현재 1%(중량기준)에도 미치지 못하고 대부분(99.5% 이상)이 해상운송에 의존하고 있지만[3] 오늘날은 세계가 일일생활권화되면서 신속한 운송이 요구되고 화물도 늘어나고 있다. 특히 전자산업의 발달에 힘입어 경박단소(輕薄短小)형 고가제품이나 신선도의 유지를 요하는 화물의 이동량이 늘어나면서 항공운송수요가 증가하는 추세이고,[4] 한편으로는 항공기술의 발달로 항공기가 대형화되고 화물전용기의 취항도 늘어나면서 어느 정도의 대량운송도 가능해졌다.

항공운송관련 하역장비와 관련하여 화물위 단위화를 위한 용기, 즉 단위탑재용기(ULD)가 보편화되고 이에 따른 하역장비가 활용되고 있다.

3) 항공운송화물은 우리나라 전체 수출입화물의 0.33%(2003년, 중량기준)에 불과하나(건설교통부, 국가물류기본계획, 2006, p.12), 금액으로는 26%를 점유하고 있어 국제화물운송에 있어서 항공운송은 고가화물운송에 기여하고 있는 것으로 나타났다.

4) 항공운송수요의 증가요인 : ① 기업의 재고비용 증가에 따른 JIT배송 요구증가, ② 소형 고가품의 증가, ③ 생산의 국제적 분업화에 따른 물품의 이동량의 증가, ④ 제품의 수명주기(Life Cycle)의 단축으로 신속한 유통의 요구증대 등

(1) 단위탑재용기

단위탑재용기(unit load device : ULD)란 항공화물을 단위화(單位化)하기 위하여 제작된 용기(예, Container, Pallet, Igloo 등)를 말한다. 대량의 낱개 화물의 운송에 ULD를 사용함으로써 화물의 멸실 또는 훼손을 방지하는 효용 외에 화물의 조업시간을 현저히 단축할 수 있어 항공기의 가동률을 높이는 기능을 한다. ULD는 팔레트(Pallet), 컨테이너(Container) 및 특수화물용 ULD가 있는데, 특히 국제항공운송협회(International Air Transport Association : IATA)가 승인한 각종 항공기의 화물칸에 맞도록 제작된 ULD를 Aircraft ULD라 하고(certified ULD라도 함), 그러지 않은 것을 Non-Aircraft ULD(non-certified ULD)라 한다.

① 팔레트

항공기용 팔레트(Aircraft Pallet)는 금속(알루미늄 합금)으로 제작된 평판으로서, 그 위에 화물을 특정의 항공기의 내부모양에 맞도록 적재작업을 한 후[5] Net 등으로 화물을 고정시킨다. 이렇게 작업된 팔레트를 항공기 화물실에 탑재하여 바닥에 고정시킨다.

② 컨테이너

항공기용 컨테이너(Aircraft Container)는 항공기 화물실의 형상(contour)에 맞도록 제작한 단위탑재용기이다. 컨테이너는 적재 화물의 하중을 충분히 견딜 수 있는 강도를 가지고 있어야 하나, 자체무게를 줄이기 위하여 그 재질은 주로 알루미늄이나 유리섬유(fiberglass)로 제작된다. Aircraft Container는 [그림 9-12]에서 보는 바와 같이 항공기의 종류에 따라 또는 같은 기종이라도 Main Deck 또는 Lower Deck 용에 따라 모양 및 규격이 다른 여러 가지 종류가 있다.

---

5) 팔레트에 화물을 적재할 경우에는 가로와 세로는 팔레트평판의 내부크기에 맞추고 높이는 64인치에서 최대 96인치까지 항공기종별 화물실의 위치에 따라 제한된다.

그림 9-12 | Pallet(예시, 125인치×96인치)[6]

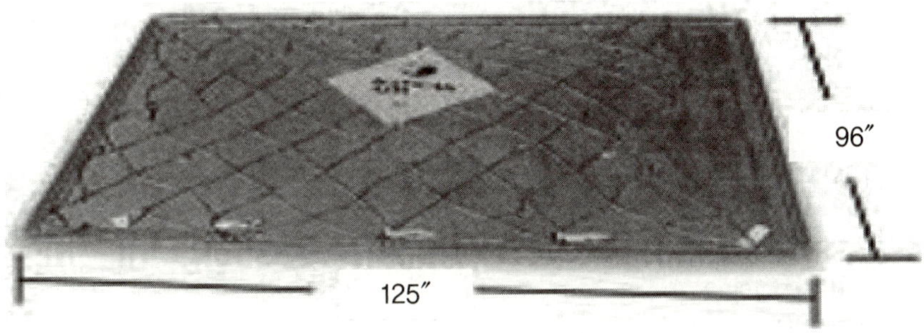

③ 특수 ULD

특수 ULD로는 자동차 운반용인 Car Transporter, 소 또는 말 운송용인 Horse Stall, Cattle Pen, 의류 운반용인 GOH(garment on hanger) 컨테이너, 식품 등 온도조절(냉장, 냉동)을 요하는 물품의 운송용 컨테이너 그리고 Non Aircraft ULD로서 애완동물용 Kennel, Cage 등이 있다.

그림 9-13 | Low deck Container(예시)

LD3 Container  60.4″x61.5″x64″ (H)	• 최대 적재중량 : 1,588kgs • 가용 기종 : B747, B747F, B747-Combi, B777, A330. A300. (Lower Deck Only)
LD6 Container(ALF) 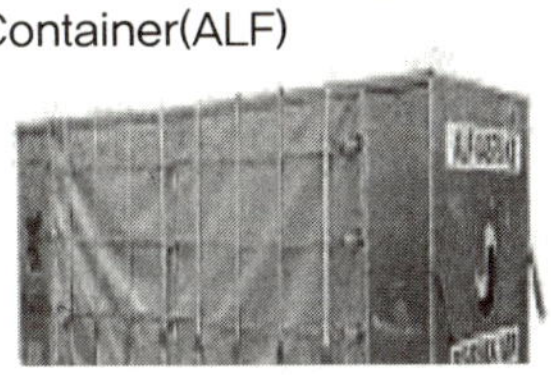 60.4″x125″x64″(H)	• 최대 적재중량 : 3,175kgs • 가용 기종 : B747, B747F, B747-Combi, B777, A330, A300. (Lower Deck Only)

6) 팔레트는 기종에 따라 적정히 사용할 수 있도록 그 규격이 125″×96″ 외에도 125″×88″, 125″×60.4″, 238.5″×96″(20Foot Pallet) 등 다양한 것이 있다.

그림 9-14 | Main deck Container(예시)

GM1 Container(AMA)  96″x125″x96″(H)	• 최대 적재중량 : 6,804kgs • 가용기종 : B747F, B747-Combi (Main Deck Only)
MD11F M1 Container(AMJ) 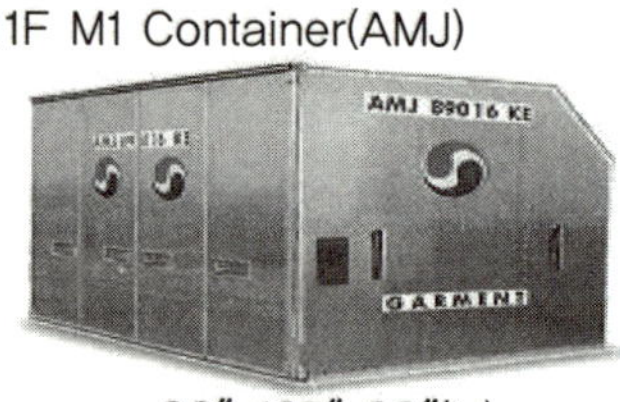 96″x125″x96″(H)	• 최대 적재중량 : 6,804kgs • 가용기종 : MD11F, B747F, B747-Combi (Main Deck Only)

* 항공화물 컨테이너로서 가장 큰 것으로는 8′×20′×8′ 인데 B747F에 탑재가능하다.

(2) 항공화물하역장비

공항에 화물을 취급할 수 있는 적절한 설비가 갖추어져 있는가의 여부는, 항공화물운송인이 어떤 특정 화물의 운송을 인수할 수 있는가의 여부를 결정하는데 필수요소이다.[7] 항공화물운송을 위한 터미널의 주요 시설과 장비는 아래와 같다.

① 항공기 화물 탑재 · 하기장비

항공기에 화물을 탑재 또는 하기하는 장비로는 첫째 ULD를 탑재 또는 하기하는 장비로 Main Deck Loader([그림 9-15])와 Lower Deck Loader가 있고,[8] ULD화되지 않은 화물을 탑재 또는 하기하는 장비로 Self-propelled Conveyor([그림 9-16] 참조)가 있다.

7) 예컨대, 무게가 25톤인 대형화물이 있는 경우 출발지 또는 도착지 공항에 이를 탑재 또는 하기할 수 있는 장비(loader 등)가 없다면 그 화물은 항공운송이 불가할 것이기 때문이다.

8) Main Deck Loader는 하중 40,000Lbs(18톤), 60,000Lbs(27톤), Lower Deck Loader는 하중 15,000Lbs(6.75톤)을 취급할 수 있다.

그림 9-15 | Main Deck Loader

그림 9-16 | Self-propelled Conveyor

② 터미널 내에서 화물을 수평이동하는 장비

터미널 내에서 ULD화물을 운반하는 장비로는 자체구동력이 있는 Transporter, 자체 구동력이 없는 Dolly와 이를 끌어 이동하는 견인차(tug car) 등이 있다.

그림 9-17 | Dolly

그림 9-18 | Dolly와 Tug car

③ 항공화물을 장치(藏置)하는 시설

공항터미널에는 Outbound화물의 수령, 검수, 분류, ULD화 작업, 해당항공기에 탑재 시까지의 보관기능, 그리고 하기된 Inbound화물의 수령, ULD의 해체작업, 검수, 분류, 수하인에게 인도하기까지의 보관(또는 A항공기로부터 하기된 화물을 B항공기로의 환적 시까지 보관) 및 인도기능 등을 수행할 수 있는 창고시설이 필요하다. 이러한 시설은 일반화물의 보관창고를 포함하여 냉동/냉장화물, 귀중품, 생동물, 위험물품 등 특수화물의 보관창고 및 검역대상물품을 위한 창고 및 시설도 갖추어야 한다.

④ 항공화물장치장 내의 조업장비

화물장치장 내의 조업장비는, ULD를 수평 또는 수직으로 이동하는 장비인 EVT(elevating transfer vehicle), ULD를 수평으로 이동하는 Traversing Vehicle 그리고 낱개 화물을 ULD에 쌓거나 또는 이를 다른 운송구에 올리거나 내릴 때 사용하는 장비로서 Elevating Platform, Roller Deck, 4-Way Transfer Deck, Contour Gauge, 지게차(Forklift 및 Tomiruc) 등이 있다.

⑤ 항공화물터미널과 장치장의 자동화시스템

화물의 터미널 내에서의 보관, 이동, 관리, 탑재, 하기 등을 신속하고 효율적으로 수행하기 위해서는 위와 같은 하드웨어를 구비하여야 함은 물론이지만 이러한 일련의 업무과정을 전자적으로 처리·관리하는 시스템도 갖추어야 함은 부언의 여지가 없다.

제2절 포장관리

1. 포장의 개요

포장은 창고관리와 자재관리에 있어 중요한 요소이다. 창고의 효율성과 효과성을 제고하기 위해서 반드시 필요한 것이 포장이다. 좋은 포장은 서비스 수준을 높이면서 비용을 낮추고, 자재취급의 효율성을 높일 수 있다. 적절한 포장의 활용은 전반적인 창고의 생산성을 높이고 배치나 디자인에 긍정적인 영향을 미친다.

포장은 물류의 하부시스템으로서 상품의 이동성을 높이고 수송·하역·보관면에서 상품내용을 보호하는 기능과 역할을 할 뿐만 아니라, 생산과 마케팅을 연결하는 기능을 지니고 있다. 특히, 생산측면에서는 생산의 설계단계로부터 포장을 고려해야 생산에서 판매 · 소비에 이르기까지의 일관시스템의 실현이 가능하다.

더 나아가서는 수송수단, 보관설비 등 다른 물류하부시스템과도 유기적인 관계에 있다. 즉 포장의 합리화를 위해 포장간소화, 무포장화를 추구하더라도 다른 물류비가 상승해 총물류비가 높아져 결국 물류합리화가 무의미해진다. 따라서 포장의 합리화는 물류 전반에의 영향을 고려해서 추진되어야 한다. 특히 포장은 물류의 규격화, 표준화 관점에서 중요한 역할을 하고 있다.

1) 포장의 개념

(1) 포장의 정의

포장은 물품을 수송 · 보관함에 있어서 가치 또는 상태를 보존하기 위해서 적절한 재료, 용기 등을 물품에 가하는 기술 또는 상태를 의미한다. 한국공업규격(KS A 1001 : 포장의 정의)에서는 포장을 "물품의 수송과 보관에서 물품의 가치 및 상태를 보호하기 위하여 적합한 재료나 용기 등으로 포장하는 방법 및 상태"라 정의하고, 다음의 세 가지로 구분하여 규정하고 있다.

① 낱포장

물품 개개의 포장을 말하며, 물품의 상품가치를 높이기 위해 또는 물품을 보호하기 위해 적절한 재료, 용기 등을 물품에 가하는 기술 또는 가한 상태를 의미한다. 또는 단위포장이라 한다.

② 속포장

포장화물 내부의 포장을 말하며 물, 습기, 광열, 충격 등을 고려하여 적절한 재료, 용기 등을 물품에 가하는 기술 및 가한 상태를 의미한다. 또는 내부포장이라 한다.

③ 겉포장

포장화물의 외부의 포장을 말하며 물품을 상자, 자루, 통 따위의 용기에 넣거나 또는 용기를 넣지 아니한 채 결속하고 기호, 표식 등을 가하는 기술 및 가한 상태를 의미한다. 또는 외부포장이라 한다.

(2) 포장의 분류

포장은 형태, 기능, 사용재료, 포장기법 등에 의해 여러 가지로 분류할 수 있다. 이것을 구체적으로 살펴보면 다음과 같다([표 9-3] 참조).

표 9-3 | 포장의 분류

포장분류의 종류	분류의 내용	
형태별 분류	낱포장(단위포장), 속포장(내부포장), 겉포장(외부포장)	
기능별 분류	공업포장	• 보호성, 취급편리성 중시 • 반드시 직접 접촉하지는 않음 • 물적유통의 중요한 요소(물류기술의 수단) • 비용최소화 중심
	상업포장	• 상품성, 판매촉진성 중시 • 구매자 및 소비자와 직접 접촉 • 상적유통의 중요한 요소(판매촉진의 수단) • 매출액 증가 중심
사용재료별 분류	골판지포장, 나무상자, 플라스틱 용기 등	
포장기법별 분류	방수포장, 방습포장, 방청포장, 완충포장, 진공포장, 압축포장 등	
포장상품별 분류	식품포장, 약품포장, 의료품포장, 전기기기포장 등	
발송목적지별 분류	수출용 포장, 국내용 포장 등	
내용상태별 분류	액체포장, 분말포장, 입체포장 등	
기타	포장단계별 분류, 납품처별 분류, 운송수단별 분류 등	

2) 포장의 기능

포장의 기능은 보호성, 정량성, 표시성, 상품성, 편리성, 효율성, 판매촉진성, 사회성 등이 있다.

(1) 보호성

포장의 최대의 기능은 내용품을 보호하는 것이다. 보호성은 품질유지에 필요한 것으로 물품을 보호하는 기능이다([표 9-4] 참조).

표 9-4 | 포장의 보호성

변화의 분류	보호성
화학 변화	습기, 물, 녹, 광선 등으로부터 보호
물리적 변화	외력에 의한 변화 · 파손 등으로부터 보호(완충포장)
이물질의 영향	이물질의 혼입, 오염 등으로부터 보호
생물에 의한 변화	세균에 의한 부패, 곰팡이 · 벌레 등으로부터 보호

(2) 단위화

포장에는 물품을 일정한 단위로 정리한다는 기능이 있다. 이 단위는 거래상 · 취급상 편리한 단위를 의미하며, 포장단위는 제품의 내용에 따라 여러 가지로 나눌 수 있으며, 거래처 또는 취급자의 요구에 따라 결정된다. 따라서 포장의 단위화 · 정량화조건은 거래단위와 일치하고, 취급이 편리하고, 수송 · 하역 · 보관 등의 물류조건에 적합하여야 한다는 것이다.

한편 팔레트, 컨테이너, 트럭 등을 고려하여 표준규격에 의해 단위화시켜야 한다.

(3) 표시성

포장의 표시성은 화물취급 및 분류에 필요한 사항을 포장에 인쇄, 라벨 등으로 표시함으로써 하역활동을 용이하게 하는 것을 의미하는 것이다. 표시방법에는 문자, 표지, 기호, 바코드, 심벌 등이 있다. 또한 포장의 구분 및 표시기능은 물류과정에서 하역의 자동화 추세에 따라 그 중요성이 더욱 증대되고 있다.

(4) 상품성과 판매촉진성

상업포장의 본질로써 상품 이미지를 높이는 것이 상품성이다. 즉 포장은 상품과 소비자를 연결하는 매체역할을 하게 되는 것이다. 또한 포장은 판매의욕을 높이는 광고성이 높고 이로 인해 상품의 판매촉진성의 기능이 있다.

(5) 편리성

포장은 이용 · 진열을 용이하게 하고, 수송 · 하역 · 보관작업이 용이하도록 해야 한다. 편리성을 구체적으로 살펴보면 화물취급의 편리, 수송 · 하역 · 보관에 적절한 형상유지, 생산시 사용이 편리할 것, 이동이 간단히 이루어질 수 있을 것, 비용의 저렴, 진열이 간단하고 진열 효과가 높을 것, 사용 용기의 재사용 가능, 설명서 · 서비스품 · 팸플릿 등의 첨부 등이다.

(6) 효율성

포장은 생산 · 하역 · 판매 · 수배송 · 보관 등의 효율적인 작업을 가능하도록 해줌으로써 전체 물류비용을 절감할 수 있어야 한다. 따라서 본래의 기능을 만족시킬 수 있는 범위 내에서 적정포장을 해야 한다.

(7) 사회성과 환경친화성

환경보존에 대한 관심이 높아지면서 포장 폐기물에 대한 논란이 커지고 있다. 공익성과 함께 환경친화적 포장이 요구되고 있다.

2. 포장의 표준화와 적정화

1) 포장의 표준화

포장표준화는 물적유통 전반을 조성해주는 활동으로서 물류비의 절감을 목적으로 함과 동시에 유통업자, 포장재 생산업자, 사용자, 소비자 등에 이르기까지 그 효과가 전달될 수 있도록 국가적, 국제적으로 추진되어야 한다. 포장의 표준화는 포장재료의 표준화, 포장기법의 표준화, 포장치수의 표준화, 포장강도의 표준화로 분류할 수 있다.

포장표준화는 생산 · 유통되고 있는 각종 포장용기의 규격을 검토, 분석하여 표준화, 규격화 함으로써 물류의 합리화를 도모하는 데 그 목적이 있다. 포장은 그 디자인과 성능문제가 중요하지만, 무엇보다도 상품을 운반하는 데 따른 제반요건을 보다 합리화하여 일관작업을 행함으로써 물류비의 절감, 상품내용물의 보호 · 보관 및 하역의 효율화를 기할 수 있는 포장의 표준화는 매우 중대한 문제이다.

포장표준화의 효과를 살펴보면, ① 포장설계를 간소화함으로써 포장비, 포장재료비, 포장작업비 등을 절감하고, ② 보관 · 수송 · 하역의 효율화로 물류비를 절감하고, ③ 판매시 이용의 효율화로 판매효율이 향상되며, ④ 제품가격의 인하효과로 시장에서의 경쟁력이 강화된다. 또한 포장재료를 합리적으로 사용하여 포장폐기물의 감소효과를 고려할 수 있다.

한편 포장업자의 측면에서는 포장의 표준화로 포장재료의 판매량 감소 우려가 있을 수 있으나, 포장재료의 치수, 재료 종류의 감소 등 합리화 등으로 재고원가가 절감되고 이익향상이 가능해진다.

그림 9-19 | 포장표준화 기법

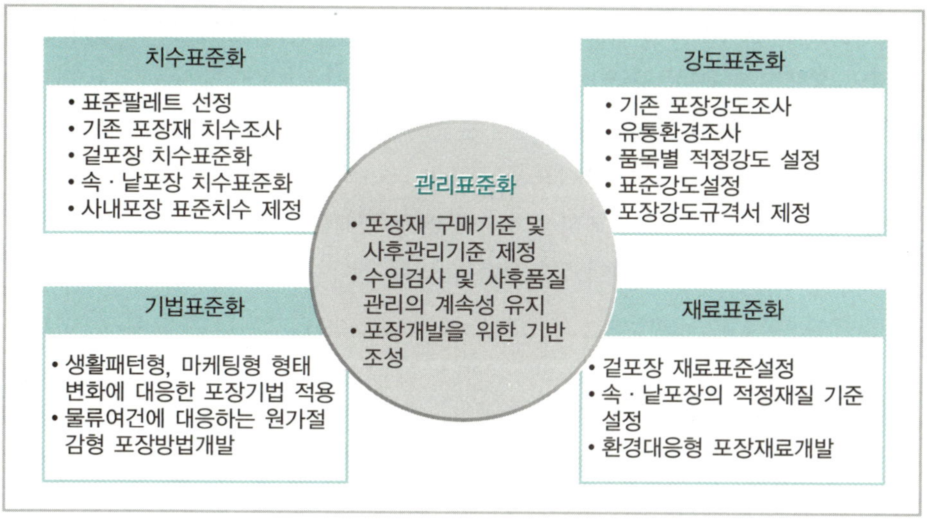

표 9-5 | 포장표준화의 효과

항 목		수익자			
		포장업자	사용자	유통업자	소비자
포장비	• 간소화와 과잉포장의 제거로 인한 물류비 절감		●		
	• 포장재료의 절감	●	●		
	• 포장제작비의 절감	●	●		
	• 포장작업비의 절감		●		
	• 포장재료의 저장장소 및 재고의 감소	●	●		
물류비	• 보관효율의 향상 및 보관비 절감		●	●	
	• 수송효율의 향상 및 수송비 절감		●	●	
	• 하역효율의 향상		●	●	
	• 파손율 감소 및 운송보험요율 절감		●	●	
판매비	• 소매점 진열대 이용효율의 향상으로 판매효율의 향상		●	●	
종합효과	• 소매가격의 인하				●
	• 구매자에게 안도감 부여				●

2) 포장치수의 표준화

(1) 포장모듈화

① 포장모듈화의 정의

하역, 보관, 수·배송 등의 합리화를 도모하기 위해서는 포장의 표준화와 규격화 등이 우선되어야 한다. 이로 인해 하역의 기계화, 팔레트, 트럭 등의 규격 결정이 정해지게 된다. 따라서 포장의 모듈화가 필수적이다.

일관물류시스템의 표준화를 위해서는 물류 모듈(module)의 개념을 도입해야 하며, 그 기본이 되는 것은 유니트로드(Unit Load) 치수라고 할 수 있다. 유니트로드 치수를 표준화하기 위해서는 수송기관으로서의 트럭, 해상 컨테이너, 철도 컨테이너 및 화차와의 치수에 정합성을 갖도록 한다는 것이다.

② 포장모듈화의 저해요인

- 일관팔레트화의 부진
- 상품형태가 모듈화에 부적합
- 제품의 다양화, 경쟁의 격화로 제품의 종류가 증가하고 판매지향형의 경향
- 기존의 생산설비, 물류시설을 변경해야 함
- 경영자들의 모듈의 중요성 인식의 부족 등

(2) 포장치수의 표준화

포장치수의 표준화는 포장치수와 물류시설, 물류기기의 공간을 계열화하는 모듈화가 이루어지는 것으로, 물류활동의 공간효율을 높이려고 하는 것이다. 따라서 포장치수를 표준화하여 포장에 의한 효과를 창출하려는 것이다.

이 개념에서 수송포장의 물류합리화를 위해서는 유니트로드에 의해 물류를 체계화하는 것이며, 그것을 위해 계열화되는 포장치수는 유니트로드 치수를 기초로 하여 도출하게 된다. 여기서 물류에 관한 공간은 철도화차, 트럭, 컨테이너 등의 수송기관은 물론 창고 및 소매점의 선반 등도 포함된다.

구체적으로 수송포장의 치수를 산정하기 위해서는 유니트로드 치수 외에도 용기의 크기 및 가로×세로비율 등이 요건이 되며, 이에 따라 제정된 것이 KS A 1002(포장의 표준치수)이다.

KS A 1002(포장의 표준치수)는 포장의 표준치수의 방법으로서 포장화물을 수송하는데 철도화차 및 화물자동차, 대형컨테이너 등의 내부용적을 효율적으로 이용하는 것을 전제로 하였으며 물류합리화에 기여되는 방향에 입각하여 규정한다. 그리고 포장치수는 전부 바깥치수로 나타내고, 구체적으로는 1100mm×1100mm와 800mm×1100mm 2종류의 치수를 기준으로 한 것이다. 이 치수는 일관수송용 평팔레트 또는 일반팔레트를 이용하지 않고 수송용 차량이나 컨테이너에 적재할 때 내용적을 최대로 이용할 수 있는 치수이다.

2) 포장의 적정화

적정포장이란 합리적이고 공정한 포장을 의미하는데, 공업포장(수송포장)에서는 유통과정에 있어서의 진동, 충격, 압축 및 온 · 습도 등에 의해 물품의 파손, 손상이 생겨서 물품의 가치 및 상태가 저하되지 않도록 유통의 실태에 맞는 포장을 뜻한다. 한편 상업포장(소비자포장)은 과대 · 과잉포장 등을 시정하고 동시에 결함포장을 배제하기 위해 보호성, 안전성, 단위, 표시, 용적, 포장비, 폐기물처리성 등에 대해서 적절한 포장을 말한다.

적정포장은 최근 환경문제가 부각되면서 그 범위가 상당히 넓어지고 있으며, 포장합리화의 목표가 적정포장이 되고 있다. 적정포장을 행하는 경우 일반적으로 요구되는 조건을 생산자측, 물류업측, 판매자측 및 소비자측의 입장에 따라 살펴보면 다음과 같다.

(1) 생산자측의 조건

- 제품의 적정한 보호
- 보다 저렴한 포장비
- 기업의 이미지 상승효과
- 작업의 라인화 · 자동화 가능성

(2) 물류업자측의 조건(수송 · 보관)

- 하역의 용이함과 위험방지
- 표준화에 의한 유니트로드화 가능성
- 포장강도의 안정

- 표시마크의 용이성
- 수송수단의 적합성
- 물류과정에서의 도난방지

(3) 판매자측의 조건

- 개봉 또는 재포장이 용이함
- 내용 표시의 명확성
- 소비자의 감각에 부합된 디자인

(4) 소비자측의 조건

- 만족감의 제공
- 개봉 또는 재포장의 용이함
- 포장 후 처리의 용이함(재이용 포함)

즉, 적정포장을 설계하기 위해서는 보호성, 작업성, 화물취급의 용이성, 표시성 및 편리성을 갖추어야 된다. 이상과 같은 여러 가지 요소에 따른 포장설계를 하면 유통실태에 맞고 적정한 포장이 되며, 적정한 하역과 수송도 연계되는 것이다.

3. 물류포장의 미래

1) 환경포장의 추진

포장은 제품을 상품화하는 데 있어 없어서는 안될 기능으로 상품차별화의 핵심적 요소로 그 역할을 수행하고 있다. 제품의 발전과 함께 포장의 질 또한 향상되어 왔으며 상품의 가치를 형성하는 포장은 제품의 보호성, 판촉성, 사용편의성, 경제성 등이 본래 고유기능으로 상품의 물류 및 유통판매에 필수적 요소이나, 제품이 사용된 후의 포장은 곧바로 쓰레기화되는 특성 때문에 환경오염의 주요 원인이 되기도 하는 양면성을 갖고 있다. 따라서 최근에는 포장설계시 포장관련 여러 기능들을 충족시킴과 동시에 폐기시 환경에 미치는 영향을 평가하여 환경에 미치는 영향이 최소화되도록 설계하여야 하는 환경성이 중요시 되고 있다.

(1) 환경포장의 개념

환경포장이란 "포장의 고유한 목적과 기능을 유지하면서도 포장재료를 보다 적게 사용하여 재생 및 재활용이 가능하도록 환경친화성을 확보하는 활동"으로 정의할 수 있다. 최근에는 포장이 환경과 관련된 문제로서 자원낭비, 포장재료의 낮은 순환율, 제품에 대한 환경적 정보표찰의 미부착, 쓰레기 발생량, 과대포장 등을 주요 쟁점대상으로 하고 있다.

(2) 환경포장의 활동

포장은 환경적 측면이 가장 직접적이고 거시적으로 부각되는 분야이면서도 다른 한편으로는 제품의 외형이나 내용물에 변화를 주지 않고도 환경적 개선을 이룰 수 있는 분야이기도 하다. 환경친화적 물류시스템의 관점에서 포장의 환경성 제고는 포워드 물류 및 역물류 활동 모두에서 접근할 수 있다.

표 9-6 | 환경포장의 활동내용

포워드 물류활동	역물류 활동
• 환경친화적 포장재의 개발 • 환경친화적 포장용기의 개발 • 포장표준화 구축 • 포장재의 감축 • 보관 및 운송시의 파손 최소화	• 포장재와 폐품의 적정 선별 • 폐기처리시의 유해성 최소화 • 회수전략의 거점 확보

(3) 환경포장의 추진 방향

최근 수년간 환경에 대한 소비자의 인식이 점차 변화되기 시작하였고 정부 및 소비자단체의 지속적인 홍보에 의하여 환경포장에 대한 소비자의 관심도는 크게 개선되었다. 하지만 아직까지도 환경포장에 대한 소비자의 관심도, 구매시 관여도가 제품별로 차이가 크며, 특히 기능성, 기호성 제품에 있어서는 상품력과 관련하여 환경성 개선에는 많은 현실적인 어려움들이 존재하고 있다.

기술적인 부분에 있어서도 상품의 보존성, 유통성 등과 관련하여 아직은 재질의 선택, 포장방법의 결정 등에 있어 획기적인 개선이 어려운 실정이며, 또한 비용부분은 신소재포장의 개발, 유통부문 효율의 개선 등 여러 가지 포장 관련 부문들의 다양한 개선이 요구되고 있다.

현재 제도적으로는 "포장방법 및 포장재 재질 등의 기준에 관한 규칙" 등에서

"합성수지재질 포장재의 연차별 감량화 지침", "상업포장 적정기준" 등을 통해 단계적인 개선을 추진하고 있다. 하지만 실제 업계에 있어서는 포장의 표준화 및 적정화를 유도하는 것이 우선적이다.

우선 포장표준화를 추진함으로써 비효율적 과대포장을 적정포장으로 설계하여 낭비를 줄이고 결과적으로는 쓰레기 발생량을 감축시켜 환경친화적인 제품을 유통시키며, 포장의 감량화로 근본적인 폐기물 발생량을 줄일 수 있도록 상품의 기능을 저해시키지 않는 범위 내에서 포장에 사용되는 재료의 양을 감량화하고 또한 재사용할 수 있는 용기포장을 설계하고 재사용시 리필하여 사용할 수 있게끔 하여 포장폐기물 발생량을 줄여나간다.

한번 사용된 후 폐기된 포장재를 회수하여 재활용이 쉽도록 포장재 가공방법을 개선하도록 하고, 기존 재활용 재질의 경우 재활용도를 더욱 향상시켜야 한다. 포장의 환경성에 관해서는 포장재를 가공하는 협력업체의 가공성, 손실, 재활용성 등에도 환경성이 개선될 수 있는 방향으로 추진해야 한다.

표 9-7 | 포장의 환경성 개선 추진방향

구분	주요 추진방향
표준화(Standardization)	• 포장표준화
감량화(Reduce)	• 용기의 Renewal • 지대의 평량축소 • 박스의 평량축소 • 제품 트레이 중량축소
재사용(Reuse)	• 리필용 포장확대 • 리필용 포장개발
재활용(Recycle)	• 단일 재질의 용기사용 • 용기의 분리수거 분류표시 • 기존 재질의 재활용도 향상, 재질 개발 • 포장의 라미네이팅 제거 개선

제 10 장

물류정보관리

제1절 물류정보
제2절 물류정보시스템
제3절 물류정보기술의 기능 및 종류

핵심내용

물류정보는 전체적인 물류활동의 원활화를 위해 생산 및 소비에 이르기까지 모든 물류활동인 하역, 운송, 보관, 포장 등을 전자적으로 결합하여 효율적인 수행이 가능하도록 하는 물류활동이다. 물류정보는 역할에 따라 수주, 재고, 생산, 출하, 물류관리정보 등으로 구분될 수 있다.
물류정보시스템은 물류프로세서에 효율성과 효과성을 부가하기 위한 정보시스템을 의미하는데 수주출하처리시스템, 수배송관리시스템, 창고관리시스템, 구매정보시스템, 물류관리정보시스템으로 구분할 수 있다.
물류관리 응용정보기술로는 EDI, ITS, WMS, POS, EOS, Bar-code, RFID, GPS, GIS 등이 있으며 최근에는 개방형 네트워크 도입에 따른 e-logistics가 물류업계 전반에 걸쳐 확산되고 있다.

주요용어

물류정보, 물류정보시스템, EDI, ITS, WMS, POS, EOS, Bar-code, RFID, GPS, GIS, e-logistics

제1절 물류정보

1. 물류정보의 개념

과거 20세기에는 항공기, 철도, 자동차 등 수송수단의 성능을 획기적으로 개선시킨 수송혁명에 의하여 국제무역이 촉진되었으나, 21세기에 들어 IT산업 및 무역업무전자화의 급속한 도입으로 인하여 정보통신기술의 혁신성 및 활용도가 기업과 국가의 국제무역의 효율성 및 효과성을 가늠하는 중요한 요소로 등장하고 있다. 또한 인터넷 및 무역자동화망을 이용한 전자무역은 국가물류정보시스템의 조속한 전자화를 요구하고 있는 실정이다.

정보화란 어떤 특정 분야의 서비스 자체가 존재할 수 있는 물리적 기반에서부터 해당서비스의 법률적 타당성을 제공하는 제반제도에 이르기까지 총체적인 분야로 이루어진 광의의 개념이다. 정보화를 이루는 요소로는 물리기반망(Physical Infrastructure), 응용서비스망(Application Network), 정보시스템(Information System), 정보자원(Contents), 제도(Institution) 등이 있으며 이러한 요소들이 동시에 유기적으로 작동할 때 효율적인 정보화가 가능하다.

한편 국가적인 측면에서 국제무역의 정보화는 국가 전체적인 효율성 및 효과성을 증대할 수 있다는 점에서 매우 중요한 요소로서 많은 국가들이 정책적으로 국가 인프라의 정보화를 추진하고 있는 실정이다.

그림 10-1 | 물류정보화의 구조적 이해

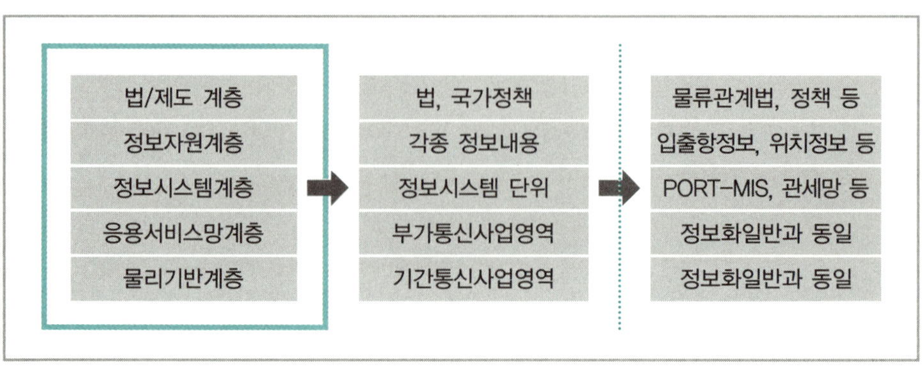

기업내부적으로 물류정보는 전체적인 물류활동의 원활화를 위해 생산으로부터 소비에 이르기까지 모든 물류활동인 하역, 운송, 보관, 포장 등을 결합하여 효율적인 수행이 가능하도록 하는 물류활동이다. 물류정보는 전산화를 통하여 물류를 시스템화하여 과학적인 관리를 가능하게 하고 원료조달에서 완제품의 최종 수요자에게 인도되기까지의 각 물류기능을 연결하여 신속하고 정확한 흐름을 만들어 내는 것이다. 즉, 물류에 있어서 주문받은 상품을 신속하고 정확하게 소비자에게 전달시킴으로써 고객만족을 창출하고, 효율적인 물류시스템의 운용을 통한 총물류비의 절감과 물류의 제반활동을 개선하고자 하는 데 목적을 두고 있다.

한편 물류정보시스템이란 물류활동을 구성하고 있는 여러 기능과 관련된 정보를 수집 또는 처리하거나 유기적으로 결합하게 함으로써 물류시스템이 가장 효율적으로 운용될 수 있도록 지원하는 정보시스템이라고 할 수 있다. 물류정보시스템은 상거래를 구체적으로 실현하기 위해 운송, 보관, 하역, 포장 등의 기능을 현실적으로 실행할 수 있도록 그 내용을 정확하고 신속하게 전달하는 기능과 이러한 여러 기능을 통합된 시스템으로 구성하여 전체적으로 효율을 극대화하는 목표를 가지고 있다. 또한 물류정보시스템은 개개의 물류기능활동, 개별기업의 물류활동 및 관련 상역활동 및 물류관련 기관 활동 등 여러 가지 정보를 상호 연계시킴으로써 효율화를 극대화할 수 있어서 육 · 해 · 공 물류정보흐름을 합리화하여 물류업무의 일괄처리(one-stop)를 통한 서비스의 질 향상 및 비용절감을 도모할 수 있는 종합물류정보시스템을 구축하는 것이 더욱 효과적이라고 할 수 있다.

2. 물류정보의 종류 및 특성

물류정보는 역할에 따라 수주정보, 재고정보, 생산정보, 출하정보, 물류관리정보 등으로 분류할 수 있다. 물류활동은 상류활동에 의해 고객으로부터 주문을 받아 수주처리작업에서의 현재 파악된 상품의 재고정보를 입수하게 된다. 만약 물품의 재고가 부족할 때에는 생산지시 또는 매입지시정보가 발생되며, 할당된 재고는 출하정보에 의해 출하장소로 이동되어 출하된다. 물류관리자가 물류활동을 관리 · 통제할 수 있도록 납품완료정보, 물류비 관련정보 및 창고 · 차량 등의 물류시설 및 용기의 가동률 등을 물류관리정보로서 수집한다. 물류정보는 수주, 재고, 생산, 출하, 물류관리 및 정보 이외에도 다음과 같은 내용으로 분류할 수 있다.

- 화물운송정보 : 화물집화정보, 화물터미널정보, 특정화물확인정보, 도로교통정보, 고속도로관리정보, 개별창고화물정보 등
- 화주정보 : 화주의 성명, 전화번호 및 팩스번호, 화물의 종류 및 중량, 발착지, 운송기간 및 거리 등
- 화물운송기기정보 : 화물자동차운송정보, 선박정보, 컨테이너정보, 철도기관정보, 항공기관정보
- 보험정보 : 자동차운송보험정보, 화물보험정보, 컨테이너보험정보, 철도운송보험정보 등
- 화물하역정보 : 선적정보, 자동차 및 철도 상 · 하차정보, 하역업체정보, 하역 진척 · 실적정보 등
- 항만정보 : S/O(Shipping Order) 및 B/L(Bill of Lading)정보, 항만관리 · 작업정보, 컨테이너추적정보, 보세창고 · 장치장정보, CY-CFS 관리정보, 선박도착정보 등
- 화물통관정보 : 수출입신고 및 면장획득정보, 항공화물통관정보, 관세환급정보 등
- 수출화물검사정보 : 검량 · 검수정보, 선적검량정보 등

이러한 물류정보는 다음과 같은 특성을 가지고 있다.

- 정보의 원천, 처리부문, 대상이 다양하다.
- 정보의 양이 많고 다양하다.
- 타부문과의 연관성이 높다.
- 화물과 정보의 흐름에 동시성을 요구한다.
- 평상시와 폭주시 정보량에 차이가 크다.

그림 10-2 | 물류정보의 종류

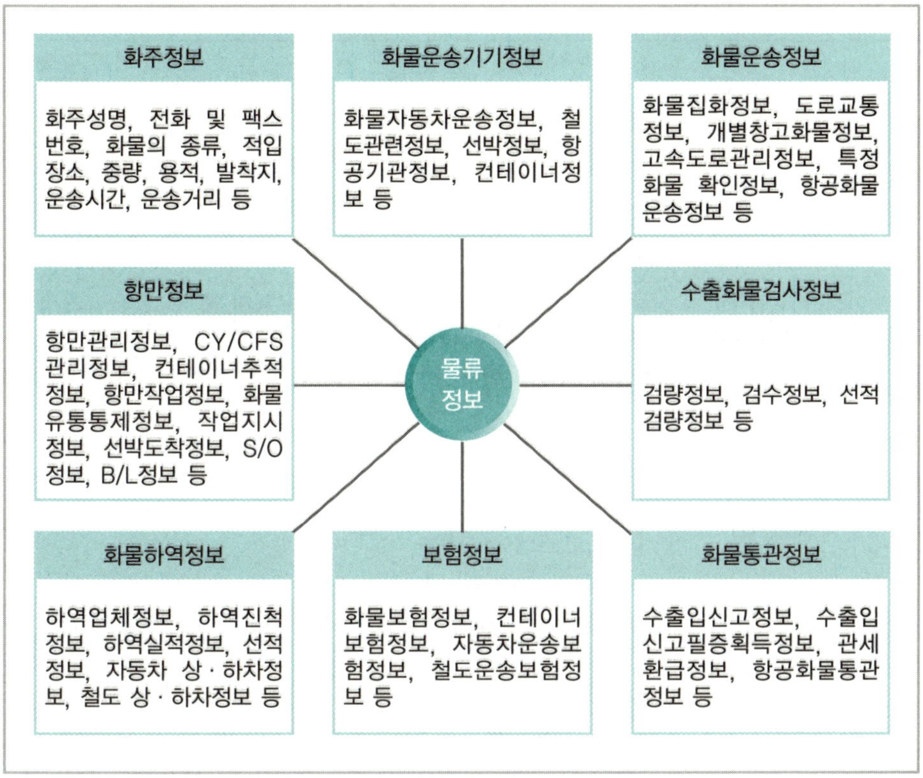

제2절 물류정보시스템

1. 물류정보시스템의 정의

물류정보시스템은 물류프로세스에 효율성과 효과성을 부가하기 위한 정보시스템을 의미한다. 이외에도 다양한 물류정보시스템의 정의가 연구자들에 의해 제시되었다.

[표 10-1]의 정의에서 알 수 있는 것은 물류정보시스템을 정의함에 있어 기존

표 10-1 | 물류정보시스템의 정의

연구자	정의
교통개발연구원(1998)	물류활동에 관계되는 정보를 활용하여 물류 제기능의 원활화와 효율화를 도모하기 위해 이들 정보의 전달과 처리를 신속 · 정확하게 실시하는 시스템
김용만 · 이현기(1999)	서비스의 향상과 동시에 물류비용의 절감을 도모하는 것으로 정보시스템과 각각의 물류작업을 유기적으로 연결하기 위해 개개의 수송상품정보를 정보발생시점에서 파악하여 수송상품의 관리수준을 높이는 것
미시간 주립대 세계물류연구소(1995)	물류정보와 관련한 하드웨어, 소프트웨어 및 프로세스와 정보교환을 유용하게 하는 네트워크와 설계
박선태 · 권기대 · 김승호(2002)	기업의 전략적 의사결정을 지원하고 물류정보의 효과적인 활용을 위해 정보의 저장과 처리에 필요한 체계적인 시스템 요소와 정보의 적절한 전달을 통해 고객서비스향상과 물류비절감을 목적으로 하는 것
윤혁권(2002)	물류관리활동을 관리, 통제 그리고 평가하는 데 필요한 하드웨어와 소프트웨어의 결합
Bowersox et al.(2002)	기업의 경영정보시스템의 하위차원으로 기업의 내부물류정보와 관련한 시스템 측면뿐만 아니라 외부와의 연결관계까지 포함하는 시스템
Chiu(1995)	물류프로세스에서 관련 정보를 처리하는 시스템으로서 POS시스템, 바코드, EDI, VAN 및 EOS 등을 말함
Closs and Xu(2000)	컴퓨터 하드웨어와 적용시스템뿐만 아니라 위성추적, EDI, 바코드 등과 같은 관련 구성요소들을 포함
Lambert and Stock (1993)	물류정보시스템은 주문정보를 신속 · 정확하게 파악하고 물품의 흐름을 정확하게 전달하는 기능을 수행하며, 수요와 공급을 조정해 리드타임을 감소시켜 주는 기능과 운송효율과 하역작업의 효율성을 향상시켜주는 기능을 수행함
Novack et al.(1992)	물류정보의 효과적인 활용을 위해 정보의 저장과 처리에 필요한 체계적인 시스템과 네트워크

자료 : 서민교 · 배기성, 네트워크관점에서 부산항의 e-logistics 시스템, 공급사슬협력 및 공급사슬성과의 관계, 인터넷전자상거래, 제6권 제2호, 2006. 9.

정의들이 물류정보시스템의 하드웨어적 측면, 정보흐름의 관리적 측면, 통합적 측면 등 세 가지 측면을 고려하여 정의를 내리고 있다. 물류정보를 처리하기 위한 하부구조로서만 물류정보시스템, 정보흐름의 관리적 측면으로 물류정보시스템, 상기 두 가지의 측면을 보완하기 위해 하드웨어와 정보흐름의 관리기법을 동시에 고려한 정의이다. 일반적으로 물류정보시스템을 정의함에 있어 물류프로세스에 가치를 부가하기 위한 물류정보의 효율적이고 효과적인 관리와 처리를 통한 하드웨어와 운영기법의 일련의 집합으로 정의하는 세 번째의 측면이 더욱 합당한 정의라고 사료된다.

2. 물류정보시스템의 목적 및 기능

소비자 요구의 다양화와 상품의 주기단축으로 신속하고 정확한 고객서비스의 필요성이 증대되고 있으며, 물류시스템의 경제성 · 신속성 · 정확성이 요구되고 있다. 따라서, 효율적인 물류활동을 지원하기 위한 정보를 합리적 · 유기적으로 결합 제공함으로써 물류비용 절감 및 고객서비스의 향상을 도모하고 경쟁기업에 대해 상대적 우위를 차지하기 위한 물류전략정보시스템 구축이 필요하다.

궁극적으로 물류정보시스템은 기업의 환경, 특징, 성격 등을 감안하여 전체 물류비용을 최적화할 수 있도록 종합적인 시스템 관점에서 계획하고, 물류네트워크를 구축하여야 한다. 물류정보시스템은 각 물류활동의 기능관계를 조정하여 전체적인 시스템으로서 목적에 맞게 통합적으로 관리 · 지원하는 것이다.

물류정보시스템의 기능을 살펴보면 다음과 같다.

1) 기획 · 통제기능

물류정보시스템은 물류시설의 입지 결정 등에 중요한 역할을 한다. 또한 사전에 설정된 설비, 시설의 활동목표 및 고객서비스 수준 목표와 실제 활동 및 수준을 비교하여 물류활동을 통제할 수 있는 기능이 있다.

2) 조정기능

물류정보시스템을 통해 정보의 공유가 가능해짐으로써 생산계획과 조달계획을 조정할 수 있다. 그러나 이를 위하여 통합적 정보시스템을 구축하여,

- 하부물류정보시스템들의 정보가 공유되고,
- 공동 데이터베이스를 구축하고,
- 밀접한 관계의 물류활동을 통합수행하고,

• 하부시스템들이 데이터베이스, 컴퓨터설비 등 각종 지원을 공동 이용할 수 있어야 한다.

3) 고객서비스/커뮤니케이션 기능

고객이 주문시 최초로 접하게 되는 것은 정보시스템이기 때문에 시스템의 반응성, 신축성이 필수적이다. 기업은 항상 고객에 대한 커뮤니케이션 경로가 적절하게 유지되고 있는지 점검함으로써 쉽게 주문받을 수 있도록 하여야 한다.

한편, 물류활동의 제 기능에 대하여 계획, 실시, 통제의 3단계로 나누어 물류정보처리기능을 정리하면 [표 10-2]와 같다.

표 10-2 | 각 단계별 물류정보처리기능

	계획	실시	통제
수주	• 수주방법선정 • 주문정보전달수단설정	• 주문처리 • 재고체크 • 신용한도체크 • 하역능력체크 • 출하지시서작성 • 잡품서작성 • 납입지연관리	• 수주통계분석 • 반품관리 • 납품관리
재고관리	• 수탁장소의 수, 위치결정 • 상품재고 적정배치 • 재고예산설정 • 서비스율설정	• 재고조회응답 • 취소처리 • 입출고처리 • 이송처리 • 현품재고조사	• 재고예산과 재고실적의 대비 • 표준재고회전율과 실적재고 • 회전율의 대비 • 과잉재고분석 • 견품재고분석 • 재고상품의 파손분석 • 보관비용계산 • 보험료계산
발주	• 발주방법 선정 • 주문정보 전달수단선정	• 발주 • 미입하품파악	• 발주통계분석
창고관리	• 창고 결정 (영업창고 또는 자가창고) • 창고용량 결정 • 창고설비설계 • 보관형식설계 • 창고설비투자의 경제예산	• 자동화창고운전 • 수송장소지시 • 고장대책 • 창고설비보전정비 • 배치관리	• 창고설비가동분석 • 빈 선반현황표 • 고장분석 • 수선비용계산 • 보전정비비용 산
하역	• 하역방법설계 • 하역기기투자의 경제예산	• 하역작업지시 • 검품	• 포장비용 분석 • 하역기기 가동분석

포장	• 포장형식결정 • 화물 형태결정 • 포장규격설정 • 자동포장설계	• 포장재료관리 • 포장공정관리 • 이종포장지시 • 팔레트관리 • 빈 컨테이너관리	• 포장비용분석 • 사고통계
수송과 배송	• 수송수단선정 • 수송경로선정 • 수송루트결정 • 다이어그램시스템설계 • 배송센터의 수 및 위치선정 • 배송지역 결정	• 배차수배 • 화물적재지시 • 배송지시 • 착하지에 연락 • 반송화물 정보관리 • 화물의 추적파악	• 운임계산 • 차량적재효율분석 • 차량가동분석 • 반품운임분석 • 빈 용기운임분석 • 오송분석 • 교착수송분석 • 사고분석
집화	• 집화방법선정 • 집화경로선정 • 다이어그램시스템설계	• 집화지시 • 납입자에게 연락	• 집화운임계산

3. 물류정보시스템의 중요성과 기대효과

국가적 차원에서 전국적인 물류정보망을 구축함으로써 화물의 통계 및 운행패턴, 물류의 흐름이 정확히 파악되고 물류비 산정의 기초자료를 제공할 수 있게 된다. 기업적인 차원에서는 수 · 배송, 보관, 입하, 출하를 종합적으로 관리하는 체계를 구축함으로써 기업의 물류비용 절감이 달성될 수 있고 물류기업은 알선업무를 통해서 수익을 증진시킨다. 또한 물류정보시스템은 다음과 같은 효과를 기대할 수 있다.

첫째, 효율적인 정보시스템 운용에 의한 적재율 향상, 수송의뢰, 집화, 수송시간 단축 등 화물수송 효율의 향상

둘째, 집화 및 배송을 체계화하고 사무 및 작업의 정확성을 증대시키며 사무처리의 간소화로 화주에 대한 고객서비스 향상

셋째, 신속정확한 정보에 의한 배송창고 이용효율 향상, 하역작업의 간소화, 신속하고 정확한 통계자료의 작성이 가능해진다.

그림 10-3 | 물류정보시스템의 기능

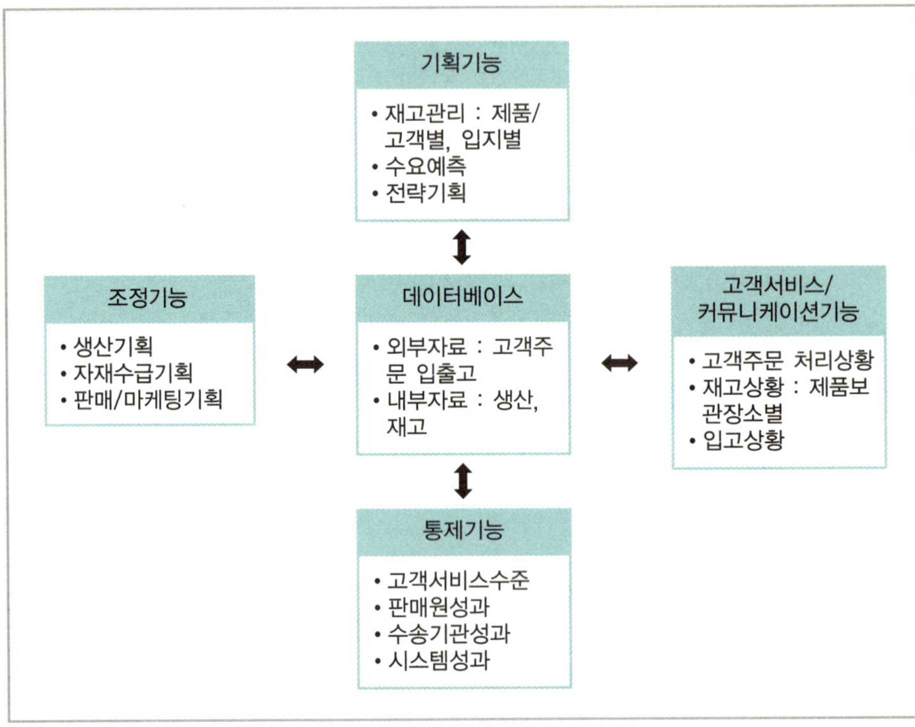

4. 물류정보시스템 구성

물류업무는 기업의 활동 측면에서 인프라에 해당하는 중요한 업무의 하나로서 그 기반을 튼튼하게 할 수 있는 물류정보시스템은 기업에게는 필수적인 정보시스템이다. 물류정보시스템의 핵심은 주문정보와 물품의 이동과 관련한 정보를 통합 관리하여 데이터의 정확성과 일관성을 유지하고 이를 토대로 물류활동들을 유기적으로 연계하는 것이다.

제품을 생산하는 기업체의 물류업무 영역은 조달, 생산, 판매 등으로 크게 구분할 수 있다. 생산과 판매에 필요한 자재와 제품을 공급하는 영역이 조달물류이고, 공급된 자재를 생산에 투입하는 영역이 생산물류이며, 생산된 제품을 고객에게 납품하는 영역이 판매물류에 해당된다. 물론 경우에 따라서는 조달과 생산물류를 별도로 구분하지 않고 생산물류를 조달물류에 포함시켜 구분할 수도 있지만 물류활동의 흐름과 관련지어 볼 때 기업의 물류를 조달, 생산, 판매의 물류업무로 구분하는 것이 일반적이라고 할 수 있다.

그러므로 물류정보시스템은 조달물류, 생산물류, 판매물류시스템으로 구분할 수 있으며 각각의 물류정보시스템은 수 · 발주시스템, 생산관리시스템의 서브시스템으로 구성되어진다. 또한 각 서브시스템은 주문, 수송, 보관, 하역, 포장, 유통가공 등의 물류활동을 통해서 발생되는 물류정보를 가공 및 처리한다.

물류정보시스템의 핵심 중의 하나인 주문정보는 기업의 기반 시스템인 MIS 시스템에서 발생되어 물류활동을 하기 위한 물류정보로 변환된다. 이러한 물류정보로 변환되는 주문정보와 관련된 MIS시스템은 구매관리시스템, 영업관리시스템, 생산관리시스템이 있다. 구매관리시스템에서는 발주정보가 생성되어 구매발주가 이루어지면 발주정보가 물류센터에서 납품을 준비하기 위한 정보로 활용될 수 있는 입하예정정보로 변환되어 창고관리시스템의 활동을 지원하게 된다.

또한 생산관리시스템은 생산계획과 작업지시에 의하여 생산에 투입할 자재를 불출하기 위한 자재출고를 의뢰하며 이러한 자재출고의뢰정보는 출하예정정보로 변환되어 창고관리시스템에서 출하작업에 필요한 정보로 활용된다.

영업관리시스템에서는 고객으로부터 수주한 수주정보가 고객의 신용도검사와 재고할당을 거치게 되면 주문 확인이 생성되고 생성된 주문파일은 출하예상정보로 변환되어 창고관리시스템에서 출하를 위한 정보로 활용되는 것이다.

그림 10-4 | 물류정보시스템 관련도

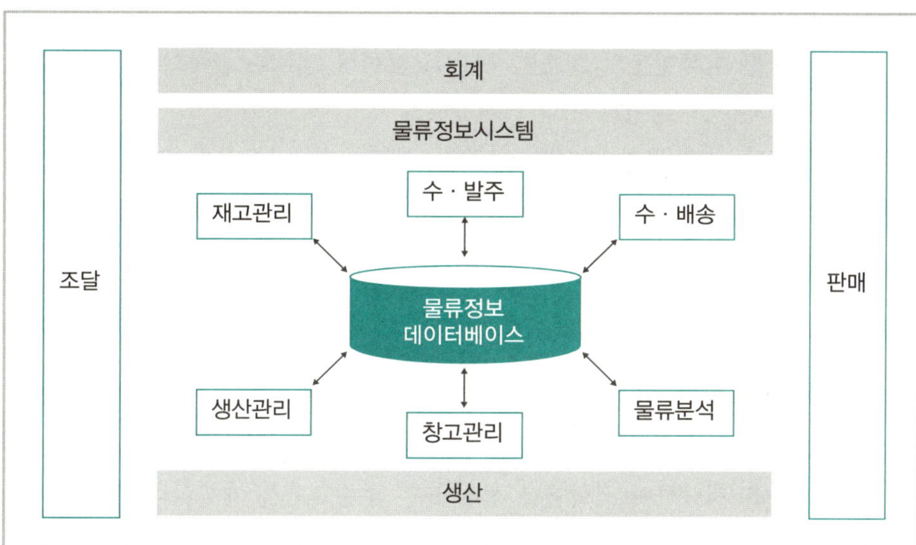

[그림 10-4]는 물류정보와 관련하여 물류정보시스템을 구성하고 있는 각 서브시스템을 보여주고 있으며 물류를 수행하는 관련주체 간의 물류정보교환은 인터넷이나 물류 EDI, 전화망 등을 통해서 이루어질 수 있으며 이러한 정보교환이 가능하도록 네트워크가 구성되어야 한다.

물류정보시스템은 물류활동을 수행하기 위해 필요로 하는 기본적인 시스템과 물류활동 영역에 의해 구분되는 영역별 시스템으로 구성된다. 물류정보시스템의 기본시스템은 창고관리시스템, 재고관리시스템, 수 · 배송관리시스템 및 수주출하시스템을 포함하며 이러한 기본시스템이 가변적으로 포함되는 영역에 따라서 조달물류정보시스템, 생산물류정보시스템 및 판매물류정보시스템으로 구분된다.

5. 물류정보시스템의 내용

물류정보시스템은 크게 수주 · 출하처리시스템, 수 · 배송관리시스템, 창고(보관)관리시스템, 도매정보시스템, 물류관리정보시스템 등으로 분류할 수 있다. 각 시스템의 내용을 살펴보면 다음과 같다.

1) 수주 · 출하처리시스템

수주 · 출하는 물류활동의 기초가 되는 부분이다. 수주 · 출하와 관련된 물류정보시스템을 간단히 설명하면 다음과 같다.

- 유통센터나 창고 등의 재고량, 발주점, 배송능력, 거래선의 주소 등을 컴퓨터에 입력시킨다.
- 거래선에서 전화나 팩스 또는 판매량의 순회 등에 의하여 발주하면 수주정보를 영업소나 지점의 단말기에서 입력하여 본사 컴퓨터센터의 호스트컴퓨터에 전송한다.
- 본사 컴퓨터센터의 호스트컴퓨터는 각종의 수주를 처리하여 인근의 출하창고를 선정하여 창고에 설치되어 있는 단말기에 출하지시서를 전송한다.
- 적재효율을 계산하여 적합률을 선정 또는 수송효율을 계산하여 배송지시를 실시한다.

- 출하가 완료되면 출하정보를 입력하고 배송이 완료되면 배달완료 보고를 입력하고 배송을 관리한다.
- 수주정보와 출하정보에서 수주잔고를 계산하고 수주관리나 판매관리 등을 수행한다.
- 수주정보에서 재고관리를 하고 출하정보에서 실재고의 관리를 한다.
- 수주정보나 재고정보의 문의에 대응하고 영업활동을 지원한다.

2) 수 · 배송관리시스템

수 · 배송관리시스템은 주문상황에 대해 적기 수 · 배송체제의 확립과 최적 수 · 배송계획을 수립함으로써 수송비용을 절감하려는 체제이다. 따라서 출하계획의 작성, 출하서류의 전달, 화물 및 운임계산의 명확성 등 컴퓨터와 통신기기를 이용하여 기계적으로 처리하게 된다. 수 · 배송관리시스템의 대표적인 것으로는 터미널화물정보시스템이 있다.

화물정보시스템이란 화물이 터미널을 경유하여 수송될 때 수반되는 자료 및 정보를 신속하게 수집하여 이를 효율적으로 관리하는 동시에 화주에게 적기에 정보를 제공해 주는 시스템을 의미한다.

터미널화물정보시스템은 ① 수출계약이 체결된 후 수출품이 트럭터미널을 경유하여 항만까지 수송되는 경우, ② 국내 거래시 한 터미널에서 다른 터미널까지 수송되어 수화인에게 이송될 때까지 전 과정에서 발생하는 각종 정보를 전산시스템으로 수집 · 관리 · 공급하고 처리하는 종합정보관리체제이다.

3) 창고(보관)관리시스템

창고관리시스템이란 최소의 비용으로 창고의 면적, 작업자 및 하역설비 등 경영자원을 유효하게 활용하고 고객에 대한 서비스수준을 제고시키는 것이 주목적이며, 보관시설이나 재고상황을 적절하게 유지하는 중요한 기능을 갖고 있다. 창고관리시스템은 재고관리가 가장 중요하므로 생산 및 구매계획시스템과 가장 밀접한 관련을 갖고 있으므로 전체적인 물류의 중심점에 있다고 말할 수 있다.

4) 도매정보시스템

도매정보시스템은 대도시 주변이나 공단주변의 수 · 배송센터나 유통단지의 정보시스템으로서 이 시스템은 고객관리, 재고관리, 배송계획관리, 조달 및 판매관리, 도매관리정보시스템으로 구성된다.

5) 물류관리정보시스템

물류관리정보시스템은 수주에서 배송에 이르기까지 전 과정을 계획(Plan), 실시(Do), 평가 또는 통제(See)하는 시스템으로서 앞에서 설명한 각종 정보시스템을 총괄하기 때문에 중복되는 경우가 많다.

제3절 물류정보기술의 기능 및 종류

1. 물류정보기술의 종류

물류부문에서도 정보기술의 채용을 통해 효과적인 물류관리 및 차별화를 추구하고 있다. 정보기술과 정보시스템은 기업의 물류관리의 효율성 향상에 대단히 중요하기 때문에 경쟁적으로 발전된 정보기술의 도입을 도모하고 있다. 최근 물류분야에 많이 이용되고 있는 기술을 소개하면 [표 10-3]과 같다.

이 중에서 최근 물류정보화에 중요한 역할을 하고 있는 EDI(Electronic Data Interchange), 운송관리시스템(ITS : Intelligent Transportation System), 창고관리시스템(WMS : Warehouse Management System), 판매시점관리시스템(POS : Point Of Sales System), 자동발주시스템(EOS : Electronic Ordering System), Bar code, RFID(Radio Frequency Identification) 등에 대해서 알아보도록 한다.

표 10-3 | 물류관리 응용정보기술

<table>
<tr><th>구분</th><th>정보기술</th><th>물류응용분야</th></tr>
<tr><td>문서 및 정보 관리시스템</td><td>EDI</td><td>각 부서 간, 사업 간 표준화된 데이터의 교환</td></tr>
<tr><td>운송관리 시스템</td><td>ITS</td><td>도로, 차량, 신호시스템 등 기본 교통체계의 구성요소에 전자, 제어, 통신 등 첨단기술을 접목시켜 구성요소들이 상호 유기적으로 작동하도록 하는 차세대 교통체계기술</td></tr>
<tr><td rowspan="2">창고 및 재고 관리시스템</td><td>WMS</td><td>제품이 입고되어 적재되는 것으로부터 선택되어 출하되는 모든 작업 과정과 그 과정상에서 발생되는 물류 데이터를 자동적으로 처리하는 시스템</td></tr>
<tr><td>POS</td><td>광학적 자동판매방식의 레지스터에 의한 단품별로 수집된 판매정보와 매입, 배송 등의 활동에서 발생하는 각종 정보를 컴퓨터로 처리하여 각 부문이 유용하게 활용할 수 있는 정보로 가공, 전달하는 시스템</td></tr>
<tr><td rowspan="2">바코드시스템</td><td>Bar-Code</td><td>제품의 분류, 입출고시 자동으로 데이터 입력</td></tr>
<tr><td>RFID</td><td>화물의 분류, 데이터 입력, 추적 등</td></tr>
<tr><td rowspan="2">위치추적 및 조회시스템</td><td>GPS</td><td>화물 또는 차량의 자동식별과 위치추적의 신속 · 정확한 파악</td></tr>
<tr><td>GIS</td><td>장소의 물리적인 위치와 관련된 가시적인 형태를 보여줌으로써 데이터의 해석을 가능하게 해 주는 것</td></tr>
<tr><td>기타</td><td colspan="2">TRS, Internet, ARS, DPS, OCR</td></tr>
</table>

1) EDI(Electronic Data Interchange)

세계적으로 정보화가 진전되고 이로 인하여 정보통신기술이 급속하게 확산 · 발전하게 됨에 따라 기업의 거래정보 처리를 위한 새로운 정보통신 상품과 서비스의 하나로 출현하게 된 것이 EDI(Electronic Data Interchange)이다. EDI는 '전자문서교환' 또는 '전자자료교환'이라고 불리며, 정형화된 서식과 같이 구조화된 형식의 정보(structured format data)를 표준화된 상거래서식 또는 공공서식으로 구성하여 합의된 통신표준에 따라 컴퓨터간에 교환하는 정보전달방식으로서, 인편이나 우편에 의존하는 서류 대신 컴퓨터가 읽을 수 있도록 통신망을 통해서 표준화된 형식으로 문서를 교환하는 것을 의미한다.

전자문서교환(EDI)에서 일컬어지는 '전자문서'란 전자적 신호를 이용하여 작성된 문서들로써, 컴퓨터에 입력되어 있는 상태의 문서들을 일컫는다. 특히 EDI에서는 정형화된 전자문서의 사용이 매우 중요시되는데 종이문서들 중 정형적인 서식들, 예를 들어 주문서, 송장 등을 기준으로 상호 교환하고자 하는 각종의 정보(주문정보, 발주정보, 거래정보 등)를 미리 약속한 일종의 암호로 변환한 후 표준화된 형태로 구성한다. 이때, 기존의 문서에 들어 있던 모든 정보들은 표준화된 코드로서 하나의 문서의 형태를 갖게 되며, 이를 정형전자문서라 한다. EDI는 서로 독립된 기업 또는 조직 사이에서 가장 활발하게 이용되고 있다.

EDI를 이용하면 견적요청서, 견적서, 주문서, 지급의뢰서와 같은 일상적인 서류의 교환이 없어진다. 정보의 전송을 위해 정보를 전자신호로 변환시키고 전자적 방식으로 통신한다는 점에서 보았을 때, 팩시밀리나 전자우편도 EDI와 유사한 방식을 사용한다고 볼 수 있지만 팩시밀리나 전자우편에 의해 전송된 자료는 구조화된 표준양식을 가지고 있지 않다. 따라서 전송된 내용을 사람이 읽어서 재입력 작업을 하기 전에는 가공될 수 없다는 점에서 EDI와는 상당한 차이가 있다. EDI를 도입하여 사용하게 되면 정보의 발신자는 수신자에게 네트워크를 통해 표준전자문서를 전송하게 되고, 수신자는 전자문서를 접수하여 발신인의 의사를 이해하고 그에 상응하는 조치를 취하게 되므로 번거롭게 종이서류를 의존하지 않고도 거래당사자와 자유로운 거래를 유지할 수 있다.

2) 운송관리시스템(ITS : Intelligent Transportation System)

ITS란 도로, 차량, 신호시스템 등 기본 교통체계의 구성요소에 전자, 제어, 통신 등 첨단기술을 접목시켜 구성요소들이 상호 유기적으로 작동하도록 하는 차세대 교통체계기술을 의미한다.

첨단교통체계는 [표 10-4]에서와 같이 첨단교통관리시스템(ATMS : Advanced Traveler Management System), 첨단교통정보시스템(ATIS : Advanced Traveler Information System), 첨단대중교통시스템(APTS : Advanced Public Transportation System), 첨단화물운송시스템(CVO : Commercial Vehicle Operations), 첨단차량관리시스템(AVCS: Advanced Vehicle Control System) 등과 같이 5개의 하부시스템으로 구성된다. 이 중 첨단화물운송시스템(CVO)은 다시 화물 및 화물차량관리(FFMS : Freight and Fleet Management Systems), 위험물차량관리(HMMS : Hazardous Material Management Systems) 등 2개의 하부시스템으로 구성된다.

화물 및 화물차량관리시스템(FFMS)은 화물 및 차량의 위치를 지속적으로 추

표 10-4 | 첨단교통체계(ITS) 개발분야

분야	내용
첨단도로교통정보시스템 (ATIS : Advanced traveler Informatioin System)	교통여건, 교통규제상황 등 교통관련정보를 운전자에게 제공하여 안전, 원활, 쾌적한 이동을 지원하는 시스템
첨단도로관제시스템 (ATMS : Advanced Traveler Management System)	여행시간측정, 사고규제강화 등 실시간 도로교통상황 파악을 통한 효율적인 도로교통관리를 도모하는 시스템
사업용차량운영정보시스템 (CVO : Commercial Vehicle Operation)	사업용 차량의 위치파악 및 본사와의 상호교통을 통한 신속하고 경제적인 운송을 실현하는 시스템 (화물차중량의 자동측정, 차량관리자동화시스템 등 포함)
첨단차량제어시스템 (AVCS : Advanced Vehicle Control System)	차량 및 도로에 설치하는 첨단정보통신기기를 통해 자동적으로 차량운행을 제어함으로써 궁극적으로 자동운전자를 목적으로 하는 운전자지원시스템
첨단대중교통시스템 (APTS : Advanced Public Transportation System)	대중교통수단 운행스케줄, 차량 현위치 등 관련정보를 취합, 이용자와 관리자 양측에 제공함으로써 공공수송수단(버스, 지하철 등)의 효율적인 이용을 도모하는 시스템

적 관리하고, 각종 화물운송정보를 실시간으로 사용자에게 제공함으로서 공차 운행을 최소화하고 효율적인 차량 및 배차관리를 도모할 수 있는 서비스시스템을 말하며, 위험물차량관리시스템(HMMS)은 위험물 적재차량의 위치를 추적하여 지정노선 운행 감시 및 특정지역 운행제한 등을 특별 관리하고, 돌발 상황시 교통관리시스템(돌발상황관리)과 연계하여 신속한 사고처리를 수행할 수 있는 시스템을 말한다.

3) 창고관리시스템(WMS : Warehouse Management System)

WMS는 제품이 입고되어 적재되는 것으로부터 선택되어 출하되는 모든 작업과정과 그 과정상에서 발생되는 물류 데이터를 자동적으로 처리하는 시스템이다. WMS의 목적은 창고 내에서 이루어지는 모든 활동(오더와 상품의 흐름에 대한 제어, 입고와 피킹에 대한 최적화, 창고공간 효율성 최적화, 장비와 인적자원에 대한 최적화, 물류흐름상의 정보에 대한 실시간 제공)을 지원하는 데 있다. 즉 창고에서 이루어지는 모든 내용을 데이터베이스화하여 필요한 모든 곳에 필요한 정보를 실시간으로 제공하며, 그 정보를 이용하여 기업은 원활한 기업활동을 위한 신속한 의사결정을 할 수 있도록 하는 데 의의가 있다.

화물의 입출고관리, 재고관리, 보관위치관리시스템, 출고지시시스템과 픽킹시스템(DPS-Digital Picking System,[1] Auto Picking System[2] 등), 디지털분류시스템(DAS : Digital Assort System),[3] 택배 interface system[4] 등으로 구성되어 있으며 이러한 시스템은 각 기업별로 물류관리의 목적 및 물류관리의 규모에 따라 채용하는 종류와 깊이가 다르다.

주목적은 정확한 재고수량관리 및 재고금액의 자동적 계산, 재고의 실시간 확인관리(Visibility management), 보관면적의 효율성 극대화, 픽킹작업의 효율적 수행, 선입선출의 정확한 실시, 픽킹작업의 정확도 향상, 포장작업의 정확도 및 효율성 향상, 다른 물류시스템과의 효율적인 연계 및 ERP와의 연계 등에 있다.

4) 판매시점관리시스템(POS : Point Of Sales System)

판매시점관리시스템은 외식업 · 유통업 · 서비스업 등 각종 매장을 운영하면서 실시간으로 매출을 등록하고, 등록된 매출자료의 자동정산 및 집계를 가능하게 해주는 솔루션(프로그램 또는 서비스)과 하드웨어(장치 및 주변기기)를 이용하여 다양한 정보를 제공하는 시스템이다.

POS는 판매정보의 입력을 쉽게 하기 위해 상품 포장지에 고유마크, 바코드를 인쇄하거나 부착시켜 판독기(핸드스캐너)를 통과하면 해당상품의 각종 정보가

---

1) DPS(Digital Picking System) : 점포로부터의 발주 데이터를 센터의 상품 랙(Rack)에 부착된 표시기에 파킹수량을 디지털로 표시하여, 별도의 리스트 없이 누구나 신속하고 정확하게 픽킹할 수 있는 시스템을 말한다. 즉 각 상품의 아이템별로 셀을 지정하여 표시기를 부착하게 되며 픽킹할 각 매장의 순번을 기준으로 하여 픽킹작업을 진행해 나가는 방식을 말한다. 이 방식의 운용시스템은 먼저 픽킹하고 싶은 매장을 우선적으로 픽킹할 수 있으며 재고관리가 동시에 이루어질 수 있다는 장점이 있는 반면에 상품의 종류가 많은 곳에서는 표시기를 많이 설치하게 되므로 투자비가 증가하는 단점이 있다.

2) Auto Picking System : 랙에 보관될 상품을 자동적재장치(일반적으로 스태커라고 함)를 이용하여 자동적으로 보관하거나 출고시키는 시스템으로서 자동창고에 적용하는 시스템이며 일반적으로 프리로케이션관리를 한다.

3) DAS(Digital Assort System) : 출고시킬 상품 전체를 일정한 장소에 픽킹해 놓고(포장작업장) 출고처(수하인)별 박스에 다수의 상품을 투입할 때 상품의 종류(품목)와 수량을 정보시스템에 의하여 지시해 주고 정확한 수량이 투입될 수 있도록 도와주는 시스템을 말한다.

4) 택배와의 연계 : 화물이 택배를 이용하여 출고될 때 택배회사의 정보시스템과 연동하여 운송장을 발행하고 출고시킴으로써 택배회사의 화물추적정보(배달관련정보)를 자사의 정보시스템에서 바로 확인할 수 있다.

자동적으로 메인컴퓨터에 입력된다. 유통업체는 이 정보를 활용해 수시로 매출 동향을 파악하는 것은 물론 재고를 적정수준으로 유지하고, 잘 팔리는 상품의 진열을 확대하는 등 상품관리 및 업무자동화를 추진하고 있다. POS시스템의 발달은 판매시점에서부터 정보의 즉각적인 피드백(feedback)에 의한 상품관리를 가능하게 한다.

5) 자동발주시스템(EOS : Electronic Ordering System)

자동발주시스템(EOS : Electronic Ordering System)은 POS시스템에 의해 얻어진 정보를 이용하여 수·발주의 효율화와 리드타임의 단축을 통해 단품구매 정보를 수집하도록 하는 시스템이다. 즉, 소매업 점포에 발생한 발주데이터를 발생현장에서 자동적으로 입력하고, 온라인으로 소매업의 본부, 도매업체 또는 상품제조업체로 전송되는 시스템이라고 할 수 있다. 이러한 EOS 도입효과는 다음과 같다.

- 발주시간 단축, 발주오류 감소로 발주작업 효율성 제고
- 신속·정확한 발주체계 확립
- 재고관리비용 감소
- 오납, 결품 감소
- 검품에 필요한 시간, 인력 절약
- 전표업무 삭감
- POS시스템과 병행하여 효율적인 점포종합관리시스템 구축
- 수주 및 반품처리 업무 효율성 제고
- 납품 후 발주 등 비정상적인 거래 근절
- 다양한 고객의 욕구에 대응
- 서비스체제 향상
- 수·발주데이터를 토대로 보다 합리적인 영업관리 가능
- 납품에 필요한 배차횟수감소, 인력절감, 시간단축으로 인한 효율적인 물류체제 확립

6) 바코드(Bar code)

바코드는 굵기가 서로 다른 바(Bar)와 공간(Space)의 조합에 의해 상품에 관한 여러 가지 정보를 표시하고 이러한 문서나 숫자를 기계가 읽을 수 있도록 기호체계로서 상품에 관한 정보를 해독할 수 있도록 부호화한 것이다. 이는 판매와 재고정보를 획득하기 가장 효과적인 방법으로 사용되어지고 모든 물리적인 사물의 정보를 파악할 수 있는 도구로 사용된다.

바코드는 미국 메사추세츠주의 식료품 도매상의 아들인 월리스 플린트(Wallace Flint)가 1932년 하버드대학에서 「슈퍼마켓 계산 자동화」에 대한 논문을 발표하였으나 당시 경제적 타당성이 없어 실현되지 못하였다. 이어 1949년 조 우드랜드(Joe Woodland)와 버니 실버(Berney Silver)가 식품의 가격을 자동으로 읽히는 방법인 "Bull's Eye"를 발명하여 특허 획득하였는데 이것이 오늘날의 바코드이다. 그러나 당시에도 경제의 규모나 기술의 수준이 바코드를 일반적으로 사용하지는 못하였다. 이후 미국 슈퍼마켓 특별위원회가 1973년 4월 3일 UPC심볼을 식료품업계의 표준으로 결정한 이후 Wrigley사의 껌에 최초로 바코드를 사용하였고 1980년대 식료품의 90%가 UPC심볼을 부착, 1980년대 다른 산업분야에서도 바코드의 표준화작업을 시도하여 현재 1,000개 정도의 바코드 심볼이 존재하고 있다.

최근에는 상품의 제조, 검색, 입출하, 재고관리, 판매관리로부터 공장자동화에 이르기까지 모든 분야에서 요구되는 정확도와 신속성의 필요성을 바코드가 해결해 줄 수 있는 시스템이 개발되었으며 이로 인해 바코드의 활용에 있어 그 영역이 급속도로 확대되고 있다. 따라서, 단품정보에 대한 인식으로부터 공장전표의 이동에까지 활용되고 있으며, 물류현장에서도 그 이용도가 계속적으로

표 10-5 | 바코드의 활용부문

부문	활용 예
입고	발주상품이 납품될 때, 발주내용(수량 등)과의 일치 여부, 스캐닝, 검품
출고	수주한 상품의 픽킹 후, 픽킹상품 및 수량의 정확 여부, 스캐닝, 검품
분류	픽킹, 컨베이어를 사용 선별분류, 자동분류, 생산성이 비약적으로 향상
재고	선반작업, 스캐닝, 실재고수 파악
반품	특정 상품이 얼마나 반품되었는지 확인, 전임자 불필요, 신속 · 정확한 처리

증가하고 있다. [표 10-5]는 물류의 전 기능에서 바코드가 활용되고 있는 예를 나타내고 있다.

바코드는 EOS(Electronic Ordering System, 자동 수 · 발주시스템)에서 가장 보편적으로 이용되고 있으며, 고객의 잦은 주문에 신속한 대응이 요구되는 중소 소매점, 도매업과 백화점 등에서 그 이용률은 점점 증대되고 있다. 중소 소매점에서는 바코드를 이용한 자동 수 · 발주시스템의 도입으로 판매의 효율화를 꾀할 수 있으며, 도매업에서는 이를 기초로 창고의 효율화, 효율적인 물류체제 및 재고관리시스템을 확립하여 경영의 효율화를 도모하는 데 이용되고 있다.

바코드를 이용함으로써 기대되는 효과로는 물류작업을 기계화함으로써 수작업으로부터 기계에 의한 작업으로 변혁을 촉진함으로써 물류효율성을 향상시키며, 오류방지 등을 통한 정보지원체제를 강화할 수 있다는 데 있다.

7) RFID(Radio Frequency Identification)

RFID(Radio Frequency IDentification)란 자동인식(Automatic Identification)기술의 하나로서 스마트카드 또는 바코드와 같은 데이터 입력장치의 일종으로 개발된, 무선 주파수를 이용해 상품과 사물에 내장된 정보를 원거리에서도 읽어내는 기술이다. 이 때문에 물류 · 유통 · 조달 · 군사 · 식품 · 안전 등 다양한 산업영역에서 막대한 경제적 파급효과를 창출할 수 있는 핵심기술로 각광받고 있을 뿐만 아니라, 차세대 컴퓨팅 기술인 USN(Ubiquitous Sensor Network)의 기초 기술로 활용돼, 앞으로 인간의 생활방식과 기존 산업구조를 혁신적으로 변화시키는 분야로 인식되고 있다.

RFID는 초소형 반도체에 식별정보를 입력하고, 무선주파수를 이용해 이 칩을 지닌 물체나 동물, 사람 등을 판독, 추적, 관리할 수 있어 유비쿼터스 컴퓨팅 기반기술의 하나로 중요성이 커지고 있다. RFID는 원거리에서도 인식이 가능하고, 여러 개의 정보를 동시에 판독하거나 수정할 수 있는 장점 때문에 바코드를 대체하거나 보완할 수 있는 기술로서 현재 유통분야뿐 아니라 물류, 교통, 보안 가전분야 등 적용이 나날이 확대되고 있다.

바코드에 비해서는 비용이 높고, 스마트카드에 비해서는 메모리 용량이 낮지만, 바코드나 스마트카드가 갖지 않은 장점 때문에 다양한 적용분야와 기술개발에 따라 차세대 핵심기술로 부상하고 있으며, 다양한 표준화 작업이 이루어지고

그림 10-5 | RFID 시스템 구성요소 개념도

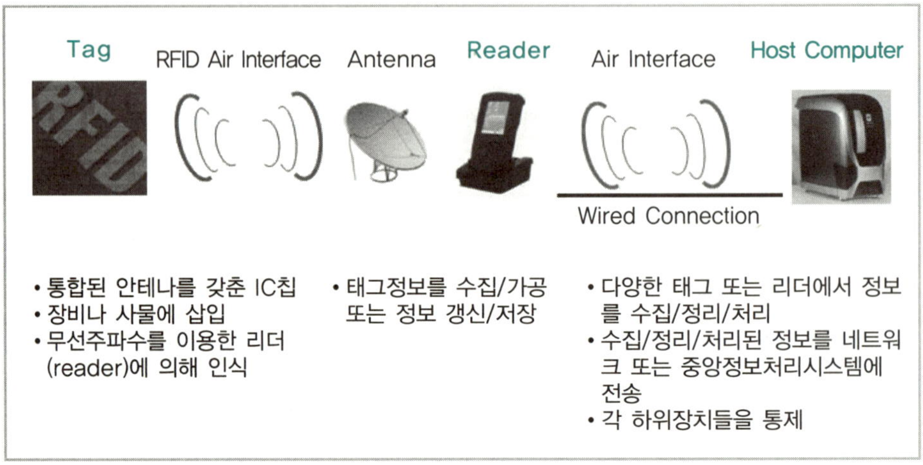

있다. 국내의 경우, 많은 분야에서 RFID시스템을 구축하거나 파일럿 프로젝트가 추진되고 있어, 실용화를 위한 여러 가지 긍정적인 움직임이 있다.

RFID의 경우 초극박형에서부터 다양한 형태와 사이즈로 개발이 가능한데

- 비접촉식(무선인식) 통신방법
- 근거리 · 원거리에 효과적으로 읽기와 쓰기가 가능
- 단말기를 이용하여 전자라벨에 저장되어 있는 데이터를 언제 어디서나 갱신 가능
- 태그의 고유 시리얼 넘버가 있으므로 복수 인식이 가능
- 악조건에서도 사용 가능(고 · 저온, 더러운 곳, 습한 곳)
- 많은 양의 데이터 저장 가능
- 태그의 경우 반영구적으로 재사용이 가능하다는 특징을 가지고 있다.

2. 최근 물류정보화의 발전 동향

최근 물류정보화에는 많은 변화가 야기되고 있다. 이는 기존의 폐쇄적인 VAN 기반의 서비스에서 인터넷 확산에 따른 웹 기반으로 이전하는 등 개방형 네트워크로 이전해가고 있다는 것이 가장 큰 동향이라고 할 수 있다. 이러한 동향은 기존 EDI가 다음과 같은 한계 및 문제점을 내포하고 있기 때문이다.

첫째, EDI를 이용한 기간전산망을 이용하는 기업의 이용률이 저조하며

둘째, EDI를 통해 효율적인 물류시스템을 구축하기 위해서는 대기업이나 공공기업뿐 아니라 중소단위 업체까지도 EDI가 구축되어야 하나 현재의 EDI는 이를 충족시키는 데 한계가 있으며

셋째, EDI 구축에 소요되는 비용이 지나치게 과다하며

넷째, 부가가치통신망(VAN) 등 폐쇄적 네트워크에 의한 네트워크 접근의 복잡하며

다섯째, 시스템 구축의 복잡성, 거래 및 약정처리에 소요되는 비용과 시간이 과다하다는 데 있다.

따라서 기존의 EDI가 특정 분야뿐 아니라 타 분야까지도 폭넓게 사용되기 위해서는 인터넷을 통한 개방형 네트워크 도입이 필요하며, 불특정다수 간의 거래관계를 효율적으로 처리하고, EDI 도입시 업무프로세스의 개선도 병행되도록 할 필요가 있는 것으로 보고 있다. 최근에는 이러한 전통적 EDI의 문제점을 극복하기 위한 대안으로는 현재 객체지향 EDI, 인터넷 EDI, 대화형 EDI, XML/EDI 등이 대두되고 있으며, 특히 EDI가 기존의 전통적 EDI의 문제를 극복하고 향후의 업무시스템을 수용하기 위해서는 경영적 요구사항의 충족 여부, 기술적 기능 및 요구사항의 충족, 기존기술과의 통합가능성 등의 항목으로 비교하여 볼 때 XML/EDI가 가장 우수한 차세대 EDI로 판단되어 우리나라 및 전 세계적으로 인터넷을 기반으로 하는 Web EDI의 개발이 활성화되고 있으며 실제로 우리나라에서는 관세청 및 KT-Net 등에서 이를 기반으로 하는 시스템을 개발 · 운영하고 있다.

물류정보시스템의 또 하나의 추세는 개방형 네트워크 도입에 따른 e-logistics의 도입이다. 현재까지의 물류정보시스템은 기업 간 연결관계보다는 기업의 내부적인 측면에 주로 초점이 맞추어져 왔다. 그 이유는 내부정보의 효율적인 처리와 통합이 우선되어야만 외부 이해당사자들과의 연계가 가능해지기 때문이다.

이와 더불어 인터넷과 같은 개방형 정보네트워크의 등장은 외부 이해당사자들과의 네트워크를 보다 저렴하고 효율적으로 구축하는 데 기여했다. 이러한 개방형 네트워크와 관련해 최근 등장한 개념이 e-logistics이다. e-logistics는 인터넷을 기반으로 하는 물류시스템이다. 이는 정보통신네트워크를 바탕으로 화주기업과 물류기업 간에 다양한 물류서비스를 온라인상에서 구현해 주는 인터

넷 물류 EDI시스템으로 인터넷을 지원하는 EDI소프트웨어를 통해 EDI문서를 주고받는 것을 말한다.

e-logistics는 표준화된 작업서류와 자료를 컴퓨터와 정보통신을 이용하여 수출기업과 국제물류프로세스에 참여한 당사자들 간에 교환하는 방식으로 인터넷을 이용하여 자체 네트워크를 설치하지 않고도 EDI문서를 전송할 수 있고, 국제물류프로세스에서 필요한 정보를 상호 공유할 수 있다. 인터넷에 기반을 둔 e-logistics는 수출기업의 전략의 유연성과 수출기업, 운송회사, 창고, 포장, 내륙컨테이너기지, 하역, 운송주선인, 내륙운송회사, 통관회사, 보세운송회사, 항만 간에 조정능력을 향상시킬 수 있게 된다.

인터넷을 기반으로 한 e-logistics의 발전단계로 1단계는 화물의 위치, 운임, 서비스 등 기본적인 정보를 파악하는 단계이고, 2단계는 실시간 운송 및 보관정보 등과 예외적인 사항을 화주가 파악하는 등 보다 연계가 강화된 단계이며, 3단계는 화주와 물류업체 간 업무에 대해 협력적으로 운영이 가능한 온라인 계약, 서비스 평가, 운임청구 및 정산 등이 가능한 단계로 발전하고 있다. 이러한 다양한 물류정보시스템은 국제공급사슬관리를 위해 당사자들이 e-logistics시스템을 활용함으로써 전체 프로세스에서 나타나는 중복성과 비효율성을 제거하고 이를 통해 공급사슬에서의 협력수준을 높여 정보의 공유와 프로세스 효율성을 극대화할 수 있다.

제 **11** 장

표준화 및 팔레트

핵심내용

물류표준화는 운송, 보관, 포장, 정보 등 물류진행단계에서 사용되는 기기, 용기, 설비 등을 규격화하여 호환성과 연계성을 확보하는 것으로 소프트 웨어, 하드웨어로 구분하여 접근할 수 있다.

물류표준화의 대표족인 형태로는 유니트로드시스템을 들 수 있으며, 이는 협동일관수송의 전형적인 수송시스템으로서 하역의 기계화, 합리화, 화물파손의 방지, 적재작업의 신속화, 차량회전율의 향상 등을 가능하게 하는 물류비 절감을 위한 최적의 수송방식이다.

물류공동화란 동종업체 또는 이종 관련 기업들이 전국적 또는 특정지역에서 물류시설을 비롯하여 수배송 등 물류활동의 일부를 공동으로 설치, 이용, 관리함으로서 규모의 경제이익을 통해 최소의 비용으로 최대의 이익을 획득할 수 있는 물류효율화, 관리화 방법이다.

주요용어

물류표준화, 유니트로드시스템, 팔레트화, 랜드브릿지, 카페리, 프레이트라이너, 컨테이너화, 물류공동화

제1절 물류표준화

1. 물류표준화의 의의

물류표준화는 운송, 보관, 포장, 정보 등 물류진행단계에서 사용되는 기기, 용기, 설비 등을 규격화하여 호환성과 연계성을 확보하는 것을 의미하며, 소프트웨어와 하드웨어 부문으로 나누어서 설명할 수 있다.

소프트웨어부문에서는 물동량의 거래단위, 규격, 중량 등 포장단위를 표준화하며 이들을 기본단위화하는 팔레트(Pallet)[1] 및 컨테이너를 규격화함으로써 물동량 흐름의 전 과정을 유니트로드시스템으로 구축할 수 있도록 하는 것을 의미하며, 하드웨어 부문에서는 수송장비나 보관시설, 하역기계 등을 규격화하여 물류의 일관시스템 구축이 가능하도록 하는 것을 말한다.

물류표준화의 목적은 물류의 시스템화를 전제로 단순화(simplification), 전문화(specialization), 규격화(standardization)를 통해 물류활동에 공통의 기준을 부여함으로써 전체적인 효율성을 높이는 데 있다.

물류표준화는 크게 세 가지 방향에서 접근할 수 있다. 첫째, 물류시설 · 기기 · 자재의 표준화와, 둘째 물류정보시스템의 표준화와, 셋째 유니트로드시스템의 표준화 등이 있다. 이에 따라 사무처리의 효율화와 조달, 생산, 판매 등 일련의 물류업무가 일관화되는 물류합리화, 정보시스템화에 의한 물류 JIT시스템의 도입, 기업 · 국제 간의 정보연결로 사업영역의 확대가 용이하게 되었으며, 정보시스템에 대한 중복투자의 방지 등의 효과를 기대할 수 있게 되었다.

물류표준화의 목표는 다음 네 가지로 요약할 수 있다. 첫째, 단위화물체계의 보급을 위한 표준화이며, 둘째 물류기기체계 인터페이스의 표준화이다. 셋째, 물류정보체계에 있어서 주제교환 표준화이며, 마지막으로 자동화를 고려한 개별규격을 제정하고 고찰한다.

물류표준화의 필요성은 세 가지로 요약해 볼 수 있다. 첫째, 물동량의 증가와

1) Pallet는 외래어 표기규정에 의거해 '팰릿'으로 읽어야 하나 그동안 학계와 업계에서는 '팔레트', '파렛트'라는 용어로 통용되어 있으며 이 책에서는 "팔레트"로 표기하였음.

표 11-1 | 물류표준화의 대상

	분야	표준화대상
운송	화물트럭, 기차, 선박, 항공기	트럭적재함, 화차, 팔레트
보관	창고, 물류센터	보관 랙, 팔레트, 하역시설
포장	수송용 외포장	포장치수
하역	물류기기	팔레트, 컨테이너, 화차, 지게차, 컨베이어, 크레인, 무인반송차 등
기반시설	철도, 도로, 항만, 공항터미널, 화물역, 트럭터미널	
정보		EDI, POS

노동력의 부족현상, 교통체증으로 물류환경이 악화됨에 따라 물류과정의 기계화 · 자동화가 불가피하게 되었으며, 둘째 물류장비 및 시설에 대한 국제표준화 추세에 대비해야 하며, 셋째 운송, 보관, 하역, 포장, 정보의 일관처리로 효율성을 제고시키기 위해서 표준화가 요구된다.

물류표준화를 통하여 기대되는 효과는 1차적으로 물류 체질을 개선시키는 것으로 시설공동화 및 교환이 가능해지며 하역의 기계화, 일관수송 및 연계수송이 실현될 것이며 2차적으로 인건비 및 인력절감, 물류시간 단축, 장비활용의 극대화, 물류공동화를 촉진시킬 수 있을 것이다.

2. 소프트웨어부문의 표준화

물류표준화 중에서 소프트웨어부문의 표준화 대상으로 물류용어의 통일, 거래단위의 표준화, 전표의 통일, 표준코드의 활용, 포장치수의 표준화 등이 있다. 아래에서 각각에 대하여 자세하게 살펴본다.

1) 물류용어의 통일

물류관련 용어들이 원어 그대로 사용되는 것이 많고 전문가나 학자, 기업에 따라 동일한 용어가 서로 다르게 사용되고 있는 경우도 있다. 그러므로 물류에 관련된 전문적인 용어들을 통일화 · 표준화시켜 공통적인 이해가 가능하도록 기준이 되는 표준물류용어의 정의 및 통일이 요구된다.

2) 거래단위의 표준화

동종업계의 동일상품인 경우에는 거래단위를 조정하여 이를 표준화하여야 한다. 단위포장의 중량, 크기, 수량 등을 적정하게 통일시키는 것은 유통의 표준화와 직결되어 있다. 또한 범위를 확대해서 단가의 결정, 할인조건, 결제조건, 배송방법, 운임의 결정, 수주 · 발주방법, 반품방법 등을 표준화시킴으로써 유통의 생산성을 높이기 위하여 거래조건을 단순화 · 규격화하여 유통과정에서 낭비적인 작업과정을 배제시킬 수 있다.

3) 전표의 표준화

업종별 · 지역별로 상품이 거래되는 유통과정에 사용되는 전표를 통일하여 사용하는 것으로 제조업자나 유통업자(도매업자, 소매업자)는 물론 물류업자 간에 상호 교환 사용되는 전표가 서로 다르므로 업무의 불편이 많다. 전표용지의 크기, 양식, 기재내용 등 필요한 데이터 등을 각 거래단계에 따라 상호 협의하여 통일된 물류전표를 사용하는 것이다.

4) 표준코드의 활용

물류분야에도 POS의 바코드(Bar Code)와 문자(OCR)코드를 도입해 활용해야 한다. 단순히 각 물동량에 코드만 부여하는 것이 아니라 실제 현물에 코드를 부여해야 한다. 그리고 물동량이 거래될 때나 이동될 때마다 배치되어 있는 센서(code reader)가 물동량의 데이터를 컴퓨터에 자동으로 입력시키도록 한다.

이렇게 하면 재고량, 수송량, 생산량, 판매량, 작업량 등 필요한 데이터를 필요한 분야별로 실시간(on line realtime) 활용할 수 있어 물류활동을 본격적이고 효율적으로 관리할 수 있게 된다.

5) 포장치수의 표준화

골판지상자, 지대(Bag), 캔 · 드럼 등의 포장단위를 기준으로 '가로×세로×높이'의 규격 표준화가 필요하다. 우리나라의 경우 표준규격으로 KS-A-1102가 제정되었으나 실제로 표준규격을 활용하고 있는 기업은 많지 않다. 물류의 표준화에서 유니트로드시스템이 가장 중요하기 때문에 포장표준치수를 반드시 채택하여야 한다. KS규격의 53종류의 포장치수로 포장크기를 설정하는 경우 포장의 모듈화가 자동으로 도입되어 유니트로드시스템을 구축할 수 있다.

3. 하드웨어 부문의 표준화

물류표준화의 하드웨어부문은 물류과정에 이용되는 장비나 기기, 설비 등을 의미한다. 물류의 기능 중에서 수송장비, 하역기기, 보관설비 등의 일관된 규격을 확보하는 것이 표준화의 목표이다. 이하 세부사항에 대하여 살펴본다.

1) 팔레트의 표준화

팔레트는 컨테이너와 함께 유니트로드시스템을 구축하는 수단이다. 선진국에서는 팔레트의 규격이 표준화되어 있으나 우리나라에서는 아직도 수많은 종류의 팔레트가 사용되고 있다. 그 결과 일관 팔레트시스템이 구축되지 못해 우리나라 전체적으로 많은 물류비 손실이 발생되고 있다. 유니트로드시스템 도입을 통한 포장치수 표준화와 함께 팔레트 표준화를 시급히 추진하여야 할 것이다. KS규격의 수송용 표준 팔레트(KS A 2155)인 1,100㎜×1,100㎜규격의 팔레트가 본격적으로 보급되어야 한다.

2) 내수용 컨테이너의 보급

컨테이너는 팔레트와 함께 물류에서 유니트로드시스템을 구축하기 위한 수단이다. 수출입용 물동량에 비해 내수용 물동량에는 컨테이너를 잘 활용하지 못하고 있다. 컨테이너는 포장비 절감과 신속한 물류작업 등이 그 장점이기 때문에 물류시스템의 구축을 위해서도 내수 물동량에 본격적으로 사용되어야 한다. 소형과 중간형 컨테이너를 표준화하여 화물자동차, 철도화차, 선박 등에 연계시스템으로서 사용되어야 한다.

3) 물류시설 및 장비의 표준화

물류분야의 작업 중에서 기계화가 많이 진전된 분야가 지게차에 의한 운반·하역작업이다. 국내의 지게차는 각 제조업체별로 해외업체로부터 기술도입에 의한 공급방식이었으므로 공급된 장비의 사양이 각양각색으로 표준화가 필요한 분야이다. 따라서 안정성이나 작업효율을 고려하여 지게차의 사양을 제정하여 표준화를 추진하여야 한다.

수송장비 중에서 화물자동차(트럭)의 의존도가 80%를 넘고 있다. 따라서 트럭 화물적재함의 규격표준화가 물류표준화의 주요한 과제이다. 현재는 자동차 제조업체의 임의대로 제조업체별, 기종별로 표준규격이 없이 공급되고 있어 팔레트와 컨테이너의 규격과 일치하지 못하고 있다.

창고시설의 주요한 표준화 대상은 랙과 건물사양인데, 물동량을 보관할 때 사용하는 랙은 공간을 입체적으로 활용할 수 있는 물류설비이다. 물동량을 랙에 보관하는 방식은 팔레트단위, 박스단위, 낱개단위 등이며, 랙의 종류도 다양하여 규격의 표준화가 반드시 필요하다. 특히 자동창고의 경우 고가장비로 인해 비규격 장비가 많아 물류표준화의 장애요인이 된다.

4) 물류정보의 표준화

물류표준화를 구축하기 위하여 소프트웨어부문의 물류정보표준화가 중요하다. 최근에는 통신기술과 컴퓨터기술의 눈부신 발전으로 물류정보분야의 기술도 발전되어 물류기술의 발전에 크게 기여하고 있다.

물류정보시스템의 표준화는 다음과 같은 효과가 예상된다. 첫째, 물류거래상의 EDI화에 의한 사무처리의 효율화, 둘째 조달로부터 생산·판매에 이르기까지 물류업무의 일관화에 의한 물류의 합리화, 셋째 정보시스템화에 의한 JIT물류 등 고도의 서비스실현, 넷째 기업 간, 국제 간 정보연계를 용이하게 하여 사업을 확대, 다섯째 중복정보시스템에 대한 투자의 절약효과 등이라 할 수 있다.

제2절 유니트로드시스템

1. 유니트로드시스템의 개요

유니트로드시스템(Unit Load System)이란 화물을 일정한 중량이나 크기로 단위화시켜, 기계화된 하역작업과 일관된 수송방식으로 물류의 여러 과정들을 표준화시키는 것을 의미한다.

그림 11-1 | 유니트로드시스템의 흐름도

유니트로드시스템은 협동일관수송의 전형적인 수송시스템으로서 하역의 기계화 및 합리화, 화물파손의 방지, 적재작업의 신속화, 차량회전율의 향상 등을 가능하게 하며, 동 시스템은 물류비 절감을 위한 최적의 수송방식이다. 유니트로드시스템의 대표적인 두 가지 유형은 팔레트를 사용하는 방법과 컨테이너를 사용하는 방법이다.

[그림 11-2]는 유니트로드를 기반으로 하는 시스템 구도이다. 유니트로드의 5가지 시스템 중 팔레트와 컨테이너를 이용하여 운송하는 방법 이외에 랜드브리지, 프레이트 라이너 및 카페리 등이 있다.

유니트로드시스템은 타 운송기관과 연계하는 데 기여하고 있다. 유니트로드시스템의 장·단점에 대해서 살펴보도록 한다. 먼저 장점은 7가지로 정리할 수 있다. 첫째, 인건비를 절감할 수 있다. 팔레트화나 컨테이너화함에 따라 하역작업이 각종 장비에 의해서 진행되므로 많은 인력이 절약된다. 둘째, 신속성을 제

그림 11-2 | 유니트로드를 기반으로 하는 시스템 구도

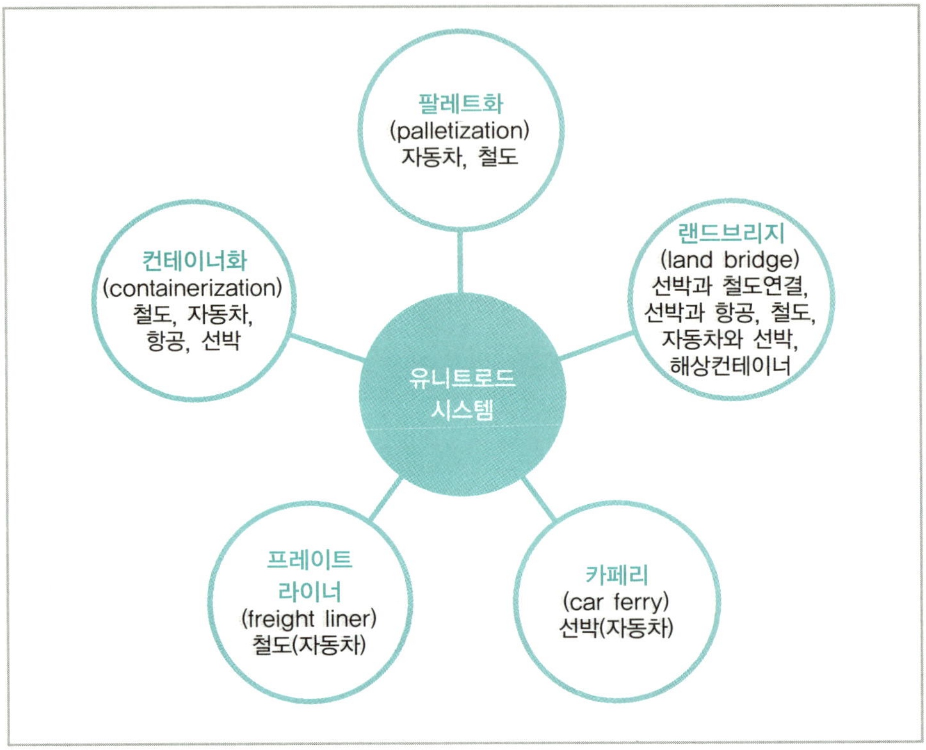

고시킬 수 있다. 하역단위가 대형화되어 빠른 속도로 하역이 가능하므로 물동량의 유통속도가 빨라지게 되어 물류비용의 절감과 물류생산성이 향상된다. 셋째, 작업을 표준화시킬 수 있다. 표준화된 단위로 포장 · 하역 · 수송 · 보관되므로 물류의 전 과정에 있어서 업무의 표준화가 가능하게 되며, 재고파악이 용이하고 서류절차를 간소화할 수 있다. 넷째, 운송수단을 효율적으로 이용할 수 있다. 트럭이나 철도화차, 컨테이너, 선박 등 운송수단에 상 · 하차작업이 신속하게 이루어지므로 하역작업 대기시간이 대폭 단축되어 운송비의 절감과 운송수단의 운행회전율이 향상된다. 다섯째, 포장비용을 절감할 수 있다. 물동량을 단위화된 크기로 작업하므로 포장의 간이화가 가능하게 되고 인력작업과 비교하여 포장자재 비용의 절감이 가능하게 된다. 여섯째, 자동화설비 · 장비를 이용할 수 있다. 화물이 단위화됨으로써 각종 운반하역장비, 보관시설, 포장기계의 이용이 가능하게 된다. 마지막으로 적재효율을 향상시킬 수 있다. 화물을 표준화된 단위로 규격을 설정하게 되므로 창고내부 적재공간의 효율을 향상시킬 수 있고 운

송수단 적재함의 적재효율을 제고시킬 수 있다.

반면 단점으로는, 첫째 유니트로드형 도구관리가 어려우며, 둘째 유니트로드를 운용할 비용이 발생한다. 셋째, 적재효율이 저하되며, 넷째 하역기계 및 장비가 필요하기 때문에 구입 및 관리비용이 발생한다. 마지막으로 넓은 공간이 요구된다는 점을 들 수 있다.

물류표준화는 화물은 크기, 중량, 형태가 서로 다르고 종류가 매우 다양하며, 시 · 공간적으로 이동과 변화가 많기 때문에 물류효율을 높이기 위하여 필요하며 시급한 과제이다. 물류의 각 기능의 연결지점에서 발생하는 비효율성을 극복하기 위해 표준화된 물류시스템을 구축해야 한다.

물류표준화에서는 운송수단 간의 연결거점인 항만(Port), 역(Station), 공항(Airport), 트럭터미널(Truck Terminal), 유통센터(Distribution Center) 등에서의 신속한 물동량처리를 위하여 물량을 표준화하는 유니트로드시스템이 필요하다. 유니트로드시스템을 도입하기 위해 운송장비의 적재함규격의 표준화, 포장단위 치수의 표준화, 팔레트의 표준화, 운반하역장비의 표준화, 창고보관시설의 표준화, 거래단위의 표준화 등이 요구된다.

2. 유니트로드시스템의 요건

유니트로드시스템의 기본 수단은 팔레트이며, 팔레트를 기준으로 포장용기의 치수, 수송차량의 적재함치수 등이 모두 정합성(整合性)이 있을 때 비로소 합리적인 유니트로드시스템의 운용이 가능해진다. 표준팔레트는 1개 국가에 1개 규격이 이상적이고 그 규격치수는 국가 전체 물류시스템 표준화에 있어서 하나의 기준규격이 된다. 따라서 국가 전체적으로 효율적인 물류시스템 구축을 위해서 모든 물류관련업계는 이러한 기준 팔레트 규격치수를 숙지하고 물류 건축물 구조설계나 철도, 차량, 선박 등의 수송수단 설계 및 나아가 각종 공업제품 설계 및 생활용품 설계시 처음부터 이를 감안하여 결정해야 할 필요가 있다.

유니트로드화는 수송 · 보관 · 하역 등의 물류활동을 합리적으로 행하기 위해서 몇 개의 물품 또는 포장화물을 기계, 기구에 의한 취급에 적합하도록 하나의 단위로 정리한 화물을 말한다. 그리고 이 용어는 1개의 대형화물로서 상기의 목적에 합치되는 경우에도 사용한다. 유니트로드화란 하역을 기계화하고 수송 ·

보관 등을 일관하여 합리화하는 시스템을 말한다.

생산에서부터 소비에 이르기까지 유니트로드시스템의 형태를 부문별로 살펴보면 가장 전형적인 팔레트시스템, 시트 팔레트시스템, 컨테이너시스템, 사이드그 램프 포크리프트시스템, 차량상의 팔레트 컨베이어시스템, 대형 유니트포크리프트시스템, 보조적재용 유니트로드시스템 등을 포함하는 차량상의 컨베이어시스템 등이 있다. 이러한 유니트로드시스템의 구축방법 가운데 가장 널리 사용되며, 중요한 의미를 지니는 방법은 팔레트와 컨테이너를 사용한 구축방법이라고 할 수 있다.

1) 팔레트를 이용하는 유니트로드시스템 구축방법

팔레트를 이용하는 방법은 1940년경 미국에서 처음 개발되어 이제는 전 세계적으로 사용되는 방법으로 초기에는 작업장 내에서 운반합리화의 수단으로 시작되었는데 지게차(fork lift)의 개발로 팔레트로드(pallet load) 상태로 일관하여 수송하는 단계에 이르게 되었다. 팔레트를 사용한 일관 팔레트화(palletization)의 채택은 포장의 표준화에 의해 포장비의 절감 및 화물파손의 감소 등 물리적 · 경제적 양면에서 상당한 효과를 기대할 수 있다. 최근에는 팔레트로드를 통해 생산라인에 직접 연결하여 생산된 제품을 팔레트 위에 적재한 다음 이를 곧바로 자동창고에 입고시켜 보관하고 있어 보관합리화 및 출하관리에도 이용하고 있다.

2) 컨테이너를 이용하여 유니트로드시스템을 구축하는 방법

컨테이너의 이용은 팔레트보다 빠른 1920년대 미국 철도회사들이 육상수송에 컨테이너를 활용할 때부터 시작되었으며 해상 컨테이너 사용은 1956년 미국 SEA LAND SERVICE社에서 미국 내 화물의 연안수송에 이용한 것이 처음이다. 그 후 계속된 발전으로 항공의 영역까지 확대되어 국제 간의 화물수송의 주류를 형성하게 되었다.

컨테이너를 활용하여 운송하는 방법은 처음부터 운송수단을 위한 용기로서 개발되었기 때문에 운송이 능률적으로 이루어지며 운송 중 외력에 충분히 견딜 수 있도록 설계되었다. 따라서 운송수단 간의 연결을 원활하게 함으로써 일관수송을 가능하게 하여 각 수송능률의 향상에 기여를 할 수 있다는 장점이 있다.

3. 물류표준화와 유니트로드시스템

유니트로드시스템에 있어서 표준화의 대상은 다음과 같다. 일관수송용 팔레트, 유니트로드 치수, 롤 박스, 운송포장(플라스틱 상자를 포함), 컨테이너, 트럭, 건물 등이다. 특히 물류시설 및 관련 설비와 기기들에 적용되는 치수의 체계화가 물류표준화를 위해서는 중요한 과제가 된다. 물류시스템의 하부구조인 포장, 운반하역, 보관, 수·배송, 물류가공, 정보 등의 연결과정에서 표준화 문제 때문에 많은 비효율성이 야기되고 있는데, 이를 극복하기 위해서 물류표준화는 시급한 과제이다.

물류표준화를 위해서는 운송수단 간의 연계장소인 항만, 화물역, 공항, 트럭 터미널, 유통센터 등에서 화물의 이동 및 회전율을 높일 수 있도록 화물의 '가로×세로×높이'를 일정한 크기로 표준화한 유니트로드시스템이 필수적이다. 유니트로드시스템을 도입하기 위한 선결 과제는 수송장비 적재함의 규격표준화, 포장단위 치수표준화, 팔레트 표준화, 운반하역장비의 표준화, 창고보관설비의 표준화, 거래단위의 표준화 등이다.

제3절 물류공동화

1. 물류공동화의 장·단점

물류공동화란 동종업체 또는 이종 관련기업들이 전국적 또는 특정 지역에서 물류시설을 비롯하여 수·배송 등 물류활동의 일부를 공동으로 설치하거나 이용·관리함으로써 규모의 경제이익을 통해 최소의 비용으로 최대의 이익을 획득할 수 있는 물류 효율화, 합리화 방법이다. 물류공동화는 개별기업의 처리한계 물량을 증대시키고 거래량의 기복을 보완시켜 주기 때문에 고객서비스 수준의 향상과 물류효율성 증대, 비용절감의 효과가 있다. 또한 사회적인 측면에서

표 11-2 | 공동배송의 효과

제조업 · 도매업측의 효과 (참여기업측의 효과)	소매업측의 효과 (받은 측의 효과)	소비자(생활자)측의 효과 (사회적 효과)
• 차량의 적재율 향상에 의한 수 · 배송비용, 차량유지비, 시설유지 · 운영비 등 물류비 절감 • 고객서비스 향상으로 판매증가 • 사무처리 간소화 • 차량 · 시설투자액 억제	• 차량혼잡 완화 • 납품회수가 감소하고 수하 · 검품작업의 간소화 • 점포주변 환경개선	• 물류비 절감에 의한 물가안정 • 교통량의 감소에 의한 환경보전 • 물류비 감소와 교통체증 완화

대기오염, 교통체증 등 외부불경제를 최소화할 수 있다.

물류공동화의 장점은 비용절감, 안정적인 서비스 제공, 서비스품질 향상 등의 관점에서 접근해 볼 수 있다. 첫째, 수 · 배송 효율의 향상이다. 화물자동차의 적재율이 향상되어 수 · 배송량을 증가시킬 수 있으며, 차량 회송시 공차율 감소로 적재율을 향상시킬 수 있다. 둘째, 물류작업 생산성의 향상이다. 효율적인 공동배송센터의 건설로 입고에서 출고까지 센터 내 일관물류시스템의 최적화가 가능하며, 센터 내 보관 · 하역 · 유통가공작업의 능력이 향상되며, 센터 내 작업의 기계화 투자에 대한 채산성이 향상된다. 셋째, 정보망 구축에 대한 효율이 향상된다. 수 · 발주업무의 자동화를 통하여 비용절감을 도모할 수 있으며, EDI 등의 도입으로 인한 사무의 효율화를 기할 수 있다. 넷째, 물류서비스를 안정적으로 유지시키고 보다 나은 서비스로 향상시킬 수 있다. 물류전문가 양성이 용이하며, 물류전문업자의 활용으로 작업의 안정적인 공급과 작업수준의 안정화를 도모할 수 있다. 또한 정보시스템화의 도입으로 업무상 오류 등이 방지되고 클레임의 대폭적인 감소를 기대할 수 있으며, 고객의 다양한 요구에 즉시 대응이 가능하다.

물류공동화는 공동화에 따른 기업 간의 이해조정, 기밀유지, 의사소통, 의사결정 지연 등의 문제점이 발생할 수 있다. 또한 공동화는 다른 기업과의 협력활동이기 때문에 포장, 용기, 전표, 정보입력방법 등에서 표준화가 용이하지 않아 혼란이 일어나고 효율이 저하될 수 있다. 이하 물류공동화를 추진함에 따라 발생할 수 있는 문제점에 대해서 살펴본다.

첫째, 채산성의 문제이다. 물류공동화에는 공동배송센터 건설, 정보시스템 구축 등 투자가 따르는데, 그 사업에 대한 채산성이 취약하기 때문에 물류공동화의 목적 달성에 어려움이 있다. 둘째, 기업의 기밀유지 문제가 발생할 수 있다. 물류공동화 과정에서 참여기업의 비밀이 누설될 우려가 높으며, 특히 동일업종의 경쟁사와의 공동화에 장애가 된다. 따라서 물류공동화 이전에 정보의 공동화가 선행되어 도입되어야만 참가기업의 신뢰관계가 확립되고 정보누설이 철저하게 방지될 수 있다. 셋째, 물류서비스의 차별화가 어려워진다. 물류서비스의 수준이 동일화됨에 따라 물류서비스가 경쟁요인이 되지 않아 결국 물류서비스의 절대적인 수준 저하가 발생할 수 있다.

2. 물류공동화의 전제조건과 형태

물류공동화의 전제조건은, 첫째 필요한 화물을 수 · 배송할 수 있는 차량을 보유해야 하며, 둘째 일정구역 내 유사업체나 수 · 배송을 실시하는 복수기업이 존재해야 한다. 셋째, 참여기업 간 물류서비스 수준, 보관 · 하역 특성이 유사해야 하며, 넷째 공동화에 대한 이해가 일치해야 한다. 다섯째, 공동화 주관업체가 존재해야 하며 마지막으로 물류표준화가 선행되어야 한다.

1) 업종별 특성에 따른 형태

송화인, 수화인의 업종에 따른 물류공동화 특성은 다음과 같다.

첫째, 물류전업자가 사업으로 실시하는 경우를 제외하고는 상기의 업종단위에서 공동화되는 것이 일반적이다. 둘째, 소재형 제조업의 판매물류공동화는 제품교환의 형태를 취하는 경우가 많다. 마찬가지로 소재형 제조업의 판매물류는 공동판매회사를 설립하여 대응하는 경우도 볼 수 있다. 또한 소재형 제조업에서는 공동원료 보관장소 등의 조달물류공동화, 공동제품 탱크(Tank)의 판매물류공동화도 볼 수 있다. 셋째, 가공조립형 제조업에서는 조달물류의 공동화를 구축하는 경우가 일반적이고 납품하는 부품제조업이 판매물류공동화를 도모하는 경우에도 구입처의 지도, 관여를 받는 경우가 많다. 넷째, 도매업은 복수 제조업으로부터의 조달물류와 복수소매업으로의 판매물류, 양쪽의 중앙에 위치해 물류센터, 정보센터의 역할을 하기 때문에 물류공동화에 가장 적합한 업계다. 소매업의 물류공동화는 압도적으로 조달물류에 관한 것이 많고, 백화점, 양판점, CVS업의 조직적인 소매업에서 실시되고 있다. 이른바 센터방식, 지정도매상제 등이다. 소매업에서 소비자에로의 판매물류공동화는 최근 백화점 등에서 실시하고 있는 호별배달의 공동화가 대표적인 예이다. 다섯째, 관계회사를 포함한 물류공동화가 화물융통, 차량융통의 범위를 넘으면 물류자회사를 통해서 시행되는 경우가 많다. 같은 업계에서도 동업종, 예를 들어 일용품잡화 · 가공식품 · 주류 등의 공동화의 경우는 배송처가 공통이고 물류서비스를 통일하기 쉬우므로 공동화에 의한 효율성이 크다. 그러나 공동화의 상대가 경쟁적 관계에 놓이기 때문에 실현에 어려움이 있다. 이업계 · 이업종과의 공동화는 조달처나 배송처가 일치하지 않으나 계절변동에 대해 차량융통, 화물융통에 대한 이점이 있다.

2) 화물특성에 따른 형태

물류공동화를 위해서는 사용되는 물류시설 및 장비인 차량, 창고, 하역기기 등이 동일해야 한다는 필수조건이 있다. 공동화의 대상화물이 일반화물, 냉장 · 냉동 등의 온도관리품, 중량품, 벌크품, 위험물 여부와 또한 트럭에서는 평 바디(Body)인가, 롱바디(Long Body)인가, 냉장 · 냉동차인가, 탱크로리(전용로리) 등의 사용 여부, 창고는 일반창고, 탱크(Tank), 사일로(silo) 사용 여부 등을 고려해야 한다. 그리고 공동화를 검토할 때에는 공동대상의 화물특성, 상품특성에 따른 물류시설 및 기기의 공통성 유무를 명확히 해야 한다.

3) 지역특성에 따른 형태

지역에 따른 특성에서는 동일지역 여부, 지역범위의 크기에 따라 3가지로 분류할 수 있다. 첫째, 동일지역/ 다른지역이다. 동일지역의 공동화는 상점가, 유통단지를 중심으로 실시되는 공동화 형태로 물류센터는 1개소가 된다. 둘째 다른 지역 간의 공동화는 회차화물 이용의 형태로서 지역 간 네트워크 형성이 필요하다. 셋째, 물류공동화의 지역을 확대 · 광역화하면 복수의 물류센터가 필요하다. 따라서 교차수송의 배제나 납기, 루트 등의 물류서비스 조건을 고려하여 가장 적합한 출하장소가 선정될 수 있도록 하는 시스템의 구축이 필요하다.

표 11-3 | 주체자 특성에 따른 물류공동화의 형태

대분류	소분류	특징
화주 주체	① 자사에서 직접 실시하는 경우	• 화주기업이 원칙적으로 다른 1사와 상대해서 차량융통(계절조정 등), 화물융통(귀로화물 등)을 실시하는 정도의 공동화가 적합하다. • 운임, 요금은 공동화를 실시한 화주의 주도로 결정되는 경우가 많다.
	② 물류자회사를 통해 실시하는 경우	• 물류자회사는 관련회사나 일반화주의 개척에 의해서 공동화와 마찬가지의 효과를 올리는 것을 목적으로 하고 있으므로 본래 업무로서 운영되고 있다. 따라서 최대 화주인 모회사의 공동화에 대한 관계는 적은 경우가 많다.
	③ 공동물류자회사를 설립해서 실시하는 경우	• 복수기업이 증가함에 따라 제3자적 기관인 별도의 회사설립이 필요하게 된다. 그 중 하나의 형태가 공동물류자회사이다. • 참가기업 전체의 호혜, 평등을 기본으로 한 공평한 운영이 요구된다.
	④ 협동조합을 설립해서 실시하는 경우	• ③과 마찬가지로 공동화의 본격적인 추진을 위한 형태이며 중소기업에서 적극적으로 채용되고 있는 형태
	⑤ 업계의 단체 · 기관을 이용해서 실시하는 경우	• 물류공동화를 지향하는 기업이 협동의 파트너를 얻기 위해 업계의 단체나 기관을 이용하는 사례가 많다. 정보교환이나 연구가 중심이 되고, 실제로 공동화를 추진하는 경우에는 규모, 대상영역에 따라 ①~④의 조직에 이관되어 간다.
물류 전업자 주체	① 자사에서 직접 실시하는 경우	• 복수화주 화물의 편성에 따른 효율적인 혼재는 물류전업자로서 당연한 의무다. • 다만, 특별혼재운송업자는 충족할 수 없는 특정 지역 내의 소량다빈배송이나 냉장품, 냉동품, 정밀전자부품 등 특수한 화물의 조합에 의해 차별화시켜 일반운송사업자의 영역을 넘는 경우도 있다.
	② 자회사를 통해 실시하는 경우	• ①의 기업이 별도의 회사를 설립해서 실시하는 경우로, 그것 이상 특별한 의미는 없다.
	③ 공동으로 자회사를 설립해서 실시하는 경우	• 운송사업의 경우, 거의 중소기업에 속하고 있으므로 다음 ④의 협동조합을 설립하는 것이 일반적이다. 드물게 공동화사업을 추진하기 위하여 공동출자한 자회사를 설립하는 사례도 있다.
	④ 협동조합을 설립해서 실시하는 경우	• 운송사업자는 거의 협동조합에 가입하고 있지만, 협동조합의 대부분이 고속도로통행료나 경유 등의 공동구입사업의 범위 내 활동에 머물고 있다. 최근에는 공동수주 · 공동배차 · 공동보관 등의 사업공동화가 있다.

물류 전업자 주체	⑤ 업계의 단체, 기관을 이용해서 실시하는 경우	• 협동조합의 설립이나 공동화사업의 추진과정으로서 트럭협회 등의 업계단체가 이용되고 있다.

표 11-4 | 송화인, 수화인의 특성에 따른 공동화 형태

특성에 따른 분류	송화인 특성	공동화의 특징		수화인 특징
업종별 특성	제조업 도매업 소매업	판매물류	조달물류	제조업 도매업 소매업 소비자
	기업그룹	물류자회사로 대응하는 경우가 많다		
	동업종	서비스수준은 통일하기 쉽다		동업종
	이업종	평준화의 장점을 얻기 쉽다		이업종
화물특성	동상품특성	일반화물 온도관리품 벌크품 중량품 위험물 소재형 제조업에서는 제품교환(Swap)도 실시한다		동상품특성
지역특성	동일지역	상점가, 유통단지를 중심으로 이루어지는 가장 일반적인 형태		동일지역
	다른지역	회차화물 이용을 지향 지역 간 네트워크의 형성이 필요		다른지역
	협역(지역한정)	물류센터 1개소		협역(지역한정)
	광역	물류센터 복수		광역

제4절 팔레트

1. 팔레트의 장 · 단점

팔레트란 화물의 수송 및 보관에 있어서 그 하역작업 및 운반작업을 합리화하기 위한 화물적재판으로서, 팔레트는 물류합리화에 있어서 유니트로드시스템 구축의 중요한 도구이다. 팔레트화는 [그림 11-3]과 같이 개별화물들을 그 특성에 맞는 적절한 팔레트를 사용하여 단위화시킴으로써 하역작업시 시간당 화물처리능력을 현저하게 개선하여 하역비와 하역시간을 크게 감축시켜 줌으로써 전체 물류시스템의 효율성 증진에 크게 기여하는 물류활동이다.

컨베이어와 마찬가지로 하역에서 빼놓을 수 없는 것이 팔레트이다. 팔레트의 종류 및 장점과 단점에 대해 살펴본다. 팔레트의 장점은 여러 가지가 있지만 핵심적인 것으로 요약하면 다음과 같다. 첫째, 노력을 절감할 수 있으며 하역작업시간이 단축된다. 둘째, 하역기계의 사용이 가능하게 되며 기동성이 증가하고

그림 11-3 | 팔레트화

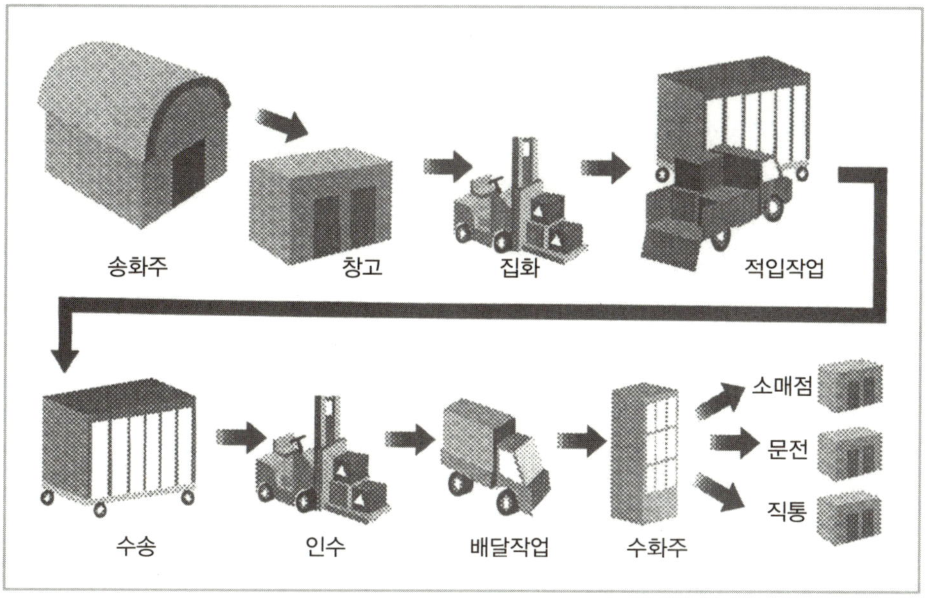

안전한 작업도 기대할 수 있다. 셋째, 표준화 · 규격화가 가능해지며 종합물류시스템이 촉진된다. 넷째, 물품의 보호 · 관리가 용이해진다.

팔레트의 경우에는 단점보다 장점이 많아 별다른 문제는 없으나 단점에 대한 대책과 이를 극복하는 노력이 요구된다. 단점으로는, 첫째 작업이 간헐적이어서 연속적인 작업을 할 수 없다. 또한 운반거리가 길면 작업능률이 저하된다. 둘째,

표 11-5 | 팔레트 작업의 장점

<table>
<tr><td rowspan="2">하역
능률이
좋다</td><td rowspan="2">• 노력을 절약할 수 있다
• 시간을 단축할 수 있다
• 수송기관 운용이 효율적이다
• 높이쌓기가 가능하다
• 기계화가 가능하다
• 안정성이 높다</td><td>표준화가
가능하다</td><td>• 작업의 표준화가 용이하다
• 규격화하기 쉽다
• 다품종, 대량 취급이 유리하다
• 검수하기 쉽다</td></tr>
<tr><td>물품보호에
도움이 된다</td><td>• 파손, 오손, 분실 혼합의 방지가 쉽다
• 포장이 간단하다</td></tr>
<tr><td rowspan="2">운반이
용이
하다</td><td rowspan="2">• 이동하기 쉽다
• 정리하기 쉽다
• 시스템화하기 쉽다</td><td>보관하기
쉽다</td><td>• 보관하기 쉽다
• 장소관리가 쉽다</td></tr>
<tr><td>시스템화
하기 쉽다</td><td>• 일관시스템이 가능하다</td></tr>
</table>

표 11-6 | 팔레트의 과제와 대안

과제	대안
작업이 간헐적이어서 지연을 발생시킬 우려가 있다	• 하역기기의 적극적 이용 • 일시 재고(완충재)의 보유
운반거리에 따라 작업능률이 달라진다	• 컨베이어 · 대차의 이용 • 기타 기기의 이용
넓은 통로가 필요하다	• 좁은 통로용 운반기기의 이용 • 통로부분의 활용 • 통로의 폐지
노면을 정비할 필요가 있다	• 다른 하역기기와의 병용
팔레트 관리가 어렵다	• 팔레트 풀 교환제 등
기계를 구입해야만 한다	• 포크리프트 • 컨베이어, 기타
수송기관에의 물품적재량이 줄어든다	• 하조포장의 개선
물품도괴 방지대책이 필요하다	• 묶음띠 • 도괴체크 기기
다품종을 동시에 적재하면 효율이 떨어진다	• 분류기 등 다른 시스템과의 연동

넓은 도로를 필요로 하며 아울러 노면정비가 필요하다. 셋째, 팔레트 자체의 관리가 어렵다. 넷째, 수송기관에의 물품 적재량이 줄어든다.

팔레트의 장점은 [표 11-5]와 같이 요약 · 정리할 수 있다. 반면 팔레트의 과제는 [표 11-6]에 요약되어 있으며 동 표에 그에 대한 대안이 수록되어 있다.

2. 팔레트의 종류

1) 사용재료에 의한 분류

팔레트의 재질은 목재, 합판, 철제, 알루미늄, 종이류, 플라스틱이 사용되고 있다. 목재 팔레트는 가격이 저렴하고 가벼워서 사용이 편리하다. 그러나 파손되기 쉽고 습기에 약하다. 합판 팔레트는 접착공업에 의해서 배합이 가능하고 외관이 보기 좋으나 가격이 비싸다.

철제 팔레트에는 일반철제 팔레트, 스틸 팔레트, 알루미늄 팔레트 등이 있다. 일반철제와 스틸 팔레트는 대단히 무겁고 견고하여 중량물 하역에 많이 사용되고, 특히 항만하역에 많이 사용된다. 알루미늄 팔레트는 가벼운 장점이 있지만 가격이 비싸 별로 사용되지 않는다.

플라스틱 팔레트는 순플라스틱 팔레트와 철심을 넣어서 제조한 플라스틱 팔레트가 있다. 가볍고 위생적이며 오래 사용할 수 있으며, 적화시 손상위험도 적으며, 우천시나 습기가 많은 화물을 다루어도 부패의 염려가 적다. 그러나 가격이 다소 비싸다는 단점이 있다.

종이 팔레트는 종이를 압축하여 제작한 것으로서 우리나라에서는 거의 사용되지 않는다. 사용상의 불편은 적으나 강도가 약하다는 단점이 있다.

2) 팔레트의 종류와 구조

팔레트는 여러 가지 재질을 활용하여 제작이 되며, 그 형태와 종류도 작업의 용이도와 유통성 및 표준화 등에 적합하도록 제작되어 사용되고 있다. 일반적으로 팔레트는 평면 팔레트(flat pallet), 박스 팔레트(box pallet), 롤 팔레트, 포스트 팔레트(post pallet), 일면 혹은 양면사방 사용형, 시트 팔레트 등이 있다. 이를 용법에 따라 구분하면 장내용 팔레트(captive pallet), 비장내용 팔레트(non-captive pallet), 1회용 팔레트(expendable pallet), 재사용 팔레트(reusable), 스키드(skid, stillage) 팔레트, 세미리브 스키드(semmi-live skid) 팔레트 등으로 분류된다.

그림 11-4 | 팔레트의 종류

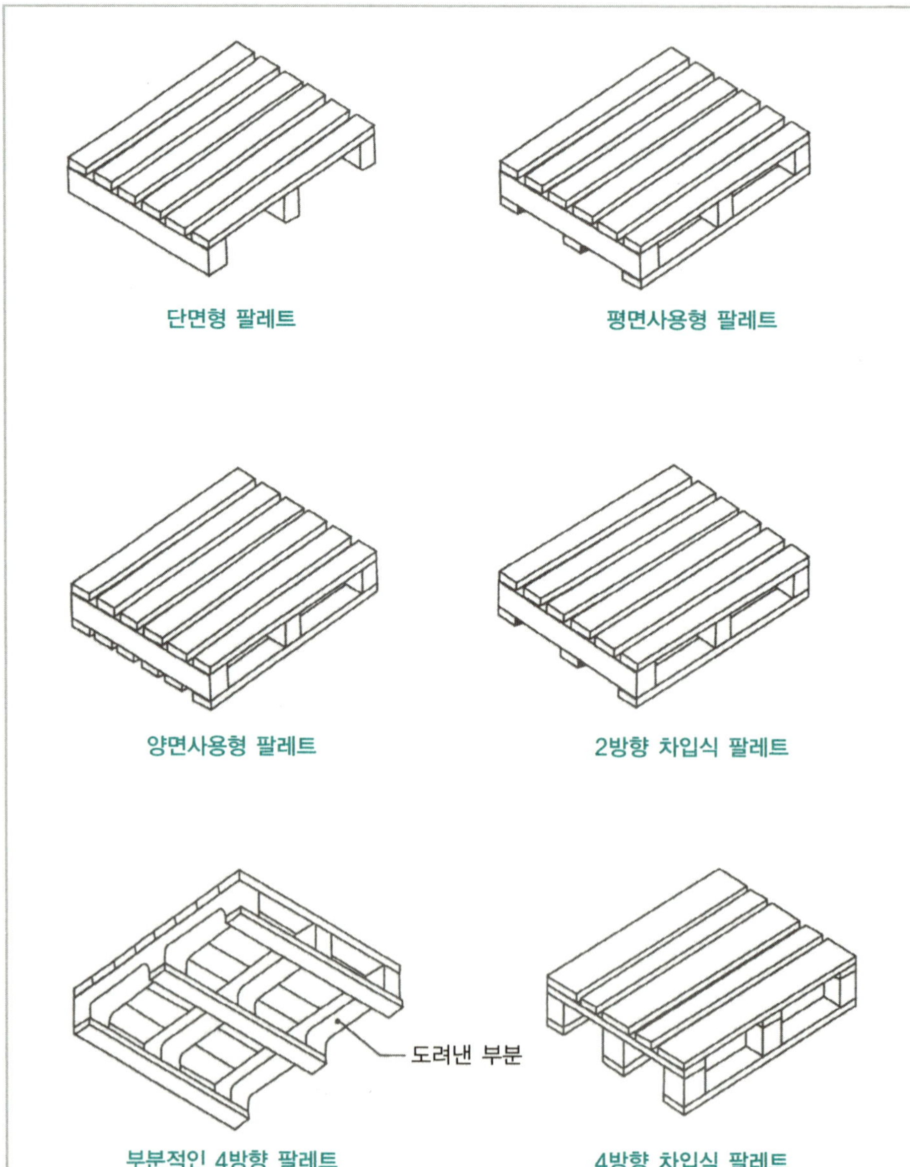

사일로 팔레트

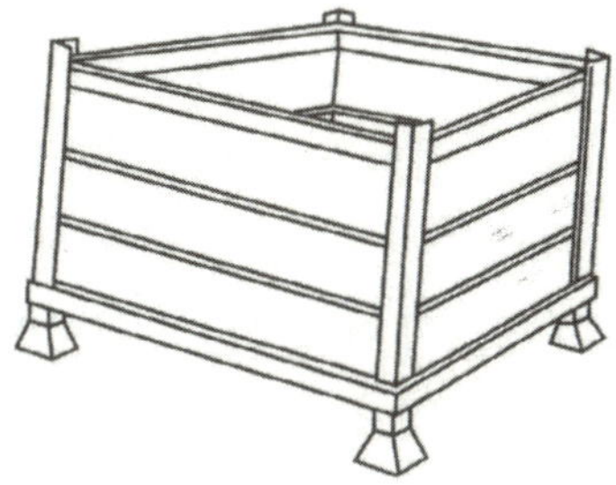

상자형 팔레트

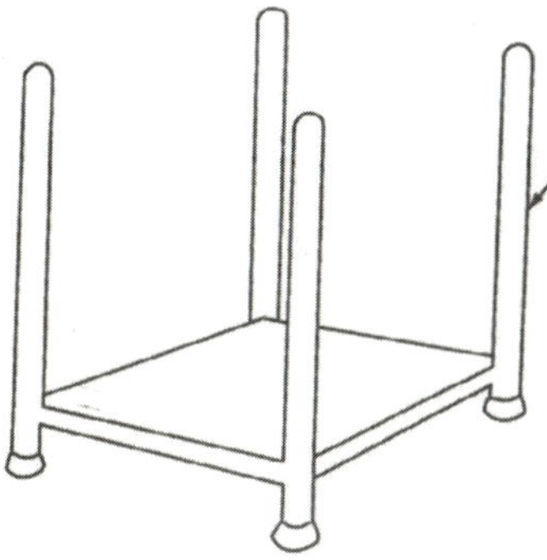

기둥 팔레트

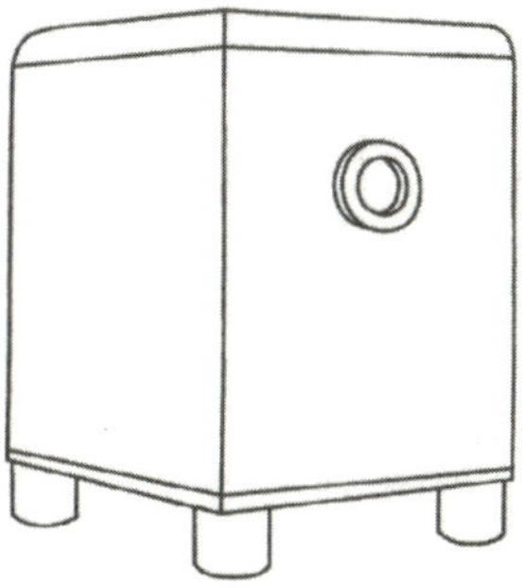

탱크 팔레트

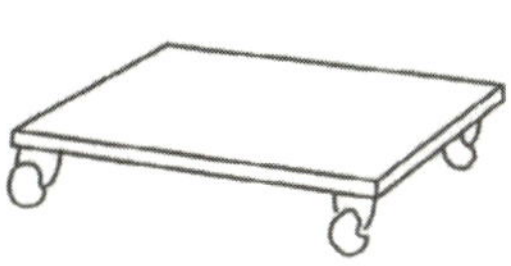

롤 팔레트

롤 상자형 팔레트

3) 자사 팔레트와 임대 팔레트

자사 팔레트의 장점으로는, 첫째 언제나 필요로 할 때 편리하게 사용할 수 있으며, 둘째 자체 팔레트 풀제 도입이 용이하다. 또한 자사에서 필요한 규격을 임의로 선택, 도입할 수 있다. 반면 단점으로는, 첫째 많은 비용이 발생되며, 둘째 공 팔레트 회수가 어렵다. 셋째, 성수기와 비수기의 수량조정이 어려우며, 규격 팔레트의 보급이 어렵다는 단점이 있다.

임대 팔레트의 잠정으로는 첫째, 공 팔레트를 회수할 필요가 없으며, 둘째 성수기와 비수기의 수량조정이 가능하다. 셋째, 표준 팔레트 도입이 용이하며 마지막으로 경비가 절감된다는 장점이 있다. 반면 단점으로는, 첫째 긴급을 요하는 공급제약이 있을 수 있으며, 둘째 회사 간 이동시 회수문제가 발생할 수 있다. 또한, 모든 포장단위를 임대 팔레트에 맞추어야 한다는 문제점이 발생할 수 있다.

이와 같은 장 · 단점을 고려할 때, 성수기와 비수기의 물동량 차이가 많은 경우와 지역 간 이동이 많은 기업의 경우에는 임대 팔레트의 사용이 유리하다. 반면, 기간별 물동량 변화가 크지 않고 일정한 증가추세가 있을 경우에는 자사 팔레트 사용이 바람직할 것이다.

팔레트 구조물에 적재판, 모서리판, 받침, 차입구, 모떼기부, 날개, 립, 틀, 다리허포트, 넓이, 길이, 나비, 높이 등의 명칭이 사용되는데 자세한 형태와 구조는 [그림 11-5]와 같다.

그림 11-5 | 팔레트 주요 부분의 명칭

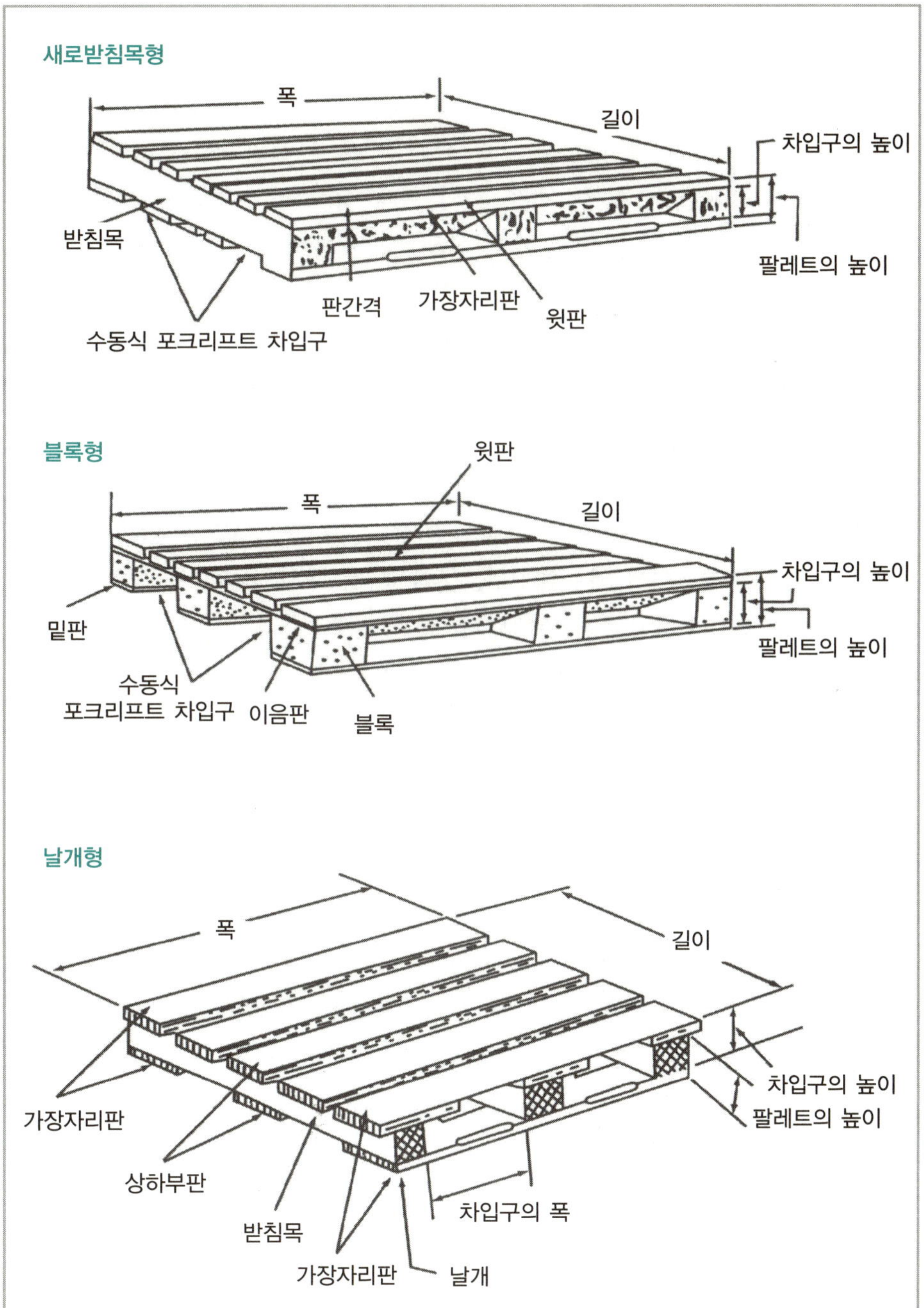

3. 팔레트 규격의 표준화

1) 팔레트 규격 표준화와 유니트로드시스템

전 세계적으로 다양하게 사용되는 팔레트의 규격을 통일화시키면 다양한 관점에서 이점이 발생한다. 첫째, 보관, 하역, 수송 등의 작업이 표준화되므로 물류의 효율성이 증대된다. 둘째, 팔레트 본체뿐만 아니라 랙, 벨트 컨베이어, 팔레타이저 등의 주변기기가 표준화되어 물류기기의 제조비용이 절감되며, 셋째 호환성이 있기 때문에 타 회사나 다른 업계, 타 지역 등의 파트너와 공동으로 팔레트를 사용할 수 있는 장점이 있다. 마지막으로 창고, 차량, 선박, 건물 등의 설계시 치수 및 면적 산정의 기준이 될 수 있어서 낭비요소를 줄일 수 있다.

팔레트의 규격표준화를 실시하였을 경우 기대할 수 있는 효과는 다음과 같다. 첫째, 팔레트의 공동보유 및 팔레트 풀이 가능해지며, 둘째 발송지점에서 착송지점까지 일관 팔레트화가 가능해진다. 셋째, 기업 내의 팔레트가 통일되어 생산라인과 보관창고의 효율성이 증대되며, 넷째 운송수단 간의 연계가 원할화되어 복합운송이 가능해진다. 다섯째, 운송과 하역시간이 단축되어 물류비용이 절감되며 마지막으로 표준화로 인한 사회적 비용의 절감 및 환경문제 해소 등의 장점이 있다.

유니트로드시스템의 수단으로는 팔레트와 컨테이너가 있다. 유니트로드시스템은 운송수단인 컨테이너나 트럭의 하대에 화물의 유니트로드를 2개열로 적재하도록 한 것으로서 표준화된 운송장비의 하대 내치수 폭이 2,350mm이므로 표준 유니트로드 규격이 1,140mm×1,140mm이고, 여기에서 공차 40mm를 차감하여 KS 표준 팔레트는 1,100mm×1,100mm로 제정되어 있다.

유니트로드시스템은 팔레트 표준화를 바탕으로 일관수송용 표준 팔레트(KS A 2155)에 의하여 일관 팔레트화의 구축이 필요하다. 그러나 우리나라는 아직 KS 규격의 포장치수의 활용이 미미한 실정에 있어 표준 팔레트에 의한 유니트로드 시스템 구축이 시급한 실정에 있다. 국제적으로 활용되고 있는 형태가 다양하고 ISO에서 요구하는 형태는 [표 11-7]과 같으나 우리나라 규격과는 차이가 있어 앞으로 해결해야 할 과제이다.

표 11-7 | 세계 각국의 팔레트 규격

(단위 : mm)

ASA(미국)	ISO		NF(프랑스)	DIN(서독)	BS(영국)	JIS(일본)	KS(한국)
MH-11-1959	R-198	DR-434	H-50	15141 15142			A2155
600×800	1,140×1,140	1,200×1,600	800×1,200	500×800	800×1,000	800×1,000	1,100×800
800×1,000	800×1,200	1,200×1,800	1,000×1,200	800×1,000	800×1,200	800×1,100	1,100×1,100
800×1,200	1,000×1,200		1,200×1,200	800×1,200	900×1,200	800×1,200	
900×900			1,200×1,800	1,000×1,200	1,000×1,000	1,000×1,000	
900×1,200				1,200×1,200	1,000×1,200	1,100×1,100	
1,000×1,200				1,200×2,000		1,000×1,200	
1,050×1,050				1,200×2,400		1,140×1,140	
1,200×1,200						1,200×1,800	
1,200×1,500							
1,200×1,800							
2,200×2,720							
11종	5종		4종	7종	5종	8종	2종

주 : 1) ASA : American Standard Association(미국표준화협회)
2) ISO : International Standard Organization(국제표준화기구)

2) 일관 팔레트화

일관 팔레트화란 화물이동의 출발지점으로부터 최종 도착지점까지 팔레트상에 적재된 화물을 운반, 하역, 수송, 보관하는 물류과정 중 최초에 팔레트에 적재된 화물의 형태를 변형시키지 않고 일관되게 팔레트 화물의 흐름을 만드는 것을 말한다. 일관 팔레트화의 효과는 매우 크지만 기업마다 팔레트의 소유가 달라 자사 팔레트를 회사 밖으로 유출시키면 회수에 상당한 시간과 비용이 들고, 기업마다 팔레트의 규격이 달라서 호환성 측면의 제약이 있는 점 등 장애요인의 극복이 필요하다.

(1) 필요성

일관 팔레트화가 이루어지지 않으면 공장이나 생산지에서 상품이 출하된 이후에 수송수단이 바뀌거나 새로운 물류거점을 통과할 때마다 상품을 팔레트 위에 낱개단위로 다시 적재하고 하차하는 작업을 반복해야 하므로 과다한 인건비가 발생하며 운송시간이 길어진다. 이러한 시간과 비용상의 비효율성을 감소시키기 위해서는 일관 팔레트화가 필요한데, 그 필요성을 정리하면 다음과 같다.

첫째, 인력에 의한 상 · 하차 하역작업을 기계화하여 하역인원, 하역시간을

90% 단축할 수 있다. 둘째, 하역시간의 90% 단축은 트럭의 상하차작업 기대시간을 단축시켜 트럭의 운행효율을 크게 향상시킬 수 있다. 셋째, 포장은 낱개단위로 인력작업할 때 보다 간소화할 수 있으므로 포장비가 절감된다. 넷째, 보관방법의 개선 및 전반적인 물류작업의 신속화로 보관능력 향상과 재고감축 등으로 보관비가 절감된다.

(2) 문제점

기업이 일관 팔레트화 도입시 직면하게 될 수 있는 문제점도 고려해야 한다. 첫째, 운송수단의 적재효율성의 저하 문제를 감안해야 한다. 팔레트를 사용하는 경우 적재된 화물이 차지하는 팔레트 면적 이외의 잉여부분이 적재효율성을 감소시키며, 포장의 모듈화가 이루어져 있지 않은 경우에는 팔레트의 전체면적 가운데 사용되지 않는 공간이 더욱 커져서 적재효율성이 크게 감소된다. 둘째, 화물취급상 문제가 발생할 수 있다. 팔레트화된 화물이 운송 · 하역과정 중 진동이나 충격에 의해 손상되거나 붕괴되기 쉽다. 팔레트화물이 무너지거나 훼손되는 경우 하역작업의 기계화가 불가능하게 된다. 셋째, 이익분배상 문제가 발생할 수 있다. 일관 팔레트화에 의해 송화인, 운송업자, 수화인 모두에게 이익이 발생하지만 경제적 부담은 일반적으로 송화인이 지게 된다. 따라서 일관 팔레트화로 인해 발생하는 이익의 배분문제가 발생하게 된다.

(3) 장점과 단점

일관 팔레트화를 구축하게 되면 얻을 수 있는 장점으로는 다음과 같이 여덟 가지로 정리할 수 있다. 먼저 작업능률이 향상되고 인건비를 절약할 수 있으며, 상품단위화를 위한 포장의 간소화를 통해 포장비를 절감시킬 수 있다. 물품의 파손, 오손, 분실의 가능성이 줄어들고, 물품의 검수 및 점검의 용이하게 된다. 고단적의 용이성 및 적재공간이 절약되며 작업의 표준화, 계획화, 기계화가 용이해지고 물품이동과 자동차, 화차의 운용효율이 향상되는 장점이 있다.

반면 단점으로는 넓은 작업공간 및 통로가 요구되기 때문에 공간확보 문제가 발생할 수 있으며, 팔레트나 컨테이너의 관리가 복잡하다. 또한 고비용이 발생되는 설비비를 부담해야 하며, 팔레트나 컨테이너 자체의 체적 및 중량만큼 물품의 적재량이 줄어들게 되는 것을 감안해야 한다.

(4) 선결과제

일관 팔레트화를 추진하는 데 있어서 선결해야 할 과제는 다음과 같다. 첫째, 포장치수를 표준화하고 모듈화를 추진해야 한다. 팔레트단위로 유니트로드화 할 경우 적재효율성의 감소 및 적재된 화물의 붕괴가 발생할 수 있으므로 이를 방지하기 위한 포장모듈화가 선행되어야 한다. 둘째, 일관운송용 표준팔레트(KS-A-2155)를 채택해야 한다. 일관 팔레트화를 추진하기 위해서는 반드시 1,100㎜×1,100㎜의 일관수송용 표준 팔레트를 사용해야 한다. 셋째, 운송도중 적재형태 유지 방안을 모색해야 한다. 적재된 화물이 이동 중 붕괴되는 것을 방지하기 위한 방안이 마련되어야 한다. 팔레트상의 화물이 수송하역 작업 도중 붕괴되지 않도록 쌓는 방식개선, 띠두르기(banding), strech film 포장법, 수축포장법 등 붕괴방지 기술개발이 필요하다. 넷째, 출하방식 및 출하단위를 조정해야 한다. 원칙적으로 일관팔레트화의 도입범위는 공장이나 생산지에서 소비지의 물류거점까지로서 출하단위를 팔레트 단위화하기가 쉽지만, 대고객 직송체제나 다품종소량 물품의 경우에는 생산부문과 판매부문 간의 협의로 출하방식과 출하단위의 조정이 필요하다. 다섯째, 이해관계자 간의 협의조정이 필요하다. 물론 일관팔레트화에 의한 경제적 편익은 크지만 관련대상이 많고 이해득실이 불분명한 점이 많으므로 상호 협의하여 비용분담과 이익분배에 대한 규정수립이 필요하다.

4. 팔레트풀시스템의 개요와 필요성

1) 팔레트풀시스템의 개념

팔레트풀시스템(PPS : Pallet Pool System)은 기업이 외부로 유출된 팔레트의 회수에 시간과 경비가 많이 들고, 수요변동 및 분실 등에 대응하여 다량의 팔레트를 준비하는 데 과대한 투자가 발생하는 점과 같이 팔레트화에 따른 문제점을 극복하기 위한 방안으로 도입된 제도로서, 팔레트의 규격, 척도 등을 통일하여 상호 호환성이 있도록 팔레트를 풀(pool)로 사용함으로써 사회적으로 운송의 합리화와 물류비의 절감에 기여하고자 하는 제도를 의미한다. 다시 말해 PPS는 표준화된 팔레트에 의해 여러 화주 물류업자들이 공동으로 팔레트를 이용하는 제도이며, 팔레트를 대량으로 확보하고 있는 풀조직이 팔레트에 대한 납품, 회수 관리, 수리 등을 담당하는 팔레트 공동 이용제도로서 풀 팔레트(Pool Pallet)로 약칭되기도 한다.

기업은 PPS를 통해 과다한 투자부담을 경감시킬 수 있으며, 일관 팔레트화를 무리 없이 정착시킬 수 있고, 나아가 기업의 물류비 절감에도 기여할 수 있는 것이다.

자사 팔레트를 사용할 경우 팔레트 소요량은 공장물동량, 하치장물동량, 거래처물동량, 수송(납품, 회수)물동량이 발생하여 실생산 소요량의 2배 이상이 요구된다. 또한 팔레트 구입비, 운반비(하치장, 거래처(User)에서 공장으로 회수하는 장거리 회수운반비)가 발생한다. 반면 풀 팔레트를 사용할 경우 풀 팔레트는 1회용 팔레트와 같이 사용할 수 있으므로 소요량은 실생산 소요량과 동일하며, 가까운 집배소까지의 납품, 회수에 따른 팔레트 집품에 따른 운반비가 발생한다. 하치장 및 거래처에서 공장으로 직송하는 경우도 있다.

2) 팔레트풀시스템의 필요성

팔레트풀시스템의 필요성은 다음과 같다. 첫째, 일관 팔레트화 실현이 가능하다. 제품을 생산하여 팔레트에 적재 후 최종 소비자까지 일관운송이 가능하다. 둘째 지역 간 수급불균형을 해소할 수 있다. 팔레트를 공동으로 사용함으로써 지역 간의 팔레트의 불균형을 해결할 수 있다. 셋째, 계절적 수요에 대응할 수 있다. 업종 간에 팔레트를 공동 이용하여 성수기와 비수기에 팔레트 수요변동에 대한 대응이 가능하다. 넷째, 회수관리시스템을 구축하여 지배소를 공동으로 활용할 수 있어 회수운임이 절감되고, 회수관리를 일원화할 수 있다. 다섯째로 설비자금의 절감을 들 수 있다. 비수기에 불필요한 팔레트 비용을 절감하여 타용도로 전용이 가능하므로 설비자금이 절감된다. 여섯째, 팔레트 관리부담 및 분실위험을 제거시킬 수 있다. 자사에서 팔레트 보관관리가 불필요하고, 관리 일원화로 분실이 현저히 줄어든다. 일곱째, 사회자본투자의 낭비를 제거시킬 수 있다. 전체적인 팔레트 제작에 대한 수요가 줄어들어 사회자본투자의 부담이 줄고, 물류기기 및 시설의 규격화와 표준화가 촉진된다.

3) 팔레트풀의 형태

팔레트풀의 형태로 교환방식 풀 시스템이 있다. 이 방식은 주로 유럽각국에서 채용되고 있는 국유 철도를 중심으로 운영되고 있으며, 송화인이 팔레트에 적재된 화물을 국철에 위탁하는 시점에서 동 수의 팔레트를 국철에서 인수하여 한쪽의 수화인은 팔레트에 적재된 화물을 인수할 때 동 수의 팔레트를 국철에 인도해주는 방식으로 운영된다.

동 방식의 장점은 팔레트의 즉시교환사용이 원칙이므로 팔레트의 분실에 대한 위험이나 회수부담이 없다는 점이고, 단점은 팔레트풀의 사용자가 언제나 교환에 응할 수 있는 팔레트를 준비해야 하며, 팔레트의 교환을 충분히 하기 위해서는 정비 상태가 양호한 팔레트를 항상 준비해 놓아야 하는 부담이 있다. 또한 교환용 팔레트의 보존상태가 불량하거나 품질이 낮은 경우가 있고, 수송기관이 복잡하거나 수송기관의 수가 많을 경우에는 원활하게 진행하기가 어렵다.

또한 대여방식 풀시스템이 있는데 이 방식을 적용하고 있는 대표적인 예는 오스트리아이다. 팔레트풀을 운영하는 기관이 사용자의 요청에 따라 규격화된 팔레트를 사용자가 소재하는 가까운 데포(depot)에서 공급해준다. 팔레트를 공급받은 사용자는 도착지에서 가까이 있는 팔레트풀 운영기관의 데포에 반납하는 방식으로 운영된다. 동 방식의 장점은 사용자가 교환을 위해 동일한 품질, 동일한 수량의 팔레트를 사전에 준비해 놓을 필요가 없다는 점이며 단점은 팔레트의 인도 및 반환에 따른 대여료의 계산 등 사무처리가 필요하며, 물동량의 편재에 따라 팔레트 보관량의 균형이 유지되지 않는 데포가 발생할 수 있다는 점이다.

5. 우리나라의 팔레트풀 현황

우리나라에서도 전 산업계의 팔레트 사용수준 향상과 팔레트 품질향상, 표준 팔레트 보급촉진 등 팔레트 분양의 발전과 사용자, 생산자의 공동이익을 증진화 시키기 위하여 우리나라 물류선진화를 촉진시켜 물류합리화와 물류비절감에 기여하고자 1996년 건설교통부(현, 국토해양부) 산하 사단법인으로 한국팔레트컨테이너협회(Korea Pallet & Container Association, 이하 KPA)를 설립하였다. 세부적으로 표준 팔레트보급을 촉진시켜 국제협력을 도모하고, 팔레트 제조생산기술의 향상과 품질향상, 사용관리의 수준을 제고시키려는 목적을 지니고 있다.

KPA 산하에 '한국팔레트기술연구소'를 설립하여 ISO, KS규격 및 팔레트에 대한 규격, 강도, 치수, 구조, 재질 등에 대하여 체계적인 연구를 실시하고 있다. 또한 팔레트의 각종 규격, 안정성, 안전성에 대한 각종 시험과 팔레트 자동설계 시스템 제작, 팔레트 전문인력양성 등의 활동을 수행하고 있다.

KPP(Korea Pallet Pool) 주식회사가 대표적인 팔레트풀 추진업체로 1985년 '팔레트풀시대의 개막'이라는 슬로건으로 출범하여 우리나라 산업계의 물류합리화에 있어 핵심과제인 유니트로드시스템의 도입을 가능하게 하고자 설립되었다. 표준규격의 팔레트인 T-11형을 중심으로 T-12, T-13형의 팔레트를 보유하고 있으며 전국적인 물류네트워크를 구축하여 유통, 섬유, 유화, 식품, 생활용품, 농수산물, 비료업계 등 여러 기업이 공동으로 사용할 수 있도록 팔레트를 투입하고 회수 · 관리하는 전국적인 팔레트풀시스템을 통하여 우리나라 산업계의 물류표준화 · 공동화 · 물류효율화 향상에 기여하고 있다.

KPP를 비롯하여 국내의 팔레트 업체에서는 글로벌 물류표준화를 지향하며 그 시작으로 아시아 팔레트풀시스템(이하 APP)을 구축하여 국가 간 물류협력으로 불필요한 물류비용 절감 및 신속성을 제고시키고 있다. APP시스템은 국제간 교역으로 발생되는 물류비용 중 일회용 팔레트의 구입, 팔레트 이적작업, 특히 환경문제에 따른 국가 간 이동된 폐자재처리문제 등에 소요되는 불필요한 물류비용을 절감하고, 물류합리화를 이루어 기업의 국가경쟁력 강화 및 아시아지역의 여타 세계 경제권과의 대외경쟁력 제고를 위해 한국, 일본, 중국, 대만, 싱가포르, 필리핀, 인도네시아 등에서 공동으로 T-11형 표준규격 팔레트를 대여하는 방식으로 APP를 구축하여 운영하고 있다.

APP 구축으로 물류비용 절감, 환경친화적인 물류시스템, APP시스템을 통한 일관수송체계 실현, 방역과 같은 불필요한 절차 간소화 등의 유형적인 효과가 발생할 것으로 예상되며, 눈에 보이지 않지만 팔레트 품질향상으로 인하여 유통상의 위험이 감소되며 이는 기업경쟁력 제고와 직결된다. 또한 물류합리화 공동화를 실현할 수 있으며 사업장 내에서 관리의 효율성을 증가시킬 수 있다는 다양한 장점이 있을 것으로 예상된다.

제 12 장

위험화물관리

제1절 위험물
제2절 위험물 운송과 관련된 규정
제3절 위험물의 수출입절차

핵심내용

위험물(dangerous cargo)은 물질의 화학적, 물리적, 생물학적 성질상 물질 자체의 특성이나 서로 다른 두 종류 이상의 물질이 접촉 또는 특별한 상황에서 마찰 등의 작용으로 인한 폭발, 인화성, 유독성, 방사성, 질식, 자연발화, 전염, 중합, 동상 등을 초래하여 생명체나 환경에 위험을 야기시키는 물질을 의미한다.

위험화물은 국제해사기구(IMO)의 1974년 국제해상인명안전협약(SOLAS)에서 정의하여 분류하고 있다. 특히 포장형태로 운송되는 위험물에 적용되는 국제기준은 IMDG code로서 위험물 특성에 따라 제1급(화학류)부터 제9급(기타 유해성물질)까지 분류한 후, 이들 위험물 표시 및 표찰, 포장방법 및 포장용기기준, 선적관련서류, 컨테이너에 의한 위험물운송, 선박적재방법 및 위험물 상호 간의 격리, 화재 및 유출시 비상조치법, 인명사고시 의료응급처치 등에 대한 사항을 규정하고 있다.

우리나라에서 위험물검사 관련 법규로는 선박안전법, 개항질서법, 해양환경관리법 등을 규정하여 규율하고 있다. 또한 위험물취급과 관련하여 화물의 포장, 운송, 하역, 항내반입, 선적시에 추가적인 조치를 등을 강제하고 있다.

주요용어

위험물, 국제해사기구(IMO), IMDG code, 위험물 포장, 위험물 표찰, 국제해상인명안전협약(SOLAS), 선박안전법, 개항질서법, 해양환경관리법, 위험물 반입신고서, 컨테이너수납증명서(CPC)

제1절 위험물

1. 위험물의 정의 및 특성

위험물(Dangerous Goods)은 물질의 화학적 · 물리적 · 생물학적 성질상 물질 자체의 특성이나 서로 다른 두 종류 이상의 물질이 접촉 또는 특별한 상황에서 마찰 등의 작용으로 인한 폭발, 인화성, 유독성, 부식, 방사성, 질식, 자연발화, 전염, 중합, 동상 등을 초래하여 생명체나 환경에 위험을 야기시키는 물질을 의미한다. 해상운송에서 위험화물(Dangerous Cargoes)은 포장화물, 산적 포장용기로 운송되는 화물, 또는 산적상태의 화물 등을 구분하지 않고 아래에 열거하는 규정의 범위에 속해 있는 화물을 말한다.

IMDG(International Maritime Dangerous Goods) Code에서는 위험물(Dangerous Goods)을 IMDG Code의 적용을 받는 물질 및 제품으로 규정한다.[1] 또한 위험물이라는 용어에는 이전의 화물을 담았던 세정되지 않은 빈 포장용기(탱크 컨테이너, 소형용기, 중형산적용기, 대형용기, 산적용기, 이동식 탱크 또는 탱크차량)도 포함된다. 모든 위험성을 제거하거나 비위험화물을 채우거나 위험물의 잔류물을 깨끗이 청소하고 증기를 제거시킨 경우에는 제외된다. 포장된 위험물을 운송하기 위해서는 위험물선박운송및저장규칙(한국) 또는 국제해상위험물규칙(IMO : International Maritime Organization)에서 정하는 운송요건을 준수해야 한다. 이를 위하여 송화인은 위험물을 정확하게 분류하고, 해당 위험물에 가장 적합한 포장용기를 사용하여야 하며 적절한 표시를 해야 한다. 선박에서도 적절하게 격리시켜 적재 및 고박하여야 한다. 이와 함께 모든 위험물 운송관련 종사자는 특정 기능훈련 및 안전훈련을 받아야 하며, 위험물과 관련된 사고시의 비상조치법 및 의료응급처치법을 숙지하여야 한다. 송화인 및 선박 소유자 또는 선장은 위험물과 관련된 선적서류(컨테이너수납검사증, 위험물 신고서 등)를 준비하여야 하며 동 서류를 1년 이상 보관하여야 한다.

일반적으로 위험물은 선박에 구조적으로 설치된 탱크, 화물창, 탱커 등으로

1) SOLAS 제7장 A편 제1규칙

산적상태로 운송하거나 드럼, 포대, 상자, 컨테이너, 이동식 탱크 또는 이와 유사한 형태의 포장으로 운송한다. 산적상태의 위험물은 특정 목적을 위하여 건조된 탱커, 액화가스 운반선, 산적운반선 등으로 운송하고 적은 양의 산적상태의 위험물은 일반화물선 또는 컨테이너전용선 등으로 운송한다. 포장형태의 위험물은 일반화물선, Ro/Ro선, 컨테이너전용선, 바지선, 컨테이너벌크겸용선 또는 준컨테이너전용선으로 운송하고 있다.

석유화학제품, 원유 등 액체위험물은 단일화물로 대량운송되기 때문에 운송선박의 설계, 구조, 시설 등이 안전해야 하며, 포장형태로 운송되는 위험물은 여러 종류의 위험물을 동일 선박에 운송하기 때문에 위험물을 포장하는 용기와 수납하는 컨테이너의 안전성과 포장위험물 상호 간의 화학적 반응이 선박의 안전에 심각한 영향을 초래할 수 있어 적재방법에 상당한 주의를 하여야 한다.

2. 위험화물의 종류 및 분류

국제적으로 운송되는 특성에 따라 위험화물은 국제해사기구(IMO)의 1974년 국제해상인명안전협약(SOLAS : International Convention for the Safety of Life at Sea)에서 정의하고 분류하는 방법에 따르고 있으며 현재 약 2,500여 품목이 있다. 1974 SOLAS 제7장 A편 제2규칙에는 위험물의 급수가 규정되어 있다. 이러한 급은 특성과 성질에 따라 여러 급수 또는 등급으로 세분된다. 해양오염물질의 선정기준에 적합한 위험물들은 해양오염물질로도 분류된다.

1) Class 1 : Explosives

제1급(Class 1)은 폭발성 물질이나 제품으로 실제로 폭발효과나 화공효과를 발생시킬 목적으로 제조되는 제품으로 구성되어 있다. 제1급은 위험도에 따라 6등급으로 구분을 하고 있다. 각 등급의 표시는 [표 12-1]과 같다.

표 12-1 | 제1급의 등급별 분류

등급	정의	표시
등급 1.1	대폭발 위험성이 있는 물질 및 제품	
등급 1.2	발사 위험성은 있으나 대폭발 위험성은 없는 물질 및 제품	
등급 1.3	화재 위험성이 있으며 약간의 폭발 위험성, 발사 위험성 혹은 그 양쪽 모두가 있으나, 대폭발 위험성은 없는 물질 및 제품	
등급 1.4	중대한 위험성이 없는 물질 및 제품	
등급 1.5	대폭발 위험성이 있는 매우 둔감한 물질	
등급 1.6	대폭발 위험성이 없는 매우 둔감한 물질	

2) Class 2 : Gases

제2급은 압축가스, 액화가스, 용해가스, 냉동액화가스, 혼합가스, 가스가 충전된 제품 및 에어로졸로 구성되어 있다. 가스는 용기 내부 압력의 증가로 인한 물리적 위험이 있다. 또한 가스는 유동성이 있어 이동이 용이하여 단시간에 넓은 지역으로 위험요소를 확산시킬 수 있다. 제2급은 가스의 주위험성에 따라 세 등급으로 세분된다.

표 12-2 | 제2급의 등급별 분류

등급	정의	표시
제2.1급 (인화성 가스)	20℃ 및 101.3kPa에서 가스인 것	
제2.2급 (비인화성, 비독성 가스)	20℃에서 280kPa 이상의 압력으로 운송되는 가스, 냉동액체로 운송되는 가스, 질식성 가스, 산화성 가스 또는 다른 급에 해당되지 않는 가스	
제2.3급 (독성가스)	독성(LC50 : 5,000mℓ/m^3 이하) 및 부식성이 있는 가스	

3) Class 3 : Flammable Liquids

제3급(Class 3)은 인화성 액체로 밀폐용기 시험을 통해 61℃ 이하의 온도에서 인화성 증기를 방출하는 액체 또는 액체혼합물을 의미한다. 용액이나 현탁액 상태로 고체를 함유한 액체도 포함한다.

제3급을 세분하는 기준은 인화점(Flash Point)이다. 발화요인이 있을 때, 불꽃을 일으킬 수 있는 증기를 발생시키는 최저온도이며 섭씨와 화씨로 표시할 수 있다. 개방용기시험(Open Cup Test)의 경우에는 인화점이 65.6℃(150℉) 이하일 때이며, 밀폐용기시험방법(Closed Cup Test)의 경우에는 인화점이 60.5℃(141℉) 이하일 때 인화성 액체로 분류하며 이때 물질의 기본온도는 주변환경의 온도와 같다고 본다.

4) Class 4 : Flammable Solid, Spontaneous Combustible & Dangerous When Wet

제4급은 화약류로 분류된 물질 이외의 것으로써 운송 상태에서 쉽게 발화하거나 직·간접적으로 화재를 일으킬 수 있는 물질을 말하며, 가연성고체(Flammable Solid), 자연발화성물질(Spontaneous Combustible), 습기반응성 물질(Dangerous When Wet)로 구성되어 있다.

표 12-3 | 제4급의 등급별 분류

등급	정의	표시
제4.1급 (가연성 물질)	쉽게 발화하거나 마찰에 의하여 화재를 일으킬 수 있는 고체(가연성 고체), 자체반응성 물질(고체 및 액체) 및 둔감화된 고체화약류	
제4.2급 (자연발화성 물질)	자연발화 또는 공기와의 접촉으로 발열하기 쉬우며 그 자체가 화재를 일으킬 수 있는 물질(고체 및 액체)	
제4.3급 (물과 접촉시 인화성 가스를 방출하는 물질)	물과의 상호작용에 의하여 자연적으로 인화하거나 또는 위험한 양의 인화성 가스를 방출하기 쉬운 물질(고체 및 액체)	

5) Class 5 : Oxidizing Substances & Organic Peroxide

제5급은 산화성 물질(Oxidizing Substances)과 유기과산화물(Organic Peroxide)로 구성되어 있다. 제5.1급인 산화성 물질은 자체적으로 연소하지는 않지만 산소를 생성시켜서 다른 물질의 연소를 조력하거나 촉매역할을 하는 물질을 의미한다. 산화성 물질은 그 자체로써는 별로 위험하지 않지만 인화성을 가속화시키는 촉매역할을 하기 때문에 화학반응이나 화재 등의 다른 조건에 주의를 기울여야 한다.

표 12-4 | 제5급의 등급별 분류

등급	정의	표시
제5.1급 (산화성 물질)	그 물질 자체가 연소하지는 않더라도, 일반적으로 산소를 발생시켜서 다른 물질의 연소를 조력하는 물질	
제5.2급 (유기과산화물)	하나 또는 두 개 모두의 수소원자가 유기래디칼로 치환된 과산화수소의 유도체로 간주될 수 있는 유기물질	

6) Class 6 : Toxic & Infectious Substances

제6급(Class 6)은 생물에게 해로운 독성물질과 전염성 물질(Toxic & Infectious Substances)이다. 제6.1급은 독성물질(Toxic Substances)로써 먹거나 호흡기를 통하여 흡입하거나 피부에 접촉하였을 때 인체에 손상을 주는 물질을 의미하며 제6.2급은 전염성 물질(Infectious Substances)로써 병원체를 포함

표 12-5 | 제6급의 등급별 분류

등급	정의	표시
제6.1급 (독물)	삼키거나 흡입 또는 피부접촉에 의하여 인간의 건강에 해를 끼치기 쉬운 물질	
제6.2급 (전염성 물질)	병원체를 함유하고 있는 것으로 알려져 있거나 합리적으로 추정되는 물질	

한 물질이다. 구체적으로 병원체는 박테리아, 바이러스, 기생충 등 인간이나 동물에게 전염성 질환을 일으킬 수 있는 물질을 의미한다.

7) Class 7 : Radioactive Material

제7급은 방사성 물질(Radioactive Material)로써 모든 물질은 어느 정도의 방사능을 가지고 있다고 할 수 있는데 이런 방사능을 자연방사선이라 한다. 제7급에 속하는 물질은 운송품 내에서 방사능의 농도와 총방사능량이 기본값을 초과하게 되는 핵종이 함유되어 있는 물질을 의미한다. 낮은 수준의 위험은 흰색 라벨로 표시하며, 위험도가 높은 물질의 경우는 노란색 라벨로 표기하게 된다.

표 12-6 | 제7급의 등급별 분류

제7급		제7급 - 백색(I)		제7급 - 노란색(I)	
제7급 - 노란색(II)		제7급 - 노란색(III)			

8) 기타(Class 8, 9)

제8급(Class 8)으로 분류되는 부식성 물질은 인화성 물질 다음으로 널리 쓰이는 위험물로써 금속과 인체 피부조직에 손상을 준다. 대표적인 물질로 황산이 있는데 황산은 광범위한 산업영역에서 사용되고 있다.

제9급(Class 9)은 기타 유해성 물질로써 위험물 가운데에는 UN이 분류한 8개의 급에 딱히 속하지 않는 품목이나 물질들이 있는데 이런 위험물들은 항공운송과 같은 특정 조건에서만 위험성을 드러내는 경우가 많다. 제9급에는 다음과 같은 물질들이 포함된다. 첫째, 유해한 냄새를 발생시키는 벤즈알데히드, 둘째 연주회용 대형 스피커와 같은 자성물질, 셋째 융해된 황과 같이 높은 온도를 유지하며 운송되어야 하는 물질, 넷째 드라이 아이스처럼 아주 차가운 물질이나 품목 등이 있다.

위험물의 라벨은 포장에 담긴 물체의 특성에 대한 구체적인 정보를 포함하지

표 12-7 | 제8급, 제9급의 등급별 분류

제8급 (Class 8) 부식성물질		제9급 (Class 9) 다발성물질		해양오염 물질표시	
훈증소독 주의표시		고온주의 표시		UN번호 표시	

않기 때문에 포장 외부에 표식이나 서류를 통해 공지해야 하며 다른 라벨이 함께 붙어 있다면 다른 위험물도 들어 있다는 것을 알려주는 표시가 된다.

3. 위험물의 포장

위험물은 포장시점부터 유통위험에 노출된다. 운송인은 전 유통과정에서 안전하게 견딜 수 있는 양질의 포장용기를 선택해야 하며 내용물의 누출로 인한 건강, 안전, 재산, 환경의 피해가 없도록 해야 한다.

위험물은 광범위한 종류의 위험성뿐만 아니라 광범위한 수준의 위험성을 내포하고 있다. 위험물의 종류는 물질의 분류에 의하여 나타나며, 위험성의 수준은 통상 물질의 포장등급으로 나타나기 때문에 포장등급(Packing Group)은 위험물이 갖는 위험의 정도를 의미한다. 포장의 목적상 위험물은 3가지 포장등급 중 하나로 배정된다. 포장등급 I (Packing Group I)은 높은 위험성을 갖는 것을 의미한다. 포장등급 II (Packing Group II)는 중위험도로 보통 정도의 위험을 갖는 것을 의미하며, 포장등급 III (Packing Group III)은 소위험도로 낮은 위험성을 갖는 것을 의미한다.

제1급(화약류), 제2급(가스류), 제4.1급 중 자기반응성 물질, 제5.2급(유기산화물), 제6.2급(전염성 물질) 및 제7급(방사성 물질)의 위험물에는 포장등급이 부여되어 있지 않으며, 이 외 몇몇 등급의 위험물에는 포장등급이 부여되지 않는 경우도 있다. 포장등급은 IMDG Code 제2권 위험물 목록(DGL)의 (5)열에 명시되어 있거나, 해당 물질의 특성에 기초하여 시험 또는 경험에 의하여 결정한다.

4. 위험물의 표시

1) 위험물 표시

위험물의 운송 및 취급 중 안전을 확보하고 비상시 적절한 조치를 취하기 위해서 위험물 운송과 관련된 모든 당사자들이 해당 위험물의 위험성을 인식할 수 있도록 해야 한다. 이를 위해 포장화물 및 화물운송 장치에는 적절하게 표시를 해야 하며 운송서류에 위험성을 정확하게 기재해야 한다.

IMDG Code는 해당 위험물에 적절하게 표시하고 않고 운송서류에 기재하지 않는다면 위험물 운송을 요청할 수 없다고 규정하고 있다. 위험물이 들어 있는 포장화물은 물론이고 포장화물이 수납된 화물운송 장치 외부에도 표시를 해야 한다.

위험물을 담았던 빈 포장용기 및 IBC에도 해당 위험물에 요구되는 표시를 해야 한다. 위험성이 소멸되도록 세정을 하거나 비위험물질을 재충전한 경우에는 표시를 할 필요가 없으나 위험물의 잔류물이 남아 있는 화물운송장치, 세정되지 않은 공 산적 컨테이너는 마지막으로 적재되어 있었던 위험물에 적용되는 규정에 따라야 한다.

2) 포장화물의 표찰

포장화물과 IBCs에는 해당되는 내용물의 위험성을 나타내는 표찰을 부착해야 한다. 부위험성(2차 위험성)이 있는 물질인 경우에는 적절한 부위험성 표찰을 부착해야 하며, 정위험성(1차 위험성)과 부위험성을 동시에 갖는 경우 정위험성에 대한 표찰을 '정위험성 표찰'이라고 하고, 부위험성에 대한 표찰을 '부위험성 표찰'이라고 한다. 두 가지 표찰의 모양과 크기는 동일하며, 정위험성 표찰과 부위험성 표찰에는 반드시 해당되는 등급번호가 명확하게 표기되어야 한다.

표찰은 IMDG Code에 명시된 견본 표찰과 일치하게 색깔, 상징그림, 숫자, 일반 형태를 통일시켜야 한다. 표찰은 100mm×100mm의 최소크기를 가진 정사각형을 45° 각도로 놓은 형태(다이아몬드 형태)이어야 하며, 모서리로부터 5mm 안쪽에 상징그림과 동일한 색깔의 선이 모서리와 나란히 뻗어 있어야 한다.[2)] 표찰

2) 표찰의 견본은 [표 12-1]~[표 12-7]을 참조하기 바란다.

은 2등분으로 나누어져 있다. 표찰의 상반부는 상징그림을 위한 곳이며 하반부는 문자, 급이나 등급번호 및 격리구분을 위한 곳이다. 등급 1.4, 1.5, 1.6은 제외된다. 표찰의 하단구석에는 급번호를 표시하여 해당 위험물의 위험등급을 나타내야 한다. 상징그림, 문자 및 급번호는 모든 표찰상에 검정색으로 나타내야 하나 다음의 경우에 예외가 인정된다. 첫째, 제8급 표찰상의 문자(해당하는 경우) 및 급번호가 흰색인 경우이며, 둘째 표찰 전체가 녹색, 적색 및 청색 바탕인 경우이다.

등급 1.4, 1.5, 1.6을 제외하고, 제1급 표찰의 하반부에는 해당 물질에 대한 등급번호 및 격리구분 문자를 표시한다. 제2급용의 가스실린더에는 실린더의 모양, 운송방향 및 운송용 고박장치 등을 고려하여 실린더의 원통부분이 아닌 곳에 부착하기 위하여 축소된 표찰을 부착할 수 있다.

제2절 위험물 운송과 관련된 규정

1. 위험물 운송과 관련된 국제규정

1) 위험물 운송에 대한 국제기준

해상에서 운송되는 위험물로부터 선원의 인명, 재산, 해양환경을 보호하기 위하여 다양한 조치를 취해 왔으나 국가에 따라 사용되는 전문용어가 다르고 세부규정도 상이하였다. 상술한 복잡한 상황 때문에 위험물의 운송과 직·간접적으로 관련된 모든 관계자들이 어려움을 경험하여, 이를 극복하기 위하여 UN의 경제사회이사회에서 모든 운송형태에 적용할 수 있는 위험물 운송에 관한 표준화된 기준과 국제적인 규제의 필요를 충족시키기 위하여 위험물운송전문위원회를 지정하여 동 위원회에서 1956년 위험물의 성질에 따라 분류하여 목록을 만들고 위험물 표찰과 운송서류 등에 관한 기준을 포함한 위험물 운송에 관한 보고서를 제출하여 UN 위험물운송권고집(UN Recommendations)이 만들어졌다.

국제해사기구에서는 1960년 해상에서의 인명안전협약의 권고를 수용하여 위험물의 해상운송분야에 풍부한 경험이 있는 전문가를 모집하여 작업반을 구성할 것을 해사안전위원회에 지시하여 UN에서 개발한 위험물 운송권고를 토대로 UN의 위험물운송전문위원회의 도움을 받아 1961~1965년까지 위험물의 해상운송에 관한 세부기준의 제정 작업을 하여 현재 SOLAS 제7장 A편에 근거한 국제해상위험물규칙(IMDG Code)을 개발하였다.

2) IMDG Code

해상으로 운송되는 위험물은 운송형태에 따라서 산적으로 운송되는 위험물과 포장형태로 운송되는 위험물로 구분되는데 이 중 포장형태로 운송되는 위험물에 적용되는 국제기준이 IMDG Code이다. IMDG Code는 2004년 1월 1일부터 포장위험물 관련 SOLAS 규정이 강제화되면서 국제법규가 되었다. 대부분의 국가에서는 IMDG Code가 강행법규가 되기 전에 자국 법으로 관련 협약을 수용하여 이를 이행하고 있었으며 우리나라의 경우에도 1979년에 법적 근거를 마련하여 포장위험물의 해상운송에 따른 안전을 도모해 왔다.

포장위험물은 대부분 육상에서 화주에 의하여 컨테이너에 적재되어 운송되는데 IMDG Code에서는 이러한 위험물의 특성에 따라 제1급(화약류)부터 제9급(기타 유해성물질)까지 분류한 후, 이들 위험물의 표시 및 표찰, 포장방법 및 포

그림 12-1 | IMDG Code의 채택과정

장용기 기준, 선적관련 서류, 컨테이너에 의한 위험물 운송, 선박 적재방법 및 위험물 상호 간의 격리, 위험물의 화재 또는 유출시 비상조치법, 인명사고시 의료응급처치 등에 관한 사항을 규정하고 있다.

IMDG Code는 해상 운송되는 포장형태의 위험물에만 적용된다. 운송수단에 따라 항공운송은 위험물항공운송기술지침(TI : Technical Instructions for the Safe Transport of Dangerous Goods by Air)의 적용을 받으며, 철도운송은 국제위험물철도운송규칙(RID : Regulations concerning the International Carriage of Dangerous Goods by Rail), 도로운송은 국제위험물도로운송규칙(ADR : European Agreement concerning the International Carriage of Dangerous Goods by Road), 내수로운송의 경우는 국제위험물내수로운송규칙(AND : European Agreement concerning the International Carriage of Dangerous Goods by Inland Waterway)이며 해상운송의 경우에는 운송되는 물품의 형태에 따라 4가지로 구분된다. 산적액체화학품의 경우 IBC Code(국제산적위험화학품운송선의구조및설비기준), 산적고체위험물의 경우 IMSBC Code, 산적액화가스는 IGC Code(국제액화가스운송선의구조및설비기준), 포장위험물은 IMDG Code의 적용을 받게 된다.

IMDG Code는 SOLAS 협약 제7장 A부분 및 MARPOL(73/78) 부속서 3의 적용을 받고 있으며, 우리나라의 선박안전법(법률 제9446호, 2009. 2. 6 일부개정), 해양환경관리법(법률 제9454호, 2009. 2. 6 타법개정), 개항질서법(법률 제9734호, 2009. 5. 27 일부개정)으로 관련법약을 수용하였다.

IMDG Code는 제1권(Volume 1), 제2권(Volume 2)과 부속서(Supplement)로 구성되어 있다. 제1권은 제3부를 제외하고 제1부부터 제7부까지 총 6개의 부로 구성되어 있으며 제1부는 일반규정, 용어정의, 훈련 및 보안규정이 설명되어 있으며 제2부는 위험물에 대한 분류, 제4부는 포장 및 탱크규정, 제5부는 운송절차, 제6부는 포장용기, 중형산적용기, 대형용기, 이동식 탱크, 집합형 압력용기 및 도로용 탱크차량의 구조 및 시험, 마지막으로 제7부는 운송관련규정이 기술되어 있다. 제2권은 1개의 부와 부록으로 구성되어 있다. 제3부는 위험물 목록과 제한된 양(소량 위험물) 및 적용이 제외되는 극소량 위험물에 대해서 기술되어 있다. 부속서에는 위험물 운송선박을 위한 비상조치절차, 위험물 관련 사고시 의료응급처치법, 사고시 보고절차, 화물운송기구 수납지침, 방사성 핵폐기물질의 안전한 포장운송, 선박에서의 살충살균제의 안전한 사용에 대한 권고 등을 규정하고 있다.

3) 운송수단별 위험물 운송을 규정한 국제법제

(1) 위험물의 도로운송에 관한 국제법규

도로에서의 위험물 운송에 대한 국제규칙은 유럽에서 제정되어 적용되었는데, 이는 유럽지역의 위험물 철도운송에 있어서 국가별로 서로 다른 국내법규를 대체하기 위한 목적에서 시작되었다. 도로위험물운송협정(ADR)은 위험물의 국제운송을 위한 1890년대의 유럽철도협정(European Railway Agreement)으로부터 제2차 세계대전 이후에 개발되었다. 도로위험물운송협정(ADR)은 제네바에 있는 유럽경제위원회가 제안한 협정으로 유럽 대부분의 국가들이 위험물의 도로운송에 있어서 국가별로 서로 상이한 규칙의 적용으로 인한 불편함을 없애고 자유로운 무역의 이익을 도모하기 위하여 이들 국가의 국경과 영토를 넘어 도로에 의한 위험물 운송의 국제규칙 제정에 동의한 것이다.

도로위험물운송협정(ADR)은 국가들 사이의 협정이며 강행규정은 아니다. 관행상으로 동 협정의 당사국은 단속기관을 구성하며 협정을 이행하지 않았을 경우 국내법에 의하여 벌칙조항을 준수하도록 하고 있다. 동 협정의 당사국들은 국내법으로 수용하였다. 유럽연합 회원국들은 ADR 체제명령을 통하여 동 협정을 통일적으로 적용하며 ADR 부속서와 동일한 ADR 체제명령은 유럽연합을 통한 운송에 곧바로 적용된다. 동 협정은 분류, 포장, 표찰, 서류 및 위험물 운송에 관하여 운송계약상 당사자의 책임을 정의하는 반면, 규정의 내용을 불이행하여 발생하는 손해에 대하여 계약상 책임과 관련된 내용은 규정하고 있지 않다.

(2) 위험물의 철도운송에 관한 국제법규

도로운송과 마찬가지로 위험물의 철도운송 국제규칙도 유럽 내에서만 적용되는 철도위험물국제운송규칙(RID)이 적용된다. 협약 당사국의 영토를 통하여 철도로 운송되는 다양한 형태의 위험물 안전운송을 위한 최소기준을 규정한다. 도로위험물운송협정(ADR)처럼 독립적인 협약은 아니지만 국제철도운송조약(CIM : International convention Concerning the Carriage of Good by Rail)의 부속서 I 에 포함되어 있다. 철도위험물국제운송규칙(RID)은 도로위험물운송협정(ADR)에 이은 합의의 모델로서 현재 두 협약은 같은 형식을 유지하고 있으며, 유럽경제위원회(UNECE)의 내륙운송위원회(Inland Transport Committee) 합동회의에서 조정되어 개정된 후, 철도 및 도로운송전문가에 의해서 독립적으로 승인되는 구조이다.

철도위험물국제운송규칙(RID)은, 첫째 위험물운송은 다른 형태의 화물운송보다 더 큰 위험을 나타내지 않아야 하며, 둘째 철도운송을 위해 화물을 준비하는 관련자들이 위험물운송규정을 용이하게 준수하도록 분명하고 명확하게 기술되어야 하며, 셋째 이러한 규정은 화주에게 과다한 비용을 발생시키지 않는 범위 내에서 엄격한 기준이어야 한다는 기본철학을 견지하고 있다. 철도위험물국제운송규칙(RID)의 구성은 도로위험물운송협정(ADR)과 조화를 이루고 있다. 위험물 분류, 포장용기, 포장용기의 건조와 시험, 표찰과 운송서류에 대한 화주의 책임규정, 운송수단과 운송작업에 대한 운송인의 책임규정 등으로 구성되어 있다.

(3) 위험물의 해상운송에 관한 국제법규

위험물의 국제해상운송은 선박의 안전과 해양환경보호를 위하여 제정된 국제조약을 준수해야 한다. 대형 해난사고의 발생[3)4)5)]이 해상안전과 환경보호 규칙발전의 배경이 되었다. 1974년 해상인명안전협약(SOLAS)과 1973/78년 해양오염방지협약(MARPOL : International Convention for the Prevention of

3) 타이타닉호 침몰사건과 토리케년호 좌초사건이 대표적이다.

4) 1912년 빙산과 충돌하여 침몰하면서 1,400여 명의 인명이 사망한 타이타닉호 침몰사고를 조사하는 과정에서 영국의 해상안전기준에 많은 문제점이 발견되어 영국정부의 주도로 1914년 해상인명안전협약을 채택하였는데 동 협약은 타이타닉호 사고와 직접적으로 관련되는 사항을 중점적으로 다루었다. 여객선에 대한 수밀구획 및 구명설비, 소화설비 등에 관하여 규정하였을 뿐만 아니라 타이타닉호 침몰당시 부근을 항행 중이던 다른 선박에 조난신호를 보냈으나 상호 간 의사소통이 안 되어 인명구조가 지연되었다는 점을 감안하여 무선설비의 비치의무를 규정하였다. 해상인명안전에 치중한 1914년 해상인명안전협약은 1929년, 1948년, 1960년, 1974년 등 여러 차례 개정을 거치면서 발전하였다. 해상인명안전협약의 발전과 더불어 인명안전은 1948년 발족한 IMCO의 주요 업무로서 그 기능을 다하였으며, 안전이행 책임을 기국(旗國)에 집중시킴으로써 기국주의가 강화되었다. 1974/78년 해상인명안전협약은 정부 간 합의에 의하여 선박의 안전에 관한 통일적인 원칙과 기준을 설정함으로써 해상에서 인명의 안전을 증진시킬 목적으로 제정되었으며, 그 역사도 오래되었다.

5) 1967년 3월 영국 남서해상에서 토리케년(Torrey Canyon)호가 좌초되면서 약 12만 4천 톤의 원유가 누출되어 프랑스의 일부 해안을 오염시킨 사고가 발생했다. 영국은 원유가 쏟아져 나오는 사고 선박의 수습에 실패하여 뒤늦게 이를 폭파하고 나머지 원유를 소각하였으나, 해양 생태계의 파괴와 함께 연안 해역에의 경제적 피해가 막대하게 되었다. 이 사고를 계기로 해양오염에는 국경이 없다는 것과 그 확산은 국지적인 것이 아니고 오염의 규모면에서도 손상이나 피해 등의 개념이 아닌 재해나 재난으로 해양오염 문제를 국제적 차원에서 다루게 되었고, 해양오염 관련 법제의 정비를 촉진하게 되었다. 토리케년호 사고가 직접적인 원인이 되어 채택한 국제협약 중 1969년 공해상에서 연안국의 개입에 관한 협약은 해양사고 발생으로 연안국에 피해가 발생하거나 발생할 우려가 있을 경우 연안국이 직접 개입할 수 있는 근거를 마련하였다. 또한 오염사고의 손해배상과 책임문제를 해결하기 위하여 국제적으로 통일된 규정과 절차를 정한 1969년 '유류오염손해에 대한 민사책임에 관한 협약' 을 채택하였다.

Pollution from Ships)은 안전과 환경보호를 위한 토대를 제공한다. 동 협약들의 위험물 운송에 관한 법적 기준은 IMDG Code의 기술적 표준에 의해 강화된다.

위험물의 해상운송은 인명의 손상, 선박과 화물의 손해를 방지하기 위하여 규제되며, 해양오염물질의 운송은 주로 해양환경의 손상을 방지하기 위하여 규율된다. 위험물과 해양오염물질의 해상운송에 관한 세부사항을 규정한 IMDG Code는 국가 간 위험물의 자유로운 이동을 촉진하고 안전한 운송을 강화시키기 위한 목적으로 제정되었다.

(4) 위험물의 항공운송에 관한 국제법규

국제민간항공기구(ICAO : International Civil Aviation Organization)는 국제적인 단일체계와 강력한 집행체계를 구축하기 위해 국제민간항공협약(the Convention on International Civil Aviation) 부속서 18과 기술지침인 TI를 1982년 9월 협약의 일부로 채택하여 1983년부터 효력을 발생하도록 하였다.

국제항공운송협회(IATA) 회원사들은 위험물 항공운송 규정을 제정할 필요성을 인식하고 작업 그룹을 구성하여 추진한 결과 1956년 국제항공운송협회의 제한품목규칙(IATA : Restricted Articles Regulations) 초판을 발행하였다. 상술한 국제협약은 법규적 효력을 갖고 있었으나 집행이 따라가지 않는 유명무실한 지침서의 역할을 벗어날 수 없다는 한계점을 내포하고 있었다.

(5) 내수로에 의한 위험물의 운송에 관한 국제법규

내수로위험물운송협정(ADN)은 유럽경제위원회(UNECE)와 라인강 항해 중앙위원회(CCNR : Central Commission for the Navigation of the Rhine)가 합동으로 조직한 외교회의에서 2000년 5월 25일 채택되었다. ADN은 본문과 부속규정으로 구성되어 있으며 ADN의 목적은 내수로에서 위험물의 국제운송에 대한 높은 안전을 확보하고 위험물의 운송 중 사고로부터 발생하는 오염을 방지함으로써 환경을 보호하고, 화학제품의 국제무역을 촉진시키는 데 있다. 부속규정은 위험물과 제품에 대한 규정, 내수로 항행 선박으로 운송되는 포장 위험물 및 산적 위험물에 대한 규정, 이러한 선박의 건조와 운항에 대한 규정을 포함하며 검사의 요건 및 절차, 승인서의 발급, 감시, 훈련에 대하여 규정하고 있다.

(6) 위험물의 복합운송

두 가지 이상의 상이한 운송수단을 사용하여 개별단위운송이 세계의 한 지역에서 다른 지역으로 이동하기 위해서 복합운송을 활용하게 되는데 각 국가들은 오랜 기간 동안 위험물 운송의 안전과 환경보호, 상업적 이해관계는 하나의 위험물 운송단위가 서로 다른 국가의 관할권을 통과하거나 상이한 운송수단을 사용할 때마다 서로 다른 기술적 기준이 적용됨으로써 불편을 유발시켰다. 이 때문에 위험물 운송의 안전을 확보하고 상업적인 이익을 증진시키기 위해 국제사회는 서로 다른 규칙들을 조화시키기 위한 노력을 시작했으며 결국 전 세계적으로 모든 형태의 위험물 운송을 통제할 수 있는 단일의 기준으로 "위험물 운송에 관한 유엔 권고"를 제시하였다.

유엔위험물운송전문가위원회는 항공, 도로, 철도, 선박 등 모든 운송수단에 적용될 수 있는 위험물의 운송기준인 "위험물운송에 관한 유엔권고(Orange Book)"를 1956년에 처음으로 제정하였다. 이 후 국제해사기구(IMO), 국제민간항공기구(ICAO), 유럽경제위원회(UNECE), 국제철도연맹(OCTI) 등이 유엔권고를 기본골격으로 하여 각 운송수단별로 위험물운송기준이 제정되었다. 그 결과 해상운송은 IMDG Code, 항공운송은 TI, 철도운송은 RID, 도로운송은 ADR, 내수로운송은 ADN으로 운송수단별로 전문화되었다. UN권고는 위험물운송에

표 12-8 | 운송수단별 위험물운송 국제규칙

운송수단	국제규칙	제정기관
복합운송	UN Recommendations	ECOSOC(유엔경제사회이사회)
해상	IMDG Code	IMO(국제해사기구)
항공	TI(Technical Instructions for the Safe Transport of Dangerous Goods by Air)	ICAO(국제민간항공기구)
철도	RID(Regulations concerning the International Carriage of Dangerous Goods by Rail)	OCTI(국제철도연맹)
도로	ADR(European Agreement concerning the International Carriage of Dangerous Goods by Road)	UNECE(유럽경제위원회)
내수로	ADN(European Agreement for the International Carriage of Dangerous Goods by inland Waterway)	UNECE(유럽경제위원회)

관한 기술적인 진보, 새로운 위험물의 출현, 현대 운송체제의 급변에 대응하고 특히 인명과 재산의 안전을 확보하고 환경을 보호하기 위하여 UN 위험물운송전문가위원회에 의하여 계속 수정 · 보완되고 있다.

2. 우리나라 위험물 검사 관련 법규

1) 해상으로 운송되는 위험물의 국내법규

위험물의 해상운송에 관하여 규정하고 있는 국내 법규로는「선박안전법」,「개항질서법」,「해양환경관리법」이 대표적이다. 해당 법규별로 시행령과 시행규칙이 있다. 국토해양부 장관고시로는「위험물선박운송기준」,「산적액체위험물운송선박의 시설 등에 관한 기준」,「위험물컨테이너점검 등에 관한 요령」,「방사선물질 운송선박의 안전기준」 등이 있다. 각 법규는 실무를 반영한 세부적인 입법을 위하여 대통령령으로 시행령을 필요한 경우 해당부처에서 시행규칙을 제정하여 집행한다.

(1) 선박안전법

「선박안전법」의 목적은 선박의 감항성 유지 및 안전운항에 필요한 사항을 규정함으로써 국민의 생명과 재산을 보호하는 데 있다. 위험물 운송에 관하여 동법 제41조에서는 선박으로 위험물을 적재 · 운송하거나 저장하고자 하는 자는 항해상의 위험방지 및 인명안전에 적합한 방법에 따라 적재 · 운송 및 저장하여야 한다고 규정하고 있으며 전항의 규정에 따라 위험물을 적재 · 운송하거나 저장하고자 하는 자는 그 방법의 적합 여부에 관하여 국토해양부장관의 검사를 받거나 승인을 얻어야 한다고 명시되어 있다.

「선박안전법 시행령」은 선박안전법에서 위임된 사항과 그 시행에 필요한 사항을 규정함을 목적으로 한다고 밝히고 있다. 일례로 위험물검사 등 대행기관의 취소 등에 따라서 법 제65조 제2항의 규정에 따라 위험물검사 등 대행기관이 거짓이나 그 밖의 부정한 방법으로 대행지정을 받은 경우, 검사 또는 승인을 한 경우와 대행지정을 받은 자가 동 사업을 폐업한 경우에는 해당업무의 대행을 취소해야 한다고 규정하고 있다.

「선박안전법 시행규칙」은 국토해양부령 제147호로 2009년 7월 1일 개정되어 시행되고 있으며 선박안전법 및 동법 시행령에서 위임된 사항과 그 시행에 필요한 사항을 규정하려는 목적을 가지고 있다.

(2) 개항질서법

「개항질서법」은 법률 제9734호로 2009년 5월 27일 일부 개정되어 현행 사용되고 있는 법률로써 개항(開港)의 항계(港界) 안에서 선박교통의 안전 및 질서유지에 필요한 사항을 규정하는 것을 목적으로 한다.

「개항질서법 시행령」은 대통령령 제21648호로써 2009년 7월 30일 타법개정으로 개정되었으며 동월 31일부터 발효되었다. 동 시행령의 목적은 개항질서법에서 위임된 사항과 그 시행에 관하여 필요한 사항을 규정하여 입법을 보완하고 있다.

「개항질서법 시행규칙」은 국토해양부령 제4호로써 2008년 3월 14일 타법개정으로 개정하여 시행되고 있으며 개항질서법 및 동법 시행령에서 위임된 사항과 그 시행에 관하여 필요한 사항을 규정하는 것을 목적으로 한다.

(3) 해양환경관리법

「해양환경관리법」은 법률 제9454호로 2009년 2월 6일 개정되어 2009년 8월 7일 시행되고 있으며 동 법의 목적은 해양환경의 보전 및 관리에 관한 국민의 의무와 국가의 책무를 명확히 하고 해양환경의 보전을 위한 기본사항을 정함으로써 해양환경의 훼손 또는 해양오염으로 인한 위해를 예방하고 깨끗하고 안전한 해양환경을 조성하여 국민 삶의 질을 높이는데 있다고 법 제1조에서 명시하고 있다.

「해양환경관리법 시행령」은 대통령령으로 제정되었으며 동 시행령의 목적은 해양환경관리법에서 위임한 사항과 그 시행에 필요한 사항을 규정하는 것이다. 총 11개의 장으로 구성되어 있으며 내용은 동법 제5장 해양오염방지를 위한 선박의 검사에 관한 내용을 제외하고 동일한 체계로 상세 사항을 규정하고 있다.

「해양환경관리법 시행규칙」은 국토해양부령으로 제정되었으며 해양환경관리법 및 동법 시행령에서 위임된 사항과 그 시행에 필요한 사항을 규정하는 것을 목적으로 하고 있다. 다른 시행규칙들과 마찬가지로 상위 법령과 시행령에서 위임한 규정에 대한 세부규칙을 명시하여 입법을 보완하고 있다.

2) 항공으로 운송되는 위험물의 국내법규

위험물 항공운송과 관련된 국내법규는 「항공법」과 「항공안전 및 보안에 관한 법률」이 있다.

(1) 항공법

법률 제9313호로 제정된 「항공법」은 국제민간항공조약의 규정과 동조약의 부속서로서 채택된 표준과 방식에 따라 항공기 항행의 안전을 도모하기 위한 방법을 정하고 항공시설설치 · 관리의 효율화를 기하며 항공운송사업의 질서를 확립함으로써 항공의 발전과 공공복리의 증진에 이바지 함을 목적으로 한다. 「항공법 시행령」은 대통령령 제21473호로 제정되어 시행되고 있으며 항공법에서 위임된 사항과 그 시행에 관하여 필요한 사항을 규정하는 것을 목적으로 하고 있으며, 국토해양부령 제125로 규정되어 있는 「항공법 시행규칙」은 항공법 및 동법 시행령에서 위임된 사항과 그 시행에 관하여 필요한 사항을 규정하고 있다.

(2) 항공안전 및 보안에 관한 법률

법률 제9779호로 제정되어 있는 「항공안전 및 보안에 관한 법률」은 「국제민간항공협약」등 국제협약에 따라 공항시설, 항행안전시설 및 항공기내에서의 불법행위를 방지하고 민간항공의 안전 및 보안을 확보하기 위한 기준 · 절차 및 의무사항 등을 규정함을 목적으로 한다. 「항공안전 및 보안에 관한 법률 시행령」은 대통령령 제21473호로 제정되어 있으며 「항공안전 및 보안에 관한 법률」에서 위임된 사항과 그 시행에 관하여 필요한 사항을 규정하는 것을 목적으로 한다. 「항공안전 및 보안에 관한 법률 시행규칙」은 국토해양부령 제125호로 제정되었으며 「항공안전 및 보안에 관한 법률」 및 동법 시행령에서 위임된 사항과 그 시행에 관하여 필요한 사항을 규정하여 상위 법령을 보완하고 있다.

3) 도로로 운송되는 위험물의 국내법규

위험물의 도로운송은 2003년 법률 6896호로 제정된 「위험물안전관리법」에서 규정하고 있으며 현재 2008년 6월 5일 개정된 법률 제9094호로 2008년 12월 6일부터 시행되고 있다. 「위험물안전관리법」은 위험물의 저장 · 취급 및 운반과 이에 따른 안전관리에 관한 사항을 규정함으로써 위험물로 인한 위해를 방지하여 공공의 안전을 확보함을 목적으로 한다. 「위험물안전관리법 시행령」은 「위험물안전관리법」에서 위임한 사항과 그 시행에 관하여 필요한 사항을 규정함을 목적으로 하며, 「위험물안전관리법 시행규칙」은 「위험물안전관리법」 및 동법 시행령에 위임된 사항과 그 시행에 관하여 필요한 사항을 규정하는 것을 목적으로 하고 있다. 동 시행규칙은 현재 행정안전부령 제70호로 2009년 3월 17일 일부개정되어 시행되고 있으며 총 12장 79조로 구성되어 있다.

4) 철도로 운송되는 위험물의 국내법규

철도로 운송되는 위험물에 대하여 규정하고 있는 대표적인 법률로는 「철도안전법」이 있다. 동 법은 법률 제9610호로써 2009년 4월 1일 개정되어 현행 시행되고 있으며 철도안전을 확보하고 위하여 필요한 사항을 규정하고 철도안전관리체계를 확립함으로써 공공복리의 증진에 기여함을 목적으로 제정되어 있으며 총 9장 81조로 구성되어 있다.

「철도안전법 시행령」은 「철도안전법」에서 위임된 사항과 그 시행에 관하여 필요한 사항을 규정하는 것을 목적으로 한다. 동 시행령은 대통령령 제21552호로써 2009년 6월 25일부로 개정되어 시행되고 있다.

「철도안전법 시행규칙」은 「철도안전법」 및 동법 시행령에서 위임한 사항과 그 시행에 관하여 필요한 사항을 규정하는 것을 목적으로 하고 있으며 국토해양부령 제143호로써 2009년 6월 25일부로 시행되고 있다.

「위험물철도운송규칙」은 「철도안전법」 제44조 및 동법 시행령 제45조의 규정에 의하여 철도에 의한 위험물의 운송에 관하여 필요한 사항을 규정하는 것을 목적으로 하고 있으며 국토해양부령 제4호로 제정되었다. 2008년 3월 14일에 개정된 규칙이 현행 사용되고 있다. 동 규칙은 총 19개의 조항으로 구성되어 위험물의 철도운송과 포장 등에 대하여 위임된 사항을 명시하고 있다.

제3절 위험물의 수출입절차

1. 위험물 선적서류

위험물의 수출입절차는 다른 일반화물의 절차와 큰 차이는 없지만 위험물의 특수한 성질로 인해 발생할 수 있는 사고를 방지하고, 위험물 취급에 관련된 종사자의 안전을 도모하기 위하여 화물의 포장, 운송, 하역, 항내반입, 선적시에 추가적인 조치가 요구된다.

1) 위험물의 수출절차와 선적서류

(1) 수출화물 준비

위험물을 수출하고자 하는 경우에는 먼저 포장작업이 선행되어야 한다. 위험물의 포장은 사용할 수 있는 포장용기의 종류, 용기의 재료, 포장 가능한 중량, 용량 등이 제한되어 있으므로 포장 전에 충분한 검토가 필요하다. 위험물이 들어 있는 포장화물에는 해당 위험물의 품명과 UN번호를 표시해야 하고 해당 표찰을 부착하여 화물의 위험성을 식별할 수 있도록 해야 한다. 이는 "한국해사위험물검사원"에 의한 위험물 검사시 합격판정의 기준이기 때문에 미리 검사원의 협조를 받는 것이 요구된다. 운송인은 선박회사가 해당 위험물의 선적 가능성 여부를 검토할 수 있도록 위험물의 정보를 미리 제공해야 한다.

(2) 수출승인 및 허가

법령에 의하여 수출이 제한되는 경우에는 사전에 승인을 받아야 한다. 대표적으로 아래와 같은 화물들이 있다.

첫째, 화약류이다. 화약류는 「총포 · 도금 · 화약류단속법」 제9조 및 동법 시행령 제82조에 의하여 행정안전부(지방경찰청장)의 허가를 받아야 하며, 둘째 주요방산물자는 「방위산업에 관한 특별조치법」 제21조 및 동법 시행령 제40조에 의하여 국방부장관(방위산업진흥회장)의 허가를 받아야 한다. 셋째, 유해 폐기물로 「폐기물의 국가간 이동 및 그 처리에 관한 법률」 제6조에 의하여 환경부장관의 허가를 받아야 하며 마지막으로 유독물은 「유해화학물질관리법」 제12조 및 동법 시행규칙 제16조에 의하여 환경부(유독물 관리협회)에 신고한 후 수출을 할 수 있다.

(3) 수출신고

위험물의 수출신고는 수출하고자 하는 화물의 제조공장 또는 위험물창고 등 세관검사를 받고자 하는 장소에 수출품을 장치하고 관할세관에 신고하여 신고필증을 교부받아야 한다. 수출신고서는 관세사나 통관법인을 통하여 전자문서로 작성하여 세관의 통관시스템에 전송하면 되지만 세관장의 확인대상물품, 전략물자 수출허가대상물품 등과 같은 특정 물품에 대해서는 신고자가 직접 수출신고서를 세관장에게 제출해야 한다.

일반 수출신고물품에 대한 검사는 세관장 확인대상물품, 전략물자, 수출허가대상물품 등 현품을 확인할 필요가 있는 경우에만 실시하며 국토해양부가 정한 위험물은 반드시 검사기관의 검사를 받아야 한다.

(4) 선적신청 및 위험물 명세서 제시

세관으로부터 수출신고필증이 발급되면 송화인은 동 신고필증과 함께 상업송장, 포장명세서, 위험물명세서가 첨부된 선적신청서를 선박회사에 제출한다. 수출신고가 수리된 물품은 수리일로부터 30일 이내에 선적해야 하며, 부득이한 사유가 있는 경우에는 통관지 세관장에게 선적기간연장을 신청하여 30일 범위 내에서 연장승인을 받을 수 있다.

위험물명세서는 「위험물 선박운송 및 저장규칙」 제16조와 관련하여 위험물의 운송 위탁 전에 송화인이 선박회사(선박소유자 또는 선장)에 제출하는 서류로서 운송하고자 하는 위험물에 관한 모든 필요한 정보를 운송에 관련된 종사자들에게 제공하여 사고를 방지하는 데 목적이 있다. 위험물명세서에는 해당 위험물의 용기, 포장, 표찰, 표시가 관련 규정에 적합하고 또한 운송에 적합한 상태에 있음을 증명하는 서류가 첨부되어야 한다.

(5) 선적지시

송화인의 요청에 따라 선박회사가 선적가능 여부를 검토한 후 선적을 허가하게 되면 선박회사는 해당 화물을 선적할 선박의 운항계획을 고려하여 일정 날짜까지 지정된 장소로 화물이송을 지시하게 된다. 화물을 컨테이너에 수납할 경우에 수납 책임자는 「위험물 선박운송 및 저장규칙」 제34조의 규정대로 컨테이너 위험물명세서를 작성해야 하며 국토해양부장관이 정하는 위험물에 대해서는 「위험물 선박운송 및 저장규칙」 제205조에 따라 컨테이너 수납검사서를 교부받아야 한다.

(6) 위험물 반입신고

선적준비가 완료된 위험물은 선박회사의 지시에 따라 지정된 장소로 이송하게 되고, 선적을 위하여 항만 내로 반입된다. 「개항질서법」 제20조 제1항과 동법 시행규칙 제7조에 규정한 대로 반입하고자 하는 자는 위험물을 항계 안으로 반입하기 전까지 반드시 지방해양항만청장에게 "위험물반입신고서"에 위험물 일람표를 첨부하여 제출하고 "위험물반입신고확인서"를 교부받아야 한다. 위험물 반입신고는 항만운영 전산망(Port-MIS)에 의하여 이루어진다.

(7) 하역 및 선적

항계 안에서 위험물을 하역할 경우에는 자체안전관리계획을 수립하여 지방해양항만청장의 승인을 얻어야 한다. 하역회사는 선사에서 전송한 위험물 일람표를 수신받아 승인된 자체안전관리계획에 따라 위험물을 하역하고 관리하게 된다.

수출이 승인된 위험물이 항계로 반입되면 지방해양항만청의 승인을 받은 자체안전관리계획에 따라 하역회사에 의하여 선박에 선적되는데 이때에는 송화인이 작성한 위험물의 사고 대비를 위한 서류와 선사에서 작성한 위험물 취급지침서가 선장에게 전달되어야 한다. 위험물을 선적할 때에는 선장이 관련규정에 따라 안전한 운송을 위하여 격리요건을 고려하여 적재장소를 선택해야 한다. 선적이 완료되면 세관으로부터 수출신고필증, 본선수취증 등에 품명, 규격, 수량 등에 이상 없음을 확인받고 선박회사는 선화증권을 발급하여 모든 선적절차를 마무리하게 된다.

(8) 적재검사

적재검사는 위험물검사원의 사용자 프로그램을 이용하여 전자문서(EDI)로 신청하며 신청서에 송장, 포장명세서, 화물 적재도를 첨부해야 한다. 전송된 신청서는 자동 접수되어 지정된 담당검사관에 의해 신청서의 내용이 검토되고 위험물이 선박에 적재될 때에 현장에서 적재검사가 이루어진다. 검사 결과 관련규정에 적합하다고 판단되는 경우 검사원은 적재 검사증을 전자문서로 발급하게 된다.

「위험물 선박운송 및 저장규칙」 제21조에 의거하여 선장은 선박에 적재한 위험물에 대하여 위험물 적하일람표를 2통 작성하여 1통은 선주에게 교부하고 나머지 1통은 운송과정이 마무리될 때까지 선내에 보관해야 한다.

2) 위험물 수입절차와 관련서류

(1) 수입신고

수입신고는 원칙적으로 입항 후에 수행되어야 하지만 실무적으로 원활한 업무절차를 위하여 입항 전에도 가능하다. 입항 전 신고는 출항 전 신고와 입항 전 신고로 구분해 볼 수 있다. 출항 전 신고는 인근 국가에서 수입하는 물품을 선적한 선박이 출항하기 전에 수입신고를 먼저 실시하는 것이며 입항 전 신고는 수입물품을 선적한 선박이 출항한 후 하선신고 지점을 기준으로 입항 전에 수입신고를 하는 것을 의미한다. FCL(Full Container Load)화물에 한하여 가능하며, 담보면제 및 포괄담보 운영에 관한 고시에 의거하여 담보면제한도액 또는 담보사용한도액이 있거나, 신고수리 전에 담보를 제공하거나 관세를 미리 납부해야 가능하다. 입항 후 수입신고의 경우도 보세구역 도착 전 신고와 보세구역 장치 후 신고로 구분할 수 있다. 보세구역 도착 전 신고는 수입물품을 선적한 선박이 입항하여 컨테이너 보세장치장이나 내륙통관기지를 포함한 보세구역에 도착하기 전에 수입신고를 하는 것을 의미하며, 보세구역 장치 후 신고는 보세장치장이나 보세구역에 반입한 후에 수입신고를 하는 것이다.

(2) 반입신고

위험물을 항내에 반입하고자 할 때에는 관할지방해양항만청에 반입신고를 하고 신고확인서를 교부받아야 한다. 반입신고는 반입 24시간 전에 수행되어야 하나 전 출항지로부터 해당 항까지 운항시간이 24시간을 초과하지 않는 경우에는 항만 내 반입 전에 반입신고를 할 수 있다.

(3) 하역신고

선사가 취합된 위험물을 지방해양항만청으로 신고하기 전 위험물 장치장으로 반입되는 사전반입분에 대하여 선사 및 공동 배선사는 자신의 위험물 일람표를 하역회사로 신고한다. 하역회사는 별도로 위험물 하역허가신청을 할 필요는 없으나, 선사가 해양항만청으로부터 반입승인을 받은 위험물 일람표를 하역회사로 전송하면 하역회사는 사전 반입분과 최종 반입분을 최종 관리한다.

2. IMDG Code에 따른 운송서류

1) 위험물 운송서류

위험물 운송서류(dangerous goods transport document)는 화물의 위험성에 관한 기본정보를 제공해야 한다. IMDG Code에서 면제되거나 다른 규정이 없는 한 위험물의 운송품에 대한 서류에는 기본적인 정보가 포함되어야 한다. 컨테이너에 위험물을 적재하는 책임자는 모든 운송요건을 충족시켰다는 것과 해당 운송기구 내에 화물을 적절히 적재 및 고박하였다는 것을 충족시켰다고 진술한 서명된 컨테이너 수납증명서(CPC : Container Packing Certificate)를 제공해야 한다.

2) 형태

별도로 형식을 규정하고 있지 않으므로 IMDG Code에서 요구하는 모든 정보가 수록되면 문제되지 않는다. 위험물 운송서류의 정보는 확인하기 쉽고 읽기 쉽고 파손위험이 적어야 한다. 서류에는 위험물의 송화인과 수화인의 명칭과 주소가 명확하게 기재되어야 하며 위험물 선적서류를 운송인에게 전자정보처리 또는 전자정보교환 전달방법으로 전달할 경우 서명은 서명의 책임이 있는 사람의 성명으로 대신할 수 있다.

3) 위험물 운송서류에 요구되는 정보

위험물 운송서류에는 운송이 요청된 위험물에 대하여 5종류의 위험물 명세정보를 기재해야 한다. 첫째, "UN"이라는 문자 뒤에 UN Number를 기재해야 하며, 둘째 정식운송품명(Proper Shipping Name)이 있는 경우 전문명칭을 괄호안에 기입해야 한다. 셋째, 해당 화물의 주위험성급(Class) 또는 등급(Division)을 기입하며 제1급인 경우에는 격리 구분 여부도 삽입해야 한다. 넷째, 적용이 요구되는 부위험성 표찰에 상응하는 부위험성의 급 또는 등급을 주위험성급 또는 등급 다음에 기입하며 마지막으로 해당 물질 또는 제품의 포장등급이 지정된 경우 포장등급의 앞에는 "PG"라는 문자를 기입할 수 있다.[6] 상기 정보들은 해당 정보가 분산되는 것을 방지하기 위하여 상술한 순서대로 진행해야 한다. 예를 들어 "UN1098, ALLYL ALCOHOL, class 6.1, (Class 3), PG I, (21℃ c.c.)"와 같이 표기한다.

6) PG는 포장등급(Packing Group)을 의미하며, PG I 과 같이 표기한다.

제 3 편

물류성과와 전략

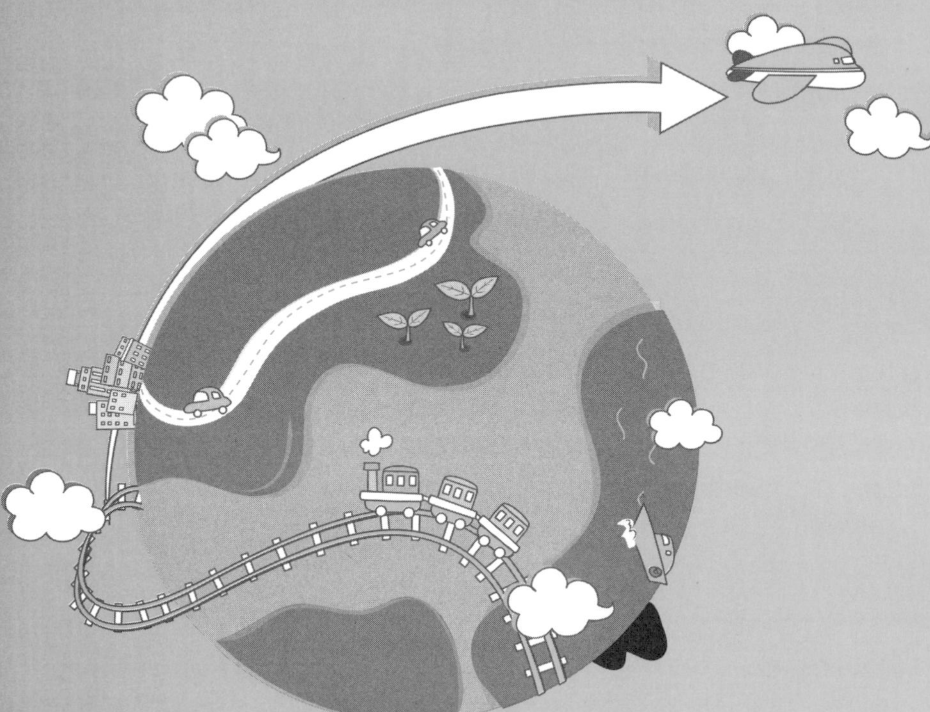

제 13 장

물류관리설계 및 협력

핵심내용

공급사슬은 최초 설계된 대로 존재하지 않으며 고객 및 다양한 비즈니스 활동들로 인해 공급사슬 설계가 재수정되거나 재설계 될 필요성이 종종 발생한다. 공급사슬을 설계 또는 재설계시에 고려해야 할 요소 중에 하나가 어떤 비용이 어디에서 발생하며, 향후 그 비용을 어떻게 관리할 것인가에 대해 명확히 규명해야 한다. 공급사슬통합은 공급사슬의 다양한 대화채널과 연결을 구체화하는 것이며, 비즈니스 프로세서의 계열과 연동하는 것이라고 할 수 있다.
공급사슬관리의 가장 대표적인 협업개념은 제조업체와 유통업체 간의 협업인 CPFR(상호공동계획예측)으로서 적용기법으로 VMI, SMI, CMI, JMI 등이 있다.

주요용어

물류관리설계(supply chain design), 물류관리비용, 공급사슬통합, 수요예측, 공급사슬협업, 공급사슬관리 로드맵, CPFR, VMI, SMI, CMI, JMI

제1절 물류관리설계

1. 물류관리 및 제품설계 동기화

최근 기업물류관리 책임자들은 제품생산과 제품설계 · 디자인단계에서 물류관리를 일원화시키는 것이 더욱 효율적인 물류관리체계를 실현시킬 수 있다는 것을 인지하게 되었다.

한 예로 '대량맞춤화(Mass customisation)'는 생산단계를 지연시키는 물류관리 설계로써 가능케 할 수 있으며 간단하게 말해 지연된 제품차별화는 하위 공급사슬파트너에 의해 다양한 고객을 위한 대량맞춤화를 실현시킬 수 있다.

제품생산과 물류관리를 동기화하는 것은 지속가능한 성장의 관점에서 매우 중요하다. 많은 물류관련 분야의 전문가들은 "향후 녹색공급사슬관리를 통해 탄소절감의 80% 이상이 물류관리설계(Supply Chain Design)단계에서 유일하게 달성될 수 있다"고 지적하고 있다.

지속가능한 성장은 기업의 사회적 책임(CSR : Corporate Social Responsibility)의 광범위한 구조적 형태의 한 부분이다. 점차적으로 윤리적인 주주, 감사자, 고객들은 책임 있는 조직활동을 확보하기 위한 권한을 행사하고 있으며 궁극적으로 이러한 행위는 물류관리설계단계에서 고려되어져야 할 필요성이 제기되고 있다.

공급사슬은 최초 설계된 대로 존재하지 않으며 고객 및 다양한 비즈니스 활동들로 인해 공급사슬설계가 재수정되거나 재설계 될 필요성이 종종 발생할 수 있다. 2009년 세계적인 경기침체에도 불구하고 삼성전자와 LG전자가 놀라운 실적을 보일 수 있었던 이유 중 하나가 SCM의 성공 때문이라고 한다.

삼성전자 영상디스플레이사업부장은 "삼성전자 TV가 세계시장 1위를 하는데 효율적인 공급사슬체계가 큰 역할을 했다"고 강조했다. LG전자는 공급사슬혁신으로 2009년에만 4억 달러의 비용을 절감했다고 발표했다. 하지만 공급사슬관리가 항상 이렇게 효자 대접을 받는 것은 아니다. 한때 공급사슬경영의 대표 주자로 세계 PC 시장 1위를 구가했던 델컴퓨터는 이제 3위 업체로 추락했다. 생산관리의 교본처럼 여겨졌던 도요타자동차는 2010년 사상 최대규모의 자동차 리콜 사태에 직면했다. 이 같은 사실은 공급사슬관리가 기업에 혁신적인 성과를

가져다줄 수 있지만, 잘못 추진될 경우 참담한 결과를 초래할 수도 있음을 시사한다.[1)]

2. 물류관리비용 결정

공급사슬을 수정하거나 설계할 때 중요한 고려요인 중의 하나는 어떤 비용이 어디에서 발생될 것이며, 향후 그 비용을 어떻게 관리할 것인가에 대해 명확히 해 두는 것이다. 반대로 어떤 부분에서 비용이 최소화 또는 최대화 될 것인지 이해하는 것이 필요하다.

1) 일반비용

일반비용은 대게 운송과정 중 발생하고 전반적인 분산된 비용 전체를 포함한다. 따라서 LSP(물류서비스제공자, Logistics Service Provider)가 부과한 실제비용뿐만 아니라 포장비, 보험료, 운송시간과 관련된 비용들을 말한다.

2) 출하비용과 아웃소싱비용

출하비용은 다른 공급자로부터 다른 지역 공급자로 소싱되는 것과 관련된 일체의 비용을 말한다. 아웃소싱비용은 공급자를 탐색하고 관리하는 것과 관련된 일체의 비용까지를 말한다.

3) 재고비용

재고비용은 재고운영과 관련된 공급사슬의 여러 부분에서 발생할 수 있으며 수주 및 발주와 관련된 비용도 포함된다.

1) 동아비즈니스리뷰, 2010, No.52, p.18.

4) 금융비용

금융비용은 기업운영에 필요한 적절한 운용자금, 환율변동에 따른 금융위험 등을 말한다. 물류관리비용에 대한 이해를 바탕으로 물류관리 성과측정에 필요한 인식이 물류관리성과 모니터링의 핵심이다.

3. 수요예측을 통한 시너지창출

수요예측과 배송소요시간(Lead time)관리는 SCM 성공의 핵심요소라고 할 수 있다. 전자회사의 사례로 반도체, 휴대전화 등 항공운송이 가능한 소형제품과 달리 대형가전제품의 경우 큰 부피 때문에 해상운송을 이용할 수밖에 없었는데, 수요예측이 부정확하거나 운송에 문제가 생기면 납기에 차질이 생기거나 재고증가로 인한 추가비용이 발생되는 일을 피할 수 없었다. 이를 해결하기 위해 A사는 수요와 공급 양 측면을 동시에 해결하는 방법을 택했다.

우선 생산계획수립의 시발점이 되는 수요예측의 정확성 향상을 위해 해외법인의 판매관리조직과 판매채널 간에 정기적인 협의를 통해 수요를 예측하는 프로세스를 수립했다. 또 기존에 활용하던 '영업채널로의 판매정보(sell-in정보)' 뿐만 아니라, '최종소비자로의 판매정보(sell-out정보)'를 활용하는 새로운 수요예측 방법론을 도입해 수요예측의 정확도를 향상시켰다. 또 수요의 변동이 발생할지라도 이에 효율적으로 대응할 수 있는 생산 및 배송체계를 구축했다.

그림 13-1 | Sell-in정보와 Sell-out정보

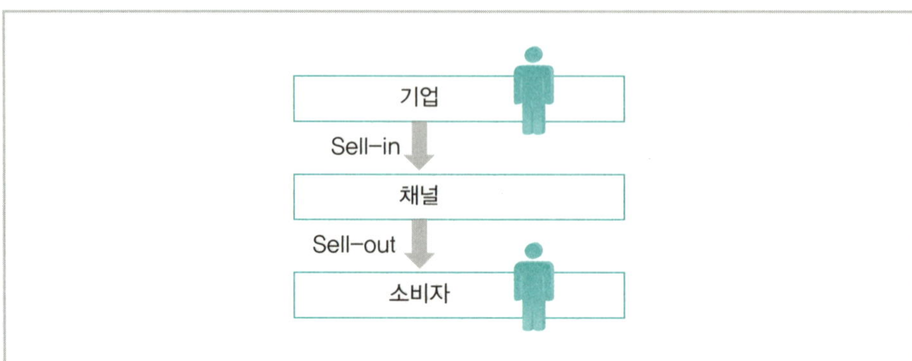

출처 : 전게서, p.28.

이를 위해 과거에는 각 거점단위로 작성되던 구매주문(purchasing order)을 글로벌 통합주문체제로 전환했다. 이를 통해 제품의 목적지가 정해지는 시점을 제조시점이 아니라 제품의 선적시점으로 지연(postponment)시켜 수요변동에 대응할 수 있는 상당한 유연성을 확보할 수 있었다.

생산공장에서는 생산부서와 판매부서 간의 정기적인 협의를 통해 합의된 물량에 대해 책임지고 생산하는 체제를 운영했으며, 적시생산 및 배송에 대한 모니터링 체계를 구축해 문제발생에 대한 조기확인 및 대응이 가능한 프로세스 및 시스템을 구축했다. 더불어 SCM 관리조직의 글로벌 운영 프로세스를 새로 정립해 해외 판매법인과 생산공장 간의 효과적인 협업체제가 정착될 수 있도록 했다. 이는 공급사슬상의 주요 영역인 전략 및 계획수립단계와 물류관리, 생산관리의 3개 영역에 걸쳐 복합적인 최적화를 달성한 사례로, 기업의 혁신활동이 제대로 효과를 발휘하기 위해서는 전방위적인 변화와 노력이 필요함을 보여준다.

계획수립(planning)은 SCM의 시발점이다. 기존의 SCM은 구매, 생산 등 공급부문의 계획수립에 중점을 두어 왔다. 즉 고객의 납기요구를 충족시키기 위해 원자재의 조달과 공장의 생산계획을 어떻게 최적화할지, 그리고 이를 뒷받침하기 위한 업무체계 및 IT시스템은 어떻게 구축할지가 중요했다. 그러나 최근 들어 수요예측의 정확도가 향상되지 않는 한 공급부문에서의 효율이 아무리 높아져도 전체적인 공급사슬의 효율성은 향상되기 어렵다는 점을 기업들이 인지하기 시작했고 이를 개선하기 위한 노력이 이루어지고 있다. SCM에 있어 선도적인 기업들은 뛰어난 수요예측력과 이를 뒷받침하는 프로세스를 보유하고 있음을 알 수 있다.

그림 13-2 | 수요예측과 계획(planning)기능에 대한 설문결과

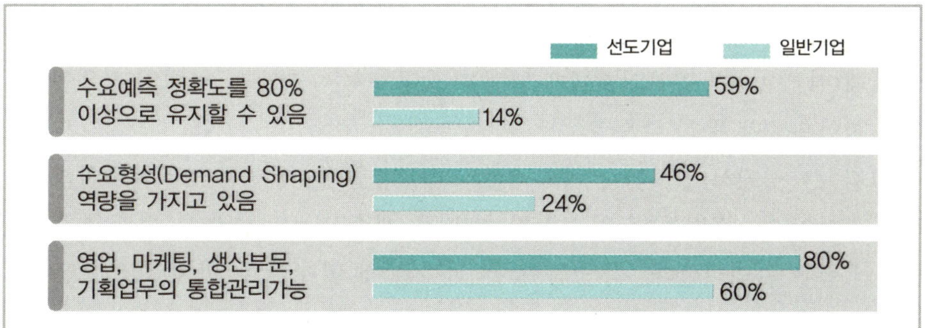

출처 : 전게서, p.28.

그러나 기업의 입장에서 수요를 정확하게 예측하기란 매우 어려운 일이다. 대부분 글로벌기업들은 해외시장에서 딜러 등의 유통채널을 통해 판매활동을 수행하는데 이때 제품이 유통채널로 판매되는 'sell-in' 정보는 기업이 직접 파악할 수 있지만, 최종소비자에게 판매되는 'sell-out' 정보는 쉽게 파악할 수 없는 문제점이 있다. 문제는 사실상 제품에 대한 실제수요는 sell-out정보이므로 이에 기반한 예측이 필요하다는 데 있다. sell-out정보를 확보하기 위해서는 본사의 기획 조직과 해외법인의 영업 · 마케팅조직 및 판매채널과의 긴밀한 협업이 필수적이다. 따라서 이를 간파한 기업들은 조직 간의 역할과 책임(role & responsibility)을 재정립하고 협업을 위한 표준프로세스를 수립해 수요예측의 가시성(visibility)을 높이는 노력을 하고 있다.

제2절 공급사슬통합 및 협업

1. 공급사슬통합

공급사슬통합은 공급사슬의 다양한 커뮤니케이션 채널과 연결을 구체화하는 것이며, 이것은 협업(Collaboration)과는 구별되어야 한다. 공급사슬통합은 비즈니스프로세스의 계열과 연동이며, 협업은 일정기간 넘어 전개된 공급사슬파트너들 간의 관계이나 통합은 협업 없이 가능하다.

이와 관련된 사례로 Gate Gourment社의 EDI를 통한 주문처리시스템은 통합된 거래이나 고객과 공급업자에게 협업을 요구하지는 않았다. 반대의 경우인 통합은 협업을 가능케 할 수도 있다.

[그림 13-3]에서 설명하는 바와 같이 '내부통합'은 선정된 조직내부의 기능적인 통합이며, '후방통합'은 선정된 첫 번째 계층(First tier)과 두 번째 계층 공급자의 통합을 의미한다. '후방통합'은 선정된 첫 번째와 두 번째 고객(또는 서비스공급자)과의 통합을 말하며, 마지막으로 전 · 후방통합은 공급자와 고객 간의 통합을 말한다. 전 · 후방통합은 매우 드문 경우이며 이론으로만 존재한다.

그림 13-3 | 통합의 주요 단계 구별

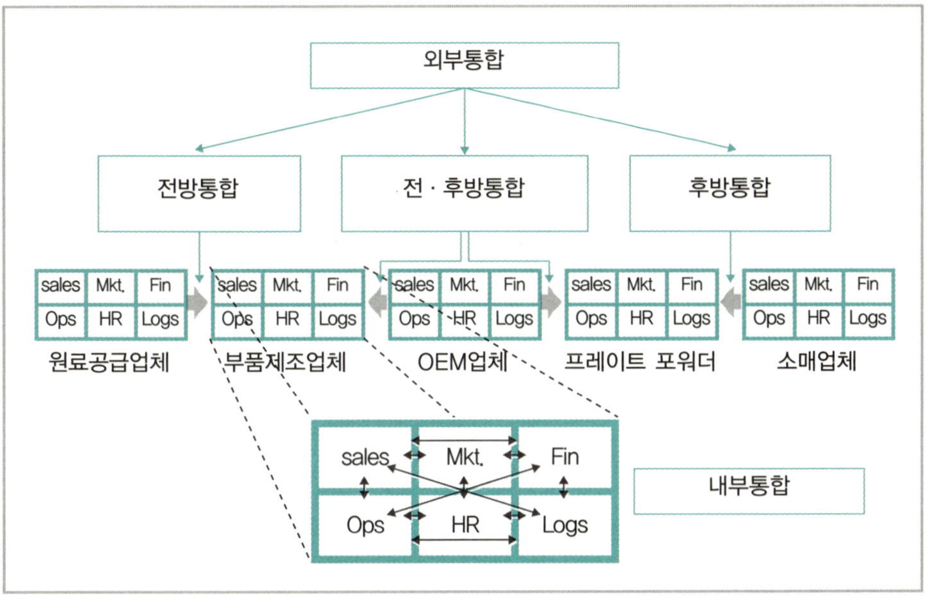

자료 : Fawcett, S. & Magnan, G.(2002), The rhetoric and reality of supply chain integration, *International Journal of Physical Distribution and Logistics management*, 32(5), 339-361

외부적인 통합은 단일조직범위를 넘어서는 통합인 반면, 내부적인 통합은 특정 조직 내의 통합으로 한정할 수 있다.

2. 공급사슬협업 원칙

공급사슬통합은 협업을 가능케 한다는 점을 염두에 두면서 통합은 제품과 프로세스에 중심적인 반면, 협업은 공급사슬 파트너의 관계에 초점이 맞춰져 있다. 정보기술(IT)은 공급사슬통합을 가능케 하며, 최적의 동일한 조직구조는 공급사슬의 통합요인 중 근본적인 것이다.

슈퍼마켓 소매점은 자동차판매와 같이 매우 경쟁이 치열해 소비자가격을 낮추라는 압력에 시달리곤 한다. 이러한 상황하에서 공급자는 '협업' 보다는 경쟁적인 시장환경을 부추기는 상황에 따를 수밖에 없다.

[그림 13-4]에서 보는 바와 같이 비즈니스 관계는 전통적으로 공개시장협상(Open market negotiation)에 있다. 이런 공동의 경쟁적인 출발점에서 신뢰에

그림 13-4 | 기업 간 관계수준

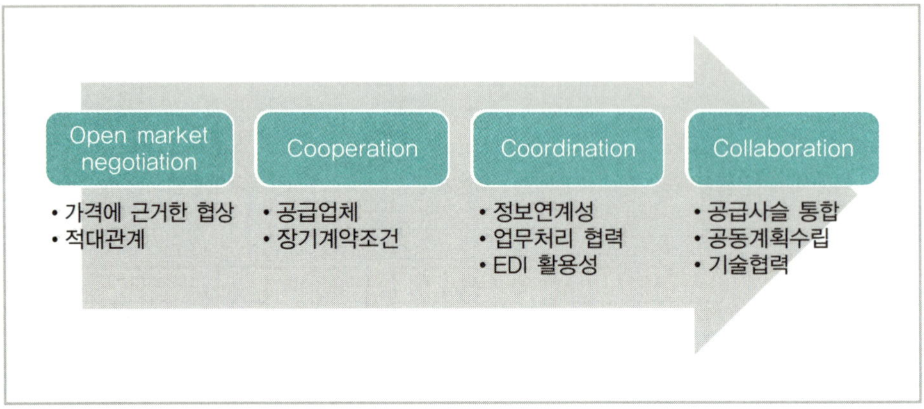

자료 : Adapted from Spekman, R., Kamauff, J. & Myhr, N.(1998), An empirical investigation into supply chain management: a persperctive on partnerships, *Supply Chain Management*, 3(2), 53-67.

그림 13-5 | 수평적 통합 vs. 수직적 통합

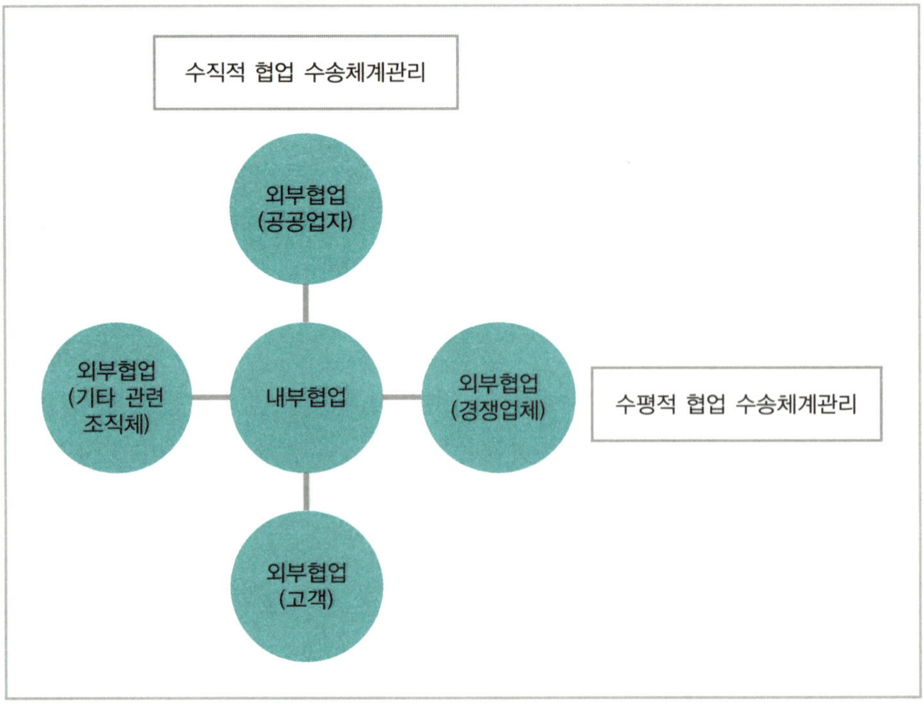

자료 : Mason, R., Lalwani, C. & Boughton, R.(2007), Combining horizontal and vertical collaboration for transport optimisation, *Supply Chain Management: An International Journal*, 12(3), 187-199.

기반한 공급사슬파트너와의 'Win-Win' 상황으로의 변화는 꽤 많은 시간이 소요되며 최종목적을 달성할 수 있는 협업적인 공급사슬구축에는 장기간의 과제라 할 수 있다.

협업은 [그림 13-5]에서 보는 바와 같이 '수직적 협업(Vertical Collaboration)'과 ' 수평적 협업(Horizontal Collaboration)' 이 있다.

수직적 협업은 공급자와 고객사이의 협업인 반면, 수평적 협업은 경쟁자와 다른 공급사슬파트너 간의 협업이다. 수직적인 협업은 수평적인 협업보다 실행하기가 더욱 쉽고 보편적인 방법이나 '수직적이며, 수평적인 협업을 달성하는 공급사슬' 은 기업에 더욱 큰 이익을 안겨 줄 수 있다. 운송관리 측면에서 수직적이면서 수평적인 통합은 재고유지비용을 절감할 수 있으며, 대기비용절감, 공동계획(Joint planning)과 기술공유(Technology sharing)와 같은 협업방법을 채택함으로써 리드타임 성과향상, 운송네트워크 통합향상, 전반적인 운송비 절감 등을 실현할 수 있게 된다.

3. 공급사슬관리 로드맵

많은 기업들이 "성공적인 SCM을 달성하기 위해서 기업들은 어디서부터 시작해야 할까"에 대해 궁금해 하고 있다. 지난 10여 년간 기업의 경험과 학계의 연구결과에 따르면 성공적인 SCM 달성을 위한 로드맵은 공급사슬구성원에 대한 깊은 통찰과 이해, 고객가치와 공급사슬 전략의 일치, 파트너기업과의 신뢰관계 구축, 정보기술인프라 구축, 공급사슬구성원 간 자원공유 및 프로세스 통합의 5단계로 정리할 수 있다.[1)]

1) 공급사슬의 상류 및 하류에 위치한 구성원들의 자원과 역량이해

기업이 소속된 공급사슬을 이해하기 위해서는 먼저 최종 소비자를 중심으로 공급사슬을 정의하고 내부 및 외부구성원들의 자원과 역량을 이해해야 한다. Intel이 제조한 CPU의 고객을 HP, Dell과 같은 PC제조업체로 보는 것은 공급사

1) 동아비즈니스리뷰, 2010. No.52.

슬을 최종소비자가 아닌 Intel이라는 회사 입장에서 정의한 것이다. 개인소비자를 Intel의 최종고객이라고 본다면 PC 제조업체인 HP와 Dell은 물론 PC 판매업체인 BestBuy도 모두 Intel제품의 유통업체로 간주할 수 있다. 따라서 Intel이 CPU의 수요변화를 파악하기 위해서는 PC 제조업체뿐만 아니라 BestBuy와 같은 유통업체를 접촉하는 것도 유익하다는 결론을 내릴 수 있다.

이와 같이 최종고객에서 시작해 공급사슬과 그 구성원을 파악해가는 과정을 '공급사슬도식화(supply chain mapping)' 라고 부른다. 이 과정을 통해서 최종소비자에게 제품과 서비스를 제공하는 과정에 참여한 구성원들과 그들 간의 횡적 · 종적 네트워크를 파악하고 각 구성원들의 상대적 공헌도 및 위험도를 사전에 인지해야 한다.

2) 목표고객의 욕구(needs)에 맞춘 차별화된 공급사슬전략 구상

공급사슬구성원들의 자원과 역량을 이해하게 되면, 목표고객의 욕구를 파악할 수 있고 이를 가장 효과적으로 충족시킬 수 있는 차별화된 공급사슬전략을 개발해야 한다. 공급사슬의 주요 고려해야 할 주요 지표는 총원가, 품질, 납기, 유연성, 반응성, 지속가능성, 기술혁신의 정도 등이며, 이들을 효과적으로 결합해 차별화된 공급사슬전략을 구사할 수 있다.

미국 와튼경영대학원의 마샬 피셔 교수는 고객의 욕구를 '기능성', '혁신성' 으로 나누고, 각각의 욕구에 대응하는 차별화된 공급사슬전략으로 '효율적 공급사슬' 과 '반응적 공급사슬' 전략을 제시했다. 이러한 맞춤형 공급사슬전략은 모든 산업에서 모든 기업에게 맞는 공급사슬전략은 존재하지 않는다는 것을 기본전제로 한다. 심지어 한 기업에서도 목표고객에 맞춰 다양한 공급사슬전략이 존재할 수 있다.

미국의 의류업체 갭(The Gap)의 올드네이비(Old Navy)브랜드는 가격에 민감한 고객을 대상으로 중국에서 생산하는 전략을 취하고 있는 반면, 유행에 민감한 고객을 위한 갭(Gap)브랜드의 경우, 신속한 시장대응을 위해 중남미지역에 공급사슬이 위치해 있다. 또 이 회사의 고가브랜드인 바나나리퍼블릭(Banana Republic)은 고품질을 유지하고 최신유행을 반영하기 위해 이탈리아를 중심으로 생산을 하고 있다.

고객의 욕구에 맞춘 다양한 공급사슬전략의 필요성은 하나의 공급사슬이 모

표 13-1 | 미국 의류 브랜드 The Gap社의 공급사슬전략

Brand	OLD NAVY	GAP	BANANA REPUBLIC
제품가격	• 저가	• 중가	• 고가
목표고객	• 가격에 민감한 소비자	• 유행에 민감한 소비자	• 최신유행을 선도하는 소비자
공급사슬 전략	• 중국을 중심으로 생산	• 중남미 생산기지를 활용한 신속한 대응전략	• 이탈리아를 중심으로 한 고품질 유지전략

자료 : http://image.google.com

든 성과지표를 동시에 달성하기 어렵다는 인식에 근거한다. 경쟁기업이 '이도 저도 아닌 중간형 상황(stuck-in-the-middle)' 에 있다면 임시적으로 가능할 수도 있겠지만 장기적으로 저원가와 차별화의 경쟁우위를 동시에 지속하기는 힘들다. 최근 저원가와 고품질, 유연성을 모두 향유하는 기업으로 알려진 도요타, 델이 경쟁기업들과의 격차가 급격하게 줄어들고 있으며 오히려 경쟁자에게 추월당하고 있다는 사실이 이를 잘 보여준다. 이제 기업들은 고객욕구와 경쟁자의 전략, 공급사슬 구성원의 역량과 자원을 충분히 고려해 자사만의 독특한 공급사슬 전략을 구상해야 한다.

3) 공급사슬파트너와 상호신뢰관계 구축

SCM(공급사슬관리)이 어려운 이유는 공급사슬을 구성하는 여러 기업들이 함께 뜻을 모으고 협력하는 것이 쉽게 되는 일이 아니기 때문이다. 모든 경제적 시장거래에는 사회적 거래가 내포돼 있다. 즉 두 기업 간에 재화 및 서비스의 거래가 일어나는 동시에 신뢰, 설득, 존경, 헌신 등이 교환되기도 하고, 불신, 강요, 멸시, 기회주의가 두 기업 간 관계를 지배할 수도 있다. 공급사슬구성원 간의 상호신뢰와 헌신 없이는 공급사슬 전체의 이익을 위한 협력이 불가능하다는 것은 자명한 사실이다.

지난 수년간 미국 자동차 부품업체의 완성차 업체 선호도조사에서 일본 도요타, 혼다, 닛산이 미국 Big3(Ford, GM, Chrysler)보다 훨씬 앞서 있는 것으로 나타났다. 미국 부품업체들은 일본 3사에 대한 연구개발 투자를 증대시키고, 장기적으로 이들과 더욱 많은 거래를 하기를 희망하고 있다. 많은 연구자들이 일본

자동차산업의 경쟁력을 뛰어난 협력업체 관리에서 찾고 있는 것도 이 같은 조사 결과와 일치한다.

공급사슬을 구성하고 있는 기업들이 마치 하나의 기업처럼 자원을 공유하고 공통의 목표를 위해 협력하기 위해서는 기업 간에 깊은 상호신뢰 및 헌신이 필수 불가결하다. 대기업은 강압적 힘을 쓰지 않도록 하고 자원 및 정보공유를 먼저 제안하고 실천함으로써 지속적인 사회적 거래가 일어날 수 있는 시장 메커니즘을 만들어야 한다. 또한 기업 간 공동의사결정프로세스에 있어 모든 구성원들이 참여해 의견을 제시할 수 있는 기회를 주고, 특정 기업에 지나치게 유리한 프로세스를 배제하는 등 절차적 공정성의 확립이 우선돼야 한다.

4) IT인프라 구축

1997년 미국 스탠퍼드대학 하우 리 교수는 공급사슬의 대표적인 비효율성으로 'Bullwhip Effect'를 지적하고, 정보기술이 이 문제해결을 위한 중요한 기업 인프라라고 강조했다. Bullwhip Effect는 최종소비자 시장의 작은 판매변동정보가 유통, 생산, 부품, 원재료업체 등 소비자 시장에서 점점 멀어질수록 시장정보가 왜곡되고 주문 변동이 증폭돼 나타나는 현상으로, 공급사슬구성원 간 정보교류 단절이 주요한 원인으로 지적되고 있다. 이러한 문제를 해소하기 위해 1990년대 중반에 이미 델사는 기업고객의 주문정보와 자사의 생산정보를 50여 개 핵심부품업체가 실시간으로 확인할 수 있는 IT인프라를 구축했다. 당시 마이클 델 회장은 "정보가 재고를 대체한다"고 강조하면서, "고객사-Dell-물류업체-부품업체 간에 수요, 생산, 재고, 물류정보가 자유롭게 흐를 수 있도록 해야 한다"고 주장했다.

최근 한국의 주요 기업들이 도입하는 공급사슬 혁신은 대부분 IT를 기반으로 한다. 삼성전자는 전 세계 판매법인과 생산법인 주요 1차 부품업체를 ERP(전사적자원관리시스템)를 통해 연결함으로써, 판매예측 정보 및 실적, 생산현황, 재고수준 등을 실시간으로 파악해 판매 및 생산계획의 정확성을 제고하고 있으며, 부품업체와 주문, 생산계획, 납품정보 등을 공유하고 있다. 현대기아자동차는 최근 120여 개 협력업체와 함께 RFID(무선인식전자태그)를 적용해 부품재고를 실시간으로 관리할 수 있는 시스템을 구축했다. 이런 모든 노력들은 고객사와 내부조직, 협력업체 간에 필요한 정보를 신속하고 정확하게 전달해 공급사슬 전체의 가시성(visibility)을 높이려는 노력의 일환으로 볼 수 있다.

5) 공급사슬구성원 간 자원공유 및 프로세스통합

공급사슬 역량이해, 전략구상, 기업 간 신뢰구축, IT인프라 구축은 모두 마지막 단계를 위해 필요한 사전작업이다. 즉 공급사슬구성원 상호 간의 필요한 자원을 공유하고 프로세스를 하나의 기업처럼 통합해 공급사슬 전체의 성과를 극대화하려는 것이다. 이때 외부와의 통합을 논하기 전에 먼저 기업 내부의 관련 기능을 조정 · 통합하는 노력이 선행돼야 한다. 그렇지 않으면 외부 파트너에게 정확하고 일관성 있는 정보와 아이디어를 전달하기 어렵기 때문이다. 이런 배경에서 최근 국내 기업들이 앞다퉈 채택하고 있는 판매-생산-계획(S&OP : Sales & Operations Planning) 프로세스는 기업내부의 판매-물류-생산-구매의 일관성과 통합을 가져오는 시의적절한 혁신이라고 할 수 있다.

전 세계 기업 중 SCM분야의 우수기업을 발표하는 미국의 AMR 리서치는 삼성전자의 글로벌 판매-생산계획프로세스를 세계 최고수준으로 평가하고 있다. 최근 삼성전자는 판매-생산계획을 '주' 단위에서 '일' 단위로 변경했다고 한다. 이는 삼성전자의 공급사슬의 민첩성이 일 단위의 판매, 생산계획의 변화도 소화할 수 있을 정도로 성숙해졌음을 의미한다.

내부기능의 통합이 완료되면 공급사슬 외부파트너와 지식자원, 인적자원, 설비 등을 공유하는 프로세스의 통합을 통해 시너지효과를 기대할 수 있다. 고객사 또는 협력업체와의 지식교환은 상호 지식자원의 차이를 줄이고 두 기업이 상호공유할 수 있는 공통언어와 지식을 만들어내며, 이는 다시 더 효과적인 지식교류를 촉진하다. 최근 국내 가전업체가 이마트, 하이마트 등과 진행하고 있는 'CPFR(상호공동계획예측 ; Collaborative, Planning, Forecasting, Replenishment)' 프로그램은 소매업체의 판매정보와 가전업체의 신제품 출시 및 생산정보를 상호공유하면서 양측 모두 재고절감, 주문충족률 향상 등을 기대할 수 있는 상생프로그램이다. 포스코가 의욕적으로 시행하고 있는 EVI(Early Vendor Involvement, 초기공급업체참여)프로그램은 공급업체인 포스코가 고객사 욕구에 맞춰 신기술 및 신제품을 개발하는 프로그램으로 고객사와 공급업체가 상호학습을 통해 기술혁신과 융합을 기대할 수 있는 공급사슬통합의 좋은 사례이다.

제3절 공급사슬혁신 및 협력

1. CPFR(상호공동계획예측)[2)]

제조업체와 유통업체 혹은 물류업체와 판매업체, 제조업체, 서비스업체와 제조업체 등 업종별 관련된 여러 기업들 간 다양한 형태의 업무조율과 상호신뢰를 바탕으로 정보와 업무를 공유하는 일련의 프로세스를 협업(collaborative Process)으로 할 수 있다. 공급사슬관리의 역사에서 가장 대표적인 협업 개념이 바로 제조업체와 유통업체 간 협업인 CPFR(Collaborative Planning, Forecasting and Replenishment)일 것이다.

CPFR 개념은 미국상거래표준협회(VICS : Voluntary Interindustry Commerce Standards Association)에서 1998년 처음 가이드라인을 제시한 이래 수백여 개 넘는 기업들이 협업 프로세스를 구축해온 것으로 알려졌다. 많은 프로젝트 수행 결과를 정리해 보면 전체적으로 총공급사슬 재고는 10~40% 감축되고, 매장 내 재고는 약 2~8% 개선 효과를 거둔 것으로 보고되었다. CPFR 개념은 유통업뿐 아니라, 소비재, 의류, 화학 등 타 제조업종에도 많은 영향을 주었다.

1) 주요 개념

협업관리는 생산계획과 판매계획을 서로 공개하여 서로 합의된 예측을 이끌어 내고자 하는 것으로, 협업 대상 기업의 문화와 추구하는 기업관이 유사하여야 한다. 서로가 자사의 예측이 절대적으로 맞다고 고집하는 기업들 간에 수요 예측 협력을 유도하는 것은 당연히 어려운 일이다. 게다가 파트너들은 상호 기업들의 예측과 실행을 연동시키기 위한 적합한 정보기술능력 및 인적자원 역량을 가지고 있어야 되고, 또 CPFR 도입으로 야기될 변화에 적극적으로 대처하기 위한 기업 차원의 강력한 의지가 있어야 하는 등 전제조건이 많고 까다로운 편이다.

---

2) 무역업체를 위한 SCM가이드, 한국무역협회

그림 13-6 | CPFR 프로세스 모델 흐름도*

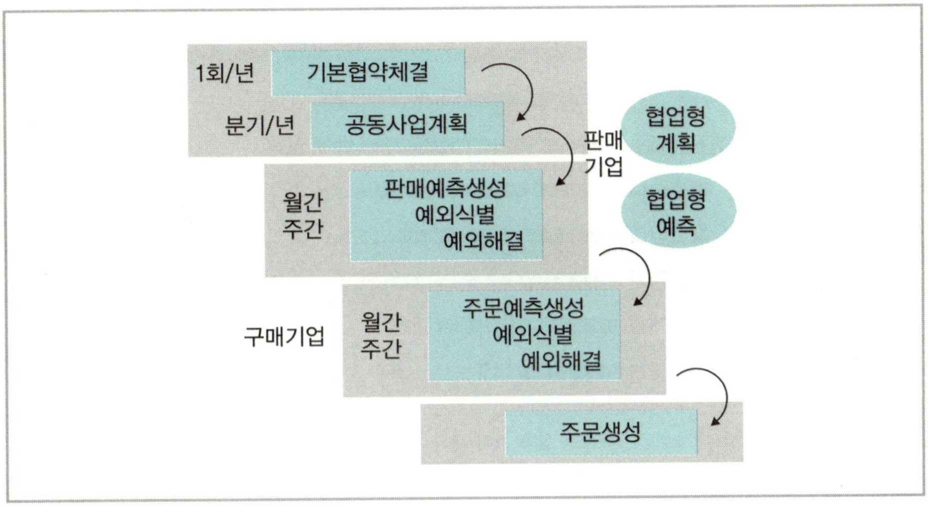

* VICS의 original CPFR Process MODEL

[그림 13-6]과 같이 CPFR의 출발점은 거래파트너 간에 특정 시장을 목표로 한 사업계획을 공동으로 수립하는 것이다. 파트너와 사업계획의 목표를 공유한다는 합의가 선행되어야 후속적인 수요예측 이하 업무 프로세스의 협업 자체가 가능하게 된다. 목표시장에 대한 각 사의 사업계획정보는 인터넷 혹은 상호 지정한 VAN 망을 통해 거래상대방과 공유되고, 허용된 범위 내에서 상호 변경가능하다.

해당 범위를 벗어나는 예외상황은 상호승인/재협상으로 해결하기 때문에 높은 예측정확도를 가지고, 안정적으로 출하 계획으로 자동전환되는 것이다. 그 결과 단순한 발주업무를 줄이고, 판촉시행 시점과 공급제약요소 등 목표 달성에 중요한 정보를 사전에 포착하게 되므로 재고량 감축은 물론 불필요한 잡무도 피하게 해주는 효과를 거둘 수 있는 것이다.

2) 경쟁환경

현실의 세계에서 공급사슬(Supply Chain)을 아무리 잘 관리한다 해도 재무담당임원이 만족할 만한 수준의 매출과 수익을 올리는 것은 매우 어려운 일이다. 업무 프로세스 중심으로 공급사슬관리 분야에서 소기의 성과를 거두어도,

그림 13-7 | CPFR 도입 효과

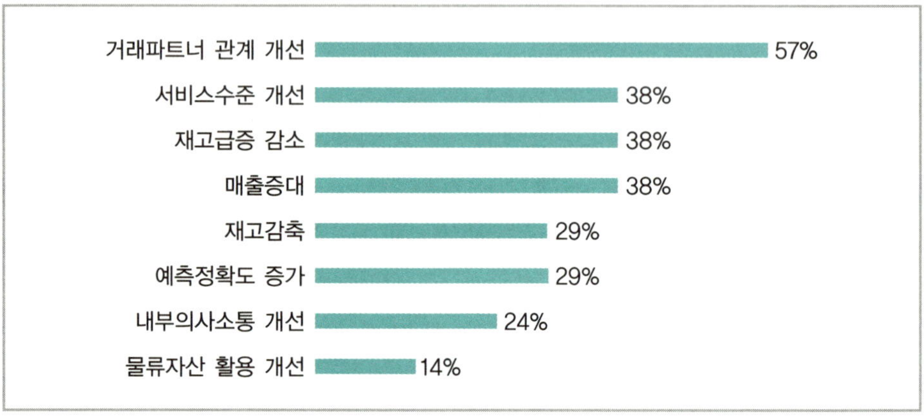

출처 : CPFR 도입 기업 21개사 대상 2001년 심층 조사 결과
미국식료품제조협회(Grocery Manufacturers of America)

고객/소비자 니즈 변화가 전체 공급사슬 안에 적극적으로 반영되지 않은 상황에서 최적의 성과를 거두는 것은 쉽지 않은 것이다. CPFR 이전에 VMI도 협업을 전제로 공급사슬 개선을 도모하는 기법이었으나, 기업별 성과의 편차가 큰 것으로 나타나는 것도 주된 원인은 파트너 간 정보부족 및 기업별 활용 시스템의 폐쇄성 그리고 업체들 간의 협업(collaboration)이 부족한 탓이었다.

[그림 13-7]은 CPFR 프로그램을 도입한 미국 기업들이 10년 전에 보여준 괄목할 만한 협업의 성과이다. 성공적으로 협업에 의한 성과를 확보하기 위해서는 '경쟁'의 환경에서 거래 파트너에 대해 일관성과 끈기를 가지고 협업의 비전을 공유하는 변화관리를 수행해야 하며, "믿음을 전제로 우리는 한 팀"이라는 파트너십 기반의 선도적 공급사슬관리가 통합되어야 한다.

3) 적용기법

협업 대상과 범위의 결정은 기업의 상황마다 다르나, 대체로 아래와 같은 카테고리에 속한다.

① VMI, SMI(Vendor 혹은 Supplier Managed Inventory)

거래선이 제공하는 팔림새 정보(실시간/배치)를 기반으로, 납품리드타임을 감안하여, 납품업체 · 공급업체가 자율적으로 거래선 지정 위치(물류센터 혹은 매장)에 적정 재고량을 보충하고 직접 관리한다.

② CMI, JMI(Co-Managed Inventory, Joint-Managed Inventory)

VMI의 하이브리드로서 납품/공급업체-고객/유통업체 공동으로 재고를 관리한다. VMI에 비해 서비스 수준은 낮게 나타난다.

③ CPFR(Collaborative Planning, Forecasting and Replenishment)

사업계획, 수요예측, 주문생성사이클을 상호 협의하에 진행하여 안정적으로 주문/생산/재고/납품관리활동을 수행한다.

2. 공급사슬 혁신활동

고객기업과 공급업체가 협력활동을 하면 상호신뢰가 형성되고, 이 신뢰를 바탕으로 공급업체가 고객기업에게 혁신을 전수할 수 있다. 하지만 고객기업과 공급업체의 관계에는 언제나 경쟁활동이 따르게 마련이다. 경쟁활동은 상호 불신을 야기하며, 공급업체의 지식 전수에도 부정적인 영향을 미친다.

A라는 고객 기업과 B라는 공급업체가 성실하고 이기적이지 않은 자세로 협력하면 최상의 품질을 가진 최종제품을 생산할 수 있다. 그 결과 상호 신뢰가 강화될 수 있다. 하지만 A가 B에게 가격인하를 요구하면 양측 모두가 유리한 결과를 얻어낼 수 있는 방향으로 협상을 끌고 나가기 위해 경쟁이 심화된다.

다음 3개의 두드러진 경쟁활동은 부정적 결과를 초래한다. 첫째, 고객기업 내 여러 부서들이 상충되는 목표를 내놓아 공급업체의 영업을 위축시키거나 혼선을 야기시킬 때, 둘째 필요한 자원이나 마감 기한의 합리성을 고려하지 않은 채 공급업체에게 뒤늦게 과도한 기술변화나 사양변화를 요구할 때, 셋째 요구의 공정성이나 공급업체의 재정상황을 전혀 고려하지 않은 채 고객기업의 재정상황만을 고려하여 공급업체에 가격인하 압력을 가할 때이다.[3)]

---

3) John W. Henke Jr. and Chun Zhang, "Increasing Supplier-Driven Innovation", *MIT Sloan Management review*, 2010.

1) 상반된 목표

굴뚝과 같은 조직구조를 갖고 있는 기업에서는 각 부서의 목표가 상충되는 일이 흔히 발생한다. 고객기업의 사내 부서끼리 대화하지 않거나 서로 경쟁하면 공급업체는 매우 곤란한 상황에 처한다. 대표적 예가 신제품을 개발하려는 기업의 구매부서와 기술부서가 서로 다른 목표를 가지고 있으며, 서로 절충안도 거부하는 상황이다. 구매부서는 원래 역할대로 비용을 낮추기 위해 노력한다. 반면 최종소비자들 사이에서 뛰어난 명성을 유지하기를 원하는 기술부서는 품질이 우수하고 오래 사용할 수 있는 제품을 생산하기를 원한다.

두 부서 간 의사소통이 제한적이거나 의사소통 자체가 전혀 이루어지지 않으면 충돌이 발생할 수밖에 없다. 혼다와 도요타를 제외한 대부분의 자동차업체에서 이런 충돌이 흔히 발생한다. 혼다사례에서 얻어지는 교훈이 있다. "혼다와 함께 일하는 건 매우 즐겁다. 혼다의 구매부서 담당자들과 기술자들이 서로 충분히 대화를 나누고 무엇을 요구할지 합의한 후 회사에 들어달라고 요청하기 때문이다. 다른 자동차회사에서 경험한 일과는 전혀 달랐다. 다른 회사의 구매담당자들과 기술자들은 비록 같은 회사에서 일하고 있었지만, 그 무엇에 대해서도 합의를 도출해내지 못했다."

서비스업계에서도 부서 간 충돌이 흔하다. 특히 여러 부서가 프로젝트의 구체적인 사양을 논의할 때 충돌이 발생하는 사례가 많다. 한 광고대행사 대표는 한 고객기업에 관한 얘기를 들려줬다. "마케팅부서에서는 거의 항상 최고의 사진작가를 구해줄 것을 요청한다. 사실 최고의 사진작가를 구하는 일은 어렵지 않다. 문제는 최고의 사진작가가 단 한 번의 촬영을 위해 이국적인 장소를 찾아 다닌다는 점이다. 하지만 구매부서는 비용절감을 위해 덜 알려진 사진작가를 구해 멀지 않은 곳에서 촬영하기를 원한다. 작년에는 두 부서 간 충돌이 정말 추할 정도로 심각해지기도 했다. 그럴 때마다 공급자는 매번 중간에 끼어 어려움을 당한다."

고객기업의 여러 부서들이 서로 상반된 목표를 갖고 있으면 공급업체도 상당한 스트레스를 받는다. 이런 종류의 스트레스는 당연히 혁신적인 아이디어를 고객 기업에게 전달하려는 의지에 부정적인 영향을 미친다.

2) 기술 및 사양변화 요구

여러 해 동안 신제품을 개발하거나 기존 제품을 수정한 후에 기술자들이 뒤늦게 디자인에 변화를 줘 제품을 개선할 수 있다는 사실을 깨닫는 사례도 있다. 심지어 생산을 시작하기 불과 몇 달 전에 이러한 깨달음을 얻는 기업조차 있다.

최종검사단계에서 초기검사에서 발견되지 않았던 문제가 나타나 마지막 순간에 해결책을 찾아야 할 때도 있다. 즉, 서비스업계에 속한 기업이라고 해서 뒤늦은 변화를 겪을 위험이 없는 건 아니다. 급격한 시장환경 변화, 새로운 경쟁활동, 예상치 못했거나 빠르게 발전하는 기회 등으로 인해 지난 몇 달, 혹은 몇 년 동안 발전시켜 왔던 마케팅 프로그램, 광고 캠페인, 판매홍보활동 등을 재빨리 변화시켜야 하는 사례도 있다. 이런 일이 발생하면 공급업체는 엄청난 스트레스를 받는다. 원래 약속한 기한 내에 고객의 요구에 부합하는 새로운 프로그램을 만들어내기 위해 다른 프로젝트에 참여해온 인력을 해당 프로젝트로 재배치해야 하기 때문이다.

무리한 요구 때문에 고객으로부터 돌려받지도 못할 추가비용이 발생하기도 한다. 그러한 변화가 고객에게 도움이 될지 검증하고 확인하기 위한 충분한 시간이 주어지지 않을 때도 많다. 뒤늦게 기술이나 구체적인 사양을 변화시켜 달라는 요구 때문에 발생하는 스트레스는 고객기업, 공급업체 모두를 만족시키지 못한다. 설사 마감기한이 지켜졌다 해도 마찬가지다. 무엇보다 중요한 사실은 뒤늦게 기술이나 구체적인 사양 변화를 요구하는 사례가 빈번하게 발생하면, 공급업체의 재정상태에 부정적인 영향을 끼친다는 점이다. 이때 공급업체는 고객기업에게 불만족으로 인한 문제를 야기시킬 수 있다. 공급업체들은 이런 요구를 "공급업체 및 공급업체의 자원에 미칠 영향을 고려하지 않고, 자사의 내부 공정 및 절차를 지키지 않는 고객 기업의 태도를 반영하는 이기적인 고객 행동"이라고 해석한다. 결과적으로, 공급업체는 고객에게 혁신을 전수하고 해당 기업과 우호적인 업무 관계를 유지하기 위해 많은 노력을 기울이지 않는다.

3) 가격인하 압력

고객기업과 공급업체 모두에게 도움을 주는 방식으로 고객기업이 공급업체에 가격인하 압력을 가한다면 별 문제가 없다.[4] 하지만 그런 사례는 매우 드물다.

대부분의 경우에는 고객기업이 일방적이고 적대적인 방식으로 가격인하를 요구하는 바람에 한쪽은 이기고 다른 한쪽은 패배하는 상황이 연출된다.

공급업체가 고객기업에게 마지못해 돈을 양보하는 현상이 벌어진다면 해당공급업체는 고객기업에게 혁신을 전수하지 않을 가능성이 높다. 공급업체 스스로가 감당할 수 있다고 생각하거나 공정하다고 여기는 수준 이상으로 많은 돈을 포기해야 한다면 억울한 마음을 가질 수밖에 없다. 이때 일부 공급업체는 해당업체와의 다른 거래에서 손실을 메울 방법을 즉각적으로 찾아 나서기도 한다.

적대적인 가격인하 요구는 대개 양측 모두 만족하지 못하는 결과로 이어진다. 또 고객기업과 공급업체의 업무관계에 부정적인 영향을 끼치고, 관계스트레스가 발생할 때도 많다. 이때 공급업체는 해당 고객기업이 자사를 공급업체로 두고 있는 상황을 진심으로 반기지는 않는다는 결론을 내린다. 반면, 고객기업은 해당 공급업체가 자사와의 협력에 최선을 다하지 않는다고 믿는다. 마음이 상한 공급업체가 고객기업과 관련된 혁신활동을 추구하기 위한 노력을 강화하지 않을 거라는 점은 두말할 필요도 없다.

3. 공급사슬 협력활동

고객기업은 공급사슬을 혁신하기 위해 공급업체와 함께 협력활동을 할 때 고객기업의 혁신목표가 달성될 것이다.

공급업체의 혁신활동을 늘리기 위해 고객기업이 공급업체와 함께 할 수 있는 3개 협력활동 분야를 제시할 수 있다. 첫째, 고객기업의 공정, 특히 제품개발 과정에 공급업체가 적극 참여한다. 둘째, 열린 태도를 취하고 시의적절한 방식으로 공급업체와 정보를 공유한다. 셋째, 비용 및 품질측면에서 공급업체가 경쟁력을 강화할 수 있도록 공급업체와 협력한다. 기업이 자사 공정에 공급업체를 개입시키고, 정보를 공유하고, 도움을 제공하면, 혁신관련 활동에 투자하려는 공급업체의 협력적 이익공유가 가능해질 것이다.

---

4) J.W. Henke Jr.,R. Parameswaran and R.M. Pisharodi, "Manufacturer Price Reduction Pressure and Supplier Relations," *Journal of Business and Industrial Marketing* 23, No.5 (2008): 287-300.

1) 공급업체의 참여

고객기업은 자사 제품의 여러 수명주기단계에 공급업체를 개입시킨다. 가장 이른 단계에서 공급업체의 개입을 허락할 때는 공급업체에게 디자인을 제안할 기회를 주거나 디자인, 공학, 신제품개발 등 책임을 맡기기도 한다. 후기단계에서 공급업체의 개입을 허락할 때는 공급업체가 제품 상업화를 지원하거나 판매 후 제품관리에 참여하기도 한다.

제품개발과정에 공급업체를 참여시키고, 덜 형식적이면서 협력적인 과정에 공급업체의 기술과 전문성을 활용하면 고객은 최대 이득을 얻을 수 있다. 짧은 제품개발주기, 저비용, 우수한 품질의 최종 제품 등이 고객기업이 얻을 수 있는 이득이다. 고객과 공급업체의 협동이 강화되면 공급업체가 고객의 비즈니스에 더욱 적극적으로 개입하게 되며 양측 모두가 상호 관계에 더 많은 투자를 하고자 하는 의지를 갖는다.

시간, 노력, 재정투자가 어우러져 자원활용도가 향상된다. 뿐만 아니라 양측의 협동이 또 다른 협동 활동으로 이어지기 때문에 고객기업과 공급업체는 서로를 더 많이 의지한다. 공급업체가 고객기업의 요구, 계획, 전략, 제품개발 프로그램에 대해 더 많은 사안을 알아가고, 더 깊이 관여할수록 공급업체는 혁신관련 활동을 통해 해당 고객기업으로부터 더 많은 기회를 얻어낼 수 있을 거라고 생각한다. 따라서 공급업체는 자사와 고객기업 모두에게 도움을 주는 혁신활동에 더 많은 노력을 기울인다.

2) 고객기업과의 의사소통

공급업체 개입의 효율성과 효과를 극대화하기 위해서는 고객기업이 방향을 제시해 줘야 한다. 고객기업이 기술 로드맵을 공유하는 동시에 자사의 계획 및 기대를 전달하면 공급업체가 고객기업의 요구를 한층 잘 충족시킬 수 있다. 뿐만 아니라, 고객기업이 열린 태도로 솔직하게 얘기해 서로 신뢰할 수 있는 환경을 조성하면 공급업체가 고객기업과의 관계에 더욱 많은 노력을 기울인다. 공급업체가 고객기업과의 관계에 더 많은 노력을 기울일 때 나타나는 한 가지 중요한 결과는 바로 공급업체가 고객기업과 더욱 솔직하고 열린 태도로 대화를 하려는 의지를 가진다는 점이다.

이런 관계를 형성하기 위해 명심해야 할 점이 있다. 고객기업은 공급업체가 주기적으로 전해 오는 나쁜 소식을 사업상 불가피한 소식이자, 건설적인 업무관계를 유지하기 위한 요소로 받아들이겠다는 뜻을 분명하게 공급업체에게 전달해야 한다. 즉, 공급업체가 전해 오는 나쁜 소식을 공급업체를 처벌하기 위한 근거로 사용하면 안 된다는 뜻이다. 고객 기업이 이 같은 정책을 갖고 있으면 공급업체는 자신의 고객이 양측의 관계에 전념하고 있다는 믿음을 갖는다. 징벌적인 행동과 거래중단 등에 관한 공급업체의 두려움도 줄어든다. 그 결과, 공급업체는 내용이 부정적이든 긍정적이든 의미 있는 정보가 있을 때, 더욱 솔직하게 고객기업과 정보를 공유한다. 또한, 공급업체는 자사와 고객 양측 모두에게 도움을 주는 혁신활동에 더 많이 투자하려 든다.

3) 고객기업의 지원

날로 치열해지는 경쟁환경 때문에 공급업체에게 가격은 낮추고 품질은 개선해달라는 기업들이 점점 늘어나고 있다. 문제는 공급업체가 항상 고객요구를 충족시키기 위해 필요한 재정자원이나 기술역량을 보유하고 있는 게 아니라는 점이다. 공급업체들은 종종 고객기업의 도움과 지원을 요구한다. 일부 기업은 공급업체의 요청이 있기 전 미리 도움과 지원을 제공하겠다고 제안하기도 한다. 어느 쪽이든, 고객 기업이 기꺼이 도움을 제공한다는 사실은 해당 공급업체가 자사 요구를 충족시키기 위한 장기적인 역량을 보유하고 있다는 믿음이 있다는 점을 뜻한다. 양측 관계에 대한 공급업체의 믿음이 커지고, 공급업체는 해당 기업을 위한 혁신에 투자를 하는 등 모두에 이익을 주는 행동을 취한다.

제 14 장

물류성과 및 측정

핵심내용

기업에 있어서 물류와 관련된 성과의 정기적인 평가는 모든 기능을 계획 · 관리하는 데 있어 매우 중요한 부분이 된다. 물류성과를 측정하는 데 있어서 어떠한 기준으로 측정해야 하는가에 대한 견해는 다양하나 총비용접근방식(Total Cost Approach), Trade-Off접근방식, 공급사슬관리(Supply Chain Management)접근방식, 비재무적 접근방식(BSC) 등으로 구분할 수 있다.
물류성과측정의 대상은 물류서비스품질, 생산성, 수용량(Capacity)과 효용성(utilization) 등이 될 수 있다. 물류활동별 성과측정에 있어서는 운송품질의 경우 정시배송(On-time delivery), 완전무결한 인도(complete and damage-free delivery), 정확한 운송서류(Accurate freight bill), 고객의 주문과 클레임에 대한 적절한 대응(Timely response to inquiries and claims) 등이 있으며 보관의 서비스품질 성과측정에서는 주문처리활동 성과측정, 주문관리활동 성과측정, 적재활동 성과측정 등이 있으며 아울러 보관활동의 생산성측정을 병행할 수 있다.

주요용어

물류성과 , 총비용접근방식(Total Cost Approach), Trade-Off접근방식, 공급사슬관리(Supply Chain Management)접근방식, 비재무적 접근방식(BSC), SERVQUAL, 수용량(Capacity)과 효용성(utilization), 장비생산성(equipment productivity), 노동생산성(labour productivity), 자본생산성(capital productivity), 에너지생산성(energy productivity), 주문처리활동성과, 주문관리활동성과, 적재활동성과

제1절 물류활동과 성과측정

1. 물류활동

기업에 있어서의 물류활동은 기업의 특성, 경영진의 물류에 관한 인식 정도, 개별기업의 활동의 중요성, 산업의 특성 등에 따라 다양한 형태를 나타낸다. 따라서 이러한 물류활동에 대한 정의 또한 각 학자들에 따라 조금씩의 차이를 나타내고 있다. 그러나 전체적으로는 용어개념상의 문제일 뿐 물류활동이라는 기본활동에는 크게 벗어나지는 않는 비교적 유사한 형태를 취하고 있다.

표 14-1 | 주활동과 지원활동별 물류활동의 정의

활동구분	주활동	활동구분	지원활동
대고객 서비스 수준	• 고객의 물류서비스 요구사항 파악 • 현서비스에 대한 고객의 반응파악 • 적정서비스의 수준결정	보관	• 규모결정 • 창고내 배치와 출하독(loading dock)설계 • 창고형태 • 재고배치
운송	• 수송수단 및 서비스선정 • 클레임처리 • 장비선정 • 노선, 배차계획 • 제품혼재 • 운임정산	자재관리	• 장비선정 • 입 · 출고 • 제품인출 • 장비교체계획
재고관리	• 원자재 및 생산품의 재고전략 • 단기판매예측 • 재고시점의 제품믹스 • 재고거점의 수, 규모, 위치선정 • JIT, 푸시전략, 풀전략	구매	• 원자재 공급처 선정 • 구매시기 결정 • 구매량 결정
주문처리	• 판매주문과 재고의 연계 • 주문정보 전달방법 • 주문처리원칙	포장	• 제품의 취급, 보관, 손상 등을 고려한 포장설계
		생산량과 생산일정 조정	• 총생산량의 합의 • 생산시기
		정보관리	• 정보수집, 저장, 조정 • 자료분석

자료 : 로널드 H. 발로우, 물류관리 · SCM, 2000.

발로우(Ballou) 교수의 경우, 물류활동의 정의를 주활동과 지원활동으로 나누어서 보고 있다. 주활동의 경우에는 모든 기업의 물류에 포함되는 기본적인 활동이며, 지원활동의 경우에는 기업의 상황에 따라 포함 여부가 결정되는 부가적인 활동이라고 정의를 규정하고 있다.

2. 물류성과

물류성과는 기업성과 및 조직성과의 한 부분집합이라고 할 수 있는데, 이는 물류성과가 기업의 물류활동과 관련해 발생한 성과 또는 업적을 지칭하기 때문이다. 따라서 물류활동을 어떻게 정의할 것인지, 그러한 물류활동을 어떤 기준으로, 어떻게 평가할 것인지에 따라 물류성과에 대한 측정요소 및 방법, 개념, 정의들이 다르게 규정지어진다. 따라서 학자들마다 아래 [표 14-2]와 같이 다양하게 물류성과를 정의하고 있다.

표 14-2 | 물류성과 정의

연구자	정의
Gleason & Barnum	물류관리를 통한 업무의 효과성 및 효율성 증가[1]
Sink et al.	효과성, 효율성, 품질, 생산성, 작업의 질, 혁신, 이익 등을 창출할 수 있는 기업의 물류활동
Rhea & Shrock	새로운 프로그램을 통해 고객의 만족을 증가시킬 수 있는 물류효과
Armitage	효과성과 효율성을 증가시켜 비용적 이점을 창출할 수 있는 물류업무
Mentzer & Konrad	물류업무의 향상을 측정할 수 있는 기준
Byrne & Markham	고객서비스를 증가시킬 수 있는 물류활동지표
La Londe, Cooper & Noordewie	기업이 제공하는 물류서비스에 따른 고객만족도

자료 : Garland Chow, Trevor D. Heaver and Lennant E. Henriksson, Logistics Performance : Definition and Measurement, International Journal of Physical Distribution and Logistics Management, Vol.24, No.1, 1994, p.111을 재정리

1) Gleason & Barnum은 효과성은 '달성된 목적의 크기', 효율성은 '자원이 경제적으로 사용된 정도'로 규정하였다. 즉, 효과성이란 '올바른 일을 하는 것' 그리고 효율성은 '일을 올바르게 하는 것'이라고 정의하였다.

그러나 학자들마다 이러한 다양한 정의에도 불구하고 이 이론들은 장 · 단점을 지니고 있다. 예를 들어, Gleason & Barnum의 정의는 물류성과를 간결하고 명확하게 설명하고 있지만 다양한 상황에서 효과성과 효율성을 일률적으로 적용한다는 것에서 한계성을 가지고 있다. Sink 등의 경우는 7가지 요소를 통해 광범위하고 포괄적인 설명이 가능한 반면 요소 간 중복성을 가진다는 단점을 지니고 있다.

결국, 물류성과에 대한 정의는 연구자에 따라 다양하게 내려지고 있지만 물류활동을 Trade-off 관계에서 볼 때 물류비의 절감과 고객서비스의 향상이 가장 많이 활용되는 물류성과에 관한 개념이라고 이해할 수 있다. 왜냐하면 물류성과에는 물류업무를 통해 얻고자 하는 다양한 요소들이 포함되어 있는데 이러한 요소들은 상호의존적이며 대립적이기 때문이다.

예를 들어 종업원들의 만족도, 고객서비스 품질, 수익성 등 상호의존적인 요소들이다. 단기적으로 물류비 절감을 위해 창고에서 근무하는 종업원의 임금을 삭감하면, 업무능력 및 사기저하로 인해 고객서비스가 저하되고 이는 다시 장기

물류관리와 Trade-off(상충관계)

Trade-off란 '양립(兩立)되지 않는 상태' 나 '일치(一致)하지 않는 관계' 를 의미하는 것으로 물류관리에서는 물류전략 수립시 고객서비스와 물류비용 사이에서 발생하는 정반대의 현상을 설명하는 용어이다.
물류관리 측면에서 물류성과는 비용적인 측면(물류비)과 서비스적인 측면(고객서비스)으로 대별(大別)할 수 있다. 비용적인 측면, 즉 물류비란 물류활동에 소요되는 비용으로 구체적으로 운송, 보관, 하역, 포장 및 정보 등의 제 활동에 소요되는 비용을 의미한다. 또한 고객서비스는 물류활동이 고객의 만족을 위하여 실행해야 할 제 활동으로 주문접수, 주문처리, 크레임처리, 정시배송 등을 의미한다. 이러한 물류비와 고객서비스는 고객에 대한 서비스를 향상시키면 물류비가 증가하게 되는 Trade-off 관계를 갖는다.

그림 14-1 | 물류성과의 제 요소

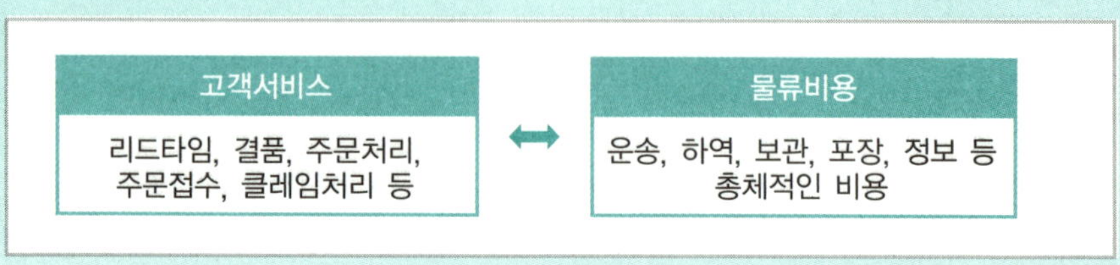

적으로 고객이탈로 인한 기업의 이익을 감소시키게 된다. 따라서 물류성과는 결국 물류비와 고객서비스 간의 상충관계를 가장 효과적이고 효율적으로 관리할 수 있는 최적조합을 찾는 것이라고 할 수 있다.

물류성과의 평가는 다음과 같은 세 가지의 의미를 제공하고 있다.

첫째, 물류성과의 평가는 물류기능에 있어서 비용, 고객서비스, 반응, 품질, 그리고 시간 등을 효과적으로 평가하기 위해 필수적으로 요구되는 주요 자료들을 확인시켜 준다. 또한 이것은 필요한 자료가 기업 내에서 쉽게 수집될 수 있는지를 결정하여 준다.

둘째, 물류성과의 평가는 물류전략 개발을 위한 최초단계로서 현재의 환경을 상세하게 묘사하고 있다.

셋째, 물류성과의 평가는 시장의 요구를 충족시킬 뿐만 아니라 효과적인 비용관리와 유연성 있고 반응적인 운영을 보장하여 주기 위한 물류기능을 감시하는 역할을 하고 있다. 이것은 물류기능이 어떻게 변화하고 있는지 그리고 변화하는 기업의 전략과 제품개발, 고객선호도 그리고 경쟁자의 노력 등에 얼마나 적응하고 있는지를 결정하여 준다.

결국 물류성과측정을 통해, 첫째 물류비와 고객서비스 간의 상충관계분석이 가능하고, 둘째 수익성이나 시장점유율과 같은 기업 전체의 경영활동성과 등을 측정할 수 있기 때문에 기업의 내 · 외부적인 물류성과의 측정은 반드시 정기적으로 수행되어야 할 과제이다.

3. 물류성과측정의 기능

기업에 있어서 물류와 관련된 성과의 정기적인 평가는 모든 기능을 계획 · 관리하는 데 있어 매우 중요한 부분이 된다. 평가는 포괄적인 자료의 수집, 확인 그리고 많은 분석방법으로 구성되어 있다. 다음은 물류기업이 정기적인 성과측정을 통해 얻을 수 있는 기능적 부분을 상술한다.

1) 의사소통의 촉진(Facilitate Communication)

성과측정은 무엇을 어떻게 평가할 것인가에 대한 정의를 공급업자와 소비자

양자 모두가 객관적인 입장에서 이해할 수 있는 곳에서부터 출발하여야 한다. 예를 들어 물류서비스 제공기업의 운송활동에 있어서 정시배송(On-time delivery)이라는 개념은 화주기업의 입장에서는 '3일 이내로' 라고 정의할 수 있지만 실제로 화주는 '1일 이내로' 라고 생각할 수 있다. 따라서 성과측정은 우선적으로 공급업자와 소비자 사이에서 무엇을 어떠한 개념으로 평가할 것인지를 정의하여야 하며, 이러한 과정에서 공급자와 소비자 사이에서 활발한 의사소통이 진행된다.

2) 개선이 필요한 분야의 제시(Identify areas that need improvement)

일반적으로 성과라는 개념 자체는 상대적인 부분을 내포하고 있다. 예를 들어 작년에 비해 우리가 잘하고 있는가? 경쟁에서 앞서고 있는가? 적절한 예산을 지출하고 있는가? 고객은 만족하고 있는가? 등이다. 이러한 성과측정항목에 대해 "예/아니오"라는 단순이분법적인 결과보다는 작년에 비해 얼마나 잘하고 있는가?(how well), 얼마나 경쟁에서 앞서고 있는가?(how far ahead), 얼마나 많은 예산을 절감하고 있는가?(how much), 얼마나 고객이 만족하고 있는가?(how happy) 등의 결과가 더욱 효과적으로 기업의 성과지수를 보여준다. 또한 이런 결과를 바탕으로 잠재적으로 어느 분야를 개선, 향상시켜야 할지를 제시하여 준다.

3) 문제해결을 위한 데이터의 수집(Gather data to help understand problems)

성과측정 결과 나온 결과에 대해 "왜(Why) 이러한 문제점이 발생하였는가"를 인식하는 것이 중요하다. 예를 들어 운송도중 추가적인 운송비용이 지출되었다면 얼마나 많은 비용이 더 지출되었는가 뿐만 아니라 왜 더 지출이 되었는가에 대한 분석이 필요하며 이러한 과정에서 문제해결을 위한 데이터를 수집할 수 있도록 해 준다.

4) 목표를 위한 진척단계의 제시(Track process toward goals)

기업이 기업활동 개선을 위하여 대안을 선택하였다면 성과측정은 목표달성을 위한 진척단계를 제시한다. 예를 들어 정시배송(on-time delivery)의 개선을 위한 대안을 채택하였다면 이들 향상에 영향을 끼치는 다른 요소, 즉 고객으로부터 주문처리주기 단축 등 다른 요소의 진척사항을 제시하여 준다.

5) 대안평가(Evaluate Alternatives)

성과측정은 객관적인 비교, 조사를 통하여 물류활동 개선을 위해 제시된 대안을 평가하는 기능을 갖는다. 예를 들어 정시배송의 향상을 위하여 정시배송과 관련한 대안들(주문처리주기, 관련비용 및 생산성 등)을 평가한다.

6) 기업활동향상 결과에 대한 보고 및 지속적인 투자유도기능

기업의 물류활동 개선을 위해서는 이에 따르는 부대비용 및 투자가 필요하다. 성과측정은 기업활동 개선을 위한 투자활동에 대한 결과를 보고하고 이를 바탕으로 지속적인 투자가 이루어질 수 있도록 유도한다.

제2절 물류성과측정방법

1. 물류성과측정의 기준

물류성과를 측정하는 데 있어서 어떠한 기준으로 측정해야 하는가에 대한 견해는 학자들마다 다양하다. 실제적으로 물류성과를 측정함에 있어서는 다양하고 복잡한 과정을 총체적으로 평가해야 하므로 더욱더 성과의 범위가 넓어짐은 물론, 다양하고 복잡한 형태를 띠게 된다. 또한 물류활동은 반드시 고객서비스를 포함하는 제 요소들을 같이 평가하여야 하므로 상대적으로 주관적인 고객서비스를 측정한다는 것이 매우 부담스러운 요소 중 하나이다. 물류성과기준에 관한 다양한 정의는 다음과 같다.

1) Mentzer와 Firman[2)]

Mentzer와 Firman은 물류성과 분석기준을 크게 효과성(Effectiveness)과 효율성(Efficiency)으로 나누고 있으며 세부적으로 수익성(Profitability), 생산성(Productivity), 공정성(Equity) 그리고 효과성(Effectiveness)을 그 기준으로 삼고 있다.

효과성(Effectiveness)이란 물류조직의 목표를 얼마나 잘 효율적으로 성취할 수 있는가에 대한 것이고, 공정성(Equity)은 고객서비스와 관련된 사항으로서 고객의 관점에서 조직이 얼마나 그들을 공정(fair)하게 대하고 있는가에 대한 것이다. 여기에서 공정이라고 하는 것은 예를 들어 생산업자가 도매업자, 소매업자, 운송업자 등과 더불어 최종소비자에게까지 동일한 서비스로 그들을 대함으로써 생산업자의 의지를 최종소비자에게 동일하게 전달하고자 하는 개념이다. 수익성은 비용 대 이윤이고 생산성은 투입 대 산출(Output to Input)이다.

Mentzer와 Firman은 이러한 평가기준요소를 크게 효과성(Effectiveness)과 효율성(Efficiency)으로 나누고 있는데, 효율성의 경우에는 산출목표에 대한 실제 산출량의 비율이고, 효과성의 경우에는 조직의 예산관리와 같이 투입량에 대한 비율측정이라고 정의하여 물류성과의 측정시에는 이러한 요소를 기준으로 평가해야 한다고 주장하고 있다.

2) Bowersox[3)]

물류성과 측정기준을 자산관리, 물류비용, 생산성, 고객서비스, 품질의 5가지로 구분하여 제시하였다. 자산관리란 자산수익률, 투자수익률, 재고회전율을 의미하고, 물류비용은 수송비, 창고비, 주문처리비, 단위당 비용 그리고 품절로 인한 판매손실비 등을 의미한다. 생산성은 산출량을 투입량으로 나눈 것으로 물류와 관련한 생산성 측정지표에는 종업원의 임금 등이 포함된다. 고객서비스는 고객만족도, 품질, 배달의 신속성, 이월주문량 등을 의미하며 고객서비스에 대한 궁극적인 목표는 특정한 서비스의 수준을 달성한다는 조건하에 총물류비용을

2) Mentzer & Firman, Logistics control system in the 21st century, *Journal of Business Logistics*, Vol.15. No.1. 1994, pp.218~219.

3) D. J., Bowersox et al., *Logistics Management*, Macmillan Publishing Co., 1986, pp.497~506.

최소화하는 데 있다. 품질이란 제품의 파손빈도, 파손액 그리고 고객반품수를 의미하며 고객에게 제공되는 직접적인 서비스 질과 연결된다.

3) Martin Christopher[4)]

마틴 크로스토퍼(Martin Christopher)의 경우에는 물류성과에 대한 측정의 필요성을 물류부문의 효율적인 통제와 물류부문의 생산성을 향상시키기 위해서 반드시 필요한 과제라고 지적하여 이를 투입물(Input)과 산출물(Output)의 차이로서 평가하고 있다.

표 14-3 | 물류시스템의 투입물(Input)과 산출물(Output)의 제 요소

투입물(Input)		산출물(Output)	
인적자원	시간급 노동력, 관리자	서비스수준	리드타임 ,신뢰성, 주문충족률
		판매수	주문수, 출하수, 배송수량, 청구서수, 품목수
물적자원	토지, 건물, Depot, 장치	수량	개수, 타스수, 케이스수, 카톤수, 팔레트수, 트럭대수
		중량/용적	kg, 톤
재무적자원	재고, 외상판매	금액	판매상품원가, 매상금액부가가치
에너지	연료, 동력		

자료 : Martin Christopher, *The Strategy of Distribution Management*, 1989, p.109.

4) 커니社(A.T.Kearney,Inc)[5)]

커니社(A.T.Kearney,Inc.)는 물류성과 측정의 기준으로서 생산성(Productivity)과 품질(Quality)로 나누어서 구분하고 있는데 물류활동에 있어서 품질이란 정확하고(Accurate), 믿을 수 있는(Reliable), 즉각적인 반응(Quick-responsive)을 가지는 주문체계를 포함하고 진실로 고객이 원하는 것과 기대에

4) Martin Christopher, *The Strategy of Distribution Management*, 1989, p.109.

5) A.T.Kearney Inc., *Improving Quality and Productivity in the Logistics Process*, Council of Logistics Management, 1991, p.143.

부응하는 것이라고 정의하고 있다. 또한 생산성이란 위와 같은 품질을 제공할 수 있도록 가장 효과적이고 효율적인 공급관리의 모든 활동과 자원을 결합하는 것이라고 정의하고 있다. 따라서 이들에 대한 측정 및 평가를 성과기준으로 삼고 있으며 이를 효율적으로 평가하여 가치창조(Creat Value)를 이루고자 하는 것을 주목적으로 삼고 있다.

2. 물류성과측정접근방법

물류성과 측정시 접근할 수 있는 방법은 비용적인 측면을 고려한 토탈 코스트 접근방법과 고객서비스와의 관계를 고려한 Trade-Off 접근방식으로 볼 수 있다. 이러한 두 가지의 전통적인 접근방식은 1970년대를 기점으로 하여 개별적인 비용으로 인식되던 각 비용 간의 Trade-Off 총비용의 개념으로 전환하게 되었다. 현대에 와서는 공급사슬관리(Supply Chain Management)개념까지 확장 · 확대되어 인식되고 있다. 또한 비재무적 방식을 활용한 BSC접근방식을 활용할 수 있다.

1) 총비용 접근방식(Total Cost Approach)

총비용(Total Cost)은 물류개선에 요구되는 모든 비용 중에서 각 비용의 부분절감이 아닌 비용총액을 어떻게 절감할 것인가를 목적으로 하여 종합적으로 분석하는 방법, 즉 총비용접근법을 말한다. 이러한 총비용접근방식의 주요 사안은 각 기능별 물류활동을 어떻게 효율적으로 운영하느냐에 달려 있다. 이러한 운영방식은 각각의 물류활동을 개별적으로 운영하여 조정하기 보다는 전체적인 측면에서 비용을 최소화하도록 조정하는 것이 필요하다.

이것은 개별적인 물류비용을 절감하려는 시도가 오히려 전체 물류비용의 상승을 초래할 수도 있기 때문이다. 예를 들어, 완제품을 혼재하여 보관하는 창고의 수가 적을수록 보관비용은 절감되나 고객서비스의 기능을 저하시켜 매출액에 영향을 끼칠 수도 있다. 또한 반대현상이 발생할 수도 있다. 따라서 물류관리의 핵심 사안은 각각의 물류활동에 따르는 비용을 전체적인 통합된 관점에서 조정해야 한다.

그림 14-2 | 물류활동에 따른 총비용 구조

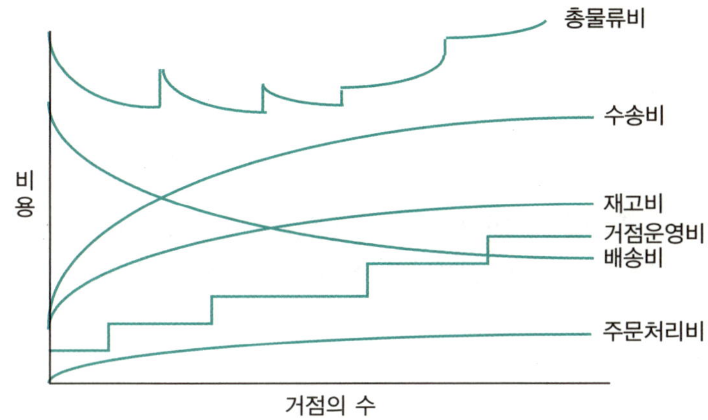

마틴 크로스토퍼의 경우에는 총비용 분석의 목적은 물류의사결정에서 발생하는 비용상의 변화를 파악하는 것이라고 정의하고 있다. 따라서 비용은 증분기준(Incremental Terms)으로 파악되는 것, 즉 시스템의 변화에 따른 총비용의 변화라고 말하고 있다. 예를 들어 배송 네트워크상에서 창고를 하나 더 추가하게 되면 수송비, 재고비, 주문처리비, 통신비 등이 달라지게 되는데 이 경우에 발생하는 비용의 증분을 총비용분석의 목적으로 파악하고 있다. [그림 14-2]는 물류활동에 따른 총비용분석을 보여주는 그래프로써 한 시스템 내에서 하나의 거점을 추가하거나 없앰으로써 전체물류비가 어떻게 달라지는가를 보여주고 있다.

램버트와 스톡은 총비용을 구성하는 요소로서 고객서비스 수준(Custom Service Levels), 운송 비용(Transportation costs), 보관비용(Warehousing Costs), 주문처리비용과 정보처리비용(Order Processing and Information Costs), 재고관리비용(Inventory Carrying Costs), 비축비용(Lot Quantity Costs)으로 구분하고 있다.

2) Trade-off 접근방식

Trade-off란 '양립(兩立)되지 않는 상태' 나 '일치(一致)하지 않는 관계' 를 의미하는 것으로 물류관리에서는 물류전략 수립시 고객서비스와 물류비용 사이에서 발생하는 정반대의 현상을 설명하는 용어로 사용되고 있다. 예를 들어, 고객서비스의 질을 향상시키기 위하여 전자계산기나 탁상시계 같은 싼 물건을 고객의 자택까지 배달하여 준다면, 고객서비스 측면에서는 고객의 만족도가 향상되겠지만 배달로 인한 인건비 및 배송료 등의 관리비가 원가를 상회하여 배보다 배꼽이 더 커지는 결과를 초래한다.

또한 상품의 가치를 높이고 외장(外裝)을 미려하게 하는 동시에 운송의 안전을 가하기 위하여 포장에다 과다한 비용을 투입한다면 포장비가 증가되어 결과적으로 제품비용을 높이게 된다. 따라서 물류비와 고객서비스는 Trade-off 관계를 가지고 있어 그 균형점을 어디에서 찾느냐가 문제의 관건이 될 수밖에 없다. 이는 다시 말해 최소의 물류비를 투입하여 고객에게 최고의 서비스를 제공하는 길을 찾아야 한다는 점이다. 예를 들어 물류활동을 영위하는 기업들은 고객에게 '있을 법한' 고객서비스의 조합을 제시하고 그러한 조합에 대한 선호도 순위를 매긴 후 컴퓨터를 통하여 응답자들의 각 서비스 요소에 부가되는 내재된 중요도를 결정하는 것이다.

이러한 조사를 근거로 하여 적절한 비용을 산출하여 고객이 원하는 서비스의 수준과 이에 수반되는 비용을 적절히 조정하여 비용과 고객서비스가 가장 최고점(最高點)에 이르는 곳에서 물류활동을 영위할 수 있다. 의사결정은 실질적으

그림 14-3 | 판매와 고객서비스의 일반적인 관계

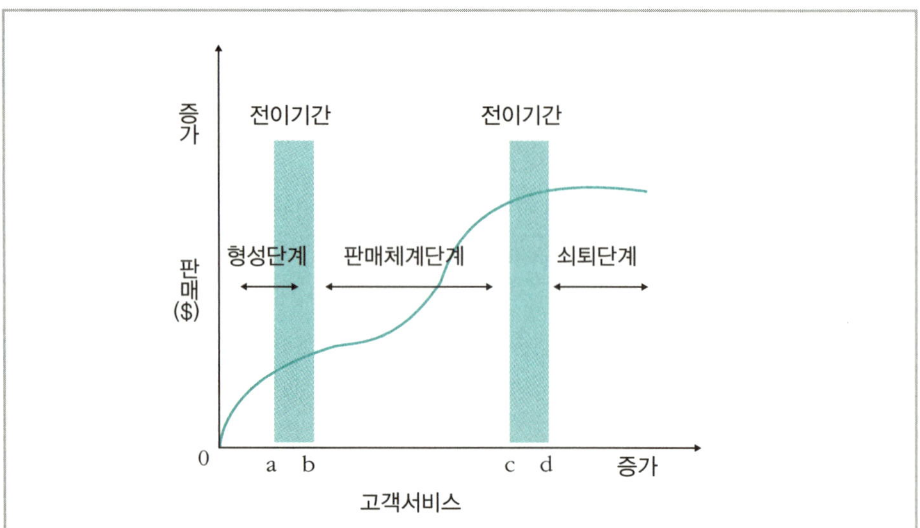

자료 : Ballou, Ronald H., *Business Logistics*, N.J : Prentice-Hall, p.92.

그림 14-4 | 물류고객서비스의 다양한 수준에서의 비용 대 수익의 Trade-off

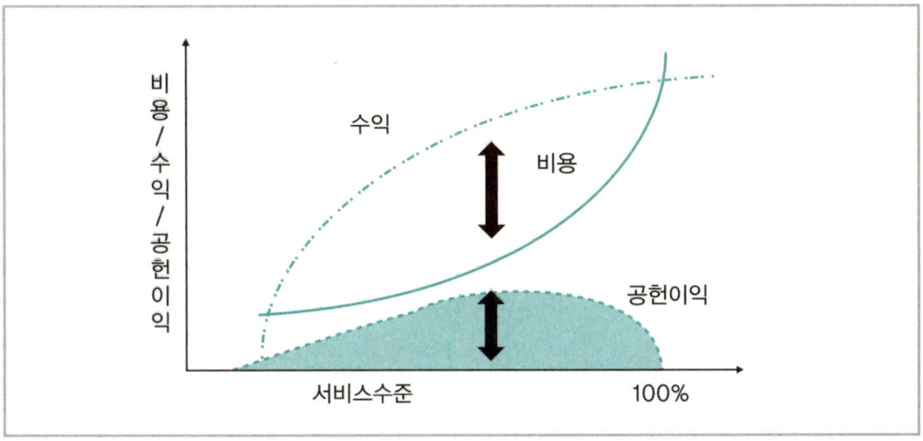

자료 : Ballou, Ronald H., *Business Logistics*, N.J : Prentice-Hall, p.96.

로 고객서비스의 수준을 미리 설정하고 난 다음에 비용을 산출하는 물류활동의 기본원칙에 충실히 따르는 것이다.

그러나 우리가 비용과 고객서비스의 최고점(最高點)을 산출하는 데 있어서 고려해야 할 또 다른 중요한 요소는 서비스수준의 개선이 일방적으로 고객의 구매행동 영향에 긍정적으로 지속되는 것이 아니라 일정한 수준에서 한계가 나타나게 된다. 다시 말하면, 어느 점을 지나면 효용의 체감이 시작된다는 것이다. [그림 14-3]과 [그림 14-4]는 이러한 현상을 잘 보여주고 있다.

3) 공급사슬관리(Supply Chain Management) 접근방식

1970년대 후반 및 1980년대를 거쳐 이미 미국의 유수 기업들은 기업 내부의 제 기능을 통합하려는 생각을 보편화시켰다. 통합을 추진하는 것은 기업의 능력을 최적화하기 위해서는 타 부문(기능)과 목적을 일체화시켜 활동함으로써 한 부문의 능력을 최적화시키는 경우 다른 부문에서도 동일한 효과가 나타난다는 개념이다. 공급사슬관리는 이러한 기능적 통합의 개념을 하나의 기업을 초월하여 공급사슬 내에 포함되는 전체 기업에 확장시키려는 것이다.

기업에 있어서 Trade-off관계는 단순히 고객서비스 수준 향상과 물류시설비 증가에 대한 상관관계를 넘어서서 높은 고객서비스 수준을 유지하면서 낮은 재고투자와 원가절감이라는 서로 상충된 목표들 간의 균형을 맞추기 위해서 공급사슬의 관리가 필요하다. 제조업은 생산을 통해 부가가치를 창출하고 제품을 판매함으로써 수익을 얻게 된다. 이를 위해 대부분의 기업들은 자재공급업체 에서부터 제조공정을 거쳐 고객에 이르기까지 물자의 흐름을 통제하는 것을 중요하게 여기고 있다.

다시 말해 고객서비스 수준을 향상시키기 위해 단순히 판매 물류상의 수 · 배송, 포장, 하역, 보관 등과 관련한 물류비의 증가라는 트레이드 오프 관계를 넘어서 조달물류부터 생산물류 및 판매물류[6] 전 과정을 거쳐 공급사슬의 관리가 필요하다. 즉 공급사슬관리는 공급업자로부터 고객에 이르기까지 원자재, 부품 및 제품을 계획, 조정, 통제하는 일련의 과정으로 구성되고 물자와 정보의 흐름이 수반된다.

공급사슬관리에서는 고객, 공급업자, 제3의 서비스 공급업자(Third Party Service Providers)가 채널을 한층 효율적으로 구축하고, 경쟁적으로 하기 위해서 필요한 정보와 계획을 공유한다. 이러한 공급사슬관리 접근방법은 오늘날 그 가치가 더욱 높아지고 있는데, 이는 변화하고 있는 경쟁환경과 운영적 혹은 경쟁적인 전략의 필요성에서 기인한 것이다.

4) 비재무적 접근방식 : BSC(Balanced Scorecard)

BSC(Balanced Scorecard)는 기업의 성과를 재무적 관점(Financial Perspective), 고객 관점(Customer Perspective), 내부 비즈니스 프로세스 관점

---

6) 조달물류란 원재료 공급자나 외주처로부터 생산에 필요한 원자재 또는 부품을 공장으로부터 반입하는 것과 관련한 물류활동을 말한다. 생산물류란 생산에 필요한 원자재, 반제품 등의 획득, 보관 및 이송과 관련한 계획 및 통제를 행하는 활동을 포함하며 더 나아가 생산계획 자체도 물류활동에 포함되기도 한다. 판매물류란 물류의 최종단계로서 제품을 고객에게 전달하는 일체의 활동, 즉 물류센터의 운용, 수 · 배송, 정보네트워크의 운용 등이 그 관리대상이 된다.

7) BSC의 네 가지 관점은 다음과 같다.

① 재무적 관점 : 재무적 관점은 주주의 입장에서 기업이라는 투자대상을 바라보는 관점이다. 대표적인 재무적 성과지표로는 투자수익률, 경제적 부가가치, 수익성 등이 있다.

② 고객 관점 : 고객의 입장에서 고객의 이익이 증가되는 방향을 의미한다. 가격우위, 품질, 패션, 디자인, 브랜드이미지 등 고객에게 전달할 가치명제를 파악하여 시장점유율, 고객유지율, 고객확보율, 고객만족도, 고객수익성 등의 측정지표로서 성과를 측정하게 된다.

③ 내부 비즈니스 프로세스 관점 : 기업 내의 원재료, 정보, 사람 등과 같은 입력요소를 제품과 서비스 등의 산출요소로 변환시키는 과업이나 활동들의 집합을 의미한다. 대표적인 성과지표로는 프로세스 타입, 프로세스 품질, 프로세스 원가, 종업원의 기술, 작업산출량 등이 있다.

그림 14-5 | 균형성과표 구도

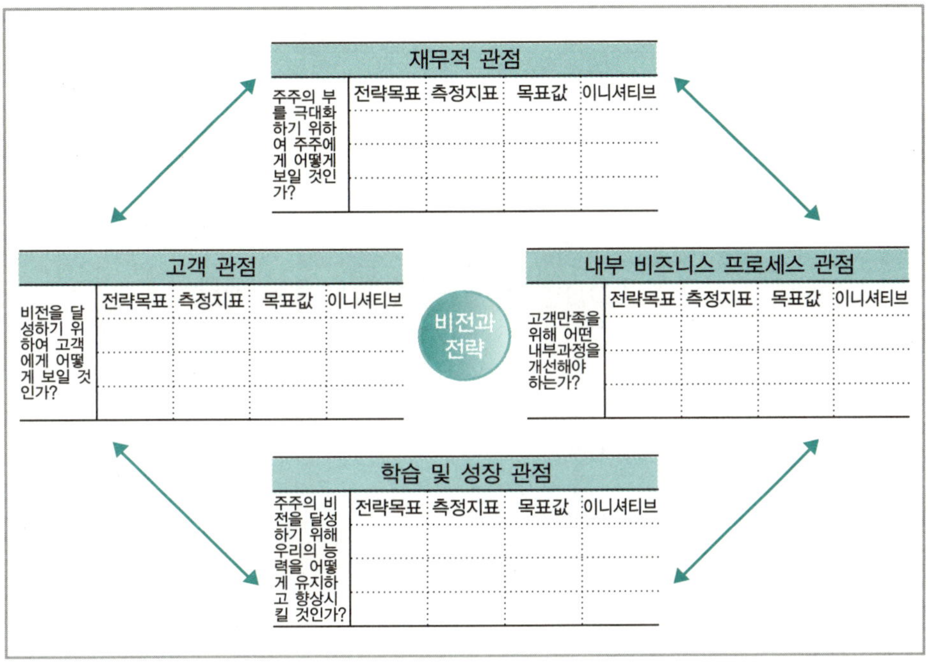

(Internal Business Process Perspective), 학습과 성장의 관점(Learning and Growth Perspective)의 4가지 관점[7]에서 종합적이고 균형적으로 측정하는 성과평가시스템이다.

BSC라는 개념을 처음으로 제안한 캐플란(Robert S. Kaplan)과 노튼(David P. Norton)은 기업은 BSC를 통해 과거의 재무적 성과의 측정뿐만 아니라 미래의 재무적 성과를 이끌어내는 비재무적 지표를 관리함으로써 지속적으로 기업발전을 도모할 수 있다고 주장하였다. 1990년대 초반 소개된 BSC는 그 역할의 중요성이 점차 증가하여 현재 경영의 가장 중요한 관리시스템으로 부각되고 있다.

BSC에서의 4가지 시각은 사실 비재무적 측정지표에 대한 관심에서부터 비롯된 것이다. 재무적 지표에만 관심을 기울인다면, 단기적 성과 획득에만 경영자원을 투입하게 될 것이며, 고객만족, 품질, 사이클타임, 종업원 스킬 향상 및 동기부여 등에는 관심을 덜 기울이게 될 것이기 때문에 비재무적 측정지표가 필요

④ 학습과 성장의 관점 : 종업원의 입장에서 프로세스 혁신을 위한 인프라이다. 대표적인 성과지표로는 직원만족도, 직원유지도, 권한위임, 업무의 동기부여, 직원교육, 직원생산성 등이 있다.

표 14-4 | BSC를 통한 물류성과측정지표

관점	특성	측정항목
재무적 관점	재무성과	공급사슬 파트너로 인한 수익률
		현금사이클
		고객판매 성장과 수익성
		자산수익률(ROA)
	물류성과의 제고	물류비용절감
		리드타임 단축
		납기준수율 제고
		고객만족도 제고
고객 관점	서비스상품 경쟁성	가격경쟁성
		다양한 상품의 제시
		Transit Time의 적정성
		특수지역(오지)서비스
		포장기능 수행
		탁월한 혼재기능
		신속한 집배 및 분배
		창고, 보관기능의 수행
		포장기능 수행
		내륙운송취급 가능
		통관업무 수행
		운송화물 트랙킹(Tracking)서비스
		클레임 적극해결능력
	물류정보의 공유	고객과의 정보공유
		정보시스템을 통한 물류정보공유
		관련 업체와의 정보공유
내부 비즈니스 프로세스 관점	프로세서 효율성	업무창구의 단일화
		담당자의 연속성
		업무처리 절차의 신속성
	프로세스 혁신	전사적 차원에서의 프로세서 정비
		내·외부 물류프로세서의 통합
		문제 물류프로세서의 지속적 개선활동
학습 및 성장관점	조직구조	물류전문인력 양성 및 관리 정도
		물류전담조직 운영 정도
		전사적 물류통합조직 운영 정도
	정보기술의 활용	통합물류정보시스템 구축 정도
		EDI 활용정도
		물류정보화를 위한 혁신적인 기술이나 업무방식 수용 정도

하다. 그러나 재무적 성과측정지표를 무시할 수는 없다. 불량률을 낮추고, 배달 시간을 줄였다고 하더라도 그것이 실제적인 수익 획득으로 나타나지 않는다면 기업은 오히려 비효율적인 노력을 투입한 것이다. 품질향상, 생산성, 배달 시간의 단축 등은 기업의 목적 그 자체가 아니라 목적을 달성하는 수단으로서, 이를 통해 실제로 매출이 늘어나고, 비용이 감소하고, 자산활용도가 더 높아졌을 때 기업에 효용이 있다.

BSC의 네 가지 관점을 통한 프레이트 포워더의 성과측정항목과 물류서비스 만족도를 평가할 수 있는 항목을 분류하여 제시하면 [표 14-4]와 같다.

3. 물류성과측정의 대상

물류활동에 있어서 평가되어야 할 대상으로 물류서비스 품질, 생산성, 프로세스의 효과성(Process Effectiveness) 등이 있다. 물류활동의 성과측정에 있어서 생산성측정은 물류서비스 품질측정에 비해 다소 용이하게 측정되어 질 수 있다. 왜냐하면 생산성 측정은 비교적 단일단위 안에서 기업 내부적으로 측정되어질 수 있지만, 물류서비스품질은 기업내부적인 요소뿐만 아니라 실제 소비자가 존재하는 시장과 공급업자 등 여러 가지 요소를 평가하여야 하기 때문이다.

또한 소비자와 공급업자 사이의 서비스품질에 대한 이해 정도가 서로 다르기 때문에 측정은 더욱 어렵게 된다. 물류활동에 있어서 품질이란 정확하고, 믿을 수 있는, 즉각적인 반응을 가지는 주문체계를 갖추고 고객의 기대에 부응하는 것을 의미하며, 생산성이란 위와 같은 품질을 제공할 수 있도록 가장 효과적이고 효율적인 공급관리의 모든 활동과 자원을 결합시키는 것을 말한다. 따라서 이들에 대한 측정 및 평가는 물류활동에 대한 성과측정대상이 될 수 있으며, 이를 효율적으로 평가하여 기업의 물류활동의 효율성 및 효과성을 극대화할 수 있다.

1) 물류서비스품질측정(Logistics Service Quality Measurement)

물류서비스품질 측정은 고객의 관점에서부터 출발한다. 그러나 Trade-off 접근방식에서 설명한 바와 같이 근본적으로 물류성과에서 고객서비스와 물류비는 상충관계를 형성하기 때문에 서비스-비용 간의 최적조합을 도출하기 위해서는 고객서비스 수준을 미리 설정하고 비용을 산출하는 물류활동의 기본원칙을 따르게 된다. 즉, 물류활동을 직접 영위하는 기업이나 물류서비스를 제공하는 기업(Logistics Service Provider)이나 성과측정에 있어 투자수익률 등과 같은 재무적 성과뿐만 아니라 고객서비스 품질측정은 필수적인 요소이다. 그러나 사실 고객의 주관적인 판단에 근거한 서비스품질을 판단하는 것은 매우 어려운 일이다. 관련된 다양한 방법론이 사용되고 있으나 최근 물류서비스 품질에 관련하여 많이 사용되고 있는 SERVQUAL을 활용할 수 있다.

SERVQUAL은 미국의 파라수라만(A. Parasuraman), 자이다믈(V. A. Zeithaml), 베리(Leonard L. Berry) 등 세 사람의 학자(PZB)에 의해 개발된 서비스품질 측정도구로서 서비스기업이 고객의 기대와 평가를 이해하는 데 사용할 수 있는 다문항 척도(Multiple-item Scale)이다. 이들은 서비스품질에 대하여 표적집단면접 결과 서비스품질이 훌륭하다는 것은 고객이 기대하는 바를 충족시켜주거나, 기대 이상의 서비스를 제공하는 것임을 분명히 드러낸다. 즉, 고객이 지각하는 서비스품질이란 고객의 기대나 욕구수준과 그들이 지각한 것 사이의 차이의 정도로 정의된다고 주장하였다. 이러한 기대에 영향을 미치는 핵심요인을 구전, 고객들의 개인적 욕구, 서비스를 이용해 본 과거의 경험, 서비스 제공자의 외적 커뮤니케이션 등으로 제시하였다.

표 14-5 | SERVQUAL의 5가지 구성 차원

서비스품질 평가 10차원	SERVQUAL 차원	SERVQUAL 차원의 정의
유형성	유형성	물리적 시설, 장비, 직원, 커뮤니케이션자료의 외양
신뢰성	신뢰성	약속한 서비스를 믿을 수 있고 정확하게 수행할 수 있는 능력
대응성	대응성	고객을 돕고 신속한 서비스를 제공하려는 태세
능력	확신성	직원의 지식과 예절, 신뢰와 자신감을 전달하는 능력
예절		
신빙성		
안전성		
가용성	공감성	회사가 고객에게 제공하는 개별적 배려와 관심
커뮤니케이션		
고객이해		

이들은 서비스품질 측정에 대한 항목을 일련의 반복적인 자료수집과 자료분석 단계를 통해 97개 문항으로 구성된 측정도구 시안을 점차 개선시키고 축약하여 신뢰성(Reliability : R), 확신성(Assurance : A), 유형성(Tangibles : T), 공감성(Empathy : E), 대응성(Responsiveness : R)을 대표하는 22개 문항을 확정하였다. 다섯 가지 품질차원은 각 차원의 영문 첫 자를 모아 RATER라고 부르기도 한다.

고객의 서비스품질에 대한 기대와 서비스품질 지각의 불일치 정도를 통해 해당회사의 서비스품질 수준을 측정하는 도구인 SERVQUAL의 질문지는 크게 세 부분으로 구성된다. 22개 항목으로 구성된 고객의 기대측정질문, 22개 기대부분의 각 항목에 대응하는 특정 회사에 대한 고객의 지각을 측정하기 위한 질문, 5가지 서비스 차원의 상대적 중요성을 묻는 질문이다. SERVQUAL 점수 분석을 위한 설문은 유형성, 신뢰성, 대응성, 확신성, 공감성 등 5개의 서비스 차원에 대해 고객들이 느끼는 상대적인 중요도를 측정하기 위한 질문과 고객들의 서비스에 대한 기대수준과 서비스기업의 서비스품질에 대한 평가를 측정하기 위한 5개 서비스차원 내 22개 문항쌍으로 구성되어 있다. 기업과 거래하면서 고객들이 느끼는 5개 서비스 차원에 대한 상대적인 중요도를 측정하기 위하여 각 차원별로 점수 합계 100점이 되도록 중요도를 표시하게 한다. 5개 서비스 차원을 구성하고 있는 각 문항에 대해서는 먼저 가장 좋은 기업의 서비스에 대한 기대의 정도를 질문하고 다음으로 현재 대상 기업이 수행하고 있는 서비스수준에 대한 평가를 질문한다. 고객들의 기대수준과 기업의 서비스품질 평가에 대한 측정은 '전혀 그렇지 않다(1)' ~' 정말 그렇다(7)' 의 7점 척도를 이용한다.

SERVQUAL 점수는 고객의 기대문항에 대한 응답점수와 기대문항에 상응하는 지각문항에 대한 응답점수 간의 차이로서 계산된다. 각 항목별 SERVQUAL 점수는 다음의 계산식에 의해 산출된다.

SERVQUAL 점수 = 고객의 지각점수 − 고객의 기대점수

한 회사의 5개 차원 각각에 관한 서비스품질 점수는 각 차원을 구성하는 문항들의 SERVQUAL 점수를 평균하여 구하며, 계산결과 점수가 (−)값을 가질수록 고객의 눈에 비치는 서비스품질의 문제가 심각한 것이다.

서비스품질의 종합측정치는 5개 서비스 차원의 SERVQUAL 점수를 평균하여 구하며, 단순평균 계산에 의한 비가중(Unweighted) SERVQUAL 점수와 각 서

비스 차원에 대해 고객이 부여한 상대적 중요성을 감안한 가중(Weighted) SERVQUAL 점수를 산출할 수 있다.

또한 서비스품질 격차의 측정에서 고객과 서비스제공자 간의 기대에 대한 불일치 정도를 나타내는 격차 1은 고객의 기대점수와 관리자가 생각하는 고객의 기대점수를 비교하여 측정한다. 계산절차는 SERVQUAL 점수의 계산과 동일하며 값이 부정적일수록 격차가 큰 것을 말한다. 격차 2에서 격차 4까지는 서비스품질의 5개 차원에 대한 업무수행기준의 공식화 및 도달 정도, 약속한 수준의 서비스제공 정도 등을 묻는 질문지에 의해 측정되며 각각 격차의 원인을 분석하기 위한 선행요인 측정도 동시에 수행된다.

2) 생산성 측정(Productivity Measurement)

물류성과를 측정하는 방법은 다양하다. 대표적으로 재무적인 방법을 바탕으로 한 간접적인 측정방법과 재고회전율, 취급되어진 물동량 등을 측정하는 직접적 측정방법이 있다.

간접적인 측정방법은 주로 재무적인 방법으로 이루어지는데 이는 주로 총자산이익률(ROA : Return On Asset),[8] 회수기간(Payback Period),[9] 공헌이익(Contribution to Profits) 등과 같은 수치를 활용한다. 이러한 방법은 측정 및 비교가 용이하다는 측면에서 많이 사용되고 있다. 그러나 이러한 방법은 현재의 성과보다는 과거의 활동에 집중되어 있고 변화에 늦게 반응하고, 회계적 기준에만 치중되어 있다는 단점이 있다. 또한 재무적 분석에 근거한 물류성과측정은 무엇이 잘못되었고 어떻게 이를 개선해나가야 할지를 보여주지 못한다(예를 들어, 의사가 환자에게 열이 있다는 것을 사실만 인지하고, 원인이 무엇이고 어떻게 치료해야 하는지를 보여주지 못하는 것과 같다).

반면, 직접적인 성과측정방법으로 처리물동량(Tonne Delivered), 재고자산회전율(Stock Turnover), 주행거리(Distance Travelled) 등의 데이터를 활용하며 실제로 이러한 방법을 사용하는 것이 더욱 효과적이다. 본 장에서는 이러한 직접적인 성과측정방법에 대해 살펴본다.

---

8) 당기순이익을 총자산으로 나누어 얻어지는 수치로 총자산을 얼마나 효율적으로 운용했느냐를 나타내는 지표

9) 투자에 소요된 자금을 그 투자로부터 발생하는 현금흐름으로부터 모두 회수하는 데 걸리는 기간

(1) 수용량(Capacity)과 효용성(Utilization)

우선 공급사슬상에서의 효과를 측정하기 위해서는 수용량(Capacity)[10]에 대한 개념을 이해해야 한다. 왜냐하면, 첫째 공급사슬상에서 사용된 자원은 수용력에 의존하고 있고, 이에 따라 공급사슬상에서의 주체들은 서로 다른 처리량을 가지기 때문이다. 따라서 이들 수용량에 대한 측정은 물류성과측정의 첫 번째 출발점이다.

공급사슬에서의 수용량(capacity)과 병목현상

A사는 보틀링회사(Bottling Company)이다. 이 회사는 하루 80,000리터를 처리할 수(Capacity) 있는데, 일주일 7일 공장을 가동한다. 표준 병 750ml를 채워 포장공장으로 이동되는데 포장공장(Packing Area)에서 각 12병을 한 묶음으로 20,000상자의 형태로 생산하게 된다. 포장공장은 일주일 5일 가동된다. 포장된 상자는 300상자를 운송할 수 있는 8대의 대형트럭을 소유한 운송회사에 의해 창고로 수합되고 일주일(7일) 동안 하루 4번 운행한다. 창고는 2개소가 있는데 이들은 각각 하루 30,000상자를 취급할 수 있다. 지역운송업자는 이들 창고로부터 작은 트럭으로 취급할 물량을 수취해 간다. 이 경우 물류공급사슬상에서의 각 주체들의 수용량(Capacity)은 얼마이고, 어떻게 수용력을 증가시킬 수 있겠는가?

우선 공급사슬상에는 보틀링공장, 포장공장, 운송회사, 창고, 지역운송업자 등 5가지의 주체가 존재한다. 이들의 수용력을 동일한 단위, 즉 주당 처리하는 병으로 환산하여 계산할 수 있다.

- 보틀링공장은 하루 80,000리터의 수용력을 갖는다. 이는 1주당 처리하는 병으로 환산하면 다음과 같다 : 7×80,000/0.75=746,666병/1주
- 포장공장에서는 하루당 20,000상자의 수용력을 갖는다. 이는 1주당 처리하는 병으로 환산하면 다음과 같다 : 5×12×20,000=1,200,000병/1주
- 운송회사의 대형트럭은 각 운행당 300상자를 처리할 수 있다. 따라서 수용력은 다음과 같다 : 7×4×8×300×12=806,400병/1주
- 각 창고는 1주당 30,000상자를 처리할 수 있으므로 수용력은 다음과 같다 : 2×30,000×12=720,000병/1주
- 지역운송업자의 소형트럭은 창고수용력보다 더욱 큰 것을 알 수 있다.

10) 공급사슬상에서의 수용력(Capacity)은 주어진 시간 내에 최종고객에게까지 물품을 배송할 수 있는 최대 물품의 양을 의미한다.

그림 14-6 | 공급사슬상에서의 각 주체별 수용력

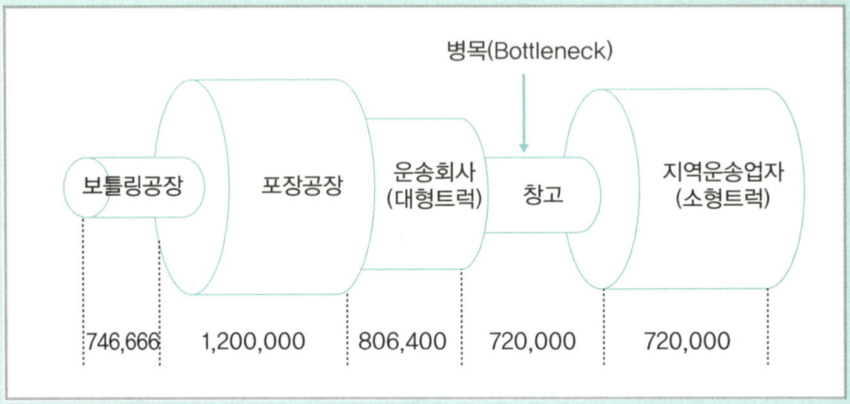

위의 그림에서 볼 수 있듯이 A사의 각 공급사슬상에서 서로 다른 처리량을 수용할 수 있는 한계를 가지며 각 주체가 가진 자원의 수용력에 의존하는 것을 알 수 있다. A사의 물류공급사슬상에서의 수용량을 증대시킬 수 있는 방안은 창고를 확장하는 것이다. 공급사슬상에서의 다른 부분에서 수용력을 증대시키는 것은 아무런 효과가 없는 것을 알 수 있다. 물론 보틀링공장에서 생산량을 줄임으로써 이러한 창고에서의 병목현상을 제거할 수 있겠지만 이는 생산량을 근본적으로 줄이는 한계에 부딪친다.

둘째, 수용량이라는 것은 시간별로 일정하지 않기 때문이다. 예를 들어 어느 날 오전 첫 작업조는 시간당 500상자를 처리하였으나 오후가 되어 피로감으로 인해 시간당 400상자를 처리할 수도 있기 때문이다. 작업시간은 동일하지만 수용력은 줄어든 현상이 발생한 것이다.

이러한 효과 등을 감안하기 위해서는 서로 다른 종류의 수용력을 이해해야 한다. 즉, 설계용량(Designed capacity), 유효용량(Effective Capacity), 실제처리량(Actual throughput) 등의 개념이다.

- 설계용량(Designed capacity) : 이상적인 상황(Ideal Condition)에서의 처리가능한 최대 양
- 유효용량(Effective Capacity) : 정상적인 상황(Normal Condition)에서 현실적으로 처리할 수 있는 최대 양
- 실제처리량(Actual Throughput) : 실제처리량은 일반적으로 유효용량보다 낮다.

효용성(Utilization)은 설계용량에서 실제로 사용된 수용량의 비율을 나타낸 것이다. 예를 들어 트럭운송을 계획할 시점에서 주당 100톤을 취급할 수 있도록 하였다(설계용량). 실제로 1주당 60톤을 운송하였다면(사용된 수용량) 효용성은 0.6(60%)이다.

$$\text{효용성 (Utilization)} = \frac{\text{사용된 수용력 양(Amount of Capacity Used)}}{\text{설계용량(Designed Capacity)}} = \frac{60}{100} = 0.6$$

사실 공급사슬상에서 서로 다른 각 주체는 서로 다른 효용성을 갖는다. 이는 각 주체별로 설정한 설계용량 및 실제용량 등이 다르기 때문이다. 아래 [그림 14-7]은 이러한 현상을 설명해 준다.

그림 14-7 | 공급사슬상에서의 수용량과 효용성

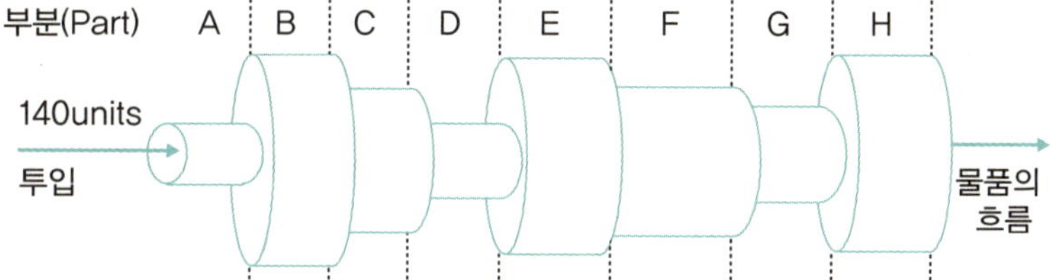

부분(Part)	A	B	C	D	E	F	G	H
설계용량(Designed Capacity)	200	650	440	180	680	460	220	700
실제용량(Effective Capacity)	180	600	420	160	650	410	200	680
처리량(Throughput)	140	1402	140	140	140	140	140	140
효용성(Utilization)	70%	22%	32%	78%	21%	30%	64%	20%

(2) 생산성(Productivity)

생산성은 성과측정방법에서 광범위하게 사용되는 방법 중의 하나로 다양한 종류가 있다. 총생산성(Total Productivity)은 공급사슬상에서의 총처리량(Total Throughput)과 총투입된 자원(Total Resource used)과 관련되어 있다.

$$\text{총생산성 (Total Productivity)} = \frac{\text{총처리량(Total Throughput)}}{\text{총투입된 자원(Total Resource used)}}$$

그러나 이러한 방법에는 몇 가지의 단점을 지니고 있다. 첫째, 처리량(Throughput)과 자원(Resources)이 반드시 일관된 단위로 측정 · 사용되어야 하기 때문에 일반적으로 통화의 단위로 변환하여 사용한다. 이 경우 회계적 관습에 의존해야 하는데 이러한 절차를 통해 성과측정의 객관성을 상실하게 된다. 둘째, 모든 투입량과 산출량의 가치를 산정해야 하는 것이다. 그러나 실무에서는 실제적 가치를 산정하는 것이 어려운 요소들이 있다. 예를 들어 환경, 신뢰도, 오염, 고객의 평판 등이 그것이다. 따라서 성과측정시 우리가 중요하다고 생각되는 요소만을 추출하여 성과요소로 투입하게 되고 이러한 과정을 통해 사실상 성과측정의 객관성을 또 다시 상실하게 되는 것이다.

이러한 현실적인 어려움 때문에 총생산성의 방법은 거의 사용하지 않고 부문별 생산성(Partial Productivity, Single Factor Productivity)을 선호한다. 이는 단일형태 자원에 대한 공급사슬의 산출량과 관련되어 있다.

$$\begin{array}{c}\text{부문별 생산성}\\ \text{(Partial Productivity)}\end{array} = \frac{\text{총처리량(Total Throughput)}}{\text{총투입된 단일자원(Units of a Single Resource Used)}}$$

부문별 생산성에는 네 가지 자원에 따른 네 가지 형태가 있다.

- 장비생산성(Equipment Productivity) : 트럭당 운송횟수 또는 거리, 포크리프트의 운송량 등
- 노동생산성(Labour Productivity) : 작업장의 작업자당 배송횟수, 배송량, 시간당 하역량 등
- 자본생산성(Capital Productivity) : 장비당 투입된 금액 대비 처리물동량, 자본단위당 운송횟수 및 운송량 등
- 에너지생산성(Energy Productivity) : 원료 리터당 운송횟수, 시간당 전력소모량 대 총저장량 등

생산성은 성과측정에서 매우 유용하게 사용될 수 있는 도구임에 틀림없다. 그러나 생산성이라는 자료를 분석할 때에는 그것이 의미하는 바를 매우 면밀히 검토해야 한다. 예를 들어, 만약 자동화된 시스템을 갖춘 창고에서 노동생산성이 증가되었다면 이것은 당연한 현상으로 장비 또는 자본생산성의 변화보다 더 중요시 해야 하는 것이다.

생산성 측정

중앙상사는 남아프리카에 다수의 창고를 보유하고 있다. 지난 2년간 물류활동과 관련된 데이터를 수집한 결과는 아래와 같다.

	2009	2010
이동한 물품(Units of Material Moved)	1,000units	1,200units
판매가(Selling Price)	$100	$100
사용된 원재료(Raw Material Used)	5,100Kg	5,800Kg
원재료 비용(Cost of Raw Material)	$20,500	$25,500
작업시간(Hours Worked)	4,300hours	4,500hours
직접노동비(Direct Labour Costs)	$52,000	$58,000
사용된 연료(Energy Used)	10,000kWh	14,000kWh
연료비(Energy Cost)	$1,000	$1,500
기타비용(Other Cost)	$10,000	$10,000

위의 데이터를 통해 몇 가지 생산성을 측정할 수 있다.

■ 2009년 총 생산성(Total Productivity) :

$$\frac{\text{총처리량(Total Throughput)}}{\text{총투입자원(Total Resource Used)}} = \frac{100 \times 1{,}000}{20{,}500+52{,}000+1{,}000+10{,}000} = 1.2$$

■ 2010년의 경우에는 120,000/95,000=1.26으로 약 5% 증가

■ 2009년의 경우 원재료의 킬로당 처리 단위량은 1,000/5,100=0.196, 2010년에는 1,200/5,800=0.207이므로 5% 증가

	2009	2010	% Increase
총생산성(Total Productivity)	1.20	1.26	5.0
원재료 킬로당 처리 단위량(Units/kg of Raw Material)	0.196	0.207	5.6
원재료 $당 처리 단위량(Units/$ of Raw Material)	0.049	0.047	−4.1
시간당 처리 단위량(Units/Hours)	0.233	0.267	14.6
노동비당 처리 단위량(Units/$ of Labour)	0.019	0.021	10.5
kWh당 처리 단위량(Units/kWh)	0.100	0.086	−14.0
에너지 $당 처리 단위량(Units/$ of energy)	1.000	0.800	−20.0

4. 물류활동별 성과측정

1) 운송의 성과측정

(1) 운송품질의 성과측정(Transportation Quality Measures)

운송품질의 성과측정은 운송기능을 고객의 요구(즉, 정시배송, 운송도중의 파손 및 정확성 등)에 얼마나 효과적으로 충족시키느냐를 평가하는 데 있다. 아래의 4가지 범주는 운송품질을 측정하는데 널리 사용될 수 있는 요소이므로 이를 중심으로 운송품질의 성과측정을 실시할 수 있다.

- 정시배송(On-time Delivery)
- 완전무결한 인도(Complete and Damage-free Delivery)
- 정확한 운송서류(Accurate Freight Bill)
- 고객의 주문과 클레임에 대한 적절한 대응(Timely Response to Inquiries and Claims)

① 정시배송(On-time Delivery)

정시배송은 운송품질을 측정하는 데 매우 중요한 요소이다. 정시배송의 경우에는 여러 분야의 측면에서 측정되고 평가되어야 한다. 만약 정시배송이 불가능하게 되었다면 이는 운송과정에서 발생한 그 자체의 문제일 수도 있지만 공장에서의 생산지연, 또는 주문처리의 미숙, 기후 등에 의한 불가항력적인 이유 등 다양한 이유가 산재하고 있기 때문에 반드시 운송분야 그 자체의 문제에서만 발생하는 것은 아니다. 따라서 정시배송에 관한 성과측정시 발생한 문제점에 대해서는 반드시 그 원인을 파악하는 것이 중요하다.

분석대상	미치는 영향
• 운송장비의 결함 • 기후 • 생산지연 • 자재관리 문제점 • 기타 운송과 직접적으로 관련된 문제점 • 기타 운송과 간접적으로 관련된 문제점	• 고객에 대한 신용도 하락 • 고객의 주문취소 • 특별운송수단(Premium Transportation) 사용으로 인한 추가비용 • 업무비용 및 업무시간의 증가

② 완전무결한 인도(Complete and Damage-free Delivery)

이는 제품이 고객에게 인도되었을 시 발생한 파손율 및 결함을 말하는 것으로 파손의 형태(Type of Damage), 파손발생지(Source of Damage), 파손원인(Cause of Damage), 재작업에 따르는 비용(Cost of Rework) 등으로 그 원인 및 상황을 파악해야 한다. 장 · 단기적인 관점에서 제품의 파손 및 손상은 운송의 질을 결정하는 중요한 요소이다. 이러한 문제점의 발생은 운송설비부족, 포장상의 문제, 운송절차의 문제, 작업자의 숙련도 등이 영향을 끼치므로 이를 고려하여 성과를 측정하는 방안이 필요하다.

분석대상	미치는 영향
• 부족분 및 파손의 형태 : 컨테이너 안에서의 제품분실, 케이스 분실, 오염, 포장불량, 누손(Leakage), 파손(Breakage) 등 • 부족분 및 파손의 발생지 : 상차시(Loading), 운송시(In-transit), 하차시(Unloading) 등 • 파손의 원인 : 운송시 일어난 사고, 절도(Theft), 기후(Weather), 고의적인 파괴(Vandalism), 운영미숙 등	• 수입감소 • 손실액 발생 • 추가적인 핸들링(Handling) 및 운송수단의 사용 • 재작업 비용

③ 정확한 운송서류(Accurate Freight Bill)

운송서류를 실수 없이 정확히 작성 · 기록하는 것으로, 그 원인은 날짜기입의 오류, 불완전한 정보, 운송업자와 화주 간의 문제 등에 있다. 이러한 운송서류의 오류는 고객에 대한 신용도 하락 및 운송시간의 지연 등으로 인한 추가비용이 발생한다.

분석대상	미치는 영향
• 운송서류에 관한 작업시 발생하는 오류 비율 • 부정확한 자료의 입력 • 불완전한 정보(Incomplete Information) • 운송인과 화주 사이의 의사소통장애	• 업무시간의 증가 • 고객에게 잘못된 요금부과 및 제품인도로 신용도에 대한 불신감 초래

④ 고객의 요구와 클레임에 대한 적절한 대응(Timely Response to Inquiries and Claims)

이는 고객의 요구에 대한 적절한 시간에 적절한 방법으로 대응하는 것을 말하며 클레임에 대한 원인의 파악 및 사후대책이 필요하다.

분석대상	미치는 영향
• 기업이 적절하지 못하게 반응한 고객요구 및 클레임 • 고객요구에 대한 부적절한 반응	• 고객요구 및 클레임에 대한 부적절한 반응으로 인한 비용발생 • 수입감소

(2) 운송의 생산성 성과측정(Transportation Productivity Measures)

운송의 생산성 측정은 운송에 대한 총비용의 투자와 운송량에 의해 측정되어 질 수 있다. 제공되어진 총운송량은 톤-마일(Ton-miles) 또는 최종목적지까지 운송되어진 운송량에 의해 산출되어 질 수 있다. 물류활동의 생산성측정은 생산성, 효용성, 성과의 3요소가 서로 밀접한 관계가 있다. 운송에 관한 성과는 예산(Budget) 대 실제 발생한 비용(Actual Cost)을 산정 · 비교함으로써 측정되어 질

표 14-6 | 운송의 생산성, 효용성, 성과

생산성 (Productivity)	• 운송되어진 톤마일(Ton-miles Transported) /실제 총운송비용(Total Actual Transportation) • 목적지에 운송된 총량(Volume of Goods Transportation to Destination)/실제 총운송비용(Total Actual Transportation) • 목적지에 운송되어진 적화물(Shipments Transportation to Destination)/실제 총운송비용(Total Actual Transportation) • 기준 ton-miles(Standard Ton-miles)/실제 총운송비용(Total Actual Transportation)
효용성 (Utilization)	• 사용된 총운송역량(Total Transportation Capacity Used)/지불된 총 운송역량(Total Transportation Capacity Paid for)
성과 (Performance)	• 실제운송비용(Actual Transportation Cost)/예산 책정되어진 운송비용(Budgeted Transportation Cost) • 표준운송비용(Standard transportation cost)/실제운송비용(Actual Transportation Cost) • 실제운송시간(Actual Transit Times)/기준운송시간(Standard Transit Times)

수 있다. 아래의 표는 전체적인 운송의 생산성을 산정할 수 있도록 생산성 지표, 효용성 지표, 성과 지표를 기술하였다. 이들 지표를 통해서 운송의 생산성을 측정할 수 있다.

2) 보관의 성과측정

(1) 보관물류활동

보관은 공급과 수요 사이에서 발생하는 시간의 차이를 줄임으로써 기업차원에서는 고객서비스의 향상과 신뢰성 향상을 기할 수 있고, 고객의 입장에서 원

표 14-7 | 창고에서의 물류활동

	활동	정의
자가창고	화물입고	정해진 운송수단, 수량, 제품의 상태 등과 더불어 창고 내로의 물리적인 하차
	운반	입고지역으로부터 하차된 물품의 저장장소 또는 특정한 장소로의 이동
	저장	미래의 사용자 또는 선적을 위하여 물품의 일시적인 보관, 이 경우에는 노동력이 필요로 하지 않는다
	재배치	벌크상태의 물품을 지정된 주문인출지역이나 서류상 지시한 특정한 지역으로 재배치
	주문처리	서류상 지시되거나 포장지역으로의 이동을 위하여 지정물품의 필요한 양만큼 인출하는 활동
	점검	점검관리
	포장 및 하인	고객이 원하는 목적지까지 물품의 원활한 수송을 위하여 컨테이너 등에 적절하게 적재될 수 있도록 포장, 하인, 라벨하는 작업
	상차준비 및 혼재	주문의 집하
	적재	출고차량에 물품을 상차하는 활동
	서기 및 관리	보관품목에 대한 최근 자료의 관리, 장비 및 기계의 유지보수, 기간별 계속적인 재고의 관리
영업창고	저장	고객으로부터 받은 재고를 고객에게 또는 필요한 지정시설에게까지 재배치할 때까지 재고의 유지 및 보관
	화물취급	화물의 입고, 주문처리, 화물의 포장 및 화표, 점검 등의 통합된 활동
	혼재	혼재작업
	관리	창고에서 일어날 수 있는 일상적인 관리

하는 시간과 장소에서 필요한 제품을 구입할 수 있도록 재고품을 안전하게 저장하는 기능을 수행하는 물류활동이다. 통상적으로 창고를 통한 보관은 보통 기업 물류비의 12~14%를 차지하고 있는 것으로 추정되는 중요한 물류활동이다.

(2) 보관의 성과측정

① 보관서비스품질의 성과측정(Warehousing Quality Measures)

보관활동품질의 성과측정은 주문처리활동, 주문관리활동 및 적재활동 등의 보관활동을 얼마나 효과적으로 만족시키는가에 대한 측정이다. 보관활동에 관한 성과측정은 아래의 세 가지 범주로 나누어 측정할 수 있다.

- 주문처리활동 성과측정
- 주문관리활동 성과측정
- 적재활동 성과측정

② 주문처리활동 성과측정(Order Selection Measures)

주문처리활동이 매우 높은 수준으로 수행되었을 때 오류의 수정 및 점검은 현저히 줄어들며 따라서 매우 효과적인 보관활동을 수행할 수 있다.

분석대상	미치는 영향
• 주문처리오류 • 명확하지 못한 라벨링(labeling) • 잘못 라벨링되어진 제품 • 잘못된 장소에 보관되어진 제품 • 주문집계오류 • 파손된 제품 • 분실된 제품	• 주문수정을 위한 추가비용발생 • 데이터수정을 위한 관리비용발생 • 고객에 대한 잠재적인 신용도 하락

③ 주문관리활동 성과측정(Order Administration Measures)

주문관리활동은 창고 전체에서 일어나는 단순한 작업 중 한 가지로 볼 수 있으나 사실상 전체 물류활동의 품질을 결정하는 근본적으로 중요한 요소이며 작은 오류도 전체 물류활동이나 고객만족의 효율성을 저해하는 요소가 된다.

분석대상	미치는 영향
• 형태별로 발생하는 데이터 집계오류 • 주문집계담당자에게 발생하는 개인적인 오류비율 • 주문관리활동 절차상에서 발생하는 지연	• 추가업무시간의 발생 • 잘못 적하되었을 경우 고객불만족 • 재고비용증가

④ 주문적재활동 성과측정(Order Shipping Measures)

분석대상	미치는 영향
• 오더피킹문제로 인한 지연 • 주문관리문제로 인한 지연 • 오더피킹의 오류 • 불필요한 재고	• 고객불만족 • 불필요한 업무비용 및 업무시간의 증가 • 추가적인 화물취급비용발생

(3) 보관활동의 생산성측정(Warehousing Productivity Measures)

[표 14-8]은 보관활동과 관련하여 투입된 요소와의 관계를 매트릭스화한 것이다, [표 14-9]에서 자가창고 및 영업창고의 각각의 물류활동과 각 투입요소와의 관계를 보여주고 있는데 X에 해당하는 각각의 부분은 측정되어 질 수 있는 물류활동과 투입량과의 조합을 보여주고 있다. 즉 자가창고의 물류활동의 경우 보관활동의 생산성비율은 노동, 시설, 장비, 에너지, 재무투자, 비용과 관련하여 산출될 수 있음을 보여준다. 또한 [표 14-8]을 통해 보관활동의 전체적인 생산성을 측정할 수 있다.

표 14-8 | 보관활동의 생산성측정을 위한 물류활동과 투입물 매트릭스

활동 (Activity)	투입물(Inputs)					
	노동 (Labor)	시설 (Facilities)	장비 (Equipment)	에너지 (Energy)	재무투자 (Financial Investment)	총비용 (Overall-Cost)
자가창고						
화물입고	×	–	×	–	–	×
운반	–	×	×	–	–	×
저장	×	–	–	×	–	×
재배치	×	–	×	–	–	×
주문선정	×	–	×	–	–	×
점검	×	×	×	–	–	×
포장 및 하인	×	×	×	–	–	×
상차준비 및 혼재	×	×	×	–	–	×
적재	×	×	×	–	–	×
서기 및 관리	×	–	×	–	–	×
전체	×	×	×	×	×	×
영업창고						
저장	–	–	–	–	–	×
화물취급	–	–	–	–	–	×
혼재	–	–	–	–	–	×
관리	–	–	–	–	–	×

표 14-9 | 보관활동의 생산성, 이용성, 성과

생산성 (Productivity)	• 처리량의 금액 / 총보관비용 • 처리중량 / 총보관비용 • 처리주문량 / 총보관비용 • 처리라인량 / 총보관비용 • 처리유니트량 / 총보관비용
이용성 (Utilization)	• 실제처리중량 / 최대처리중량 • 실제처리주문량 / 최대처리중량 • 실제처리라인량 / 최대처리라인량 • 실제처리유니트량 / 최대처리유니트량
성과 (Performance)	• 실제총보관비용 / 예산보관비용 • 실제처리중량 / 총보관비용 • 실제처리주문량 / 총보관비용 • 라인당처리량의 실제비용 / 총보관비용 • 유니트당 발생한 처리량의 실제비용 / 총보관비용 • 표준허용비용 / 비용실적

제 15 장

물류비관리

핵심내용

물류비는 모든 물류활동을 위해 발생하는 모든 비용을 의미한다. 물류비는 주체별로 이론적 물류비, 실무적 물류비, 총물류비 등으로 구분하여 산정할 수 있다. 일반적으로 물류비는 영역별로 조달물류비 · 사내물류비 · 판매물류비 · 판매물류비 · 리버스물류비, 기능별로 운송비 · 보관비 · 하역비 · 포장비 · 물류정보관리비, 지급형태별로 자가물류비 · 외부물류비, 세목별로 재료비 · 노무비 · 경비 · 이자, 마지막으로 관리항목별로 조업도별 물류비 · 기타물류비로 구분하여 접근할 수 있다.

물류비 계산방식으로 재무회계방식과 관리회계방식으로 산정할 수 있으며 일정한 절차 즉, 물류원가계산 목표, 물류비 자료식별과 입수, 물류비 배분기준 선정, 원가계산 대상별 물류비 배부와 집계, 물류원가계산 보고 등의 절차에 따라 산정할 수 있다.

물류채산분석은 현재 실시하고 있는 물류비관리시스템에 대한 구조적인 문제나 업무집행상 문제와 관련하여 제기된 개선안 등에 대해 채산성, 수익성의 여부를 파악하는 활동이다. 물류비 관리기법으로는 물류ABC(활동기준원가계산), 물류ZBB 등의 방법이 있다.

주요용어

조달물류비, 사내물류비, 판매물류비, 판매물류비, 리버스물류비, 물류원가계산, 물류채산분석, 물류경제성분석, 물류ABC, 물류ZBB, 국가물류비

제1절 물류비

1. 물류비 개념

물류비는 모든 물류활동을 위해 발생하는 모든 비용을 의미한다. 물류비를 산정하는 목적은, 첫째 물류비의 중요성 인식, 둘째 물류활동의 문제점 파악, 셋째 물류활동의 계획, 실행, 통제수단으로 활용하기 위한 것이다. 즉, 물류관리의 효율화·합리화를 위해 물류비의 산정이 필수적이다.

물류비의 개념을 살펴보면 다음과 같다.

1) 이론적 물류비(기업물류비 계산준칙 : 한국생산성본부)

물류비는 특정 제조업자의 제조와 판매활동(유통업자의 경우 유통과 판매활동)에 수반되는 물류를 위하여 자사 혹은 타사가 소비한 경제가치라고 정의한다.

이 개념의 물류비는 다음과 같은 특성을 지니고 있다.

- 물류비 대상이 물류활동 또는 물류조직 단위별 개념
- 물류비의 영역을 조달, 사내, 판매, 반품, 폐기물류로 하고 생산물류는 제외
- 자사지불물류비를 자가, 위탁물류비로 구분
- 타사지불물류비 개념 포함

2) 실무적 물류비(미국관리회계사협회(IMA)의 관리회계지침서 4P 「물류의 원가관리」)

물류비(logistics costs)란 원산지로부터 소비자까지의 조달, 사내 및 판매, 재고의 전 과정을 계획, 실행, 통제하는 데 소요되는 비용을 말한다. 물류는 고객의 요구에 대응하기 위해 비용효과가 가장 높은 방식으로 원재료 및 제품의 효율적인 흐름을 제공할 수 있도록 구입, 운송 및 보관기능을 통합한다고 정의한다.

이 개념의 물류비는 고객서비스 측면에서 개념을 정의한 것으로 그 특성은 다음과 같다.

- 물류비의 범위를 제품의 생산 · 판매에 국한하지 않고 원자재공급자로부터 최종소비자에게까지 설정. 또한 공급연쇄(supply chain) 개념을 포함
- 총비용적인 접근으로 재고부문을 별도로 구분하여 재고관리의 중요성을 강조
- 물류활동의 계획(Plan), 실행(Do), 통제(See)라는 물류관리 프로세스 측면에 물류비 관리 대상을 결정
- 물류비관리의 목적을 고객요구의 대응, 효과적인 비용절감방식 사용, 재화의 흐름의 효율적인 운영, 통제, 물류기능의 통합화에 두고 있음.

3) 총물류비(total cost)

총비용 개념에 의한 물류비는 전체시스템의 관점에서의 물류비를 의미한다. 하부 물류시스템에서 발생하는 비용의 상충관계(trade-off)를 고려하여 부분최적화가 아니라 물류비의 전체적인 최적화 · 최소화를 실현한다는 개념이다. 이 개념의 물류비는 비용의 상충관계 분석시 필요한 것으로 전체시스템에 대한 비

표 15-1 | 물류비관리시스템의 변천

		Physical Distribution Age	Logistics Age	Supply Chain Mgt' Age
		1960~1970년대 (1980년대)	1980~1990년대 (1990년대)	1990년대 후반 (2000년대)
물류관리 형태	대상	• 제품(상품)	• 원부자재, 상품, 제품, 반품 등	• 공급자, Maker, 유통업, 소비자
	범위	• 물류의 기능적 중심(판매물류)	• 조달, 생산, 판매, 회수, 폐기 등	• 공급망 전체
	목표	• 부분최적화 지향	• 전체최적화 지향	• 공급망 전체최적화 지향
	수단	• 기계화, 자동화, 시스템화 등	• POS, EDI, VAN 등	• 제 동맹과 협업, 3PL, 4PL 등
	특징	• 표준화, 팔레트화, 컨테이너화 • 단발성 업무 형태 • 각 기능별 개선 및 합리화로 효과성이 반감	• 다빈도, 소량, 다품종 물류 • 연속적 업무 형태, 물류자회사 • 물류의 주기능뿐만 아니라 시설입지, 유통관리 등으로 확대	• SC 전체의 통과시간 단축 • SC상 협업이 중시 • IT발전이 기반이 되며, 전체 SC상 Speed와 효율 향상

<table>
<tr><td rowspan="5">물류비관리 형태</td><td>관리영역</td><td colspan="2">• 발생형태별</td><td colspan="2">• 활동중심별</td><td colspan="2">• 전체 공급망의 활동중심별</td></tr>
<tr><td>산출범위</td><td colspan="2">• 영역별, 기능별</td><td colspan="2">• 영역별, 기능별, 관리목적별</td><td colspan="2">• 공급망 전 영역</td></tr>
<tr><td>가치</td><td colspan="2">• 비용절감</td><td colspan="2">• 물류서비스 향상</td><td colspan="2">• 고객가치 향상</td></tr>
<tr><td>활용</td><td colspan="2">• 원가통제</td><td colspan="2">• 물류원가관리</td><td colspan="2">• 전략적 물류원가관리</td></tr>
<tr><td>관리기법</td><td>물류비관리</td><td>• 물류원가계산
• 물류예산관리
• 물류채산분석</td><td>전사적 물류비 관리</td><td>• ABC/ABM
• 품질원가/원가기획
• 라이프사이클 계산</td><td>공급사슬 원가관리</td><td>• SCC/DPP
• ABC/ABM
• TCO/TCR</td></tr>
</table>

주 : ABC : Activity Based Costing, TCO : Total Cost Ownership(총소유비용), DPP : Direct Product Profitability(단위품목당 수익률), SCC : Supply Chain Costing, TCR : Total Cost Reduction(총비용절감)

자료 : 박찬석, "기업물류비 관리실태 및 효율적 관리방안", 2005년 한국물류혁신 컨퍼런스

용효과분석에 유용하다.

최근에는 물류관리의 범위가 단순판매물류의 범위를 넘어 공급망 전체에 미치는 최적화를 도모하고 있는 것으로 발전해 가고 있으며, 전략적 물류원가 관리에 많은 초점이 맞춰지고 있다.

2. 물류비 분류체계

1) 영역별 물류비

영역별 물류비는 물적 흐름과정에 의한 분류로 조달, 사내, 판매, 반품 및 회수를 포함하는 리버스 물류비 등을 포함한다.

(1) 조달물류비

조달물류비는 원자재, 부품, 제품 등을 포함한 물자의 조달처로부터 운송되어 매입자의 보관창고에 입고 · 관리되어 생산공정(또는 공장)에 투입되기 직전까지의 물류활동에 따른 물류비를 말한다.

(2) 사내물류비

사내물류비는 매입물자의 보관창고에 완제품 등의 판매를 위한 장소까지의 물류활동에 따른 비용을 말한다. 다만, 재료의 생산이나 제품의 제조공정 내에서 발생하는 비용은 생산원가 또는 제조원가에 산입되므로 물류비에서는 제외시킨다.

(3) 판매물류비

판매물류비는 생산된 완제품 또는 매입한 상품을 판매창고에서 보관하는 활동부터 고객에게 인도될 때까지의 물류비를 말한다.

(4) 역물류비

역(Reverse)물류비는 회수물류비, 폐기물류비, 반품물류비로 세분화한다.

- 회수물류비란 공용기와 포장자재 등이 회수되어 재사용 가능할 때까지의 물류비를 말한다.
- 폐기물류비란 제품이나 상품, 포장용 또는 수송용 용기나 자재 등을 회수하여 폐기할 때까지의 물류비를 말한다.
- 반품물류비란 판매한 제품 · 상품 또는 위탁판매한 제품 · 상품의 취소, 위탁의 취소 등의 물류활동에 따른 물류비를 말한다.

2) 기능별 물류비

어떤 부문에서 발생하였는가에 따라 운송비, 보관비, 하역비, 포장비, 물류정보관리비로 분류할 수 있다.

(1) 운송비

운송비는 물자를 물류거점 간 및 고객에게 이동시키는 활동에 따른 물류비를 말한다. 다만, 개별기업의 물류비 계산목적에 따라 다음과 같이 세분화할 수 있다.

- 수송비는 기업의 필요에 따라 물자를 물류거점까지 이동시키는 물류비
- 배송비는 물자를 고객에게 배달시키는 물류비

(2) 보관비

보관비는 물자를 창고 등의 물류시설에 보관하는 활동에 따른 물류비

(3) 하역비

하역비는 유통가공 및 운송, 보관, 포장 등의 업무에 수반하여 상차 및 하자, 피킹, 분류 등 물자를 상하 · 좌우로 이동시키는 물류비

(4) 포장비

포장비는 물자이동과 보관을 용이하게 하기 위하여 실시하는 상자, 골판지, 팔레트 등의 물류포장(최종소비자를 위한 판매포장은 제외) 활동에 따른 물류비

(5) 물류정보관리비

물류정보관리비는 물류활동 및 물류기능과 관련된 정보처리와 관리에 따른 물류비를 말한다. 다만, 개별기업의 물류비 계산목적에 따라 다음과 같이 세분화할 수 있다.

- 물류정보비는 구매, 수송, 생산, 창고운영, 재고관리, 유통망 등 물류 프로세스를 전략적으로 관리하고 효율화하기 위하여 컴퓨터 등의 전자적 수단을 사용하여 지원하는 활동에 따른 물류비
- 물류관리비는 물류활동 및 물류기능의 합리화와 공동화를 위하여 계획, 조정, 통제 등의 물류관리활동에 따른 물류비

3) 지급형태별 물류비

지급형태별로는 기업이 직접 물류활동을 수행하여 지출한 자가물류비와 외부에 물류업무를 맡겨 지출한 위탁물류비가 있다.

- 자가물류비는 자사의 설비나 인력을 사용하여 물류활동을 수행함으로써 소비된 비용을 말하며, 다시 재료비, 노무비, 경비, 이자의 항목으로 구분한다.
- 위탁물류비는 물류활동의 일부 또는 전부를 타사에 위탁하여 수행함으로써 소비된 비용을 말하며, 물류자회사 지급분과 물류전문업체 지급분으로 구분한다.

4) 세목별 물류비

세목별 분류는 기본적으로 재료비, 노무비, 경비, 이자로 구분한다. 구체적으로는 해당기업의 물류비관리실무에 적절한 비용계정과목을 중심으로 구분하여

물류비를 상세화시키며 계정과목의 분류 및 정의 등은 기업회계기준 및 원가계산준칙의 비용계정과목과 동일한 체계를 가능하면 준용하도록 한다.

(1) 재료비

물류활동에서 소비한 재료비로 조달, 생산, 납품, 반품, 회수, 폐기에 이르는 제반 물류활동, 즉 포장, 운송, 보관, 하역, 기타의 활동에 소요되는 포장재료비, 연료비, 소모용 공구비, 비품비 등이다. 팔레트와 같은 운송용구 등은 물류자산에 속하므로 재료비에서 제외하고, 운송수단에 소모되는 연료비 등은 포함된다.

(2) 노무비

조달, 사내, 판매 등의 운송, 보관, 포장, 하역 및 관리활동에 투입한 인력에 대한 보수이다. 노무비에는 임금, 급료, 잡급 외에도 물류종사자에 대한 제 수당, 퇴직금 및 복리후생비 등이 포함되고 공장, 사업장, 지역, 고객, 제품 등 관리단위에 따라 세분한다.

(3) 경비

재료비, 노무비 외의 물류활동에서 발생하는 제비용으로 용역비, 유지비, 특별경비 등이 있다. 주로 물류관리에서 발생하며 회계부문의 계정과목이 전부 해당된다. 용역비는 전기, 수도, 가스료 등, 유지비는 수선비, 제세공과금, 보험료 등, 특별경비는 감가상각비 등이다.

(4) 이자

시설부담이자는 물류시설에 투자되어 있는 자금에 대한 이자부담분만큼의 기회손실을 말하며, 재고부담이자는 재고자산이 존재함으로써 발생하는 재고자산의 가치에 대한 이자부담분만큼의 기회손실을 말한다. 재고부담이자는 보관비에만 포함되며, 이때 재고란 자가 및 영업창고에 보관 중인 원자재, 부품 및 제품 일체를 의미한다.

5) 관리항목별 물류비

관리항목별 구분은 물류비를 보다 상세한 항목으로 세분하여 파악하기 위한 목적으로 각 비목별로 개별기업의 특성에 적합하도록 조업별, 지역별, 고객별, 활동별 등과 같은 관리항목을 정의하여 구분한다.

(1) 조업도별 물류비

조업도별 분류는 물류비에 관한 계획을 설정하고 통제하기 위해서는 물류비가 물류조업도에 따라 어떻게 발생하는가를 파악하는 것이 중요하다. 조업도별 물류비는 물류고정비와 물류변동비로 분류한다. 물류고정비란 물류활동의 범위 내에서 물류조업도의 증감과 관계없이 발생하거나 소비되는 비용이 일정한 물류비를 의미하며, 물류변동비란 물류활동의 범위 내에서 물류조업도의 증감에 따라 발생하거나 소비되는 비용이 비례하여 변화되는 물류비를 말한다.

(2) 기타 물류비

지역별 물류비는 물류비가 발생하는 지역별 조직단위의 비용을 의미하며, 고객별 물류비는 물류활동을 위탁할 경우 그 수행업체에 대한 발생비용을 의미한다. 활동별 물류비는 물류활동의 대상인 원재료, 부품, 제품 등에서 발생하는 비용을 의미한다.

표 15-2 | 물류비 분류체계

분류	영역별	기능별	지급형태별	조업도별	관리항목별
비목	조달물류비 사내물류비 판매물류비 +회수 +폐기 반품물류비	운송비 +수송비 +배송비 보관비 하역비 +유통가공비 포장비 물류정보관리비	자가물류비 +재료비 +노무비 +경비 +이자 위탁물류비 +물류자회사 +물류전문업체	변동물류비 고정물류비	조직별 지역별 고객별 운송수단별 거래처별 물류거점별 활동별 등

자료 : 국토해양부, 기업물류비 산정지침, 2008. 7.

3. 물류비 관리단계

물류비를 체계적으로 관리하는 것은 물류관리의 성과를 측정하고 업무를 개선하는 데 필수요건이다. 물류비 관리단계는 [그림 15-1]과 같이 구분할 수 있다.

그림 15-1 | 물류비 관리단계

제6기 | 중점관리대상의 변경에 따른 물류비관리 재구축단계

- 물류조직 및 물류거점의 변경
- 신사업의 진출에 의한 관리대상의 변경
- 물류비 관리의 재구축이 필요

↑

제5기 | 물류실적평가의 단계

- 물류 예산관리제도의 완료단계
- 경영부문별 기업업적에 대한 공헌도를 정량적으로 파악 및 평가

↑

제4기 | 물류예산관리제도 확립의 단계

- 적정한 물류예산편성(계획)
- 물류비 변동요인파악(분석)
- 실적과 비교분석(평가)
- 문제점 파악과 지적(보고)
- 제3기의 완성단계로 물류비의 종합적 관리단계로 경영층의 동의를 얻어 진정한 예산관리제도의 정착

↑

제3기 | 물류예산제도 도입단계

- 물류비 관리제도의 시작단계
- 물류비의 체계적 · 통일적 파악
- 물류예산의 편성과 비교단계

↑

제2기 | 물류프로젝트 비용관리의 단계

- 현상에 따라 문제해결방안 모색(프로젝트팀 결성)
- 물류전문조직을 설치(물류비 세부적 파악)
- 물류비 파악이 체계적 · 지속적이지 못하고 조직의 체계화 미흡

↑

제1기 | 물류비 인식의 단계

- 물류관리의 중요성 인식단계
- 물류비의 정의, 범위의 인식
- 물류비의 거시적 파악으로 현상 파악

제2절 물류비 계산

1. 물류원가 계산방식

물류비를 정확하게 파악하기 위해서는 우선 물류원가계산이 이루어져야 하는데, 물류원가계산 방식에는 재무제표를 이용한 재무회계방식과 물류원가계산제도에 의한 관리회계방식이 있다.

1) 물류원가계산의 방식

(1) 재무회계방식(간이기준)

재무회계방식은 재무제표를 이용하여 물류비를 추산하는 방식으로, 손익계산서의 계정과목 중 지불운송료, 지불임차료, 지불보관료 등 물류관련 항목에서 물류비를 산정하고 또한 판매비, 일반관리비에서 물류관련 비용을 추산하게 된다. 재무회계방식에 의한 물류원가계산은 물류관리의 초기단계인 기업이나 물류비계산시스템이 확립되지 못한 기업에 유용하다.

그러나 재무회계방식은 물류비의 일부만을 파악할 수밖에 없어(총물류비의 20% 정도), 정확한 물류비 파악과 효율적인 물류비 절감을 위해 관리회계방식의 도입이 필요하다.

(2) 관리회계방식(일반기준)

관리회계방식은 원가계산제도에 따른 물류비를 산정하는 방식이다. 이 방식은 비교적 정확한 산정방식이며 원가절감의 달성 여부를 파악할 수 있다. 이 방식을 사용하기 위해서는 우선 기업특성에 맞는 물류비 정의와 분류, 물류원가계산 단위의 결정, 물류비 자료입수와 집계방법, 간접물류비의 기준설정 등 적합한 물류원가계산제도가 마련되어야 한다.

표 15-3 | 일반기준과 간이기준 비교표

구분	일반기준	간이기준
관점	물류목표를 효과적으로 달성하기 위한 활동에 관여하는 인력, 자금, 시설 등의 계획 및 통제에 유용한 회계정보의 작성이 목적	기업활동의 손익상태(P/L)와 재무상태(대차대조표)를 중심으로 회계제도의 범주에서 물류활동에 소비된 비용항목을 대상으로 1회계 기간의 물류비 총액 추정
계산방식	물류활동의 관리 및 의사결정에 필요한 회계정보를 입수하기 위해 영역별, 기능별, 관리항목별로 구분하여 발생비용을 집계	재무회계의 발생형태별 비용항목 중에 물류활동에 소비된 비용을 항목별로 배부기준을 근거로 해당 회계기간의 물류비로 추산
장점	영역별, 기능별, 관리항목별 물류비 계산을 필요한 시기나 장소에 따라 실시가능 물류활동의 개선안과 개선항목을 보다 명확하게 파악가능	개략적인 물류비 총액계산에 있어 별도의 물류비 분류, 계산절차 등이 필요하지 않고, 전담조직이나 전문지식이 부족해도 계산 가능
단점	상세한 물류비의 분류 및 계산을 위한 복잡한 사무절차 작업량이 많기 때문에 정보시스템 구축이 전제	상세한 물류비의 파악이 곤란하기 때문에 구체적인 업무평가나 개선목표의 수립이 곤란하며, 물류비 절감효과 측정에 한계

2) 물류원가계산 절차

물류비를 산정하기 위한 물류원가계산 절차는 다음과 같은 5단계로 구분된다.

(1) 제1단계 : 물류원가계산 목표의 명시

물류비관리 목표에 따라 물류원가계산 목표를 명확히 명시하고 목표에 따른 원가계산 대상을 결정한다. 물류비 계산범위의 설정은 기업에서 물류비 규모를 결정하는 매우 중요한 사항으로 어디까지 물류비를 계산하면 되는가를 결정하는 것이다. 물류비 계산범위는 물류부문에서 갖고 있는 업무상의 책임과 권한에 따라 다를 수가 있기 때문에 부문 간 또는 활동 간에 중복 또는 분리되어 있는 물류비 관련영역을 기업 내의 물류특성이나 회계특성에 의해 적절하게 조절해야한다.

(2) 제2단계 : 물류비 자료의 식별과 입수

물류활동에 따른 기본적인 원가자료를 원가계산 대상별로 수집한다. 이때 자료는 주로 발생형태별 물류비이다.

물류비 관련 물량자료로서 물류부문에서 발생하는 업무자료의 종류는 다음과 같다.

- 운송관련 : 영역별/제품별/지역별 운송거리, 운송량(ton/km)
- 보관관련 : 센터별/지역별/제품별 보관수량(개, 일, m^2), 입출고횟수 등
- 하역관련 : 물류인원의 영역별/기능별/제품별 등의 작업시간, 하차수량
- 포장관련 : 센터별/지역별/제품별 포장수량(개/m^3)

(3) 제3단계 : 물류비 배부기준의 선정

원가계산 대상별 물류비를 산정하기 위해 발생형태별 물류비의 배부기준과 방법을 선정한다. 따라서 물류비를 직접비와 간접비를 구분하여 직접비는 원가계산 대상별 일정액을 직접 부과하고, 간접비는 기업의 물류특성이나 물류관련 자료 입수가능성에 따라 배부방법과 기준을 선정해야 한다.

(4) 제4단계 : 원가계산 대상별 물류비의 배부와 집계

발생형태별 물류비 중 직접비는 일정액을 원가계산 대상에 부과하고, 간접비는 선정된 배부방법과 기준에 따라 일정액을 배부, 집계한다. 이때 물류비를 영역별, 기능별, 관리목적별로 집계할 수 있다.

(5) 제5단계 : 물류원가계산의 보고

물류비 계산 보고서를 원가계산 대상별로 작성하고 또한 영역별, 기능별, 관리목적별 그리고 기간별로 물류자료를 구분하여 보고서를 작성한다.

그림 15-2 | 물류원가 계산절차

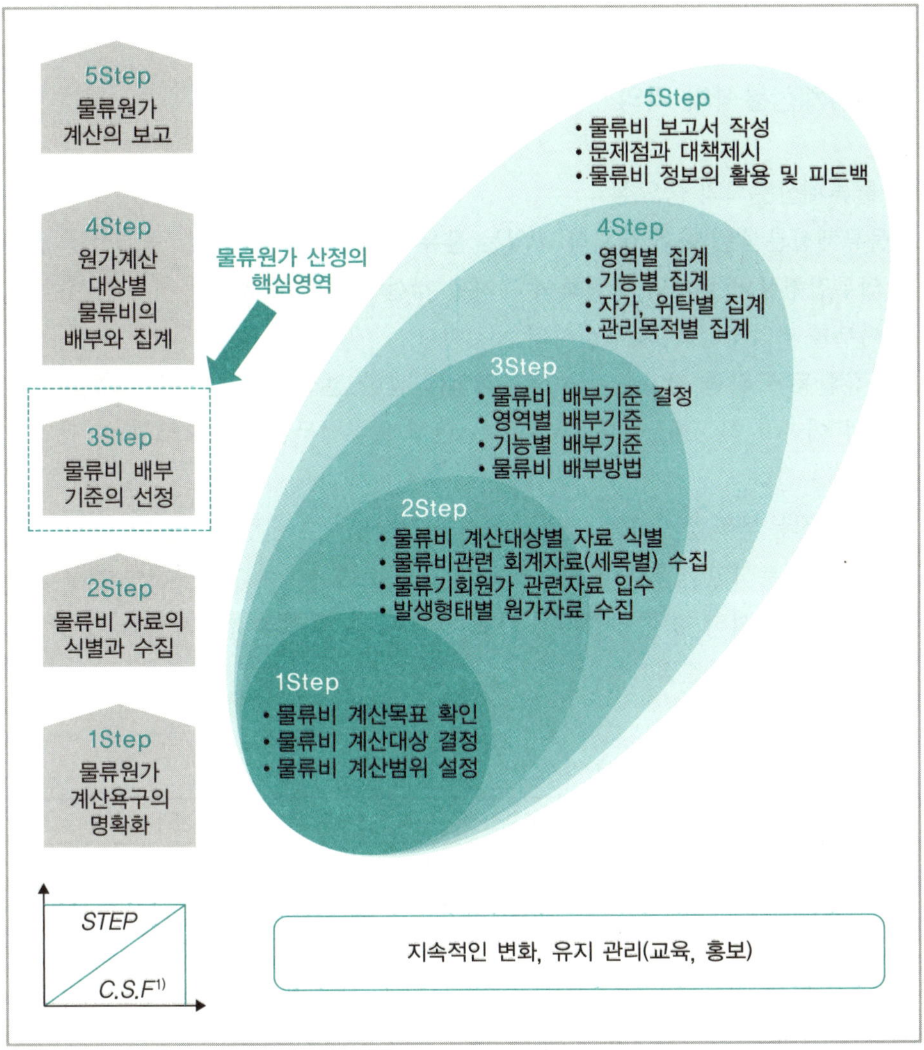

주 1) : CSF(Critical Success Factor). 조직의 목표달성에 중요한 영향을 미치는 조직의 내적 · 외적인 특성

2. 물류채산분석

1) 물류채산분석의 의의

(1) 물류채산분석의 중요성

물류채산분석은 현재 실시하고 있는 물류비관리시스템에 대한 구조적인 문제나 업무집행상의 문제와 관련하여 제기된 개선안 등에 대해 채산성 또는 수익성의 여부를 파악하기 위해서 실시되는 것이다.

물류활동에 관한 장 · 단기의 의사결정에 관한 분석을 총칭하여 '물류의사결정분석' 이라고 하는데, 물류채산분석은 현행 물류업무를 대상으로 하여 단기적인 분석을 한다.

물류채산분석을 중시하는 이유는 아래와 같다.

- 단기적 분석인 경우 현행 물류업무의 효율을 물류비절감을 통하여 측정가능
- 장기적 분석의 경우 기업의 물류전략이나 재무정책의 투자효율을 측정하며 합리적인 의사결정가능

표 15-4 | 물류채산분석과 물류원가계산의 특성 비교

회계내용/종류	물류채산분석	물류원가계산
계산목적	물류에 관한 의사결정	물류업적/성과의 평가
계산대상	특정의 개선안, 대체안	물류업무의 전반
계산기간	개선안의 전(특정)기간	예산기간(보통, 월별, 분기별)
계산시기	의사결정시 실시	각 예산기간별로 실시
계산방식	상황에 따라 상이	항상 일정
계산의 계속성	임시적으로 계산	반복적으로 계산
원가의 종류	미래원가, 실제원가 등	표준원가와 실제원가
원가의 범위	차액원가만 대상	전부원가를 사용
할인의 유무	할인계산함	할인계산하지 않음
사용원가	특수원가도 대상	실제원가만 대상

2) 물류채산분석의 절차

물류채산분석의 절차는 의사결정과정이기 때문에 여러 가지의 개선안, 대체안 중에서 의사결정의 목적에 부합하는 최적안의 선택과정이다.

(1) 제1단계 : 물류현황의 파악

현행 물류활동과 물류지출현황과 그 문제점을 파악한다.

(2) 제2단계 : 물류개선안의 작성

물류관리 목표에 의거해 개선안 또는 대체안을 탐색하고 작성한다.

(3) 제3단계 : 물류비의 측정

개선안별 실제물류비와 예상물류비를 측정한다.

(4) 제4단계 : 물류비의 비교

개선안별로 측정된 물류비를 비교하여 가장 저렴한 물류비의 최적안을 선택한다.

(5) 제5단계 : 물류개선안의 최종결정

물류비의 절감액을 중심으로 선택된 최적안을 물류개선 목적과 물류효율성 향상 가능성도 동시에 고려하여 최종 결정한다.

3. 물류설비투자의 경제성분석

(1) 물류설비투자의 경제분석의 중요성

물류설비투자는 물류고정자산, 물류정보시스템 시설, 물류관련 기술개발과 교육훈련에 관련하여 지출되는 것인데, 해당 물류설비의 투자에 대한 경제적 타당성 여부를 파악할 필요가 있다. 이때 실시되는 물류설비투자의 경제성분석('물류경제성분석' 으로 약칭)은 물류활동에 필요한 설비투자에 대해 그 경제적 효과를 금액으로 평가하고 투자액의 채산을 판단하는 방법이다.

특히 물류설비의 투자가 항상 물류효율을 향상시키거나 물류비 절감효과가 있다고 할 수 없기 때문에 물류시설투자에 대한 경제성 분석을 실시해야 한다.

(2) 물류설비투자의 경제성분석의 특성

표 15-5 | 물류경제성분석과 물류원가계산의 차이

구분	물류경제성분석	물류원가계산
대상	특정의 물류투자만을 대상	모든 물류활동을 대상
기간	해당투자의 전 내용연수에 대해 계산	일정기간(1년, 1월)에 대해 계산
성과	현금유입액으로 측정	원가절감액으로 측정
계산	감가상각 공제 전의 성과를 계산	감가상각 공제 후의 원가를 계산
할인	할인계산의 실시	할인계산의 미실시

(3) 경제성분석방법

물류설비의 투자시 가장 중시되어야 할 사항은 장기간 거액의 투자에 따른 현금흐름(cash flow)에 대한 영향의 분석이다. 즉 장기적인 자국투자이기 때문에 시간의 경과에 따른 화폐의 현재가치를 고려하여, 현금의 흐름에 대해 할인방법을 이용하여 실질적인 투자가치 또는 투자효율을 파악해야 한다.

경제성분석의 방법은 화폐의 시간가치를 고려한 할인모형인 내부이익률법과 순현가법이 있으며, 시간가치를 고려하지 않은 회수기간법, 회계이익률법 등의 비할인모형이 있다.

(4) 물류설비 투자분석시 고려사항

기업의 물류방침이나 물류관리목적에 의거해서 설비투자의 목적을 명확하게 해야 한다. 그리고 물류설비의 투자를 위해서는 우선적으로 물류현황의 파악을 구체적으로 실시한 후, 그 결과를 토대로 하여 투자에 대한 경제성분석을 실시하여야 한다.

제3절 물류비 관리기법

최근에는 다빈도 소량 물류의 증가와 물류서비스에 대한 소비자의 요구가 높아지는 등 물류환경에 커다란 변화가 일어나고 있으며 더불어 경영환경 전반에 급속한 진전이 이루어지고 있다. 이러한 물류환경의 변화는 전략적인 물류관리를 요구하게 되었고, 물류비와 관련해서 보다 효율적인 계획과 통제를 위해 구체적이고 고도화된 물류비 관리가 필요하게 되었다.

또한 정보기술 및 기법의 발전에 따라 컴퓨터에 의한 통합적인 제조, 판매 등의 관리가 이루어지고 있기 때문에 기존의 원가계산이나 관리회계 차원의 시스템으로는 요구되는 물류회계정보를 제공할 수 없게 되었다. 따라서 물류비를 전략적으로 계획하고 통제하기 위해 물류비 절감의 전략적 원가관리시스템인 ABC 원가계산기법과 전략적 예산관리시스템인 ZBB 예산기법의 도입이 요구되고 있다.

1. 물류 ABC(활동기준원가계산)

1) 물류 ABC의 개념

물류 ABC는 물류원가계산에 ABC(Activity Based Accounting)기법을 적용한 것으로, 기업의 물류활동을 분류하고 물류활동별로 세분하여 물류비를 계산하며, 활동원가를 원가계산 단위별로 일정한 기준(Cost Driver)에 따라 제품, 고객, 지역 등으로 계산하는 물류비 관리기법이다(이 기법은 미국관리회계사협회에서 제시한 방법이다).

2) ABC 물류비 계산절차

ABC 물류비 계산은 제품별, 조직별, 기간별, 유통경로별 물류비를 다음과 같은 단계에 따라 계산하도록 되어 있다.

- 물류관련 재무자료 수집
- 물류활동의 분류
- 물류비 흐름 모형의 예비 작성
- 물류 코스트 드라이버 분류
- 물류 코스트 드라이버 관련 자료수집
- 물류활동별 원가계산
- 제품별 물류비계산
- 전통적인 원가계산에 의한 물류비와 비교

3) 물류 ABC의 기본구조

ABC에 의한 원가계산은 2단계로 구분하고 있는데, 원가요소, 활동원가, 원가계산대상이라는 기본구조를 이루고 있다. 물류 ABC의 1단계는 경영자원의 원가요소를 물류활동별로 계산하는 단계이고, 2단계는 물류활동별로 집계한 물류비를 원가계산 대상별로 계산하는 단계이다.

ABC에 의한 물류원가계산의 단계별 절차를 살펴보면 [그림 15-3]과 같다.

그림 15-3 | 물류 ABC의 기본구조

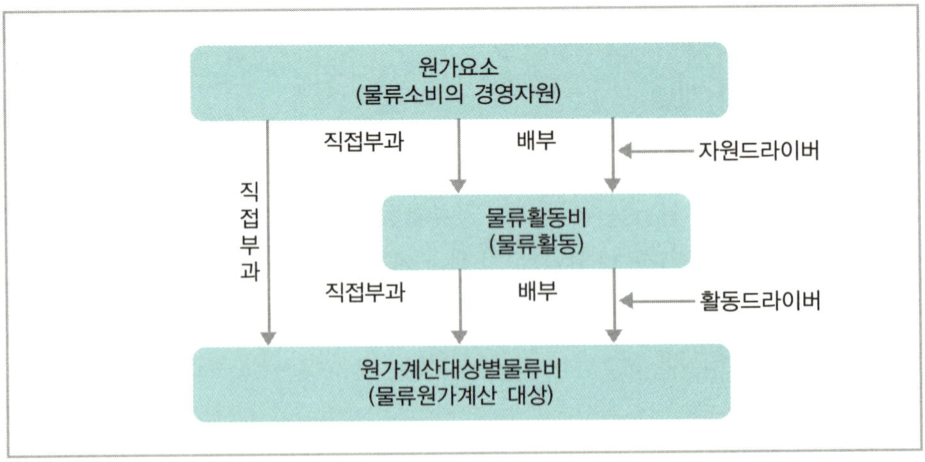

그림 15-4 | ABC에 의한 물류원가계산의 프로세스

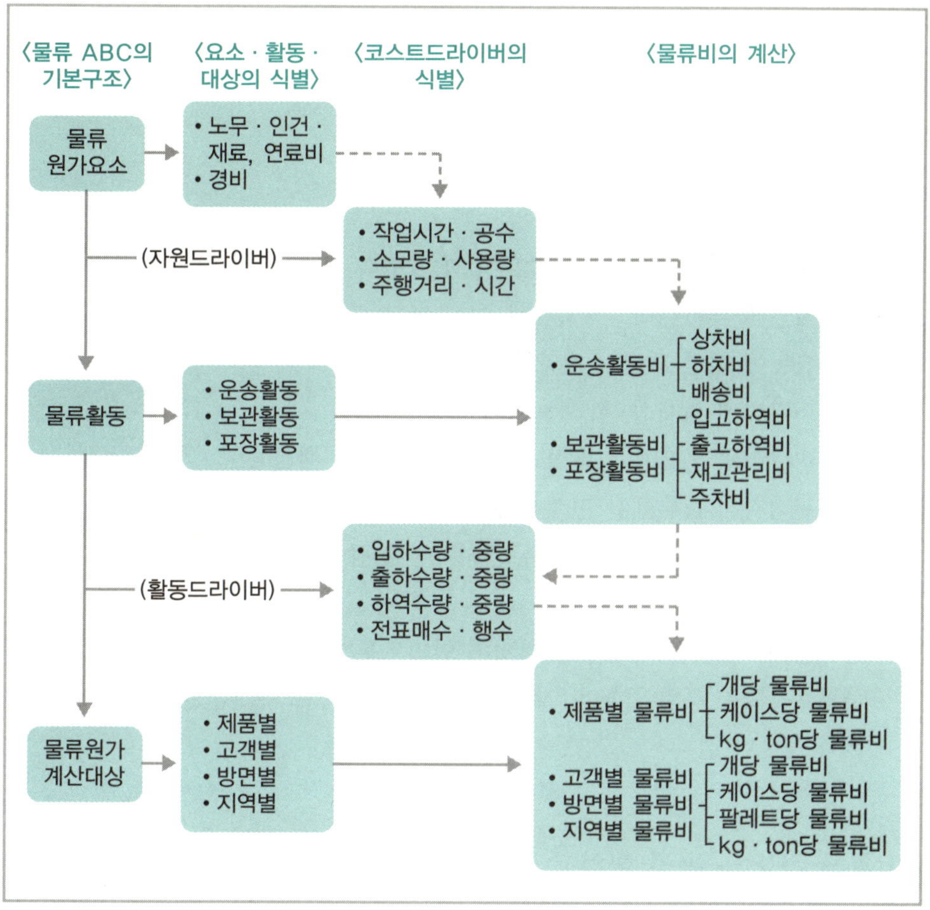

주 : 점선(- - -)은 물류비의 계산흐름을 나타냄.

2. 물류 ZBB(Zero-Base Budgeting)

1) 물류 ZBB의 개념

ZBB는 경영자원의 효율적인 배분을 위한 전략적 예산편성 기법으로, 설정된 목표에 따라 특정 업무나 프로그램을 계획하여 기존업무와 신규업무를 동일한 기준, 즉 제로기준으로 평가와 우선순위를 결정한 후 업무의 우선순위에 따라 예산을 배분하는 제도이다.

물류 ZBB는 기업의 물류담당관리자가 제로에서 출발해 의사결정패키지를 작성하고, 물류부문책임자는 기존, 신규업무를 동일한 기준에서 평가한 후 결과에 따라 경영자원을 분배하는 업무별 예산방식이다.

2) 물류 ZBB의 성과

물류 ZBB를 적용하면 다음과 같은 성과가 있다.

- 적극적인 물류비관리
- 물류활동에 대한 자원의 제약가능성 인지
- 물류비관리에 경제성, 합리성 중시
- 물류비관리의 목표를 비용절감에서 이익창출로 전환
- 물류관리자의 물류예산 편성시 참여
- 물류업무의 전적인 책임을 물류관리자가 부담
- 전략적인 사고를 물류관리자가 보유토록 함
- 물류관리자에게 현장업무를 철저히 인지토록 함
- 물류효율화를 통한 물류비 절감
- 본사 물류비 절감

3) 물류 ZBB의 편성 절차

물류 ZBB는 물류관리자가 물류패키지를 작성하여, 물류부문책임자가 평가, 우선순위 결정, 채택하여 물류예산을 편성하게 되는데 그 절차는 다음과 같다.

- 물류목표 설정(최고경영층에서 경영방침, 전략에 의거하여 결정)
- 물류비 절감목표 설정(물류비 절감목표를 계수화)
- 물류비관리 단위의 업무내용 분석 결과(물류패키지)의 작성
- 물류패키지의 평가(주관식/객관식 평가)
- 물류패키지의 순위결정(높은 순위에서 낮은 순위로 단계적으로 결정)
- 물류패키지의 채택(우선순위에 따라 물류비 예산총액 범위에서 채택, 기각 결정)
- 물류비 예산의 편성(우선순위에 따라 예산 편성)
- 예산관리 단위별로 예산 편성

제4절 우리나라 물류비 실태

1. 기업물류비의 추이와 표준화

1) 기업물류비 추이

물류비는 국내에서 일어난 모든 물류활동에 소비한 경제가치를 측정하는 국가물류비와 각 기업이 물류활동을 수행하는 데 소비한 경제가치를 측정하는 기업물류비로 구분할 수 있다. 전 세계적으로 기업의 제3의 이윤으로 관심과 중요성이 날로 높아짐에 따라 우리나라는 1978년 대한상공회의소의 조사를 시작으로 각종 연구기관에서 기업물류비에 대한 조사가 진행되고 있으며, 최근 무역협회의 조사자료에 따르면 2005년도 매출액 대비 기업물류비는 9.7%로 2003년 9.9%보다 0.2%p 감소한 것으로 나타나, 1997년 이후 하향추세가 지속적으로 이루어지고 있는 반면 개선폭은 크게 둔화되고 있는 실정이다. 또한, 주요 선진국인 일본(4.8%), 미국(7.5%)보다 여전히 높은 수준으로 격차가 존재하고 있다.

그림 15-5 | 매출액 대비 기업물류비 추이

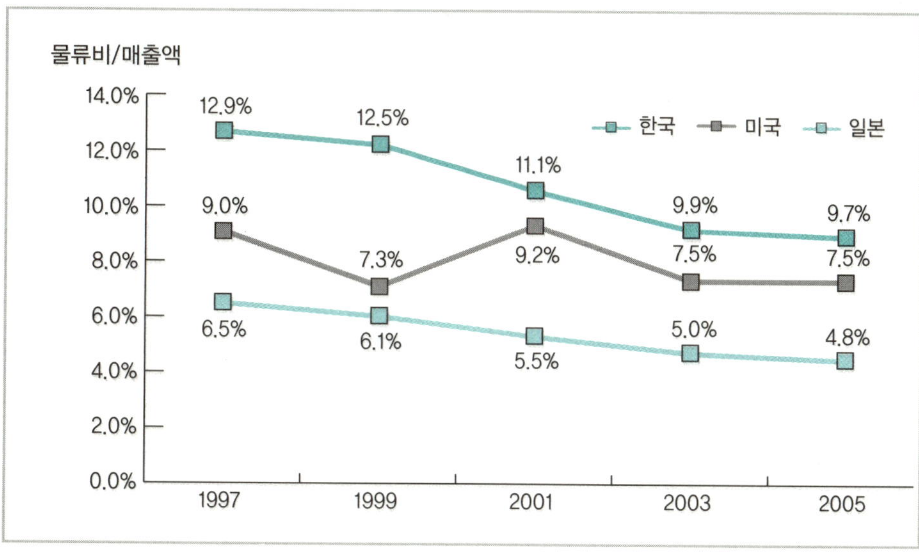

자료 : 한국무역협회, 2006 기업물류비 실태분석, 2007. 5.

그림 15-6 | 기능별 기업물류비 추이

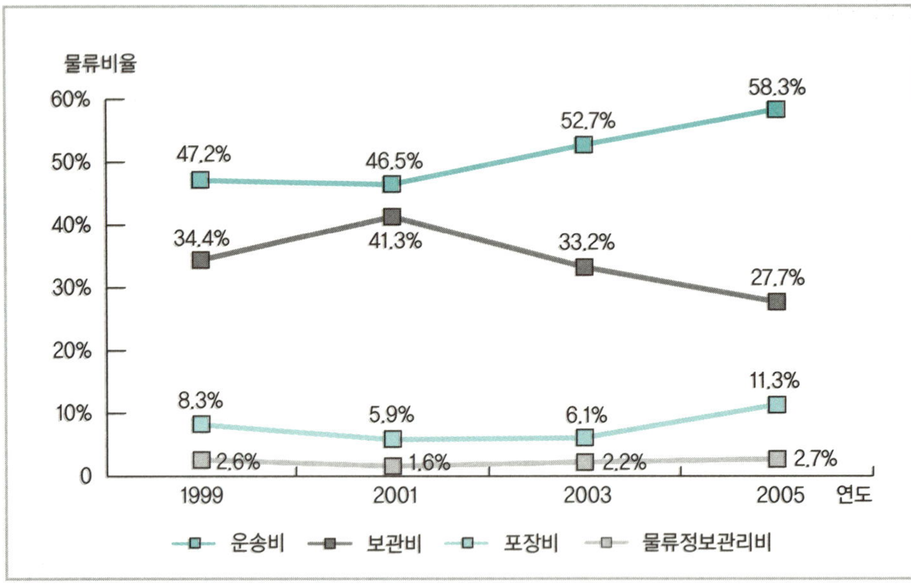

자료 : 한국무역협회, 2006 기업물류비 실태분석, 2007. 5.

기능별 물류비를 살펴보면 운송비가 58.3%로 최대 비중을 차지하고 있으며, 이어 보관비(27.7%), 포장비(11.3%), 물류정보관리비(2.7%) 등의 순으로 비중을 차지하고 있다. 운송비 비중은 2003년보다 5.6%p 증가한 반면, 보관비는 5.5%p 감소하였는데, 운송비는 유가상승과 적기 · 소량다빈도 운송 증가, 보관비는 적정 재고관리가 주 요인으로 작용한 것으로 분석되었다.

그림 15-7 | 기업물류비의 주요 증감요인

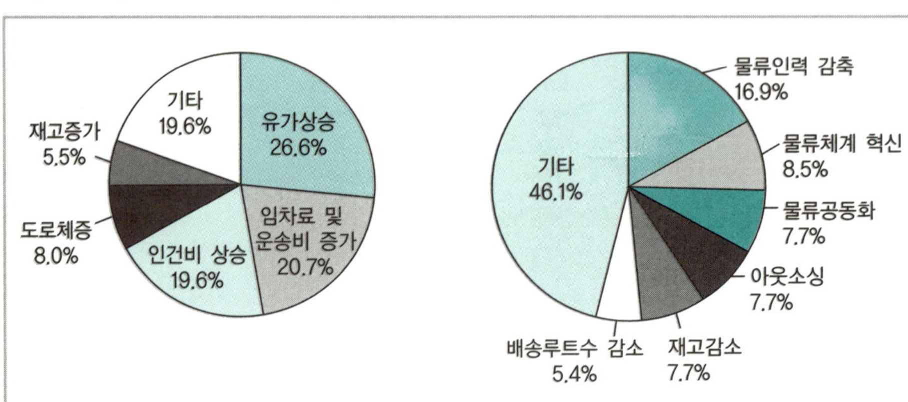

기업물류비 증가의 주요한 요인으로서는 유가상승(26.6%), 운송비/임차료 증가(20.7%), 인건비 상승(19.6%) 등이 주요 요인으로 작용하였으며, 반면에 주요 감소요인은 물류인력 감축(16.9%), 물류체계 혁신(8.5%), 물류공동화 · 아웃소싱 · 재고감소(7.7%) 등이 주된 영향요소인 것으로 조사되었다.

2) 기업물류비 산정의 표준화

수송, 보관, 하역, 포장, 정보 및 관리 활동에 소요되는 기업물류비는 기업의 물자조달, 생산, 판매, 회수 등의 과정에서 발생하는 비용(Cost)을 말하며, 관리 및 절감 정도에 따라 상품의 대외경쟁력, 경영활동의 효율화 등을 나타내는 지표 및 새로운 이윤창출요인 등으로 평가될 수 있다.

하지만 각 연구기관별로 기업물류비를 산정하는 방법과 구성지표의 차이가 존재하였으나 2009년 국토해양부를 중심으로 기업물류산정지침에 대한 매뉴얼을 개발 · 보급하고 있다. 현재 개발된 표준물류회계 프로그램은 국토해양부의 기업물류비 산정지침 및 기본해설서 등을 반영하여 영역별, 기능별로 물류비 입력 및 자동계산, 시계열 · 지급형태 · 이자계산비율 분석기능을 가지고 있다. 이러한 표준물류회계프로그램의 주요 기능은 다음과 같다.

- 영역별, 기능별, 형태별, 세목별, 조업도별 물류비 입력기능
- 물류비 산정을 위한 reference(예시) 및 용어해설기능
- Property(옵션) 선택에 따른 불필요한 템플릿 비활성화
- 지역별, 지사별 물류비 병합기능 및 분석기능
- 물류비 분석기능 등

기업물류를 산정하는 데 프로그램 등을 널리 활용하게 될 경우 해당기업의 매출액 대비 물류비 규모나 추세를 지금보다 더 정확하게 파악할 수 있게 되고, 자사의 지점별 또는 동종업계 대비 객관적인 물류비 자료의 비교 분석을 통해 물류프로세스별 문제점 발굴과 이를 개선하기 위한 의사결정이 보다 원활해 질 수 있는 장점이 있다. 이러한 기업물류비 산정 표준화 프로그램은 기업에서 물류비를 보다 편리하게 산정 · 관리하고 물류경영 의사결정이나 개선에 효과적으로 활용할 수 있도록 앞으로도 기업 및 전문가 의견수렴을 통해 지속적으로 보완되어져야 한다.

그림 15-8 | 표준물류회계 프로그램 예

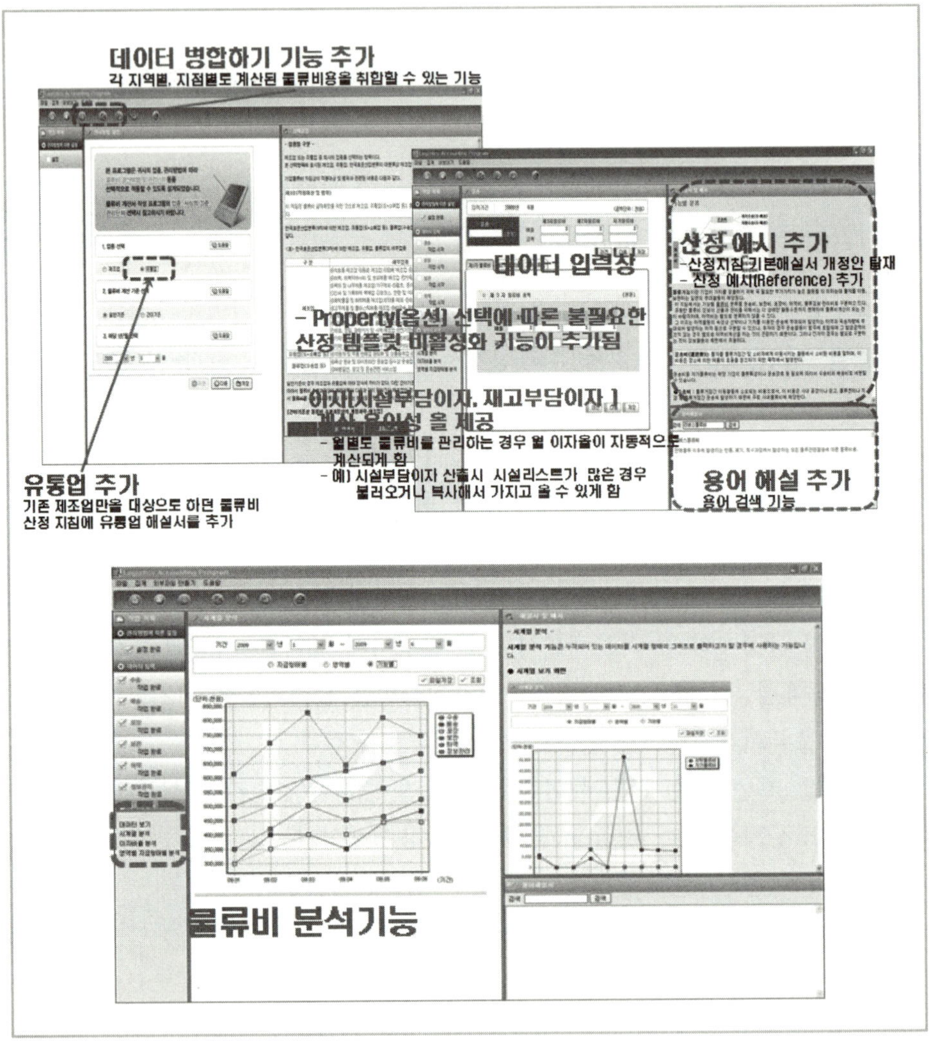

2. 국가물류비의 추이

1) 국가물류비의 의의와 구성지표

국가물류비는 화물의 수송 · 보관 · 하역 등 국민경제의 물류활동 과정에서 발생한 거시경제적 비용을 의미한다. 국가물류비 등의 지표는 국가물류정책을 수립함에 있어 자료로 활용되며, 기타 경제정책을 수립하는 데에도 범용적으로 활용되기 때문에 국가 물류전반에 걸친 다양한 조사를 통해 파악되고 있다.

국가물류비는 비용개념뿐 아니라 부가가치 개념을 포함하고 있는데, 국가물류비가 높다는 것이 단순히 물류비용이 높아 물류체계가 비효율적임을 의미하는 것은 아니며, 물류산업의 부가가치 생산이 높아 국민경제에 이바지하는 측면이 많음을 의미할 수도 있다.

국가물류비의 거시경제적 물류비 추계 방법으로는 산업연관표 방식과 Heskett 방식이 있다. 우리나라의 경우 미국 · 일본 등에서 사용하는 Heskett 방식을 적용하고 있으나, 세부적인 비용항목을 추정하거나 산정하는 방법 면에서 각 국가 간에 차이가 존재한다.

국가물류비를 구성하는 지표는 기능별로 수송비, 재고유지관리비, 포장비, 하역비, 물류정보비, 그리고 물류관련 일반관리비로 나누어 산정하며, 주된 구성요소와 주요 관련통계자료에 대한 정보는 [표 15-7]과 같다.

표 15-6 | 국가물류비 지표

구분	구성지표
총괄 지표	국가물류비
활성화 지표	물류활동 부가가치, 환적화물 추이
효율성 지표	단위물류비, 단위수송비

자료 : 이재민 · 서상범, 2002 국가물류비 산정 및 추이분석, 2004.

표 15-7 | 물류비 구성요소와 관련 통계자료

항목	대분류	중분류	소분류	통계자료	비고
수송비	철도화물 수송비	차급화물		국토해양 통계누리	
		수소화물			
	도로화물 수송비	영업용	일반화물	운수업통계 조사보고서	
			개별화물		
			용달화물		
			파이프라인운송	대한송유관공사	• 재무제표
		비영업용	운행비용	직접 산출	
	수상화물 수송비	국내	내항화물	운수업통계조사 보고서 한국국제해운 대리점협회 한국선주협회	
			내륙수상화물		
		외항	국적선사		
			외국적선사		
	항공화물 수송비	국내		국적항공사 한국공항공사	
		국제	국적항공사		
			외국적항공사		
	화물운송 대행료	화물운송대행료		운수업통계 조사보고서	
재고 유지 관리비	보관비	영업 창고	보통창고	운수업통계조사 보고서	
			냉장창고		
			위험물창고		
			농산물창고		
			기타창고		
		자가창고		직접 산출	• 기업물류비실태조사의 자가 · 위탁비율을 이용하여 추정
	재고유지비			기업경영분석	
	재고위험비			대한상공회의소	
포장비	골판지포장비			한국골판지 협동조합	• 2009년도 골판지포장 시장 진단 및 경영 예측 • 조합홈페이지 참조
	팔레트포장비			한국팔레트풀협회	

하역비	육상 및 항공화물하역비	운수업통계 조사보고서	
	수상화물하역비		
물류 정보비	–	한국무역협회 한국은행	
일반 관리비	–	한국무역협회 한국은행	

자료 : 서상범 · 권혁구, 2007 국가물류비 산정 및 추이분석, 2009.

2) 국가물류비의 추이

국내물류활동 과정에서 발생한 국가물류비와 물류시장 규모는 꾸준히 증가하고 있다. 2007년 기준으로 117조 1,120억 원이며, 최근 7년간 연평균 약 4.63%씩 증가하고 있는 실정이다. 이러한 증가요인으로는 물동량의 증가 및 부가가치 물류활동의 활성화가 주된 영향요인이라 할 수 있다.

그림 15-9 ❙ 국가물류비 추이

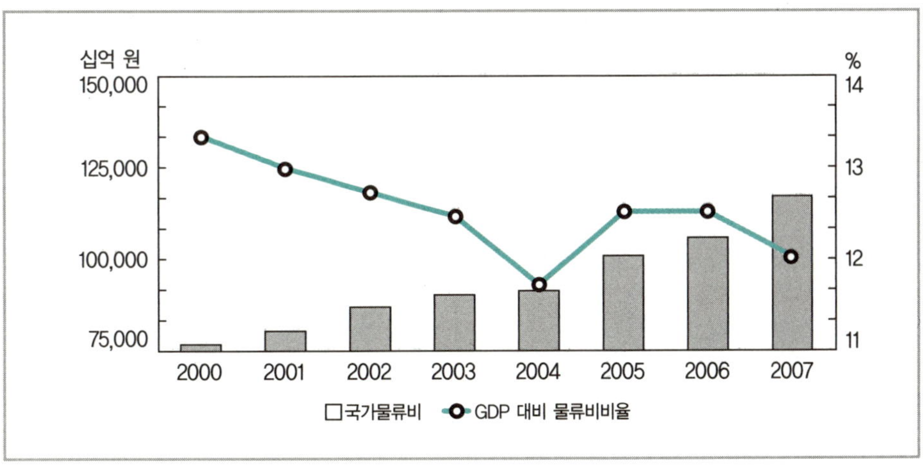

자료 : 나라지표(http://www.index.go.kr)

표 15-8 | 국가물류비의 지표와 추이

(단위 : 십억 원, %)

구분	2000	2001	2002	2003	2004	2005	2006	2007
국가물류비	77,119	80,792	87,032	90,345	91,352	101,019	106,193	117,112
GDP 대비 물류비비율	13.3	13	12.7	12.5	11.7	12.5	12.5	12
국가물류활동 부가가치	42,302	45,471	48,995	55,633	59,002	63,500	65,006	70,178
GDP 대비 국가물류활동 부가가치비율	7.3	7.3	7.2	7.7	7.6	7.9	7.7	7.2
단위물류비(원/ton)	-	54,556	57,861	53,775	50,745	54,731	56,402	58,938
단위수송비(원/ton-km)	-	402	469.4	465.8	443.3	487.3	497.3	540.9

자료 : 한국교통연구원, 2007국가물류비산정 및 추이분석, 2009.
주1) 국가물류비는 국제항공 및 해운수송비 제외
2) 국가물류활동은 물류산업 및 자가물류를 포함
3) 단위물류비=총물류비÷총물동량(톤기준)
4) 단위수송비=총수송비÷총물동량(톤-km기준)
5) 2000년부터 현행 국가물류비 산정방식 적용, 물류비는 2년의 조사기간이 소요되며, 2008년 자료는 2011년 초에 발표 예정임

기능별 국가물류비 추이를 살펴보면, 전 부분에서 상승세를 나타낸 2006년과는 달리 하역비, 일반관리비가 전년 대비 각각 2.68%, 8.16% 감소한 반면, 수송비는 7.31%, 재고유지관리비는 2.50%, 포장비는 7.10%, 물류정보비는 0.54% 증가한 것으로 분석되었다.

2000년도 이후 평균증가율의 경우 일반관리비(-5.64%)를 제외하고, 수송비, 재고유지관리비, 포장비, 하역비, 물류정보비에서 각각 6.59%, 0.08%, 3.84%, 3.39%, 2.90%의 증가세를 나타내고 있다.

표 15-9 기능별 국가물류비 추이(국제화물수송비 포함)

(단위 : 십억 원, %)

구분	수송비	재고유지 관리비	포장비	하역비	물류정보비	일반관리비	물류비 총계
2000	66,909	19,803	1,644	1,144	2,359	2,260	94,118
2001	73,393	18,353	1,741	1,140	2,297	2,245	99,169
2002	83,185	17,793	1,817	1,348	1,393	1,415	106,952
2003	91,286	15,291	2,012	1,257	1,139	1,176	112,693
2004	101,575	15,571	2,024	1,686	1,192	1,236	123,283
2005	107,487	16,889	2,063	1,809	1,621	1,680	131,549
2006	109,092	18,085	2,123	1,974	1,774	1,840	134,888
2007	122,763	21,318	2,278	1,991	1,668	1,730	151,748
연평균 증감률	9.06 (7.17)	1.06 (0.08)	4.77 (3.84)	8.24 (3.39)	▽4.83 (2.90)	▽3.74 (▽5.64)	7.06 (4.74)
전년 대비 증감률	12.53 (10.17)	17.88 (2.50)	7.32 (7.10)	0.84 (▽2.68)	▽5.99 (0.54)	▽5.99 (▽8.16)	12.50 (8.33)

자료 : 한국교통연구원, 2007국가물류비산정 및 추이분석, 2009.

그림 15-10 | 기능별 국가물류비 추이(국제화물수송비 포함)

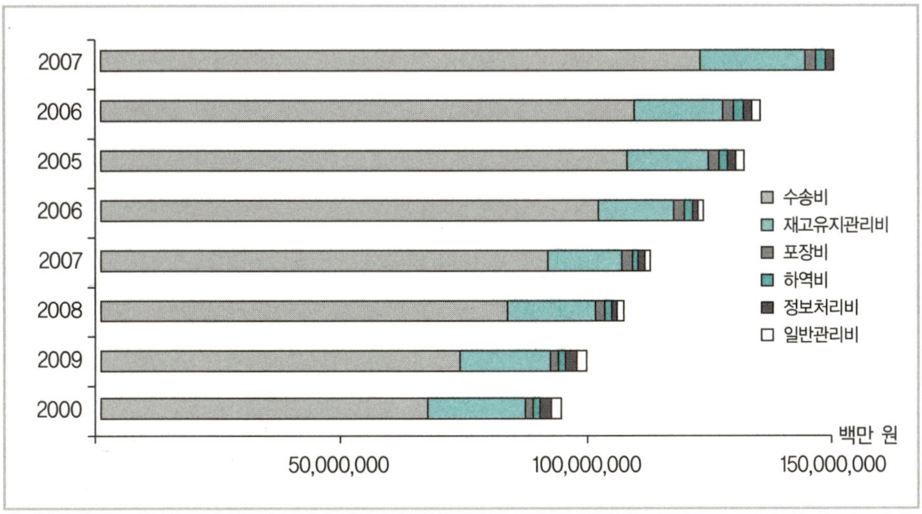

제 16 장

물류전략 및 정책

핵심내용

물류전략은 기업의 수익성과 경쟁적 성과를 향상시키기 위한 중요한 요소로 인식되고 있으며 물류활동을 전략적인 기업의 과제로 받아들이고 있다. 물류전략 수립시 고려되어야 할 요소로는 총비용, 고객서비스 차별화, 혼합전략, 지연전략, 혼재전략, 표준화전략 등이 있다.
물류계획 수립은 서로 다른 요소들과 물류활동들이 기회비용과 조직의 총비용의 관점에서 어떻게 상호작용하는지에 대한 이해를 필요로 한다는 점에서 복잡한 과정이라고 할 수 있다. 물류계획의 주요 부문은 고객서비스 수준, 입지시설, 재고의사결정, 수송의사결정 등이 있다. 물류전략을 실행함에 있어 물류활동의 집중화 및 분산화, 제3자 물류활용 등을 고려해야 한다.

주요용어

물류전략, 총비용, 고객서비스 차별화, 혼합전략, 지연전략, 혼재전략, 표준화전략, 물류계획, 국가물류기본계획

제1절 경영전략과 물류관리

1. 경영전략의 기초개념

1) 전략의 의의

오늘날 기업은 경쟁이 치열한 경제 · 사회 환경하에 놓여 있기 때문에 불확실한 미래를 예측하고 경영의 목표를 달성하기 위해서 전략적 기업경영 방식을 도입하는 것을 우선적으로 고려해야 한다.

전략이란 환경변화에 대응하면서 사업영역을 확보하고 지속적 경쟁우위를 보유함으로써 기업의 목표를 달성하는 수단이라고 정의할 수 있다. 즉 기업의 기본적인 장기목표를 설정하고 이들 목표를 달성하기 위해 필요한 일련의 행동계획을 채택하고 경영자원을 배분하는 것이다.

전략은 경영자의 의사결정의 수준과 범위에 따라 기업전략, 사업전략, 기능전략으로 구분되고 기업의 전략은 하위의 사업전략, 기능별전략의 합리적 이행에 의해 달성된다.

우선 기업전략은 기업의 사업영역에 관한 의사결정과 자원의 최적배분, 그리고 다각화된 사업 포트폴리오를 관리함으로써 기업의 전체성과를 제고하는 문제를 다룬다. 따라서 기업 전체의 장기적 경쟁지위를 강화하고 수익성을 높이는 것이라고 하겠다.

둘째, 사업전략은 사업부수준에서 사업영역의 정의, 목표설정, 경쟁우위의 성취방안에 관한 전략이다. 따라서 사업전략은 경쟁우위의 원천이 되는 자원이나 능력을 개발하고 당면하는 기회와 위협에 대응하여 내부자원을 활용함으로써 경쟁우위를 확보한다. 또한 기능별 부서의 전략적 행동을 조정하고 통합하는 것이다.

셋째, 기능전략은 사업전략의 하위전략으로서 각 기능부문수준에서의 목표의 설정 및 경쟁력 제고를 위한 전략이다. 즉 생산, 마케팅, 재무 그리고 물류 등 기업의 주요 기능부문에서 자원활용을 극대화하기 위한 전략이다. 기능별전략은 사업전략을 구체화하고 기능별 활동을 어떻게 관리할 것인지를 그 대상으로 한다.

이상의 세 가지 수준의 전략은 상호 밀접한 연관을 맺고 있다. 하위전략은 상위수준의 전략에 의해 제약을 받으며, 상위전략은 하위전략의 방향과 목표를 제시해주는 역할을 한다.

2) 전략경영(Strategic Management)단계

전략경영이란 기업의 사명을 추구하고 목표를 달성하기 위한 효과적 전략을 수립하고 실행하는 일련의 의사결정과 행동의 과정이다. 기업은 전략경영을 실행하기 위해 먼저 기업이 처한 외부 및 내부의 환경을 분석하게 된다.

외부분석은 환경 및 산업 측면에서 소비자욕구, 환경변화요인, 산업매력도, 핵심성공요인 등을 분석하게 되고 경쟁기업의 전략, 강점 및 약점을 분석해야 한다. 그리고 내부분석을 위해 내부자원, 조직구조 · 능력 · 문화, 핵심역량 등을 살펴보아야 할 것이다. 따라서 전략경영은 관련 의사결정과 행동들이 연속되는 과정이며 이 과정은 다섯 단계로 구분된다.

1단계에서는 기업의 사명을 규정한다. 기업의 사명은 기업의 존재목적을 밝히고, 이를 달성하기 위해 기업이 나아갈 방향을 제시한다. 구체적으로는 기업이 어떤 사업에 참여하고 있으며, 앞으로 어떤 사업에 참여할 것인가 하는 사업영역을 결정하는 것이다.

2단계에서는 기업의 장 · 단기적 목표를 설정한다. 사명을 구체적 성과척도로 전환한 것이 목표이다. 목표는 기업의 전략적 방향을 제시해 주며, 궁극적으로 기업의 사명을 실천하는 것으로 연결된다.

3단계는 기업의 사명을 추구하고 목표를 달성할 수 있는 효과적인 전략을 수립하는 단계이다. 이를 위해 외부환경에 대한 분석을 통해 기회(opportunities)와 위협(threats)을 파악하고, 기업이 보유하고 있는 내부자원과 능력에 대한 분석을 통해 강점(strengths)과 약점(weakness)을 파악한다. 그리고 외부환경의 기회와 위협과 내부자원의 강점과 약점 간의 적합성을 달성할 수 있는 전략을 수립한다.

4단계에서는 수립된 전략을 세부적 행동계획과 절차로 구체화하고 이를 실행한다. 기업의 목표달성은 전략의 수립과 실행에 의해서 좌우된다. 아무리 좋은 전략을 수립하더라도 이를 잘 실행하지 못한다면 원하는 목표를 달성할 수가 없다. 이를 위해 기업은 보유하고 있는 내부자원을 배분하고, 이들 자원을 수립된

그림 16-1 | 전략의 수립 및 실행과정

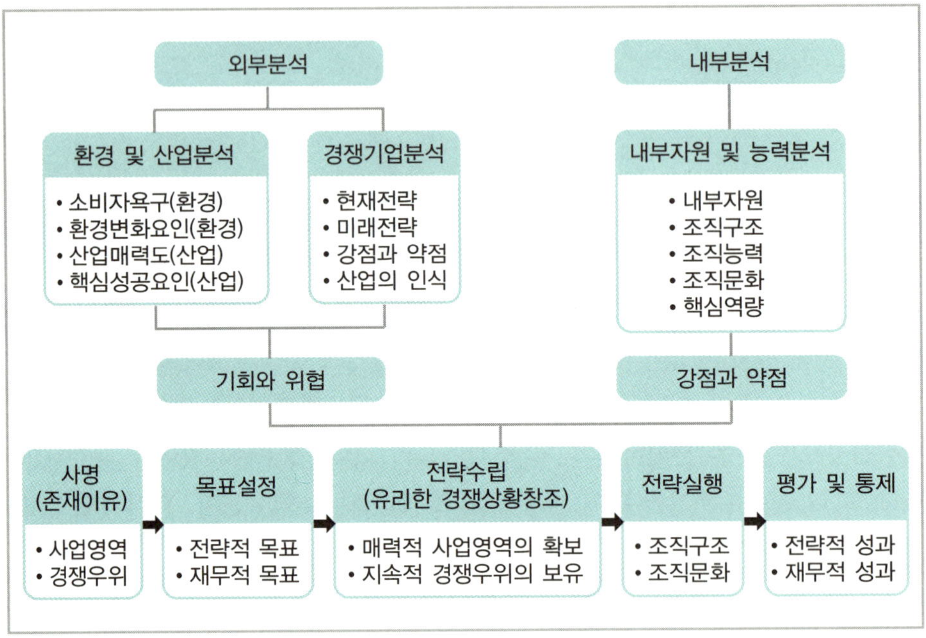

전략적 방향에 맞추어 효과적 및 효율적으로 활용하는 것이 필수적이다.

마지막 단계에서는 전략을 실행한 성과를 평가하고, 필요한 경우 조정과 수정을 통해 다음 전략수립단계에 반영한다.

이상에서 알 수 있듯이 전략경영의 일반적 과정은, 먼저 기업의 사명과 목표를 설정하고, 외부환경과 내부환경에 대한 분석을 통해 기업의 전반적인 상황을 평가한 후, 이러한 외부환경과 내부환경에 적합한 전략을 수립하고 이를 실행하는 단계로 진행된다.

2. 경쟁우위전략

1) 경쟁우위전략

기업의 경영전략의 최대목표는 시장 내 경쟁우위를 확보하는 것이다. 기업의 경쟁우위는 원가우위(cost advantage)와 차별화우위(differentiation advantage)

그림 16-2 | 경쟁우위와 본원적 전략

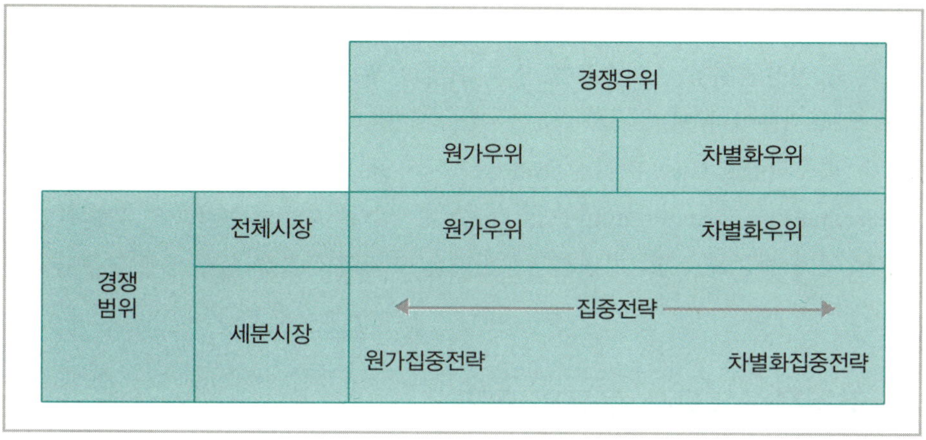

두 가지 유형으로 나눌 수 있다. 이것은 경쟁기업과의 상대적 원가와 고객이 인지하는 독특성에 근거를 두고 있다. 즉 원가우위는 경쟁기업에 비해 생산원가가 낮을 때 발생하며, 차별화우위는 고객이 경쟁기업의 제품과 다르다고 인식할 때 발생한다.

이 두 가지 기본적 경쟁우위와 관련하여 경쟁우위의 유형과 경쟁범위에 따라 원가우위전략, 차별화전략, 집중전략 등 세 가지의 본원적 전략으로 [그림 16-2]와 같이 구분할 수 있다.

첫째, 원가우위전략은 산업 내에서 가장 낮은 원가를 실현하고자 하는 기업의 전략이다. 원가우위를 추구하는 기업은 일반적으로 표준화된 제품이나 단순한 제품을 생산함으로써 원가우위를 얻으려고 한다. 원가우위기업은 경쟁기업과 비슷하거나 낮은 가격에서도 높은 수익을 얻을 수 있기 때문에 원가우위를 지속적으로 유지할 수 있다면 산업평균 이상의 성과를 얻을 수 있다.

둘째, 차별화전략은 고객이 중요하다고 인지하는 속성에 맞추어 제품, 마케팅, 수송시스템 등 광범위한 영역에서 차별화를 이루는 전략이다. 성공적인 차별화를 위해서는 고객의 욕구에 대한 분석을 필수적으로 시행해야 한다. 왜냐하면 기업이 독특한 차별화를 이루었다 하더라도 고객이 가치 있다고 판단하지 않으면 아무 소용이 없기 때문이다. 따라서 성공적인 차별화는 차별화의 공급능력을 고객의 수요에 일치시키는 데 있다.

셋째, 집중전략은 산업 내 특정 세분시장을 목표시장으로 설정하고, 이에 적합한 전략을 수행함으로써 경쟁기업을 배제시키는 전략이다. 이 집중전략은 좁은 시장을 대상으로 하는 기업이 보다 효과적이고 효율적으로 시장에 접근할 수 있다. 즉 시장범위를 좁힘으로써 특정 고객의 욕구에 잘 대응하거나, 보다 낮은 비용으로 제품이나 서비스를 공급할 수 있다. 또한 집중전략은 원가우위에 바탕을 둔 집중전략(a Cost Focus Strategy)과 차별화우위에 바탕을 둔 집중전략(a differentiation focus strategy)으로 나눌 수 있다. 원가집중전략은 세분산업의 원가요인에 중점을 두고, 차별화집중전략은 고객의 독특한 욕구에 중점을 둔다.

3. 경영전략으로서 물류의 역할

최근에 경영전략의 일부로서 물류전략은 기업의 수익성과 경쟁적 성과를 향상시키기 위한 중요한 요소로 인식되고 있으며 물류활동을 전략적인 기업의 과제로 받아들이고 있다.

경영자가 기업의 물류활동을 전략적으로 접근하기 위해서는 우선 물류전략과 계획수립과정에 대한 충분한 이해가 있어야 한다. 국내 제조업의 경우 상당히 많은 비용을 물류관련비용으로 지출하고 있다는 점은 경영자에게 물류활동이 경영전략의 일부분으로서 전략적 사고가 필요함을 시사하고 있다.

미국의 세계적 유통업체인 월마트(Wal-Mart)의 성공배경에는 "Everyday Low Price"라는 저렴한 가격전략으로 서비스 및 상품을 판매하였다. 재고관리에 있어서도 재고수준을 최저로 유지하면서 제품을 적시에 보충하는 것이 월마트 경쟁전략의 핵심이라 할 수 있다. 이렇듯 효과적인 물류활동의 전개가 세계적인 유통업체의 경쟁전략의 핵심이 되고 있다.

경영전략에서 중요한 것은 기업활동에 있어 각 영역 간의 조화와 균형을 이루는 것인데, 기업의 장기적인 활동과 단기적인 활동 사이의 이러한 역할을 물류가 담당하고 있는 것이다. 전략은 기업의 모든 주요 기능들을 연계시켜 포괄적으로 실행해야 한다는 점을 감안할 때 전략의 전개에 필요한 조화와 균형을 유지하는 기능이 물류에 있다는 것이다.

전략적 경영에 있어 기업전략이 변화하는 시장환경에서 차별화된 기업의 경쟁력을 유지하기 위해서 물류의 중요성은 더욱 강조되고 있으며, 물류활동이 잘 이루어지고 있다는 의미는 물류와 관련있는 수많은 개별요소들이 조화와 통합이 최적화되어 있다는 것이다. 그러므로 물류와 관련된 복잡한 기능이 제대로 이루어지고 있다는 점만으로도 해당기업의 전략적 기능이 어느 정도 이루어지고 있다고 할 수 있다.

제2절 물류전략 및 계획

1. 물류전략

1) 물류전략의 수립

기업이 경영목표에 따라 경영전략을 수립하게 되면 기업의 목표와 경영전략을 고려해서 세부적인 기능별 전략으로서 물류전략을 수립하게 된다. 즉, 물류시스템을 기업경쟁우위의 한 요소로 하여 물류를 통해 기업의 경쟁력도 향상시키는 전략적 물류관리방식의 도입이 필요한 것이다.

물류시스템관리의 전략적 목표는 [그림 16-3]과 같이 상대적 차별화수준과 상대적 물류비의 수준 간의 상충관계 속에서 선정할 수 있다.

그림 16-3 | 물류시스템의 전략적 목표

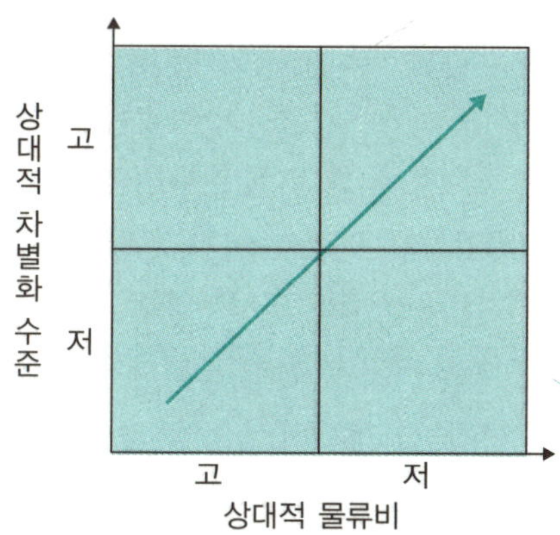

물류시스템에 있어서 전략은 각 물류활동들에 대한 계획을 구체화함으로써 구현될 수 있는데 일반적으로 비용절감, 자본절감, 고객서비스 개선을 목표로 한다. 비용절감은 최적의 수송수단과 수송루트의 선택 그리고 최적의 입지선정을 하여 관련 물류비용을 최소화하는 물류전략의 목표가 된다. 비용수준을 최소화함으로써 결국 기업의 이윤을 극대화하게 된다.

자본절감은 자본집약적인 물류시스템에 대한 투자를 절감하는 방안이다. 이러한 전략의 목표는 투자수익률을 극대화하는 것으로, 보관시설의 규모수를 줄여서 소비자에게 물품을 직접 수 · 배송하고, Just in Time 공급체제를 갖추며, 자체 물류네트워크를 구성하기보다는 전문물류업자인 제3자를 이용하는 등의 전략을 수립하여 자본을 절감하는 방안이다. 이 전략의 목표는 물류비용 중 변동비용이 과다 발생하지만 투자수익률을 향상시킬 수 있다.

고객서비스개선은 고객서비스 수준을 향상시킴으로써 수익을 증가시키는 방안이다. 비록 고객서비스 수준을 향상시키면 이에 따라 물류비용도 증가되지만, 수익률의 증가분이 물류비 증가분을 상회하기 때문에 이 전략이 채택된다. 그러나 효율적인 고객서비스 전략을 위해 경쟁기업의 서비스 수준을 고려하여 기업의 고객서비스 수준을 결정해야 한다.

2) 물류전략 수립단계

물류전략의 수립을 위해서는 기업전략의 경우와 마찬가지로 우선 기업경영과 물류에 관한 환경분석을 하고, 둘째 환경을 근거로 한 목표의 설정, 셋째 목표를 실현하기 위한 전략수립, 넷째 전략수행을 위해 필요한 경영자원의 검토, 애로요인 파악, 영향요인 분석을 하여야 한다.

물류전략은 기업전략, 사업전략, 타기능별 전략 등과 관련해서 수립되어야 한다. 만약에 타부문의 전략을 고려하지 않고 물류부문만을 중심으로 전략을 수립하면 기업 전체적인 관점에서의 목표 달성이 어렵게 될 수 있다.

물류전략을 수립할 때는 우선 수요예측을 시행해야 한다. 수요예측은 제품별, 규격별, 지역별, 배송처별로 이루어져야 한다. 그 다음단계로는 입지선정을 해야 하는데, 입지수송, 재고, 보관, 고객서비스 등을 고려해서 선정해야 한다. 즉 입지선정계획과 연관하여 재고, 창고, 수 · 배송, 보관하역설비, 조달, 정보시스템의 계획을 세워야 한다.

또한, 일단 물류전략과 계획이 수립되면 인원계획, 물류관련 시설 및 기기에 대한 설비투자계획, 자금계획, 채산분석계획 등도 부가적으로 고려해야 한다.

3) 물류전략 수립시 고려요인

물류전략을 수립할 때에는 물류활동의 특성과 경제현상에 따른 개념과 원칙을 고려해야 한다. 이 고려요인들은 물류전략의 수립시 결정적인 역할을 하며 세부적인 분석을 위한 단계를 설정한다.

(1) 총비용(Total Cost)

물류시스템의 범위와 설계에서는 비용 상충관계(Trade-off)분석이 가장 중요하며, 이는 총비용 개념으로 연계된다. 비용의 상충관계는 기업의 다양한 활동과 관련된 비용이 서로 상충되는 특성을 나타낸다는 것이다. 이러한 비용의 상충관계는 물류활동들 간의 균형을 통해 전체적으로 물류활동을 최적화한다. 예를 들면, [그림 16-4]를 보면 수송서비스의 경우 수송서비스의 차이로 인해 물류경로에서 수송서비스의 직접비와 재고수준에 영향을 미치는 간접비가 서로 상충되고 있음을 알 수 있다. 그리고 최선의 경제적인 선택은 [그림 16-4]에서 점선으로 표시된 것과 같이 두 비용의 합이 최소가 되는 지점에서 이루어진다.

저운임이나 신속한 서비스를 기준으로 하여 수송수단을 선택하는 것은 최선책이 아니다. 물류관리의 기본적인 문제는 비용 상충관계를 파악하는 것이다. 물류활동 사이에 상당한 비용상충관계가 발생하는 경우에 이들 모든 활동을 통합하여 관리해야 한다. 따라서 물류네트워크는 물류관리와 관련된 대부분의 잠재적 비용 상충관계를 통합한다.

총비용 개념은 수송서비스의 선택 이외에 다른 물류관리 문제에도 적용될 수 있다. 물류문제에서 비용의 상충관계를 나타내는 다른 예는 [그림 16-5]에 나타나 있다. 고객서비스 수준의 결정과 관련하여 고객들이 높은 수준의 서비스를 제공받을 때에는 재고고갈, 배달지연, 그리고 부정확한 주문처리로 인한 서비스 상실기회는 거의 없다. 즉 서비스의 개선으로 인하여 판매손실로 인한 비용은 줄어들게 된다. 이때 줄어든 판매손실과 서비스 수준의 유지비용은 상충된다. 일반적으로 서비스의 개선은 수송, 주문처리, 그리고 재고와 관련해서 더 많은 물류비용을 지출해야 하는 것을 의미한다. 따라서 최선의 상충관계는 완벽한 고

그림 16-4 | 운송비와 재고비의 상충관계

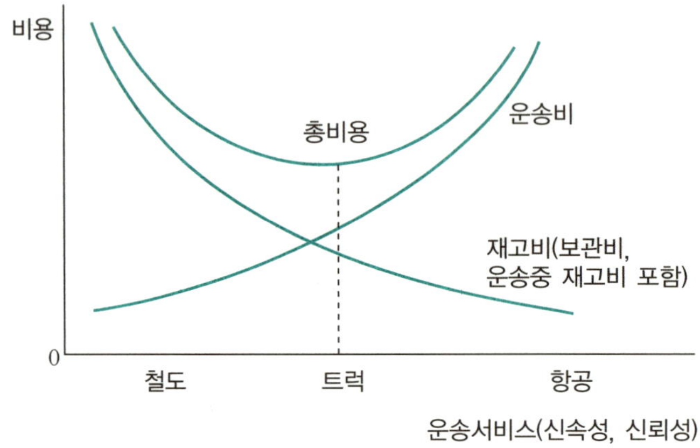

그림 16-5 | 고객서비스 수준

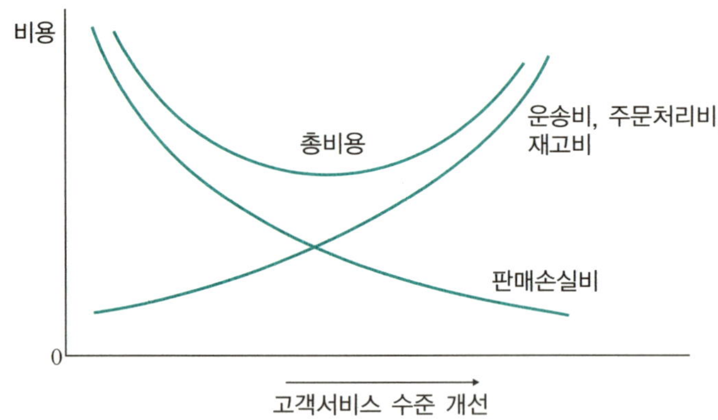

객서비스 수준보다 낮은 수준에서 발생한다.

[그림 16-6]은 물류네트워크에서 보관지점의 수를 결정하는 데 필요한 기본적인 경제적 고려요인을 보여주고 있다. 고객이 소량으로 상품을 구입하고 보관장소에서는 대량으로 공급하는 경우, 보관장소에서 고객에게 제품배송비용은 공장에서 창고로의 수송비용을 초과하기 때문에 보관장소의 수를 증가시킬 때 수송비용은 감소하게 된다. 그러나 보관장소의 수가 증가하게 되면 전체 물류네트워크에서 재고수준과 재고비용은 상승하게 된다. 또한 고객서비스 수준은 이

러한 결정사항에 의해 영향을 받는다. 문제는 일정한 고객서비스 수준으로부터 얻는 수익에 대해 재고-수송비용이 균형을 이루는 것이다.

그림 16-6 | 창고수 결정

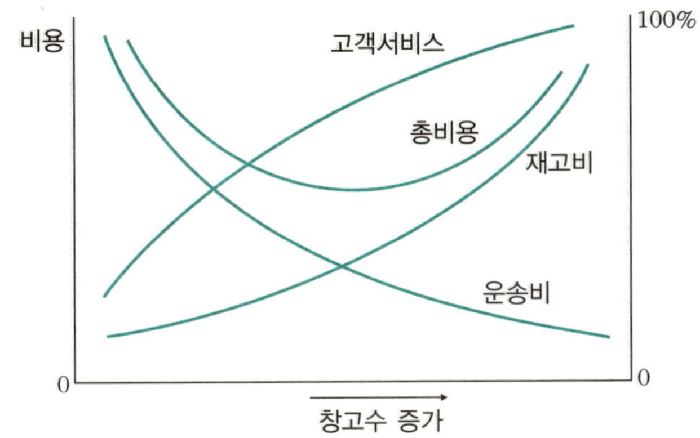

[그림 16-7]은 안전재고수준의 결정과 관련해 설명하고 있다. 안전재고(Safety Stock)는 평균재고수준의 증가시킬 뿐만 아니라 주문에 대한 재고의 가용성을 높여서 고객서비스 수준에 영향을 미치기 때문에 판매기회상실비용(The Cost of Lost Sales)을 감소시킨다. 또한 평균재고수준이 증가하면 재고유지비용이 증가하게 되지만 수송비용은 비교적 적은 영향을 받는다.

그림 16-7 | 안전재고수준 결정

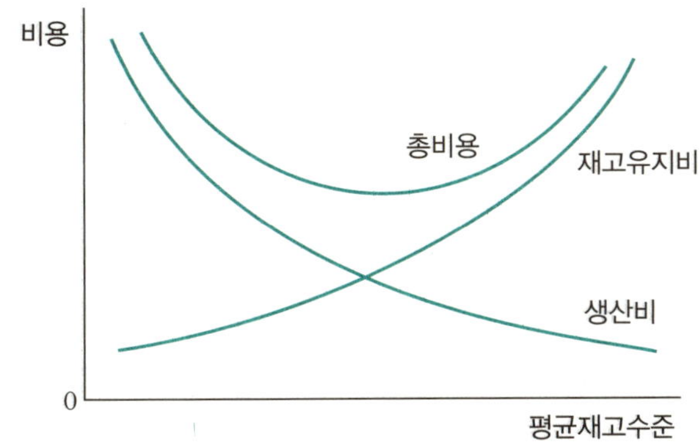

그림 16-8 | 다품종 생산일정 결정

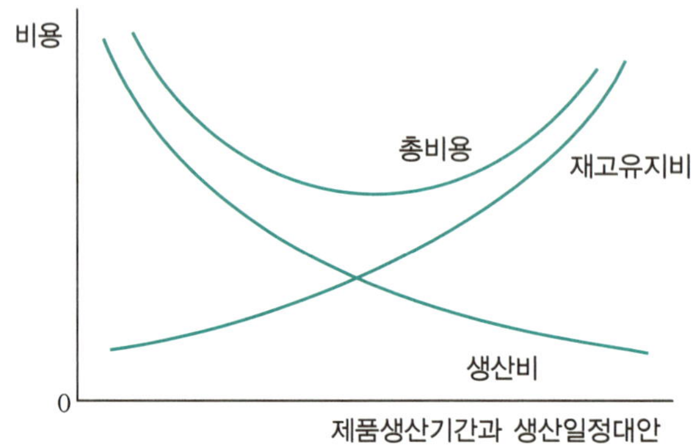

마지막으로, [그림 16-8]은 다품종 생산일정(Multiproduct Scheduling Problem)의 기본적인 특성을 보여주고 있다. 생산비용은 제품의 생산일정계획과 생산시간에 영향을 받는다. 생산일정계획이 바뀌면 적기에 주문공급이 이루어지지 않을 수 있기 때문에 재고비용은 증가하게 된다. 따라서 평균재고수준은 증가하게 된다. 제품을 생산하는 최선의 생산일정과 생산시간은 생산비용과 재고비용의 합이 최소가 되는 곳에서 결정된다.

이상의 내용은 기업의 물류관리와 관련해서 총비용의 개념을 설명하고 있다. 그러나 때때로 한 기업에서 이루어지는 유통경로에 대한 의사결정이 다른 기업의 물류비용에 영향을 미칠 때도 있다. 예를 들면, 구매자의 재고정책은 송화인의 재고비용과 운송인의 운영비용에 영향을 미친다. 이러한 경우에 물류시스템의 범위는 기업이나 물류기능을 넘어서 가능한 여러 기업을 포함할 수 있도록 확장할 필요가 있다. 따라서 총비용 식은 확장되고, 경영의사결정 영역은 기업의 법적인 한계를 넘어서 연장되게 된다.

(2) 고객서비스의 차별화(Differentiated Distribution)

물류계획에 있어서 원칙적으로 모든 제품에 대해서 반드시 동일한 수준으로 고객서비스가 제공되어야 하는 것은 아니다. 일반적으로 기업들이 판매하는 여러 제품들은 고객서비스 요구조건, 제품특성, 판매수준이 다르기 때문에 다중물류전략이 필요한 것이다. 관리자들은 제품을 판매량에 따라 일정한 수의 그룹으로 분류하고 재고수준을 결정할 때 이러한 원칙을 사용한다. 또한 이러한 원칙들은 재고의 입지를 결정하는 데도 적용된다. 특정 기업이 모든 창고에 모든 제품을 보관할 때 이러한 전략은 관리업무를 단순화시키지만 반면에 이것은 각 제품의 특성과 비용의 차이를 고려하지 않기 때문에 높은 물류비용을 초래하게 된다.

다음단계 전략은 우선 공장, 공급업자, 그리고 다른 공급지로부터 고객에게 직접 공급되는 제품과 창고를 경유해서 공급되는 제품을 구별하는 것이다. 수송요율의 구조상 차급화물로 운송하는 것이 경제적이기 때문에 제품들은 먼저 적재규모에 따라 구분되어진다. 소량주문에 대해서는 창고로부터 제품을 공급하고 반면에 대량주문에 대해서는 공장에서 고객에게 직접 공급하게 된다.

보관 중인 제품들은 보관위치에 따라 구별되어야 한다. 즉, 빈번하게 유통되는 품목들은 물류경로상 최전방에 있는 소비창고에 보관되어야 한다. 중간 정도인 품목은 지역거점에 보관되어야 한다. 완만하게 유통되는 품목은 공장과 같은 중앙보관장소에서만 보관해야 한다. 따라서 각 보관장소에는 서로 다른 제품믹스를 보유하게 된다.

물류차별화는 주문규모 이외의 다른 요인들도 적용되어진다. 즉, 정상적인 주문과 품절로 인한 추가공급품에 대해서는 별도의 물류경로가 설계되어야 한다. 정상적인 물류경로는 주문을 창고에서 처리하는 것이다. 재고품절이 발생하면 추가공급 물류시스템이 사용되는데 이때 2차적인 보관장소에서 주문처리를 하며 정규경로를 이용할 때보다 수·배송거리가 길어지기 때문에 특별수송을 이용하게 된다. 이와 유사하게 단일경로 설계보다 다중물류경로가 전체 물류비용을 절감하는 경우가 많다.

(3) 혼합전략(Mixed Strategy)

혼합전략은 그 개념이 물류차별화와 유사하다. 이 혼합전략은 단순전략이나 단일전략보다 물류비용을 절감시키는데, 단일전략은 규모의 경제와 일반관리의 단순화라는 장점이 있으나, 생산라인이 용량, 주문규모, 판매량, 그리고 고객서비스 요구사항 등에 의해 커다란 변화가 있을 때에는 비경제적이라는 단점이 있다. 혼합전략은 독자적인 제품 그룹을 구성하는 데 적정한 전략이다. 이 전략은 모든 제품 그룹에 대해 동일한 단일, 글로벌전략보다 물류비용이 저렴하다.

(4) 지연전략(Postponement Strategy)

지연전략은 물류에 있어서 제품의 최종 생산공정의 위치와 적재시점은 고객의 주문이 있을 때까지 지연되어야 한다는 것이다. 이러한 개념은 수요발생시기를 예상해서 사전에 제품을 적재하는 것을 회피하고, 사전에 소비될 제품의 형태를 예견해서 제품을 생산하는 것을 회피하는 것이다. 전자는 시간을 연기하는 것이고(Time Postponement), 후자는 제품의 최종 형태 결정을 수요가 발생할 때까지 연기하는 것이다(Form Postponement).

한편 지연전략은 다섯 가지 형태로 분류할 수 있는데, 제품의 형태 결정을 고객의 주문이 있을 때까지 연기하는 상표부착, 포장, 조립, 가공 등을 주문에 따라 시행하는 것이다.

(5) 혼재전략(Consolidation Strategy)

소량의 적재품을 모아서 대량으로 적재하는 혼재는 전략적 계획에 있어서 아주 경제적인 방법이다. 이것은 수송비용 및 요율구조가 규모의 경제를 반영하고 있기 때문에 경영전략을 개선하기 위해 개념을 사용할 수 있다. 예를 들면, 창고에서 일정기간 동안 주문을 모아서 한꺼번에 수 · 배송을 하게 되면 평균적재량의 크기가 증가해서 평균단위수송비용을 줄이는 효과가 있다. 이때 수 · 배송 시간의 증가로 낮아진 고객서비스 수준은 주문의 혼재로 인하여 절감되는 비용으로 만회되어진다.

일반적으로 혼재는 적재되는 제품의 양이 적을 때 가장 유용한 전략이다. 즉, 적재규모가 작을수록 혼재의 이익은 상당히 증가하게 된다.

(6) 표준화전략(Standardization Strategy)

제품의 다양성은 물류경로에서 가격에 반영된다. 제품이 다양해질수록 재고는 증가하고 적재규모는 감소하게 된다. 취급하는 제품의 종류를 단일품목에서 두 가지 품목으로 늘리면 재고수준은 1/3에서 2/3 정도 증가하게 된다. 전략 수립에 있어서 중요한 문제는 물류비용을 크게 증가시키지 않고 고객들이 원하는 다양성을 어떻게 충족시키는가 하는 것이다. 이러한 문제를 해결하기 위해서는 표준화와 유예의 개념을 결합하여 사용하는 것이 효율적인 방법이 될 수 있다.

생산에서의 표준화는 상호 교환될 수 있는 부품, 모듈화될 수 있는 제품, 그리고 다른 상표의 동일한 제품의 표기를 통일화하여 달성할 수 있다. 이러한 표준화는 공급경로에서 필요한 다양한 부품, 공급품, 그리고 자재를 효율적으로 관리할 수 있게 한다. 제품 종류의 다양화로 인해 발생하는 문제들은 물류경로에서 유예전략을 통해서 관리할 수 있다. 예를 들면, 자동차 제조업체들은 기본적으로 동일한 부품으로 다양한 제품을 만들거나 판매시점에서 옵션을 추가하거나 대체함으로써 재고를 증가시키지 않고 끊임없이 제품의 다양성을 추구한다. 의류 제조업자들은 고객들이 찾는 정확한 사이즈의 의류를 보관하는 대신 표준 사이즈로 바꾸어서 다양한 수요에 대비한다.

2. 물류계획

1) 물류계획의 의의

물류계획의 수립은 서로 다른 요소들과 물류활동들이 기회비용과 조직의 총비용의 관점에서 어떻게 상호작용하는지에 대한 이해를 필요로 한다는 점에서 복잡한 과정이라고 할 수 있다. 물류계획을 수립하는 과정에서 중요한 것은 물류시스템을 통하여 고객의 가치를 창출하고 동시에 기업의 전략적 가치를 도출하여야 한다는 것이다. 그러므로 물류시스템에 의한 진정한 가치를 창출하기 위해서는 물류시스템의 각 요소들이 조화를 이루면서 순환될 수 있는 능력과 방안을 창출하는 것이 중요하다.

물류계획은 계획기간에 따라 전략, 전술, 운영의 3단계로 구성된다. 우선 전략적 계획은 1년 이상의 장기계획이고, 전술계획은 1년 이내의 중기계획이며, 운영계획은 시간당 또는 1일당 의사결정을 해야 하는 단기 의사결정을 의미한다. 전략적으로 계획된 물류경로에 따라 효과적이고 효율적으로 물품을 이동시키는 것이다.

계획기간에 따라 구분된 일반적인 물류계획의 계획(그림 16-9)과 내용은 [표 16-1]과 같다.

그림 16-9 | 물류계획 절차

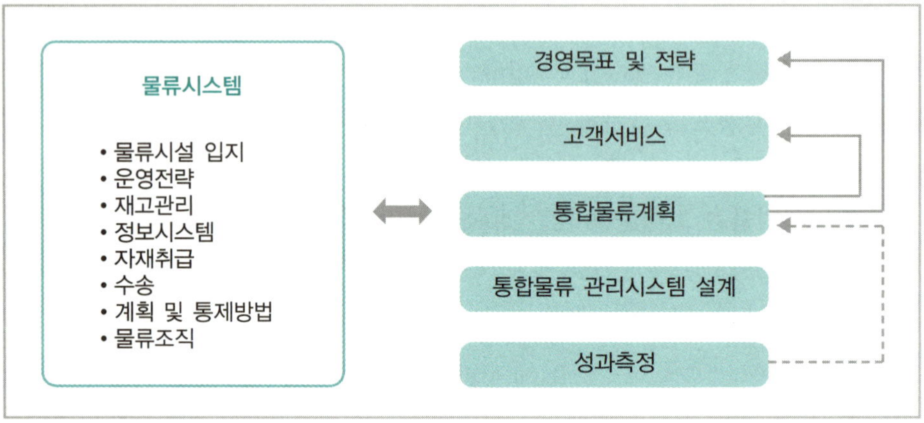

표 16-1 | 전략, 전술, 운영의사결정

구분	전략	전술	운영
의사결정	• 사업목적 • 마케팅전략 • 고객서비스 요구사항	• 고객서비스활동 • 수요예측, 재고통제 • 주문처리 • 부품 및 서비스 지원 • 창고 및 공장입지 선정 • 조달, 포장, 반품처리 • 폐품이용 및 폐기 • 교통 및 운송 • 창고관리 및 재고보관	• 운영정책 • 운영통제원칙 • 운영절차 • 경로설정 및 일정계획

자료 : Adapted from William C. Copacino, Andersen Consulting, from a presentation at the International Logistics Management and Strategy Seminar, University of North Florida, 1992. 3.

각 단계는 계획기간이 다르기 때문에 달리 이해되어야 한다. 왜냐하면 전략적 계획단계는 장기간이기 때문에 불완전하고 부정확한 자료가 이용될 수 있다. 그러나 주로 평균자료를 이용하기 때문에 전략적 계획은 양호한 것으로 간주된다. 운영계획은 정확하고 세부적인 자료가 사용되고, 많은 양의 자료를 처리할 수 있으며 합리적인 계획을 수립할 수 있다.

2) 물류계획의 주요 부문

물류계획은 주로 고객서비스 수준, 시설입지, 재고의사결정, 수송의사결정에 대해 수립하게 된다. 이 의사결정들은 상호관련이 높기 때문에 계획수립시 동시에 고려되어야 한다. 개별 의사결정 사항들이 물류시스템의 설계에 주요한 영향을 미친다.

(1) 고객서비스 수준

물류계획 수립시 우선적으로 고려되어야 할 사항은 고객이 무엇을 원하는가를 파악하는 일이다. 고객서비스란 주문에서부터 고객에게 인도되는 동안 또는 인도 후 고장수리 및 보상교환 등의 사후서비스를 포함하여 고객을 만족시키는 활동을 총칭한다. 그러므로 고객이 무엇을 원하는지를 제대로 파악하는 것이 물류전략 수립에서는 무엇보다도 중요하다.

결정된 고객서비스 수준은 다른 요인에 의해 시스템 설계에 커다란 영향을 미친다. 낮은 서비스 수준은 소수의 창고입지에 재고를 집중관리하고 저렴한 수송형태를 사용하게 된다. 그러나 서비스 수준이 최고 수준이 되면 물류비용은 서비스 수준에 비해 급격히 상승할 것이다. 따라서 물류의 전략적 계획을 수립할 때에는 고객서비스 수준을 우선 고려해야 한다.

(2) 입지시설

보관지점과 공급원의 지리적 위치 선정은 물류계획의 기본이 된다. 시설의 수, 입지, 규모의 결정과 시장수요의 할당은 특정 물품이 소비지역으로의 경로를 결정한다. 시설입지 문제는 모든 물품의 이동활동과 생산공장으로부터 도매업자 또는 중간보관지점, 그리고 최종소비지점까지의 물류비용을 포함한다.

총유통비용은 물류경로에 따라서 다르기 때문에 시설입지계획 문제는 비용을 최소화하거나 이윤을 최대화하는 것이 그 근본이 된다.

(3) 재고의사결정

재고의사결정은 재고관리방법을 결정하는 것으로서 재고보충계획에 따라 보관지점에서의 재고할당(push)과 인출(pull)의 두 가지 전략이 있다. 또한 재고의사결정은 공장생산라인, 지역창고, 관리창고에서 다양한 물품의 위치를 선정하고 다양한 재고관리방법에 의해 재고수준을 관리하는 것도 포함한다. 또한 기업이 결정한 재고의사결정은 시설입지결정에 영향을 미치기 때문에 물류전략으로서 고려되어야 한다.

(4) 수송의사결정

수송의사결정은 수송수단선택, 적재규모, 수송경로, 일정계획을 의미한다. 수송의사결정은 창고로부터 공장의 근접성에 따라 영향을 받으며, 그리고 반대로 창고의 입지에 영향을 미친다. 또한 재고수준도 적재규모와 수송의사결정에 영향을 미친다.

고객서비스 수준, 시설입지, 재고 그리고 수송부문의 의사결정은 기업의 수익에 영향을 미치기 때문에 주요 계획분야가 된다. 각 의사결정분야는 상호관련성이 높기 때문에 상충관계를 고려해야만 한다.

그림 16-10 | 주요 전략계획 영역

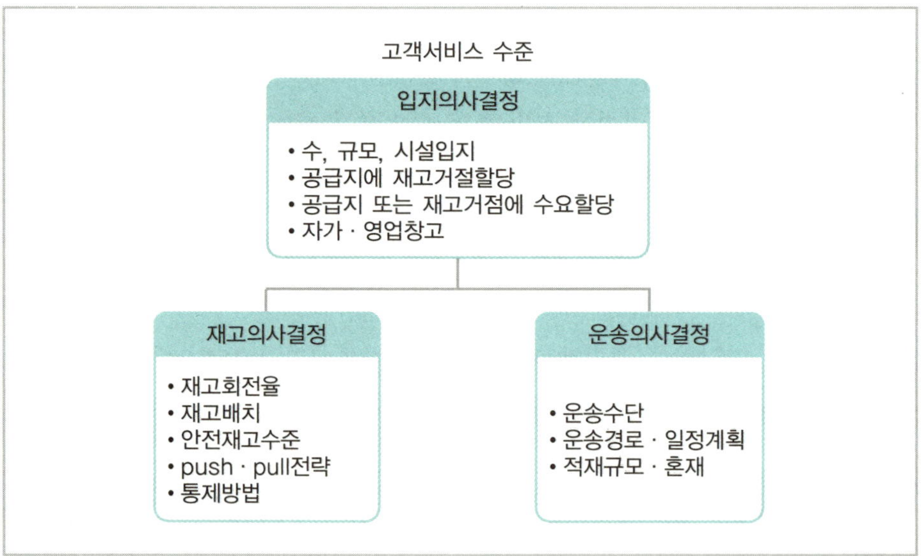

3) 물류계획 수립시기

물류계획 과정에서 고려해야 할 점은 우선 언제 물류계획을 수립할 것인가 또는 재수립할 것인가이다. 현재의 물류시스템이 구축되어 있지 않다면 물류네트워크를 계획해야 한다. 그러나 기존 물류네트워크가 구축되어 있다면 물류계획을 재수립할지의 여부는 일정한 평가기준을 따라 결정해야 할 것이다. 네트워크의 평가를 위한 일반적인 기준은 수요, 고객서비스, 제품의 특성, 물류비용, 가격정책 등 다섯 가지 주요 요소로 구분하여 설명할 수 있다.

(1) 수요

수요량과 지리적인 수요분포는 물류네트워크 구축에 큰 영향을 미친다. 지역적으로 경제성장의 정도가 다르기 때문에 경제성장도가 높은 지역에는 물류시설의 신설이 요구되고, 경제성장도가 낮거나 감소추세의 지역은 기존 시설을 폐쇄해야만 한다.

(2) 고객서비스

물품의 가용성(Availability), 수 · 배송속도, 그리고 주문처리 속도와 정확성 등의 고객서비스 수준이 향상되면 관련 물류비용은 더 높은 비율로 증가하게 된다. 즉 물류비용은 제공되는 고객서비스 수준에 민감하게 반응한다. 특히 고객서비스 수준이 높은 경우에는 더욱 민감하게 반응한다.

물류전략을 재수립하는 것은 일반적으로 경쟁력이나 정책의 변경 또는 이미 수립되어 있는 물류전략의 서비스 목표 기준의 변경으로 서비스 수준이 바뀐 경우에 이루어진다. 그러나 서비스 수준이 낮은 경우이거나 서비스 수준에 작은 변화가 생긴 경우에는 다시 계획할 필요가 없다.

(3) 제품특성

제품의 무게나 부피, 가치 그리고 위험성 등의 특성은 물류비용에 영향을 준다. 물류경로에서 이러한 특성들은 적재, 보관되는 동안 포장설계나 제품상태에 따라 변경될 수 있다. 예를 들면, 부품형태로 제품을 적재하는 것은 제품의 무게-용적비율에 상당한 영향을 미치며 결국 이것은 수송비와 보관비에 영향을 미칠 수 있다. 제품의 특성을 변경하면 다른 비용요소들을 거의 변화시키지 않고도 물류믹스에서 한 비용요소를 상당히 변화시키기 때문에 물류시스템에서의 물류비 관리를 재구성할 필요가 생긴다. 즉 제품의 특성에 커다란 변화가 발생하면 물류시스템을 다시 계획하여야 한다.

(4) 물류비용

기업의 물류시스템에서 발생하는 물류비용은 기업의 물류전략과 계획의 수립 시에 결정적인 역할을 한다. 모든 다른 요인들이 동일하다는 전제하에 기계장비나 컴퓨터와 같이 물류비용이 총비용에서 차지하는 비중이 적은 고부가가치 제품을 생산하는 기업은 물류전략의 최적화에 높은 관심을 기울이지 않을 것이다. 그러나 화학공업제품이나 식료품과 같이 물류비용이 높은 비중을 차지하는 경우에는 물류전략이 중요한 관심사가 된다. 물류비용이 높은 경우에는 계획을 자주 수립함으로써 얻게 되는 개선사항이 적어도 상당한 비용절감을 가져올 수 있다.

(5) 가격정책

상품을 구입하거나 판매하는 경우에 있어서 가격정책의 변경은 물류전략에 영향을 미치게 된다. 수송비용이 포함되지 않는 F.O.B조건이라면 수송비가 포함되는 양륙지인도조건으로 가격을 전환하는 공급자는 구매기업 대신에 수송을 준비하고 제공해야 하는 책임을 부담하게 한다. 또한 가격정책은 유통채널에서 수송의 책임과 상품에 대한 소유권이전에 영향을 미친다.

물류비용은 물류채널에서 가격에 반영되어 소비자에게 전가될 수 있지만, 어떤 기업들은 물류시스템을 그 기업이 직접 부담하는 비용을 기초로 해서 계획한다. 만일 상품의 수송비용을 소비자에게 부담시키는 가격정책을 사용하는 기업이 있다면, 그 기업의 전략은 보관지점의 수를 줄이는 것이다. 총물류비용에 있어서 수송비용이 차지하는 비중이 높기 때문에 가격정책을 변경하는 것은 물류전략을 다시 수립하게 하는 계기가 된다.

이상과 같이 몇 개 부문에서 변화가 일어나면 물류전략을 다시 계획하는 것을 고려하여야 한다.

6) 물류계획상 문제

물류계획문제는 링크와 노드의 네트워크 관점에서 살펴볼 수 있다. 네트워크상의 링크는 여러 재고 보관지점들 사이의 물품의 이동을 나타내며 도매업자, 창고, 공장, 판매업자와 같은 보관지점은 노드를 의미한다. 노드 간에는 수송서비스의 대안, 상이한 루트, 상이한 물품을 나타내는 여러 가지의 링크가 있을 수 있다. 노드는 재고의 흐름이 고객이나 도매상으로 이동하기 전에 창고와 같이 일시적으로 정지하는 지점을 나타낸다.

물류시스템은 네트워크 관점에서 물품의 이동 네트워크와 정보의 이동 네트워크로 구성되어진다. 즉, 물품이 링크와 노드의 네트워크를 따라 이동하는 것처럼 정보도 판매수익, 생산비용, 재고수준, 창고의 효용성, 수요예측, 운임률 등을 통해 수집되어진다. 개념적으로 정보네트워크는 물품의 이동네트워크와 마찬가지로 링크와 노드의 결합체이다.

물품의 이동과 정보네트워크는 상호 긴밀하게 연계되어 의존적인 관계에 있다. 따라서 물류시스템을 부분적이 아닌 전체적으로 접근해야 한다. 그러나 물품의 이동네트워크는 최종소비자를 향해 이동하는 거의 정반대 방향을 이루고 있다. 또한 물류계획의 문제는 설계에 있다. 네트워크의 구축과 운영에 따라 발생되는 비용과 고객서비스수준에 의해 발생되는 수익이 적절히 균형을 이루도록 창고의 구성, 도매시설, 공장, 재고배치, 수송서비스, 정보처리시스템들을 구성해야 한다.

제3절 물류전략실행

물류관리자는 자사에 맞는 물류전략을 선택하고 계획을 수립하여 실행에 옮겨야 한다. 물류전략의 실행은 기업의 물류시스템구조에 상당한 영향을 미치며 자사는 실행단계에서 물류시스템의 집중화 또는 분산화를 고려하게 되고 경우에 따라 물류기능의 전부 또는 일부를 아웃소싱할 것인지를 결정하게 된다. 그리고 물류전략의 실행 이후에는 그에 따른 기업성과를 평가함으로써 실행된 물류전략의 적합성과 향후 개선사항을 평가하게 될 것이다.

1. 물류활동의 집중화 및 분산화

물류활동의 집중화는 시스템적인 물류활동의 효율화 또는 원가효율화를 목표로 자원을 감소시키는 것을 의미한다. 즉 넓은 지리적 영역에서 구축된 창고의 수를 줄이는 것이라 할 수 있다. 분산화(decentralization)는 다양한 국가 및 지역에 창고를 구축하여 제품을 유통시키는 것을 의미한다.

물류활동에서 집중화와 분산화는 상충관계(Trade-off)에 있다. 예를 들면 식료품생산기업이 EU의 개별국가들마다 유통센터와 생산공장을 운영하고 있는 물류시스템을 재구성하기로 결정하였다. 이때 물류시스템의 집중화를 통한 관리비용과 유통원가의 감소가 필요하다면 경영자는 모든 유통센터를 폐지하고 한 장소에서 물류활동을 통합하게 될 것이다. 그러나 EU라는 광범위한 지역 내에서 물류활동을 한 장소로 통합한다는 것은 리드타임의 증가, 신선제품의 경우 신선도 저하 등의 문제를 발생시키게 되며 기업에 있어 더 많은 비용증가를 가져올 수 있다. 따라서 경영자 및 물류관리자는 EU 내 몇 곳에 물류거점을 구축하여 생산 및 유통을 효율화해 나갈 것이다.

이와 같이 집중화는 원가절감과 물류시스템에 대한 높은 통제권을 부여하게 되고 비현실적인 집중화는 기업에 더 큰 비용을 발생시키게 될 것이다. 반대로 분산화는 관리자의 적은 통제권을 부여하지만 고객서비스는 향상되는 결과를 가져올 수 있을 것이다.

광범위한 지역에서 활동하고 있는 기업에 있어 물류의 집중화와 분산화는 선택의 문제가 아니라 효율적으로 병행되어야 할 문제로 인식되고 있다. 따라서 기업은 고객니즈, 상품특성, 경제적 여건 등에 따라 한 지역에서는 물류시스템의 집중화, 다른 지역에서는 분산화를 통해 기업의 경영전략에 맞는 물류관리전략을 실행해 나가고 있다.

2. 제3자 물류(Third-party Service Providers)

과거 기업은 국제운송분야를 제외하고 대부분의 물류활동을 자사가 직접 수행하였다. 그러나 공급사슬관리에 대한 관심이 증대됨에 따라 많은 기업들은 자사 물류활동의 일부 또는 전부를 제3자 물류에 의해 수행하고 있다. 기업의 제3자 물류 활용분야 및 활용률은 점차 증가하고 있다.

미국은 1996년 500대 제조기업을 대상으로 기업의 제3자 물류 활용률에 대해 조사한 바 있다. 응답한 기업은 92개사로 이들은 제3자 물류 활용에 따른 가장 큰 문제점으로 물류활동에 대한 자사의 직접적인 통제권 상실과 서비스수준의 불확실성 등을 중요한 문제로 지적하였다. 그리고 자사의 물류활동을 제3자가 수행하는 경우 정보시스템 통합문제, 기업 간 문화적 차이, 물류환경변화에 따른 인력교육 등도 극복해야 할 문제점으로 나타났다.

한국무역협회는 2006년 국내수출입업체 1,000개사(유효응답 312개사)를 대상으로 제3자 물류활용실태를 분석하였다. 조사결과 보관, 운송 등 회사가 직접 수행하던 물류기능의 일부 또는 전부를 아웃소싱하는 비중이 증가된 것으로 나타났으며 제3자 물류활용률은 2002년 25.75%에서 2005년에는 38.8%로 우리나라 화주기업의 제3자 물류활용률이 점차 증가되고 있는 것으로 조사되었다. 그러나 우리나라의 제3자 물류활용률은 미국이나 유럽의 70~80%, 일본, 싱가포르의 60%대에는 미치지 못하고 있어 활성화되지 못한 편이라 할 수 있다.

경영자가 제3자 물류활용에 대한 의사결정을 함에 있어 아웃소싱에 따른 고객서비스 증대 정도, 원가절감률 등을 고려하여 물류활동의 아웃소싱을 결정해야 할 것이다.

3. 물류관리의 성공전략

물류관리를 효율적으로 하기 위해서는 총체적 물류시스템을 관리해야 하기 때문에 물류관리자 스스로 해결할 수 있는 부분도 있고 외부에 의존해야 하는 부분도 있다. 물류관리의 성공을 위해서는, 첫째로 물류관리자의 강한 의지가

그림 16-11 | 물류관리의 성공적 요인

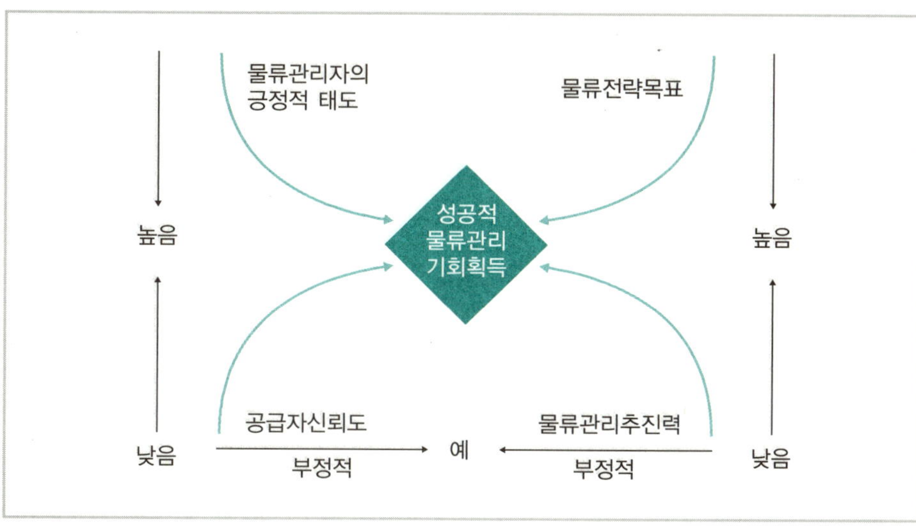

있어야 한다. 이것을 위해서는 합리적인 의사결정 조직이 구비되어야 한다.

둘째, 물류관리자는 벤치마킹 같은 기법 등을 통하거나 자체평가 등을 통하여 목표달성기준을 설정하여 물류효율성 목표를 설정하여야 한다.

셋째, 물류공급자로서 신뢰성과 평판이 높이 유지되도록 경험을 축적하고 총체적인 정보시스템을 구축해야 하며 재무상태가 양호해야 한다.

끝으로, 물류관리자는 지속적이고 객관적인 추진력을 가지고 신속한 대응을 할 수 있어야 한다.

제4절 우리나라 물류정책

1. 국가물류기본계획(2006~2020)

1) 기본방향

정부는 2020 글로벌 물류강국 실현을 위해 '물류를 통한 국부창출', '국가물류업계의 효율성 강화' 라는 두 가지 기본목표를 설정하고 있으며 물류정책은 신속, 저렴, 안전, 편리한 물류서비스를 제공하여 국가경쟁력을 강화하는 것이다. 특히 수송, 보관, 하역 등 일관물류체계의 구축과 물류비용의 대폭적인 절감에 중점을 두고 있으며, 제조업의 매출액 대비 17%인 물류비를 10년 내에 선진국 수준인 11%까지 절감할 계획이다.

2020 글로벌 물류강국을 실현하기 위해 하드웨어 측면에서 물동량 증가에 대비하여 정부예산, 민자유치 등 가용재원을 최대한 동원하여 도로, 철도, 항만 등 물류기반시설을 조기에 확충하고, 특히 복합화물터미널, 유통단지 등 거점중심의 화물수송네트워크를 구축할 계획이다. 그리고 장거리 대량화물은 철도와 연안해운수송을 증대시킬 계획이다. 또한 고속철도가 완공되면 기존 철도를 화물중심으로 전환하여 화물수송능력을 획기적으로 증대시킬 것이다.

소프트웨어 측면에서는 시설운영을 효율화하고 물류시설과 장비를 표준화하여 기계화, 자동화 및 복합일관수송이 가능하도록 한다. 또한 종합물류정보망을 구축하여 물류관련 정보를 신속하게 제공함은 물론 EDI로 업무를 처리할 수 있도록 하고, 물류에 관한 각종 불필요한 규제를 대폭 완화하여 기업의 자율적인 물류활동을 보장할 계획이다.

장기적으로 우리나라를 동북아지역의 물류중심지화시키기 위해 수도권 신국제공항을 국제물류센터화하고, 부산항과 광양항을 대폭 확충하여 중국 등의 환적화물까지 처리하고 대륙횡단철도와의 연계수송체계의 구축을 추진하고 있다.

국토해양부에서 발표하고 있는 국가물류기본계획이 수립되는 근거는 물류정책기본법 제11조에 근거하여 국토해양부 장관은 효율적인 물류체계 구축을 위해 10년 단위의 국가물류기본계획의 타당성 여부를 검토하여 기본계획에 반영하도록 하고 있다.

그림 16-12 | 국가물류기본계획의 비전과 목표

2) 추진과제

정부의 물류목표에 따른 주요 추진전략은, 첫째 글로벌 물류체계의 구축, 둘째 하드웨어 물류인프라의 확충, 셋째 소프트웨어 물류시스템의 강화, 넷째 고부가가치 물류산업의 육성, 다섯째 물류정책의 통합추진체계 확립 등이다. 주요 전략별 세부계획은 [표 16-2]와 같다.

표 16-2 | 물류 추진전략별 과제

추진전략	과제
글로벌 물류체계의 구축	• 주요 공항만의 인프라 확충 및 국제물류센터화 • 동북아 물류네트워크 연계 강화 • 글로벌 물류기업을 위한 적극적이고 개방적인 영업활동 기반 구축 • 남북교류 확대에 따른 물류네트워크 구축기반 조성
하드웨어 물류인프라의 확충	• 물류거점시설 종합개발 및 활성화 추진 • 산업 및 물류거점 간 연계기능 강화 • 지역물류기능 활성화를 위한 지역 물류개선사업 추진 • 대량화물수송 활성화 • 물류거점의 연계수송체계 효율화를 위한 하역시설 및 장비 선진화 • 친환경 물류체계의 구축
소프트웨어 물류시스템의 강화	• 국가물류 정보화 및 네트워크화 추진 • 물류표준체계의 확대 • 미래형 첨단물류기술의 개발 및 보급 • 전문물류인력 육성을 위한 제도적 지원 강화
고부가가치 물류산업의 육성	• 물류전문기업 육성 추진 • 물류시장의 투명성 제고 • 글로벌 물류부가가치 획득을 위한 국내물류기업의 국제화 지원
물류정책의 통합추진체계 확립	• 물류정책의 통합관리기능 강화 • 물류관련 통계체계 정비

2. 제4차 국토종합개발계획 수정계획(2006~2020)

제4차 국토종합계획(2000~2020) 수립 이후 진행되고 있는 새로운 국내외 여건 변화에 대응하기 위하여 주요 내용의 수정이 불가피하게 되었다. 이에 따라 2006년 제4차 국토종합개발계획 수정계획이 발표되었다.

국토종합계획은 국토를 이용 · 개발 · 보전함에 있어서 미래의 경제적, 사회적 변동에 대응하여 국토가 지향하여야 할 장기발전 방향을 제시하는 최상위의 계획이다.

본 계획에 제시된 물류정책의 방향은 '동북아 물류중심을 위한 국가물류체계 구축'을 목표로 하고 있다. 주요 추진전략은 동북아 물류중심 거점의 인프라 확충, 내륙거점물류시설의 구축, 물류정보화 및 표준화를 통한 물류효율성 제고,

물류산업 전문화 · 활성화 촉진을 위해 복합유통체계, 수출입유통체계, 국내유통체계, 물류단지개발 등을 다음과 같이 계획하고 있다.

1) 복합유통체계 정비 기본방향

화물유통과 관련한 수송, 보관, 하역의 일원화를 위해 우선 수송 및 유통관련 장비와 표준화를 위해 화물유통촉진법의 개정을 추진할 계획이다. 그리고 수출입 및 국내유통체계를 합리화하여 수송수단을 연계하고, 유통기능에 관한 업무를 일괄처리할 수 있는 복합화물터미널 건설이 추진 중이며 이를 통해 국내수송산업의 국제경쟁력 지원기능 강화, 지방의 물류기능 강화, 전국의 주요 도시별 지역거점이 조성될 것이다.

2) 수출입유통체계 정비계획

본 계획에서는 경제사회의 국제화 · 정보화 추세로 종합화물유통체계의 중요성이 증대하므로 화물유통 종합 전산망을 구축하여 유통정보를 공유하고, 복합화물터미널을 중심으로 화물유통정보센터를 설치하여 중소도시 유통터미널, 세관, 항만 등과 연계하여 효율적인 운송을 도모하는 데 목적이 있다. 즉 수출입유통체계에 대한 정부공유로 국제 간 수송시 복합일관수송체계를 확립하고자 한다.

본 계획에서는 수출입유통체계 분석을 위해 항만 건설시 컨테이너터미널 인접지역에 연계터미널을 설치하고 수송수단 간 연결점인 항공과 항만을 화물유통기지로 개발하며 화물의 단위화, 컨테이너화 및 하역시설의 기계화를 추진하여 하역시간의 단순 및 연계수송의 편리증진을 도모할 계획이다.

3) 국내유통체계 정비계획

국내유통체계는 물류의 근대적 합리화를 촉진하기 위하여 물적 유통거점과 간선교통망을 효율적으로 정비하고자 한데 의의가 있다.

국내유통체계 정비의 주요 내용은 공로이용 컨테이너수출입화물을 철도, 연안선박수송으로 전환시켜 공로의 부담을 경감시키고 화물유통터미널을 정비하여 선박, 철도, 트럭 등 수송수단을 유기적으로 연계하여 일괄수송체계를 구축, 일관수송체계를 확립하며 지방도시유통단지 건립으로 지방도시의 발전을 도모하는 것이다.

4) 물류단지 개발계획

물류단지 개발은 대도시로부터 모든 시급 도시까지 점진적으로 유통단지를 개발하는 것으로 대도시 권역별로 수출입화물의 통과기능을 보유하는 복합화물단지를 건설하고 중소도시의 경우 국내화물 취급기능만을 담당하는 일반화물단지를 건설하는 것이다.

3. 국가균형발전 5개년 계획(제2차)

국가균형발전 5개년 계획은 2004년부터 시작하여 2004년~2008년 1차기간 동안 혁신기반을 구축하고 2009년~2013년 제2차 계획기간 동안은 혁신성과를 극대화하고 2014년~2018년 제3차 계획기간 동안 혁신을 질적으로 고도화하여 국민통합과 국가경쟁력을 강화함으로써 경쟁력 있는 사회건설을 비전으로 제시하고 있다. 2009년~2013년은 차세대성장 동력산업의 주력산업화, 세계적 클러스터로의 진입 등 혁신성과의 극대화를 추구하는 것이 목표이다.

국가균형발전 5개년 계획에서는 부분적으로 물류분야에 대한 발전전략을 제시하고 있다. 물류발전전략은 지역별 물류전략, 경제자유구역 및 항만배후단지, 한중일 무역 및 투자촉진면에서 제시하고 있으며 향후 국제교류 및 개발거점 개발로 주변국과의 네트워크를 강화하고 궁극적으로 동북아 물류중심국가의 토대를 구축하는 것이 목표이다.

1) 지역별 물류전략

국가균형발전 5개년 계획에서는 각 지역별 경쟁력 강화를 목적으로 주요 산업을 지정하고 개발할 것이다. 물류정책의 주요 지역은 수도권과 인천, 군산, 전남 등의 서해안권과 부산으로 지정되어 있다.

수도권은 경쟁력 증진과 지리적인 이점을 최대한 활용하여 지식정보 · 금융 · 물류산업 육성을 통한 질적 성장으로의 전환을 추진할 것이다. 부산은 물류 및 비즈니스 중심도시 및 항만물류산업클러스터로 구축, IT산업과의 연계 등을 통해 고부가가치 산업화를 추구해 나갈 것이다.

서해안에 위치한 인천은 수도권배후의 공항만을 거점으로 동북아 교통물류 중심지 및 경제자유구역을 포함하여 서해안 전진기지로서의 역할 수행에 필요한 동북아 물류혁신센터 구축 등 물적 · 인적 인프라를 조성해 나갈 것이다. 그리고 전남지역은 기존산업의 집적활성화를 통해 지역경쟁력을 강화하고 동북아 물류 및 관광중심지로의 도약을 기대하고 있다.

2) 경제자유구역 운영

경제자유구역은 동북아 물류거점을 위한 개방된 경제활동을 가능케 하는 지역으로 현재 부산, 인천, 광양, 경기도 일대가 경제자유구역으로 지정되어 있다. 국토균형발전에서 제시하고 있는 경제자유구역에서는 물류거점으로서의 역할 수행, 기업경영과 생활에 있어 최상의 환경 보장, 경제자유구역 인근의 배후단지 조기 조성, 다양한 세제감면 및 저렴한 장기임대 혜택 등을 제공하고 있다.

우리나라는 경제자유구역을 첨단산업, 물류 및 금융 등의 각 기업이 가진 장점을 극대화하여 동북아 비즈니스의 거점을 육성하는 것이 목표이다. 특히 물류산업은 경제자유구역을 통해 클러스터의 조성, 항만배후물류부지와의 연계를 통해 시너지효과를 극대화함으로써 '동북아 평화와 번영의 허브' 로 발전을 도모하는 것이 국가균형발전 5개년 계획에서 제시하고 있는 주요 전략이다.

3) 물류관련인프라 확충

국가균형발전 5개년 계획에서는 물류난 해소를 위해 진입도로의 정비 및 물류기지 확보, 산업단지의 물류공급망 개선, 물류거점 시설 확보 등을 계획하고 있으며 주요 내용은 다음과 같다.

(1) 진입도로의 정비 및 물류기지 확보

• 기존 산업단지 진입도로의 교통체증구간 정비 추진, 산업단지 내 공용 화물

터미널 용지, 집배송단지 등 확보, 개발계획 수립시 반영하고 소요부지는 조성원가로 공급

(2) 산업단지의 물류공급망 개선

- 보관, 배송, 하역, 포장 등 산업물류 전반에 대한 원스톱 서비스 지원체계 구축, 내륙화물기지, 유통단지 등 물류거점시설의 확충을 통하여 물류비 감축
- 산업단지 물류공급망 지원센터 건립 및 중소유통 공동물류도매센터 건립

(3) 산업단지의 물류공급망 개선

- 보관, 배송, 하역, 포장 등 산업물류 전반에 대한 원스톱서비스 지원체계 구축, 내륙화물기지, 유통단지 등 물류거점시설의 확충을 통하여 물류비 감축
- 산업단지 물류공급망 지원센터 건립 및 중소유통 공동물류도매센터 건립

(4) 물류거점 시설 확보

- 수도권, 부산권, 호남권, 중부권, 영남권 등 전국 5개 권역에 내륙화물기지 건설
- 물류시설용지를 원활히 공급하고 물류시설 간 연계성을 확보하기 위하여 전국 10대권역에 유통단지를 조성

4) 한 · 중 · 일 무역 · 투자촉진협력

한 · 중 · 일 무역은 점차 확대될 전망이며, 이에 대한 투자촉진을 위한 협력이 요구되고 있다. 한 · 중 · 일 무역 · 투자촉진협력을 위해 국제물류지원센터를 통한 효과적인 투자지원서비스, 화주와 물류기업 상호연결, 다양한 정보 및 컨설팅 서비스의 제공이 필요하며 상호 협력관계 강화를 위한 토론회, 설명회 등을 개최해 나가야 할 것이다.

| 부록 |

물류정책기본법

제1장 총칙

제1조(목적) 이 법은 물류체계의 효율화, 물류산업의 경쟁력 강화 및 물류의 선진화 · 국제화를 위하여 국내외 물류정책 · 계획의 수립 · 시행 및 지원에 관한 기본적인 사항을 정함으로써 국민경제의 발전에 이바지함을 목적으로 한다.

제2조(정의) ① 이 법에서 사용하는 용어의 정의는 다음과 같다.

1. "물류(物流)"란 재화가 공급자로부터 조달 · 생산되어 수요자에게 전달되거나 소비자로부터 회수되어 폐기될 때까지 이루어지는 운송 · 보관 · 하역(荷役) 등과 이에 부가되어 가치를 창출하는 가공 · 조립 · 분류 · 수리 · 포장 · 상표부착 · 판매 · 정보통신 등을 말한다.
2. "물류사업"이란 화주(貨主)의 수요에 따라 유상(有償)으로 물류활동을 영위하는 것을 업(業)으로 하는 것으로 다음 각 목의 사업을 말한다.
   가. 자동차 · 철도차량 · 선박 · 항공기 또는 파이프라인 등의 운송수단을 통하여 화물을 운송하는 화물운송업
   나. 물류터미널이나 창고 등의 물류시설을 운영하는 물류시설운영업
   다. 화물운송의 주선(周旋), 물류장비의 임대, 물류정보의 처리 또는 물류컨설팅 등의 업무를 하는 물류서비스업
3. "물류체계"란 효율적인 물류활동을 위하여 시설 · 장비 · 정보 · 조직 및 인력 등이 서로 유기적으로 기능을 발휘할 수 있도록 연계된 집합체를 말한다.
4. "물류시설"이란 물류에 필요한 다음 각 목의 시설을 말한다.
   가. 화물의 운송 · 보관 · 하역을 위한 시설
   나. 화물의 운송 · 보관 · 하역 등에 부가되는 가공 · 조립 · 분류 · 수리 · 포장 · 상표부착 · 판매 · 정보통신 등을 위한 시설
   다. 물류의 공동화 · 자동화 및 정보화를 위한 시설
   라. 가목부터 다목까지의 시설이 모여 있는 물류터미널 및 물류단지
5. "물류공동화"란 물류기업이나 화주기업(貨主企業)들이 물류활동의 효율성을 높이기 위하여 물류에 필요한 시설 · 장비 · 인력 · 조직 · 정보망 등을 공동으로 이용하는 것을 말한다. 다만, 「독점규제 및 공정거래에 관한 법률」 제19조제1항 각 호 및 같은 법 제26조제1항 각 호에 해당하는 경우(같은 법 제19조제2항에 따라 공정거래위원회의 인가를 받은 경우를 제외한다)를 제외한다.

6. "물류표준"이란 「산업표준화법」 제12조에 따른 한국산업표준 중 물류활동과 관련된 것을 말한다.
7. "물류표준화"란 원활한 물류를 위하여 다음 각 목의 사항을 물류표준으로 통일하고 단순화하는 것을 말한다.
   가. 시설 및 장비의 종류 · 형상 · 치수 및 구조
   나. 포장의 종류 · 형상 · 치수 · 구조 및 방법
   다. 물류용어, 물류회계 및 물류 관련 전자문서 등 물류체계의 효율화에 필요한 사항
8. "단위물류정보망"이란 기능별 또는 지역별로 관련 행정기관, 물류기업 및 그 거래처를 연결하는 일련의 물류정보체계를 말한다.
9. "종합물류정보망"이란 단위물류정보망을 종합적으로 연계하여 구성한 물류정보체계를 말한다.
10. "제3자물류"란 화주가 그와 대통령령으로 정하는 특수관계에 있지 아니한 물류기업에 물류활동의 일부 또는 전부를 위탁하는 것을 말한다.
11. "국제물류주선업"이란 타인의 수요에 따라 자기의 명의와 계산으로 타인의 물류시설 · 장비 등을 이용하여 수출입화물의 물류를 주선하는 사업을 말한다.
12. "물류관리사"란 물류관리에 관한 전문지식을 가진 자로서 제51조에 따른 자격을 취득한 자를 말한다.

② 제1항제2호에 따른 각 물류사업의 구체적인 범위는 대통령령으로 정한다.

제3조(기본이념) 이 법에 따른 물류정책은 물류가 국가 경제활동의 중요한 원동력임을 인식하고, 신속 · 정확하면서도 편리하고 안전한 물류활동을 촉진하며, 정부의 물류 관련 정책이 서로 조화롭게 연계되도록 하여 물류산업이 체계적으로 발전하게 하는 것을 기본이념으로 한다.

제4조(국가 및 지방자치단체의 책무) ① 국가는 물류활동을 원활히 하고 물류체계의 효율성을 높이기 위하여 국가 전체의 물류와 관련된 정책 및 계획을 수립하고 시행하여야 한다.

② 국가는 물류산업이 건전하고 고르게 발전할 수 있도록 육성하여야 한다.

③ 지방자치단체는 국가의 물류정책 및 계획과 조화를 이루면서 지역적 특성을 고려하여 지역물류에 관한 정책 및 계획을 수립하고 시행하여야 한다.

제5조(물류기업 및 화주의 책무) 물류기업 및 화주는 물류사업을 원활히 하고 물류체계의 효율성을 증진시키기 위하여 노력하고, 국가 또는 지방자치단체의 물류정책 및 계획의 수립 · 시행에 적극 협력하여야 한다.

제6조(다른 법률과의 관계) ① 물류에 관한 다른 법률을 제정하거나 개정하는 경우에는 이 법의 목적과 물류정책의 기본이념에 맞도록 하여야 한다.

② 이 법에 규정된 것 외의 물류시설의 개발 및 운영, 물류사업의 관리와 육성 등에 관하여는 따로 법률로 정한다.

제2장 물류정책의 종합 · 조정

제1절 물류현황조사

제7조(물류현황조사) ① 국토해양부장관은 물류에 관한 정책 또는 계획의 수립 · 변경을 위하여 필요하다고 판단될 때에는 관계 행정기관의 장과 미리 협의한 후 물동량의 발생현황과 이동경로, 물류시설 · 장비의 현황과 이용실태, 물류인력과 물류체계의 현황, 물류비, 물류산업과 국제물류의 현황 등에 관하여 조사할 수 있다. 이 경우 「국가통합교통체계효율화법」 제12조에 따른 국가교통조사와 중복되지 아니하도록 하여야 한다.〈개정 2008.2.29, 2009.6.9〉

② 국토해양부장관은 다음 각 호의 자에게 제1항의 조사(이하 "물류현황조사"라 한다)에 필요한 자료의 제출을 요청하거나 그 일부에 대하여 직접 조사하도록 요청할 수 있다. 이 경우 협조를 요청받은 자는 특별한 사정이 없는 한 이에 따라야 한다.〈개정 2008.2.29〉

1. 관계 중앙행정기관의 장
2. 특별시장 · 광역시장 · 도지사 및 특별자치도지사(이하 "시 · 도지사"라 한다)
3. 물류기업 및 이 법에 따라 지원을 받는 기업 · 단체 등

③ 국토해양부장관은 물류현황조사를 효율적으로 수행하기 위하여 필요한 경우에는 물류현황조사의 전부 또는 일부를 전문기관으로 하여금 수행하게 할 수 있다.〈개정 2008.2.29〉

④ 국토해양부장관은 물류현황조사의 결과에 따라 물류비 등 물류지표를 설정하여 물류정책의 수립 및 평가에 활용할 수 있다.〈개정 2008.2.29〉

제8조(물류현황조사지침) ① 국토해양부장관은 제7조제2항에 따라 물류현황조사를 요청하는 경우에는 효율적인 물류현황조사를 위하여 조사의 시기, 종류 및 방법 등에 관하여 대통령령으로 정하는 바에 따라 조사지침을 작성하여 통보할 수 있다.〈개정 2008.2.29〉

② 국토해양부장관은 제1항의 지침을 작성하려는 경우에는 미리 관계 중앙행정기관의 장과 협의하여야 한다.〈개정 2008.2.29〉

제9조(지역물류현황조사 등) ① 시 · 도지사는 지역물류에 관한 정책 또는 계획의 수립 · 변경을 위하여 필요한 경우에는 해당 행정구역의 물동량 현황과 이동경로, 물류시설 · 장비의 현황과 이용실태, 물류산업의 현황 등에 관하여 조사할 수 있다. 이 경우 「국가통합교통체계효율화법」 제12조에 따른 국가교통조사와 중복되지 아니하도록 하여야 한다.〈개정 2009.6.9〉

② 시 · 도지사는 관할 시 · 군 및 구(지방자치단체인 시 · 군 및 자치구를 말한다. 이하 "시 · 군 · 구"라 한다)의 시장 · 군수 및 구청장(이하 "시장 · 군수 · 구청장"이라 한다), 물류기업 및 이 법에 따라 지원을 받는 기업 · 단체 등에게 제1항의 조사(이하 "지역물류현황조사"라 한다)에 필요한 자료를 제출하도록 요청하거나 그 일부에 대하여 직접 조사하도록 요청할 수 있다. 이 경우 협조를 요청받은 자는 특별한 사정이 없는 한 이에 따라야 한다.

③ 시 · 도지사는 지역물류현황조사의 효율적인 수행을 위하여 필요한 경우에는 지역물류현황조사의 전부 또는 일부를 전문기관으로 하여금 수행하게 할 수 있다.

④ 시 · 도지사는 제2항에 따라 지역물류현황조사를 요청하는 경우에는 효율적인 지역물류현황조사를 위하여 조사의 시기, 종류 및 방법 등에 관하여 해당 특별시 · 광역시 · 도 및 특별자치도(이하 "시 · 도"라 한다)의 조례로 정하는 바에 따라 조사지침을 작성하여 통보할 수 있다.

제10조(물류개선조치의 요청) ① 국토해양부장관은 물류현황조사 등을 통하여 물류수요가 특정 물류시설이나 특정 운송수단에 치우쳐 효율적인 물류체계 운용을 해치거나 관계 중앙행정기관의 장 또는 시 · 도지사의 물류 관련 정책 또는 계획이 제11조의 국가물류기본계획(이하 "국가물류기본계획"이라 한다)에 위배된다고 판단될 때에는 해당 중앙행정기관의 장이나 시 · 도지사에게 이를 개선하기 위한 조치를 하도록 요청할 수 있다. 이 경우 국토해양부장관은 미리 해당 중앙행정기관의 장 또는 시 · 도지사와 개선조치에 대하여 협의하여야 한다.〈개정 2008.2.29〉

② 제1항에 따라 개선조치를 요청받은 관계 중앙행정기관의 장이나 해당 시 · 도지사는 특별한 사유가 없는 한 이를 개선하기 위한 조치를 강구하여야 한다.

③ 관계 중앙행정기관의 장이나 시 · 도지사는 제1항에 따른 개선조치의 요청에 이의가 있는 경우에는 제17조의 국가물류정책위원회(이하 "국가물류정책위원회"라 한다)에 조정을 요청할 수 있다.

제2절 물류계획의 수립 · 시행

제11조(국가물류기본계획의 수립) ① 국토해양부장관은 국가물류정책의 기본방향을 설정하는 10년 단위의 국가물류기본계획을 5년마다 수립하여야 한다.〈개정 2008.2.29, 2009.2.6〉

② 국가물류기본계획에는 다음 각 호의 사항이 포함되어야 한다.

1. 국내외 물류환경의 변화와 전망
2. 국가물류정책의 목표와 전략 및 단계별 추진계획
3. 운송 · 보관 · 하역 · 포장 등 물류기능별 물류정책 및 도로 · 철도 · 해운 · 항공 등 운송수단별 물류정책의 종합 · 조정에 관한 사항
4. 물류시설 · 장비의 수급 · 배치 및 투자 우선순위에 관한 사항
5. 연계물류체계의 구축과 개선에 관한 사항
6. 물류 표준화 · 공동화 · 정보화 등 물류체계의 효율화에 관한 사항
7. 물류산업의 경쟁력 강화에 관한 사항
8. 물류인력의 양성 및 물류기술의 개발에 관한 사항
9. 국제물류의 촉진 · 지원에 관한 사항
10. 그 밖에 물류체계의 개선을 위하여 필요한 사항

③ 국토해양부장관은 다음 각 호의 자에 대하여 국가물류기본계획의 수립 · 변경을 위한 관련 기초 자료의 제출을 요청할 수 있다. 이 경우 협조를 요청받은 자는 특별한 사정이 없는 한 이에 따라야 한다.〈개정 2008.2.29〉

1. 관계 중앙행정기관의 장
2. 시 · 도지사
3. 물류기업 및 이 법에 따라 지원을 받는 기업 · 단체 등

④ 국토해양부장관은 국가물류기본계획을 수립하거나 대통령령으로 정하는 중요한 사항을 변경하려는 경우에는 관계 중앙행정기관의 장 및 시 · 도지사와 협의한 후 국가물류정책위원회의 심의를 거쳐야 한다.〈개정 2008.2.29〉

⑤ 국토해양부장관은 국가물류기본계획을 수립하거나 변경한 때에는 이를 관보에 고시하고, 관계 중앙행정기관의 장 및 시 · 도지사에게 통보하여야 한다.〈개정 2008.2.29〉

제12조(다른 계획과의 관계) ① 국가물류기본계획은 「국토기본법」에 따라 수립된 국토종합계획 및 「국가통합교통체계효율화법」에 따라 수립된 국가기간교통망계획과 조화를 이루어야 한다.〈개정 2009.6.9〉

② 국가물류기본계획은 다른 법령에 따라 수립되는 물류에 관한 계획에 우선하며 그 계획의 기본이 된다.

제13조(연도별시행계획의 수립) ① 국토해양부장관은 국가물류기본계획을 시행하기 위하여 연도별 시행계획(이하 "연도별시행계획"이라 한다)을 매년 수립하여야 한다.〈개정 2008.2.29, 2009.2.6〉

② 연도별시행계획의 수립 · 변경을 위한 자료제출의 요청 등에 관하여는 제11조제3항을 준용한다.

③ 연도별시행계획의 수립 및 시행에 필요한 사항은 대통령령으로 정한다.

제14조(지역물류기본계획의 수립) ① 특별시장 및 광역시장은 지역물류정책의 기본방향을 설정하는 10년 단위의 지역물류기본계획을 5년마다 수립하여야 한다.

② 도지사 및 특별자치도지사는 지역물류체계의 효율화를 위하여 필요한 경우에는 제1항의 지역물류기본계획을 수립할 수 있다.

③ 지역물류기본계획은 국가물류기본계획에 배치되지 아니하여야 하며, 다음 각 호의 사항이 포함되어야 한다.

1. 지역물류환경의 변화와 전망
2. 지역물류정책의 목표 · 전략 및 단계별 추진계획
3. 운송 · 보관 · 하역 · 포장 등 물류기능별 지역물류정책 및 도로 · 철도 · 해운 · 항공 등 운송수단별 지역물류정책에 관한 사항
4. 지역의 물류시설 · 장비의 수급 · 배치 및 투자 우선순위에 관한 사항
5. 지역의 연계물류체계의 구축 및 개선에 관한 사항
6. 지역의 물류 공동화 및 정보화 등 물류체계의 효율화에 관한 사항
7. 지역 물류산업의 경쟁력 강화에 관한 사항
8. 지역 물류인력의 양성 및 물류기술의 개발에 관한 사항
9. 지역차원의 국제물류의 촉진 · 지원에 관한 사항
10. 그 밖에 지역물류체계의 개선을 위하여 필요한 사항

④ 국토해양부장관은 제1항에 따른 지역물류기본계획의 수립방법 및 기준 등에 관한 지침을 작성하여 특별시장 및 광역시장(제2항에 따라 지역물류기본계획을 수립하는

도지사 및 특별자치도지사를 포함한다. 이하 제15조 및 제16조에서 같다)에게 통보하여야 한다.〈개정 2008.2.29〉

제15조(지역물류기본계획의 수립절차) ① 특별시장 및 광역시장은 다음 각 호의 자에 대하여 지역물류기본계획의 수립 · 변경을 위한 관련 기초 자료의 제출을 요청할 수 있다. 이 경우 협조를 요청받은 자는 특별한 사정이 없는 한 이에 따라야 한다.

1. 인접한 시 · 도의 시 · 도지사
2. 관할 시 · 군 · 구의 시장 · 군수 · 구청장
3. 이 법에 따라 해당 시 · 도의 지원을 받는 기업 · 단체 등

② 특별시장 및 광역시장이 지역물류기본계획을 수립하거나 대통령령이 정하는 중요한 사항을 변경하려는 경우에는 미리 해당 시 · 도에 인접한 시 · 도의 시 · 도지사와 협의한 후 제20조의 지역물류정책위원회의 심의를 거쳐 국토해양부장관의 승인을 받아야 한다.〈개정 2008.2.29〉

③ 특별시장 및 광역시장은 지역물류기본계획을 수립하거나 변경한 때에는 이를 공고하고, 인접한 시 · 도의 시 · 도지사, 관할 시 · 군 · 구의 시장 · 군수 · 구청장 및 이 법에 따라 해당 시 · 도의 지원을 받는 기업 및 단체 등에 이를 통보하여야 한다.

④ 국토해양부장관이 지역물류기본계획을 승인하려는 경우에는 관계 중앙행정기관장과 협의한 후 제19조제1항제1호의 물류정책분과위원회의 심의를 거쳐야 한다.〈개정 2008.2.29〉

제16조(지역물류기본계획의 연도별 시행계획의 수립) ① 지역물류기본계획을 수립한 특별시장 및 광역시장은 그 계획을 시행하기 위하여 연도별 시행계획(이하 "지역물류시행계획"이라 한다)을 매년 수립하여야 한다.

② 지역물류시행계획의 수립 · 변경을 위한 자료제출의 요청 등에 관하여는 제15조제1항을 준용한다.

③ 지역물류시행계획의 수립 및 시행에 필요한 사항은 대통령령으로 정한다.

제3절 물류정책위원회

제17조(국가물류정책위원회의 설치 및 기능) ① 국가물류정책에 관한 주요 사항을 심의하기 위하여 국토해양부장관 소속으로 국가물류정책위원회를 둔다.〈개정 2009.2.6〉

② 국가물류정책위원회는 다음 각 호의 사항을 심의 · 조정한다.

1. 국가물류체계의 효율화에 관한 중요 정책 사항
2. 물류시설의 종합적인 개발계획의 수립에 관한 사항
3. 물류산업의 육성 · 발전에 관한 중요 정책 사항
4. 국제물류의 촉진 · 지원에 관한 중요 정책 사항
5. 이 법 또는 다른 법률에서 국가물류정책위원회의 심의를 거치도록 한 사항
6. 그 밖에 국가물류체계 및 물류산업에 관한 중요한 사항으로서 위원장이 회의에 부치는 사항

제18조(국가물류정책위원회의 구성 등) ① 국가물류정책위원회는 위원장을 포함한 20명 이내의 위원으로 구성한다.〈개정 2009.2.6〉

② 국가물류정책위원회의 위원장은 국토해양부장관이 되고, 위원은 다음 각 호의 자가 된다.〈개정 2008.2.29, 2009.2.6, 2010.6.4〉

1. 기획재정부, 교육과학기술부, 외교통상부, 농림수산식품부, 지식경제부, 고용노동부, 국토해양부, 관세청 및 중소기업청의 고위공무원단에 속하는 공무원 중에서 해당 기관의 장이 지명하는 자 각 1명
2. 물류 관련 분야에 관한 전문지식 및 경험이 풍부한 자 중에서 위원장이 위촉하는 10명 이내의 자

③ 국가물류정책위원회의 사무를 처리하기 위하여 간사 1명을 두되, 간사는 국토해양부 소속 공무원 중에서 위원장이 지명하는 자가 된다.〈개정 2009.2.6〉

④ 공무원이 아닌 위원의 임기는 2년으로 하되, 연임할 수 있다.

⑤ 물류정책에 관한 중요 사항을 조사 · 연구하기 위하여 대통령령으로 정하는 바에 따라 국가물류정책위원회에 전문위원을 둘 수 있다.

⑥ 제1항부터 제5항까지 외에 국가물류정책위원회의 구성 및 운영에 관하여 필요한 사항은 대통령령으로 정한다.

제19조(분과위원회) ① 국가물류정책위원회의 업무를 효율적으로 추진하기 위하여 다음 각 호의 분과위원회를 둘 수 있다.

1. 물류정책분과위원회
2. 물류시설분과위원회
3. 국제물류분과위원회

② 각 분과위원회는 그 소관에 따라 다음 각 호의 사항을 심의 · 조정한다.

1. 국가물류정책위원회에서 심의 · 조정할 안건으로서 사전 검토가 필요한 사항
2. 국가물류정책위원회에서 위임한 사항
3. 이 법 또는 다른 법률에서 분과위원회의 심의 · 조정을 거치도록 한 사항

③ 분과위원회가 제2항제2호 및 제3호의 사항을 심의 · 조정한 때에는 분과위원회의 심의 · 조정을 국가물류정책위원회의 심의 · 조정으로 본다.

④ 제1항부터 제3항까지 외에 분과위원회의 구성 및 운영 등에 필요한 사항은 대통령령으로 정한다.

제20조(지역물류정책위원회) ① 지역물류정책에 관한 주요 사항을 심의하기 위하여 시 · 도지사 소속으로 지역물류정책위원회를 둔다.

② 지역물류정책위원회의 구성 및 운영에 필요한 사항은 대통령령으로 정한다.

제3장 물류체계의 효율화

제1절 물류시설 · 장비의 확충 등

제21조(물류시설 · 장비의 확충) ① 국토해양부장관 또는 지식경제부장관은 효율적인 물류활동을 위하여 필요한 물류시설 및 장비를 확충할 것을 물류기업에 권고할 수 있으며, 이에 필요한 행정적 · 재정적 지원을 할 수 있다.〈개정 2008.2.29〉

② 국토해양부장관 또는 지식경제부장관은 물류시설 및 장비를 원활하게 확충하기 위하여 필요하다고 인정되는 경우 관계 행정기관의 장에게 필요한 지원을 요청할 수 있다.〈개정 2008.2.29〉

第22조(물류시설 간의 연계와 조화) 국가, 지방자치단체, 대통령령으로 정하는 물류 관련 기관(이하 "물류관련기관"이라 한다) 및 물류기업 등이 새로운 물류시설을 건설하거나 기존 물류시설을 정비할 때에는 다음 각 호의 사항을 고려하여야 한다.

1. 주요 물류거점시설 및 운송수단과의 연계성
2. 주변 물류시설과의 기능중복 여부
3. 대통령령으로 정하는 공항 · 항만 또는 산업단지의 경우 적정한 규모 및 기능을 가진 배후 물류시설 부지의 확보 여부

第23조(물류 공동화 · 자동화 촉진) ① 국토해양부장관 또는 지식경제부장관은 물류공동화를 추진하는 물류기업이나 화주기업 또는 물류 관련 단체에 대하여 예산의 범위에서 필요한 자금을 지원할 수 있다.〈개정 2008.2.29〉

② 국토해양부장관 또는 지식경제부장관은 화주기업이 물류공동화를 추진하는 경우에는 물류기업이나 물류 관련 단체와 공동으로 추진하도록 권고할 수 있으며, 권고를 이행하는 경우에 우선적으로 제1항의 지원을 할 수 있다.〈개정 2008.2.29〉

③ 국토해양부장관 또는 지식경제부장관은 물류공동화를 확산하기 위하여 필요한 경우에는 시범지역을 지정하거나 시범사업을 선정하여 운영할 수 있다.〈개정 2008.2.29〉

④ 국토해양부장관 또는 지식경제부장관은 물류기업이 물류자동화를 위하여 물류시설 및 장비를 확충하거나 교체하려는 경우에는 필요한 자금을 지원할 수 있다.〈개정 2008.2.29〉

⑤ 국토해양부장관 또는 지식경제부장관은 제1항부터 제4항까지의 조치를 하려는 경우에는 중복을 방지하기 위하여 미리 협의하여야 한다.〈개정 2008.2.29〉

제2절 물류표준화

第24조(물류표준의 보급촉진 등) ① 국토해양부장관은 물류표준화에 관한 업무를 효과적으로 추진하기 위하여 필요하다고 인정하는 경우에는 지식경제부장관에게 「산업표준화법」에 따른 한국산업표준의 제정 · 개정 또는 폐지를 요청할 수 있다.〈개정 2008.2.29, 2009.2.6〉

② 국토해양부장관 또는 지식경제부장관은 물류표준의 보급을 촉진하기 위하여 필요한 경우에는 관계 행정기관, 「공공기관의 운영에 관한 법률」에 따른 공공기관(이하 "공공기관"이라 한다), 물류기업, 물류에 관련된 장비의 사용자 및 제조업자에게 물류표준에 맞는 장비(이하 "물류표준장비"라 한다)를 제조 · 사용하게 하거나 물류표준에 맞는 규격으로 포장을 하도록 요청하거나 권고할 수 있다.〈개정 2008.2.29〉

第25조(물류표준장비의 사용자 등에 대한 우대조치) ① 국토해양부장관 또는 지식경제부장관은 관계 행정기관, 공공기관 및 물류기업 등에게 물류표준장비의 사용자 또는 물류표준에 맞는 규격으로 재화를 포장하는 자에 대하여 운임 · 하역료 · 보관료의 할인

및 우선구매 등의 우대조치를 할 것을 요청하거나 권고할 수 있다.〈개정 2008.2.29〉

② 국토해양부장관 또는 지식경제부장관은 물류표준장비의 보급 확대를 위하여 물류기업, 물류표준장비의 사용자 또는 물류표준에 맞는 규격으로 재화를 포장하는 자 등에 대하여 소요자금의 융자 등 필요한 재정지원을 할 수 있다.〈개정 2008.2.29〉

第26조(물류회계의 표준화) ① 국토해양부장관은 지식경제부장관과 협의하여 물류기업 및 화주기업의 물류비 산정기준 및 방법 등을 표준화하기 위하여 대통령령으로 정하는 기준에 따라 기업물류비 산정지침을 작성하여 고시하여야 한다.〈개정 2008.2.29〉

② 국토해양부장관은 물류기업 및 화주기업이 제1항의 기업물류비 산정지침에 따라 물류비를 관리하도록 권고할 수 있다.〈개정 2008.2.29〉

③ 국토해양부장관은 지식경제부장관과 협의하여 제1항의 기업물류비 산정지침에 따라 물류비를 계산·관리하는 물류기업 및 화주기업에 대하여는 필요한 행정적·재정적 지원을 할 수 있다.〈개정 2008.2.29〉

제3절 물류정보화

第27조(물류정보화의 촉진) ① 국토해양부장관·지식경제부장관 또는 관세청장은 물류정보화를 통한 물류체계의 효율화를 위하여 필요한 시책을 강구하여야 한다.〈개정 2008.2.29〉

② 국토해양부장관·지식경제부장관 또는 관세청장은 물류정보화를 촉진하기 위하여 필요한 경우에는 예산의 범위에서 물류기업 또는 물류 관련 단체에 대하여 물류정보화에 관련된 설비 또는 프로그램의 개발·운용비용의 일부를 지원할 수 있다.〈개정 2008.2.29〉

第28조(단위물류정보망의 구축) ① 관계 행정기관 및 물류관련기관은 소관 물류정보의 수집·분석·가공 및 유통 등을 촉진하기 위하여 필요한 때에는 대통령령으로 정하는 바에 따라 직접 또는 전담기관을 지정하여 단위물류정보망을 구축·운영할 수 있다.

② 관계 행정기관이 전담기관을 지정하여 단위물류정보망을 구축·운영하는 경우에는 소요비용의 전부 또는 일부를 예산의 범위에서 지원할 수 있다.

③ 단위물류정보망을 구축하는 행정기관 및 물류관련기관은 소관 단위물류정보망과 다른 단위물류정보망 간의 연계체계구축대책을 수립하여야 한다.

④ 단위물류정보망을 구축·운영하는 관계 행정기관의 장은 단위물류정보망 간의 연계체계를 구축하기 위하여 필요한 때에는 국토해양부장관과 협의를 거쳐 제19조제1항 제2호의 물류시설분과위원회(이하 "물류시설분과위원회"라 한다)에 단위물류정보망 간의 연계체계의 조정을 요청할 수 있다.〈개정 2008.2.29〉

第29조(종합물류정보망의 구축) ① 국토해양부장관은 지식경제부장관 및 관세청장과 협의하여 물류정보의 수집·분석·가공 및 유통 등을 촉진하기 위하여 필요한 때에는 관계 행정기관, 물류관련기관 또는 물류기업 등이 구축한 단위물류정보망을 연계하는 종합물류정보망을 구축·운영할 수 있다.〈개정 2008.2.29〉

② 국토해양부장관은 물류시설분과위원회의 심의를 거쳐 「전기통신사업법」에 따른 전기통신사업자로서 다음 각 호의 어느 하나에 해당하는 자를 종합물류정보망의 전부 또

는 일부를 구축 · 운영할 자로 지정할 수 있다.〈개정 2008.2.29〉

1. 대통령령으로 정하는 공공기관
2. 「정부출연연구기관 등의 설립 · 운영 및 육성에 관한 법률」 또는 「과학기술분야 정부출연연구기관 등의 설립 · 운영 및 육성에 관한 법률」에 따른 정부출연연구기관(이하 "정부출연연구기관"이라 한다)
3. 납입자본금이 10억원 이상인 「상법」 상의 주식회사. 다만, 정부 · 공공기관 또는 비영리법인 외의 주주 중 동일인이 의결권 있는 주식총수의 100분의 15를 초과하여 소유하지 아니하는 주식회사에 한한다.

③ 국토해양부장관은 지식경제부장관 및 관세청장과 협의하여 종합물류정보망의 효율적인 구축 · 운영을 위하여 제2항에 따라 지정된 사업자(이하 "종합물류정보망사업자"라 한다)에게 필요한 지원을 할 수 있다.〈개정 2008.2.29〉

④ 종합물류정보망의 구축 · 운영 및 종합물류정보망사업자의 지정 등에 필요한 절차 및 지정기준 등은 대통령령으로 정한다.

제30조(국가물류통합데이터베이스의 구축) ① 국토해양부장관은 지식경제부장관 및 관세청장과 협의하여 종합물류정보망 및 물류현황조사에 따라 수집된 정보를 가공 · 분석하여 물류 관련 자료를 총괄하는 국가물류통합데이터베이스를 구축 · 운영할 수 있다.〈개정 2008.2.29〉

② 국토해양부장관은 물류시설분과위원회의 심의를 거쳐 다음 각 호의 어느 하나에 해당하는 자를 국가물류통합데이터베이스의 전부 또는 일부를 구축 · 운영할 자로 지정할 수 있다.〈개정 2008.2.29〉

1. 중앙행정기관
2. 대통령령으로 정하는 공공기관
3. 정부출연연구기관
4. 납입자본금이 10억원 이상인 「상법」상의 주식회사. 다만, 정부 · 공공기관 및 비영리법인이 아닌 주주 중 동일인이 의결권 있는 주식총수의 100분의 15를 초과하여 소유하지 아니하는 주식회사에 한한다.

③ 국토해양부장관은 지식경제부장관 및 관세청장과 협의하여 국가물류통합데이터베이스의 효율적인 구축 · 운영을 위하여 제2항에 따라 지정된 자(이하 "국가물류통합데이터베이스운영자"라 한다)에게 필요한 지원을 할 수 있다.〈개정 2008.2.29〉

④ 국가물류통합데이터베이스의 구축 · 운영 및 국가물류통합데이터베이스운영자의 지정 등에 필요한 절차 및 지정기준 등은 대통령령으로 정한다.

제31조(지정의 취소 등) 국토해양부장관은 종합물류정보망사업자 또는 국가물류통합데이터베이스운영자가 다음 각 호의 어느 하나에 해당하는 경우에는 물류시설분과위원회의 심의를 거쳐 그 지정을 취소할 수 있다.〈개정 2008.2.29〉

1. 거짓이나 그 밖의 부정한 방법으로 지정을 받은 경우
2. 제29조제4항 또는 제30조제4항에 따른 지정기준에 미달하게 된 경우

제32조(전자문서의 이용 · 개발) ① 물류기업, 물류관련기관 및 물류 관련 단체가 대통령령으로 정하는 물류에 관한 업무를 전자문서(「전자거래기본법」 제2조제1호의 전자문서를 말한다. 이하 같다)로 처리하려는 경우에는 국토해양부령으로 정하는 전자문서를

이용하여야 한다.〈개정 2008.2.29〉

② 국토해양부장관은 지식경제부장관과 협의하여 표준전자문서의 개발 · 보급계획을 수립하여야 한다.〈개정 2008.2.29〉

제33조(전자문서 및 물류정보의 보안) ① 누구든지 종합물류정보망 또는 제32조제1항의 전자문서를 위작(僞作) 또는 변작(變作)하거나 위작 또는 변작된 전자문서를 행사하여서는 아니 된다.

② 누구든지 종합물류정보망 또는 국가물류통합데이터베이스에 따라 처리 · 보관 또는 전송되는 물류정보를 훼손하거나 그 비밀을 침해 · 도용(盜用) 또는 누설하여서는 아니 된다.

③ 종합물류정보망사업자는 전자문서 및 정보처리장치의 파일에 기록되어 있는 물류정보를 대통령령으로 정하는 기간 동안 보관하여야 한다.

④ 종합물류정보망사업자 또는 국가물류통합데이터베이스운영자는 제1항부터 제3항까지의 규정에 따른 전자문서 및 물류정보의 보안에 필요한 보호조치를 강구하여야 한다.

⑤ 누구든지 불법 또는 부당한 방법으로 제4항에 따른 보호조치를 침해하거나 훼손하여서는 아니 된다.

제34조(전자문서 및 물류정보의 공개) ① 종합물류정보망사업자 또는 국가물류통합데이터베이스운영자는 대통령령으로 정하는 경우를 제외하고는 전자문서 또는 물류정보를 공개하여서는 아니 된다.

② 종합물류정보망사업자 또는 국가물류통합데이터베이스운영자가 제1항에 따라 전자문서 또는 물류정보를 공개하려는 때에는 미리 대통령령으로 정하는 이해관계인의 동의를 받아야 한다.

제35조(전자문서 이용의 촉진) ① 국토해양부장관은 지식경제부장관과 협의하여 물류기업, 물류관련기관 및 물류 관련 단체에 대통령령으로 정하는 물류시설의 이용 등 관련 업무를 전자문서로 처리할 것을 요청할 수 있다.〈개정 2008.2.29〉

② 국토해양부장관은 지식경제부장관과 협의하여 전자문서로 업무를 처리하는 물류기업에 대하여 물류관련기관으로 하여금 해당 화물의 우선처리 · 요금할인 등 우대조치를 할 것을 요청할 수 있다.〈개정 2008.2.29〉

제4장 물류산업의 경쟁력 강화

제1절 물류산업의 육성

제36조(물류산업의 육성 등) ① 국토해양부장관은 화주기업에 대하여 운송 · 보관 · 하역 등의 물류서비스를 일관되고 통합된 형태로 제공하는 물류기업을 우선적으로 육성하는 등 물류산업의 경쟁력을 강화하는 시책을 강구하여야 한다.〈개정 2008.2.29〉

② 국토해양부장관 또는 지식경제부장관은 제1항에 따른 물류기업의 육성을 위하여 다음 각 호의 조치를 할 수 있다.〈개정 2008.2.29〉

1. 이 법 또는 대통령령으로 정하는 물류 관련 법률에 따라 국가 또는 지방자치단체의 지원을 받는 물류시설에의 우선 입주를 위한 지원
2. 물류시설 · 장비의 확충, 물류 표준화 · 정보화 등 물류효율화에 필요한 자금의 원활한 조달을 위하여 필요한 지원

제37조(제3자물류의 촉진) ① 국토해양부장관은 지식경제부장관과 협의하여 화주기업이 자가물류(자기가 보유하거나 관리하는 재화에 대하여 자기의 시설 · 장비 · 인력 등을 사용하여 물류활동을 하는 것을 말한다)를 제3자물류로 전환하도록 유도하기 위한 시책을 강구하여야 한다.〈개정 2008.2.29〉

② 국토해양부장관은 지식경제부장관과 협의하여 화주기업이 제3자물류를 활용하기 위하여 자가물류시설을 매각하거나 처분하려는 때에는 필요한 지원을 할 수 있다.〈개정 2008.2.29〉

③ 국토해양부장관은 지식경제부장관과 협의하여 화주기업이 제3자물류를 활용하기 위한 목적으로 물류컨설팅을 받으려는 경우에 예산의 범위에서 그 비용의 일부를 지원할 수 있다.〈개정 2008.2.29〉

④ 국토해양부장관은 지식경제부장관과 협의하여 제3자물류 활용을 촉진하기 위하여 제3자물류 활용의 우수사례를 발굴하고 홍보할 수 있다.〈개정 2008.2.29〉

제2절 종합물류기업의 인증

제38조(종합물류기업의 인증 등) ① 제2조제1항제2호 각 목의 물류사업을 종합적 · 복합적으로 영위하는 자는 자신이 영위하는 물류사업을 관장하는 중앙행정기관의 장(이하 "주무부장관"이라 한다)으로부터 종합물류기업으로 인증을 받을 수 있다.

② 제1항에 따라 종합물류기업으로 인증을 받으려는 자는 다음 각 호의 요건을 충족하여야 한다.

1. 제2조제1항제2호 각 목에 해당하는 물류사업을 종류별로 1개 이상씩 영위할 것
2. 주무부장관이 공동으로 정하는 부령(이하 "공동부령"이라 한다)으로 정하는 인증기준에 맞을 것

③ 주무부장관은 제1항에 따라 인증을 받은 자(이하 "인증종합물류기업"이라 한다)가 제2항 각 호의 요건을 유지하는지에 대하여 대통령령으로 정하는 바에 따라 점검을 할 수 있다.

④ 제1항에 따른 종합물류기업 인증의 절차 및 방법 등에 필요한 사항은 공동부령으로 정한다.

제39조(인증종합물류기업 인증의 취소 등) ① 주무부장관은 인증종합물류기업이 다음 각 호의 어느 하나에 해당하는 경우에는 그 인증을 취소할 수 있다. 다만, 제1호에 해당하는 때에는 인증을 취소하여야 한다.

1. 거짓이나 그 밖의 부정한 방법으로 인증을 받은 경우
2. 제38조제2항 각 호의 요건에 맞지 아니하게 된 경우
3. 제38조제3항에 따른 점검을 정당한 사유 없이 3회 이상 거부한 경우
4. 제66조를 위반하여 다른 사람에게 자기의 성명 또는 상호를 사용하여 영업을 하게

하거나 인증서를 대여한 때

② 인증종합물류기업은 제1항에 따라 종합물류기업의 인증이 취소된 경우에는 제41조제1항에 따른 인증서를 반납하고, 인증마크의 사용을 중지하여야 한다.

第40条(인증센터) ① 국토해양부장관은 종합물류기업의 인증과 관련하여 종합물류기업 인증센터(이하 "인증센터"라 한다)를 지정하여 다음 각 호의 업무를 하게 할 수 있다.〈개정 2008.2.29〉

1. 인증신청의 접수
2. 제38조제2항 각 호의 요건에 맞는지에 대한 심사
3. 제38조제3항에 따른 점검의 대행
4. 그 밖에 인증업무를 원활히 수행하기 위하여 대통령령으로 정하는 지원업무

② 인증센터는 대통령령으로 정하는 바에 따라 다음 각 호의 어느 하나에 해당하는 기관 중에서 지정한다.

1. 공공기관
2. 정부출연연구기관
3. 물류관련기관 또는 물류 관련 단체

③ 인증센터의 장은 제1항 각 호에 따른 업무를 수행할 때 필요한 경우에는 관계 행정기관 또는 관련 있는 기관에 협조를 요청할 수 있다.

④ 인증센터의 조직 및 운영 등에 필요한 사항은 공동부령으로 정한다.

⑤ 국토해양부장관은 인증센터를 지도 · 감독하고, 그 운영비의 일부를 지원할 수 있다.〈개정 2008.2.29〉

第41条(인증서와 인증마크) ① 주무부장관은 인증종합물류기업에 인증서를 교부하고, 인증을 나타내는 표시(이하 "인증마크"라 한다)를 제정하여 인증종합물류기업이 사용하게 할 수 있다.

② 인증마크의 도안 및 표시방법 등에 대하여는 공동부령으로 정하는 바에 따라 주무부장관이 공동으로 정하여 고시한다.

③ 인증종합물류기업이 아닌 자는 거짓의 인증마크를 제작 · 사용하거나 그 밖의 방법으로 인증종합물류기업임을 사칭하여서는 아니 된다.

第42条(인증종합물류기업에 대한 지원) ① 국가 · 지방자치단체 또는 공공기관은 스스로 운영 · 관리하는 다음 각 호의 시설에 제36조제2항제1호에 따른 물류시설 우선입주대상자나 그 밖의 자보다 인증종합물류기업을 우선 입주하게 할 수 있다.

1. 「물류시설의 개발 및 운영에 관한 법률」에 따른 복합물류터미널 · 일반물류터미널 또는 물류단지
2. 「항만법」에 따른 항만배후단지 중 물류시설
3. 「산업입지 및 개발에 관한 법률」에 따른 산업단지 중 물류시설
4. 그 밖에 대통령령으로 정하는 물류 관련 시설

② 국가 또는 지방자치단체는 제1항 각 호의 시설을 운영 · 관리하는 자에 대하여 제36조제2항제1호에 따른 물류시설 우선입주대상자나 그 밖의 자보다 인증종합물류기업을 우선 입주하게 할 것을 권고할 수 있다.

③ 국가 또는 지방자치단체는 인증종합물류기업이 다음 각 호의 사업을 수행하는 경우

에는 다른 물류기업에 우선하여 소요자금의 일부를 융자하거나 부지의 확보를 위한 지원 등을 할 수 있다.

1. 물류시설의 확충
2. 물류 정보화 · 표준화 또는 공동화
3. 첨단물류기술의 개발 및 적용
4. 해외시장의 개척
5. 그 밖에 물류사업을 효율적으로 영위하기 위하여 필요한 사항으로서 공동부령으로 정하는 사항

제3절 국제물류주선업

제43조(국제물류주선업의 등록) ① 국제물류주선업을 경영하려는 자는 국토해양부령으로 정하는 바에 따라 국토해양부장관에게 등록하여야 한다.〈개정 2008.2.29〉

② 제1항에 따라 국제물류주선업을 등록한 자(이하 "국제물류주선업자"라 한다)가 등록한 사항 중 국토해양부령으로 정하는 중요한 사항을 변경하려는 경우에는 국토해양부령으로 정하는 바에 따라 변경등록을 하여야 한다.〈개정 2008.2.29〉

③ 제1항에 따라 등록을 하려는 자는 3억원 이상의 자본금(법인이 아닌 경우에는 6억원 이상의 자산평가액을 말한다)을 보유하여야 하고, 다음 각 호의 어느 하나에 해당하는 경우를 제외하고는 1억원 이상의 보증보험에 가입하여야 한다.〈개정 2010.5.17〉

1. 자본금 또는 자산평가액이 10억원 이상인 경우
2. 컨테이너장치장을 소유하고 있는 경우
3. 「은행법」 제2조제1항제2호에 따른 은행으로부터 1억원 이상의 지급보증을 받은 경우
4. 1억원 이상의 화물배상책임보험에 가입한 경우

제44조(등록의 결격사유) 다음 각 호의 어느 하나에 해당하는 자는 국제물류주선업의 등록을 할 수 없다.

1. 금치산자 및 한정치산자
2. 이 법, 「화물자동차 운수사업법」, 「항공법」 또는 「해운법」을 위반하여 금고 이상의 실형을 선고받고 그 집행이 종료(집행이 종료된 것으로 보는 경우를 포함한다)되거나 집행이 면제된 날부터 2년이 지나지 아니한 자
3. 이 법, 「화물자동차 운수사업법」, 「항공법」 또는 「해운법」을 위반하여 금고 이상의 형의 집행유예를 선고받고 그 유예기간 중에 있는 자
4. 이 법, 「화물자동차 운수사업법」, 「항공법」 또는 「해운법」을 위반하여 벌금형을 선고받고 2년이 지나지 아니한 자
5. 국제물류주선업의 등록 취소처분을 받은 후 2년이 지나지 아니한 자
6. 법인으로서 그 임원 중에 제1호부터 제5호까지의 어느 하나에 해당하는 자가 있는 경우

제45조(사업의 승계) ① 국제물류주선업자가 그 사업을 양도하거나 사망한 때 또는 법인이 합병한 때에는 그 양수인 · 상속인 또는 합병 후 존속하는 법인이나 합병으로 설립

되는 법인은 국제물류주선업의 등록에 따른 권리 · 의무를 승계한다.

② 제1항에 따라 국제물류주선업의 등록에 따른 권리 · 의무를 승계한 자는 국토해양부령으로 정하는 바에 따라 국토해양부장관에게 신고하여야 한다.〈개정 2008.2.29〉

③ 제1항에 따라 승계받은 자의 결격사유에 관하여는 제44조를 준용한다.

제46조(사업의 휴지 · 폐지) ① 국제물류주선업자가 국제물류주선업의 전부 또는 일부를 휴지하거나 폐지하려는 경우에는 미리 국토해양부장관에게 신고하여야 한다.〈개정 2008.2.29〉

② 국제물류주선업자인 법인이 합병 외의 사유로 해산한 경우에는 그 청산인(해산이 파산에 따른 경우에는 파산관재인을 말한다)은 지체 없이 이를 국토해양부장관에게 신고하여야 한다.〈개정 2008.2.29〉

③ 제1항에 따른 휴지기간은 6개월을 초과할 수 없다.

④ 국제물류주선업자가 사업의 전부 또는 일부를 휴지 또는 폐지하려는 경우에는 미리 그 취지를 영업소와 그 밖에 일반 공중이 보기 쉬운 곳에 게시하여야 한다.

제47조(등록의 취소 등) ① 국토해양부장관은 국제물류주선업자가 다음 각 호의 어느 하나에 해당하는 경우에는 등록을 취소하거나 6개월 이내의 기간을 정하여 사업의 전부 또는 일부의 정지를 명할 수 있다. 다만, 제1호 · 제3호 또는 제4호에 해당하는 경우에는 등록을 취소하여야 한다.〈개정 2008.2.29〉

1. 거짓이나 그 밖의 부정한 방법으로 등록을 한 때
2. 제43조제3항에 따른 등록기준에 못 미치게 된 때
3. 제44조(제45조제3항에서 준용하는 경우를 포함한다) 각 호의 어느 하나에 해당하게 된 때. 다만, 그 지위를 승계받은 상속인이 제44조제1호부터 제5호까지의 어느 하나에 해당하는 경우에 상속일부터 3개월 이내에 그 사업을 다른 사람에게 양도한 경우와 법인(합병 후 존속하는 법인 또는 합병으로 설립되는 법인을 포함한다)이 제44조제6호에 해당하는 경우에 그 사유가 발생한 날(법인이 합병하는 경우에는 합병일을 말한다)부터 3개월 이내에 해당 임원을 개임한 경우에는 그러하지 아니하다.
4. 제66조를 위반하여 다른 사람에게 자기의 성명 또는 상호를 사용하여 영업을 하게 하거나 등록증을 대여한 때

② 제1항에 따른 처분의 구체적인 기준과 그 밖에 필요한 사항은 국토해양부령으로 정한다.〈개정 2008.2.29〉

제48조(국제물류주선업협회) ① 국제물류주선업자는 국제물류주선업의 건전한 발전 및 국제물류주선업자의 공동이익을 도모하기 위하여 대통령령으로 정하는 바에 따라 사업자협회(이하 "국제물류주선업협회"라 한다)를 설립할 수 있다.

② 국제물류주선업협회를 설립하려는 경우에는 해당 협회의 회원이 될 자격이 있는 자 중 5분의 1 이상의 발기인이 정관을 작성하여 해당 협회의 회원이 될 자격이 있는 자의 3분의 1 이상이 출석한 창립총회의 의결을 거친 후 국토해양부장관의 설립인가를 받아야 한다.〈개정 2008.2.29〉

③ 국제물류주선업협회는 제2항에 따른 설립인가를 받아 설립등기를 함으로써 성립한다.

④ 국제물류주선업협회는 법인으로 한다.

⑤ 국제물류주선업협회에 관하여 이 법에 규정한 것 외에는 「민법」 중 사단법인에 관한 규정을 준용한다.

⑥ 국제물류주선업협회의 업무 및 정관 등에 필요한 사항은 대통령령으로 정한다.

제49조(자금의 지원) 국가는 국제물류주선업의 육성을 위하여 필요하다고 인정하는 경우에는 국제물류주선업자에게 그 사업에 필요한 소요자금의 융자 등 필요한 지원을 할 수 있다.

제4절 물류인력의 양성

제50조(물류인력의 양성) ① 국토해양부장관은 대통령령으로 정하는 물류분야의 기능인력 및 전문인력을 양성하기 위하여 다음 각 호의 사업을 할 수 있다.〈개정 2008.2.29〉

1. 화주기업 및 물류기업에 종사하는 물류인력의 역량강화를 위한 교육 · 연수
2. 물류체계 효율화 및 국제물류 활성화를 위한 선진기법, 교육프로그램 및 교육교재의 개발 · 보급
3. 외국 물류대학의 국내유치활동 지원 및 국내대학과 외국대학 간의 물류교육 프로그램의 공동 개발활동 지원
4. 그 밖에 신규 물류인력 양성, 물류관리사 재교육 또는 외국인 물류인력 교육을 위하여 필요한 사업

② 국토해양부장관은 다음 각 호의 어느 하나에 해당하는 자가 제1항 각 호의 사업을 하는 경우에는 예산의 범위에서 사업수행에 필요한 경비의 전부나 일부를 지원할 수 있다.〈개정 2008.2.29〉

1. 정부출연연구기관
2. 「고등교육법」 또는 「경제자유구역 및 제주국제자유도시의 외국교육기관 설립 · 운영에 관한 특별법」에 따라 설립된 대학이나 대학원
3. 그 밖에 국토해양부령으로 정하는 물류연수기관

③ 국토해양부장관은 필요한 경우 국토해양부령으로 정하는 바에 따라 제1항제1호의 교육 · 연수를 직접하거나 전문교육기관에 위탁하여 실시할 수 있다.〈개정 2008.2.29〉

④ 제1항 각 호의 사업에 필요한 사항은 소관 업무별로 국토해양부령으로 정한다.〈개정 2008.2.29〉

제51조(물류관리사 자격시험) ① 물류관리사가 되려는 자는 국토해양부장관이 실시하는 시험에 합격하여야 한다.〈개정 2008.2.29〉

② 제1항의 시험에 응시하여 부정행위를 한 자에 대하여는 그 시험을 무효로 한다.

③ 제2항에 따른 처분을 받은 자는 그 처분을 받은 날부터 3년간 시험에 응시할 수 없다.

④ 제1항에 따른 시험의 응시자격 및 시험과목 등에 필요한 사항은 대통령령으로 정한다.

제52조(물류관리사의 직무) 물류관리사는 물류활동과 관련하여 전문지식이 필요한 사항에 대하여 계획 · 조사 · 연구 · 진단 및 평가 또는 이에 관한 상담 · 자문, 그 밖에 물류관리에 필요한 직무를 수행한다.

第53조(물류관리사 자격의 취소) 국토해양부장관은 물류관리사가 다음 각 호의 어느 하나에 해당하는 때에는 그 자격을 취소할 수 있다. 다만, 제1호에 해당하는 때에는 그 자격을 취소하여야 한다.〈개정 2008.2.29〉

1. 제51조에 따른 자격을 부정한 방법으로 취득한 때
2. 제66조를 위반하여 다른 사람에게 자기의 성명을 사용하여 영업을 하게 하거나 자격증을 대여한 때

第54조(물류관리사 고용사업자에 대한 우선지원) 국토해양부장관은 물류관리사를 고용한 물류 관련 사업자에 대하여 다른 사업자에 우선하여 행정적 · 재정적 지원을 할 수 있다.〈개정 2008.2.29〉

제5절 물류 관련 단체의 육성

第55조(물류관련협회 등) ① 물류기업, 화주기업, 그 밖에 물류활동과 관련된 자는 물류체계를 효율화하기 위하여 필요할 경우 대통령령으로 정하는 바에 따라 협회(이하 "물류관련협회"라 한다)를 설립할 수 있다. 다만, 다른 법률에서 달리 정하고 있는 경우는 제외한다.

② 물류관련협회를 설립하려는 경우에는 해당 협회의 회원이 될 자격이 있는 기업 100개 이상이 발기인으로 정관을 작성하여 해당 협회의 회원이 될 자격이 있는 기업 200개 이상이 참여한 창립총회의 의결을 거친 후 소관에 따라 국토해양부장관의 설립인가를 받아야 한다.〈개정 2008.2.29〉

③ 물류관련협회는 제2항에 따른 설립인가를 받아 설립등기를 함으로써 성립한다.

④ 물류관련협회는 법인으로 한다.

⑤ 물류관련협회에 관하여 이 법에 규정한 것 외에는 「민법」 중 사단법인에 관한 규정을 준용한다.

⑥ 국토해양부장관은 물류관련협회의 발전을 위하여 필요한 경우에는 물류관련협회를 행정적 · 재정적으로 지원할 수 있다.〈개정 2008.2.29〉

⑦ 물류관련협회의 업무 및 정관 등에 필요한 사항은 대통령령으로 정한다.

第56조(민 · 관 합동 물류지원센터) ① 국토해양부장관 · 지식경제부장관 및 대통령령으로 정하는 물류관련협회 · 물류 관련 단체는 공동으로 물류체계 효율화를 통한 국가경쟁력을 강화하고 국제물류사업을 효과적으로 추진하기 위하여 물류지원센터를 설치 · 운영할 수 있다.〈개정 2008.2.29〉

② 물류지원센터는 다음 각 호의 업무를 수행한다.

1. 국내물류기업의 해외진출 및 해외물류기업의 국내투자유치 지원
2. 물류산업의 육성 · 발전을 위한 조사 · 연구
3. 그 밖에 물류 공동화 및 정보화 지원 등 물류체계 효율화를 위하여 필요한 업무

③ 물류지원센터의 설치 및 운영 등에 필요한 사항은 대통령령으로 정한다.

④ 국토해양부장관 또는 지식경제부장관은 물류지원센터를 효율적으로 운영하기 위하여 필요한 경우 행정적 · 재정적인 지원을 할 수 있다.〈개정 2008.2.29〉

제5장 물류의 선진화 및 국제화

제1절 물류 관련 연구개발

제57조(물류 관련 신기술 · 기법의 보급촉진) ① 국토해양부장관은 물류활동에 관한 신기술을 진흥하기 위하여 물류기술정보를 체계적 · 종합적으로 관리 · 보급하는 방안을 강구하여야 한다.〈개정 2008.2.29〉

② 국토해양부장관은 물류기업에 첨단화물운송체계 · 무선주파수인식 등 물류 관련 신기술 · 기법을 도입 · 적용할 것을 권장할 수 있고, 이에 필요한 행정적 · 재정적 지원을 할 수 있다.〈개정 2008.2.29〉

제58조(물류 관련 연구의 촉진) ① 국토해양부장관은 물류 관련 기술의 진흥을 위하여 관련 연구기관 및 단체를 지도 · 육성하여야 한다.〈개정 2008.2.29〉

② 국토해양부장관은 물류기술의 진흥을 위하여 특히 필요하다고 인정하는 경우에는 공공기관 등으로 하여금 물류기술의 연구 · 개발에 투자하게 하거나 제1항에 따른 연구기관 및 단체에 출연하도록 권고할 수 있다.〈개정 2008.2.29〉

③ 국토해양부장관은 물류분야의 연구나 물류기술의 진흥 등에 현저한 기여를 했다고 인정되는 공공기관 · 물류기업 또는 개인 등에게 포상할 수 있다.〈개정 2008.2.29〉

제2절 환경친화적 물류의 촉진

제59조(환경친화적 물류의 촉진) ① 국토해양부장관은 물류활동이 환경친화적으로 추진될 수 있도록 관련 시책을 강구하여야 한다.〈개정 2008.2.29〉

② 국토해양부장관은 물류기업 또는 화주기업이 환경친화적 물류활동을 위하여 다음 각 호의 활동을 하는 경우에는 행정적 · 재정적 지원을 할 수 있다.〈개정 2008.2.29〉

1. 환경친화적인 운송수단 또는 포장재료의 사용
2. 기존 물류시설 · 장비의 환경친화적인 물류시설 · 장비로의 변경
3. 그 밖에 대통령령으로 정하는 환경친화적 물류활동

제60조(환경친화적 운송수단으로의 전환촉진) ① 국토해양부장관은 물류기업 및 화주기업에 대하여 환경친화적인 운송수단으로의 전환을 권고하고 지원할 수 있다.〈개정 2008.2.29〉

② 제1항에 따른 지원대상의 세부적인 기준 및 지원내용에 필요한 사항은 대통령령으로 정한다.

제3절 국제물류의 촉진 및 지원

제61조(국제물류사업의 촉진 및 지원) ① 국토해양부장관은 국제물류협력체계 구축, 국내 물류기업의 해외진출, 해외 물류기업의 유치 및 환적(換積)화물의 유치 등 국제물류 촉진을 위한 시책을 강구하여야 한다.〈개정 2008.2.29〉

② 국토해양부장관은 대통령령으로 정하는 물류기업 또는 관련 단체가 추진하는 다음

각 호의 국제물류사업에 대하여 예산의 범위에서 필요한 경비의 전부나 일부를 지원할 수 있다.〈개정 2008.2.29〉

1. 물류 관련 정보 · 기술 · 인력의 국제교류
2. 물류 관련 국제 표준화, 공동조사, 연구 및 기술협력
3. 물류 관련 국제학술대회, 국제박람회 등의 개최
4. 해외 물류시장의 조사 · 분석 및 수집정보의 체계적인 배분
5. 국가간 물류활동을 촉진하기 위한 지원기구의 설립
6. 외국 물류기업의 유치
7. 그 밖에 물류의 국제화를 위하여 필요하다고 인정되는 사항

③ 국토해양부장관은 범정부차원의 지원이 필요한 국가간 물류협력체의 구성 또는 정부간 협정의 체결 등에 관하여는 미리 국가물류정책위원회의 심의를 거쳐야 한다.〈개정 2008.2.29〉

④ 국토해양부장관은 물류기업 및 국제물류 관련 기관 · 단체의 국제물류활동을 촉진하기 위하여 필요한 행정적 · 재정적 지원을 할 수 있다.〈개정 2008.2.29〉

제62조(공동투자유치 활동) ① 국토해양부장관은 물류시설에 외국인투자기업 및 환적화물을 효과적으로 유치하기 위하여 필요한 경우에는 당해 물류시설관리자(공항 · 항만 등 물류시설의 소유권 또는 개별 법령에 따른 관리 · 운영권을 인정받은 자를 말한다. 이하 같다) 또는 국제물류 관련 기관 · 단체와 공동으로 투자유치 활동을 수행할 수 있다.〈개정 2008.2.29〉

② 물류시설관리자와 국제물류 관련 기관 · 단체는 제1항에 따른 공동투자 유치활동에 대하여 특별한 사유가 없는 한 적극 협조하여야 한다.

③ 국토해양부장관은 효율적인 투자유치를 위하여 필요하다고 인정되는 경우에는 재외공관 등 관계 행정기관 및 「대한무역투자진흥공사법」에 따른 대한무역투자진흥공사 등 관련 기관 · 단체에 협조를 요청할 수 있다.〈개정 2008.2.29〉

제63조(투자유치활동 평가) ① 국토해양부장관은 물류시설관리자의 외국인투자기업 및 환적화물에 대한 적극적인 유치활동을 촉진하기 위하여 필요한 경우에는 해당 물류시설관리자의 투자유치활동에 대한 평가를 할 수 있다.〈개정 2008.2.29〉

② 제1항에 따른 투자유치활동의 평가대상기관, 평가방법 및 평가결과의 반영 등에 관한 사항은 대통령령으로 정한다.

제6장 보칙

제64조(업무소관의 조정) 이 법에 따른 국토해양부장관 및 지식경제부장관의 업무소관이 중복되는 경우에는 서로 협의하여 업무소관을 조정한다.〈개정 2008.2.29, 2009.2.6〉

제65조(권한의 위임) 이 법에 따른 국토해양부장관 및 지식경제부장관의 권한은 그 일부를 대통령령으로 정하는 바에 따라 시 · 도지사에게 위임할 수 있다.〈개정 2008.2.29〉

제66조(등록증대여 등의 금지) 인증종합물류기업 · 국제물류주선업자 및 물류관리사는 다른 사람에게 자기의 성명 또는 상호를 사용하여 사업을 하게 하거나 그 인증서 · 등

록증 또는 자격증을 대여하여서는 아니 된다.

第67조(과징금) ① 국토해양부장관(국토해양부장관의 권한이 제65조에 따라 시 · 도지사에게 위임된 경우에는 시 · 도지사를 말한다. 이하 같다)은 제47조제1항에 따라 국제물류주선업자에게 사업의 정지를 명하여야 하는 경우로서 그 사업의 정지가 당해 사업의 이용자 등에게 심한 불편을 주는 경우에는 그 사업정지 처분을 갈음하여 1천만원 이하의 과징금을 부과할 수 있다.〈개정 2008.2.29〉

② 제1항에 따른 과징금을 부과하는 위반행위의 종별 및 그 정도에 따른 과징금의 금액, 그 밖에 필요한 사항은 대통령령으로 정한다.

③ 제1항에 따른 과징금을 기한 내에 납부하지 아니한 때에는 국토해양부장관은 대통령령으로 정하는 바에 따라 국세 체납처분의 예에 따라 징수한다. 다만, 제47조제1항의 국토해양부장관의 권한이 제65조에 따라 시 · 도지사에게 위임된 경우에는 시 · 도지사가 당해 지방자치단체의 조례로 정하는 바에 따라 지방세 체납처분의 예에 의하여 징수한다.〈개정 2008.2.29〉

第68조(청문) 국토해양부장관 및 주무부장관은 다음 각 호의 어느 하나에 해당하는 취소처분을 하려는 경우에는 청문을 실시하여야 한다.〈개정 2008.2.29〉

1. 제31조에 따른 종합물류정보망사업자 또는 국가물류통합데이터베이스운영자에 대한 지정의 취소
2. 제39조제1항에 따른 인증종합물류기업에 대한 인증의 취소
3. 제47조제1항에 따른 국제물류주선업자에 대한 등록의 취소
4. 제53조에 따른 물류관리사 자격의 취소

第69조(수수료) ① 다음 각 호의 어느 하나에 해당하는 신청을 하는 경우에는 국토해양부장관 또는 인증센터의 장에게 수수료를 납부하여야 한다.〈개정 2008.2.29〉

1. 제38조에 따른 종합물류기업의 인증 신청
2. 제43조에 따른 국제물류주선업의 등록 또는 변경등록의 신청

② 제1항에 따른 수수료의 산정기준 및 징수절차 등에 관하여 필요한 사항은 국토해양부령(제1항제1호의 경우에는 공동부령을 말한다)으로 정한다.〈개정 2008.2.29〉

第70조(벌칙 적용에서의 공무원 의제) 제40조에 따라 업무를 행하는 인증센터의 직원은 「형법」 제129조부터 제132조까지의 규정에 따른 벌칙의 적용에서는 공무원으로 본다.

제7장 벌칙

第71조(벌칙) ① 제33조제1항을 위반하여 전자문서를 위작 또는 변작하거나 그 사정을 알면서 위작 또는 변작된 전자문서를 행사한 자는 10년 이하의 징역 또는 2억원 이하의 벌금에 처한다. 이 경우 미수범은 본죄에 준하여 처벌한다.

② 제33조제2항을 위반하여 종합물류정보망 또는 국가물류통합데이터베이스에 의하여 처리 · 보관 또는 전송되는 물류정보를 훼손하거나 그 비밀을 침해 · 도용 또는 누설한 자는 5년 이하의 징역 또는 1억원 이하의 벌금에 처한다.

③ 제33조제5항을 위반하여 종합물류정보망 또는 국가물류통합데이터베이스의 보호

조치를 침해하거나 훼손한 자는 3년 이하의 징역 또는 5천만원 이하의 벌금에 처한다.

④ 다음 각 호의 어느 하나에 해당하는 자는 1년 이하의 징역 또는 3천만원 이하의 벌금에 처한다.

1. 제33조제3항을 위반하여 전자문서 또는 물류정보를 대통령령으로 정하는 기간 동안 보관하지 아니한 자
2. 제43조제1항에 따른 국제물류주선업의 등록을 하지 아니하고 국제물류주선업을 경영한 자

⑤ 제41조제3항을 위반하여 거짓의 인증마크를 제작 · 사용하거나 그 밖의 방법으로 인증받은 기업임을 사칭한 자는 1억원 이하의 벌금에 처한다.

⑥ 제34조제1항을 위반하여 전자문서 또는 물류정보를 공개한 자는 3천만원 이하의 벌금에 처한다.

⑦ 다음 각 호의 어느 하나에 해당하는 자는 1천만원 이하의 벌금에 처한다.

1. 제43조제2항에 따른 변경등록을 하지 아니하고 등록한 사항을 변경한 자
2. 제66조를 위반하여 성명 또는 상호를 다른 사람에게 사용하게 하거나 인증서 · 등록증 또는 자격증을 대여한 자

제72조(양벌규정) 법인의 대표자나 법인 또는 개인의 대리인, 사용인, 그 밖의 종업원이 그 법인 또는 개인의 업무에 관하여 제71조의 위반행위를 하면 그 행위자를 벌하는 외에 그 법인 또는 개인에게도 해당 조문의 벌금형을 과(科)한다. 다만, 법인 또는 개인이 그 위반행위를 방지하기 위하여 해당 업무에 관하여 상당한 주의와 감독을 게을리하지 아니한 경우에는 그러하지 아니하다.

[전문개정 2009.2.6]

제73조(과태료) ① 다음 각 호의 어느 하나에 해당하는 자에게는 200만원 이하의 과태료를 부과한다.〈개정 2009.2.6〉

1. 제7조제2항, 제11조제3항(제13조제2항에서 준용하는 경우를 포함한다) 또는 제15조제1항(제16조제2항에서 준용하는 경우를 포함한다)에 따른 자료를 제출하지 아니하거나 거짓의 자료를 제출한 자(제7조제2항제3호, 제11조제3항제3호 및 제15조제1항제3호에 해당하는 자에 한정한다)
2. 제45조 또는 제46조에 따른 신고를 하지 아니한 자

② 제1항의 과태료는 대통령령으로 정하는 바에 따라 국토해양부장관이 부과 · 징수한다.〈개정 2008.2.29, 2009.2.6〉

③ 삭제〈2009.2.6〉

④ 삭제〈2009.2.6〉

⑤ 삭제〈2009.2.6〉

부칙 〈제8617호, 2007. 8. 3〉

제1조(시행일) 이 법은 공포 후 6개월이 경과한 날부터 시행한다.

제2조(일반적 경과조치) 이 법 시행 당시 종전의 「화물유통촉진법」에 따른 처분 · 절차와 그 밖의 행위로서 이 법에 그에 해당하는 규정이 있는 때에는 이 법에 따라 행하여진 것으로 본다.

제3조(국가물류기본계획 등에 관한 경과조치) ① 이 법 시행 당시 종전의 「화물유통촉진법」에 따라 수립된 국가물류기본계획 및 도시물류기본계획은 이 법에 따라 최초로 국가물류기본계획 및 지역물류기본계획이 수립될 때까지 이 법에 따른 국가물류기본계획 및 지역물류기본계획으로 본다.

② 이 법 시행 당시 종전의 「화물유통촉진법」에 따라 수립된 이 법 시행일이 속하는 연도의 국가물류시행계획 및 도시물류시행계획은 이 법에 따라 최초로 국가물류기본계획의 연도별시행계획 및 지역물류시행계획이 수립될 때까지 이 법에 따른 국가물류기본계획의 연도별시행계획 및 지역물류시행계획으로 본다.

제4조(등록 · 신고 등에 관한 경과조치) 이 법 시행 전에 종전의 「화물유통촉진법」에 따라 등록 신청 및 신고 등의 행위를 하고 이 법 시행 당시 그 절차가 진행 중인 사항에 대하여는 종전의 규정에 따른다.

제5조(벌칙 등에 관한 경과조치) 이 법 시행 전의 종전의 「화물유통촉진법」 위반행위에 대한 벌칙이나 과태료 규정을 적용할 때는 종전의 규정에 따른다.

제6조(종합물류정보망사업자에 대한 경과조치) ① 건설교통부장관은 이 법 시행 후 3년 이내에 제29조제2항 및 제4항에 따른 지정기준을 충족하는 종합물류정보망사업자를 지정하여야 한다.

② 종전의 「화물유통촉진법」에 따른 종합물류정보전산망 전담사업자는 제1항에 따라 새로운 종합물류정보망사업자가 지정될 때까지 이 법 제29조제2항에 따른 종합물류정보망사업자(종합물류정보망을 이용하여 유통되는 전자문서의 개발 및 유통에 관한 업무에 한한다)로 본다.

제7조(국제물류주선업에 관한 경과조치) ① 종전의 「화물유통촉진법」에 따라 복합운송주선업을 등록한 자는 이 법 제43조에 따른 국제물류주선업자로 본다.

② 종전의 「화물유통촉진법」에 따라 설립된 복합운송주선업협회는 이 법 제48조에 따른 국제물류주선업협회로 본다.

제8조(「산업표준화법」에 관한 경과조치) 2008년 5월 25일까지 제2조제1항제6호 중 "「산업표준화법」 제12조에 따른 한국산업표준"을 "「산업표준화법」 제10조에 따른 한국산업규격"으로, 제24조제1항 중 "「산업표준화법」에 따른 한국산업표준"은 "「산업표준화법」에 따른 한국산업규격"으로 본다.

제9조(다른 법률의 개정) ① 유통산업발전법 일부를 다음과 같이 개정한다.

제27조제2항 후단중 "「화물유통촉진법」 제4조의6의 규정에 의한 물류정책위원회"를 "「물류정책기본법」 제19조제1항제2호의 물류시설분과위원회"로 한다.

② 파견근로자보호 등에 관한 법률 일부를 다음과 같이 개정한다.

제5조제3항제2호중 "「화물유통촉진법」 제2조제2호 · 제10호의 규정에 따른 하역업무"

를 "「물류정책기본법」 제2조제1항제1호의 하역업무"로 한다.
제10조(다른 법령과의 관계) 이 법 시행 당시 다른 법령에서 「화물유통촉진법」 또는 그 법의 규정을 인용하고 있는 경우에 이 법 가운데 그에 해당하는 규정이 있으면 종전의 「화물유통촉진법」 또는 그 규정을 갈음하여 이 법 또는 이 법의 해당 규정을 인용한 것으로 본다.

부칙(정부조직법) 〈제8852호, 2008. 2. 29〉

제1조(시행일) 이 법은 공포한 날부터 시행한다. 다만, 제31조제1항의 개정규정 중 "식품산업진흥"에 관한 부분은 2008년 6월 28일부터 시행하고, 부칙 제6조에 따라 개정되는 법률 중 이 법의 시행 전에 공포되었으나 시행일이 도래하지 아니한 법률을 개정한 부분은 각각 해당 법률의 시행일부터 시행한다.
제2조부터 제5조까지 생략
제6조(다른 법률의 개정) ①부터 ㊳까지 생략
㊳물류정책기본법 일부를 다음과 같이 개정한다.
제7조제1항 전단 · 제2항 각 호 외의 부분 전단 · 제3항 · 제4항, 제10조제1항 전단 · 후단, 제24조제1항, 제55조제2항 및 제73조제2항 중 "건설교통부장관 또는 해양수산부장관"을 각각 "국토해양부장관"으로 한다.
제8조제1항 · 제2항, 제10조제1항 전단 · 후단, 제11조제5항, 제14조제4항, 제15조제2항 · 제4항, 제18조제3항, 제26조제1항부터 제3항까지, 제28조제4항, 제29조제1항, 제2항 각 호 외의 부분 · 제3항, 제30조제1항 · 제2항 각 호 외의 부분 · 제3항, 제31조 각 호 외의 부분, 제32조제2항, 제35조제1항 · 제2항, 제37조제1항부터 제4항까지, 제40조제1항 각 호 외의 부분 · 제5항, 제43조제1항, 제45조제2항, 제46조제1항 · 제2항, 제47조제1항 각 호 외의 부분 본문, 제48조제2항, 제51조제1항, 제53조 각 호 외의 부분 본문, 제54조, 제67조제1항(괄호안을 포함한다) · 제3항 본문 · 단서, 제68조 각 호 외의 부분 및 제69조제1항 각 호 외의 부분 중 "건설교통부장관"을 각각 "국토해양부장관"으로 한다.
제11조제1항 · 제3항 각 호 외의 부분 전단 · 제4항, 제13조제1항, 제36조제1항, 제50조제1항 각 호 외의 부분 · 제2항 각 호 외의 부분 · 제3항, 제55조제6항, 제57조제1항 · 제2항, 제58조제1항부터 제3항까지, 제59조제1항 · 제2항 각 호 외의 부분, 제60조제1항, 제61조제1항 · 제2항 각 호 외의 부분 · 제3항 · 제4항, 제62조제1항 · 제3항 및 제63조제1항 중 "건설교통부장관 및 해양수산부장관"을 각각 "국토해양부장관"으로 한다.
제18조제2항제1호 중 "재정경제부장관 · 교육인적자원부장관 · 과학기술부장관 · 외교통상부장관 · 농림부장관 · 산업자원부장관 · 정보통신부장관 · 노동부장관 · 건설교통부장관 · 해양수산부장관 · 기획예산처장관 · 관세청장"을 "기획재정부장관 · 교육과학기술부장관 · 외교통상부장관 · 농림수산식품부장관 · 지식경제부장관 · 노동부장관 · 국토해양부장관 · 관세청장"으로 한다.

제21조제1항 · 제2항, 제23조제1항부터 제5항까지, 제24조제2항, 제25조제1항 · 제2항, 제36조제2항 각 호 외의 부분 및 제56조제4항 중 "건설교통부장관 · 해양수산부장관 또는 산업자원부장관"을 각각 "국토해양부장관 또는 지식경제부장관"으로 한다.

제26조제1항 · 제3항, 제32조제2항, 제35조제1항 · 제2항, 제37조제1항부터 제4항까지 중 "해양수산부장관 및 산업자원부장관"을 각각 "지식경제부장관"으로 한다.

제27조제1항 · 제2항, 제56조제1항 중 "건설교통부장관 · 해양수산부장관 · 산업자원부장관"을 각각 "국토해양부장관 · 지식경제부장관"으로 한다.

제29조제1항 · 제3항, 제30조제1항 · 제3항 중 "해양수산부장관 · 산업자원부장관"을 각각 "지식경제부장관"으로 한다.

제32조제1항, 제43조제1항 · 제2항, 제45조제2항, 제47조제2항 및 제69조제2항 중 "건설교통부령"을 각각 "국토해양부령"으로 한다.

제50조제2항제3호 · 제3항 및 제4항 중 "건설교통부령 또는 해양수산부령"을 각각 "국토해양부령"으로 한다.

제64조 중 "건설교통부장관이"를 "국토해양부장관이"로 한다.

제64조 및 제65조 중 "건설교통부장관 · 해양수산부장관 및 산업자원부장관"을 각각 "국토해양부장관 및 지식경제부장관"으로 한다.

㊽부터 ⑯까지 생략

제7조 생략

부칙 〈제9445호, 2009. 2. 6〉

① (시행일) 이 법은 공포 후 3개월이 경과한 날부터 시행한다.

② (국가물류정책위원회의 업무승계에 관한 경과조치) 종전의 국가물류정책위원회의 업무는 제17조의 개정규정에 따른 국가물류정책위원회가 승계한다.

부칙(교통체계효율화법) 〈제9772호, 2009. 6. 9〉

제1조(시행일) 이 법은 공포 후 6개월이 경과한 날부터 시행한다.

제2조부터 제4조까지 생략

제5조(다른 법률의 개정) ①부터 ⑥까지 생략

⑦ 물류정책기본법 일부를 다음과 같이 개정한다.

제7조제1항 후단 및 제9조제1항 후단 중 "「교통체계효율화법」 제9조의 국가교통조사"를 각각 "「국가통합교통체계효율화법」 제12조에 따른 국가교통조사"로 한다.

제12조제1항 중 "「교통체계효율화법」"을 "「국가통합교통체계효율화법」으로 한다.

⑧부터 ⑬까지 생략

제6조 생략

부칙(은행법) 〈제10303호, 2010. 5. 17〉

제1조(시행일) 이 법은 공포 후 6개월이 경과한 날부터 시행한다. 〈단서 생략〉
제2조부터 제8조까지 생략
제9조(다른 법률의 개정) ①부터 ㉛까지 생략
㉜ 물류정책기본법 일부를 다음과 같이 개정한다.
제43조제3항제3호 중 "금융기관"을 "은행"으로 한다.
㉝ 부터 ㊱까지 생략
제10조 생략

부칙(정부조직법) 〈제10339호, 2010. 6. 4〉

제1조(시행일) 이 법은 공포 후 1개월이 경과한 날부터 시행한다. 〈단서 생략〉
제2조 및 제3조 생략
제4조(다른 법률의 개정) ①부터 ㊶까지 생략
㊷ 물류정책기본법 일부를 다음과 같이 개정한다.
제18조제2항제1호 중 "노동부"를 "고용노동부"로 한다.
㊸부터 ㊽까지 생략
제5조 생략

참고문헌

高橋輝男, ロジステイグス システム, 白桃書房, 1997.

국제해사기구 홈페이지 http://www.imo.org

국토해양부 홈페이지 http:/www.mltm.go.kr

김종칠(1999), "한국기업의 제3자 물류서비스 활용상 문제점 및 발전방향에 관한 연구", 물류학회지 제9호.

김태현 외, 전략적 물류경영, 범한, 2007.

김태현 · 문성암 공역, 물류 및 공급체인 관리, McGraw-Hill Korea, 2008.

대한상공회의소, SCM 도입가이드, 2005.

방희석 · 엄윤대 · 김승철, 프레이트포워딩관리론, 박영사, 2009.

법제처 홈페이지 http://www.moleg.go.kr

삼성경제연구소, 경쟁우위의 새로운 원천 : SCM, CEO Information 제668호, 2008. 8. 20.

삼성경제연구소, 아웃소싱 확산과 전략적 대응, 2004.

阿保榮司, ロジステイグス マネジメント,同友館, 1994.

阿保榮司, ロジステイグス革新戰略, 日刊工業新聞社, 1993.

林周二, 中西睦 編, 現代の 物的流通, 日本經濟新聞社, 昭和 51年.

임호규 · 백영락, 공공화물 공동수송체계 구축방안, 교통개발연구원, 1996.

최정욱, 기업경쟁력 창출을 위한 구매관리, 박영사, 2009.

추욱호 · 박명섭 외, 구매조달관리, 청구, 2004.

(재)한국해사위험물검사원 홈페이지 http://www.komdic.or.kr

(재)한국해사위험물검사원, IMDG Code, 2007.

American Bureau of Shipping, Pallet Sizes, New York: The American Society of Mechanical Engineers, 1976.

American Bureau of Shipping, Procedures for Testing Pallets, New York: The American Society of Mechanical Engineers, 1977.

American Bureau of Shipping, Requirements for Closed Van Cargo Containers, New York: The American Society of Mechanical Engineers, 1979.

American Bureau of Shipping, Requirements for Open Top Van Containers, New

York: The American Society of Mechanical Engineers, 1980.

Arbury, J.N., A New Approach to Physical Distribution, AMA, 1967.

Arnold J.R.T. *Introduction to Materials Management* (2nd edn) Prentice-Hall, Englewood Cliffs, N.J., 1996.

Asaka, Tetsuichi(General Editor) and Kazuo Ozeki(Editor), "Handbook of Quality Tools," *The Japanese Approach*, Productivity Press, Cambridge, MA(1988).

Bamford C., *Transport Economics*, Heinemann, London. 2001.

Benson, D., Bugg, R. and Whitehead, T.S., Transport and Logistics, Woodhead-Faulkner, London 1992.

Bhardwaj, S.M., "The Pallet Storage System Selection Process," *WERC Research Paper* (Oak Brook, Ill,: Warehousing Education and Research Council, 1990).

Bowersox, D.J., P.J. Daugherty, C.L. Droge, D.S. Rogers, and D.L. Wardlow, *Leading Edge Logistics: Competitive Positioning for the 1990s*, CLM, 1989.

Bowersox, D.J., P.J. Daugherty, C.L. Droge, R.N., Germain, and D.S. Rogers, *Logistical Excellence*, Digital Press, 1992.

Bowersox, Donald J. and Bernald J. La Londe, "Three Challenges to Customer Driven Marketing," *an unpublished manuscript*, 1992.

Bowersox, Donald J., David J. Closs, and Omar K. Helferich, *Logistical Management*, 3d ed., Macmillan, New York, 1986.

Bowersox, D.J. and Daugherty, P.J., "Emerging patterns of logistical organization," *Journal of Business Logistics*, Vol.8, No.1, 1987.

Bowersox, D.J., *Logistical Management Macmillan*, New York, 1974.

Bowersox, Donald J., and Patricia J. Daugherty, "Emerging Patterns of Logistical Organization," *Journal of Business Logistics*, Vol.8, No.1, 1987.

Bowersox, Donald J., Phillip L., Carter and Rebert M. Monczka, *Materials logistics management*, IJPD&MM, No.15(5), 1984.

Brewer A.M., Button K.J. and Hensher D.A., *Handbook of Logistics and Supply Chain Management*, Pergamon, London. 2001.

Christopher M., *The Strategy of Distribution Management*, Cambridge University Press, 1984.

Christopher M., *Logistics and Supply chain Management*, FT Prentice-Hall, London, 1998.

Colton Richard C., and Edmund S. Ward, *Practical Handbook of Industrial Traffic Management*, 5th ed., rev. by Charles H. Wagner, The Traffic Service Corp., Washington, 1973.

Coyle J.J., Bardi E.J and Langley C.J., *The Management of Business Logistics* (6th Edition), West Publishing, St Paul, MN. 1996.

Coyle, John J., Edward J. Bardi, and C. John Langly, Jr., *The Management of Business Logistics*, 4th ed., West Publishing Company, St. Paul, MN.

D.J. Bowersox, E.W. Smykay, B.J. LaLonde, *Physical Distribution Management*, The Macmillan co., 1968.

Dix C. and Baird C., *Front Office Operations*, Addison Wesley, Reading, Massachusetts. 1998.

Donald J. Bowersox, "The Strategic Benefits of Logistics Alliances," *Harvard Businees Review*, 1990.

Donald J. Bowersox, John T. Mentzer, and Thomas W. Speh, "The Marketing-Logistics Strategic Imperative," *an unpublished manuscript*, 1992.

Donald Waters, *Logistics : An Introduction to Supply Chain Management*, Kogan Page, 2007.

Drew, S.A.W. and Smith, P.A.C., "The new logistics management: transformation through organizational learning", *Logistics Information Management*, Vol.8, No.1, 1995.

Drucker, F., "The Economy's Dark Continent," *Fortune*, 65. No.4. April, 1962.

Drucker, P.F., "The Economy's Dark Continent," *Fortune*, April, 1962.

Frank W., Davis, Jr., and Karl B. Manrodt, "Principles of Service Response Logistics," *Proceedings of the Council of Logistics Management*, 1991.

Frey, A.W., *Marketing Handbook*, The Ronald Press co., 1965.

Gattorna J.L. and Walters D.W., *Managing the Supply Chain*, Palgrave-now Palgrave Macmillan, 1996.

Gerald L. Harrison, "The Acquisition Logistician", *Logistics Spectrum* (Spring 1981).

Handfield R.B. and Nichols E.L., *Introduction to Supply Chain Management*, Prentice-Hall, 1998.

Hensher D., *Transport-An Economic and Management Perspective*, Oxford, 2001.

Hill E.R. and Fredendall L., *Basic Supply Chain Management*, St. Lucie Press, 1999.

Hosmer, LaRue Tone, "The Importance of Strategic Leadership," *The Journal of Business Strategy*, Vol.3, No.2 (Fall 1982).

IMO, IMDG Code Vol.1, Vol.2, 2006.

International Cargo Handling Co-Ordination Association, An Illustrated Guide to ISO Container Type Code Numbers, London: ICHCA, 1983.

International Organization for Standardization, Constitution, Switzerland: ISO, 1982.

International Organization for Standardization, Freight Containers-Welding, Switzerland: ISO, 1983.

James R. Stock & Douglas M. Lambert, *Strategic Logistics Management*, Richard D. Irwin, Inc., Homwood, Ill., 1987.

Jay U. Sterling and Douglas M. Lambert, "Establishing Customer Service Strategies Within the Marketing Mix," *Journal of Business Logistics*, Vol.8, No.1, 1987.

Kent N. Gourdin, *Global Logistics Management*, Blackwell, 2006.

La Londe and Zinszer, *Customer Service.*

La Londe B.J. and P.H. Zinszer, *Customer Service : Meaning and Measurement, National Council of Physical Distribution Management*, Chicago, 1976.

La Londe B.J., "Customer Service," *Ch.11 in Distribution Handbook*, New York, Free Press, 1985.

La Londe B.J., M.C. Cooper and T.G. Noordewier, Customer Service : A Management Perspective, *Council of Logistics Management*, Chicago, 1988.

Lambert D.M., "The development of an inventory costing methodology," *A Study of the costs Associated with Holding Inventory*, NCPDM, 1976.

Langley, C. John. Jr., "The Evolution of the Logistics Concept," *Journal of Business Logistics*, No. 7(2), 1986.

Levitt T., "Marketing Myopia", *Harvard Business Review*, 38, No.4, July/August, 1960.

Lovelock, C.H., *Managing Services Marketing, Operations and Human Resources*, Prentice-Hall, Engelwood Cliffs, N.J., 1988.

Magee, J.F., *Physical Distribution Systems*, McGraw-Hill, 1967.

Mangan, M., Lalwani, C. Butcher, T., *Global Logistics and ScM*, John Wiley & Sons, Ctd 2008.

McElhiney Paul T., and Charles, L. Hilton, *Introduction to Logistics and Traffic Management*, Wm. C. Brown Co., Dubuque, IA, 1968.

Mentzer, J.T., R. Gomes, and R.E. Krapfel, Jr., "Physical Distribution Service : A Fundamental Marketing Concept?" *Journal of Academy of Marketing Science*, 17, No.1.

Nagel Pieter J.A. and Willem W. Cilliers, "Customer Satisfaction : A Comprehensive Approach", *International Journal of Physical Distribution & Logistics Management*, 20, No. 6, 1990.

Philip Kotler, *Marketing Management*, 5th ed., Prentice-Hall, Inc., 1984.

Rothery, B., ISO 9000, Gower, Aldershot(UK), 1991.

Rushton, A. & Walker, S., *International Logistics and Supply Chain Out Sourcing*, Kogan Page Ltd 2007.

Schary Philip B., and James Coakley, "Logistics Organization and the Information System," *International Journal of Logistics Management*, Vol.2, No.2 (1991).

Shapiro, Roy D., "Get leverage from logistics," *Harvard Business Review*, May-June, 1984.

Simchi-Levi D., Kaminsky P. and Simchi-Levi E., *Designing and Managing the Sypply Chain*, Irwin/ McGraw Hill, New York, 1999.

Sterling J.U. and D.M. Lambert, "Establishing Customer Service Strategies within the Marketing Mix," *Journal of Business Logistice*, 8, No.1 1987.

Sterling, J.U. and D.M. Lambet, "Customer Service Research: Past Present and Future," *International Journal of Physical Distribution & Materials Management*, Vol.19, No.2, 1989.

Sterling, Jay U., and Douglas M. Lambert, "Customer Service Strategies Within the Marketing Mix," *Journal of Business Logistics*, Vol.8, No.1, 1987.

Stock, J.R. and D.M. Lambert, *Strategic Logistics Management*, 2nd Ed., Irwin Ill: 1987.

Sunil Chopra, Peter Meindl, *Supply Chain Management : Strategy, Planning and Operation*, Prentice-Hall, 3001.

Surface Vehicles-Unit-load Heights for Palletized Loads, New York: The American Society of Mechanical Engineers, 1980.

Uhr, Ernest B., Ernest C. Houck, and John C. Rogers, "Physical Distribution Service," *Journal of Business Logistics*, Vol.2, No.2, 1981.

Voorhees, Roy Dale and John I. Ccoppett, "Marketing-Logistics Opportunities for the 1990s," *Journal of Business Strategy*, Vol.7, No.2 (Fall 1986).

Zeithaml, Valarie A., A. Parasuraman, Leonard L. Berry, *Delivering Quality Service, Balancing Customer Perceptions and Expectations*, The Free Press, A Division of McMillan, Inc., New York, N.Y., 1990.

Waters D., *Global Logistics and Distribution Planning*, Kogan Page, London, 1999.

찾아보기

[국문]

ㄱ

ㄷ

ㄹ

ㅁ

— 저자 약력 —

방희석

[주요 약력]
중앙대학교 무역학과 졸업(상학사 B.A.), 동 대학원 무역학과 졸업(상학 석사 M.A.)
영국 웨일즈대학원(현 Cardiff University, Business School) 졸업(Ph.D.)
한국과학기술원 해양연구소 선임연구원
한국해운산업연구원(현 한국해양수산개발원) 연구위원
지식경제부 경제자유구역위원회 부위원장 역임
해양수산부 정책평가위원장 역임
인천항만공사 항만위원회 위원장 역임
영국왕립교통물류학회 회원
중앙대학교 학생처장, 교무처장, 사회과학대학 학장 역임
한국무역학회, 한국항만경제학회, 한국국제상학회 회장 역임
現, 국토해양부장관 자문위원, 국가물류정책위원회 위원
국토해양부 기업도시위원회 민간위원(물류)
대한상사중재원 중재인
중앙대학교 경영경제대학 국제물류학과 교수

[주요 저서]
Shipping Revolution(공저, Conway Maritime Press, Ltd., London, 1993)
물류관리론(공저, 동성사, 1999)
무역개론(청람, 2004)
무역실무(박영사, 2007)
국제운송론(박영사, 2009)
프레이트포워딩관리론(공저, 박영사, 2009)

이충배

[주요 약력]
중앙대학교 경영대학, 대학원 무역학과 졸업(경영학 학사, 석사)
University of Cardiff(UK), 해운경영학 석사
University of Birmingham(UK), 경제지리 박사
한국무역학회, 한국로지스틱스학회 편집위원(역임)
해양수산부 항만심의위원(역임)
국토해양부 물류관리사 시험출제위원 및 선정위원
現, 중앙대학교 경영경제대학 국제물류학과 교수

[주요 저서]
정보시스템을 기초로 한 전자상거래 이해와 활용(공저, 두남, 1999)
무역실무(공저, 방송통신대학출판사, 2004)
무역개론(공저, 청람, 2005)
국제물류론(공저, 박영사, 2009)

이규훈

[주요 약력]
서강대학교 상학사, 서강대학교 대학원 상학 석사
중앙대학교 경영학 박사
한국무역학회 부회장
한국국제상학회 회장
한국물류학회 이사
한국통상정보학회 고문
광주대학교 호심인재개발원 원장
광주대학교 경영대학 물류유통학과 교수
산업자원부 전자무역자문위원회 위원 역임
한국통상정보학회 회장 역임
물류관리사 출제위원 역임

[주요 저서]
물류관리론(공저, 동성사, 1999)
국제통상학개론(공저, 동성출판사, 1999)
전자무역의 이해와 전개(공저, 브레인코리아, 2003)

김승철

[주요 약력]
중앙대학교 무역학과(경영학사, 석사, 박사)
중앙대학교 BK21 동북아물류중심지 · e-hub화 전략팀 연구교수
(재)포항테크노파크 물류 · 항만 산학연관협의회 전문위원
現, 영남대학교 상경대학 국제통상학부 조교수

[주요 저서]
프레이트포워딩관리론(공저, 박영사, 2009)

물류관리론

2011년 1월 30일 1판 1쇄 발행
2022년 2월 25일 1판 6쇄 발행

저 자 | 방희석 · 이규훈 · 이충배 · 김승철

발 행 인 | 이수영
발 행 처 | 도서출판 청람
서울시 마포구 독막로 288(대흥동, 세양상가 109호)
전 화 | 02)3272-2601~2
팩 스 | 02)3272-2603
이 메 일 | crbooks@daum.net
홈페이지 | www.crbooks.co.kr
등 록 | 2000년 8월 26일 제6-0509호

ISBN 978-89-5972-168-9 93320 [정가 26,000원]